JN411388

우초신지 4

虞初新志

The New Selections of 'Yú-Chú'

옮긴이 이민숙(李玟淑)은 중국 문언소설과 필기문헌을 전공했다. 한국외국어대학교에서 「기윤의 『열미초당필기』 연구」로 박사학위를 받았으며, 현재 한국외국어대학교와 경희대 등에서 강의를 하고 있다. 쓰고 번역한 책으로는 『한자콘서트』(공저), 『열미초당필기』, 『태평광기』(전21권, 공역)가 있고, 기윤과 『열미초당필기』에 관련된 연구논문이 있다.

옮긴이 이주해(李珠海)는 중국 唐宋時代의 고전 산문과 문체이론을 전공했다. 國立臺灣大學에서 『唐代古文家의 문체혁신 연구'로 박사학위를 받았다. 논문으로는 「雜文과 唐代古文運動과의 관계」, 「悲士不遇 문학전통과 韓愈의 設論體 辭賦」 등이 있고, 옮긴 책으로는 『태평광기』 권9~21(공역) 『한유문집』 1~2 및 조선문인 홍길주 문집(『현수갑고』, 『표롱을첨』, 『항해병함』, 공역) 등이 있다.

옮긴이 박계화(朴桂花)는 중국문언소설과 필기문헌을 전공했다. 연세대학교에서 『청초문언소설의 서사특징 연구』로 박사학위를 받았으며, 현재 성균관대학교 동아시아학술원 대동문화연구소의 연구원으로 있다. 논문으로는 「18세기 조선 문인이 본 중국염정소설－『欽英』을 중심으로」, 「소송사회의 필요악 訟師－명청대 문언소설 속에 나타난 訟師의 형상과 법률문화」 등이 있고, 번역서로 『역사에서 허구로』, 『태평광기』가 있다.

옮긴이 정민경(鄭暋暻)은 중국 문언소설과 필기문헌을 전공했다. 중국사회과학원에서 「단성식의 『유양잡조』 연구」로 박사학위를 받았으며, 현재 이화여자대학교 중국문화연구소 전임연구원으로 있다. 쓰고 옮긴 책으로는 『청 모종강본 삼국지』(상·하), 『태평광기』, 『옛이야기와 에듀테인먼트 콘텐츠』가 있고, 이외에도 唐代소설과 明代문학에 관한 연구논문이 있다.

우초신지虞初新志 4

1판 1쇄 인쇄 2011년 7월 20일 **1판 1쇄 발행** 2011년 7월 25일

옮긴이 이민숙 · 이주해 · 박계화 · 정민경 **펴낸이** 박성모 **펴낸곳** 소명출판
등록 제13-522호 **주소** 137-878 서울시 서초구 서초동 1621-18 (란빌딩 1층)
대표전화 (02) 585-7840 **팩시밀리** (02) 585-7848
이메일 somyong@korea.com **홈페이지** www.somyong.co.kr

ISBN 978-89-5626-604-6 94820 값 31,000원
ISBN 978-89-5626-600-8 (전4권)

이 번역도서는 2005년도 정부재원(교육인적자원부 학술연구조성사업비)으로 한국연구재단의 지원에 의하여 연구되었음.

우초신지 4

虞初新志

이민숙 · 이주해 · 박계화 · 정민경 옮김

소명출판

◆ **일러두기**

1. 본 번역은 필기소설대관본(筆記小說大觀本; 上海 進步書局의 『우초신지』)을 저본으로 하여 역주하였다.
2. 참고서목
   ① 『우초신지』, 신안(新安) 사람 산래(山來) 장조(張潮)가 집(輯)하고, 경해(瓊海) 사람 양호번부(梁湖樊夫) 황국정(黃國政)이 교점(校點)한, 인민일보출판사(人民日報出版社) 출판본.(민국24년 上海 開明書店 鉛印本을 排印함)
   ② 『우초신지』, 문학고적간행사(文學古籍刊行社), 1954.
   ③ 『우초신지』, 하북인민출판사(河北人民出版社), 1985.(민국24년 상해개명서점 연배본을 배인)
3. 『우초신지』는 다음의 원칙에 의해 번역되었다.
   ① 작가 소개는 일괄적으로 모아서 수록한다.
   ② 처음 나오는 고유명사는 괄호 안에 한자를 넣어주고, 그 뒤로는 가급적 생략한다.
   ③ 연호는 홍국연간(興國年間 : 976~983)과 같이 표기한다.
   ④ 원문에는 없으나, 번역의 필요로 인해 첨가한 문장은 [ ] 안에 넣는다.
   ⑤ 작품 제목은 풀어주는 것을 원칙으로 한다.
   예) '記老神仙傳'의 경우 '노신선의 일을 기록하다[記老神仙傳]'
   ⑥ 각주에서는 표제어를 제시한다. 각주의 내용이 길 경우 "……"를 이용해 어디부터 어디까지에 관련된 주석인지를 밝힌다.
   ⑦ 책이름은 『 』로, 작품명은 「 」로 표기한다.
   ⑧ 【 】 안에 작은 글씨로 되어 있는 것은 『우초신지』에 실려 있는 원주(原註)다.
   ⑨ 원문과 번역문의 부호는 통일을 원칙으로 한다.

1

『우초신지(虞初新志)』는 명말청초(明末淸初) 시기의 문학가인 장조(張潮)가 편찬한 책으로, 출판 당시 집집마다 한 부씩 가지고 있을 정도로 인기가 있던 중국 강남문사들의 애독물이었다. 특히 이민족인 청조(淸朝)의 지배를 받게 된 한족에게는 울분과 향수의 대상으로 널리 애독되었다.

『우초신지』는 조선과 일본에도 전래되었는데, 특히 조선후기 문인들의 『우초신지』에 대한 관심은 대단했다. 먼저 유만주(兪晩柱 : 1755~1788)는 자신의 독서일기 『흠영(欽英)』에서 『우초신지』를 1755년 처음 접한 이래로 향후 5년 남짓 동안 틈틈이 이 책을 읽었고, 1784년에는 『우초신지』의 신간본(新刊本)을 또 접했다고 밝혔다. 유득공(柳得恭 : 1748~1807)은 1776년 연경(燕京)에 사신 가는 사람에게 '절묘한 문장'으로 이루어진 『우초신지』를 꼭 구해줄 것을 당부했으며, 김려(金鑢 : 1766~1821)와 김조순(金祖淳 : 1765~1832)은 『우초신지』를 몹시 애호하여 이와 유사한 작품들을 짓고 그 작품들을 모아 1792년 무렵 『우초속지(虞初續志)』를 만들기도 했다. 대학자인 정약용(丁若鏞)도 『우초신지』를 접한 바 있다고 하였다. 19세기의 유명한 여항시인인 유최진(柳最鎭 : 1791~1869)은 1846년에 자신이 평소 애호하던 명청시대의 글을 뽑아 『학산수초(學山手抄)』라는 제목으로 필사해 놓았는데, 이 책의 가장 많은 편수를 차지하는 것이 바로 『우초신지』의 작품들이었다.

2

장조는 자가 산래(山來), 호가 심재(心齋)이며 안휘성(安徽省) 흡현(歙縣) 사람이다. 여러 차례 과거에 응시했으나 모두 낙방하여 청초 문인인 공상임(孔尙任), 모벽강(毛辟疆), 진유숭(陳維崧) 등과 교유하면서 벼슬길에 나가지 않은 채 독서와 저술에 매진했으며 서적 출판을 낙으로 삼았다. 그 결과 많은 책들을 간행했는데, 그가 편집한 책으로는 명말 작가들의 소품문(小品文)을 모아놓은 『단궤총서(檀几叢書)』, 청초 학자들의 저작들을 모아놓은 『소대총서(昭代叢書)』 그리고 친구들이 장조에게 보낸 편지들을 모아놓은 『우성집(友聲集)』 등이 있다. 장조는 이들 책을 편찬하면서 실생활에 도움이 되는 쓸모 있는 문장만을 수록하고자 했다. 이러한 그의 출판 경향은 『우초신지』 편찬에도 그대로 드러난다. 그는 '새로움(新)'이라는 가치를 표방하며 이전의 우초 시리즈와 차별화되는 새로운 내용을 첨가했는데, 「자서(自敍)」에서도 밝히고 있듯이 그는 당시 명사(名士)들의 이야기를 직접 채록하여 명말청초에 살았던 인물들이 직접 겪은 기이한 이야기 위주로 기록하였다.

『우초신지』 「범례」에서 장조는 자신이 그윽하고 기이한 것을 좋아하며, 가슴속에 감정과 울분이 많아, 신선과 영웅호걸 고사를 통해 자신이 품은 뜻을 기탁했고, 외사씨(外史氏)가 지은 기이한 문장을 통해 자신의 마음을 적었다고 밝혔다. 실의한 채 혼란의 시대를 살아야 했던 장조는 시대의 변화에 부응하여 출세와 영달을 꿈꾸기 보다는, 체제 반항적인 지식인들과 의식을 공유하며 자신의 분(憤)을 발산했던 것이다. 이 점은 장조가 편집 대상으로 삼은 작가들의 성향을 보아도 알 수 있다. 이들의 경력과 처세 등을 살펴보면, 대부분이 청대에 들어와 관직에 나가지 않고 은거하거나, 세상에 구속됨 없이 뜻 맞는 사람과 교유하며 자유분방하게 살았던 자들이다. 관직에 나갔더라도 주양공(周亮工)과 왕사정(王士禎) 등은 명나라 유민들과 교유하는 것을 좋아했고, 전겸익과 오위업(吳偉業) 등은 관직에 나갔다가 후에 자신의 행동을 후회하며 고국지정(故國之情)을 토로했다. 오위업, 후방역(侯方域), 장명필(張明弼)과 같은 이들은 명대 복사(復社)의 일원으로 정치적 비판에 적극적이었는데, 특히 후방역은 엄당(閹黨)의 완대성(阮大鋮)을 비판하다가 심한 탄압을 받은 것으로 유명하다. 그가 지은 「마령전(馬伶傳)」도 위충현(魏忠賢)과 한 패인 재상 고병겸(顧秉謙)을 빗대어 비판한 작품이다. 또 이들 문인들은 청조의 박학홍유 정책 등 유화책에도 동조하지 않았으며, 강압책 하에서는 저서가 금서조치 당하거나 과장안(科場案), 주소안(奏銷案), 남산집안(南山集案) 등 문자옥에 연루되는 수난을 당했다. 이러한 상황으로 볼 때, 장조는 정치적, 사회적으로 평탄치 않은 삶을 산 이들의 작품 속에서 자신이 느끼는 곤궁함과 근심, 분노를 읽어냈다고 할 수 있다.

한편 장조는 「범례」에서 "[나의 이 선집은] 책을 읽은 여가에 펼쳐보면 머리를 식힐 수 있을 것이고, 휴식을 취한 여가에 뒤적이다 보면 눈이 저절로 뻥 뚫릴 것이다"라 하면서 자신의 작품을 '소일거리로서의 소설'로 위치 지우고 있다. 이것은 『점교우초지(點校虞初志)』 「서(序)」에서 소설의 오락적 가치를 인정한 탕현조(湯顯祖)의 소설관(小說觀)을 계승한 것이라고도 할 수 있다.

> 기이하고도 황당하고, 사라질 것도 같고 없어질 것도 같고, 재밌기도 하고 놀랍기도 한 이야기들로 읽는 사람의 마음을 열어주고 머리를 맑게 해주어 몸이 날아갈 듯, 눈썹이 춤을 출 듯 만든다. 비록 웅장하고 고상한 맛은 『사기』나 『한서』보다 못하고, 간략하고 담박한 맛은 『세설신어』보다 못하지만, 아름답고 매끄러운 것이 진실로 소설가의 보물선이다.
>
> 以奇僻荒誕, 若滅若沒, 可喜可愕之事, 讀之使人心開神釋, 骨飛眉舞. 雖雄高不如『史』·『漢』, 簡澹不如『世說』, 而婉縟流麗, 洵小說家之珍珠船也.

소설의 미적 기능이 독자들을 즐겁게 해주는 데 있으며, 딱딱한 고문(古文)보다 더 큰 감동과 영향을 줄 수 있다는 탕현조의 관점은 이전 소설가와 비평가들이 소설의 기능을 도(道)와 연결시켜 교화적 측면에서 오락성을 언급한 것과는 차별화 된다. 탕현조와 장조는 모두 소설의 오락적 기능을 문학적 가치로 인정하였던 것이다. 이와 같은 소설관은 『우초신지』의 편집 의도와 직접적으로 연결된다. 즉 "기뻐할 만하고, 놀랄 만하고, 노래할 만하고, 눈물 흘릴 만한" 일사(軼事)들은 옛날에만 있었던 것이 아니라 지금 세상에도 널리 존재하므로, 이처럼 "사람의 마음을 사로잡는 농담과 우스갯소리, 기이하고 괴상한 이야기들"을 일종의 소일거리로써 독자들에게 제공하고자 했던 것이다.

장조는 「원서(原敍)」에서 『우초신지』에 수록된 문장들을 소개하면서 대부분 "기이하고 상세하고 훌륭하고 정교하다"고 평하였다. 형상의 묘사가 생동감 있고 핍진하기 때문에 독자들에게 더 큰 "재미"를 부여할 수 있다는 것이다. 그러나 기교적 측면을 강조함과 동시에, 내용적으로도 생활의 진실성을 담아내야 한다고 주장했다. 기존의 패관소설들은 "즐겁지도 않은데 억지로 웃고, 슬프지도 않은데 억지로 울며, 말을 어지러이 늘어놓고 이어 붙였을 뿐"인데 반해, 『우초신지』의 글들은 우리네 삶 속에 "있을 법도 하고, 그럴 리가 없을 것 같은데 실제로는 존재하는" 그런 내용들로 점철되어 있기 때문에 읽으면 "괜히 즐겁고 괜히 놀라고 괜히 노래하고 싶고 괜히 울고 싶어진다"는 것이다. 이러한 일련의 견해들을 통해, 장조는 작가의 감정과 현실을 반영함과 동시에 오락적 기능을 지닌 소설의 미감을 자각하고 있었음을 알 수 있다.

3

『우초신지』는 '우초'라는 제목에서 알 수 있듯이 우초시리즈 중의 하나이다. 우초시리즈는 『우초주설(虞初周說)』에서부터 시작되는데, 한나라 무제(武帝) 때의 방사(方士)인 우초가 『주서(周書)』에 근거해서 『주설』 즉 『우초주설』을 지은 데서 비롯되었다. 『우초주설』은 반고(班固)의 『한서(漢書) · 예문지(藝文志)』에 소설 15가(家) 중 하나로 기록되어 있고 장형(張衡)의 「서경부(西京賦)」에도 소설이 우초에서 시작되었다고 언급하고 있다. 그러나 장조 자신이 「범례」에서 밝히고 있듯, "우초의 이름으로 책 이름을 삼은 것은, 지괴류의 책이 늘 『제해(齊諧)』라고 이름 붙이고, 기이한 것을 모아 놓은 책이 늘 『이견(夷堅)』이라 이름 붙이는 것과 같은 맥락"에서이다. 즉 우초 시리즈에서의 '우초'는 이미 방사의 이름이 아닌 소설의 대명사가 되어 하나의 소설 체재를 상징하고 있는 것이다.

우초 시리즈가 등장한 것은 중국 고대 문언소설의 총집이 왕성하게 편찬되던 명대부터이다. 우초시리즈는 당시 이지(李贄), 탕현조(湯顯祖), 풍몽룡(馮夢龍), 원굉도(袁宏道) 등 문인들이 문학방면의 문헌들을 점교(點校)하거나 선별하여 편찬하는 분위기 속에서 출현하게 되었다. 우초시리즈의 문을 연 작품이 바로 『우초지(虞初志)』인데, 『우초지』는 당대(唐代)의 유명한 전기(傳奇)나 지괴(志怪) 작품 등을 선별하여 수록해 놓은 선집이다. 『우초지』가 나온 이후에 『우초지』에서의 소설 선별 기준과 체제에 근거하여 이를 모방한 속작들이 대량 쏟아져 나오면서 우초시리즈를 형성하기에 이르렀다. 대표적인 작품으로는 육씨(陸氏)의 『우초지(虞初志)』, 탕현조의 『속우초지(續虞初志)』, 등교림(鄧喬林)의 『광우초지(廣虞初志)』 등이다. 『우초지』 계열은 『우초주설』과는 다르게 개인의 소설집이 아니라 유명한 작가의 소설들을 선별하여 만든 소설총집이라고 할 수 있다.

명대에 유행했던 『우초지』 계열이 청대에 들어오면 새로운 체제로 다시 태어나게 되는데, 이것이 바로 『우초신지』이다. 『우초지』가 명대 이전의 유명한 소설 작품들을 선별하여 수록했다면 『우초신지』는 청대 당시 사람들의 전기(傳奇)나 전기(傳記) 작품을 선별하여 수록했다고 할 수 있다. 바로 장조가 중시했던 현실 중시 사상이 반영된 것이다. 『우초신지』는 명말청초의 문인들의 필기(筆記)와 시문집에 들어 있는 전기(傳奇), 지괴(志怪), 지인(志人) 등 당시 80여 명의 작품 150여 편을 수록하고 있다. 이렇게 『우초신지』는 『우초지』의 틀을 깨뜨리고 새로운 체제와 내용을 추구함으로써 당시 사회에서 반향을 일으켰다. 『우초신지』의 출현 이후 계속해서 속작들이 만들어졌는데, 청대 정성우(鄭醒愚)의 『우초속지(虞初續志)』, 황승증(黃承增)의 『광우초신지(廣虞初新志)』는 물론이고, 근대에도 『우초근지(虞初近志)』, 『우초지지(虞初支志)』, 『증광우초지(增廣虞初志)』 등이 계속해서 나와 그 영향력을 과시하고 있다.

4

『우초신지』「자서」와 「총발(總跋)」 및 장조의 서신 모음집 『척독우성(尺牘友聲)』과 『척독우존(尺牘偶存)』 등의 자료에 의하면, 『우초신지』는 대략 강희(康熙) 22년(1683)에 편집되기 시작해 1684년 무렵 8권의 형태로 간행되고, 이후 4권 씩 증간하여 「총발」을 쓴 강희 39년(1700) 이후 1704년 무렵 현재의 20권 분량으로 완결 간행된 것으로 보인다. 「범례」에서 본인 스스로 밝히고 있듯, 먼저 입수하는 순서대로 그때그때 간행했기 때문에 그 안에서 일관된 체례(體例)를 찾아보기는 어렵다.

출판된 이후 매우 유행했던 것으로 보아 그 판본 역시 다양해 보이는데, 함께 수록된 작가 중의 한 사람인 전겸익(錢謙益 : 1582~1664)의 문집이 1769년 청조로부터 공식 훼판(毁板)당하는 사건 등으로 인해 『우초신지』의 이후 출간은 복잡한 양태를 띄게 되었다.

현재 중국에 남아있는 판본으로는 강희 39년(1700)각본, 건륭(乾隆) 병신(1760) 이청당중간수진본(詒清堂重刊袖珍本) 등이 있고, 현재 통행되는 것으로는 필기소설대관본(筆記小說大觀本) 등이 있다. 최근에 나온 것으로는 민국24년 상해개명서점(上海開明書店)의 연인본(鉛印本)을 배인(排印)한 인민일보출판사(人民日報出版社) 간행본 『우초신지』, 1954년 문학고적간행사(文學古籍刊行社) 간행본 『우초신지』, 1985년 민국24년 상해개명서점(上海開明書店)의 연배본(鉛排本)을 배인(排印)한 하북인민출판사(河北人民出版社) 간행본 『우초신지』, 그리고 민국57년(1968) 대만 광문서국(廣文書局)에서 간행한 『우초신지』 등이 있다. 각 판본마다 작품의 출입이 있고, 같은 작품 내에서도 문자의 출입이 보이는데, 이번 번역본은 필기소설대관본을 기본 텍스트로 하되 기타 판본들까지 널리 참고하여 오자를 고치고 내용을 추가하는 등, 보다 완전한 모습을 재현해내고자 심혈을 기울였다.

5

『우초신지』의 내용과 특징에 관해 간략히 소개하고자 한다.

『우초신지』에 가장 많이 보이는 것은 편찬자 장조가 직접 밝혔듯이 황당하고 기이한 이야기들이다. 따라서 귀신 이야기, 영험한 짐승 이야기, 불가사의한 현상에 대한 이야기, 도인들에 관한 이야기, 예언에 관한 이야기가 주류를 이룬다. 하지만 이러한 것들 이외에도 『우초신지』에는 의미심장한 내용의 글들이 다수 실려 있는데, 그 대략을 나누어보면 다음과 같다.

앞에서도 밝혔듯이 『우초신지』는 명말청초라는 시대를 배경으로 하기 때문에 그 시대를 들여다보는 훌륭한 창구(窓口)가 되어준다. 특히 강남 문사들의 교유와 그들이 형성했던 문화, 위충현(魏忠賢)과 완대성(阮大鋮)을 위시한 엄당(閹黨)의 핍박하에서 지식인들이 겪었던 고초, 이자성(李自成)의 난과 청군(淸軍)의 남하 등 시대의 동란으로 인해 신음하고 유리되었던 민초들의 삶 등이 『우초신지』라는 한 권의 책 속에 고스란히 녹아있다. 따라서 이 책은 흥미와 고도의 기교를 지닌 문학작품일 뿐만 아니라 한 시대사를 읽어내는 고귀한 사료로서의 의미도 지닌다. 「강정의 선생전(姜貞毅先生傳)」이나 「손문정, 황석재의 일사[孫文正黃石齋兩逸事]」, 「척삼랑의 일을 적다[書戚三郞事]」, 「주시어의 일을 기록하다[紀周侍御事]」 등의 작품이 대표적이다.

그 다음으로 흥미로운 것은 기인들에 관한 기록이다. 『우초신지』에 등장하는 기인들은 그 기이함의 내면에 시대의 아픔이 서려있다. 그들이 '정상인'의 삶을 버리고 기행(奇行)을 일삼는 '기인'의 길을 선택한 데는 나라를 잃은 울분이 잠재해 있다는 것이다. 일표자(一瓢子), 팔대산인(八大山人), 애철도인(愛鐵道人), 구피도사(狗皮道士), 소옹(嘯翁), 유주(劉酒). 이들은 시대와 타협하기 싫어 기행을 일삼았고, 또 그 기행을 통해 정상인을 비웃고 시대를 비웃었다. 이는 개인의 아픔이자 곧 시대의 아픔이었던 것이다.

『우초신지』에는 금릉(金陵)을 중심으로 발달했던 기루(妓樓) 문화가 많이 소개되어 있다. 특히 권20의 「판교잡기(板橋雜記)」는 그것의 집대성이라 이를 만하다. 남조의 땅 금릉 진회하(秦淮河), 진(晉)나라 왕헌지(王獻之)와 애첩 도엽(桃葉)이 애틋한 사랑을 나누던 도엽나루 일대를 중심으로 펼쳐지는 명사(名士)와 기녀들의 사랑 이야기를 통해, 강남 풍류사(風流事)를 간접 체험할 수 있다. 뿐만 아니라 기녀들에 의해 형성된 음식과 의복과 장식과 기물 등, 독특한 기방 문화가 다양하게 소개되어 있어 당시의 금릉의 사치스럽던 단면을 읽어내는 데 많은 도움을 준다. 또 한 가지 주목할 점은 남성의 부용(附庸)으로 등장하던 기녀들이 여기서는 주체성을 지닌 인격체로 묘사된다는 점이다. 「모희 동소완전(毛姬董小宛傳)」에 나오는 모벽강(毛辟疆)의 애첩 동소완, 「유부인 소전(柳夫人小傳)」에 나오는 전겸익(錢謙益)의 애첩 유여시(柳如是), 「이희전(李姬傳)」에 나오는 후방역(侯方域)의 애첩 이향군(李香君) 등은 시를 지어 남편과 창화하고, 먹을 갈아 남편을 시중들며, 남편이 정치적 지조를 잃지 않도록 조언해준다. 때에 맞춰 술을 담그고, 매화 필 때면 꽃꽂이를 하며, 금을 뜯으며 노래를 한다. 한 사람 한 사람 서로 다른 개성과 아름다움을 지닌 인격체로 묘사된다. 생동감 있고 핍진한 묘사에, 그들의 그림자가 지면에 어른거리는 듯한 느낌을 받을 수 있다.

『우초신지』에는 「남유기(南遊記)」라는 장편의 유기(遊記)가 수록되어 있다. 실의한 마음을 달래려 여행을 시작한 작가는 중원 일대를 몇 달에 걸쳐 유람하면서, 중국 각지의 풍물을 접하고 사람을 접하고, 그러는 과정 속에서 자신의 정체성을 찾는다. 「서하객전(徐霞客傳)」은 비록 유기의 형태를 띠고 있지는 않지만 중국이 낳은 위대한 여행가 서하객의 일생을 통해, 그가 체험했던 '여행'과 그것이 지니고 있는 문화적 함의가 무엇인지 우리에게 보여주고 있다. 부득이한 '이동'으로 인해 여정을 기록한 것이 아니라, 목적의식을 갖고 여행을 시작한 이들의 자아 탐색 과정이, 장편의 여정 속에 잘 드러나 있다.

『우초신지』에서 가장 많이 다루고 있는 문체는 주지하다시피 전(傳)이다. 그만큼 '사람'을 대상으로 한 글이 많다는 이야기이다. 앞에서 이야기했던 '기인'이나 '명사'들 이외에 『우초신지』에 소개되어 있는 인물들은 다양함의 극치를 보여준다. 그중 가장 두드러진 것은 "개장수나 술파는 사람 사이에 섞여 지내던" 현자(賢者)들이다. 이들은 술을 팔기도 하고(賣酒者傳), 꽃을 팔기도 하며(「賣花老人傳」, 「花隱道人傳」), 남의 종살이를 하기도 하고(郭老僕墓誌銘), 나무꾼 노릇을 하기도 한다(「髯樵傳」). 이들은 어리석게 우직하게 한 세상을 살아갔지만, 그들의 삶속에는 지극히 고귀한 존엄과 인생철학이 있다. 장조는 이러한 이들의 전기를 통해 세속에 묻힌 사람들에게 삶의 지표를 제시하고자 한 것이다.

현자들 못지않게 많이 등장하는 것이 바로 회재불우(懷才不遇)한 재자(才子)들이다. 고금을 막론하고 재주를 품고도 세상에 쓰이지 못하는 자가 얼마나 많겠는가? 『우초신지』에 등장하는 탕비파(湯琵琶)와 성차공(盛此公)의 일생은 독자들의 심금을 울리기에 족하다. 회재불우와는 유형이 좀 다르지만 고귀한 품성을 지니고 자신을 몸을 깨끗이 지켰으나, 끝내 박복하여 요절하고 만 가인(佳人)들에 대한 내용도 「소청전(小青傳)」이나 「산산전(姍姍傳)」 등에서 볼 수 있다.

『우초신지』를 통해 가장 두드러지게 읽을 수 있는 것은 바로 명말청초의 문화 양태일 것이다. 『우초신지』에는 매우 다양한 문화 형태가 소개되어 있다. 과학자로서 수많은 기구를 발명한 황이장(黃履莊)을 통해 당시에 고도로 발달했던 과학 수준을 짐작할 수 있고, 「구우 제방에서 각저희 구경한 것을 기록하다[九牛壩觀觝戲記]」를 통해서는 당시에도 오늘날의 서커스와 흡사한 공연이 펼쳐졌음을 알 수 있으며, 「장남원전(張南垣傳)」을 통해서는 당시 성행했던 정원(庭園) 문화, 가산(假山) 축조기법 등을 알 수 있다. 「복숭아씨 염주에 대해 기록하다[記桃核念珠]」 및 「핵공기(核

工記)」의 세밀한 묘사를 통해서는 당시 고도로 발달했던 조각 예술의 극치를 맛볼 수 있다. 이밖에도 민간에서 유행했던 설서(說書), 구기(口技), 부계점(扶乩占) 및 바둑, 전각(篆刻), 악기 등 다양한 문화 양태가 소개되어 있어서 한 시대 문화를 이해하는 보고라 가히 칭할 만하다.

6

마지막으로 『우초신지』 번역이 지니는 의의에 대해 설명하겠다.

첫째, 『우초신지』 연구에 기초자료를 제공할 수 있다. 특히 『우초신지』 작품 말미에는 "장산래가 말한다[張山來曰]"로 시작하는 장조의 평점이 있다. 이것은 "태사공왈(太史公曰)"에서 비롯된 사찬어(史贊) 혹은 사평(史評)의 전통이 전(傳)으로 이어지고 전기(傳奇)의 의론으로 이어지고, 이것이 다시 소설로 이어져 정착된 것인데, 여기에 당시 유행하던 평점의 특징이 가미되면서 장조만의 독특한 평어 체제를 형성하고 있다. 장조, 즉 장산래는 한 작품을 기록하고 난 뒤 자신의 감상이나 비평을 짤막하게 적기도 하였고, 이와 비슷한 다른 이야기가 있으면 첨부하여 소개하기도 하였으며, 때론 문학 평론의 관점에서 그 글의 묘미를 가장 잘 나타낸 글자 혹은 구절이 무엇인지를 지적해내기도 하였다. 때론 역사적 맥락에서 윗대의 어느 글과 비슷하다거나 참조하여 읽을 만하다고 설명하기도 하였다. 특히 주목할 점은 장조의 거침없고 분방한 성격을 여과 없이 보여주었다는 것인데, 사지(四肢) 없이 태어났지만 멀쩡히 남자 구실을 하고 살았던 기인에 관한 이야기 뒤에, "누가 시집왔을지 모르겠다"고 평을 단 것이나, "방구들에서 남편이나 잡을 줄 알았지, 가서 도둑 잡을 줄은 모른다"는 남편의 핀잔에 어쩔 수 없이 뛰쳐나가 도둑을 처치하고 돌아온 협객 아내 이야기를 기록한 뒤에, "이 여자가 도둑 잡는 것은 보았으니, 방구들에서 남편 잡는 모습을 보고 싶다"고 평을 단 것이나, 시커먼 털보와 서생처럼 얼굴 뽀얀 남자가 몸뚱이가 서로 바뀐 채 죽었다 다시 살아온 이야기를 적은 뒤, "뽀얀 남편과 살던 여자가 시커먼 털보랑 자고 싶었을까?"라고 평을 단 것이나, 지극히 대담하고 거침없다. 음식남녀(飮食男女)에 대해 관대하기 이를 데 없던 시대적 분위기와 장조의 사상이 고스란히 배어 나오는 평어를 통해 『우초신지』의 문학성은 한 층 더 고조되었다.

둘째, 『우초신지』의 작가들은 명말 청초의 혼란한 시기에 생활하며 청나라 조정에 응하지 않던 명의 유민이 대다수이고, 유민은 아니더라도 이들과 주로 교류했던 인사들이 대부분이다. 지금까지 유민문학(遺民文學)에 대한 연구는 주로 유민시(遺民詩)에 치중되어 있으며 대부분 역사학에서 잠시 거론하고 있는 정도인데, 『청시기사초편(淸詩紀事初編)』 등에 실린 명 유민으로서 『우초신지』에 작품이 실린 문인은 18명이나 된다. 이들과 교유관계가 있던 문인들까지 포함하면 더 많은 수의 사람이 유민과 관련이 있으므로 『우초신지』의 대체적인 경향으로 명 유민의식을 간과할 수 없다. 따라서 『우초신지』의 번역은 유민문학 연구에도 일조할 수 있을 것이다.

셋째, 『우초신지』의 문학적 장르 경계의 불명확성에 대한 고찰을 시도해 볼 수 있을 것이다. 다양한 산문 형태들, 즉 우언(寓言), 소품(小品), 유기(遊記), 필기(筆記) 등과 소설인 전기(傳奇)와 필기소설이 뒤섞여 있는데, 이것을 고문의 소설화라는 특징과 장르의 한계를 극복하고자 하는 시도로서 설명할 수 있을 것이다.

넷째, 『우초신지』와 조선 후기 소품문 유행과의 관계이다. 조선의 많은 학자 문인들은 명청의 교체를 보면서, 만명(晩明) 문학을 망국(亡國)을 초래한 문학이라 하여 의도적으로 접하기를 꺼려했다. 특히 청의 문학은 오랑캐의 것이라 하여 수용을 거부했다. 그러다 18세기 초 김창협(金昌協)

일파를 비롯한 서울 경기 지역의 문인들을 중심으로 만명 문학의 수용이 본격화되었고, 18세기 중엽 이후로는 청대 문학과 문화가 적극 수용되기 시작해 조선의 문학은 다양한 양태로 변모해갔는데, 그 가운데 『우초신지』가 자리 잡고 있었다. 『우초신지』는 명말청초 인물 기사 소품문의 근원이자 후대 이런 성향의 글들의 표준 역할을 한 중요한 책으로, 여기에 실린 다양한 인물들의 기이한 형상은 조선후기 인물 전(傳)이나 기사문(記事文)의 발달에 적지 않은 영향을 끼쳤다. 따라서 『우초신지』의 번역은 중국 필기소설과는 또 다른 형태의 소품문 필기에 대한 이해를 높이고, 동시에 조선 후기 소품문의 많은 산재한 문제들을 해결하는 데 실마리를 제공할 수 있을 것이다.

우초신지 4_ 차례

우초신지 권20

우초신지 전체 차례

우초신지 권16

인수옥서영(因樹屋書影)

감재(減齋) 주양공(周亮工)

덕주(德州 : 山東省 덕주)의 정정부(程正夫)[1]가 해준 이야기이다.

순치(順治) 계사년(1653) 정월 18일 밤에 바람이 매우 심하게 불더니 은현(恩縣) 기촌(祁村)의 연못이 솟아오르며 산이 만들어졌다. 너비가 4장(丈), 높이가 2장쯤 되었고, 산봉우리가 빼어나게 아름다웠으며, 구불구불 감돌아 난 계곡에는 구비진 돌계단이 통해있었다. 원근에서 양식을 싸가지고 온 구경꾼들이 하루에도 천여 명씩 그곳을 찾아와 제사를 지냈다. 여러 책을 두루 살펴보았지만 옛날에도 이러한 기이함은 일찍이 없었으니 무슨 징조인지 알지 못하겠구나! 살펴보니 정덕연간(正德年間 : 1506~1521)에 문안현(文安縣 : 지금의 河北省 廊坊市 文安縣)에서 어느 날 물줄기가 갑자기 솟아올랐는데, 몹시 추운 날이어서 물줄기가 그대로 기둥으로 얼어붙

1 정정부(程正夫) : 자는 선정(先貞)이고 산동성(山東省) 덕주(德州) 사람이다. 공부시랑(工部侍郎)을 역임했으나, 관직에서 물러나 귀향한 후 전원에 묻혀 살았다. 저서로는 『해우진인집(海右陳人集)』이 있다.

었다고 한다. 높이가 5장이고 둘레 역시 5장이었으며 속이 비어 있고 옆에 구멍이 뚫려있었다. 며칠 후에 역적의 무리들이[2] 문안현을 습격했지만 백성들 중에 얼음 동굴로 피해 들어가 생명을 부지한 사람이 매우 많았다고 한다. 위의 경우도 이와 비슷하다.

소품문(小品文) 중에 어떤 사람이 재주 있는 사람을 높은 관리에게 추천한 일에 대한 기록이 있다. 그 사람은 평범하기 그지없었기에 높은 관리는 그를 예우하긴 했으나 한 번도 그의 재주에 대해 묻지 않았다. 떠날 때가 되자 그 사람이 말했다.

"외람되이 공의 보살핌을 받았으니 작은 재주나마 보여드릴까 합니다."

그리고는 흰 종이를 달라고 해서 바둑판을 그렸는데, 손 가는 대로 줄을 긋는데도 한 치의 오차도 없었다. 높은 관리는 경탄해 마지않았다.

정통연간(正統年間 : 1436~1449)에 주백기(周伯器)[3]는 나이가 아흔이었으나 『항주지(杭州志)』를 편수했다. 그는 등불 아래에서 깨알 같은 글자를 쓰고 종이에 먹줄을 그었는데, 규격을 그으면 종이를 접지 않고서도 한 치의 오차도 없었다.

우직(友直) 장백익(章伯益)[4]은 전서(篆書)로 이름났다. 그가 한림대조(翰林待詔)로 있을 때, 동료들이 그의 명성을 듣고도 인정하고 싶지 않아서 너도나도 찾아와 그에게 필법을 보여 달라고 했다. 장백익은 붙이는 종이

2 역적의 무리들이 : 원문은 '유적(流賊)'인데, 명말청초 때에는 이자성(李自成)이나 장헌충(張獻忠) 등의 역적의 무리를 멸시하여 부르는 말로 사용되었다.

3 주백기(周伯器 : 1401~1487) : 주정(周鼎)이다. 명나라 가선(嘉善 : 지금의 浙江省 嘉善) 사람이며 백기는 그의 자이다. 정통연간에 목양전사(沐陽典史)를 제수 받아 아흔의 나이에도 『항주지』를 편수했으며 그의 서법은 매우 시원스러웠다고 한다.

4 장백익(章伯益 : 1006~1062) : 북송(北宋) 시대 사람이지만 『송사(宋史)』에는 그의 전(傳)이 전하지 않는다. 그의 사적은 『선화서보(宣和書譜)와 미불(米芾)의 『화사(畫史)』에만 보이는데, 전서로 이름이 났다고 한다. 일찍이 「보련도(步輦圖)」의 제기(題記)를 쓴 적이 있다.

각각 몇 장씩을 가져오게 한 다음 두 개의 그림을 그렸다. 종이 하나에는 가로세로 각각 19획을 그려 바둑판을 만들었고 다른 하나에는 둥근 원 열 개를 그려 과녁을 만들었는데, 선의 굵기와 간격 사이에 조금의 오차도 없었다. 사람들은 모두 탄복하며 재배하고 떠나갔다.

고금의 탁월한 재주 중에도 이렇게 비슷한 것들이 있구나!

장산래가 말한다.

환성(皖城 : 지금의 安徽省 潛山 부근) 사람 석천외(石天外)가 일찍이 나에게 해 준 말이다. 아무개 대관(大官)이 어떤 사람을 아무개 관리에게 추천했는데, 며칠이 지나도록 한 가지 재주도 보여주지 않았다. 그러던 어느 날 그 사람이 갑자기 떠나겠다고 하자 주인은 그를 위해 전별연을 베풀었다. 그 사람이 말했다.

"제게 보잘 것 없는 재주가 있어 공께 보여드릴까 합니다. 막부에 있는 모든 손님을 불러 함께 보아주셨으면 하는데, 괜찮으시겠습니까?"

주인이 비로소 놀라며 빈객들을 모두 불러왔다. 사람들이 그에게 "무슨 재주가 있소"라고 묻자, 그가 대답했다.

"저는 담배를 잘 피웁니다."

사람들이 크게 웃으며 물었다.

"몇 개나 피울 수 있소?"

그가 말했다.

"많을수록 좋지요!"

담배 한 근을 가져다 놓자 그 담배를 모조리 다 피웠는데, 전혀 연기를 뿜지 않았다. 사람들이 기이하게 생각하며 또 물었다.

"더 피울 수 있소?"

그가 대답했다.

"그럼요."

그래서 다시 얼마만큼의 담배를 더 가져다주었더니 그것도 다 피웠다.

"여러 손님들께서 저의 재주를 감상해주시길 바랍니다!"

그리고는 천천히 입속에서 방금 피웠던 담배 연기를 내뿜었는데, 어떤 것은 산수와 누각이 되고, 어떤 것은 사람이 되었으며, 어떤 것은 꽃이 되고 나무가 되고 들짐승 날짐승이 되어, 마치 신기루처럼 그 기이한 모습은 말로 형용할 길이 없었다. 손님들은 모두 일찍이 보지 못했던 묘기라면서 후한 선물을 내리라고 주인에게 권했다. 이 일로 보건대, 진실로 천하의 선비란 결코 가벼이 볼 수 없도다!

형남(荊南 : 지금의 湖北省 秭歸와 宜昌 일대)에서 객지살이 하던 순간(淳間) 마성충(麻城忠)에게는 앵무 한 마리가 있었는데, 하루는 장로(長老)[5] 수보(壽普)가 오는 것을 보고 갑자기 울며 말했다.

"자비를 베푸소서!"

장로가 말했다.

"미물아! 누가 너에게 말을 가르쳐 주었더냐?"

그러자 더 이상 소리 내지 않았다. 마성충이 앵무를 놓아주자 앵무는 곧장 스님 옆으로 날아와 짹짹 감사 인사를 했다. 스님이 말했다.

"높이 날아야 다시 떨어지지 않을 것이다."

앵무가 다시금 가르침을 청하자 스님은 앵무에게 불경을 외게 했다. 여덟 해가 지났을 때, 스님이 도원현(桃源縣 : 湖南省 西北部)이 이르니 한 어린아이가 와서 감사하며 말했다.

"저는 마씨(麻氏 : 麻城忠)가 키우던 앵무입니다. 가르침을 입어 지금 소씨(蕭氏) 집에 사내아이로 태어났습니다."

스님이 살펴보았더니 겨드랑이 밑에 여전히 깃털이 남아있었다.

민(閩) 땅의 관리가 앵무 두 마리를 데리고 강우(江右)로 돌아왔는데, 두

5 장로(長老) : 불교 선종에서 절의 주지나 스님을 높여 부르는 말이다.

앵무는 아침저녁으로 의지하며 형제처럼 지냈다. 관리는 그 중 한 마리를 진우사(陳右嗣)에게 주었고, 한인곡(韓人穀)도 나머지 한 마리를 얻었다. 진우사와 한인곡은 본래 친한데다가 막역하게 지내는 사이어서 앵무들도 때때로 서로 "형님, 잘 지내십니까?" 하고 안부를 물었다. 그러나 얼마 지나지 않아 진우사의 서재에서 이물(異物)이 앵무를 잡아 죽였다. 진우사는 매우 슬퍼하며 좋은 땅을 골라 묻어주고, 한인곡에게 말하여 애도시를 짓게 했다. 시가 완성되자 한인곡은 그러한 사실을 그의 앵무에게 특별히 알렸다. 그러자 앵무는 새장을 오르락내리락 거리며 "형님이 죽었구나! 형님이 죽었어!"라고 말했다. 앵무는 슬픔을 이기지 못하고 모이를 먹지 않더니 결국 다음날 따라 죽었다. 두 사람은 유명한 사인(詞人)들을 찾아가 앵무를 위해 묘지명을 지어달라고 두루 부탁했다. 강우와 삼오(三吳 : 長江 하류 일대) 일대의 여러 사인들이 모두 글을 지었고, 그것을 모아 한 권의 책으로 만든 다음 '우성합각(羽聲合刻)'이라는 제목을 붙였다. 등좌지(鄧左之)가 서문을 썼는데, 서문 또한 처량하고 비통했다. 미물도 이처럼 정이 많구나!

또 오량산(吾梁山)[6] 상점에서 앵무를 길렀는데 매우 똑똑했고, 동쪽 관문 입구의 상점에서 요가(料哥)[7]를 길렀는데 역시 말을 할 줄 알았다. 두 상점에서 두 마리 새를 데려다가 서로 견주었다. 앵무가 시 한 수를 노래하면 요가가 화답했는데, 소리가 맑고 은은한 것이 막상막하였다. 요가가 다시 입담으로 도전하자 앵무는 한 자도 대답하지 않았다. 사람들이 이유를 묻자 앵무가 말했다.

"요가의 소리는 나만 못하지만 교활하기는 나보다 나으니, 내가 입을 열었다 하면 곧 훔쳐갈 것입니다."

얼사(臬司)[8]에게 아끼는 아들이 있었는데, 병이 위독해지자 앵무를 사

6 오량산(吾梁山) : 운남성(雲南省) 곤명시(昆明市) 운모현(雲謀縣) 북쪽에 위치하고 있으며 산세가 험하지 않고 경치가 아름다워 등산객들의 사랑을 받는 곳이다.

7 요가(料哥) : 앵무의 다른 이름이다.

와 아들을 즐겁게 해주려고 했다. 상인이 새장에 넣어와 얼사에게 바치자 앵무는 슬퍼하며 먹이도 먹지 않다가 이렇게 노래했다.

나는 오량산 상점의 새인지라
관아가 대체 얼마나 귀한 곳인지 알지 못하네.
가장 슬픈 건 옛 주인에 대한 그리움,
교묘한 말로 새 주인의 사랑 차마 받을 수 없네.

앵무가 닷새 동안 머물면서 간곡하게 돌아가길 바라기에 오량산 상점으로 돌려보냈으나 목을 축 늘어뜨리고 죽었다. 이는 만력연간(萬曆年間 : 1573~1619)에 있었던 일이다.

장산래가 말한다.

이전에 다음과 같은 이야기를 들었다. 어떤 사람이 한 고승에게 공양을 하는데, 그 집 정원에 있던 앵무가 아무도 없는 틈을 타 스님에게 말했다.

"부처님, 제게 새장을 빠져나갈 방법을 가르쳐 주십시오."

스님이 대답했다.

"새장을 빠져나갈 방법으로는 두 다리를 곧게 뻗고 두 눈을 질끈 감는 것밖에 없다!"

잠시 후에 앵무는 다리를 곧게 뻗고 눈을 질끈 감은 채 죽었다. 주인은 슬퍼하며 끈을 풀어 주고 묻으라 했다. 끈을 풀어주자 앵무가 갑자기 날아가면서 스님에게 감사 인사를 했다.

"부처님, 새장을 빠져나갈 방법을 알려주셔서 정말 감사합니다!"

이에 여기에 덧붙여 기록한다.

---

8 얼사(臬司) : 청나라 때 각 성에 두었던 안찰사(按察使)를 말한다. 각 성의 사법을 관장하였으며 염방사(廉訪使)라고도 부른다.

검협(劍俠)은 고대 전기(傳記) 속에는 매우 많이 보이지만 요사이는 그러한 사람을 보지도 못했을 뿐더러 그러한 이야기를 들어본 적도 없다. 오직 들은 것은 송원문(宋轅文)[9]의 부친인 효렴 출신 송유청(宋幼淸)[10]이 평소 기이한 술법을 좋아했는데, 일찍이 회수(淮水)가에서 이인(異人)을 만난 적이 있다는 이야기뿐이다. 자리에서 검술에 대해 이야기하다가 이인이 말했다.

"세상 사람들은 겁이 많아 귀신을 봤다하면 놀라 죽을 지경이 됩니다. 정신 하나 못 붙들면서 무슨 귀신의 검술을 전수받길 바라겠습니까?"

송유청이 말했다.

"그저 보지 못했을 뿐이지 두려워할 게 뭐 있겠소?"

이인이 갑자기 자리 뒤를 가리키며 말했다.

"저 사람이라면 안 두렵겠소?"

송유청이 고개를 돌려 보았더니 자리 뒤에 귀신이 있었는데, 푸른 얼굴 붉은 수염에 흉악하고 괴이하게 생겨 마치 사람들이 빚어 낸 영관상(靈官像)[11] 같았다. 송유청은 놀랍고 두려워 땅에 고꾸라졌다. 이인이 말했다.

"두렵지 않다고 말할 수 있겠소?"

또 나의 인척인 진주(陳州)의 경여(鏡予) 송광록(宋光祿)의 부친인 포전공(圃田公) 송일한(宋一韓)이 신종(神宗)[12] 때에 병부(兵部)에 있었는데, 이영원(李寧遠)을 탄핵하는 상소를 열 번이고 스무 번이고 올렸다. 이영원은 갖

---

9 송원문(宋轅文) : 송징여(宋徵輿)로 자는 직방(直方)이고 또 다른 자는 원문(轅文)이며 화정(華亭 : 지금의 上海 松江縣) 사람이다. 순치 4년(1647)에 진사가 되었고 관직이 부도어사(副都御史)에까지 이르렀다. 저서로는 『임옥시초(林屋詩草)』가 있다.

10 송유청(宋幼淸) : 송무징(宋懋澄 : 1570~1622)이다. 유청은 자이고, 호는 아원(雅源)·치원(稚源) 혹은 자원(自源)이라고도 한다. 송강(松江) 화정(華亭) 사람이다. 그의 조상은 송 왕조의 종실이었다고 하는데, 남송이 항주로 천도할 때 따라 내려왔으며 남송 멸망 후 성을 송으로 바꾸었다고 한다.

11 영관상(靈官像) : 왕령관(王靈官)의 약칭으로 도교에서 법을 수호하고 제단을 지키는 신이다.

12 신종(神宗) : 명나라 신종 주익균(朱翊鈞)을 말한다. 만력연간(萬曆年間 : 1573~1620)에 해당한다.

은 수를 다 짜내어 빠져나가보려고 했지만 결국 뜻대로 하지 못했다. 어느 날 저녁에 포전공이 혼자 서재에 누웠다가 새벽에 일어났더니 서재 안에 책상이며 접시며 수건이며, 의대에서부터 요강 같은 것에 이르기까지 모조리 두 동강이 나 있었는데, 마치 처음부터 그렇게 만든 것처럼 조금도 이지러지거나 기울지 않았다. 문은 여전히 잠겨 있었고 밤새 숨소리 하나 들리지 않았다. 포전공은 이영원의 짓인 줄 알고 병을 핑계로 귀향했다. 송광록은 당시에 도성에서 부친을 모시고 있었기 때문에 아마도 직접 그 일을 보았을 것이다. 이에 나는 세상에는 기이한 술법이 적지 않으나 아직 보지 못했을 뿐임을 알게 되었다.

촉(蜀) 땅의 허적(許寂)은 검술을 좋아했는데, 두 스님이 그에게 말했다.

"이는 협객들이나 하는 짓이니 공께서는 배우지 않으셨으면 합니다. 신선은 맑고 깨끗한지라 이것과는 다릅니다. 협객들은 모두 귀신이며 음(陰)에 속하는 물건이니, 이는 부녀자 혹은 중들이나 배우는 것입니다."

이 말은 이치에 가까우니, 세상에 기이한 것을 좋아하는 사람들이 반드시 알아두어야 한다.

장산래가 말한다.

만약 내가 그 사람을 만났다면 당장 푸른 얼굴 붉은 수염의 사람에게 나를 대신해 울분을 풀어주길 간청했을 것이다. 겁낼 것이 무엇인가?

장요성(張瑤星)이 나에게 해 준 이야기이다.

신미년(1631) 가을에 나 장요성은 동모(東牟 : 河北省 東牟縣)에 계신 아버님을 뵈러 가는 길에 마수두(馬繡頭)라는 도인을 만났는데, 그 역시 이인이었다. 도인은 수염을 길게 기르고 덩치가 컸으며, 정수리에 얹은 누런 머리카락은 펴면 1장도 넘을 것 같았다. 빗질도 안하고 머리도 안 감았지만 조금도 더럽지 않았다. 스스로 정통(正統) 갑자년(1444)에 태어났다고 했는데, 그렇다면 지금 약 백 여든 살이 넘은 것이다. 그는 소녀술(素女

術)[13]을 행할 줄 알아서 가는 곳마다 요망한 할망구들이나 기생어미들이 잔뜩 따라다니며 한데 어울렸다. 당시에 손원화(孫元化)[14]가 등주(登州) 순무(巡撫)로 있었는데, 그 소문을 듣고는 그를 혐오하여 불러들여 꾸짖으려 했다. 그러자 도인이 말했다.

"공께서는 한 지방의 병권을 잡고 계시고, 선발한 선비들 또한 숲처럼 많은데, 어찌 한갓 떠돌이 도인을 용납하지 못하십니까?"

공이 매서운 목소리로 말했다.

"내가 선비들을 선발한 것은 쓸 준비를 해 둔 것이다. 너 같은 혹 덩어리를 어디에 쓰겠느냐?"

도인이 말했다.

"제게 부리실만한 점이 하나라도 있으면 되겠습니까?"

당시는 매우 날이 가물었기에 공이 말했다.

"비를 내리게 할 수 있겠느냐?"

도인이 대답했다.

"매우 쉽습니다!"

공이 필요한 것을 물어보자 말했다.

"탁자 수백 개를 준비해 교외에 단을 쌓아주십시오. 공들께서는 정성을 다해 저의 명령을 따르십시오. 조금이라도 어긋나면 효험이 없습니다."

공이 말했다.

---

13 소녀술(素女術) : 『소녀경(素女經)』에 나오는 방중술(房中術)을 말한다.

14 손원화(孫元化 : 1582~1632) : 자는 초양(初陽) 혹은 화동(火東)으로, 가정(嘉定) 사람이다. 명나라 만력(萬曆) 40년(1612)에 거인(擧人)이 되어 서광계(徐光啓)에게서 화기(火器)와 수학(數學)을 배웠다. 후에 요동(遼東)으로 파견되어 원숭환(袁崇煥)과 함께 영원(寧遠)에 주둔하며 수비했다. 천계(天啓) 6년(1626)에는 누루하치의 10만대군과 이른바 '영원대첩'을 벌여, 누루하치를 결국 죽음에 이르게 만들었다. 숭정(崇禎) 3년(1630) 1월에 손승종(孫承宗)을 좇아 산해관(山海關)을 진수하고, 3월에 산동안찰부사(山東按察副使), 5월에 등주(登州)와 내주(萊州)의 순무(巡撫)로 파격 승진했다. 그러나 후에 공유덕(孔有德)의 반란으로 숭정 5년(1632)에 등주가 함락되고, 손원화는 도망쳤다가 결국 북경으로 압송되어 와 옥중에서 처형당했다.

"일단 시험해 보자. 효험이 없으면 내 너를 용서하지 않겠다!"

그리고는 그의 방식대로 단을 만들게 했다. 새벽이 되자 공은 관리들을 거느리고 갔다. 도인은 도착하자 소주(燒酒) 한 말과 개고기 한 그릇을 달라고 하더니 다 먹어치운 뒤 단에 올랐다. 그리고는 공들에게 단 아래 무릎을 꿇고 앉으라 했다. 당시는 매우 무더워서 만 리 안에 구름 한 조각 없었다. 도인이 동쪽을 향해 입김을 불자 한 조각 구름이 그 입김이 닿은 곳에서 피어났다. 다시 동쪽을 향해 숨을 내쉬자 산들바람이 불어왔다. 잠시 후에 짙은 구름이 사방에 깔리더니 천둥 번개가 번갈아 치며 세찬 비가 쏟아졌다. 도인은 단 위에 높이 누워 잠들었는데, 코 고는 소리와 천둥소리가 번갈아 가며 울려댔다. 땅에 물이 2척(尺)이나 차오르는데도 사람들은 진흙 속에 꿇어 앉아 감히 움직이지 못했다. 3식경쯤 지나자 도인이 비로소 깨어나 물었다.

"비가 충분하오?"

사람들이 기뻐하며 소리쳤다.

"충분합니다!"

도인이 손을 흔들며 한 번 꾸짖자 비가 그치고 구름이 흩어지더니 아까처럼 태양이 내리쬐었다. 손공(孫公 : 孫元化)은 비틀거리며 일어나 도인을 부축해 단에서 내려온 뒤, 자기가 타고 온 여덟 명이나 탈 수 있는 넉넉한 수레에 도인을 태우고 자신은 말을 타고 돌아왔는데, 돌아온 즉시 바로 아버님의 관저로 모셔다드렸다.

아버님은 원래 선비를 좋아해서 관저에는 약 20여 명의 손님이 있었다. 그들은 매일 밤 반드시 자리를 벌여놓고 함께 술을 마셨는데, 마실 때마다 반드시 도인을 불러와 함께 했다. 도인은 지치지 않고 웃고 떠들었지만 그다지 먹지는 않았다. 간혹 먹을 것을 권하면 큰 항아리를 가져오게 한 다음 그 안에 여러 술안주와 과일을 다 넣은 후 물을 부어 단번에 들이켰다. 다시 먹을 것을 더 권하면 다른 자리에 있는 술안주와 과일을 항아리 속에 가져다 담게 하고는 아까처럼 들이켰다. 그리고는 부엌에 있는 수십 인 분량의 음식을 다 가져다가 모두 항아리에 넣고 들이켰다. 어떤 사람이 장난으로 말했다.

"더 먹을 수 있습니까?"

그가 대답했다.

"물론이지요!"

그리고는 자리에 있는 온갖 쟁반이며 사발이며 그릇을 가져가다 15층으로 쌓아놓고 하나씩 가져다 씹어 먹었는데, 마치 얼음을 씹는 듯 와작와작하는 소리가 분명하게 들렸다. 아버님은 묘도(廟島 : 山東省의 유일한 섬縣)에서 군사를 훈련시킬 때 그를 데려가 관서의 누대 위에서 잠을 잤다. 누대는 바닷가에 있었는데, 때는 엄동설한이라 바다에는 눈이 오지 않는 날이 없었고 눈이 한번 왔다 하면 몇 척이나 쌓였다. 사람들은 다투어 문을 닫아걸며 추위를 피했지만 도인은 밤이면 반드시 북쪽 창문을 열고 창문을 베고 잠을 잤다. 아침에 일어나면 눈이 몸 위에 솜처럼 수북이 쌓였지만 도인이 소매를 떨치며 일어설 때면 이마 위에 땀이 송골송골 맺혀 있었다. 간혹 바다에 몸을 던져 가부좌를 틀고 앉아 마치 물장난 치는 아이 같이 수영을 했다. 그런 다음 언덕에 오르면, 온몸에서 찌는 듯한 열기가 피어올랐으나 옷은 조금도 젖어 있지 않았다.

한번은 도인이 동강(東江 : 山東省 烟台市 東江鎭)으로 놀러갔는데, 당시 동강(東江)을 다스리던 자는 유흥치(劉興治)[15]였다. 도인이 동강에 도착하자 등주에 있을 때처럼 여러 요망한 할망구들이 모여들었다. 유흥치는 그러

15 유흥치(劉興治 : ?~1631) : 요동(遼東) 개원(開原) 사람이다. 그는 1628년에 그의 아우 유흥현(劉興賢), 형 유흥조(劉興祚) 뒤를 이어 후금(後金)을 떠나 명나라에 귀환했다. 그들 일가는 피도(皮島)에 안착해 동강진(東江鎭) 총병(總兵)으로 있던 모문룡(毛文龍)의 환대를 받았으며, 동강진에서 벼슬도 했다. 1629년 원숭환(袁崇煥)이 모문룡을 죽이고 동강진을 네 개로 나누었을 때 서협유주동강(西協留駐東江) 직을 맡았다. 1630년에는 동강진 부총병(東江鎭副總兵) 진계성(陳繼盛)과 명나라에서 파견한 관원 1인을 죽이고 반란을 일으키고, 피도를 홀로 점령했다. 1630년부터 청나라와 내통하기 시작했는데, 결국 명나라를 배신하고 청나라와 내통한 탓에 부하에 의해 살해당했다.

한 소문을 듣고 노하여 그를 불러들여 꾸짖고 법으로 다스리려고 했다. 도인이 말했다.

"공이야말로 산송장이나 진배없으면서 나를 윽박지르려 하시오? 공이 나를 무슨 수로 죽일 수 있겠소? 남들이 오히려 공을 죽일 텐데!"

유흥치가 더욱 화를 내자 도인은 좌우 사람들을 가리키며 말했다.

"이들이 모두 공을 죽일 사람이오! 성벽의 돌들이 몸을 한 바퀴 돌렸을 때가 바로 그때요."

유흥치는 그를 심문하면서 채찍으로 마구 때렸지만 도인은 코를 골며 태연하게 잠을 잤다. 유흥치도 어찌할 도리가 없었다. 도인이 나오며 그의 무리들에게 말했다.

"나를 심하게 욕보였으니 더 이상 머물 수 없겠구나."

그리고는 바다로 가서 몸을 씻었다. 목욕을 마치고 몇 아름이나 될 법한 나무 하나를 발견하고는, 마을 사람 것임을 알고 그 주인을 찾아가 자기에게 달라고 부탁했다. 그리고는 직접 도끼를 가져다 겨우 발이 들어 갈만큼의 공간을 파낸 다음, 그 속에 들어앉아 물 흐르는 대로 바다에 둥둥 뜬 채 떠나갔다. 그러나 어디로 갔는지는 알 수 없다. 그 후 유흥치는 탐욕스럽고 악독하게 굴어 선비들의 인심을 잃었다. 후에 섬의 성을 다시 쌓았는데, 담장의 돌을 한 바퀴 모두 둘러쌌을 때 부하의 칼에 맞아 죽었다.

아버님의 관저에 머무를 때, 도인은 매번 술을 마시고는 가슴을 치며 통곡했다. 아버님이 그 이유를 묻자 나를 가리키며 말했다.

"자제분께서는 신선의 자질을 지니고 계시지만 오래 살지 못하겠습니다. 저를 따라 노닐게 하시면 죽지 않을 수 있을 것입니다."

아버님이 물었다.

"몇 살까지나 살겠소?"

그가 대답했다.

"내년 정월까지 살겠습니다."

다음 해 임신년(1632) 정월 4일에 도인은 섬에서 여러 장수들과 진탕 술을 마시다가 갑자기 서쪽을 향해 통곡하며 말했다.

"애석하구나! 장공(張公 : 張瑤星)이 오늘 죽겠네!"

그 날은 등주성이 함락되던 날이었다. 이에 지난 날 술 마신 후에 한 말이 빗대어 풍자한 것임을 알게 되었다.[16]

나는 일찍이 이렇게 생각했다. 손바닥 뒤집듯 쉽게 바람과 천둥을 불러들이고, 너무도 명확하게 길흉을 예지하며, 마치 연극[17]에서처럼 공경대부들에게 오만하게 굴고, 신선처럼 추위와 더위, 굶주림과 배부름을 끊을 수 있는 도인 같은 사람이, 더럽고 부도덕한 행동을 마다하지 않고 요망한 할망구들이나 못난 놈들과도 어울리면서 "그 안에 진정한 음(陰)이 있다면, 가져다 쓸 수 있다"라고 말했으니, 너무도 황당한 일이 아닌가! 세상에 『능엄경(楞嚴經)』에서 말한 '십종선(十種仙)'[18]이나 당나라 사람들이 말하던 '통천호(通天狐)'[19]와 같은 무리들도 있는 것인가? 아니면 하늘의 뭇 신선들도 인간세상의 고관들처럼 모두가 몸가짐이 바르고 훌륭

---

16 그 날은…… 알게 되었다 : 여기서 등주성(登州城)이 함락되었다는 것은 손원화(孫元化)의 몰락을 가리킨다. 즉, 장요성이 그날 죽을 것이라는 게 아니라 등주성 순무로 있던 손원화가 성이 함락되어 후에 죽음을 맞이하게 되는 운명임을 빗댔다는 이야기이다.

17 연극 : 원문은 '변장(變場)'이다. 송나라 때 변문(變文)이나 경문(經文)을 속강(俗講)하던 장소를 말한다.

18 십종선(十種仙) : 『능엄경』에 "아난, 그리고 중생들아. 보리정각에 따라 수양하지 않고 정정과 능엄대정을 수양하지 않으면서 스스로 망령된 생각만으로 스스로를 수양한다. 생각을 간직하고 형체를 공고히 하면 장생불로할 수 있으니, 사람들의 발길이 미치지 않는 그윽한 산림에는 열 종류의 신선이 있는 것이다[阿難, 復有從人. 不依正覺修三摩地, 別修妄念, 存想固形, 游于山林人不及處, 有十种仙]"라는 구문이 있다. 십종선이란, 지행선(地行仙)·비행선(飛行仙)·유행선(游行仙)·공행선(空行仙)·천행선(天行仙)·통행선(通行仙)·도행선(道行仙)·조행선(照行仙)·정행선(精行仙)·절행선(絶行仙)이 그것이다.

19 통천호(通天狐) : 『원중기(元中記)』에 보면, 여우가 천년 묵으면 음부(淫婦)로 변하고, 백년 묵으면 미녀나 무당으로 변하기도 하고 사내가 되어 여인네와 교접하기도 한다. 또한 천리 밖에서 일어나는 일도 알 수 있고 하늘과도 통한다 하여 통천호라 부른다.

한 이들일 수만은 없는 것인가? 내 무슨 수로 하늘의 문을 두드려 물어볼 수 있겠는가?

곡주(曲周 : 河北省 남부, 太行山 동쪽 기슭에 위치한 곡주현)의 진영동(陳令桐)이 해 준 이야기이다.

읍에 사는 한 부옹(富翁)의 며느리가 친정에서 돌아온 다음날 [아들과] 함께 잠을 자다가 다시는 일어나지 못했다. 집안사람들이 불러도 대답이 없기에 문을 부수고 들어갔더니, 유황 냄새가 코를 찔렀다. 침대로 다가가 보았더니 이불이 불에 타서 반쯤 그슬린 채 구멍이 나 있었다. 그러나 두 사람은 온몸이 불에 타고, 발 하나만 남아 있을 뿐이었다. 불이 사람을 다 태워버릴 수 있다니, 이치상 이해할 수 없는 노릇이었다. 왕허주(王虛舟)가 말했다.

"모래와 돌을 태우는 것은 용화(龍火)이고 금과 철을 태우는 것은 불화(佛火)이며 사람을 태우는 불은 바로 욕화(慾火)이다. 『능엄경』에 이르길, 남녀의 교접과 같은 음탕한 습관은 서로 부비는 데서 생겨나는데, 부비길 그치지 않으면 그것이 불씨가 되어 크고 맹렬한 불꽃이 안에서 일어난다. 생각건대, 교접이 극에 달해 욕화가 활활 타올랐다가 갑자기 화염이 되어 결국 스스로를 태워버렸을 것이다. 침대와 집이 타지 않은 것은 불이 욕정에서 생긴 것이라 보통 불과는 달랐기 때문이다. 이는 용화가 모래와 돌만 태우고 불화가 금과 철만 태우는 것과 같은 이치이다." 【진영동은 휘가 우계(于階)이다】

장산래가 말한다.

옛 소설 속에도 비단 신발을 삼킨 일[20]과 오묘(襖廟)를 태운 일[21]이 있다.

---

20 비단 신발을 삼킨 일 : 『연지기(胭脂記)』에 따르면 송나라 낙양(洛陽) 사람 곽화(郭華)는 변경(汴京)으로 과거를 보러 갔다가 연지를 파는 여자 왕월영(王月英)의 미모에 반해 그녀와 만나기로 약속을 했다. 왕월영은 그와 약속한 날이 되어 장소에 나

어떤 도인이 참선을 오래했더니 갑자기 불이 일어나 그의 수염과 휘장까지 모두 탔다. 주인이 그를 구하고 나서야 불을 끌 수 있었다. 이로 볼 때, 불은 사악한 것이건 정당한 것이건 간에 모두 해를 끼치기에 족하다. 이 도인은 내가 일찍이 본 적이 있다.

박주(亳州 : 지금의 安徽省 亳州市)에 사는 손골록(孫骨碌)이라는 사람은 모습이 골록(骨碌)[22]처럼 생겼다 하여 '골록'이라 불렸다. 날 때부터 머리도 있고 몸도 있고 몸 위에는 어깨도 있었지만 팔과 손이 없었다. 몸 아래에는 엉덩이가 있었지만 다리와 발이 없었다. 영락없이 반 잘라 놓은 박 모양이었다. 그의 아버지는 아들도 없던 차에 아이가 남자 몸으로 태어나자 일단 키워보기로 했다. 아이가 성장해 갈수록 집은 더욱 부유해져 일상적인 기거에 필요한 것이나 먹고 마시는 것, 또 잠자리까지, 모든 필요한 사람을 사서 썼다. 손님을 만나러 갈 때는 사람들이 안고 나갔다. 서있을 때는 곧게 섰지만 가림벽 사이에 기대야 했고, 기댈 것이 없으면 땅에 넘어졌다. 소매는 외관을 위해 남겨두었는데, 깃을 잘 묶지 않으면 앞뒤로 돌아가 고정되지 않았다. 치마 · 버선 · 신발은 평생 마련해본 일이 없다. 아들 셋을 낳았는데, 큰 아들은 진사(進士)에 올랐고 둘째 아들과 셋째 아들은 제생(諸生)이 되었다가 지금은 봉작(封爵)까지 받았다. 이런 사람은 세상에 나와도 기르지 않고, 길러도 가난하고 미천해지는데,

---

갔으나 곽화가 술에 취해 깨워도 일어나지 않자 비단 신발을 벗어 그의 가슴에 놓아두고 돌아가 버렸다. 곽화는 술에서 깨어나 신발을 보고는 후회하며 신발을 삼키고 죽어버렸다.

21 오묘(襖廟)를 태운 일 : 『연감유함(淵鑒類函)』 권58에 따르면 촉(蜀)나라의 공주가 어렸을 때 유모 진씨(陳氏)의 아들과 궁중에서 함께 놀았는데, 나중에 진씨의 아들이 어미를 따라 궁궐 밖으로 나오게 되었다. 진씨의 아들은 공주를 몰래 사모하여 공주와 오묘에서 만나기로 약속을 했으나 공주가 오묘로 갔더니 그가 너무 깊이 잠들어 있기에 어렸을 때 가지고 놀던 옥팔찌를 그의 가슴 속에 놓아두고 가버렸다. 진씨의 아들이 깨어나 옥팔찌를 보고선 원망의 기운이 불을 일으켜 오묘를 태워버렸다고 한다.

22 골록(骨碌) : 공처럼 둥근 물건이다.

손골록만은 이처럼 부귀해졌으니, 조화란 실로 헤아릴 수 없는 것이로구나!

장산래가 말한다.

이 사람의 아버지가 아들이 없어 그를 키웠다니, 그건 가능하다고 치자. 그러나 어떤 여자가 과연 기꺼이 시집을 왔는지, 모를 일이로다!

해염(海鹽 : 지금의 浙江省 海鹽)에 금봉(金鳳)이라는 배우가 있었는데, 젊어서 미모로 엄동루(嚴東樓)[23]의 사랑을 받았다. 엄동루는 낮에 금봉이 없으면 먹지 않았고 밤에 금봉이 아니면 자지 않았다. 엄동루가 패망하자 금봉 역시 쇠약해져 가난한 마을에서 먹고 살았다. 그 즈음에 이른 바 『명봉기(鳴鳳記)』[24]라는 잡극이 있었는데, 금봉은 다시 분장을 하고 엄동루 역할을 맡았다. 근자에는 완회녕(阮懷寧)[25]이 직접 극을 만들어 집에서 기르는 배우들에게 그것을 연기하게 했다. 완회녕이 죽자 배우들은 다른 집으로 흩어졌다. 그러나 배우 이씨(李氏)만은 손님이 완회녕이 지은 그 어떤 극을 연기하게 해도 늘 할 수 없다고 사양했으며 그의 동료들에게도 더 이상 연기를 하지 말라고 당부했다. 손님이 그 이유를 묻자 이렇

23 엄동루(嚴東樓) : 명나라 간신인 엄숭(嚴嵩)의 아들 엄세번(嚴世蕃)으로, 악행을 너무 많이 저질러서 나중에 왕봉주(王鳳洲)에게 독살 당한다.

24 『명봉기(鳴鳳記)』 : 명나라 전기(傳奇) 작품. 대략 융경연간(隆慶年間 : 1567~1572)에 지어진 것으로 보인다. 여천성(呂天成)은 『곡품(曲品)』에서 무명씨 작으로 기록하였다.

25 완회녕(阮懷寧) : 완대성(阮大鋮 : 1587~1646)을 가리킨다. 그가 회녕(지금의 安徽省 安慶) 사람이었기에 그렇게 부른 것이다. 자는 집지(集之), 호는 원해(圓海) · 석소(石巢) · 백자산초(百子山樵)이다. 그는 유명한 극작가이기도 한데, 남긴 작품으로는 『연자전(燕子箋)』 · 『춘등미(春燈謎)』 등이 유명하다. 1616년 진사에 급제하여 천계연간(天啓年間 : 1621~1627)에 환관 위충현(魏忠賢)의 당(黨)에 가담하여 광록경(光祿卿)이 되었으나 위충현이 실각하자 남경에 숨어 지내다가 명이 멸망하고 복왕(福王) 주유숭(朱由崧)이 옹립되자 그 밑에서 병부상서가 되었다. 남경이 함락되자 청에 항복하고 그 군중(軍中)에서 죽었다.

게 대답했다.

"어르신의 성명은 저희가 범하지 않아도 남들이 이러쿵저러쿵 하는 것을 피할 수 없습니다. 매번 어르신이 지은 극을 연기했다하면 손님들이 별별 말을 다하며 웃고 욕해서 사람 마음을 종일토록 괴롭게 만드니, 차라리 못하겠다고 사양하느니만 못합니다."

이 배우는 금봉보다 훨씬 낫구나! 완회녕이 지하에서 이 배우를 어떻게 볼지 모르겠다.

민(閩) 땅 사람 이춘명(李春明)은 사람됨이 공손하고 후덕하여 사람들이 근거 없는 소리 하는 것을 들으면 귀를 막고 지나가 버렸다. 그래서 사람들은 그를 '이색이(李塞耳)'라고 불렀다. 하루는 귀 안이 이상하게 간지러워 장인을 불러 파게 했더니, 안에서 황금 2푼이 나왔다. 그는 그것을 은 1전 4푼과 바꾸어 곡식을 샀다. 또 귀 안에 큰 구슬 두 알이 있었는데, 매우 둥글고 아름다워 부잣집에 팔아서 600금(金)을 얻었다. 그 해는 곡식 값이 아주 쌌다. 밤에 잠을 자는데 꿈속에서 어떤 사람이 그의 귀를 잡아당기며 말했다.

"나라에 도가 있으면 국가의 녹을 받는다."[26]

그는 잠에서 깨어나 생각했다.

"신께서 나에게 곡식을 쌓아두라고 하신 것이 아닐까?"

이에 금으로 3천 섬의 곡식을 사들였다. 이듬해 곡식 값이 뛰어오르자 곡식을 팔아 4천여 금을 벌었다. 집안이 날로 일어나 수십만 금을 쌓아둔 갑부가 되자 사람들은 그의 후덕함에 대한 보답이라고 여겼다.

남의 집안 이야기를 하는 것은 원래 훌륭한 일은 못된다. 설령 그러한

---

26 나라에 …… 받는다 : 원문은 '방유도곡(邦有道穀)'으로, 『논어』 「헌문(憲問)」에서 원헌(原憲)이 수치스러운 것에 대해서 묻자, 공자가 "나라에 도가 있을 때 국가의 녹을 받는 것이니, 나라에 도가 없을 때 녹을 받는 것은 수치스러운 일이다[邦有道穀, 邦無道穀, 恥也]" 하고 대답하였다고 한다.

일이 진실로 있다손 치더라도 나랑 무슨 상관있단 말인가? 그러한 일이 없는데도 이야기를 하는 것은 무고하는 짓이다. 이러한 일이 정말 있었는지 없었는지 논할 필요도 없이 후대의 사람들이 마땅히 본보기로 삼아야할 바이다.

강주(江州 : 지금의 江西省 九江市)의 여괴(黎媿)가 나에게 해 준 이야기이다.

광주(廣州 : 지금의 廣東省 廣州市)의 백성 중에 활 잘 쏘기로 이름난 사람이 있었는데, 항상 독화살을 끼고 산 속으로 들어갔다. 때마침 번개가 갑자기 내리치자 그는 놀라 사당으로 들어갔다. 번개가 따라 들어와 섬광이 그의 몸을 세 겹으로 둘렀지만 끝내 해치지는 않았다. 백성이 무릎을 꿇고서 빌었다.

"제게 아무리 죄가 있어도 갑자기 번개를 내리치면 어디로 도망가겠습니까? 어찌하여 우르르 쾅 사람을 겁주시는 것입니까?"

번개소리는 점차 물러가는 것 같더니 다시 들어왔다가 다시 나갔다. 거듭 이렇게 하면서 마치 어디로 데리고 가려는 것처럼 끝내 백성을 해치지는 않았다. 백성이 갑자기 깨달아 말했다.

"신께서 저를 쓰시려는 거군요."

그러자 더 이상 번개소리가 들리지 않았다. 백성이 번개소리를 따라나서 산 아래에 이르렀더니 번개가 막 불을 뿜고 채찍을 휘두르며 큰 나무를 공격하고 있었다. 붉은 옷을 입은 여자가 갑자기 나무속에서 나오자 번개는 급히 나무에서 수십 리[27] 멀리 떨어졌다. 붉은 옷을 입은 여자가 내려오면 번개가 다시 왔고 붉은 옷을 입은 여자가 나오면 번개는 또 멀리 달아났다. 한참 동안 서로 싸우기만 할 뿐, 일격을 가하지 못했다. 백성은 이에 독화살을 메고 붉은 옷 입은 여자가 나오길 기다렸다가 쏘아 맞췄다. 그러자 번개가 크게 내리치며 갑자기 그 나무를 뽑아버렸다.

27 수십 리 : 원문은 '수사(數舍)'로, 중국 고대에는 행군할 때에 30리를 1사(舍)로 삼았다.

백성이 돌아와 집으로 들어가자마자 집안사람들이 앞 다투어 말했다.

"번개가 방까지 들어와 사람을 놀라게 하는 바람에 거의 죽을 뻔 했으나 다행히 집에는 별 탈 없었어요. 다만 솥이 뒤집히면서 그 바닥에 적힌 붉은 색 글씨 몇 자가 보였는데, 도무지 알아 볼 수가 없군요."

뇌문(雷文)에 능통한 도사가 말하길 "신의 위력을 도왔으니 12년의 생명을 연장한다"는 여덟 글자라고 했다. 산 속의 사람들이 말하길, 나무는 평소에 별 다른 점이 없었다고 하니, 그 여자가 어떤 요괴였는지 끝내 알 수 없구나. 당나라 소설 중에도 신이 붉은 옷 입은 여자를 쫓아간 이야기가 나오는데, 여자는 나무에서 나와서 점점 하늘로 올라가더니 몇 방울의 붉은 비로 떨어졌다. 이는 천제의 명을 받아 비천야차(飛天夜叉)를 죽인 이야기[28]라고 한다. 이 여자도 그러한 부류가 아니겠는가?

장산래가 말한다.

감재선생(減齋先生 : 「인수옥서영」의 작가 주양공)과 나의 선친은 막역한 사이였다. 나는 젊었을 때 「인수옥서영」을 얻어 보았으나 갑인년(1674)의 난리 때 책을 모두 잃어버렸다. 지금 선생을 양주(揚州)로 모셔와 주군의 일을 도와달라고 하면서, 다시 간청해서 이 책을 얻었으니, 아버님의 옛 친구를 다시 마주하는 것 이상의 기쁨이다.

---

28 당나라 …… 이야기 : 『태평광기(太平廣記)』 권357 「야차(夜叉)」에 나오는 이야기이다. "진사 설종(薛淙)은 하북(下北)을 떠돌다가 한 스님을 만났는데, 스님이 말하였다. '내가 스무 살 때 일찍이 북쪽으로 가다가 거연국(居延國)에 가게 되었소. 하루는 한 여자를 보았는데, 맨발에다 비단 치마를 입고 머리를 산발한 채 바람처럼 걸어서 고목 속으로 들어갔소. 십오 리 쯤 갔을 때 한 사람을 보았는데, 그는 갑마를 타고 황금옷을 입었으며, 검과 활을 갖추고 있었고 번개처럼 빨리 내달렸소. 그 사람은 나를 보더니 붉은 치마를 입은 사람을 보지 못했소? 그는 사람이 아니라 하늘을 나는 야차요. 어제 천제의 명을 받아 사타천에서부터 여기까지 쫓아왔는데 이미 8만4천리를 달려왔소라고 했소. 이에 나는 자세하게 이야기해주었소. 이 사람은 야차와 같이 하늘로 올라갔는데, 잠시 후에 하늘에서 삼십여 개의 핏방울이 떨어졌소. 아마도 야차가 활에 맞은 것 같았소.'"

德州程正夫言 : 順治癸巳正月十八日, 夜風厲甚, 恩縣祁村陂中水, 卓立成山. 廣四丈, 高二丈許, 峰巒秀拔, 谽壑迴環, 一磴委蛇相通. 觀者遠近裹糧, 至日千餘人, 禱祠焉. 遍考諸書, 古無此異, 不知何祥也! 余按正德中, 文安縣水忽僵立, 是日天大寒, 忽凍爲氷柱. 高五丈, 圍亦如之, 中空而旁有穴. 數日後, 流賊過文安, 民避入氷穴, 賴以全活者甚衆. 正如此類.

小品中載有薦藝士於顯貴者. 其人固平易, 顯貴雖禮之, 然未嘗問其所長. 瀕行, 其人曰 : "辱公愛, 有小技, 願獻於公." 乃索素紙, 爲圍棊盤, 信手界畫, 無毫髮謬. 顯貴驚嘆.

正統間, 周伯器年九十, 修『杭州志』. 燈下書蠅頭字, 界畫烏闌, 不折紙爲範, 毫髮不爽.

章友直伯益, 以篆名. 官翰林待詔, 同人聞其名, 心未之服, 咸求願見筆法. 伯益命粘紙各數張, 作二圖. 其一紙縱橫各作十九畫, 成一棊局, 其一作十圓圈, 成一射帖, 其筆之麤細, 間架疎密, 無毫髮之失. 諸人歎服, 再拜而去.

古今絶技, 亦有相同者如此.

張山來曰 : 皖城石天外曾爲余言. 有某大僚, 薦一人于某有司, 數日未獻一技. 忽一日, 辭去, 主人餞之. 此人曰 : "某有薄技, 願獻于公. 望公悉召幕中客共觀之, 可乎?" 主人始驚愕, 隨邀衆賓客至. 訪 : "客何技?" 客曰 : "吾善吃烟." 衆大笑, 因詢 : "能吃幾何?" 曰 : "多多益善!" 于是置烟一觔, 客吸之盡, 初無所吐. 衆已奇之矣, 又問 : "仍可益乎?" 曰 : "可." 又益以烟若干, 客又吸之盡. "請衆客觀吾技!" 徐徐自口中噴前所吸烟, 或爲山水樓閣, 或爲人物, 或爲花木禽獸, 如蜃樓海市, 莫可名狀. 衆客咸以爲得未曾有, 勸主人厚贈之. 由此觀之, 誠未可輕量天下士也!

荊南居客麻城忠淳間, 有一鸚鵡, 見長老壽普來, 忽鳴曰 : "望慈悲!" 長老曰 : "小畜, 誰教爾能言?" 鸚鵡自後不復聲. 麻縱之, 徑赴僧側, 啾啁致謝. 僧曰 : "宜高飛, 免再墮." 又求指示, 僧令誦佛經. 八年, 僧至桃源, 一小兒來謝曰 : "吾麻氏鸚鵡也, 荷方便, 今在蕭家作男子矣." 驗之, 脇下尙有翅毛.

有宦閩者, 攜雙鸚鵡歸江右, 兩禽晨夕相依如昆季. 宦者以一贈陳子右嗣, 韓子人穀亦得其一. 陳・韓固親串, 過從無間, 鸚鵡時互相問哥哥好. 未幾, 陳子齋中有異物搏鸚鵡死. 陳子痛之甚, 旣除地以瘞之, 又語人穀, 賦詩吊之. 詩成, 人穀特告其家羽. 輒騰躑架上曰 : "哥哥死! 哥哥死!" 傷惋不勝, 遂不食, 越日亦蛻去. 二子廣乞名詞, 爲之志述. 江右・三吳諸詞人皆有作, 因彙爲一集, 顔曰'羽聲合刻'. 鄧子左之爲之序, 序亦悽惻肆動. 物固多情如此!

又吾梁山貨店市肆, 養鸚鵡甚慧, 東關口市肆, 有料哥亦能言. 兩店攜二鳥相較. 鸚鵡歌一詩, 料哥隨和, 音清越不相下. 料哥再挑與言, 不答一字. 人問其故, 曰 : "彼音劣我而黠勝我, 我開口便爲所竊矣." 臬司有愛子病篤, 購以娛之. 賈人籠之以獻, 鸚鵡悲愁不食, 自歌曰 : "我本山貨店中鳥, 不識臺司衙內尊. 最是傷心懷舊主, 難將巧語博新恩." 留之五日, 苦口求歸, 乃返之山貨店, 垂頸氣盡. 萬曆年間事也.

張山來曰 : 向聞有人供一高僧, 其庭中鸚鵡, 于無人時, 向僧曰 : "西來意, 你教我個出籠計." 僧應之云 : "出籠計, 除非是兩脚筆直, 雙眼緊閉!" 少頃, 鸚鵡足直目閉而死. 主人悼惋, 命解絛瘞之. 解後, 鸚鵡忽飛去, 向僧謝曰 : "西來意, 多謝你個出籠計!" 附記於此.

劍俠見於古傳紀中甚夥, 近不但無其人, 且未聞其事. 惟聞宋轅文尊公幼清孝廉, 素好奇術, 曾遇異人於淮上. 席間譚劍術, 其人曰 : "世人膽怯, 見鬼神輒驚悸欲死. 魂魄尚不能定, 安望授鬼神術?" 宋曰 : "特未見耳, 烏足畏?" 其人忽指坐後曰 : "如此人, 公那不畏?" 回首顧之, 座後輒有神, 靛面赤髭, 猙獰怪異, 如世所塑靈官像. 宋驚懼仆地, 其人曰 : "得云不畏耶?"

又予姻陳州宋鏡予光祿尊人圃田公, 諱一韓, 神廟時在兵垣, 劾李寧遠, 疏至一二十上. 寧遠百計解之, 卒不從. 一夕, 公獨臥書室中, 晨起, 見室內几案盤盂, 巾舄衣帶, 下至虎子之屬, 無不中分爲二, 痕無偏缺, 有若生成. 而戶扃如故, 夜中亦無少聲息. 公知寧遠所爲, 卽移疾歸. 光祿時侍養京邸, 蓋親見之. 乃知世不乏異術, 特未之逢耳.

蜀許寂好劍術, 有二僧語之曰 : "此俠也, 願公無學. 神仙淸淨, 事異於此. 諸俠皆鬼, 爲陰物, 婦人僧尼皆學之." 此言近理, 世之好異者當知之.

張山來曰 : 若我遇其人, 當卽懇靛面赤髭者爲我洩憤矣. 尚何所畏耶?

張瑤星語予 : 辛未秋, 予覲先大夫于東牟, 遇道人馬繡頭者, 亦異人也. 道人修髯偉幹, 黃髮覆頂, 舒之可長丈許. 不櫛不沐, 而謈無垢穢. 自言生于正統甲子, 至是約百八十餘歲矣. 行素女術, 所至淫媪鴇妌, 多從之遊. 時孫公元化開府于登, 聞而惡之, 呼至, 將加責焉. 道人曰 : "公秉鉞一方, 選士如林, 乃不能容一野道人耶?" 公厲聲曰 : "予選士以備用耳. 若臃腫何所用?" 道人曰 : "萬有一備指使, 可乎?" 時方大旱, 公曰 : "若能致雨乎?" 曰 : "易易耳!" 問所須, 曰 : "須桌數百張, 結壇于郊. 公等竭誠, 惟我命是從. 稍齟齬者, 不效矣." 公曰 : "姑試之. 不効, 乃公不爾恕也!" 命治壇如其式. 淩晨, 率僚吏往. 道人至, 則索燒酒一斗, 並犬一器, 啖之盡, 乃登壇. 命公等長跪壇下. 時方溽暑, 萬里無纖雲. 道人東向而噓, 則有片雲從其噓處起. 復東向而呼, 則微風應之. 少焉, 濃雲四布, 雷電交作, 雨下如注. 道人高臥壇上, 鼾聲與雷聲響答互應. 地上水可二尺, 諸公長跪泥淖中不敢動. 歷三時許, 道人乃寤, 曰: "雨足乎?" 衆歡呼曰: "足矣!" 道人揮手一喝, 而雨止雲散, 烈日如故. 孫公踉蹌起, 扶掖而下, 以所乘八座乘之, 而騎從以歸, 歸卽送入先大夫署中.

先大夫故好士, 署中客約廿餘人. 每夕必列席共飮, 飮必招道人與俱. 道人言笑不倦, 而多不食. 或勸之食, 則命取大罌, 盡投諸殽核其中, 以水沃之, 一擧而盡. 復勸之食, 則命取他席上殽核投罌中, 盡之如初. 乃至盡庖廚中數十人之饌, 悉投悉盡. 或戲曰: "能復食乎?" 曰: "可!" 則取席上諸柈盂盌盎之類, 十五累之, 擧而大嚼, 如嚼氷雪, 齒聲楚楚可聽也. 先大夫治兵廟島, 拉與俱, 宿署樓上. 樓濱海, 時嚴冬, 海上無日不雪, 雪卽數尺. 人爭塞門墐戶, 以避寒威, 而道人夜必敞北窗, 以首枕窗面臥. 早起, 雪覆身上如堆絮, 道人拂袖而起, 額上汗猶津津然. 或投身海中, 盤薄游泳, 如弄潮兒. 及登岸, 遍身熱氣如蒸, 而衣不少濡濕也.

旣而往游東江, 東江帥爲劉興治. 道人至, 則聚諸淫媪, 如在登時. 興治聞之怒, 呼而責之, 將繩以法. 道人曰: "公尸居餘氣, 乃相嚇耶? 公何能殺我? 人特殺公耳!" 興治益怒, 道人指其左右曰: "此皆殺公者也! 俟城石轉身, 則其時矣." 興治命責之, 鞭扑交下, 道人鼾睡自若. 興治無如何也. 道人出, 語其徒曰: "辱我甚, 不可居矣." 乃往海中浴. 浴竟, 見有一木, 大數圍, 知是土人物, 從求得. 自持斧, 略加剞鑿, 纔可容足, 輒坐其中, 亂流浮海而去. 不知所終. 其後興治以貪殘失士心. 改築島城, 城石盡轉, 而興治爲其下所刺.

方道人之在署中也, 每酒後, 輒撫膺痛哭. 先大夫叩其故, 則指予曰: "郞君有仙才, 而年不永. 使從我遊, 不死可致也." 先大夫曰: "年幾何?" 曰: "盡明歲之正月." 次年壬申, 春王四日, 道人方與島中諸將士轟飮次, 忽西向而慟曰: "可惜張公, 今日死矣!" 蓋登州城陷之日也. 乃知向日酒後之言, 蓋託諷耳.

予嘗謂. 道人嘯命風雷如反掌, 預識休咎如列眉, 傲慢公卿如觀變場,絶寒暑饑飽如化人，而獨不避穢行，與淫媼遊，且比及頑童，曰：“中有眞陰，可採補也.” 此大悖謬！豈世上自有此一種，如『楞嚴』所稱‘十種仙’，或唐人所稱‘通天狐’屬耶？抑天上羣仙，亦如人間顯宦，不盡皆立品行，紉蓀荃者耶？吾又安得叩九閽而問之？

曲周陳公令桐言：其邑富翁子婦自父家還，明日偕臥不復起. 家人呼之不應，抉戶而入，烟撲鼻如硫黃. 就牀視之，衾半焦，火爍之，有孔. 二體俱焚，惟一足在. 火之焚人，理殊不可解. 王盧舟曰：“焚砂石爲龍火，焚金鐵爲佛火，焚人之火，是爲慾火. 佛言婬習交接，發于相磨，研磨不休，如是故有大猛火光，于中發動. 意其研磨之極，慾火熾煽，煽而忽焰，遂以自焚. 其不焚牀第廬舍者，火生于慾，異於常火. 亦如龍火止焚砂石，佛火止焚金鐵耳【陳公諱于階】.

張山來曰：舊小說中，已有呑繡鞋，焚襖廟事矣.
某道人坐功久，忽然火發，焚其鬚及帷. 主人救之始熄. 可見火無邪正，皆足爲害也. 此道人余曾見之.

亳州孫骨碌者，人像其形，故以‘骨碌’稱. 生時有首有身，身上具肩，無臂手. 身下具尻，無腿足. 如截瓜然. 其父無子，以其男體，姑育之. 長而家益富，坐臥啓處，飮食男女，一切需人爲用. 見賓客，皆人抱以出. 立則豎而倚之門屏間，失倚則仆地. 衣具袖爲觀美，領不糸叩襭，則前後轉徙無定在. 裙袜履，生平未嘗設. 生三子，長公登進士，次幼爲諸生，今且貤封矣. 此等世雖生不育，育亦貧且賤，而孫君獨富貴，造化固不可測歟！

張山來曰：此君之父，因無子而育之，可也. 但不識何等女子居然肯嫁之乎！

海鹽有優者金鳳, 少以色幸于嚴東樓. 東樓晝非金不食, 夜非金不寢也. 嚴敗, 金亦衰老, 食貧里中. 比有所謂『鳴鳳記』, 金復塗粉墨, 身扮東樓矣. 近阮懷寧自爲劇, 命家優演之. 懷寧死, 優兒散于他室. 李優者, 但有客命爲懷寧所撰諸劇, 輒辭不能, 復約其同輩勿復演. 詢其故, 曰 : "阿翁姓字, 不觸起, 尙免不得人說. 每一演其撰劇, 座客笑罵百端, 使人懊惱竟日, 不如辭以不能爲善也." 此優勝金優遠矣! 不知懷寧地下何以見此優.

閩人李春明者, 爲人長厚, 聞有談人曖昧事, 輒塞耳走. 人以'李塞耳'呼之. 一日耳內奇癢, 召工取之, 內黃金二分. 易銀一錢四分, 市穀一斛. 內有大珠二顆, 最圓美, 市諸富室, 得六百金. 其年穀甚賤. 夜就寢, 夢有人提其耳曰 : "邦有道穀." 寤而省曰 : "神意得無使我積穀乎?" 乃出金市穀, 入三千石. 次年, 穀價騰貴, 發糶得四千餘金. 家日起, 至十數萬, 人以爲厚德之報.

大抵談人閨閫, 原非盛德事. 使其事誠有之, 與我何與? 無而言之, 則爲誣善矣! 斯事有無, 不必論, 後生固當以爲法矣.

江州黎媿曾爲余言 : 廣州民有以善射聲名者, 常挾毒矢入山中. 値雷雨卒至, 驚避入野祠. 雷隨入, 礮硨繞身者三匝, 然終不爲害. 民跪而祈曰 : "民誠罪, 遽擊何所逃? 奈何格格悸人耶?" 雷聲漸引去, 已復至, 復出. 如是者再, 若將導之去者, 終不害民. 民忽悟曰 : "神將用我矣." 遂不霆. 逐雷聲行, 抵山下, 見雷方吐火施鞭, 奮擊巨樹. 一朱衣女子, 突從樹中出, 雷遽遠樹數舍. 紅衣下, 雷復至, 紅衣出, 則雷又遠去. 格鬪久之, 終不成擊. 民乃引毒矢伺紅衣出, 貫之. 霹靂大作, 遽拔其樹. 民歸, 入其室, 家人競言 : "雷方入屋, 震人幾死, 幸家無恙. 惟釜翻, 露硃書數字于底, 不可識." 有黃冠通雷文者, 云 : "是'助神威力, 延壽一紀'八字也." 山中人言, 樹平時無他異, 亦終不知女子爲何妖. 按唐小說中,亦有神追朱衣女子, 自樹中出, 久之漸上, 有數點緋雨飛下. 云是帝命誅飛天夜叉. 此女子得非其類耶?

張山來曰 : 減齋先生與先君子爲莫逆交. 予少時獲覩「書影」, 甲寅之變, 書皆不存. 今燕客先生來揚佐郡, 余復懇得是書, 不啻與父執相對也.

복숭아씨 염주에 대해 기록하다[記桃核念珠]

담인(澹人) **고사기**(高士奇)

나는 108 염주 하나를 얻었는데, 염주는 산복숭아 씨로 만들었고 작은 앵두처럼 둥글었다. 염주 한 알 속에는 나한(羅漢) 3~4존(尊) 또는 5~6존씩 새겨져 있었으며, 서 있는 상, 앉아 있는 상, 불경을 공부하는 상, 지팡이를 짚고 있는 상, 감실에 좌정하고 있는 상, 그늘에 가부좌를 하고 설법하고 있는 상, 둘러앉은 채 그림을 가리키며 의논하고 있는 상, 어깨를 드러내고 맨발로 예를 행하면서 고개 숙이고[1] 앞으로 나아가는 상과 뒤에서 시중드는 상 등 모두 합하여 그 수가 오백 존이나 되었다. 부들방석 · 대나무 갓 · 다구(茶具) · 연잎 · 병 · 바리때 · 불경들이 모두 갖추어져 있었고, 용 · 호랑이 · 사자 · 코끼리 · 새 · 짐승 · 사자 · 원숭이가 그 사이사이에 어지럽게 조각되어 있었다. 처음 보아서는 그다지 분명히 보이지 않는다. 그러나 밝은 창 아래 잘 정돈된 책상에 앉아 마음을 가라

1 고개 숙이고: 원문은 '화남(和南)'으로 불교 용어이다. 고개를 숙여 인사하는 것을 말한다.

앉히고 자세히 보면 겨우 좁쌀만 하게 새겨진 나한의 기이하고 예스러운 모습이 보였다. 어떤 나한은 채색 비단 옷을 입고 있고 어떤 나한은 가사나 논에서 일할 때 입는 베옷을 입고 있기도 했는데, 모습에 운치가 넘쳤고 각각의 상들이 소나무와 돌 사이에 흩어져 있는 모습은 가히 예술의 극치라고 이를 만했다!

예전에 나는 낭중(郎中) 최선(崔銑)의 『왕씨필관기(王氏筆管記)』에서 다음과 같은 글을 본 적이 있다.

"당나라 덕주자사(德州刺史) 왕의(王倚)의 집에 붓대 하나가 있었는데, 사람들이 일반적으로 사용하는 것 보다 조금 굵었다. 가운데 「종군행(從軍行)」 그림 한 폭이 새겨져 있었는데, 사람·말·터럭·머리카락·정자·누대·멀리 보이는 강 등 모든 것의 묘사가 매우 빼어났다. 매 장면마다 「종군행」 두 구절씩을 다시 새겨놓았으니, 예를 들면 '뜰 앞의 옥나무는 더위잡아 오를 만큼 자랐거늘, 변방으로 간 사람 아직도 돌아오지 않네'와 같은 것이다."

또 『철경록(輟耕錄)』에는 다음과 같은 이야기가 실려 있다.

"송나라 고종(高宗) 때의 솜씨 좋은 장인 첨성(詹成)의 조각은 매우 정교했다. 그가 만든 새장은 사면을 알록달록하게 새겨 놓았는데, 대나무 가닥 위에 궁궐·인물·산수·날짐승 등이 실처럼 가늘게 새겨져 있어 정교하고 아름다운 것이 마치 살아 움직이는 것 같았다. 이백여 년을 뒤져봐도 이 같은 사람은 없다."

지금 내가 본 염주는 그 조각의 정교함이 이 두 가지보다 더 훌륭한 것 같다. 장인의 이름을 알 수 없는 것이 안타깝구나!

장주(長洲 : 蘇州의 별칭)의 주여호(周汝瑚)가 말했다.

"오(吳) 땅에서 이 일을 업 삼는 사람들은 열심히 연마하고 정력을 다 바쳐가며 팔구년 간 노력한다. 그러나 작품을 완성해봤자 겨우 반년 먹을 곡식과 바꿀 수 있을 뿐이어서 여덟 식구조차 배불리 먹을 수 없다. 그래서 이 기예를 익히는 사람이 점점 줄고 있다. 아! 짐꾼이나 농사꾼,

수레꾼이나 마부 같이 세상에서 아무 재주라곤 없는 사람들도 어리석고 무지하여 날마다 힘을 팔아 남에게 부림을 당할 뿐이지만, 그래도 처자식 먹여 살리기에 충분할 뿐 아니라, 그러고도 남은 돈이 있으면 밤마다 무리들과 어울려 술도 마시고 도박[2]도 즐긴다. 그러나 지금 그대가 말한 장인들은 눈 빠지도록 일하고 마음을 다 쏟아 부어가며 추위와 더위 속에 세월을 보내지만, 굶주림을 면하지 못한다. 그렇다면 교묘한 재주가 오히려 심히 못난 것이고, 저 재주 없는 자들이 오히려 솜씨 좋은 장인보다 나은 것 아닌가!"

그래서 나는 산호와 목난(木難)[3]으로 장식한 다음 염주를 비단주머니에 넣고, 주여호의 말에 대한 답글을 적어 후세에 자신의 기교만을 믿는 자들에게 교훈을 남기고자 한다.

장산래가 말한다.

마지막 단락의 의론은 장인들의 환상을 깨우기에 충분하다. 다만 이런 의론이 나와서 다시는 정교한 작품들을 보지 못하게 될까 걱정이다. 어찌할꼬!

得念珠一百八枚, 以山桃核爲之, 圓如小櫻桃. 一枚之中, 刻羅漢三四尊, 或五六尊, 立者・坐者・課經者・荷杖者・入定於龕中者・蔭樹趺坐而說法者・環坐指畵論議者・袒跣曲拳和南而前趨而後侍者, 合計之, 爲數五百. 蒲團・竹笠・茶奩・荷葉・餠鉢・經卷畢具, 又有雲龍風虎, 獅象鳥獸, 狻猊猿猱錯雜其間. 初視之, 不甚了了. 明窗淨几, 息心諦觀, 所刻羅漢, 僅如一粟, 梵相奇古. 或衣文織綺繡, 或衣袈裟水

2 도박 : 원문은 '호로(呼盧)'로 호로갈치(呼盧喝雉)의 약칭이다. 중국 고대에 즐겨 하던 도박놀이의 일종이다.

3 목난(木難) : 보석의 일종으로 '막난(莫難)'이라고도 한다. 진(晋) 곽의공(郭義恭)의 『광지(廣志)』에 따르면 "막난주(莫難珠)는 색깔이 누렇고 동이(東夷) 지역에서 난다[莫難珠, 其色黃, 生東夷]"고 한다.

田絺褐, 而神情風致, 各蕭散於松栢巖石, 可謂藝之至矣!

向見崔銑郎中有『王氏筆管記』云 : 唐德州刺史王倚家, 有筆一管, 稍麤於常用. 中刻「從軍行」一舖, 人馬毛髮, 亭臺遠水, 無不精絶. 每事復刻「從軍行」詩二句, 如“庭前琪樹已堪攀, 塞外征人殊未還”之語. 又『輟耕錄』載 : “宋高宗朝, 巧匠詹成雕刻精妙. 所造鳥籠四面花版, 皆於竹片上刻成宮室人物, 山水花木禽鳥, 其細若縷, 而且玲瓏活動. 求之二百餘年, 無復此一人.” 今余所見念珠, 雕鏤之巧, 若更勝於二物也. 惜其姓名不可得而知!

長洲周汝瑚言 : “吳中人業此者, 研思殫精, 積八九年. 及其成, 僅能易半歲之粟, 八口之家, 不可以飽. 故習玆藝者亦漸少矣. 噫! 世之拙者, 如荷擔負鋤, 輿人御夫之流, 惷然無知, 惟以其力日役於人, 旣足養其父母妻子, 復有餘錢, 夜聚徒侶, 飮酒呼盧以爲笑樂. 今子所云巧者, 盡其心神目力, 歷寒暑歲月, 猶未免於饑餒. 是其巧爲甚拙, 而拙者似反勝於巧也!” 因以珊瑚 · 木難飾而囊諸古錦, 更書答汝瑚之語, 以戒後之恃其巧者.

張山來曰 : 末段議論, 足醒巧人之夢. 特恐此論一出, 巧物不復可得見矣. 奈何!

복숭아씨 공예품을 기록하다[核工記]

자정(紫庭) 송기봉(宋起鳳)

막내 동생이 복숭아씨 한 알을 얻었는데, 크기가 5푼쯤 되고 지름이 4푼 정도 되었다. 복숭아씨 전체에는 앞뒤로 산이 새겨져 있었고, 산골짜기에 새겨진 성가퀴 하나까지 낱낱이 분명했다. 성 꼭대기에는 누각이 갖추어져 있었고 누각 문은 활짝 열려있었으며 누각 안에는 관아의 보초병이 북과 북채를 들고 추위를 이기지 못해하는 모습이 새겨져 있었다. 산기슭에는 절 하나가 있고 노송 세 그루가 절을 가리고 있었으며 소나무 아래에는 한 짝의 문이 뚫려 있어 여닫을 수 있었다. 문 안에는 한 스님이 머리를 숙인 채 귀 기울이고 있었는데, 문이 닫혀있으면 문 두드리는 소리에 답할 것만 같았고, 문이 열려있으면 안으로 맞아들일 것만 같았다. 왼쪽에서 보던 오른쪽에서 보던, 온당치 않은 곳이 하나도 없었다. 소나무 밖에는 동쪽에서 온 한 스님이 책을 등에 메고 비틀비틀 걷고 있었는데, 불사를 마치고 밤에 돌아오는 길인 것 같았다. 건너편 숲에 서있는 한 동자승은 스님의 발자국 소리를 듣고 급히 앞으로 나오는 길인 것 같았다. 복숭아씨 측면에는 7층 불탑이 있었는데, 물가와는 반 푼 떨어져 있었고 물가 가까이에는 배 하나가 묶여 있었다. 선창과 뱃전 사이에서 손님이 탁자에 기대어 선잠을 자고 있었는데, 막 잠에서 깨어나고 있는 모습이었다. 뱃고물에는 어린 아이가 화로를 끼고 불을 피우고 있었는데, 손님이 마실 차를 끓이는 듯 했다. 배를 댄 곳에서 마주 보이는 절 뒤편으로 높은 언덕 위에 종각(鐘閣)이 세워져 있었다. 종 치는 사람은 잠을 충분히 자고 나서 천천히 일어났기 때문인지, 상쾌하니 기분이 좋아 보였다. 산꼭대기의 달은 기울어 반달이었고 드문드문 별 몇 점이 섞여 있었다. 산 아래에는 물결이 크게 일어나는 것이 조수가 밀려오는 모습이었으니, "고소성(姑蘇城) 밖 한산사(寒山寺), 한밤 종소리가 손님의 뱃전에 들려오네"[1]라는 시구의 뜻을 취해온 것 같았다.

사람은 모두 일곱 명으로 스님이 넷, 손님이 하나, 어린 아이가 하나, 보초병이 하나였다. 건물과 기물은 모두 아홉 개로, 성이 하나, 누각이 하나, 절이 하나, 배가 하나, 불탑이 하나, 종각이 하나, 화로가 하나, 종과 북이 각각 하나였다. 풍경은 모두 일곱으로 산과 물, 숲과 나무, 여울과 돌이 모두 넷이고, 별과 달과 등불이 셋이었다. 사람이 하는 활동으로는 보초를 바꾸고, 새벽을 알리고, 문에서 기다리고, 밤에 돌아오고, 탁자에 기대고, 차를 끓이는 것으로 모두 여섯 종류였다. 각각 특별한 의미를 잘 표현하였을 뿐만 아니라 슬프고, 고통스럽고, 춥고, 두렵고, 의심스럽고, 생각하는 여러 모습들까지 하나하나 꼭 닮게 묘사하였다. 불가에서 말하는 "겨자씨 안에 수미산(須彌山)이 다 들어갔다"는 것이 아마도 이를 일컬음이 아닐까? 그러나 "한 척 비단에 불경을 수놓다가 당나라가 쇠했고[2] 수기(水器) 놀이하며 술을 올렸다가 수(隋)나라가 망했다"[3]는 말은

---

1 고소성(姑蘇城) …… 들려오네 : 당나라 시인 장계(張繼)의 「풍교에서 밤에 정박하다[楓橋夜泊]」 중의 시구이다.

2 한 척 비단에 …… 쇠했고 : 『역세진선체도통감후집(歷世眞仙體道通鑒後集)』 권5에 다음과 같은 기록이 보인다. "당나라 순종 때에 남해에서 노미낭을 바쳤는데, 자신은 북조제사의 후예로, 대족연간에 영표까지 오게 되었다고 했다. 그녀는 어리고 총

기물에 빠져 헤어나지 못할 수 있음을 뜻하나니, 두렵고도 두렵도다! 선왕(先王)이 『고공(考工)』[4]을 저술하신 것은 아마도 일찍 그 뜻을 알았기 때문이리라.

장산래가 말한다.

송(宋)나라 사람이 상아로 닥나무 잎을 만들어 진짜 잎들 사이에 놓으면 구별해낼 수 없었다.[5] 정말 그렇다면 진짜 닥나무 잎을 따서 감상하지 그러는가? 지금 귀신같은 솜씨로 조각한 복숭아씨는 그 정교함이 비할 바 없지만, 사람들은 그것이 복숭아씨에다 새긴 것이기 때문에 보물처럼 여기면서 그 솜씨를 쉬이 저버리지 못하는 것뿐이다!

季弟獲桃墜一枚, 五分許, 橫廣四分. 全核向背皆山, 山坳揷一城雉,

명하였으며, 재주가 빼어나 견줄 자가 없었다. 1척밖에 되지 않는 비단에 『법화경』을 수놓았는데, 글자가 좁쌀만했다(唐順宗朝, 南海貢盧媚娘, 稱北祖帝師之裔, 自大足中流落嶺表. 幼而慧悟, 工巧無比. 能于一尺綃上繡『法華經』, 字如粟米).”

3 수기(水器) 놀이하며 …… 망했다 : 『대업습유기(大業拾遺記)』에 다음과 같은 기록이 보인다. 수나라 양제(煬帝)가 학사(學士) 두보(杜寶)에게 명해 『수식도경(水飾圖經)』이라는 책을 짓게 하고, “주처(周處)가 교룡을 베다”, “굴원(屈原)이 어부를 만나다”, “장혜(莊惠)가 물고기를 보다”, “큰 고래가 배를 삼키다” 등 전설에 나오는 강과 호수와 바다에 얽힌 전기(傳奇) 총 72종을 기록하게 했다. 『수식도경』이 완성된 후 양제는 황쇠(黃衰)에게 명해 솜씨 좋은 상인들을 데려다 그림을 그리고 나무를 깎게 하여 그 안에 실린 고사들을 목각품으로 만들게 했다. 3월 상사일에 목각품이 완성되자 양제는 신하들을 데리고 곡수(曲水)가로 가서 수식(水飾)을 관람하였다. 물 위에 정교한 목각 배며 목각 섬이며 목각 산이 떠있고, 2척 남짓한 목각인형이 비단옷을 입고 있었다. 연극이 시작되자 온갖 금수며 물고기들이 살아있는 듯 움직이며 곡수를 따라 흘러갔다. 목각인형들은 악기를 연주했다. 이것이 이른바 수나라 양제의 물놀이라는 것이다.

4 『고공(考工)』 : 선진(先秦)시기 수공예에 관한 저서이다.

5 송(宋)나라 …… 없었다 : 『열자(列子)』「설부(說符)」편에 나오는 이야기이다. 송나라 사람이 푸른 옥으로 닥나무 잎을 만들었는데, 칼로 도려낸 듯한 잎의 형상과 가느다란 잎맥이 생생하고 윤기가 나 정말 살아 있는 닥나무 잎과 섞어 놓아도 분간하기 어려웠다. 이 옥으로 닥나무 잎을 조각한 옥공은 마침내 기교가 남보다 뛰어난 까닭으로 송나라에서 다달이 녹봉을 받게 되었다고 한다.

歷歷可數. 城顚具層樓, 樓門洞敞, 中有人, 類司更卒, 執桴鼓, 若寒凍不勝者. 枕山麓一寺, 老松隱蔽三章, 松下鑿雙戶, 可開闔. 戶內一僧, 側首傾聽, 戶虛掩如應門, 洞開如延納狀. 左右度之, 無不宜. 松外東來一衲, 負卷帙踉蹌行, 若爲佛事夜歸者. 對林一小陀, 似聞足音僕僕前. 核側出浮屠七級, 距灘半黍, 近灘維一舟. 蓬窗短舷間, 有客凭几假寐, 形若漸寤然. 舟尾一小童, 擁爐噓火, 蓋供客茗飮也. 艤舟處, 當寺陰, 高阜鐘閣踞焉. 叩鐘者貌爽爽自得, 睡足徐興乃爾. 山頂月晦半規, 雜疎星數點. 下則波紋漲起, 作潮來候. 取詩 "姑蘇城外寒山寺, 夜半鐘聲到客船"之句.

計人凡七, 僧四, 客一, 童一, 卒一. 宮室器具凡九, 城一, 樓一, 招提一, 舟一, 浮屠一, 閣一, 爐竈一, 鐘鼓各一. 景凡七, 山水林木灘石四, 星月燈火三. 而人事如傳更, 報曉, 候門, 夜歸, 隱几, 煎茶, 統爲六. 各殊致殊意, 且並其愁苦寒懼疑思諸態, 俱一一肖之. 語云 : "納須彌於芥子", 殆謂是與? 然聞之 : "尺綃繡經而唐微, 水戲薦酒而隋替." 器之淫也, 吾滋懼矣! 先王著『考工』, 蓋早辨之焉.

張山來曰 : 宋人以象爲楮葉, 雜之眞葉中, 不能辨審. 若是, 則曷不摘眞楮葉玩之乎? 今之鬼工桃核, 精巧絶倫, 人皆以其核也而寶之, 庶不虛負此巧耳!

장남촌선생전(張南邨先生傳)

천보(遷甫) **선저**(先著)

장남촌은 이름이 총(揔)이고 자가 승지(僧持)이다. 부친인 흥공선생(興公先生) 장기(張琪)는 명망 있는 학자로서 마을에서 글공부를 가르쳤는데, 문하에 뛰어난 제자들이 많았다. 장남촌은 어려서부터 시를 지으면 늘 남다른 시구를 지어내곤 했다. 부친의 친구 기난원(紀蘭遠)은 그의 시를 한 번 보고는 "기가 청아하다"라고 말했고, 다시 보고는 "뼈가 청아하다"라고 말했으며, 또 다시 보고는 "정신이 청아하다"고 말했다. 그러고 나서 그를 바라보며 말했다.

"자네는 장차 강남에서 시로 이름을 날릴 걸세!"

그는 응천부(應天府 : 지금의 河南省 商丘市)의 학교에 입학해 재주가 뛰어나다는 명성에 힘입어 당시 어진 인재들과 교유했으며 옛글을 익히면서 시에 전념했다.

집안 대대로 불교를 신봉하였기에 장남촌은 선천적으로 비린 음식이 맞지 않았다. 처음에는 그래도 게만은 먹었다. 그러나 여덟 살이 되던 해에 부친께서 그를 데리고 박산선사(博山禪師)를 뵈러가기 전날 저녁, 장남촌이 게를 쥐고 있는 모습을 본 부친이 훈계하며 말했다.

"네가 장차 박산선사를 뵈러 가는 마당에 이런 것을 먹을 수 있겠느냐?"

장남촌은 부친의 말을 듣고는 게를 놓아주고 먹지 않았다. 이때부터 게마저 먹지 않았다. 장인(杖人)[1]이 천계사(天界寺)에 있을 때 장남촌은 그와 가장 오랫동안 친하게 지냈고, 동남 지역의 고승과 명사들을 두루 예방했다. 그래서 평생 동안 방외(方外) 인사들을 많이 사귀었다. 그는 나물과 죽만 먹는 영락없는 중이었다. 또한 항상 불사에 머물면서 1년이고 몇 달이고 돌아오지 않기도 했다. 그는 젊어서 중승(中丞) 여집생(余集生)[2]에게서 『주역(周易)』을 배웠다. 여집생이 무림(武林 : 浙江省 杭州의 옛 이름)을 진수하러 가자 그를 따라 무림으로 갔다. 서령(西泠)은 그가 자주 노닐던 곳이어서 영월(英越)을 왕래한 것이 수차례였다. 초삽(苕霅 : 지금의 浙江省 湖州) 일대의 친구들은 그가 온다는 소식을 들으면 앞 다투어 그를 영접했다.

그는 산수를 너무 좋아해서 험하고 먼 곳을 가리지 않고 반드시 가서 노닐었다. 그러나 유람에도 규칙과 요령이 있었다. 어떤 때는 혼자 유렴하기도 하고, 어떤 때는 동자 한 명을 데리고 가기도 하였으며, 길에서 나무꾼이나 스님을 만나면 즉시 동행하기도 했다. 그윽한 장소를 끝까지 찾아가 샘물을 마시고 열매를 따먹기도 했는데, 그러면 곧 갈증과 배고픔을 잊었다. 오악(五嶽) 중에 숭산(嵩山)과 대산(岱山 : 泰山)은 올라가보았으나 형산(衡山)과 화산(華山)을 두루 가보지 못한 것을 한으로 여겼다. 무이

1 장인(杖人) : 각랑(覺浪) 스님으로 이름은 도성(道盛)이다. 금릉(金陵)의 천계사와 항주(杭州)의 숭광사(崇光寺)에서 주지를 하면서 불법을 많이 설파했다고 한다.

2 여집생(余集生) : 여대성(余大成)이다. 집생은 자이며, 호는 석납(石衲)이다. 강녕(江寧 : 지금의 南京市 江寧區) 사람이다. 만력(萬曆) 35년(1607)에 진사가 되어 병부직방주사(部職方司主事)를 역임했다. 숭정(崇禎) 2년(1629)에는 병부직사랑중(兵部職司郎中)이 되어 숭정제로부터 '청집(淸執)'이라는 두 글자를 하사받기도 하였다. 숭정 8년(1635)에 광동성 전백(電白)으로 귀양갔다. 원숭환(袁崇煥)의 승계자이기도 하다.

산(武夷山)·광려산(匡廬山)·구자산(九子山)·황산(黃山)·천태산(天台山)·안탕산(雁蕩山) 등 여러 산에 이르면 늘 목판에 기(記)를 짓고 나뭇잎을 주어다 시를 적곤 했다.

장남촌은 사람됨이 진솔하고 정이 많아 과격한 말이나 기괴한 행동을 하지 않았다. 마음에서 우러나는 대로 행동하고 운명에 몸을 맡겼으며, 예의나 은의(恩義)를 가지고 남을 책망하는 일 따위는 하지 않았다. 사람들과 어울릴 때면 누굴 원망하는 일도 적었고 사람과의 거리감도 이내 잊을 수 있었다. 그래서 잠깐 만난 사람들 중에는 간혹 그를 가벼이 여기는 사람도 있었지만 조금 오래 지내다보면 반드시 가까이 하고 공경했다. 서까래 서너 개로 지은 집은 비바람도 피할 수 없었고 집안사람들은 항상 먹을 것이 부족했다. 그러나 더러운 옷에 헤진 두건을 쓰고 사대부들 사이에서 노닐면서도 행동거지만은 호방하고 멋졌다. 장남촌은 몸집이 왜소했는데, 비록 늙었지만 정신만은 건장한 남자와 대적할 만했다. 그래서 좋은 연회자리가 생기면 밤새 잠을 자지 않고 새벽이 올 때까지 시를 읊조릴 수 있었다. 아무데나 살고 아무거나 먹고 아무데서나 잤다. 투숙한 곳이 몹시 비좁고 더럽고 시끄러워 남들은 쓸고 닦는 것도 아직 못 끝내고 있을 때 장남촌은 어느새 책을 펴놓고 있었다. 입과 배를 위해 봉양하는 음식이라곤 단지 저린 콩과 두부뿐이었다. 베개를 베고 누우면 즉시 깊은 잠에 빠져들어 뒤척이며 잠들지 못할 때가 없었으니, 마음속에 얄팍한 계산이라곤 없고 아름답고 추한 것으로 마음을 얽어매지 않았기 때문에 그럴 수 있었던 것이리라.

장남촌이 한번은 멀리 나갔다가 도적을 두 번이나 만나는 바람에 중도에 거의 돌아오지 못할 뻔한 일이 있었다. 어떤 사람이 그에게 원망하는 기색이 전혀 없는 것을 이상하게 여기자, 그가 대답했다.

"잃어버렸다는 것은 곧 갚았다는 것이니, 의리상 당연한 일인데, 또 무엇을 따지겠습니까?"

섣달 그믐날 밤, 출타했다 돌아오는 길이면 집에서 그리 멀지 않은 곳인데도 불구하고 그냥 여관에서 잠을 잔 후 다음날 해질 무렵에서야 천천히 걸어서 돌아왔다. 그의 성정이 이처럼 편안했다.

여러 사람들과 섞여 살아도 일찍이 다툰 적이 없었다. 그러나 시를 논할 때면 뜻을 고집하며 굽히지 않아서 누가 송시(宋詩) 풍의 시를 지으면 비록 사대부 대가들 앞이라도 엄정한 목소리로 그들을 승복시켰다. 그는 시를 논함에 있어, 재능을 드러내지 말고, 전고(典故)를 인용하지 말며, 울부짖지 말고, 원한을 드러내지 말 것을 종지(宗旨)로 삼았다. 그 스스로는 양양(襄陽)[3]과 마힐(摩詰)[4]을 스승으로 삼았다. 옛 가행(歌行) 중에서 운(韻)을 바꾸어가며 지은 대작들이나, 잔뜩 구절을 늘어놓고 열었다 닫았다 구성에 기복을 가한 수천 수백 마디의 고체시(古體詩)처럼 규모가 크고 화려한 시는 훌륭하다 여기지 않았다. 젊어서부터 늙을 때까지 이러한 주장을 고수했다. 비록 안목이 완벽하다고는 할 수 없지만 그 정도면 자신의 지조를 지킨 사람이라고 말할 수 있다. 장남촌은 50년간 시로 칭송받았으며 원근의 사람들 모두 그를 시인으로 여겼다. 고향의 유명 인사였던 왕목여(王穆如)·고여치(顧與治) 이후에 동시대에 여러 시인들과 이름을 나란히 하여 손에 꼽혔으니, 결국 기난원의 말처럼 된 것이다.

갑술년(1634)에 76세 되던 해 여름에 비장에 병이 났으나 치료하자 곧 나았다. 그러나 겨울이 되어 다시 도지더니 결국 일어나지 못했다. 아들 둘이 있는데, 큰 아들은 균(鈞)이고 둘째 아들은 순(淳)이다. 큰 아들 역시 시재를 이어받아 집안의 명성을 떨어뜨리지 않았다. 나는 성곽 남쪽으로 옮겨 살 때 장남촌과 이웃하며 가까이 지냈는데, 서로 마음이 잘 맞았다. 술자리가 끝나고 등불도 꺼지면 그와 매번 지기(知己)간의 말을 주고받았다. 내 죽은 뒤의 일을 그에게 부탁하고자 하였으나 이제는 그럴 수 없게 되었다. 세상에 이 사람처럼 온화하고 소박하며, 보고 또 봐도 질리지

3 양양(襄陽) : 당나라 시인 맹호연(孟浩然 : 689~740)이다. 맹호연이 양양 사람이기 때문에 이렇게 말한 것이다.

4 마힐(摩詰) : 당나라 시인 왕유(王維 : 699~759)로 마힐은 그의 자이다.

않을 만큼 고아하면서도 풍취 있는 사람이 어디 다시 있겠는가!

찬(贊)을 짓는다.

지팡이 짚고 떠나, 양식 짊어지고 노닐다가, 조금 피곤하면 쉬고 좋은 곳에 이르면 잠시 머문다. 술잔 잡고 노래하고 두루마리 들고 읊조리니, 아득한 왕유(王維)와 맹호연(孟浩然)의 소리여, 그 모습 그 정신 그대로라 옛날과 지금의 차이가 없구나. 세상과 부딪치지 않고 하늘의 뜻도 거스르지 않았으니, 혼자라도 그만이요 여럿이라도 그만이요, 유자도 되었다가 불자도 되는구나. 몸이야 그저 관 속에 묶였으나 남긴 문장은 수천 편에 이르니, 시인이라 칭해도 어찌 부끄럽겠는가?

장산래가 말한다.

나는 장남촌을 오랫동안 흠모해왔는데, 어느 날 천보(遷甫 : 이 글의 작자 선저)의 소개로 함께 어깨를 걸고 산으로 들어갈 수 있었다. 지금 이 전(傳)을 읽으니 친구에 대한 애도의 마음[5] 이길 길이 없구나!

張南邨, 名惣, 字僧持. 父興公先生琪, 以名宿, 教授里中, 多達材弟子. 南邨幼爲詩, 出語每不猶人. 父友紀蘭遠一見其詩, 稱之曰 : "氣淸". 再則曰 : "骨淸", 曰 : "神淸". 已而目屬之曰 : "子必將以詩名江左矣!" 入應天學, 用才名交游賢俊, 治古文辭, 專力於詩.

家世奉佛, 南邨胎性不納葷血. 初猶食蟹. 年八歲, 父將攜之見博山禪師, 前一夕, 南邨方持蟹, 父見之, 警曰 : "兒將見博師, 可食此乎?" 南邨聞言, 卽置不食. 自是蟹胥悉斷除. 杖人在天界, 南邨親近最久, 東南古錐宿德, 禮謁殆遍. 以故生平多方外交. 虀盂粥缽, 宛然頭陀. 蹤跡

5 친구에 대한 애도의 마음 : 원문은 '인금(人琴)'으로 친구를 애도한다는 뜻이다. 『세설신어(世說新語)』 「상서(傷逝)」에 따르면 왕자유(王子猷)와 왕자경(王子敬)은 모두 병이 위독했는데, 왕자경이 먼저 죽었다. 왕자유는 왕자경을 조문하러 가서 곧장 영구대(靈柩臺) 위에 앉아 왕자경의 금을 들고 탔는데, 현이 고르지 않자 금을 땅에 내던지며 "사람과 금이 모두 죽었구려[人琴俱亡]"라고 했다는 데서 나온 말이다.

恒在僧寺中, 或經年累月不返. 少學『易』於中丞集生余公. 余公戍武林, 從之武林. 西泠其所熟遊, 故英越往來尤數. 而苕霅間故人, 聞其至, 每爭延之.

癖好山水, 不憚險遠, 必往遊. 其遊有章程要領. 或獨遊, 或攜一童子, 途遇樵人禪客, 卽爲伴侶. 窮幽造深, 飮泉摘果, 卽忘飢渴. 於五嶽則陟嵩·岱, 猶以不能遍歷衡·華爲恨. 若武夷·匡廬·九子·黃山·天台·雁蕩諸山, 所至削木柹爲記, 采樹葉題詩, 以爲常.

南邨爲人, 坦夷近情, 不爲矯激之言, 不爲崖異之行. 取受從心, 否塞任運, 尤不以禮數恩義責望人. 與人處, 尤能寡怨忘隙. 乍見或輕忽之, 稍久必親而敬焉. 有屋數椽, 不蔽風雨, 家人恒至乏食. 垢衣敝襆, 遊士大夫間, 擧止迂野可愛. 形體短小, 雖老, 精神可敵壯夫. 遇良讌會, 能通夜不眠, 嘯咏達旦. 不擇地而處, 不擇食而食, 不擇榻而寢. 投足之所, 卽甚湫隘囂雜, 他人掃除未竟, 視南邨已展卷矣. 口腹之奉, 不過鹽豉菽乳. 就枕卽熟睡, 無輾轉不寐之時, 蓋胸無機事, 不以美惡攖心, 能致然耳.

嘗遠遊, 遇胠篋者再, 中途幾不能成歸. 人或怪其無恨色, 曰: "失者償之, 義也, 又何問焉?" 除夕自外返, 去其家不遠, 止宿逆旅主人, 次日日晡, 始緩步而歸. 其性情安雅如此.

羣居未嘗與人爭. 至論詩輒相持不下, 宋詩行, 雖貴卿巨子前, 亦厲詞折之. 其論詩, 不逞才, 不使事, 不染叫號, 不涉怨誹, 其宗旨也. 自以襄陽·摩詰爲師. 於古歌行換韻大篇, 暨古體千數百言, 鋪陳開闔, 局力宏富者, 乃不謂善. 自少至老, 主此論不變. 雖所見未盡然, 亦可謂篤於自守者矣. 南邨稱詩五十年, 遠近之人, 亦以詩歸之. 生鄕名人王穆如·顧與治之後, 與同時諸人並立, 可指數, 終竟如紀叟之言.

歲甲戌, 年七十有六, 夏得脾疾, 治之尋愈. 至冬復作, 遂不起. 子二, 元子筠, 正子淳. 元子亦受詩, 可不墜其聲. 予自僦居郭南, 望衡密邇, 相得甚懽. 酒闌燈爐, 每有知己之言. 欲以身後爲託, 今不可作矣. 世復安得和易素心, 風雅不倦如斯人者乎!

贊曰 : 策杖而去, 裹糧而遊, 遇少倦而且休, 至佳處而輒留. 把酒而歌, 執卷而吟, 悠悠乎王 · 孟之音, 有形神而無古今. 不忤於世, 不𠜂於天, 可獨可羣, 亦儒亦禪. 束身止一棺, 而遺文乃有千數百篇, 稱之爲詩人, 奚愧焉?

張山來曰 : 予慕南邨久, 一旦遷甫爲介, 得以把臂入林. 今讀此, 不勝人琴之感!

유주전(劉酒傳)

감재(減齋) 주양공(周亮工)

유주는 변(汴 : 지금의 河南省 지역) 땅 사람으로 이름은 모른다. 스스로 '주(酒)'라고 불렀기 때문에 사람들도 그를 '유주'라고 불렀다. 그가 그린 인물화에는 맑고도 강인한 운치가 있었으며 술 먹은 후에 붓을 놀리면 더욱 입신(入神)의 경지가 느껴졌다. 사람들은 그를 장평산(張平山)[1] 이후 유일한 사림이라 여겼지만 그는 [그런 말 따위는] 우습게 여겼다. 모든 그림은 그리고 난 뒤 '주' 한 자로 낙관을 찍었는데, 행서(行書)처럼 보이게 쓰면 그다지 훌륭하지 못하다는 표시이고, 전서(篆書)처럼 쓰면 마음에

1 장평산(張平山) : 장로(張路 : 1464~1538). 자는 천치(天馳)이고 호는 평산이다. 상부(祥符 : 지금의 河南省 開封) 사람. 어려서부터 총명해서 오도자(吳道子)·대진(戴進)이 그린 인물화를 보고 똑같이 베끼었다. 그림으로 이름을 얻고 나서 명나라 대진이나 오위(吳偉) 등 절파(浙派) 화가들의 화풍을 이었는데, 인물화에 있어서는 오위를 본받았지만 빼어남에 있어서는 조금 못했고 자유로운 면에서는 그보다 뛰어났다. 그가 그린 산수화에는 대진의 풍취가 있었다. 장로의 그림은 당시 사람들에게 매우 환영을 받아서 명나라 첨경풍(詹景風)은 그를 두고 명가(名家)라 칭찬했다.

꼭 든다는 표시였다. 한번은 상락군왕(上雒郡王)을 위해 그림을 그렸는데, 왕이 매우 좋아하며 말했다.

"장평산 이후 유일한 사람이로군!"

그러자 유주는 성질이 나서 급히 그림을 뺏으며 "아직 낙관을 안 썼습니다"라고 말하더니, 그림을 둘둘 말아 옆방으로 들어가 그림의 상하좌우에 백 십여 개의 커다란 '주' 자를 아무렇게나 써넣었다. 왕은 매우 화가 나서 그림을 찢어버리고 그를 쫓아냈다. 그러나 유주는 오히려 즐거워했다. 유주는 술 먹고 잠자는 이외에 오직 그림만을 알았으며 다른 아무 것에도 관심이 없었다. 파공(坡公 : 蘇軾)이 일찍이 말한 적이 있다.

"내가 서저(西邸)에서 일할 때 몇 구절의 문장을 보고 몹시 좋아하여 기록해 놓았는데, 그 문장은 다음과 같다.

인간 세상에 낙오된 신선이 있어,
석 잔 술에 늘 취해 살았네.
세상에 온 눈 없는 부처
몽롱하게 베개 베고 잠들어 있네.
비록 만나본 적 없지만,
어찌 이리 비슷한가?
비슷함이 이와 같다면,
하물며 진짜는 어떻겠는가?"[2]

유주가 초당(草堂)으로 나를 찾아와 편액을 써 달라고 하기에 '약사암(畧似庵)'이라 써주고 파공이 기록한 앞 네 구절에서 '취(醉)' 자와 '수(睡)'

---

2 내가 서저(西邸)에서 …… 어떻겠는가 : 위의 문장은 소식의 「서저의 시를 기록하다[記西邸詩]」 앞에 붙은 서문이고, 아래에 인용된 시는 「서저에 기록한 시」 전문이다. 서문에 약간의 출입이 있는데, 『동파시집』에는 "나는 봉상으로 고을살이 하러 내려왔다가 마을 관저의 벽에 적힌 글을 보았다. 이에 몇 구절을 적어놓고 즐겨 읊곤 하였다[餘官鳳翔, 見村邸壁上. 書此數句, 愛而誦之]"라고 되어 있다.

자를 빼고 대련을 써서 그에게 주었더니 그는 기뻐하며 마음에 들어 했다. 유주는 나와 가장 오랫동안 친구로 지냈으며 처자식은 없었다. 그는 나에게 매번 "죽으면 자네에게 누를 좀 끼치겠네"라고 말했다. 그러더니 어느 날 잔을 들고 진탕 마시다가 갑자기 죽었는데, 입은 벌린 채 웃고 있었고 잔은 손에 그대로 들려 있었다. 나는 옛 말을 생각하고는 관을 사서 그를 장사지내 주었다.

장산래가 말한다.

유주는 그림 이외에는 술뿐이었기 때문에 그의 이름도 술이었고 그의 낙관도 술이었고 그의 죽음 또한 술이었다. 나는 그가 그린 인물들이 분명 취선(醉仙)이었음을 알겠다.

劉酒, 汴人, 無名字. 自呼曰'酒', 人稱曰'劉酒'云. 畫人物, 有淸勁之致, 酒後運筆, 尤覺神來. 人以爲張平山後一人, 酒不屑也. 凡作畫, 皆書一'酒'字款, 其似行書者次, 似篆籀者, 其得意筆也. 嘗爲上雒郡王作畫, 王善之, 曰: "張平山後一人!" 酒意嗔, 急索畫曰: "尙未款." 乃捲入傍室, 縱筆書百十大'酒'字於上下左右. 王怒甚, 裂其幅, 驅之出. 酒固怡然. 酒於醉睡之外, 惟解畫, 他一無所知. 坡公云: "予奉使西邸, 見書此數句, 愛而錄之, 云: 人間有漏仙, 兀兀三杯醉. 世上無眼禪, 昏昏一枕睡. 雖然沒交涉, 其奈略相似? 相似尙如此, 何況眞箇是?"

酒索予顔其草堂, 予書曰 '畧似菴', 以坡公所錄前四句, 去'醉'·'睡'字爲聯, 酒得之, 欣然意足也. 酒與余交最久, 無妻子. 每謂予曰: "死以累君." 一日方持盃大飮, 忽然脫去, 開口而笑, 杯猶在手. 余感其宿昔之言, 爲買棺殮之.

張山來曰: 劉酒自畫之外, 無非酒者, 其名酒, 其款酒, 其死亦酒. 吾知其所畫必醉仙也.

고철 막대기를 기록하다[記古鐵條]

거긍(去矜) **첨종옥**(詹鍾玉)

도성의 고물시장에 고철 막대가 있었는데, 길이는 3척쯤 되었고 너비는 2촌 남짓 되었으며 생김새가 꼭 반 토막 난 혁대 같았다. 속은 비고 밖은 거칠거칠 녹슬어 있었으며 양면에 둥근 못이 살짝 올라와 있었으나 잘 보이지 않았다. 이걸 가지고 나와 수십 문(文)의 돈과 바꾸려했으나 사람들은 거들떠보지도 않았다. 몇 년이 흘렀을 때, 고려(高麗)의 사신 서너 명이 옆에서 한참을 주의 깊게 보다가 물었다.

"이 고철, 얼마요?"

고철을 파는 사람이 사기 치며 말했다.

"오백전입니다."

사신들이 즉시 오백전을 끌러주자 그 사람은 머뭇머뭇 결정하지 못하더니, 다시 사기를 치며 말했다.

"이것은 제 이웃의 물건이니, 제가 주인에게 물어볼 때까지 기다려주십시오."

잠시 후에 사신들이 다시 오자 파는 사람이 말했다.

"아까는 제가 값을 잘못 말했습니다. 주인이 다섯 금(金)이 아니면 안 된답니다."

사신들은 전혀 어려워하지 않고 즉시 다섯 금을 갈라 주었다. 그 사람이 또 거짓말을 하면서 말했다.

"오해를 하셨군요. 우리 장사치들은 큰 수를 들어 말하기 때문에 다섯 금이란 오십 금을 말하는 것입니다."

사신이 말했다.

"내 오십 금이 아까운 것은 아니지만 더 이상 말을 바꾸어선 안 되네."

그러자 고철 막대를 파는 사람이 혼자 생각했다.

'이 망가진 고철 막대를 가지고 오십 금까지 값을 올렸는데, 만약 이 임자를 놓치기라도 한다면 수십 문조차도 받지 못할거야.'

그리고는 "이 고철로 공들로부터 많은 금을 얻었으니, 뒷말일랑 없을 것을 보장합니다. 바라옵건대 이 고철의 이름이 무엇인지 좀 알려주십시오"라고 말했다. 그러나 사신은 "먼저 계약을 끝낸 후에 알려주겠네"라고 청했다.

구경꾼들이 점점 모여들자 사신은 오십 금을 고철 장수에게 주었다. 그런 다음 혁대처럼 생긴 고철을 그 동료에게 주면서 빨리 말을 타고 가라고 했다. 말이 이제쯤이면 멀리 갔을 것이라 짐작한 사신은 비로소 사람들에게 말했다.

"이 고철의 이름은 정수대(定水帶)인데, 옛날 우(禹)임금이 치수할 때 이 대 아홉 개를 얻어서 구주(九州)를 정하고 물과 풍토를 다스렸습니다. 이것은 그 아홉 개 중 하나입니다. 만약 이것을 가지고 우리나라로 돌아간다면 억만의 값을 받을 수 있으니 어찌 오십 금에 그치겠습니까?"

사람들이 또 이 고철을 가져다 어디에 쓰겠냐고 묻자 사신이 대답했다.

"우리나라에서는 바다를 건널 때마다 바닷물이 너무 짜서 마실 수 없는 것을 고민해왔습니다. 그러나 이 정수대를 바닷물 속에 넣기만 하면 아무리 짠 물이라도 즉시 단물로 바뀌어 물 길어 올 걱정일랑 없으니, 이것만으로도 충분히 진귀하다 할 수 있지요."

시장에 있던 호사가들이 사신을 따라 고려관(高麗館)으로 가서 시험해 보길 청했다. 그러자 사신이 센물 몇 섬을 길어오게 하더니 거기에 소금을 섞고 휘저었다. 그런 다음 정수대를 넣었더니 정수대에서 수십 개의 거품이 보글보글 올라왔다. 잠시 후에 그 물을 두 손으로 떠서 마셔보았더니 산 속 옹달샘 보다 더 달고 시원했다. 결국 호사가들은 탄복하며 떠나갔다.

고철 팔던 사람의 말에 따르면 틈적(闖賊 : 李自成)이 도성을 함락했을 때 늙은 내관에게서 얻었다고 했다. 아마도 명나라 때의 궁중 물건이었을 것이다. 아아! 난리를 겪으면서 천부(天府)의 진귀하고 기이한 보물 중에 인간 세상으로 흩어져 소리도 없이 사라져버린 것이 어찌 이루다 헤아릴 수 있겠는가? 그러나 이 정수대만은 고려 사신의 눈에 들어 금세 몸값이 백배로 올라가 순식간에 해외로 유출되었다. 사물이 세상에 드러나고 감춰지는 데는 다 때가 있는 법이로구나!

장산래가 말한다.[1]

이것이 우임금 시절의 물건이라면 고려 사신이 그것은 어떻게 알았는지 모르겠다. 정말 이해할 수 없다.

京師窮市上, 有古鐵條, 垂三尺許, 濶二寸有奇, 形若革帶之半. 中虛而外銹澁, 兩面鼓釘隱起, 不甚可辨. 持此欲易錢數十文, 人皆不顧去.

---

1 민국 24년(1935) 상해 개명서점(開明書店)의 연배본(鉛排本)을 배인(排印)한 1954년 문학고적간행사(文學古籍刊行社)본 『우초신지』에는 이 부분이 없으나 인민일보출판사에서 출판된 『우초신지』를 참조하여 보충하였다.

積年餘, 有高麗使客三四人, 旁睨良久, 問 : "此鐵價幾何?" 鬻鐵者謬云 : "錢五百." 使客立解五百文授之, 其人疑不決, 卽詭對曰 : "此固吾鄰人物, 俟吾詢主者." 頃之, 使客復來, 鬻者曰 : "向幾誤. 主者非五金不可!" 使客卽割五金, 無難色. 其人則又爲大言曰 : "公等誤矣. 吾曹市語, 擧大數以爲言, 五金蓋五十金云." 使客曰 : "吾誠不惜五十金, 但不得更悔." 鬻鐵者私念 : '一廢鐵夾條, 增價五十金, 藉令失此售主, 並乞數十文錢亦不可得.' 因曰 : "吾以此博公多金, 保無後言. 公幸告我, 此爲何名?" 使客請"先定要約, 而後告."

于時觀者漸衆, 使客乃擧五十金畀鬻鐵者. 而以若帶者付其徒乘馬疾馳去. 度其去遠, 始告衆曰 : "此名定水帶, 昔神禹治水時, 得此帶九, 以定九區, 平水土. 此乃九之一. 若攜歸吾國, 價累鉅萬, 豈止五十金而已哉?" 又問得此何所用, 使客曰 : "吾國航海, 每苦海水鹹不可飮. 一投水帶其中, 雖鹹滷立化甘泉, 可無病汲. 是以足珍耳." 市有好事隨至高麗館, 請試驗之. 遂命汲苦水數石, 雜鹽攪之. 投以水帶, 水沸作魚眼數十. 少頃掬水飮之, 甘冽乃勝山泉. 遂各歎服而去.

鬻鐵者言, 闖陷京師時, 得自老中貴. 蓋先朝大內物也. 嗟嗟! 自經變故以來, 凡天府奇珍異寶, 流散人間, 泯泯無聞者, 何可勝數? 獨是帶爲高麗使所賞識, 頓增聲價百倍, 不脛而走海外. 物之顯晦, 固自有時哉!

張山來曰 : 旣是神禹時物, 不識高麗使人何以知之. 殆不可解.

당중언전(唐仲言傳)

감재(減齋) **주양공**(周亮工)

당중언은 이름이 여순(汝詢)이고 화정(華亭 : 지금의 上海市 華亭縣) 사람이며 대대로 선비 집안 출신이다. 다섯 살 때 눈이 멀었지만 눈멀기 전에 이미 글자를 알아 『효경(孝經)』을 읽고 암송할 수 있었다. 눈이 먼 후에는 그저 묵묵히 앉아 여러 형제들이 낮은 목소리로 읊조리는 소리를 듣고 몰래 익히곤 했는데, 세월이 오래 지내자 결국 학문을 두루 깨치게 되었다. 혼례와 관례를 마친 뒤로는 형제들에게 육경(六經)이나 자사(子史)는 물론이고 패관야사(稗官野史)까지 읽어달라 하여 모두 귀로 듣고 익혔다. 일의 전말과 경위를 속으로 정리해보고, 알맹이와 껍데기를 정확하게 변별하였으니, 장구(章句)를 대략 터득하는 것부터 어둠 속에서 미묘한 도리를 찾아내는 데에 이르기까지, 마음으로 구획하고 마음으로 정통하여 조금도 놓치는 것이 없었던 것이다. 그래서 결국 훌륭한 글 솜씨를 지니게 되었는데, 시에 특히 뛰어났다. 나라 안의 선비들이 줄줄이 그를 찾아왔다. 당중언은 한 번 사람을 만나면[1] 오랫동안 잊지 않았고, 더불어 고금의 일에 대해 의견을 나누면 바로 이어서 글을 지었다. 몇 천 마디 말과 몇 백 수의 시가 잠깐 동안에 완성되었는데, 나오는 소리가 하도 맑아서 듣는 사람들이 피곤함을 잊을 정도였다. 아들 조카나 문하생들이 옆에서 베껴 쓰다가 한 글자라도 잘못 적으면[2] 바로 바로 알아차렸기 때문에 도저히 속일 수 없었다. 얼굴은 아주 못생겼으나 매우 총명했다. 일찍이 당시(唐詩)에 주석을 달았는데, 고문을 끌어다가 주석 단 것을 보면 늘 보아온 문구부터 잘 알려지지 않은 기이한 것에 이르기까지, 근원을 거슬러 올라가 거의 모든 자료를 망라했다. 하지만 반드시 경전을 먼저 하고 사서(史書)를 뒤로 하여, 조금이라도 어지럽게 섞어놓는 법이 없었다. 비록 시부(詩賦) 같은 것이라도 인용할 때에는 시대 순서를 따랐고, 아무 글자 아무 문장이 진(秦)·한(漢) 시대에 같이 사용되었다면 반드시 진나라 사람이 쓴 예를 널리 취하면서 한나라를 먼저 하지 않았다. 상세하고 정교함이 이와 같았다. 그의 저작으로는 『편봉집(編蓬集)』·『고멸집(姑篾集)』 및 『당시해(唐詩解)』 몇 권이 세상에 전한다.

전우산(錢虞山)[3]은 다음과 같이 말했다.

"당중언이 두보(杜甫)의 시에다 단 해석과 주석은 때때로 참신함이 엿보인다. 예를 들어 '이제 곧 죽을 몸이 더 호방해지니'[4]라는 구절을 풀

---

1 만나면 : 원문은 '진접(晉接)'으로, 접견한다는 뜻이다. 이 말은 본래 『주역(周易)』 「진(晉)」의 "신은 나라를 편인하게 하는 제후에게 말을 많이 주고 하루에 세 번 만난다[晉, 康侯, 用錫馬蕃庶, 晝日三接]"이라는 말에서 나왔다.

2 잘못 적으면 : 원문은 '해시(亥豕)'인데, 글자 생김새가 비슷해서 자칫 잘못 쓰기 쉬운 글자를 이야기할 때 '노어해시(魯魚亥豕)'라는 말을 사용한다.

3 전우산(錢虞山) : 전겸익(錢謙益 : 1582~1664)으로, 우산은 그의 출신지이다. 전겸익은 명말 청초의 문학가로, 자는 수지(受之) 호는 목재(牧齋)이며 강소성(江蘇省) 상숙(常熟) 사람이다. 만력연간(萬曆年間 : 1573~1619)에 진사가 되었으며 동림당(東林党)의 주요 인물이다. 숭정연간(崇禎年間 : 1628~1644) 초에 예부시랑(禮部侍郎)을 지냈으며 홍광연간(弘光年間 : 1645, 南明 福王 朱由崧의 연호)에는 예부상서(禮部尚書)를 지냈다. 청나라 군대가 남하하자 투항하여 예부시랑으로 비서원(秘書院)의 일을 관리했다. 이 때문에 건륭연간(乾隆年間 : 1736~1795)에 두 왕조를 섬긴 매국노로 이름을 올렸다. 시와 문장으로 이름을 날렸는데, 저서로는 『초학집(初學集)』과 『유학집(有學集)』 등이 있다.

때, 상수(向秀)의 부(賦)[5] 중 '혜강(嵇康)의 뜻은 원대하고도 소탕하고 여안(呂安)의 마음은 분방하면서도 광활하다'에서 나왔다고 지적해낸 것은 이전 사람이 미처 언급하지 못했던 바이다."

장산래가 말한다.[6]

옛날 사광(師曠)[7]같은 소경들은 말로 하지 않아도 마음으로 아는 것이 많았다. 혹자는 눈으로 볼 수 없기 때문에 마음으로 전념할 수 있다고들 하는데, 생각해보니 그도 그럴 법하다.

내가 이전에 도성에 머무르고 있을 때, 집주인은 두 눈동자가 유난히 반짝반짝 빛났고, 같이 살고 있던 두 사람 중 한 명은 소경이었으며, 다른 한 명은 애꾸눈이어서 '독안룡(獨眼龍)'이라고 불리었다. 도성에서 어제는 무슨 일이 있었고 오늘은 무슨 일이 있었냐고 물으면, 소경은 알지 못하는 것이 없었고, 독안룡은 열에 예닐곱은 알았으며, 집주인은 열에 네다섯만 알고 있을 뿐이었다. 여기에 덧붙여 기록하여 이야깃거리로 삼는다.

唐仲言, 名汝詢, 華亭人, 世業儒. 仲言生五歲而瞽, 未瞽卽能識字, 讀『孝經』成誦. 及瞽, 但默坐, 聽諸兄呫嗶而暗識之, 積久遂淹貫. 婚冠旣畢, 益令昆弟輩取六經子史, 以及稗官野乘, 皆以耳授. 顚末原委, 默自詮次, 純類瑜瑕, 剖別精核, 蓋從章句之粗, 以冥搜微妙, 心晝心通,

4 '이제 …… 호방해지니 : 두보 「광부(狂夫)」시의 마지막 구절인 "이제 곧 죽을 몸이 더욱 호방해지니, 미친놈이 늙을수록 더 미쳐간다 혼자서 웃네[欲塡溝壑惟疎放, 自笑狂夫老更狂]"에서 나온 말이다.

5 상수(向秀)의 부(賦) : 상수는 진(晉)나라의 문인으로 죽림칠현 중 한 사람이다. 여기에서 말한 그의 부는 「사구부(思舊賦)」이다.

6 민국 24년(1935) 상해 개명서점(開明書店)의 연배본(鉛排本)을 배인(排印)한 1954년 문학고적간행사(文學古籍刊行社)본 『우초신지』에는 이 부분이 없으나 인민일보출판사에서 출판된 『우초신지』를 참조하여 보충하였다.

7 사광(師曠) : 춘추시대 진(晉)나라의 악사(樂師)로 두 눈이 멀었으나 귀로 모든 음을 듣고선 길흉까지 점칠 수 있었다고 한다.

罔有遺墮矣. 於是遂善屬文, 尤工於詩. 海內人士, 踵門造謁. 仲言每一晉接, 歷久不忘, 與之商榷今古, 繼以篇什. 千言百首, 成之俄頃, 而音吐鏗然, 使聽者忘疲. 子姪門徒輩, 從旁抄錄, 一字亥豕, 輒自覺察, 不可欺也. 貌甚寢而心極靈. 常解唐詩, 其所掇拾古文以爲箋註者, 自習見以及秘異, 溯流從源, 搜羅略盡. 然必先經後史, 不少紊淆. 雖詩賦之屬, 所援引亦從年代次序之, 如某字某句, 秦·漢並用, 則必博采秦人, 不以漢先. 詳贍致精, 有若此也. 所著有『編蓬集』·『姑篾集』及『唐詩解』, 共若干卷, 行於世. 錢虞山云: "唐較杜詩, 時有新義. 如解'溝壑疎放'句, 云出於向秀賦'嵇志遠而疎, 呂心放而曠', 亦前人所未及也."

張山來曰: 古之瞽者, 如師曠之徒, 類多神解. 或以爲嗇於目故專於心, 想亦理當然耳.

予向旅寓京師, 居停主人雙眸炯炯, 同寓兩人, 其一爲瞽者, 其一眇一目, 因號'獨眼龍'. 苟詢以京師中昨日有何事, 今日有何事, 瞽者無不知, 獨眼龍知十之六七, 居停主人僅識十之四五而已. 附記於此, 以供談柄.

이공기전(李公起傳)

감재(減齋) 주양공(周亮工)

이공기는 이름이 준(峻)이고 근현(鄞縣 : 지금의 浙江省 동부 연해지역) 사람이다. 그의 아버지 이자정(李子靜)은 시어(侍禦) 직을 맡아 요양(遼陽 : 遼寧省 遼陽市 일대)을 다스리다 임지에서 죽었다. 이공기는 땅에 떨어져 귀머거리가 되었는데, 비록 귀머거리였으나 총명하고[1] 효성스러웠다. 어렸을 때[2] 부친 시어공의 부고가 도착하자 그는 밤낮 없이 울부짖느라 목이 마르고 다 쉬었으며, 닷새 동안 물을 입에 대지 않아 결국 벙어리까지 되었다. 상복을 벗은 후 선대(先代)의 장서를 모두 꺼내 마음껏 읽으며 직접

1 총명하고 : 원문은 '기억(岐嶷)'으로 원래는 크고 무성한 모양을 나타내는 말이다. 『시경·대아(大雅)』「생민(生民)」에 "실로 엎드려 걸을 때에도 매우 총명하시더니 스스로 밥을 먹게 되자 콩을 심으시네[誕實匍匐, 克岐克嶷, 以就口食, 蓺之荏菽]"라는 말이 나오는데, 후에 어려서부터 총명함을 뜻하게 되었다.

2 어렸을 때 : 원문은 '발급액(髮及額)'으로, 머리가 이마에 닿을 나이를 말한다. 이 말은 원래 이백(李白)의 시 「장간행(長干行)」의 "저의 머리가 겨우 이마를 덮을 즈음, 꽃 꺾어 문 앞에서 놀고 있으면[妾髮初覆額, 折花門前劇]"에 나오는데, 머리가 짧아 이마까지 밖에 길지 않을 때이므로 나이가 어렸음을 뜻한다.

교감하였는데, 혹한이나 무더위에도 게을리 하지 않았다. 그는 이미 귀머거리에 벙어리까지 되어서, 어려운 문제를 의논하며 변증할 길이 영영 끊겨 버렸다. 그래서 글을 읽다가 의심스러운 부분이 있으면 경사(經史)를 통해 스스로 분석했기에 어리석거나 위태로운 지경에[3] 이르지 않았다. 천성적으로 손님 부르기를 좋아해 천지 사방으로 편지를 띄웠고, 각지의 학자나 사대부들도 기꺼이 그를 찾아왔다. 손님과 주인은 책상에 앉아 필담을 나누었다. 기이한 것을 수소문하는 사람이 있으면 종이를 싸들고 찾아갔다. 거칠게는 농사와 누에치는 일과 깊게는 불교와 도교 사상, 그리고 나라의 왕후(王侯)[4]에 관련한 모든 전고와 호구(戶口) 및 변방지역에 이르기까지, 물어보기만 하면 모두 답변을 하였으며, 게다가 줄줄 꿰고 있었다. 손님에게 편지를 보내고 난 후에도 스스로 곱씹어 음미하고, 그윽하고 기이한 뜻을 모두 다 드러내었기에, 끝내 빠뜨리는 것이 없었을 뿐 아니라 학식이 더욱더 깊어지고 넓어졌다. 만년에는 유난히 나무 가꾸기를 좋아해서 기이한 화초가 항상 계단 앞 정원에 가득했다. 집 옆의 비원(斐園)·죽파헌(竹波軒)·청라각(青羅閣) 등 경치 좋은 곳은 모두 손님들과 노닐던 장소였다. 성품은 고요하고 담백하여, 학문을 좋아하는 외에 다른 기호들도 더욱 청아하였으니, 오히려 입과 귀가 번거롭게 느껴질 정도였다. 세상에 전해지는 저작으로는 『맹구집(盟鷗集)』·『영설편(郢雪編)』·『영예록(永譽錄)』·『연사(研史)』 몇 권이 있다.

장산래가 말한다.

한 사람이 귀머거리와 벙어리 두 가지 장애를 가지고 있으면서도 이

3 어리석거나 위태로운 지경에: 원문은 '망태(罔殆)'로 모호하여 갈피를 잡지 못하는 것을 말한다. 이 말은 본래 『논어』「위정(爲政)」의 "배우고도 생각하지 않으면 어리석어지고, 생각하기만 하고 배우지 않으면 위태로워진다[學而不思則罔, 思而不學則殆]"에서 나왔다.

4 왕후(王侯): 원문은 '기상(旂常)'이다. 기(旂)에는 용을 그리고 상(常)에는 일월을 그려 왕후의 기치를 상징하다. 왕후를 지칭하는 말로 쓰이기도 한다.

처럼 박식하고 정통할 수 있다니, 어찌 탄복하지 않을 수 있겠는가? 그러나 만약 이 사람과 [장님인] 당중언(唐仲言)[5]이 서로 만났더라면 두 사람은 서로의 기이함을 알 수 없었을 것이다.

李公起, 名峻, 鄞縣人. 父子靜, 官侍禦, 出按遼陽, 卒於任. 公起墮地而聾, 雖聾, 岐嶷孝弟. 髮及額, 侍禦公訃至, 號慟無晝夜, 咽枯而嘶, 凡五日, 水漿不入口, 乃更啞. 免喪, 始盡取先世藏書縱讀之, 手自校讐, 雖淩寒溽暑, 弗倦也. 旣聾啞而問難辨證之路永絶. 凡有疑義, 俱於經史中嘿自剖析, 無有罔殆. 性好客, 郵筒走天下, 四方學士大夫亦樂趨之. 賓主以案, 相通以筆. 有問奇者, 則載紙往. 粗及農桑, 微如佛老, 迨國家所有旂常典故, 戶口邊疆, 叩之必應, 咸盡精核. 或旣書與客, 又自尋繹, 幽奇畢呈, 而終無遺佚, 轉更遐暢矣. 晚年尤好種植, 奇花異卉, 常滿堦庭. 舍旁有斐園・竹波軒・靑羅閣諸勝, 咸與客遊處. 性旣寧澹, 好學之外, 嗜慾益淸, 反覺口耳爲煩也. 行世有『盟鷗集』・『郢雪編』・『永譽錄』・『硏史』, 凡若干卷.

張山來曰 : 以一人而兼聾啞二病, 乃能淹博貫穿如此, 那得不令人敬服? 使此君與唐仲言相遇, 則兩無所見其奇矣.

5 당중언(唐仲言) : 앞의 「당중언전」을 참고하시오.

정앙전의 일을 적다[書鄭仰田事]

목재(牧齋) **전겸익**(錢謙益)

정앙전은 천주(泉州 : 지금의 福建省 東南部) 혜안(惠安) 사람으로 그 이름은 잊어버렸다. 젊어서 아둔하여 먹고 사는 법조차 몰랐기에 부모는 그를 천대하며 미워했다. 그래서 영남(嶺南)으로 도망가 스님들을 위해 채소를 길렀다. 절의 스님, 밥 짓는 스님, 절에서 일하는 일꾼들 사이에서 그는 시커먼 얼굴을 한 채 누더기 옷을 걸치고 맨 아래에 거했으며, 스스로 쭈뼛쭈뼛하면서 어디도 끼지 못했다. 긴 눈썹에 백발을 한 노스님은 눈빛이 물처럼 맑았다. 노스님이 정앙전에게 위로 올라오라 부르더니 절의 스님들을 가리키며 말했다.

"너희들은 모두 이 사람보다 못하다!"

절의 스님들은 화가 나서 왁자지껄 정앙전을 내쫓아버렸다. 정앙전은 열흘 동안 돌아갈 곳이 없어 들에서 목 놓아 울었다. 그때 노스님이 그를 맞아들이며 말했다.

"내가 너를 오래 기다리게 했구나!"

그리고는 데리고 깊은 산속으로 들어가 그에게 『탁자가결(拆字歌訣)』을 주었다. 한 달 남짓 지나 그는 글을 깨쳤다. 노스님은 그에게 푸른 주머니[1]를 주었는데, 그를 통해 임둔(壬遁)[2]・섭복(射覆)[3] 등의 술법을 두루 통달하게 되었다. 그는 세상에서 법술을 행할 때에 관매(觀梅)[4]와 탁자(拆字)[5]를 단서로 삼았는데, 사람들과 오래 있다 보면 그들 마음속에 숨겨진 깊은 사연이며 인간사 세상 운세의 조짐을 알 수 있었다. 그러나 그렇게 되는 까닭까지는 말해주지 않았다.

천계연간(天啓年間 : 1621~1627) 초에 새로 정승을 가려 뽑으려 하자 남악(南樂)이 '온전할 전(全)' 자를 집으며 점을 쳐달라고 했다. 정앙전이 말했다.

"전자는 사람 인(人)과 왕 왕(王) 자로 되어 있고, 왕 자는 총 4획이니 재상은 모두 네 명이 될 것입니다."

재상될 사람의 이름을 묻자 정앙전이 대답했다.

"전 자에서 3획을 없애면 흙 토(土) 자가 되니 분명 성에 토 자가 있는 사람일 것이고, 또 4획을 없애면 고무래 정(丁)자가 되니 분명 정씨 성을 가진 사람일 것입니다. 또 두 획을 없애고 종 일획 횡 일획을 남아있는 인(人) 자와 합치면 나무 목(木)자가 되니 분명 이름에 목 자가 있는 사람일 것이고, 없앤 글자를 모두 합하면 다시 전자가 되니 마땅히 이름에 전 자가 있는 사람일 것입니다."

남악이 말했다.

"나무 목이라 함은 혹 임상서(林尙書) 말인가?"

---

1 푸른 주머니 : 푸른 주머니는 고대 술법가들이 책이나 점치는 기구를 담아두는 주머니이다.

2 임둔(壬遁) : 육갑(六甲)과 둔갑(遁甲)을 함께 이르는 말이다.

3 섭복(射覆) : 고대에 일종의 물건을 알아맞히는 놀이로 종종 점을 치는 데 사용되었다.

4 관매(觀梅) : 송나라 때 소옹(邵雍)이 만든 것으로 주역을 응용해 괘를 뽑아 길흉화복을 판단하는 점이다.

5 탁자(拆字) : 한자를 상하좌우로 찢어서 새로운 글자 조합을 만드는 것을 말한다.

그가 대답했다.

"나무 하나는 숲이 되지 못하니, 이름이지 성이 아닙니다."

얼마 뒤에 포전(莆田 : 지금의 福建省 莆田縣)·귀지(貴池 : 지금의 安徽省 池州)·원성(元城 : 지금의 山東省 寧陽縣)·탁주(涿州 : 지금의 河北省 涿縣) 출신의 재상 넷을 배수하니,[6] 모두 그가 말한대로였다.

진강(晉江 : 지금의 福建省 晉江市)의 이창(李焻)[7]이 환관 오순부(吳淳夫)[8]와 사이가 벌어지자 '삼킬 탄(呑)'자를 집으며 물었다. 정앙전이 말했다.

"저 사람의 세도라면 당신을 집어삼킬 수 있으니, 만만한 상대가 아닙니다. '탄' 자는 하늘 천(天)과 입 구(口)자로 되어있으니, 혹 그 사람의 성이 오(吳) 아닙니까?"

"그렇다면 어떻게 해야 되겠습니까?"

정앙전이 대답했다.

---

6 포전(莆田) …… 배수하니 : 『명사(明史)』 「본기(本紀)」 22에 "무자년에 예부상서 주여형에게 동각대학사 직을 겸하게 하고, 시랑 정소식과 황립극을 예부상서에 배수했다. 소첨사 풍전을 예부우시랑 겸 동각대학사에 명하고, 기무에 참여케 했다(戊子, 禮部尙書周如磐兼東閣大學士, 侍郎丁紹軾·黃立極爲禮部尙書. 少詹事馮銓爲禮部右侍郎, 幷兼東閣大學士, 預機務)"라는 기록이 보인다. 이중 주여형(周如磐)은 포전(莆田) 사람이고, 만력 무술년(1598)에 진사가 되었다. 사후에 소보에 추증되고 '문의(文懿)'라는 시호를 받았다. 그의 성인 '주(周)' 자에 '토(土)' 자가 들어있다. 정소식(丁紹軾 : ?~1626)은 자가 문원(文遠)이고 남직(南直) 귀지(貴池) 출신이다. 만력 35년(1607)에 진사가 되어 한림원검토(翰林院檢討)·찬선(贊善)·유덕(諭德)을 거쳐 소첨사(少詹事) 예부시랑을 지냈으며, 천계 5년(1625) 8월에 예부상서 겸 동각대학사에 배수되었다. 황립극(黃立極)은 자가 중오(中五)이며 원성(元城) 사람이다. 만력연간에 진사가 되어 천계연간에 예부상서 겸 동각학사를 역임하고 수보(首輔)가 되었다. 그의 이름에 들어간 '극(極)' 자에 '나무 목(木)' 자가 들어있다. 마지막으로 풍전(馮銓 : 1595~1672)은 자가 진로(振鷺)이며 순천(順天) 탁주(涿州) 사람이다. 만력연간에 진사가 되어 한림원검토를 지냈다. 천계 5년 7월에 유덕 겸 전토에서 소첨사로 승진하였고, 8월에 예부우시람 겸 동각대학사로 입각하였다. 그의 이름인 '전(銓)' 자에 '온전할 전(全)' 자가 들어있다.

7 이창(李焻) : 자는 원노(元馭)이며 복건성 진강(晉江) 사람이다. 숭정연간 갑술년(1634)에 진사과에 합격하여 예부주사(禮部主事)에 임명되었다.

8 오순부(吳淳夫) : 복건성 진강 사람으로 만력 38년(1610)에 진사가 되었다. 위충현(魏忠賢)의 의붓아들로 관직은 공부상서(工部尙書)까지 지냈다.

"오 자는 '입 구(口)'가 머리지만 탄 자는 머리가 땅에 떨어져있으니 무슨 걱정입니까?"

다음 해에 오순부는 사형 집행을 받았다. 환관 위씨(魏氏 : 魏忠賢)가 정앙전을 불러 자신의 운수에 대해 묻자 정앙전은 봉두난발로 비틀거리며 나아가 길게 읍하고 자리에 앉았다. 환관 위씨가 '갇힐 수(囚)' 자를 집으며 물어보자 줄지어 서있던 환관들은 모두 흠칫 놀라 얼굴빛이 달라졌다. 정앙전이 천천히 대답했다.

"갇힐 수(囚) 자는 나라(囗) 안에 한 사람(人)이 있다는 뜻입니다!"

환관은 크게 기뻐했다. 정앙전은 밖으로 나와 사람들에게 이렇게 말했다.

"갇힐 수 자는 정말로 갇히게 된다는 뜻인데, 내가 거짓으로 말을 꾸며내 죽음을 면했을 뿐이오."

그리고는 백문(白門 : 南京)으로 갔다. 환관의 세력이 더욱 세어지자 유소경(兪少卿)이 위충현을 밀고했다. 정앙전은 낮에 들보 아래 누웠다가 들보 위에 끊어진 밧줄이 아래로 늘어져 있는 것을 보고는 그것을 가리키며 "이처럼 되겠구나!"라고 말했다. 얼마 지나지 않아 환관은 과연 스스로 목을 매 죽었다. 그가 점을 쳐서 기이하게 적중시킨 일은 이루 다 셀 수 없으니 송나라 사석(謝石)[9]도 견줄 바 아니다.

병자년(1636) 겨울에 그는 나에게 어명을 받아 옥에 갇힐 위험이 닥치게 될 것임을 미리 알고 나를 보기 위해 민(閩) 땅으로부터 찾아왔다. 청강(淸江) 포구부터 걸어서 장안(長安)으로 들어와 나를 위해 옥사의 진행 상황을 정탐해주었다. 내가 덕주(德州 : 지금의 山東省 德州)로 가게 되자 그는 다시 장안에서부터 걸어와 소식을 알려주었다. 그때 그의 나이 여든둘이었지만, 달리는 말처럼 걸음이 빨라서 두 명의 건장한 사내들이 뒤쫓아도 따라잡을 수 없을 정도였다. 그가 정주(鄭州 : 지금의 河南省 鄭州市)

9 사석(謝石) : 자는 윤부(潤夫)로 사천성(四川省) 성도(成都)에서 태어났다. 송나라 때 점을 잘 치는 것으로 유명했다.

에 도착했을 때 비바람이 크게 일자 그는 신발과 버선을 다 벗어 두 팔에 묶고 맨발로 백 리를 걸어 정씨(程氏)의 동벽루(東壁樓)에 올랐다. 아직 해가 지기 전이었는데, 그의 얼굴빛은 여유로웠고 숨결은 따스했다. 그는 담소를 나누며 크게 웃다가 한밤중이 돼서야 잠을 잤다. 떠날 때에 나에게 말했다.

"7월이면 저들이 지위에서 물러나게 될 터이니, 공의 옥사도 그때 풀릴 것이오. 그러나 반드시 내년 이후에나 나오게 될 것이오. 내 연말에 우산(虞山)을 지날 때 태부인을 위해 무덤을 정리할 테니 공께서는 걱정하지 마시오."

나는 돌아온 후 여러 번 그를 불렀다. 그는 기묘년(1639) 봄에 짐을 잔뜩 가지고 나를 찾아와서 갑자기 집안사람들에게 말했다.

"내일 여러 스님들이 문을 두드리며 밥을 구걸할 것이니 여러 명 분량의 음식을 장만해 대접하시오. 나도 그들을 따라갈 것이오."

날이 밝자 그는 목욕하고 옷을 갈아입었는데, 마치 누군가를 기다리는 것 같았다. 여러 스님들이 찾아와서 식사를 마치자 방으로 들어가 단정히 앉더니 갑자기 죽었다.

정앙전은 사람을 대할 때, 그가 현명하고 어리석고 부유하고 가난하건 간에 한 번 인사하는 것 외에는 유유자적하게 다리를 쭉 뻗고 앉아서 종일토록 누가 있는 것조차 알지 못했다. 사람들이 돈과 비단을 주면 받았고 주지 않아도 따지지 않았다. 마음속에 오만과 자만심이 가득한 사람들을 만나면 은미한 말로써 그들의 심중을 찔렀는데, 사람들도 감히 원망하지 못하고 그가 모든 것을 알고 있다는 사실을 두려워했다. 내가 한번은 정앙전에게 이렇게 말했다.

"공은 술사(術士)가 아니라 옛날의 이인(異人)이오."

그랬더니 정앙전이 웃으며 말했다.

"내가 그렇게 많은 곳을 돌아다녔지만 내가 이인인 줄을 알아본 사람이 없었으니, 그것을 알아본 공 또한 이인이오."

또 한 번은 이런 말을 했다.

"내가 뒤꿈치에 굳은살이 박이도록 미친 듯이 달려 간 것은 공에게 갑자기 어려움이 닥쳤기 때문이었소. 후영(侯嬴)[10]도 '일흔의 늙은이에게 바랄 게 무엇 있겠느냐'고 말하지 않았소? 선비는 자기를 알아주는 사람을 위해 죽는 법, 설사 내 목이 잘려나간다 해도 목에 구멍 하나 나는 것뿐이라오."

그는 죽으면서 그의 아들에게 말했다.

"삼년 후에 우산(虞山 : 錢謙益)에게 알려라. 몇 년 후에 호구사(虎邱寺) 동쪽에서 나를 찾으라고."

정앙전은 믿을만한 사람이라 그 말은 분명 거짓이 아닐 것이기에, 여기에 기록해 놓고 그를 기다리겠다.

장산래가 말한다.

정앙전은 이인임을 자부하였는데, 오직 전목재(錢牧齋 : 錢謙益)만이 그를 알아주자 지기(知己)의 감정을 느꼈다. 그렇다면 이인들도 명예를 좋아하는 것일까?

鄭仰田者, 泉之惠安人, 忘其名. 少椎魯, 不解治生, 其父母賤惡之. 逃之嶺南, 爲寺僧種菜. 寺僧飯僧及作務人, 仰田面黧黑, 補衣百結, 居下坐, 自顧踧踖, 無所容. 有老僧長眉皓髮, 目光如水. 呼仰田使上, 指寺僧曰 : "汝等皆不及也!" 寺僧怒, 噪而逐仰田. 旬日無所歸, 號哭於野外. 老僧迎謂曰 : "吾遲子久矣!" 偕入深山中, 授以『折字歌訣』. 月餘, 遂能識字. 因授以靑囊袖中, 壬遁·射覆諸家之術, 無所不通曉. 其行

10 후영(侯嬴) : 전국시대 위(魏)나라의 은사로 나이 칠십에 위나라의 수도 대량(大梁 : 開封)의 문지기를 하고 있었는데, 신릉군(信陵君)이 그의 사람됨을 알아보고 그를 상객(上客)으로 모셨다. 나중에 신릉군이 어려움에 처했을 때 그는 꾀를 내어 도와주고 스스로 자결한다.

于世, 以觀梅折字爲端, 久而與之游, 能知人心曲隱微, 及人事世運之伏匿. 亦不言其所以然也.

天啓初, 將卜相, 南樂指'全'字爲占. 仰田曰 : "全字從人從王, 四畫, 當相四人." 問其姓名, 曰 : "全字省三畫爲士, 當有姓帶土者. 省四畫爲丁, 當有姓丁者. 省兩畫縱橫爲木, 當有名屬木者. 以所省之文全歸之, 當有名全者!" 南樂曰 : "木非林尙書乎?" 曰 : "獨木不成林, 名也, 非姓也." 已而拜莆田·貴池·元城·涿州四相, 一如其言.

晋江李焻與奄黨吳淳夫有郄, 指'呑'字以問. 仰田曰 : "彼勢能呑汝, 非小敵也. 從天從口, 非其人吳姓乎?" "然則何如?" 曰 : "吳以口爲頭, 彼頭已落地矣, 汝何憂?" 踰年而吳伏法. 魏奄召仰田問數, 仰田蓬頭突鬢, 踉蹌而往, 長揖就坐. 奄指'囚'字以問, 羣奄列侍, 皆愕眙失色. 仰田徐應曰 : "囚字國中一人也!" 奄大喜. 出謂人曰 : "囚則誠囚也, 吾詭詞以逃死耳." 之白門. 奄勢益熾, 兪少卿密扣之. 仰田晝臥屋梁下, 梁上有斷綆下垂, 仰田指之曰 : "如此矣!" 未幾, 奄果自縊. 其射決奇中, 不可悉數, 宋謝石不足道也.

丙子冬, 前知余有急徵之難, 自閩來視余. 自淸江浦徒步入長安, 爲余刺探獄緩急. 余抵德州, 復自長安徒步來報. 年八十二矣, 行及奔馬, 兩壯士尾之不能及. 至鄭州, 風霾大作, 脫鞋韈繫之兩臂, 赤脚走百里, 上呈氏東壁樓. 日未下舂, 神色閒暇, 鼻息煦煦然. 談笑大噱, 至分夜而後寢. 臨行謂余 : "七月彼當去位, 公之獄解矣. 然必明年而後出. 吾當以殘臘過虞山, 爲太夫人庀窀穸之事, 公毋憂也." 余歸, 數往招之. 己卯春, 將襆被訪余, 忽謂家人曰 : "明日有羣僧扣門乞食, 具數人餐以待. 吾亦相隨往矣." 質明, 沐浴更衣, 若有所須. 羣僧至, 飲畢, 入室端坐, 奄然而逝.

仰田遇人, 無賢愚貴賤, 一揖之外, 箕踞嘯傲, 終日不知有人. 人遺之錢帛卽受, 否亦不計. 每見人深中多傲岸自好者, 輒微言刺其隱, 人亦不敢怨, 懼其盡也. 余嘗謂仰田 : "公非術士, 古之異人也." 仰田笑曰 :

"吾行天下大矣, 莫知我爲異人, 然則公亦異人也." 又嘗語曰 : "吾重繭狂走, 爲公急難. 侯嬴有言 : '七十老翁, 何所求哉?' 士爲知己者死, 縱令斫吾頭去, 頸上只一穴耳." 臨終, 謂其子曰 : "三年後, 往告虞山. 更數年, 尋我于虎邱寺之東." 仰田信人也, 其言當不妄, 書其語以俟之.

張山來曰 : 仰田以異人自負, 惟牧齋知之, 彼即有知己之感. 然則異人亦好名乎?

오육기 장군의 일을 기록하다[記吳六奇將軍事]

옥초(玉樵) 유수(鈕琇)

해녕(海寧 : 지금의 浙江省 海寧市)의 효렴(孝廉)인 사배계(査培繼)는 자가 이황(伊璜)이다. 그는 재주가 뛰어나고 성품이 시원시원했다. 그는 늘 "두 눈 가득 보이는 건 못마땅한 사람뿐이어서 상대할 수 없으니, 나라 안의 기이한 영웅들은 속세에서 물색하지 않고서는 얻을 수 없다"고 말했다. 그는 집에서 연말을 보내다가 술을 가지고 오라고 시켜 혼자 마시고 있었다. 잠시 후 잔뜩 찌푸린 구름이 사방에서 몰려오고 주먹만 한 눈이 내려오자 천천히 문으로 걸어 나가서는, '눈 내리는 날의 흥취를 타고 찾아온 반가운 손님이 있어 함께 감상하였으면' 하고 바랐다. 그때 웬 거지가 처마 밑에서 눈을 피하느라고 꼿꼿이 서 있는 모습이 보였다. 효렴이 한참을 눈여겨보다가 속으로 기이한 인재다 싶어 안으로 불러들인 다음 자리에 앉히고 물었다.

"듣자니 저잣거리에 손에는 지팡이를 들지 않고, 입은 재갈을 물린 것처럼 꼭 다물고, 헤진 옷에 굶주려도 배고프고 추운 기색이 없는 사람이 있어 사람들이 그를 '철개(鐵丐)'라고 부른다던데, 그 자가 너냐?"

거지가 대답했다.

"그렇소."

효렴이 물었다.

"술을 마실 줄 아느냐?"

거지가 대답했다.

"마실 줄 아오."

이에 시중드는 아이에게 시켜 병에 남은 술을 사발에 따라 주게 했다. 그러자 거지는 사발을 들고 단숨에 들이켰다. 효렴은 크게 기뻐하며 다시 불을 때고 술을 달인 후 그에게 주며 다짐하며 말했다.

"너는 사발로 마시고 나는 잔으로 마실 터인데, 이 술이 다 없어질 때까지 마셔야한다."

거지는 모두 30여 사발을 마시고도 취한 모습이 없었지만 효렴은 간이 의자에 취해 쓰러졌다. 시동이 효렴을 부축해 안으로 들어가자 거지는 머뭇거리며 밖으로 나가 처마 밑에서 잤다. 아침이 되어 눈이 그치자 효렴은 술에서 깨어나 집안사람들에게 물었다.

"내 어제 철개와 더불어 매우 즐겁게 대작하였다. 그러나 그의 옷이 너무도 남루하였으니, 이 엄동설한을 어찌 견딜 수 있겠느냐? 속히 나의 솜옷을 그에게 주어라!"

거지는 솜옷을 입고 떠나면서 찾아뵙고 감사의 인사를 하게 해달라고도 청하지 않았다.

이듬해에 효렴은 항주(杭州)의 장명사(長明寺)에 머물고 있었다. 3월 초에 벗들과 함께 술잔을 들고 호숫가를 노닐다가 갑자기 전에 보았던 거지를 방학정(放鶴亭) 옆에서 만났다. 거지는 팔꿈치도 내놓고 맨발인 채로 고개를 쳐들고 혼자 걷고 있었다. 효렴은 다시 그를 데리고 절로 돌아와 옛날에 준 솜옷은 어디에 있느냐고 물었다. 거지가 대답했다.

"지금 시절이 늦봄인데, 그걸 어디다 씁니까? 이미 저당 잡히고 돈을 받아 술집에서 다 썼습니다."

효렴은 그의 말을 기이하게 여기고서 이렇게 물었다.

"책을 읽어 글자를 배웠느냐?"

거지가 대답했다.

"책을 읽어 글자를 배우지 않았다면 거지가 되지 않았겠지요."

효렴은 모골이 서늘해져 그를 목욕시킨 다음 옷을 입히고 신발을 신겼다. 천천히 그의 이름과 사는 곳을 물었더니 거지가 대답했다.

"저는 본래 연릉(延陵 : 江蘇省 丹陽市 延陵鎭) 출신으로, 진평(陳平)[1]을 흠모했습니다. 저는 월해(粵海)에서 살았으며 이름은 육기(六奇)입니다. 어려서 부모형제를 잃고 천성적으로 도박을 좋아하다보니 결국 거지 신세가 되어 강호를 전전하다가 여기까지 오게 되었습니다. 문 두드리며 걸식하는 것은 옛 현인들도 피하지 않았던 일인데, 제가 뭐라고 감히 더럽게 여기겠습니까? 그러다 뜻밖에 어진 공을 만나, 속세 밖의 사람이라 인정해주시고 밥과 옷을 얻는[2] 은혜까지 입었습니다. 제가 비록 회음(淮陰)의 소년[3]은 아니지만 밥 한 끼의 은혜를 어찌 잊을 수 있겠습니까?"

효렴이 급히 일어나 그의 팔을 잡으며 말했다.

"오생(吳生)은 나라 안의 준걸이오! 술벗으로만 오생을 봤다가 오생을 잃을 뻔 했구려!"

---

1 진평(陳平 : ?~B.C. 178) : 한나라 개국공신으로, 양무(陽武 : 지금의 河南省 原陽 동남쪽) 사람이다. 그는 어려서부터 책읽기를 좋아하고 가슴에 큰 뜻을 품고 있었다. 진(秦)나라 말에 진승(陳勝) · 오광(吳廣)의 난이 일어나자 한나라 유방(劉邦)을 도와 여러 관직을 역임하며 유방의 중요한 모사(謀士)가 되었다. 한나라가 건국된 후에 그는 유방으로부터 공을 인정받아 호유후(戶牖侯)와 곡역후(曲逆侯)에 봉해졌다.

2 밥과 옷을 얻는 : 원문은 '추해(推解)'로, 밥을 권하여 먹이고 옷을 벗어 입히다, 즉 남에게 친절을 베푼다는 뜻이다

3 회음(淮陰)의 소년 : 한신(韓信)을 말한다. 『사기』 「회음후열전(淮陰侯列傳)」에 따르면 한신은 젊어서 집이 가난하여 생계가 막막하였는데, 어느 날 그가 회음성(淮陰城) 아래에서 낚시를 하고 있을 때 한 늙은 부인이 그에게 며칠 간 먹을 수 있는 음식을 가져다주었다. 후에 한신은 유방(劉邦)을 도와 천하를 얻고 나서 초왕(楚王)에 봉해지자 천금을 가져다 부인에게 보답했다고 한다.

그리고는 절의 스님에게 이화춘(梨花春)[4] 한 섬을 사오게 해 함께 하루 종일 실컷 마셨다. 효렴은 거지를 몇 개월 동안 머물게 한 뒤 노자 돈을 주어 월동(粵東)으로 돌려보냈다.

오육기(吳六奇)는 대대로 조주(潮州 : 지금의 廣東省 潮州)에 살았으며 관찰사(觀察使) 오도부(吳道夫)의 후손이다. 그는 대략 시서(詩書)를 섭렵했으나 놀기를 좋아하다 소인배의 모략에 걸려들어 가업을 잃고 재산도 탕진하여 결국 역졸이 되었다. 그래서 관하(關河)의 요로나 절경 속 험준한 장소까지 모르는 곳이 없었다. 당시는 나라가 막 세워져 겨우 안정되기 시작할 무렵이었는데, 청나라 군대가 절강(折江)에서 광동(廣東)으로 들어오느라 선박이 꼬리를 물고 이어졌고, 깃발을 휘날리며 징과 북을 치느라 그 떠들썩한 소리가 수 백리까지 끊이지 않았다. 청나라 군대가 지나가는 군읍마다 사람들은 모두 시골로 숨어들어가 길에 나다니는 사람이라곤 없었는데, 오육기만은 겁 없이 돌아다녔다. 순시하던 병사가 그를 잡아 휘하로 끌고 오자 사령관을 뵙게 해달라고 청하더니 다음과 같이 갖추어 말했다.

"월중(粵中)의 상황은 격문만 돌리면 진정시킬 수 있습니다. 제게는 의형제를 맺은 30명이 있는데, 평소에 용맹을 날리던 사람들입니다. 그러나 나라 안에 주인이 없어 무리를 거느리고 이 땅을 점거하면서 반란을 일으켰습니다. 지금 바야흐로 구오(九五)[5]가 양(陽)을 맞이하여 천자의 군대가 남하했으니, 지금이야 말로 백성들이 소생하고 호걸들이 능력을 발휘할 때입니다. 만일 제게 30조목의 격문을 주신다면 제가 먼저 가지고 달려가 여러 호걸들에게 나누어 줄 것입니다. 그러면 가까이 있는 자들은 나와 투항할 것이며 멀리 있는 자들은 호응할 터이니, 한 달이 되기도 전에 파죽지세가 이루어질 것입니다."

---

4 이화춘(梨花春) : 술 이름으로, 배꽃이 필 때 담근다고 하여 이렇게 이름이 붙었다.

5 구오(九五) : 주역(周易)의 64괘 가운데 첫 번째가 건괘이고 건괘의 다섯 번째 효(爻) 이름이 구오로 천자의 자리를 일컫는 말이다.

그의 말대로 실행하였더니 월(粵) 땅이 모두 평정되었다. 이때부터 오육기가 짜낸 계책은 적용하는 즉시 적중하였으며, 솥단지를 들어 올릴만한 용맹무쌍함으로 아무리 견고한 것이라도 모두 격파했기에, 그는 민(閩) 땅과 촉(蜀) 땅을 정벌하여 여러 번 뛰어난 전공을 세웠다. 그리하여 몇 년 사이에 광동통성수륙제독(廣東通省水陸提督)의 자리에까지 올랐다.

뜻을 얻지 못해 실의했던 시절에, 오육기는 죽을 때까지 더럽고 미천한 신분에서 벗어나지 못할 것이라 생각했다. 그러나 사효렴(查孝廉 : 查培繼)을 만나고 나서 미천한 신분의 갈옷을 벗고, 절[6]에 돈까지 기증하였을 뿐 아니라 나라 안의 준걸이라는 영예까지 얻었기에 마음이 기쁘고 자부심이 가득했다. 게다가 군대에서 활약하여 최고 사령관의 자리까지 올랐다. 그는 항상 "천하에 단 한 사람 지기(知己)가 있다 하더라도 사효렴 같은 사람은 없다"라고 말했다. 강희연간(康熙年間 : 1662~1723) 초에 그는 순주(循州 : 지금의 廣東省 惠州 동쪽)에서 개부(開府)하자마자 곧 아장(牙將)[7] 편에 [사효렴의 집으로] 3천금으로 보내 집안에 보관토록 했다. 또 별도로 편지와 돈도 보내어 효렴을 월 땅으로 모셔오게 한 뒤 연회를 위한 물건[8]이며 배며 수레를 모두 성대하게 준비했다. 효렴이 매령(梅嶺)을 넘을 때쯤 오공자(吳公子 : 吳六奇)는 벌써 길가에 마중 나와 매우 공경스럽게 예를 갖추고 있었다. [효렴을 태운] 누선(樓船)은 피리 불고 북을 치며 서강(胥江)으로부터 물길을 따라 남하했다. 오공자 관할 지역의 문무백관들 모두 사선생(查先生 : 查培繼) 보기를 원하면서 앞 다투어 선물을 증정하였기에 상자에 든 비단이나 주머니에 든 진주가 셀 수 없을 정도였다. 순주성에서 20리 떨어진 곳까지 오공자가 직접 마중을 나왔는데, 기사(騎士)

---

6 절 : 원문은 '소사(蕭寺)'로 절의 다른 이름이다. 양(梁)나라 무제(武帝)가 절을 많이 지으면서 자신의 성이 소씨(蕭氏)이므로 자기 성을 취하여 자신이 지은 절들을 소사라고 불렀는데, 이것이 나중에 절을 널리 일컫는 말로 쓰이게 되었다.

7 아장(牙將) : 군대의 중·하급 군관을 말한다.

8 연회를 위한 물건 : 원문은 '공장(供帳)'으로 연회를 열 때 사용하는 휘장, 음식, 그릇 등의 물건들이다.

여덟이 앞을 인도하고 천 명의 군사가 뒤를 옹위하여, 앞뒤의 호위병들의 모습이 마치 한 나라의 제후나 왕 같았다. 효렴을 맞이해 관부로 돌아오자마자 오공자는 엎드려 머리가 땅에 닿도록 절하며 말했다.

"옛날의 비천한 거지가 선생을 만나지 않았다면 어찌 오늘이 있겠습니까? 선생께서 왕림하셨으니, 거지의 몸 문드러진다 해도 선생의 덕을 갚기에 부족합니다!"

효렴은 1년간 머물렀는데, 오공자는 아무리 군사일이 많고 번잡해도 사선생의 말 한마디만 떨어지면 즉각 응하지 않은 적이 없었다. 효렴은 의롭게 취한 재산만 거의 수만금에 이르렀다. 효렴이 돌아가려 하자 오공자는 다시 3천금을 그에게 주어 보내며 말했다.

"감히 보답이라고는 말하지 않겠습니다. 단지 회음 소년의 감사한 마음을 표하고자 할 뿐입니다."

이에 앞서 초중(苕中 : 지금의 浙江省 湖州 일대)의 부호 장정월(莊廷鉞)이 주상국(朱相國)의 『사개(史概)』를 구입하여, 널리 삼오(三吳)의 명사(名士)들을 초빙해와 분량을 늘리고 윤문한 다음 간행하여 세상에 내놓았다. 책 앞에 교열에 참여한 10여 명의 이름을 열거했는데, 본디 명망 높던 효렴인지라 그 사이에 이름이 들어갔다. 얼마 후 사사로운 역사 저술로 인한 문자옥이 일어나, 이 책에 관여했던 모든 사람들이 극형에 처해졌다.[9] 이

9 초중(苕中)의 부호 …… 처해졌다 : 역사상 '장정롱 명사안(莊廷鑨明史案)'이라 불리는 사건이다. 장정롱(莊廷鑨 : ?~1655)과 장정월(莊廷鉞)은 절강성 오정(烏程) 남심(南潯 : 지금의 湖州)의 부호 장윤성(莊允城)의 아들이다. 그들은 숭덕당(崇德堂)에 백척루(百尺樓)를 지어 놓고 독서하는 곳으로 삼았다. 장정롱은 자가 자익(子襄)이며 15세에 공생(貢生)이 되어 국자감(國子監)에 들어갔으나 병으로 인해 실명했다. 그는 천계연간의 대학사(大學士) 주국정(朱國禎)이 지은 『명사(明史)』를 사들인 다음 오염(吳炎)·반성장(潘檉章) 등 16명의 명사들을 초빙하여 천 글자를 윤색해줄 때마다 30냥의 은전을 주어가며 숭정조(崇禎朝)와 남명(南明)의 역사를 보충, 서술했다. 그러면서 남명의 홍광제(弘光帝)·융무(隆武帝)·영력제(永曆帝)를 정삭(正朔)으로 삼고 영력 당시의 연호를 사용하면서 명이 청나라에 항복하는 것은 반역이라고 말했다. 더구나 누루하치[努爾哈赤]를 '노예들의 추장[奴酋]'이라 부르고, 청나라 병사를 '건이(建夷)'라 불렀다. 장정롱은 책이 완성되고 얼마 지나지 않아 순치(順治) 12년

때 오공자가 효렴을 위해 적극적으로 변론해준 덕에 효렴은 결국 극형을 면할 수 있었다. 효렴은 그 후로 더욱 시와 술에 마음을 기탁하기 시작해, 주머니 속 돈까지 모두 꺼내서 아름다운 시녀 12명을 사들인 다음 노래와 춤을 가르쳤다. 매번 좋은 밤이면 연회를 열고, 주렴 드리우고 등불을 밝혔는데, 구슬 같은 목소리와 꽃 같은 미모가 주렴 밖까지 환히 비추는지라, 보는 사람들은 그 아름다움에 흠뻑 취했다. 효렴의 부인도 음률을 잘 알아서 직접 가기(家伎)들을 위해 박판을 치고 노래의 잘못된 부분을 바로잡아주었다. 이로 인해 사씨(査氏)의 여악(女樂)은 절강에서도 유명한 악부(樂部)가 되었다.

옛날에 효렴이 [오공자의] 막부(幕府)에 있을 적에 그곳 원림(園林)이 매우 아름다웠다. 원림 안에 '영석봉(英石峰)'이라는 돌이 있었는데, 높이는 2장 쯤 되었고 자글자글 주름진 모습이 매우 아름다워 마치 귀신이 만들어낸 것 같았다. 효렴은 이 돌이 매우 마음에 들어 '추운(縐雲)'이라고 이름 붙였다. 열흘이 지나 효렴이 가서 보았더니 갑자기 그 돌이 사라지고 없었는데, 오공자가 벌써 그 돌을 큰 배에 실어 효렴의 집으로 보낸 것이었다. 그 돌을 운반하며 강을 건너고 산을 넘느라 들어간 비용만도 십만 꿰미였다. 지금 효렴도 죽고 젊던 가기들도 늙었으며 숲도 황폐하고 연못도 말라버렸지만 '영석봉'만은 우뚝 서서 남아있다.

(1655)에 병사했다. 장정롱의 부친 장윤성은 순치 17년(1660) 겨울에 책을 판각하고, 『명사집략(明史輯略)』이라는 이름으로 출판하였다. 순치 18년(1661)에 귀안지현(歸安知縣)으로 있던 오지영(吳之榮)에게 고발당했는데, 당시 장정롱과 장윤성은 이미 죽었기에 무덤을 파헤쳐 관을 가른 다음 시신의 목을 베고 뼈를 부수었다. 또 시신을 항주성 북쪽 담에 내어걸어 세달 동안 사람들에게 내보였다. 장정롱의 아우 장정월은 죽임을 당했다. 이 일에 연루된 자는 무척 많아서, 이영석(李令晳)과 그의 네 아들, 주우명(朱佑明)과 그의 다섯 아들이 모두 참수당했고, 70여 명이 목숨을 잃었다. 그중 장정월 · 이영석 · 모원명(茅元銘) · 장인징(蔣麟徵) · 장준(張雋) · 위원개(韋元介) · 반성장(潘檉章) · 오염(吳炎) · 오지용(吳之鎔) · 오지명(吳之銘) 등이 능지처참 당했다.

장산래가 말한다.

듣자니 오장군(吳將軍)이 걸식할 때 갈대로 땅위에 초행서(草行書)로 "그날이 오면"이라는 글자를 쓰길 좋아했다고 하는데, 영웅은 실의해도 뜻만은 주리지 않음이 이와 같구나! 게다가 사군(査君)의 덕을 잊지 않았으니 더욱 어려운 일[10]이로다!

海寧查孝廉培繼, 字伊璜. 才華豐豔, 而風情瀟灑. 常謂 : "滿眼悠悠, 不堪酬對, 海內奇傑, 非從塵埃中物色, 未可得也." 家居歲暮, 命酒獨酌. 頃之, 愁雲四合, 雪大如掌, 因緩步至門, 冀有乘興佳客, 相與賞翫. 見一丐者, 避雪廡下, 强直而立. 孝廉熟視良久, 心竊異之, 因呼之入, 坐而問曰 : "我聞街市間, 有手不曳杖, 口若銜枚, 敝衣枵腹, 而無飢寒之色, 人皆稱爲'鐵丐'者, 是汝耶?" 曰 : "是也." 問 : "能飮乎?" 曰 : "能." 因令侍童, 以壺中餘酒, 傾甌與飮. 丐者擧甌立盡. 孝廉大喜, 復熾炭發醅, 與之約曰 : "汝以甌飮, 我以巵酬, 竭此醅乃止." 丐盡三十餘甌無醉容, 而孝廉頹臥胡牀矣. 侍童扶掖入內, 丐逡巡出, 仍宿廡下. 達旦雪霽, 孝廉酒醒, 謂其家人曰 : "我昨與鐵丐對飮甚懽. 觀其衣極藍縷, 何以禦此嚴寒? 亟以我絮袍與之!" 丐披袍而去, 亦不求見致謝.

明年, 孝廉寄寓杭之長明寺. 暮春之初, 偕侶攜觴, 薄遊湖上, 忽遇前丐於放鶴亭側. 露肘跣足, 昂首獨行. 復挈之歸寺, 詢以舊袍何在? 曰 : "時當春杪, 安用此爲? 已質錢付酒家矣." 孝廉奇其言, 因問 : "曾讀書識字否?" 丐曰 : "不讀書識字, 不至爲丐也." 孝廉悚然心動, 薰沐而衣履之. 徐諗其姓氏里居, 丐曰 : "僕系出延陵, 心儀曲逆. 家居粵海, 名曰六奇. 祗以早失父兄, 性好博奕, 遂致落拓江湖, 流轉至此. 因念叩門乞食, 昔賢不免, 僕何人斯, 敢以爲汚? 不謂獲遘明公, 賞於風塵之外, 加

10 어려운 일 : 원문은 '공연족음(跫然足音)'이다. 원래는 오랫동안 적막한 곳에 있다가 누군가가 갑자기 찾아오면 그 발자국 소리에 기뻐한다는 뜻인데, 후에 어렵사리 찾아온 사람을 뜻하는 말로 쓰였다.

以推解之恩. 僕雖非淮陰少年, 然一飯之惠, 其敢忘乎?” 孝廉亟起而捉其臂曰 : “吳生固海內奇傑也! 我以酒友目吳生, 失吳生矣!” 仍命寺僧沽梨花春一石, 相與日夕痛飮. 盤桓累月, 贈以衣屨之資, 遣歸粤東.

六奇世居潮州, 爲吳觀察道夫之後. 略涉詩書, 耽遊羅雉, 失業蕩産, 寄身郵卒. 故於關河孔道, 險阻形勝, 無不諳熟. 維時天下初定, 王師由浙入廣, 舳艫相銜, 旗旌鉦鼓, 喧耀數百里不絶. 凡所過都邑, 人民避匿村谷間, 路無行者, 六奇獨貿貿然來. 邏兵執送麾下, 因請見主帥, 備陳 : “粤中形勢, 傳檄可定. 奇有義結兄弟三十人, 素號雄武. 祇以四海無主, 擁衆據土, 弄兵潢池. 方今九五當陽, 天旅南下, 正蒸庶徯蘇之會, 豪傑效用之秋. 苟假奇以遊劄三十道, 先往馳諭, 散給羣豪. 近者迎降, 遠者響應, 不踰月而破竹之形成矣.” 如其言行之, 粤地悉平. 由是六奇運籌之謀, 所投必合, 扛鼎之勇, 無堅不破, 征閩討蜀, 屢立奇功. 數年之間, 位至通省水陸提督.

當六奇流落不偶時, 自分以汚賤終. 一遇查孝廉, 解袍衡門, 贈金蕭寺, 且有海內奇傑之譽, 遂心喜自負. 獲以奮跡行伍, 進秩元戎. 嘗言 : “天下有一人知己, 無若查孝廉者.” 康熙初, 開府循州, 卽遣牙將持三千金存其家. 另奉書幣, 邀致孝廉來粤, 供帳舟輿, 俱極腆備. 將度梅嶺, 吳公子已迎候道左, 執禮甚恭. 樓船簫鼓, 由胥江順流而南. 凡轄下文武僚屬, 無不願見查先生, 爭先饋贈, 篋綺囊珠, 不可勝紀. 去州城二十里, 吳躬自出迎, 八騶前馳, 千兵後擁, 導從儀衛, 上擬侯王. 旣迎孝廉至府, 則蒲伏泥首, 自稱 : “昔年賤丐, 非遇先生, 何有今日? 幸先生辱臨, 靡丐之身, 未足報德!” 居一載, 軍事旁午, 凡得查先生一言, 無不立應. 義取之貲, 幾至鉅萬. 其歸也, 復以三千金贈行, 曰 : “非敢云報. 聊以誌淮陰少年之感耳.”

先是苕中有富人莊廷鉞者, 購得朱相國『史概』, 博求三吳名士, 增益修飾, 刊行於世. 前列參閱姓氏十餘人, 以孝廉夙負重名, 亦借列焉. 未幾, 私史禍發, 凡有事於是書者, 論置極典. 吳力爲孝廉奏辯得免. 孝廉嗣後益放情詩酒, 盡出其橐中裝, 買美婢十二, 敎之歌舞. 每於良宵開讌, 垂簾張燈, 珠聲花貌, 豔徹簾外, 觀者醉心. 孝廉夫人亦妙解音律, 親爲家伎拍板, 正其曲誤. 以此査氏女樂, 遂爲浙中名部.

昔孝廉之在幕府也, 園林極勝. 中有'英石峰'一坐, 高可二丈許, 嵌空玲瓏, 若出鬼製. 孝廉極所心賞, 題曰: '縐雲.' 閱旬往視, 忽失此石, 則已命載巨艦, 送至孝廉家矣. 涉江踰嶺, 費亦千緡. 今孝廉旣沒, 靑娥老去, 林荒池涸, 而'英石峰'巋然尙存.

張山來曰: 聞吳將軍乞食時, 好以荻葦於地上判"某日及"草行字, 英雄失意而志不餒如此! 至其不忘査君之德, 尤可謂跫然足音矣!

우초신지 권17

원추가 신선을 만난 일의 전말을 기록하다[紀袁樞遇仙始末]

회후(會侯) **모제가**(毛際可)

강희(康熙) 경진년(1700) 정월 26일, 자가 혜중(惠中)인 전당(錢塘)의 수재(秀才)[1] 원추(袁樞)가 꿈을 꾸었는데, 자칭 공동도인(崆峒道人)이라는 반백의 긴 수염을 가진 자가 나타나, 산에 들어와 삼 년 동안 수련을 하면 신선이 될 수 있다고 하면서 [이 일을] 발설하지 말라고 당부하는 것이었다. 그는 잠에서 깬 후 이내 벗에게 이 일을 말했다. 다음 날 밤 꿈에 다시 도사가 나타나 이렇게 말했다.

"다시 내 말을 발설할 시엔 너를 벙어리로 만들겠다."

새벽에 일어나보니 누군가 그에게 길을 재촉하는 듯 했다. 밭길을 1무(畝) 정도 갔을 때, 과연 꿈에 본 도인이 나타나 그를 끌고 동행하였는데, 어느 새 관문 밖에 이르렀다. 원추가 나이 드신 부모님 봉양을 핑계로 고사하자 도인이 그에게 약 한 알을 먹였다. 얼떨결에 약이 뱃속으로 들

1 수재(秀才) : 원문은 '상생(庠生)'으로 주(州), 부(府), 현학(縣學)의 생원(生員)을 말하며, 명청시대에는 수재의 별칭으로 사용되었다.

어간 후 그는 말을 할 수 없게 되었다. 다행히 친구를 만나 집에까지 데려다 주기는 하였으나 온 집안사람들은 두려움에 떨었다.

중승(中丞)인 공렴(公廉) 장득지(張得之)는 민정을 잘 살핀다고 알려져 선발된 자였다. 그가 어찌된 영문인지 묻자, 원추는 낱낱이 서면으로 대답했다. 중승은 그가 가난한 것을 불쌍히 여겨 자신의 봉급을 덜어내 열 냥을 주고, 그 도인을 잡아오라고 관리를 보냈는데, 열흘 동안 대대적으로 수소문했으나, 찾을 수가 없었다. 그의 아버지가 공문을 올려 강서(江西) 천사부(天師府)에 보내 자문(咨文)을 보내달라고 청했다. 7월 17일 천사(天師)[2]로부터 회답을 받았는데, 회답 외에도 벙어리 병을 치료하는 부적 두 개를 주었고, 또 절강(浙江) 항주부(杭州府) 성황사(城隍司)에 바칠 공문까지 보내왔다. 중승이 급히 원추에게 이와 같은 사실을 알리자 원추는 직접 공문을 가지고 성황묘로 가서 그것을 불살랐다. 돌아와 우선 부적 하나를 삼켰더니 온 몸에 피곤함이 느껴지며 뼈마디에서 소리가 났다. 밤에 꿈을 꾸었는데 어떤 사람이 "이십육일 자당(子堂)에서 원생원에게 직접 훈시함"이라고 적힌 성황신의 유지를 들고 왔다. 약속한 날이 되자 다시금 꿈에 그 사람이 나타나 원추를 신의 관부로 데려갔다. 등불이 비추는 가운데 신처럼 차려입고 꼿꼿이 앉아 있던 이가 원추에게 말했다.

"이미 금갑신(金甲神)[3]을 보냈으니 가서 진인(眞人)께 청하라."

잠시 후 도인이 금갑신과 함께 나오자 성황신은 그들을 빈객의 자리에 앉혔다. 도인이 원추를 향해 말했다.

"그대에게 액운이 있어 일 년 동안 벙어리가 되는 벌을 내렸소."

성황신이 말했다.

"천사께서는 공문에서 그에게 말을 할 수 있게 해주라고 했는데, 그대는 여전히 벙어리로 있으라고 하니, 가서 뭐라고 보고한단 말이오?"

---

2 천사(天師) : 도술을 행하는 자를 말한다.

3 금갑신(金甲神) : 지위가 낮은 천신(天神) 중 하나로 신을 불러내는 법을 아는 도인에게 불려 가서 부림을 받기도 한다.

도인이 말했다.

"기왕 천사께서 명을 전해오셨으니, 일 년은 채우지 못한다 해도 반드시 반년은 채워야 하오. 그러나 그 후에도 여전히 말조심을 해야 할 것이오."

그리고는 그에게 돌아가라고 명했다. 28일이 되어 원추는 다시 부적 하나를 삼켰다. 천사의 부적에 7일 후에 다시 부적을 복용하라고 당부했기 때문이다. 8월 초하루 자시(子時)에 어떤 사람이 꿈에 나타나 그에게 소리를 내보라고 했는데, 그리고는 곧 예전처럼 다시 말을 하게 되었다. 손을 꼽아보니 과연 반년이었다. 원추가 관아에 달려가 중승에게 감사를 드리자 중승이 말했다.

"천사가 서찰을 보내오기를, 그대를 위해 제단을 쌓고 법술을 행하여 금갑신이 오도록 정성을 다하면 사흘 안에 효험이 있을 것이라 했는데, 정말 그대로 되었구려."

이 일은 자못 괴이해서 유자(儒者)들이 입에 올리지 않는 바이다. 옛 사람들이 말하길, 성황신과 산천, 사직단 등에 세시마다 제사를 올리는 것은 나라에서 뭇 신들을 품으려는 뜻을 내보이려 함이지 꼭 그러한 신이 있어서는 아니라고 하였다. 하지만 관복을 입고 응대하는 것은 인간 세상의 달관들과 다르지 않았고 세상 밖 신선들이란 놀랍고 믿기 어려운 존재이거늘 원추는 성시 한복판에서 직접 만났다. 성황신은 진인(眞人)이라 여겨지고 있으니, 분명 요괴가 붙을 수는 없을 것이다. 천사는 대대토록 작위를 이어오고 있어 수 천 년 이래 수수(洙水)와 사수(泗水)[4]를 제외하고 그 성대함에 비할 자가 없다. 지금 중승에게 보낸 답신으로 보건대, [천사라는] 봉호는 요행으로 얻은 것이 아님을 알 수 있다. 그렇지만 중승

4 수수(洙水)와 사수(泗水): 옛날 이 두 하천은 지금의 산동성 사수현(泗水縣) 북쪽에서 합류되어 내려오다 곡부(曲阜) 북쪽에서 다시 두 갈래로 갈라졌는데 수수는 북쪽에 있고 사수는 남쪽에 있었다. 수수와 사수 지역은 공자(孔子)가 가르침을 행하던 곳이므로 곧 유가의 사직을 의미한다.

이 선비를 아끼고 재난을 구휼하고자 하는 마음에 세심하게 신경 쓰고 힘써 구원하지 않았다면, 어찌 천사로 하여금 이처럼 제단을 쌓고 신을 보내게 할 수 있었겠는가?

원추가 나에게 말했다.

"막 벙어리가 되었을 때 친구의 어머니께서 병이 나셨는데, 마음속에 알리고 싶은 것이 있어 홀연 붓을 잡고 '정축정축(丁丑丁丑), 두 사람이 지키고 있고 옥토끼가 동쪽으로 메고 올라가니, 모두들 손을 놓게'라고 썼다네. 그 후 벗의 어머니는 정축일 축시에 세상을 떠나셨는데, 지금도 그것이 어떻게 된 일인지 모르겠네."

이 일이야말로 기이하다 할 만하다.

장산래가 말한다.

천사가 이와 같은 법력을 지니고 있으니 세습하는 것도 진실로 당연하다.

康熙庚辰正月廿六, 錢塘庠生袁樞, 字惠中, 夢一長髯頒白者, 自稱崆峒道人, 邀以入山, 修煉三載, 可證仙籍, 且戒其弗洩. 旣寤, 卽與同人言及之. 次夕復入夢云: "再洩吾言, 當令汝啞." 晨起, 若有人促之行. 至一畝田, 果見所夢道人, 拉之同往, 焂忽已至關外. 樞以親老固辭, 道人投藥一丸. 恍然入腹, 遂不能言. 遇友引歸, 擧家惶怖.

中丞張公廉得之, 知爲觀風所拔士. 詢其始末, 樞具以筆對. 憐其貧, 捐俸十金與之, 遂下有司捕獲, 大索十日不得. 其父具呈, 乞移咨江西天師府. 七月十七日, 方得天師移覆, 外給治啞符二道, 並仰浙江杭州府城隍司公文. 中丞公亟傳樞, 親齎公文詣廟焚之. 歸卽先呑一符, 覺遍體煩懥, 骨節有聲. 夜夢一人, 手持城隍諭單, 上書"廿六日子堂傳袁生員面諭." 至期, 復夢其引入神署. 燭光中, 見神冠服危坐, 曰: "已遣金甲神, 往請眞人矣." 少頃, 見道人偕金甲神至, 城隍延之賓坐. 道人

向樞曰 : “因汝有厄, 故罰啞一年.” 城隍曰 : “天師文內令其能言, 若仍啞, 何以復命?” 道人曰 : “旣天師傳命, 不滿一年, 亦宜半載爲期. 然此後仍當愼言耳.” 遂命之歸. 至廿八日, 又呑一符. 以天師符內囑間七日再服故也. 八月初一日子時, 夢人令其發聲, 卽語言如常. 屈指果及半載. 赴戟門謝中丞, 公曰 : “天師來札云, 爲汝建壇作法, 鍊一金甲神來, 三日有驗, 今信然矣.”

其事頗涉怪, 爲儒者所不道. 然昔人謂城隍之神, 與山川, 社稷壇等, 歲時致祀, 以示國家懷柔百神之意, 不必實有其人也. 乃袍服酬對, 與人世達官無異, 又世外仙人, 惝怳難信, 而樞親見之于城市中. 城隍目爲眞人, 必非妖魅可托. 至天師爵秩相承, 數千年來, 自洙泗外, 鮮與比盛. 今以其移覆中丞公書觀之, 則封號亦不爲倖致也. 然非中丞公重士恤災, 委曲救拔, 亦安能使天師建醮遣神若是哉?

又樞語余云 : “方啞時, 友人母病, 意中欲有所叩, 忽信筆書云 : ‘丁丑丁丑, 二人相守, 玉兎東昇, 大家撒手.’ 其母至丁丑日丑時而歿, 至今不知其所以然也.” 尤足詫異云.

張山來曰 : 天師有如此法力, 其世襲也固宜.

효자 민씨전[閔孝子傳]

개자(介兹) **오진**(吳晉)

효자 민씨는 호주(湖州)의 남진(南鎭) 사람으로, 마흔 남짓 된 농사꾼이었다. 젊어서 글공부를 한 적이 없고 거칠고 아둔하였기에 마을에서는 그를 탐탁지 않게 여겼다. 논밭이 마주 보이는 몇 칸짜리 집에 살면서 그는 아침저녁으로 처자식과 함께 아버지를 공손히 모셨다. 그의 아버지는 나이 많은 제생(諸生)이었는데 일흔둘 되던 해 어느 날 갑자기 병에 걸렸다. 백약이 무효하고 병세가 날로 심해지자 효자는 매우 걱정스러워했다. 마을 사람들 모두 효자에게 [장례 치를] 준비를 하라고 권했지만 듣지 않았다. 그의 아내도 그렇게 권했지만 역시 듣지 않았다. 그러던 어느 날 아버지의 병세가 갑자기 호전되더니 며칠이 지나서는 지팡이를 짚고 걸을 수 있었다. 병문안 온 사람들이 그 이유를 알고 싶어 했으나 효자는 얼버무리면서 그저 웃으며 인사할 뿐이었다. 사람들은 효자가 아둔하다고 여겨 더 이상 캐묻지 않았다. 그의 아내 역시 비방을 얻어 살아나셨나보다 여길 뿐이었다.

그로부터 열흘 후 효자는 마치 중병에 걸린 듯 침대에 누워 신음을 그치지 못했는데, 그 모습이 매우 고통스러워 보였다. 아내가 말했다.

"당신 왜 그래요? 전에 아버님께서 와병중이셨을 때야 걱정하는 것이 당연했다지만 지금은 병이 나날이 호전되고 계시는데 뭘 걱정하시는 건가요?"

효자는 그저 응응하고 대답하며 여전히 신음을 그치지 않았다. 아내가 다시 물었다.

"당신도 병이 났나요? 왜 신음을 해요?"

효자는 이번에도 응응하고 대답하며 여전히 신음을 그치지 않았다. 아내는 그가 진짜로 병에 걸렸지만 아버지가 이제 막 병이 나으신 마당에 심려를 끼쳐드릴까 두려워 감추고 내색하지 않는 것이라 여겼다. 아내는 어느 날 아침에 일어나 그가 가슴을 매만지며 매우 아파하는 모습을 문득 보게 되었다. 아내는 더욱 이상한 생각이 들어 그가 잠든 틈을 타서 그가 만지던 곳을 들춰보았다. 그러다 가슴에 난 상처를 보고는 깜짝 놀라 다그쳐 물었다.

"어떻게 된 일이예요?"

효자는 더 이상 숨길 수 없어 천천히 대답했다.

"자식으로서 아버님 병 하나 낫게 할 수 없다는 것이 견디기 어려웠소. 사람들이 약으로 부모를 낫게 할 수 없을 경우 자식의 심장을 한 조각 떼어 죽에 섞어서 드시게 하면 나을 수 있다고 하는 말을 내 늘 들어왔소. 그래서 어느 날 토지신 앞에 가서 기도를 올리며 내 심장을 베어 아버님을 살릴 수 있게 해달라고 간청했지. 한밤중에 아버님께서 마실 것을 달라고 부르시기에 칼로 가슴을 가르고 심장을 꺼내 약간 베어낸 다음 죽에 넣어서 가져다 드렸는데, 뜻밖에 아버님께서 차도를 보이셨소. 처음에 가슴을 가를 때도 그다지 아프지 않았고 심장을 베어내고 난 뒤에도 가르기 전처럼 상처가 잘 아물었소. 그런데 이제 와서 더 이상 견딜 수 없을 정도로 아프기 시작하는군. 이 일은 절대 비밀로 하고 말하지 마시오."

그의 아내는 애처롭기도 하고 심장을 도려냈다는 말에 그가 죽을까 걱정되기도 하여 급히 의원에게 이러한 사실을 알렸다. 의원이 깜짝 놀라며 말했다.

"아! 이런 일에 어찌 약이 있을 수 있겠소?"

효자의 아내가 무릎 꿇고 울면서 간청하자 의원은 차마 물리칠 수 없어 아무렇게나 약을 꺼내 발라 주고 떠나가면서 그래도 분명 죽을 것이라고 했다. 아내도 그가 죽을 것이라고 여겨 바라보며 울기만 했다. 그런데 이튿날 아침, 약이 두두둑 떨어지면서 상처가 감쪽같이 사라졌다. 아내는 뜻밖의 일에 뛸 듯이 기뻐하며 효자에게 의원을 찾아가 감사 인사를 하라고 했다. 의원도 깜짝 놀라하며, "아! 어떻게 살아났소? 거의 기적이구려!"라고 말했다.

의원은 마을 사람이었기에 마을에 이 소문을 두루 퍼뜨렸다. 마을 사람들은 자기 마을에 효자가 있음을 자랑스러워하며 군읍(郡邑)의 대부(大夫)에게 이 사실을 알렸다. 군읍의 대부는 이 일을 대중승(大中丞)에게 보고하여 효자를 위해 정려문(旌閭門)을 세워주도록 했다. 정려문을 세우기로 한 날, 효자의 아버지만이 가난한 동네 골목에[1] 공손히 손을 마주잡고 서있었다. 군읍의 대부가 효자를 나오게 하라고 했지만 그의 아버지는 그가 이미 이틀 전에 집을 떠났다고 말했다. 어떤 사람이 말했다.

"효자는 아둔한 사람이니 어찌 군읍의 대부를 접견하는 예를 알겠는가?"

갑진년(1664) 봄, 나는 고소(姑蘇 : 지금의 蘇州) 지역을 유람하였는데, 같은 배를 탄 사람 중 남진에서 온 사람이 나에게 이와 같이 이야기해 주었다. 애석하게도 그 효자의 이름은 모른다.

외사씨(外史氏)가 말한다.

---

1 가난한 동네 골목에 : 원문은 '여좌(閭左)'로 마을 왼쪽 편을 가리키며 예로부터 이곳은 가난한 평민들이 살던 곳이었다.

넓적다리를 베어 부모를 치료하는 일도 예로부터 그다지 칭찬하던 바는 아니었으니, 하물며 심장을 도려내는 일임에랴! 그러나 아둔하기 짝이 없는 효자였지만 부모 보살핌에 극진하여 자신의 생명조차 돌보지 않았고, 정려문 세우는 날 그 날에 앞서 떠나버려 효로써 이름나기를 바라지 않았으니, 그런데도 그를 아둔하다고 할 수 있겠는가? 지금 세상의 아둔하지 않다는 자들은 대개 자기 몸이나 온전히 하고 처자식이나 보호하는 등, 자신을 위하는 일에는 뛰어나지만, 터럭 하나를 뽑아 임금과 부모를 이롭게 하는 일은 하지 않는다. 그러니 효자와 같은 사람이면 귀감이 될 만하다!

장산래가 말한다.

간을 베고 넓적다리를 베어 부모를 공양한 일은 세상에 많지만, 지금 이야기에서는 심장을 베어냈다 하니, 매우 기이한 효심이로다! 자하(子夏)가 말하지 않았던가. "비록 못 배웠지만 나는 그를 일러 배웠다고 하겠다"[2]고. 이는 민효자를 두고 한 말 아니겠는가?

閔孝子者, 湖州之南鎭人, 年四十餘, 種田爲業. 少未嘗讀書, 性粗戇, 不愜于族里. 屋數間, 阡陌相望, 晨夕率妻子奉若父唯謹. 父爲老諸生, 年七十又二, 尋病. 醫藥不效, 日益篤, 孝子憂之. 族里咸勸孝子急治具, 不聽. 妻亦勸, 不聽. 一日, 父病霍然, 又數日, 受杖履矣. 慰問者欲得其故, 孝子作謾語笑謝之. 人以孝子粗戇, 莫之畢究. 其妻亦謂得秘藥活之耳.

旬日, 孝子如罹重疾, 臥牀第, 呻吟不止, 狀甚苦. 妻曰 : "若何爲者?

2 비록 …… 하겠다 : 이 말은 『논어』 「학이(學而)」에 나온다. 자하가 "현인을 현인으로 받듦에 낯빛을 바꾸어 공손히 하고, 어버이를 섬김에 온힘을 다하고, 임금을 섬기되 몸을 바치고, 벗과 사귐에 미더움이 있으면 비록 [그가] 배우지 않았더라도, 나는 꼭 그 사람을 배웠다고 말하리라[子夏曰 : 賢賢易色, 事父母能竭其力, 事君能致其身, 與朋友交言而有信. 雖曰未學, 吾必謂之學矣]"라고 말했다.

翁前病, 誠當憂, 今病日起, 憂何爲者?" 孝子唯唯, 呻吟不止如故. 妻復曰: "若亦病耶? 呻吟何爲者?" 孝子唯唯, 復呻吟不止如故. 妻以爲眞得疾, 秘不以示, 亦以乃翁病新愈, 懼貽乃翁憂. 一日晨起, 猝見其捫心難堪狀. 妻益疑, 因伺其寐, 發所捫處視之. 見創, 大驚, 促之曰: "若何爲者?" 孝子不能隱, 徐曰: "予人子, 不忍父病之不可救也. 常聞人言, 親不可藥救者, 得子心片許, 雜饘粥啗之, 可救. 某日因禱土神前, 願剖心活吾父. 夜半, 吾父呼飮時, 予引刀刺胸, 出心, 割若許, 納飮中以進, 不意吾父果霍然也. 當刺胸時, 不甚楚, 割畢, 創卽斂好, 如未刺時. 今始不復忍. 宜秘, 若勿語." 其妻哀, 且聞傷心, 恐死, 亟白之醫. 醫錯愕曰: "吁! 是顧安所得藥?" 妻長跽泣請, 醫不可却, 妄出藥塗之去, 言必死. 妻亦以爲必死, 泣相向. 詰朝藥忽迸落, 創痕俱失所在矣. 妻喜出望外, 促孝子詣醫報謝. 醫復錯愕曰: "吁! 是顧安所得活? 殆有異!"

醫卽里中人, 爲徧聞之里中. 里中人美其里有孝子也, 具聞之郡邑大夫. 郡邑大夫上其事大中丞, 且爲孝子旌門焉. 旌門日, 惟其父拱立閭左. 郡邑大夫讓孝子出, 云先二日已逸去. 或曰: "孝子終粗戇人也, 顧安從知接見郡邑大夫禮?" 甲辰春, 予遊姑蘇, 同舟人有從南鎭來者, 爲予言若此. 惜未詳其名.

外史氏曰: 刲股療親, 古不深許, 矧割心者哉? 然孝子故粗戇, 能篤所親, 至不計其生, 又旌門日, 先期逸去, 不欲以孝名, 尙得謂粗戇哉? 今世之不粗戇者, 大率全軀保妻子, 精于自爲者也, 拔一毛以利君親, 有所不爲. 若孝子者, 可以風矣!

張山來曰: 割肝割股, 世多有之, 今割心, 尤奇孝也! 子夏有言: "雖曰未學, 吾必謂之學矣." 其閔孝子之謂耶?

인고(人觚)

옥초(玉樵) 유수(鈕琇)

웅정필(熊廷弼)은 강남 지역의 독학(督學)으로 있을 때, 시험 답안 모두를 직접 읽고 평을 달았다. 답안지를 읽을 때면 대청 가운데 긴 책상을 죽 붙여 놓고 그 위에 답안지를 하나하나 비늘처럼 늘어놓은 다음 좌우에 술 한 동이, 검 한 자루를 준비해 놓았다. 그런 다음 손에 붓[1]을 쥐고 한 눈에 몇 줄씩 재빨리 읽어나갔다. 훌륭한 글을 읽을 때마다 그는 큰 술잔으로 술을 마시며 마음의 즐거움을 표현했고, 엉터리 글을 읽으면 검을 한번 휘두르며 울분을 토했다. 재주가 빼어나고 학문이 높은 사람은 하나도 빠뜨리지 않고 선발했다. 우리 오현(吳縣) 사람 풍몽룡(馮夢龍)[2]

---

1 붓 : 원문은 '불률(不律)'이라 되어 있는데, 『이아(爾雅)』 「석기(釋器)」에 보면 "불률은 붓이다[不律謂之筆]"라는 말이 있고, 곽박(郭璞)은 주석에서 "촉 땅 사람들은 붓을 불률이라 부르는데, 발음이 변해 그리된 것이다[蜀人呼筆爲不律也, 語之變轉]"라고 설명하고 있다.

2 풍몽룡(馮夢龍 : 1574~1646) : 자는 유란(猶亂)・난자유(亂子猶), 호는 묵감재주인(默憨齋主人)이다. 강소성 장주(長洲 : 지금의 蘇州) 사람. 평생동안 소설・희곡・민가

도 그가 뽑은 사람이었다. 풍몽룡은 유희적인 글을 많이 지었는데 소곡(小曲) 『괘지아(挂枝兒)』[3]와 『엽자신투보(葉子新鬪譜)』[4] 모두 그가 지은 것들이다. 경박한 젊은이 중에는 여기에 흠뻑 빠져 가산을 탕진한 자도 있었는데 그들의 부형들이 떼지어 일어나 풍몽룡을 비난하는 통에 일이 쉽게 해결되지 않았다. 마침 웅정필이 휴가를 내고 집에 와 있었으므로 풍몽룡은 배를 타고 서강(西江)으로 찾아가 해결해 달라고 부탁했다. 만나자마자 웅정필이 갑자기 물었다.

"나라 안에 풍생(馮生 : 풍몽룡)이 지은 『괘지아』 곡이 대단히 유행하던데, 이 늙은이에게 보여주려고 한두 권 가져왔는가?"

풍몽룡은 허리를 굽힌 채 감히 대답하지 못하고 "예, 예" 하며 잘못을 시인했다. 그런 다음 도움을 청하고자 천 리를 달려온 뜻을 전했다. 웅정필이 말했다.

"이것은 쉬운 일이니 걱정하지 않아도 되네. 자네와 밥이나 먹으면서 천천히 생각해 봄세."

잠시 후 말린 생선과 썩힌 두부 각각 한 접시씩, 그리고 조밥 한 공기가 차려졌다. 풍몽룡은 젓가락 드는 데 난색을 표했다. 웅정필이 말했다.

"오(吳) 땅 서생들은 대부분 아침에 좋은 요리를 찾고 저녁에 훌륭한 만찬을 찾으니, 이처럼 대충 차린 상으론 자네를 대접해야할 예의에 어긋난다 하겠지. 그러나 장부가 처세함에 좋은 음식을 탐하지 않아야 하니, 거친 음식을 배불리 먹을 수 있는 자라야 진정한 영웅이라네."

웅정필은 거침없이 우걱우걱 먹었지만 풍몽룡은 한 숟가락 남짓 떴을

등 통속문학을 중시하였으며, 삼언(三言) 즉 『유세명언(喩世明言)』·『경세통언(警世通言)』·『성세항언(醒世恒言)』으로 특히 유명하다. 이밖에도 장편소설 『삼수평요전(三遂平妖傳)』·『신열국지(新列國誌)』 및 민가집 『괘지아(挂枝兒)』, 산곡집 『태하신주(太霞新奏)』 등이 있다.

3 『괘지아(挂枝兒)』: 풍몽룡이 편집한 민가 선집으로 수록된 작품들의 대부분은 정가(情歌)이다.

4 『엽자신투보(葉子新鬪譜)』: 풍몽룡이 지은 곡보(曲譜)이다.

뿐이었다. 웅정필이 일어나 안으로 들어가더니 한참 후에 나와서 말했다.

"내 서신 한 통을 줄 테니 가는 길에 내 옛 친구에게 잊지 말고 전해 주게나."

풍몽룡이 그에게 도움을 청한 일에 대해서는 일언반구 대답도 없이 손에 동과(冬瓜) 하나를 들고 나와 선물로 주었다. 동과는 무게가 수십 근이나 되었다. 풍몽룡은 허리를 굽혀 공손히 받았으나, 기분도 나쁘고 무게도 이길 수가 없어서 배에 도착하기 전에 땅에 버려두고는 배를 타고 떠나갔다. 며칠을 가서 큰 고을에 정박했는데, 바로 웅정필의 옛 친구가 살고 있는 곳이었다. 서신을 전한 지 얼마 되지 않아 주인이 몸소 나와 풍몽룡을 만나더니 자기 집으로 데려가 화려한 잔칫상과 맛좋은 고기 요리, 아름다운 기녀의 청아한 노랫가락까지 순식간에 뚝딱 마련해냈다. 연회가 끝나자 주인이 풍몽룡에게 읍하며 말했다.

"선생의 글은 문채가 화려하고 말재주 또한 빼어나 천하 선비들 모두 목을 빼고 까치발을 한 채 한 번 뵙기만을 고대하고 있습니다. 그러신 분이 이렇게 친히 귀한 발걸음을 해 주셨으니, 이는 하늘이 저에게 만날 인연[5]을 내려주신 것입니다. 다만 이 곳 호광(湖廣) 지역[6]은 [선생의 거처와] 구름과 나무처럼 멀리 떨어져 있고[7] 게다가 집도 누추하고 비좁아 어른

---

5 만날 인연 : 원문은 '납리지연(納履之緣)'으로 신발을 가져다 준 인연이라는 뜻이다. 이것은 장량(張良)이 진시황 암살에 실패하고 하비(下邳)에 은신하였는데 흙 다리를 지날 때 떨어뜨린 신발을 주워달라는 한 노인을 만나서 노인이 시키는 대로 한 결과 병서를 전수 받게 된 인연을 말한다.

6 호광(湖廣) 지역 : 원문은 '오두초미(吳頭楚尾)'이다. 지금의 하남성(河南省), 호북성(湖北省), 호남성(湖南省) 동쪽으로, 지금으로 치자면 안휘성(安徽省), 강서성(江西省) 경내에 있는 지역이다. 춘추시대에 이 지역이 오나라와 초나라의 접경지역에 있었기에 '오두초미'라고 불렸다. 여기에서는 호북성과 호남성 일대인 호광지역을 가리킨다.

7 구름과 …… 떨어져 있고 : 원문은 '운수위요(雲樹爲遙)'이다. 운수라는 말은 두보(杜甫) 「봄날 이백을 그리워하며[春日憶李白]」 시의 "이곳 위수 가엔 봄철 나무가 싹트나, 그곳 강동에는 해질녘 구름일 것을[渭北春天樹, 江東日暮雲]"에서 나왔는데, 만날 수 없을 만큼 멀리 떨어져 있음을 뜻한다.

의 수레를 붙잡아 두기에 부족합니다. 삼가 박한 예를 갖추어 시종들을 위로하고자 하오니 선생께서는 사양하지 말아주십시오."

풍몽룡은 영문도 모르고 완곡히 사양하고 떠났는데, 은 삼백 냥이 벌써 배로 실려와 있었다. 집에 도착해 보니 웅정필이 그 지역 권세가에게 서신을 보내놓은 덕에 비난받던 사건은 이미 해결되어 있었다. 원래 웅정필은 풍몽룡을 매우 아꼈는데, 그가 재주를 드러내며 명성을 뽐내는 것을 안타깝게 생각하여 일부러 박하게 대한 것이었다. 그러나 여비가 궁한 것을 보고는 친구 집에 들르게 하여 후한 대접을 받게 하였고, 비방의 말이 난무한 것에 대해서는 공문을 보내 몰래 그것을 해결해 주었다. 영웅호걸의 행동은 이처럼 일반 사람들이 추측하기 어렵다.

장산래가 말한다.

만약 내가 유룡자(猶龍子 : 풍몽룡)였다면 「'괘지아'를 해결해 달라고 청함[求解挂枝兒]」이라는 글을 지었을 것이다.

천주부(泉州府) 동안(同安)의 하문(厦門)은 전 왕조 명나라 때 좌소(左所)[8]가 설치되었던 땅으로 순치연간(順治年間 : 1644~1661) 초에 해적 정금(鄭錦)에 의해 점령되었다. 임진년(1652) 청나라 군사가 하문으로 들어가 정금이 이끄는 해적 떼를 소탕하고 그 지역의 남녀를 대거 사로잡아 돌아왔다. 기마병 하나가 말 위에 여자 한 명을 사로잡아 동안의 동쪽 관문을 지나가고 있었다. 여자는 길옆에 우물이 있는 것을 보고 말에서 내려 소변을 보겠다며 기마병을 속이고는 곧 그 우물 속으로 뛰어들었다. 기마병은 우물을 들여다보며 버럭 화를 내더니 화살 세 개를 연달아 쏘아 여

8 좌소(左所) : 좌소는 명나라 홍무(洪武) 27년(1394) 하문(厦門)에 설치한 위소(衛所)의 명칭인 '건좌소(巾左所)'를 말한다. 명나라는 원나라의 제도를 따라 몇 개의 부(府)를 하나의 방위체제로 묶어 위(衛)를 설치하고 그 아래에 천호소(千戶所)와 백호소(百戶所)를 두었다.

자의 어깨를 맞추고는 떠나갔다. 열흘 후, 설씨(薛氏) 성을 가진 마을 사람이 마을에서 성으로 들어가고 있었는데, 절반쯤 갔을 때 날이 어슴푸레 밝아오고 있었다. 그때 갑자기 안개 속에서 한 여자가 나타났는데, 여자는 젊고 아름다운 용모를 지녔다. 몸에는 푸른 색 짧은 저고리를 걸치고 허리에는 담황색 치마를 입었으며 가느다란 발에는 수놓은 높은 신을 신고 있었다. 여자가 그 앞으로 나와 울며 말했다.

"저는 하문(厦門)에서 난리를 만난 아녀자 왕씨(王氏)입니다. 지아비는 병사들에게 죽임을 당하고 저는 끌려가던 중에 더럽힘을 당하지 않겠다고 결심하고 동쪽 관문 길옆의 우물에 몸을 던졌습니다. 당신이 본디 높은 의기를 지닌 분이라 들었으니, 저를 우물에서 꺼내어 화살을 뽑고 시신을 거두어 우물 옆에 묻어주시기 바랍니다. 그러면 제가 수시로 당신을 조용히 도와 당신의 덕에 보답하겠습니다."

설씨가 "좋소!" 하고 대답하는 순간 여자가 홀연 사라졌다. 설씨는 그날 마침 현(縣)에 일이 있어서 일단 나갔다가 돌아와 동쪽 관문에 있는 우물을 찾아가 보았는데, 여자가 정말 거기에 있었다. 우연히 도박장을 지나게 된 설씨는 여자가 도와주겠다던 말을 시험해 보려고 도박장에 들어가 돈을 걸고 도박에 참여했는데 정말로 거듭 크게 이겼다. 돈을 주머니에 넣고 집으로 돌아와 자식들에게 이 일을 이야기 하고는 곧 그 돈으로 관을 사서 자식들과 함께 우물이 있는 곳으로 갔다. 여자의 시신을 꺼내보니 얼굴이 마치 살아있는 듯 했다. 여자를 위해 화살을 뽑아 주고 옷과 신발을 잘 갖추어 염한 뒤 묻어주었다. 묻은 곳은 우물에서 한 장(丈) 남짓 떨어진 곳으로, 앞에 큰 길이 있었다. 그 일이 있고 한 달 정도 지나서 설씨가 꿈을 꾸었는데, 여자가 감사의 절을 하며 이렇게 말하는 것이었다.

"어르신의 의로운 마음 덕분에 다행히 편안히 묻히게 되었습니다. 제 몸은 비록 썩어 없어지겠지만 어르신을 향한 감사의 마음은 썩어 없어지지 않을 것입니다. 저승에서 저의 절개를 가련히 여기시어 여기서 제사를 받을 수 있게 해주셨습니다. 어르신께서 만약 저를 위해 1척 5촌 규모의 사당을 세워주신다면 어르신에 대한 보답은 예전 정도에 그치지 않을 것입니다. 부디 이 일을 잘 마무리해주시기 바랍니다."

설씨는 깨어나 놀라워했다. 다음 날, 벽돌과 흙을 지고 가서 작은 사당을 지어주고 향을 살라 제사를 지내주었다. 그 후 온 집안이 편안하고 하는 일마다 잘 되었다. 주위 사람들이 다투어 이 이야기를 전하니, 몇 년 지나지 않아 마을의 유지와 상인들이 각각 돈을 내어 울긋불긋 화려하고 웅장하게 제당(祭堂)을 크게 짓고, 그 안에 초상화를 마련해 놓은 뒤 편액에 '의부 왕씨의 사당'이라 적었다. 사당에 들어가 엄숙하고 경건하게 기도하면 그대로 이루어졌지만 의관이 불결하거나 비속한 말을 하는 자들은 바로 견책을 당했다. 이 때문에 그 지역 사람들이나 그곳을 지나가는 손님들은 더욱 경외하면서, 향을 사르고 절을 하러 모여들었는데, 지금까지도 그 발길이 끊이지 않고 있다.

장산래가 말한다.

절개를 지키는 것은 다만 한 집안의 일일 뿐인데 저승에서도 이와 같이 중요하게 여기니, 하물며 신하로서 순국한 사람임에랴?

熊公廷弼, 當督學江南時, 試卷皆親自批閱. 閱則連長几於中堂, 鱗攤諸卷於上, 左右置酒一罎, 劍一口. 手操不律, 一目數行. 每得佳篇, 輒浮大白, 用誌賞心之快, 遇荒繆者, 則舞劍一迴, 以抒其鬱. 凡有雋才宿學, 甄拔無遺. 吾吳馮夢龍, 亦其門下士也. 夢龍文多遊戲, 『挂枝兒』小曲與『葉子新鬪譜』, 皆其所撰. 浮薄子弟, 靡然傾動, 至有覆家破產者, 其父兄羣起訐之, 事不可解. 適熊公在告, 夢龍泛舟西江, 求解於熊. 相見之頃, 熊忽問曰 : "海內盛傳馮生『挂枝兒』曲, 曾攜一二冊以惠老夫乎?" 馮跼蹐不敢置對, 唯唯引咎. 因致千里求援之意. 熊曰 : "此易事, 毋足慮也. 我且飯子, 徐爲子籌之." 須臾, 供枯魚焦腐二簋, 粟飯一盂. 馮下箸有難色. 熊曰: "晨選嘉肴, 夕謀精粲, 吳下諸生, 大抵皆然, 似此草具, 當非所以待子. 然丈夫處世, 不應於飮食求工, 能飽餐䴵糲者, 眞英雄耳." 熊遂大恣咀啖, 馮啜飯匕餘而已. 熊起入內, 良久始出曰: "我有書一緘, 便道可致我故人, 毋忘也." 求援之事, 並無所答, 而手挾一冬瓜爲贈. 瓜重數十斤. 馮傴僂祗受, 然意甚怏怏, 且力不能勝, 未及舟, 卽委瓜於地, 鼓棹而去. 行數日, 泊一巨鎭, 熊故人之居在焉. 書投未幾, 主人卽躬謁馮, 延至其家, 華筵奇截, 妙妓清歌, 咄嗟而辦. 席罷, 主人揖馮曰: "先生文章霞煥, 才辨珠流, 天下之士, 莫不延頸企踵, 願言覯止. 今幸親降玉趾, 是天假鄙人以納履之緣也. 但念吳頭楚尾, 雲樹爲遙, 荊柴陋宇, 豈足羈長者車轍哉. 敬備不腆, 以犒從者, 先生其毋辭." 馮不解其故, 婉謝以別, 則白金三百, 蚤舁致舟中矣. 抵家後, 熊飛書當路, 而被訐之事已釋. 蓋熊公固心愛猶龍子, 惜其露才炫名, 故示菲薄. 而行李之窮, 則假途以厚濟之, 怨謗之集, 則移書以潛消之. 英豪擧動, 其不令人易測如此.

張山來曰: 使我爲猶龍子, 則竟作『求解挂枝兒』矣.

泉州府同安之厦門, 前朝中左所地也, 順治初爲海寇鄭錦所據. 壬辰, 我師進勦鄭寇, 大俘子女而還. 有騎士挾一婦人於馬上, 過同安東關. 婦見道旁有井, 紿騎士下馬小遺, 卽躍入井. 騎士窺井大怒, 連發三矢, 中婦肩而去. 越十日, 有村民薛姓者, 由村入城, 行至半途, 天甫向曉. 忽於煙霧中見一婦人, 韶年麗容. 身衣碧色短襦, 腰繫淡黃裙, 雙趾纖細, 文履高屐. 迎前泣告曰: "妾乃厦門難婦王氏也. 夫死于兵, 而妾被掠, 矢志不辱, 投身東關道傍之井. 聞君夙有高義, 幸出我於井, 拔箭斂尸, 埋棺井側. 妾當隨事默祐, 以報君德." 薛應曰: "諾!" 婦忽不見. 是日, 薛適有事於縣, 如意而出, 因於東關往求井, 婦宛然在焉. 偶遇博場, 薛欲驗婦語, 遂入場下采, 復獲大勝. 囊錢還家, 與子弟話其事, 卽以錢買棺, 約子弟同至井所. 出婦尸, 顏貌如生. 爲之拔簪整衣履, 殯而埋之. 其地去井丈餘, 前臨大道. 又月餘, 薛夢婦拜謝而言曰 : "妾荷君之義, 幸獲安葬. 妾身雖朽, 而妾心之感君者不朽也. 陰府憫妾之節, 命妾香火於此. 君若爲妾立尺五之廟, 則妾之報君, 當不止曩昔矣. 惟君終始之." 薛覺而驚異. 次日, 舁運磚土, 築成小廟, 並以瓣香酬賽. 自後舉家安順, 事事獲濟. 遠近競相傳說, 不數年, 紳士商民各致錢鏹, 大起神宇, 丹碧輪煥, 而肖像於中, 題其額曰 : "王義娘廟". 入廟莊誠, 有禱輒應, 遇衣冠不潔, 或出穢褻語者, 立致譴責. 以是土人及往來之客益加敬畏, 焚叩駢集, 至今不衰.

張山來曰 : 節烈止爲一家之事耳, 陰府猶重之若此, 矧爲臣而殉國者乎?

사고(事觚)

옥초(玉樵) 유수(鈕琇)

회계(會稽 : 지금의 浙江省 紹興) 동남쪽에 평수산(平水山)이 있다. 강희연간(康熙年間 : 1662~1722) 초에 어떤 나무꾼이 그 아래를 지나가다가 이무기처럼 커다란 뱀을 발견했다. 뱀은 계곡 진흙 속에서 한참을 꿈틀거리면서 온몸에 진흙을 발랐다. 나무꾼이 짐을 내려놓고 보았더니 계곡 옆에 동굴이 있었는데, 뱀은 진흙을 끌고 들어가 그 진흙으로 동굴 입구를 막고 있는 것이었다.[1] 집으로 돌아온 나무꾼은 그 후 말을 할 수 없게 되어 사람과 응대할 때도 손짓으로만 할 뿐이었다. 이렇게 삼 년이 지난 어느 날 다시 예전에 뱀을 만났던 곳을 지나게 되었는데, 순식간에 먹구름이 모여들며 천둥과 함께 비가 몰아치고 벼락 소리가 들리더니 용이 동굴 안에서 나와 하늘로 솟구쳐 날아갔다. 나무꾼은 저도 모르게 크게 소리

1 막고 있는 것이었다 : 『필기소설대관』본에는 '나무꾼이 진흙으로 동굴 입구를 막고 집으로 돌아갔다[樵以泥封洞而歸]'로 되어 있으나, 하북인민출판사(河北人民出版社, 1985) 간행본에 의거해 고쳐 번역했다.

쳤다.

“이제껏 혀가 꼬부라져 말을 할 수 없었던 것이 바로 이것 때문이었구나.”

그 후 예전처럼 말을 할 수 있게 되었다.

장산래가 말한다.

흰 용이 물고기로 변했으면[2] 스스로 곤경에 처해야 마땅하다. 지금 이 용처럼 나무꾼에게 벌을 주어 벙어리가 되게 하는 것은 도리가 아니다.

형주(荊州) 마양담(馬洋潭)의 황씨(黃氏)는 소박하고 나이 많은 홀아비로 마을의 서당 선생이었다. 그에게는 사고(嗣姑)라는 딸이 하나 있었는데, 총명한 자질을 타고났으며 어려서부터 서당에 있으면서 아버지로부터 글을 배웠다. 열네 살 때 스스로 백의대사(白衣大士)[3]를 수놓아 방 안에 걸어두고는 매우 경건하게 예를 올렸다. 어느 날 저녁 꿈에 홀연 백의대사가 나타나 사고를 부르며 말했다.

“네 부친은 선량한 마을사람으로, 팔자에 분명 아들이 있지만 나이가 많으니 어쩌면 좋겠느냐! 내 너를 아들로 만들어 주마.”

그리고는 사고의 몸을 두루 어루만지며 붉은 알약을 먹였다. 알약을 막 삼키자 불간이 뜨거운 열기가 가슴에서 두 다리 사이로 내려가는 것이 느껴졌다. [그 후] 이레 동안 정신이 혼미해졌다가 벌떡 일어났는데, 이미 남자가 되어 있었다. 이 일이 있기 전, 황씨는 딸 사고를 같은 마을

---

2 흰 용이 …… 변했으면: 원문은 ‘백룡어복(白龍魚服)’이다. 한나라 유향(劉向)의 『설원(說苑)』「정간(正諫)」에 “옛날에 흰 용이 청령이라는 못에 내려가 물고기로 변했는데 어부 예차가 그 눈을 활로 쏘아 맞췄다[昔白龍下淸冷之淵, 化爲魚, 漁者豫且射中其目]”라는 기록이 있다. 후에 이 말은 귀인이 미복을 하고 다닐 때 예상치 못한 우환이 생길 수 있음을 비유하는 데 쓰이게 되었다.

3 백의대사(白衣大士): ‘백의대사’는 관세음보살(觀世音菩薩)을 말한다. 보통 흰 옷을 입고 흰 연 꽃 가운데 앉아 있기에 백의대사라고 지칭하며 ‘백의선인(白衣仙人)’ 혹은 ‘백의관음(白衣觀音)’이라고도 한다.

에 사는 담씨(譚氏)에게 시집보내기로 약속했었다. 그래서 곧장 담씨를 찾아가 이 해괴망측한 일을 알렸더니 담씨는 그가 헛소리를 한다고 화를 내며 관가에 고소했다. 관가에서 조사해 보니 과연 그러한지라, 혼약을 취소시켰다. 사방에서 구경꾼들이 구름떼처럼 몰려들었다. 강희(康熙) 병진년(1676) 초여름에 위천(渭川)의 손정암(孫靜庵)[4]은 마침 그 곳을 지나가다가 사고의 집에 들러 만나기를 청했다. 사고는 의관정제하고 나와서 그를 맞이하였는데 화장하던 여자 티가 아직 다 없어지지 않았고 옥 귀걸이는 여전히 귀에 걸려 있었다. 손정암의 시에 다음과 같은 구절이 있다.

> 꿈속의 변화, 참으로 기이하도다!
> 어여쁜 홍안이 홀연 남자의 모습 되었으니.
> 비단 저고리 나비 치마 벗고서,
> 큰 허리띠에 헐렁한 옷 입고 인사를 하네.
> 사람을 만나 고개 숙인 모습에는 수줍음 남아있고,
> 작게 말아 올린 구슬 장식 머리는 오만족(烏蠻族)[5]의 모습일세.

장산래가 말한다.

남녀가 성이 바뀌면 사가(史家)들은 요괴라고 했다. 그런데 지금 이 글을 보니, 바로 선한 자에게 상을 준 것이로구나.

포주(蒲州 : 지금의 山西省 永濟縣)의 효렴(孝廉) 우씨(于氏)에게 홍도(紅桃)라는 애첩이 있었는데, 용모와 행동거지가 우아하고 우스갯소리를 잘 했으며 특히 빼어난 비파 솜씨로 유명했다. 북방 여자들 대부분이 비파에 능

4 손정암(孫靜庵) : 『필기소설대관』본에서는 '손정항(孫靜巷)'으로 되어 있으나, 여기에서는 하북인민출판사(河北人民出版社, 1985) 간행본을 따랐다. 손정암은 『하서각야승(栖霞閣野乘)』이라는 책을 지었다.

5 오만족(烏蠻族) : 오만족은 고대 중국 서남부에 살던 소수민족이다.

했지만 홍도가 섬세한 손가락과 아름다운 목소리로 현을 뜯으며 노래를 부르면 곡조가 다른 사람들과 사뭇 달랐다. 그래서 한 번 소리만 내어도 듣는 이들은 곧 그것이 우씨 집 비파 소리임을 알아차렸다. 숭정연간(崇禎年間 : 1628~1644) 말, 이자성(李自成)의 군대가 이르는 곳마다 초토화되었는데 황하(黃河)와 분수(汾水) 일대의 화가 가장 심했다. 효렴 우씨가 체포되자 이자성은 그를 죽이고자 했다. 그러나 우금성(牛金星)[6]은 그가 아직 젊고 자질이 빼어난 데다 이미 과거에 합격한 진사임을 알고, 자기 아들의 선생으로 삼게 해달라고 간청하여 화를 면하게 해주었다. 홍도도 이때 헤어져 행방을 알지 못했다. 효렴 우씨는 군영에서 우금성을 따라 다니다가 몇 달 뒤에 진왕부(晉王府)에 머물게 되었다. 진왕부도 막 병란의 화를 입은 터라, 층층의 높다란 누각도 마룻대가 부러지고 담이 무너지고 화려한 칠도 다 벗겨졌다. 연못도 원림도 황폐해졌고, 대나무도 잣나무도 모두 기울고 쓰러졌다. 효렴 우씨는 가장 뒤쪽에 있는 궁에 침상 하나를 가져다 놓았다. 낮에는 여우들이 정원에서 울어대고 밤에는 귀신들이 창에서 엿보니, 기괴한 형상과 소리가 가지가지로 보이고 들렸다. 이때 효렴 우씨는 비록 인간 세상에서 구차히 살고는 있었지만 실은 저승에 있는 것이나 마찬가지였다. 그는 취한 듯 멍하니 홍도만을 그리워하느라 증오스럽고 무서운 모든 상황을 전혀 마음에 두지 않았다. 또 한 해가 지나고, 이자성의 군대는 북경으로 진격하여 보정성(保定城) 북쪽에 진을 쳤다. 때는 늦겨울이라 구름과 눈발이 몰려들었는데, 효렴 우씨는 우금성의 아들과 함께 장막 안에 있었다. 저물녘 눈이 더욱 세차게 내렸다. 이경(二更)을 알리는 북소리가 막 들릴 때 효렴 우씨는 장막을 열고 나가 소변을 보았다. 사방이 온통 새하얀데 은은하게 비파소리가 들려왔다. 평소 좋아하던 비파소리를 듣자 그는 맨발로 눈 위를 걸어 몰래 그

6 우금성(牛金星) : 명나라 하남성 노지(盧氏) 사람으로 숭정 14년(1641) 이자성의 기의에 참가하여 참모가 되어 두터운 신임을 받았다. 북경에 입성하여 재상이 되었고, 후에 청(淸)에 투항했다.

비파소리가 나는 곳을 찾아 갔다. 수십 개의 장막을 지나가 보니 유독 한 장막에만 불이 켜져 있었고 소리는 바로 그 장막에서 흘러나오고 있었다. 고개를 숙이고 자세히 들어보니 귀에 익숙한 소리라, 그는 통곡하며 쌓인 눈 위에 엎드려 일어날 줄을 몰랐다. 장막 안에 있던 사람은 첩자인가 의심하여 그를 묶어 장막 안으로 끌고 들어 왔는데, 그가 우금성 집안의 선생인 것을 알고는 풀어주며 그 이유를 물었다. 효렴 우씨가 말했다.

"집에 애첩이 한 명 있었는데 원래 비파를 잘 탔습니다. 전란 중에 헤어졌으나, 두 해가 지나도록 보고 싶은 마음 꿈엔들 잊을 길이 없습니다. 그러던 중 오늘 밤 만물이 고요한 가운데 멀리서 들려오는 청아한 곡조를 들었는데, 제 가기의 손에서 나는 소리와 똑같은지라, 비통함을 이기지 못하고 감히 장군님을 범하고 말았습니다. 이 미친놈의 죄를 용서해 주십시오!"

장막 안에 있던 사람 역시 호방한 성격이라 흔쾌히 가기를 불러내 서로 만나게 해주었는데, 과연 홍도였다. 그 사람은 주안상을 차려주면서 효렴 우씨에게 애첩과 새벽까지 술을 마시며 회포를 풀게 했다. 다음 날 이 일을 우금성에게 알려 홍도를 효렴 우씨에게 돌려보내고, 또 기병 두 명을 파견하여 그들을 포주로 보내주었다. 효렴 우씨는 청나라가 들어선 후 양주(揚州) 통판(通判)으로 생을 마감했다.

장산래가 말한다.

우효렴이 옛 정을 그리워한 것이나 장막 안의 사람이 그 가기를 돌려보낸 것이나 모두 천고에 길이 남을 일이다.

서주(徐州)의 이반(李蟠)은 마을에서 문장으로 최고가는 명성을 얻고 있었으며, 자유분방하게 유유자적 즐기는 사람이었다. 그의 집은 서주성에서 1~2리 떨어진 곳에 있었다. 조옹(趙翁)이라는 사람이 있었는데, 조옹이 사는 마을은 이반이 사는 마을과 서로 지척에 있어서 아침저녁으로 왕래하며 허물없이 지냈다. 조옹은 재산이 아주 많아서 기둥 수십 개짜리 작은 건물을 짓고 밖을 담으로 두른 다음 뜰을 반으로 나누었다. 그 반은 빈 채로 두었는데, 구불구불한 난간에 화초와 수목이 우거졌다. 어느 날 멋진 수염을 가진 노인이 빈 집에서 지팡이를 끌며 나오더니 스스로 '표선(豹仙)'이라 하였다. 얼굴은 마치 어린 아이 같고 의관은 심히 예스러웠다. 노인은 조옹에게 길게 읍을 하고 함께 방으로 들어갔는데, 아름다운 병풍과 휘장, 그리고 정교한 가구들 모두 본래 있던 것이 아니었다. 조옹이 그것들을 살펴보고 깜짝 놀라자 표선이 말했다.

"이 늙은이는 나면서부터 친족도 없고, 일정한 거주지도 없이 이르는 곳이 편하면 곧 고향으로 삼습니다. 지난 날 천목산(天目山)과 천태산(天台山)에서 강을 건너 북쪽으로 와서 그윽한 거처를 두루 수소문 해 보았는데 마음에 딱 드는 곳이 없었습니다. 마침 당신 집이 널직하고 시끄러운 속세와 멀리 떨어져 있는 것을 보고 잠시 이곳에 제 첩과 시녀들을 데려다두었습니다. 구슬을 가져다 드리는 보답[7]을 도모하여 집 빌려주신 은혜에 사례하려고 하니, 이상하게 생각하지 말아주십시오."

노인이 말을 마치기도 전에 미녀들이 하나 둘 나타나 향로에 향을 피우고 찻주전자에 차를 끓이며 번갈아 시중들었는데, 그 아름다움에 자리가 환히 빛났다. 표선이 웃으면서 뭇 가기(家妓)들을 가리키며 말했다.

"이 아이들은 모두 이 늙은이의 양생의 도구입니다."

조옹은 작별을 고하고 돌아갔다. 그러나 예법이 정성스럽고 말하는 것 또한 우아하다고 생각하여 잠시 이상하다는 생각을 접고 곧 그들과 친해져서 시간이 날 때마다 그들을 찾아갔다. 표선이 자기 입으로 말해

---

7 구슬을 …… 보답 : 원문은 '유주지보(留珠之報)'이다. 춘추시대 수국(隨國)의 군주인 수후(隨侯)가 길을 가다가 상처를 입은 뱀을 보고 불쌍한 생각이 들어 그 상처에 약을 발라 잘 싸 주었다. 그 뱀은 원래 용왕의 아들로 상처가 다 나은 후 보답으로 야광주 한 개를 수후에게 가져다주었는데 이를 '수후주(隨侯珠)'라고 하며 '화씨벽(和氏璧)'과 더불어 춘추시대 2대 보물로 일컬어진다.

주었다.

“저는 한나라 때 득도했습니다. 왕조도 여러 차례 바뀌고 눈 깜빡할 새 어느새 천여 살이 되었군요. 다행히 여덟 여우 선녀가 있어 내 시중을 들어줍니다. 이 미녀들을 네 무리로 나누고, ‘음렵(陰獵)’을 명합니다. 한 달에 한 무리씩 삼백 리 밖으로 내보내 사람을 홀려 정기를 취해 오게 하는 것이지요. 그것을 가져다 내 몸에 넣으면 내가 그것과 하나가 되어 변화하니 기(氣)로써 다스리고 신(神)으로써 보호하는 것이지요. 생명을 연장시키는 법술은 실로 여기에서 비롯되었다고 할 수 있지요.”

조옹은 그가 분명 앞 일을 알 수 있을 것이라고 여기고, 길흉화복에 대해 물었는데, 기이하게 적중하지 않는 것이 없었다. 놀라서 마을에 이 사실을 알리니 사람들은 모두 노인을 진짜 신선으로 모셨다. 그러나 이반만은 믿지 않았다.

어느 날 저녁, 이반은 술을 실컷 마시고 크게 취하여 곧장 표선이 사는 곳을 찾아갔다. 그리고는 큰 소리로 ‘요사스러운 짐승!’ 하며 외치더니 표선이 대중을 현혹시킨 죄를 낱낱이 들추어냈다. 표선은 일찌감치 도망쳐 집안이 고요했건만, 이반은 독설을 그치지 않았다. 조옹은 정원 밖에서 그 소리를 듣고 급히 달려와 그를 달래고, 종을 시켜 달빛이 아직 훤할 때 그를 부축하여 돌려보내게 했다. 다음 날 표선이 다시 나타났다. 조옹이 말했다.

“제 친구가 무례하여 노신선께 깊은 죄를 지었습니다. 취한 사람은 화를 내게 마련이니 너무 나무라지 말아 주십시오!”

표선이 말했다.

“그 사람은 천록(天祿)이 매우 높아 저 같은 사람의 법술로 당해낼 수 없습니다. 헤아려보니 나이가 서른만 되면 천하의 으뜸이 될 것이며 마흔여섯에는 삼공(三公)의 지위에 오를 것입니다. 다만 그는 일생에 두 가지 은밀한 일을 저질렀을 터인데, 실로 은덕(隱德)을 해치는 일인지라 천벌을 받을 것입니다. 또한 성격이 급하여, 공명이 제아무리 뛰어날지라도 운이 막히거나 좌천당함을 면치 못할 것입니다. 이 늙은이는 거취가 본래 부평초와 같으니, 어디서건 부르기만 하면 곧 응하지요. 이미 내몰림을 당했으니, 더 이상 머무를 필요 없겠지요."

그리고는 작별 인사를 하고 문을 나섰다. 얼마 후 그가 살던 곳에 가보았더니 처마 밑에 새 소리만 들리고 떨어진 꽃잎만 온 땅을 뒤덮은 채 예전대로 빈 정원만 휑하니 남아있었다. 다른 날 조옹이 두 가지 은밀한 일에 대해 이반에게 물었더니 이반은 마치 후회하는 기색이라도 있는 듯, 입을 다물고 즐거워하지 않았다. 강희 정축년(1697)에 이반은 과연 장원급제를 하였고, 얼마 후 사건에 연루되어 관직에서 물러났다.

장산래가 말한다.

여덟 여우가 사람을 홀려 정기를 취한다고 하니 표선은 표범이 아니라 늙은 거북일 뿐이다. 이공(李公 : 이반)은 이처럼 담력과 식견이 있으니 위대한 인물이 된 것도 마땅하다.

천진(天津)의 서위진(徐緯眞)은 방술(方術)를 좋아하였고 자유분방한 성격에 술 또한 많이 마셨다. 그는 강희연간 초에 우연히 강회(江淮) 지역에 갈 일이 생겼다. 도중에 산동(山東) 지역의 옛 사당을 지나게 되었는데 갑자기 사당 안에서 "서위진! 나를 구해 주시오!" 하는 큰 소리가 들려왔다. 그래서 안장을 풀고 잠시 쉬었다. 그때 조금 전 부르던 소리가 다시금 들려오자 사당으로 들어가 두루 살펴보았다. 그러나 아무도 없고 땅에 엎어놓은 쇠로 된 커다란 종 하나만 보였다. 말은 그 종 안에서 흘러나왔다. 서위진이 물었다.

"너는 어떤 괴물이기에 사람의 말을 하며, 또 나에게 구해달라고 하느냐?"

종 안에서 말이 흘러나왔다.

"상고 시대 원공(猿公)[8]에게서 황석로(黃石老)[9]가 일찍이 검술을 배웠는데, 제가 그 후예입니다. 검술이 서툴러 착한 사람을 그만 실수로 다치게 한 탓에 상제께 벌을 받아 이 종에 갇힌 지 이미 백 여 년입니다. 이제 기한이 다 되어 나가야 하니, 당신이 좀 열어주십시오."

서위진이 말했다.

"내게 무거운 것을 들 대단한 힘이 있는 것도 아니고, 어떻게 혼자서 이 종을 들 수 있단 말인가?"

종 안에서 말이 들렸다.

"수고스럽게 당신 손으로 열지 않아도 됩니다. 당신이 종 위에 적힌 열 두 글자만 지워주시면 내가 나갈 수 있습니다."

종의 몸통에 진흙으로 봉하고 도장을 찍어 놓은 곳이 있었는데, 전문(篆文)이 이끼로 뒤덮여 있었다. 돌로 그것을 벗겨냈더니 이내 다 없어졌다. 종 안에서 말이 들렸다.

"됐습니다. 하지만 속히 달아나야 합니다. 조금이라도 지체했다가는 당신에게 해가 미칠 수도 있습니다!"

서위진이 나귀를 타고 재빨리 2~3리를 달려간 뒤 왔던 곳을 되돌아보니, 구름이 몰려와 흙비가 내리고 바람이 세차게 불면서 마치 산이 무

---

8 원공(猿公) : 검술이 뛰어난 사람이었다고 전해지며 그에 관한 일은 한나라 조엽(趙曄)의 『오월춘추(吳越春秋)』「구천음모외전(勾踐陰謀外傳)」에 나온다. 월나라에 검술에 뛰어나다고 칭찬 받는 처녀가 왕의 부름을 받고 가는 도중에 자신을 원공이라고 부르는 한 노인을 만났다. 그녀와 검술을 겨루던 노인은 그녀의 공격을 피해 나무 위로 날아올라가 흰 원숭이로 변했다고 한다.

9 황석로(黃石老) : 황석공(黃石公) 또는 이상노인(圯上老人)이라고도 한다. 장량이 진시황을 죽이려다 실패한 후 하비(下邳)로 달아나 흙다리 위에서 한 노인을 만났다. 그 노인은 장량에게 『태공병법(太公兵法)』을 주며 13년 후 제북(濟北) 곡성산(穀城山) 아래에서 누런 돌을 보게 될 텐데 그것이 바로 자신이라고 말했다. 13년 후 과연 노인의 말처럼 누런 돌을 얻게 되었고 장량은 죽어서 그 누런 돌과 함께 묻혔다. 이 일은 『사기』「유후세가(留侯世家)」 및 『한서』「장량전(張良傳)」에 보인다. 후에 이 노인을 '황석공(黃石公)'이라 불렀다. 당나라 시인 두목(杜牧)의 시 「영숭 서평왕댁 태위소원에 적은 여섯 운[題永崇西平王宅太尉愬院六韻]」에 "장량에게 병서를 전해준 황석로, 흰 원숭이옹에게 검술을 배웠지[授符黃石老, 學劍白猿翁]"라는 구절이 있다.

너지는 것 같은 소리가 났다. 멀리서 커다란 흰 원숭이가 공중에서 날아 내려와 나귀 앞에 머리를 조아리고는 순식간에 사라졌다.

서위진은 반 년 동안 남쪽을 유람하고 다시 도성으로 돌아왔다. 도성 안 밤길은 고요하고 밝은 달이 집을 환히 비추는데, 매우 다급하게 문 두드리는 소리가 들렸다. 문을 열고 들어오게 하니 외모가 단아한 젊은 서생이 재배하며 감사를 표했다.

"저는 제남(濟南 : 지금의 山東省 濟南市)의 종 안에 갇혔던 사람으로 당신이 구해주신 덕분에 갇혀있던 액운에서 벗어날 수 있었습니다. 상제께서 옛 허물을 용서하신 덕에 신선의 반열로 다시 돌아가게 되었지요. 당신의 두터운 은덕에 감사드리며 평생 잊지 않겠습니다. 당신이 단약 만드는 데 뜻을 두고 도참(圖讖)과 위서(緯書)를 공부하고 계시는 것을 알고, 천부(天府)의 책 상자[10]에서 몰래 도서(道書) 세 권을 가져와 당신에게 드리니, 이로써 은혜에 보답하고자 합니다. 반드시 하루 저녁 동안에 등불을 켜고 다 베껴 써야지 지체해서는 안 됩니다!"

젊은이는 책을 꺼내 책상 위에 놓고는 바쁘게 작별 인사를 하고 떠나갔다. 서위진이 첫 번째 책을 펼쳐 읽어보니 문장이 『논어』나 『효경』과 비슷하기에 "평범하니 기이한 것이 없구나"라고 말했다. 두 번째 책을 펼쳐 읽어보니 문장이 『음부(陰符)』나 『홍렬(鴻烈)』 비슷하기에 "이것들은 익힐 만한 것이 못되는구나"라고 말했다. 세 번째 책을 펼쳐 읽어보니 문장이 모두 불을 토하고 칼을 삼키는 비법과 바람을 부르고 비를 부르는 기이함에 대한 것이라, 그는 크게 기뻐하며 말했다.

"내가 구하려던 것이 바로 이런 것이었어!"

그리고는 마침내 그것을 급히 베꼈다. 날이 막 밝으려 할 때 젊은이가 찾아왔는데, 서위진의 뜻이 맨 마지막 책에 있음을 알고는 그리 기뻐하는 기색이 아니었다. 젊은이가 탄식하며 말했다.

---

10 천부(天府)의 책 상자: 원문은 '경급(瓊笈)'으로 옥으로 장식한 책 상자를 말하며 주로 도서(道書)를 가리킨다.

"제가 공에게 보답하고자 한 것이 어찌 이런 것들이었겠습니까? 첫 번째 책에는 제왕의 지략이 갖추어져 있고, 두 번째 책에는 장상(將相)의 재주를 이루어 주는 내용이 적혀있는 데 반해, 세 번째 책은 그저 술수(術數)에 관한 내용에 불과합니다. 이것은 잘 사용해야 그저 학문을 이룰 수 있을 뿐이고 제대로 사용하지 못할 시에는 목숨을 다칠 수 있습니다. 그러나 인연이 여기에 그치니 어찌하겠습니까!"

말을 다 마치기도 전에 사람도 책도 모두 사라졌다.

서위진은 본적이 산음(山陰)이어서 이 책을 얻은 후 거기 적힌 술법을 고향에서 시험해 보았다. 어떤 때는 달을 따다 품속에 넣어 와 어두운 방에 걸어 놓기도 했고, 어떤 때는 우뢰를 손바닥에 쥐고 와 맑은 하늘에 던지기도 했다. 술법을 놀이 삼아 얼마 안 되는 돈을 받아 노잣돈에 보태기도 했다. 하루는 술을 마시고 잔뜩 취했는데, 때는 마침 더운 여름이라 웃통을 벗고 문에 앉아있었다. 마침 찬 회오리바람이 갑자기 불어오자 공중에다 부적을 적어 바람을 불러와 소매에 집어넣었다. 그러나 한참동안 놓아주지 않은 탓에 풍백(風伯)의 노여움을 사고 말았다. 소매 안에서 큰 소리가 나더니 바람이 소매를 찢고 튀어나갔고 벼락이 연달아 내리쳤다. 그는 피부와 머리카락이 새카맣게 타서 곧 죽고 말았다.

또 강희연간 경신년(1680)에 고주(高州)에 큰 가뭄이 들었는데, 경산(瓊山)의 제생(諸生) 황빈신(黃賓臣)이라는 사람이 기문둔갑술(奇門遁甲術)[11]을 전수받았다고 스스로 떠벌였다. 담당관리가 그를 찾아가 비를 내려달라고 청하자 황빈신은 관산사(觀山寺)에 제단을 쌓은 다음 머리를 풀어헤치고 검을 짚은 채 눈으로 해를 똑바로 쳐다보았다. 그러자 눈 깜박할 사이에 하늘에서 과연 비가 부슬부슬 내리기 시작했다. 그러나 다음날 아침 여전히 뜨거운 해가 내리쬐자 담당관리는 사도(邪道)가 아무 효험 없다며 꾸짖었다. 그러자 황빈신은 제단을 관산사에서 발상사(發祥寺)로 옮기고

11 기문둔갑술(奇門遁甲術) : 술수의 일종으로 음양의 변화에 따라 몸을 숨기고 길흉을 택하는 용병술.

탑 4층에 올라가 상하 좌우 모두를 부적으로 봉했다. 그러고는 구경꾼들에게 말했다.

"내일 정오에는 반드시 비가 올게요. 다만 비가 동남쪽에서부터 오면 길할 것이지만 그렇지 않으면 생명에 우환이 있을 것이오."

이어 편지를 써 가족에게 주며 영영 이별을 고했다. 이튿날 미시(未時 : 오후 1시에서 3시 사이)에 폭염 속에 광풍이 크게 일었다. 황빈신이 그의 종에게 말했다.

"비가 서북쪽에서부터 오니, 상서롭지 못하다. 너는 속히 가거라."

종이 막 탑을 내려오자마자 벼락이 한 차례 내리치고 비가 물 붓듯 쏟아졌다. 어떤 노인이 송골매를 보았는데, 송골매는 입에 불구슬을 물고 탑 꼭대기로 날아들었다. 벼락이 다시 내려치자 황빈신은 탑 밖으로 고꾸라졌고 오른 팔에 바늘구멍만한 구멍이 나 피가 멈추지 않고 철철 흐르더니, 결국 죽고 말았다. 이들은 모두 진정한 도를 닦지 않고 망령되이 하늘을 더럽히는 술법 따위나 익힌 자들이니, 천신의 노여움을 사 죽임을 당한 것도 당연하다.

장산래가 말한다.

원공(猿公)이 "제대로 사용하지 못하면 목숨을 다칠 수 있다"는 말까지 했는데 어찌하여 서위진은 조심하지 않았던가!

순치(順治) 10년(1653) 3월, 용계(龍谿)의 늙은 농부 황중(黃中)은 아들 소삼(小三)과 함께 작은 배를 타고 거름을 사러 장주(漳州) 동문에 이르렀다. 배를 강 머리에 정박했는데, 강 옆에 있는 변소의 거름이 바로 그들이 살 거름이었다. 황씨 부자는 밥을 다 먹고 난 후 변소에 들어가 거름을 지고 나오다가 허리춤에 차는 전대 하나가 떨어져 있는 것을 발견했다. 그것을 가지고 배로 돌아와 풀어보니 안에 백금 여섯 봉지가 들어 있었다. 황씨가 아들에게 말했다.

"변소에 왔던 사람이 잃어버린 게 분명해. 부귀한 사람이라면 친히 허리춤에 전대를 차지 않을 것이다. 만약 가난한 사람 것이라면 이 돈에 목숨이 달렸을 터이니, 어찌 함부로 가져갈 수 있겠느냐? 그 사람을 기다려 돌려줘야겠다!"

소삼은 어리석은 짓이라 생각하며 아버지와 다투었으나 아버지가 끝내 말을 듣지 않자 화를 내며 용계로 돌아갔다. 황씨는 전대를 배 고물에 숨겨 두고 상앗대에 기대 앉아 주인을 기다렸다. 한참 뒤 저 멀리 어떤 사람이 미친 듯 뛰어오는 것이 보였는데, 변소로 들어가서 두리번거리고 이리저리 헤매며 통곡하는 모습이 매우 다급해보였다. 황씨가 그를 불러 이유를 묻자 이렇게 말했다.

"부친께서 산적으로 오인받아 지금 장주의 감옥에 묶여 계시는데, 어제 고을 유지를 찾아뵈어 유지께서 장주 태수에게 사정 이야기를 해준 덕에, 120금을 주면 풀어주기로 약조하였습니다. 지금 집과 전답을 팔고 친한 벗들에게 부탁하여 겨우 반을 마련했습니다. 장주 태수가 부친의 보석만 허락하면, 나중에 빚을 모두 청산하고 일을 매듭지으리라 기대했습니다. 그래서 돈 보따리를 허리춤에 차고 장주에 들어왔습니다. 그런데 볼 일이 급해 변소에 가려고 전대를 풀어 널빤지에 놓아둔 것을, 하도 심란하여 그만 옷만 추스르고 나오고 돈은 깜박 잊고 말았지 뭡니까! 저야 죽어도 아까울 것이 없지만 제 부친의 목숨은 무엇으로 구한단 말입니까?"

말을 마치고는 비 오듯 눈물을 흘렸다. 황씨는 돈의 액수와 보따리 색을 자세히 물어보고 [그가 주운 것과] 모두 일치하자 그를 위로하며 말했다.

"돈은 그대로 있소이다. 당신을 한참 기다렸소!"

그리고는 전대를 들고 와 그에게 주었는데, 봉한 그대로였다. 그 사람은 뜻밖의 일에 너무 놀랍고 기뻐서 한 봉지를 황씨에게 사례금으로 주었다. 황씨가 말했다.

"만약 탐하는 마음이 있었다면 여섯 봉지를 마다하고 한 봉지만 받았겠소?"

그러고는 손을 내저으며 가라고 했다.

배에 거름을 다 싣도록 아들이 한참동안 돌아오지 않자 결국 황씨 혼자서 배를 몰고 돌아왔다. 반쯤 갔을 때 비바람이 갑자기 몰아치는 바람에 배를 인적 드문 마을 가에 대었다. 그때 마을의 강기슭이 비에 씻겨 내려가 우르릉 소리를 내며 무너지면서 단지 하나가 드러났는데, 주둥이는 주석으로 봉해져 있었다. 황씨는 그 안에 무엇이 들었는지도 모르고 가져다 쌀동이로 쓸 수 있겠거니 생각했다. 그러나 감당하기 힘들만큼 무거워, 있는 힘껏 들어 올려서야 간신히 배까지 옮길 수 있었다. 잠시 후 비가 개고 바람이 순해지며 달이 버드나무 밖에 걸렸다. 황씨는 삐거덕 삐거덕 노를 저어 한 밤중에야 집에 도착했다. 소삼이 앞에 일어났던 일을 어머니께 알렸고, 둘은 황씨를 원망하고 있었다. 그래서 황씨가 돌아와 문을 두드려도 대답도 하지 않았다. 황씨가 그들을 속이며 말했다.

"내 배에 보물단지가 있는데 너희가 나와서 함께 들어야 되겠다."

모자가 놀라 일어나 배로 달려가 보니 달빛이 눈처럼 하얗게 단지 뚜껑을 비추고 있었다. 손으로 들어 올린 다음 주석을 뜯어내고 단지를 기울였더니, 과연 모두 은덩어리였고, 대략 천금의 값어치는 되는 것 같았다. 황씨는 깜짝 놀라 이 꿈같은 일[12]이 결코 꿈이 아님을 깨달았다. 황씨 집 이웃집은 갈대로 만든 담 하나만을 사이에 두고 있었는데, 누워서 들었더니 황씨 부부가 소곤소곤 이야기하는 것이 구구절절 매우 자세히 들려왔다. 다음 날 그는 황씨가 몰래 숨겨 놓은 것을 제멋대로 꺼내어 관부에 고발했다. 용계 현령이 황씨를 관부로 잡아들여 심문하니, 황씨

12 꿈같은 일: 원문은 '초록(蕉鹿)'이며 파초 잎으로 덮은 노루라는 뜻으로 세상일은 모두 꿈과 같음을 말한다. 정(鄭) 나라 사람이 나무하러 산에 갔다가 노루를 잡아 남들이 알까봐 파초잎을 덮어 감추어 두었는데, 나중에 그 장소를 잊어버려서 이를 꿈속의 일로 돌렸다는 이야기로 『열자(列子)』 「주목왕(周穆王)」에 나온다.

는 돈을 돌려주고 돈을 얻게 된 경위를 거침없이 있는 그대로 진술했다. 현령이 말했다.

"선한 일을 한 사람은 보답을 받는 법, 이것은 하늘이 내린 것이니 어찌 다른 사람이 왈가왈부할 수 있겠느냐?"

그러고는 이웃을 매질하고 황씨를 풀어주었다. 이에 황씨는 집을 성 안으로 옮기고 죽을 때까지 잘 살았다.

장산래가 말한다.

돌아가신 할아버님께서도 돈을 돌려준 일이 있는데, 그 일은 『강남통지(江南通志)』에 실려 있다. 선친께서도 남몰래 좋은 일을 하셨거늘[13] 부끄럽게도 우리는 그 업적을 이어받지 못하고 날로 빈곤하게 지내면서 그저 주어진 운명에 안주하고 있을 뿐이다.

會稽東南有山曰平水. 康熙初, 樵人經其下, 見一大蛇如蟒. 蜿蜒澗泥內, 久之, 塗附其身. 樵人釋担而觀, 澗旁有洞, 蛇曳泥而入, 隨以泥封洞口. 樵歸遂不能言, 與人酬對, 唯張手作狀而已. 如是者三年, 復過前遇蛇處, 陰雲乍合, 雷雨驟至, 霹靂一聲, 有龍從洞中出, 騰空而出. 樵人不禁大呼曰:"向我卷舌不能出聲者, 正此物爲之也." 于是能言如初.

張山來曰: 白龍魚服, 自當致困. 今此龍乃咎樵而啞之, 殊非理也.

荊州馬洋潭有黃姓者, 樸老而鰥獨, 爲鄉塾師. 一女名嗣姑, 生有慧質, 幼在塾, 隨父讀書. 年十四, 自繡白衣大士, 懸之室中, 禮供甚虔.

13 남몰래 …… 하셨거늘: 『필기소설대관』본에서는 '인행선사(因行善事)'로 되어 있으나 하북인민출판사(河北人民出版社, 1985) 간행본에 따라 '음행선사(陰行善事)'로 고쳐 해석하였다.

一夕，忽夢大士呼而語之曰："汝父固鄉里善人，數宜有子，其奈年老何！我欲以汝子之." 因徧撫其體，啖以紅丸．甫下嚥，覺有熱氣如火，從胸臆下達兩股間．迷眩者七日，欻然而起，則已化爲男子矣．先是翁以嗣姑許字同里譚姓．因往告以此異，譚怒詑其妄，鳴於官．質驗果眞，乃解婚．四方觀者雲集．康熙丙辰初夏，渭川孫靜庵適過其地，亦造門請見．嗣姑冠履出迎，黛粉之痕未消，瑱猶在耳也．孫有句云："夢中變化眞奇創！紅顏忽作男兒相．卸卻羅衫蝴蝶裙，博帶寬衣相揖讓．見人低首尙含羞，珠環小髻烏蠻樣."

張山來曰：男女幻化，史家謂之人妖．今觀此，則正所以獎善也．

蒲州于孝廉，有愛姬曰紅桃，美容止，善談謔，尤擅名琵琶．北地閨闈多嫺此技，而紅桃纖指嬌喉，攏絃叶曲，其調與衆絶異．故才一發聲，聞者卽知爲于家琵琶也．崇禎末，闖寇所至蹂躪，河汾間罹禍尤酷．孝廉被執，闖帥將殺之．牛金星見其年韶質秀，且已登科，丐爲子師而免．紅桃亦於此散失，不知所往．孝廉從金星於軍，數月後，館之晉王府中．晉府初經兵燹，雖重樓疊閣，而棟折垣頹，金粉凋落．沼荒林敗，竹柏傾欹．孝廉於最後之宮，置一榻焉．妖狐晝嘯於庭，奇鬼宵窺於牖，詭形怪響，百態千聲．孝廉斯時，雖偸息人間，實同冥域．而心念紅桃，如醉如癡，一切可憎可怖之境，翻置度外矣．又踰一載，闖兵進逼京師，列營保定城北．序屆殘冬，雲同霰集，孝廉與牛子共一行帳．薄暮雪下愈密．二鼓初報，孝廉啓帳小遺．四望皎然，隱隱聞琵琶聲．觸其夙好，遂跣足踏雪，潛行求之．越數十行帳，獨一帳有燈，聲從帳出．俯而諦聽，是耳所素熟者，大慟一聲，身仆深雪不能起．帳中人疑其奸細，綑縛入帳，識爲金星西席，乃釋而詢其故．孝廉曰："家有小姬，素善琵琶．兵間散去，已逾二載，願見之私，雖寐不忘．今宵萬籟俱寂，淸調遠聞，恍出吾姬之手，不勝悲痛，干觸麾下．踈狂之咎，尙期宥之!" 帳中人亦豪者，慨焉出姬相見, 果紅桃也. 乃復行酒列炙, 俾孝廉與姬歡飮達旦. 明日, 言於金星, 以紅桃歸孝廉, 仍遣二騎送回蒲州. 孝廉入本朝, 以揚州通判終.

張山來曰 : 孝廉之念舊, 帳中人之還姬, 均足千古.

徐州李蟠, 以文望雄於鄕, 跌宕自喜. 其家去州城一二里. 有趙翁者, 所居之村與李村相望, 晨夕往來無間也. 趙翁頗饒於貲, 小築數十楹, 外周以垣, 中分兩院. 而空其半, 欄檻曲折, 花木幽深. 忽一日, 有美髯老人, 從空屋中曳杖而出, 自號'豹仙'. 顔如童孺, 衣冠甚古. 長揖趙翁, 偕入其室, 則屛幃之麗, 几案之精, 皆非素有. 翁顧視駭愕, 豹仙曰 : "老夫生無氏族, 居無井里, 所至之地, 安卽爲鄕. 昨從天目・天台渡江而北, 遍訪幽棲, 曾無愜意. 適見君子閒館, 絶遠囂塵, 暫頓妾婢於此. 當圖留珠之報, 用酬割宅之恩, 幸無訝也." 言未旣, 美姬漸次出見, 焚香於爐, 瀹茗於盌, 更侍遞進, 光艶照座. 豹仙笑指諸姬曰 : "此皆老夫養生之具矣." 趙翁告退. 念其禮意旣殷, 談論復雅, 頓忘怪異, 轉與親暱, 暇則輒相過從. 豹仙自言 : "得道漢時. 市朝屢變, 轉瞬間不覺千有餘歲. 賴有狐氏八仙, 從侍巾櫛. 紅粉四班, 命曰'陰獵'. 踰月則遣一班於三百里外, 媚人取精. 挹彼注玆, 合同而化, 運之以氣, 葆之以神. 延生之術, 實由於此." 趙翁度其心能前知, 因叩以吉凶禍福, 無不奇中. 驚傳鄕曲, 咸以眞仙奉之. 蟠獨不信.

一夕, 痛飮極醉, 直造豹所. 大呼'妖獸!' 數其惑衆之罪. 豹則蚤已避去, 其室闃如, 而蟠仍毒詈不止也. 趙翁隔院聞其聲, 亟往諄勸, 令僕夫乘月扶歸. 明日, 豹仙復見. 趙翁曰 : "吾友無狀, 深獲罪於老仙. 醉人當恕, 幸無較焉!" 豹仙曰 : "此君天祿甚高, 老夫輩法當退遜. 計其年滿三十, 當魁天下, 四十六歲, 位至三公. 但其生平有二隱事, 實傷隱德, 致干天罰. 且性近鬼躁, 功名雖顯, 不免淹阻, 或至遷謫. 若老夫則跡本萍浮, 呼當馬應. 旣被譴驅, 無庸留滯矣." 辭別出門. 有頃, 過覘其居, 鳥語在簷, 落紅滿地, 依然一空院也. 他日, 趙以二隱事詢李, 李嘿而不悅, 似有悔咎之色. 康熙丁丑, 蟠果狀元及第, 尋以事去官.

張山來曰 : 八狐媚人取精, 則豹仙非豹, 直老龜耳. 李公有如許膽識, 其大魁也固宜.

天津徐緯眞, 素嗜方技, 縱酒落魄. 康熙初, 偶有江淮之行. 道經山東古廟, 忽聞廟中大呼 : "徐緯眞! 救我!" 乃解鞍小憩. 又聞呼之如前, 入廟遍視. 並無一人, 唯有一大鐵鐘覆地. 語出鐘內. 徐問曰 : "汝是何怪, 而作人語, 且呼我望救耶?" 鐘內語曰 : "上古猿公, 黃石老曾從學劍, 我卽其裔也. 以劍術之疎, 誤傷良善, 蒙上帝譴責, 囚此鐘已百有餘年. 今限滿當出, 幸君開之." 徐曰 : "我無千鈞之力, 豈能獨發此鐘?" 鐘內語曰 : "不勞君手發也. 君但去鐘上十二字, 我卽出矣." 鐘體泥封, 篆文苔繡. 取石敲磨, 有頃立盡. 鐘內語曰 : "可矣. 然須速走. 稍遲半刻, 不無與君有害!" 徐遂跨驢疾行二三里, 迴望來處, 雲霾風暴, 響若山崩. 遙見大白猿, 從空飛墜, 叩首驢前, 倏忽不見.

徐生南遊半載, 仍還都下. 天街夜靜, 明月滿戶, 聞剝啄聲甚急. 啓戶納之, 則年少書生, 儀容姸雅, 再拜稱謝而曰 : "余濟南之鐘囚也, 賴君拯拔之恩, 得超沈淪之厄. 上帝赦其夙愆, 仍還仙秩. 感君厚德, 沒齒弗諼. 念君志切鼎鑪, 學於圖緯, 今於天府瓊笈, 竊得道書三卷授君, 以申環珠之報. 必於一夕篝燈畢抄, 愼毋緩也!" 出書置几, 匆匆辭別. 徐生展閱第一卷, 其文如『論語』·『孝經』, 曰 : "平平無奇耳." 展閱第二卷, 其文如『陰符』·『鴻烈』, 曰 : "此一不足習也." 展閱第三卷, 其文皆言吐火吞刀之秘, 徵風召雨之奇, 乃大喜曰 : "我所求者, 正在如是!" 遂亟錄之. 天甫向曉, 而少年已至, 窺徐意在末帙, 色若不懌者. 嘆曰 : "我所以報公者, 豈謂是乎? 第一卷具帝王之畧, 第二卷成將相之才, 第三卷術數之書耳. 用之而善, 僅以修業, 用而不善, 適以戕生. 然緣止於此,當可奈何!" 言未旣, 人與書俱失矣.

徐原籍山陰, 自獲書後, 嘗以其術試於故鄕. 或捉月於懷, 懸之暗室, 或捏雷於掌, 放之晴霄. 以法爲戱, 取薄酬而資旅食. 一日飮酒大醉, 時値炎暑, 袒而坐於門. 適涼颷驟起, 向空書符, 招之入袖. 良久不放, 怒觸風伯. 於袖中大吼, 破袖而出, 雷火繼之. 膚髮焦枯, 隨以致斃.

又康熙庚申, 高州大旱, 有瓊山諸生黃賓臣者, 自言得奇門眞傳. 有司往請之, 賓臣結壇觀山寺, 披髮仗劍, 以目視日. 竟晷不下一睫, 天果微雨. 詰朝烈日如故, 有司誚其左道無驗. 賓臣於是由觀山遷壇於發祥寺, 登浮圖第四層, 上下左右, 悉封以符. 謂觀者曰: "明午必雨. 但從東南來則吉, 否則當有性命之憂." 因作書與家人訣. 明日未時, 烈日中狂風大作. 賓臣謂其僕曰: "雨從西北來, 不祥. 爾當速去!" 其僕甫下塔, 霹靂一聲, 雨如注. 有老人見一麻鷹, 口含火丸, 從塔頂飛入. 霹靂再震, 賓臣顚仆塔外, 右臂一孔如鍼, 血涔涔流不已而死. 此皆素無修道之眞, 妄習褻天之術, 宜其干神怒, 遭冥誅也.

張山來曰: 猿公旣言"用而不善, 適以戕生", 何徐生之不謹耶!

順治十年三月, 龍谿老農黃中, 與其子小三, 操一小船, 往漳州東門買糞. 泊船浦頭, 浦傍厠糞, 黃所買也. 父子飯畢, 入厠擔糞, 見遺有腰袱一具. 携以回船, 解袱而觀, 內有白金六封. 黃謂其子曰: "此必上厠人所失者. 富貴之人, 必不親自腰纏. 若貧困之人, 則此銀卽性命所係, 安可妄取? 我當待其人而還之!" 小三大以爲迂, 爭之不聽, 悻悻徑回龍谿. 黃以袱藏船尾, 約篙坐待. 良久, 遙見一人狂奔而來, 入則周視, 徨徬號慟, 情狀慘迫. 黃呼問故, 其人曰: "我父爲山賊妄指, 現繫州獄, 昨造謁貴紳, 達情州守, 許以百二十金爲酬. 今鬻田宅, 丐親友, 止得其半. 待州守許父保釋, 然後拮据全餽, 事乃得解. 故以銀袱纏腰入州. 因急欲如厠, 解袱置板, 心焦意亂, 結衣而出, 竟失此!. 我死不足惜, 何以救我父之死乎?" 言訖, 淚如雨下. 黃細詢銀數與袱色, 俱符, 慰之曰: "銀固在也. 我待子久矣!" 挈而授之, 封完如故. 其人驚喜過望, 留一封謝黃. 黃曰: "使我有貪心, 寧肯辭六受一?" 揮手使去.

是時船糞將滿, 而子久不至, 遂獨自刺船歸. 行至中途, 風雨驟作, 艤棹荒村之側. 村岸爲雨所冲洗, 轟然而崩, 露見一甕, 錫灌其口. 黃亦不知中有何物, 但念取此可爲儲米器. 然重不能勝, 力擧乃得至船. 須臾, 雨霽風和, 月懸柳外. 數聲欸乃, 夜半抵家. 小三以前事告母, 兩相怨詈. 黃歸扣戶, 皆不肯應. 黃因誑云: "我有寶甕在船, 汝可出共擧之." 子母驚起趨船, 月光射甕頭如雪. 手舁而上, 鑿錫傾甕, 果皆白鏹, 約有千金. 黃愕然, 悟蕉鹿之非夢矣. 黃之鄰, 止隔葦牆, 臥聽之黃夫婦切切私語甚悉. 明日, 以擅發私藏首於官. 龍谿宰執黃庭訊, 黃一無所諱, 直陳還銀獲銀之由. 宰曰: "爲善者食其報, 此天賜也, 豈他人所得而問乎?" 笞鄰釋黃. 由是遷家入城, 遂終享焉.

張山來曰: 先王父亦有還金事, 事載『江南通志』中. 先君亦陰行善事, 媿我輩不能繼述, 日趨貧困, 唯有義命自安而已.

물고(物觚)

옥초(玉樵) 유수(鈕琇)

여름에서 가을로 넘어가던 시절, 황제께서 장성(長城) 이북[1]으로 순행을 나가셨다. 강희(康熙) 40년(1701) 7월, 어가가 쑤얼하지[索爾哈濟]에 이르자 라리다[喇里達] 변방 추장이 알록달록한 암컷 새매 한 마리와 푸른 날개를 가진 나비 한 쌍을 진상했다. 황제께서 물으셨다.

"이 두 물건은 어느 지역에서 나는가?"

추장이 아뢰었다.

"아주 깊은 산골에서 나는 것으로, 새매는 호랑이를 잡을 수 있고, 나비는 새를 잡을 수 있사옵니다."

황제께서는 크게 기뻐하시며 금을 하사해 돌려보내셨다. 또 뀌하미투

1 장성(長城) 이북: 원문은 '구외(口外)'로 장성 이북 지역을 가리키며 '구북(口北)'이라고도 한다. 주로 장가구(張家口) 이북의 하북성(河北省) 북부와 내몽고자치구(內蒙古自治區) 중부지대를 가리킨다. 장성의 주요 관문 지역 명칭이 고북구(古北口)·희봉구(喜峰口)·장가구(張家口)·살호구(殺虎口) 등과 같이 '구(口)'자가 들어간 것이 많아 구외라고 하였다.

치리[郭哈密圖七立]에 머무를 때 쑤허누서하미[索和諾蛇哈密]가 기린초 한 상자[2]를 헌상하며 상주했다.

"이 풀은 명록산(鳴鹿山) 뇌풍령(雷風嶺)에서 난 것으로, 이용(利用)[3] 원년(1673)부터 지금까지 열매가 몇 개밖에 맺히지 않았습니다. 천 개월을 기다려야만 얻을 수 있으며 성군이 다스리는 시대가 아니면 그 상서로움을 쉽사리 드러내지 않습니다."

고소(姑蘇 : 지금의 蘇州)에 사는 노인 김씨는 외모는 아주 소박했으나 매우 정교한 조각 기술[4]을 지니고 있었다. 그 중 가장 기이한 것은 복숭아씨에 소동파(蘇東坡 : 蘇軾)의 놀잇배를 조각한 것이었다. 배의 모양을 보면, 위는 둥글고 아래는 평평하며,[5] 앞부분은 널찍하고 뒷부분은 위로 솟았다. 가운데에는 사방 네모난 선실이 있고, 좌우 둘레에 모두 무늬가 있다. 작은 창 두 짝은 열고 닫을 수 있으며 창을 열어 보면, 책상 하나, 의자 세 개가 있다. 두건 쓰고 도포를 입은 수염이 덥수룩한 사람이 바로 소동파인데 앉아서 창문에 기대어 밖을 바라보고 있다. 선가(禪家)의 의관을 갖추고 소동파와 마주 앉아 책상을 내려다보고 있는 사람은 불인선사(佛印禪師)이다. 책상 위에는 서른두 개의 패(牌)가 종횡으로 흐트러져 있는데, 마치 패를 만지려는 듯하다. 구석에 앉아 퉁소를 가로로 들고 부

2 상자 : 원문은 '방(方)'으로 형태가 네모난 것을 말하며, 사물에 따라 지칭하는 크기가 달랐으나 보통 가로 세로 1장 정도의 크기를 일컫는 단위로 사용되었다.

3 이용(利用) : 청나라 성조(聖祖) 때 오삼계(吳三桂)가 주(周)나라를 세우고 참칭했던 연호이다.

4 매우 정교한 조각 기술 : 원문은 '각극누진지교(刻棘鏤塵之巧)'이다. '각극'은 가시 끝에 조각하는 것이고 '누진'은 먼지를 새긴다는 것으로 모두 기예가 매우 정교함을 비유하는 말이다. 『한비자』 「외저설(外儲說)」에 연나라 임금이 신기한 것을 좋아하는 것을 이용해 어떤 사람이 거짓으로 가시 끝에 원숭이를 조각하는 재주가 있다고 속이고 많은 돈을 챙겨 사라졌다는 이야기가 나온다.

5 위는 …… 평평하며 : 『필기소설대관』본에는 '상궁하원(上穹下垣)'으로 되어 있으나 하북인민출판사(河北人民出版社, 1985) 간행본에 따라 '상궁하탄(上穹下坦)'으로 고쳐 번역했다.

는 젊은 사람은 같이 따라온 손님이다. 뱃머리에는 동자 한 명이 있고 그 옆에 차 끓이는 솥이 있다. 동자는 평두(平頭)[6] 머리에 짧은 저고리를 입고 오른 손에 부채를 들고 몸을 숙여 불을 붙이고 있다. 배의 뒷부분에 있는 노인은 몽치 모양 상투에 짚신을 신고 비스듬히 서서 노를 젓고 있다. 밖에는 키 · 상앗대 · 돛 · 닻줄 등 없는 것이 없으며 뱃전 · 난간 · 처마 · 장막의 모양도 두루 갖추지 않은 것이 없다. 그 몸체를 자세히[7] 재보면 기껏해야 손톱 두 개를 넘지 않는다. 강희(康熙) 37년(1698) 봄, 강남의 순무(巡撫) 송공(宋公)의 집에 소장하고 있던 기물의 왼쪽 창이 떨어졌는데 이것을 수리할 수 있는 사람이 없었다. 송공은 김씨 노인의 명성을 듣고 은 열 덩어리를 주며 원래 모양대로 고치도록 했다. 김씨 노인이 말했다.

"이것도 제가 직접 만든 것입니다. 세상에는 나와 같은 안목과 재주를 가진 사람들이 있습니다. 그러나 재주가 빼어나면 기운이 불안정하고, 기운이 안정되면 신묘함이 부족하니, 이는 기교가 없는 것이나 마찬가지입니다. 저는 아들이 넷 있는데, 그중 셋째에게만 법도를 조금 전수하였으나 아직도 정수를 터득하지 못했으니, 다른 사람이야 말해 뭣하겠습니까!"

장산래가 말한다.

기가 안정되고 신묘함이 완전한 경지는 『장자』에 조예가 깊지 않은 사람이라면 말할 수 없다.

산동(山東) 문등현(文登縣)은 후미진 바닷가에 있다. 강희 22년(1683) 가을에 바닷가 근처에서 괴물이 출몰했다. 주민들은 깜짝 놀라 서로서로 알

6 평두(平頭) : 정수리 머리카락은 조금 길게 남겨 평평하게 자르고 옆머리와 뒷머리는 완전히 삭발한 남자의 머리 모양이다.

7 자세히 : 『필기소설대관』본에서는 '주(綢)'로 되어 있으나 하북인민출판사(河北人民出版社, 1985) 간행본에 따라 '세(細)'로 고쳐 번역했다.

리면서, 귀신이 나타났나 싶어 매일 저녁 무렵이 되면 문과 창문을 모두 닫아걸었다. 이렇게 두 달이 지나자 결국 이 소식이 현(縣)에까지 들어갔다. 현령의 시종 고충(高忠)은 용감하고 힘이 셌는데, 주인인 현령에게 이렇게 아뢰었다.

"바다의 괴물이 백성들을 괴롭혀 집집마다 편안하게 살 수가 없습니다. 이것은 주인님의 일이며 또한 저의 일이기도 합니다. 원컨대, 좋은 말 한 필과 날카로운 창 하나를 하사해 주시면 그 괴물을 제거할 수 있습니다."

현령이 그의 청대로 해주자 고충은 곧 말에 걸터앉아 창을 끼고 혼자 해변으로 향했다. 보름달[8]이 막 떠올라 평평한 모래사장은 마치 눈 내린 듯 환했다. 이경(二更 : 저녁 9시에서 11시) 쯤 되었을 때, 얼굴이 파란 귀신 하나가 나타났는데, 1장(丈) 남짓한 키에 뿔이 나고 이가 삐죽 튀어나왔으며 팔에는 털이 숭숭 나있고 등에는 비늘이 뒤덮여 있었다. 귀신은 모래사장에 앉아 익힌 닭고기 다섯 마리와 탁주 10병을 늘어놓고 술잔을 들어 혼자 마시며 손을 부채 놀리 듯 흔들었다. 고충은 곧장 말을 몰고 앞으로 나아가서는 귀신의 뿔 난 부분을 창으로 겨누었다. 귀신이 깜짝 놀라 바다로 뛰어 들자 고충은 귀신이 앉았던 자리를 차지하고 앉아 더욱 기세등등하게 닭고기를 뜯어먹고 술을 마셨다. 얼마 후 바닷물이 용솟음쳐 일어나면서 아까 그 귀신이 괴수를 타고 파도를 따라 나왔다. 칼을 휘두르며 맞붙어 싸우면서 한참을 대치하였는데, 고충이 기회를 틈타 창으로 귀신의 배를 찌르자 귀신은 칼을 버리고 도망쳤다. 고충이 칼을 주워 현으로 돌아와 보니, 칼 위에는 '안령도(雁翎刀)'[9]라는 세 글자가 새겨져 있었다. 현령이 그것을 거두어 창고에 넣어 두라고 명령하니, 그 후로 해안가의 괴물은 마침내 사라졌다.

---

8 보름달 : 원문은 '신월(新月)'로 음력으로 월초의 초승달이나 15일의 보름달을 모두 지칭하는데 여기에서는 문맥상 보름달로 해석했다.

9 안령도(雁翎刀) : 기러기 깃털 모양처럼 생긴 단도로 명나라 때 유행했다고 한다.

동월(東粤 : 지금의 廣東省) 성내 첨수항(甛水巷)에 사는 만주인 정씨(丁氏)는 시장에서 요강을 하나 사 어린 시종에게 들고 오게 해서 침상 옆에 놓아두었다. 밤중에 일어나 소변을 보려는데, 요강 뚜껑이 봉해져 있고 들어보니 묵직했다. 달빛에 비추어 보았더니 뚜껑 안팎이 누런 밀랍으로 단단히 봉해져 있었다. 정씨가 돌로 요강을 깨뜨리자 그 안에서 갑자기 3촌정도 되는 검고 작은 사람이 튀어 나오더니 순식간에 8~9척으로 자라났다. 몸에는 검은 베로 만든 도포를 걸치고 손에는 날카로운 칼을 들고서 방 안에 들어와 침대 위로 올라가더니 정씨 부인을 죽이려 했다. 정씨는 침대 맡에 있던 검을 뽑아 그와 격투를 벌였는데, 닭이 울 때가 되니 흑인이 홀연 사라졌다. 다음날 저녁 일경(一更 : 7시에서 9시 사이) 쯤 되어 다시 흑인이 등 아래에 나타나자 정씨는 마찬가지로 검을 휘두르며 그를 쫓아냈다. 열흘 남짓 지났을 때, 정씨의 이웃인 수재(秀才) 여씨(佘氏)의 처가 정씨 부인에게 이렇게 알려주었다.

"듣자하니 오선묘(五仙廟)의 법사가 요괴를 잘 다스린다고 하는데, 가서 모셔와 보는 것이 어떻겠어요?"

이날 밤 흑인은 뜻밖에도 수재의 집으로 달려가 큰 소리로 욕을 해댔다.

"내 정씨 부인과 삼대에 걸친 숙원이 있어서 저승에 하소연했다. 하지만 부모형제는 모두 죽어서 남아 있지 않고 오직 이 여자만 남아 있을 뿐이라 장차 모두 죽임으로써 내 원한을 씻으려했다. 그런데 너와 무슨 상관있다고 도술을 쓰는 도사를 보내 나를 쫓아내게 하였느냐?"

그러고는 그 집의 일용 기물들을 모두 부수고 화를 펄펄 내며 문을 나서더니 마침내 더 이상 나타나지 않았다. 정씨 부인은 그날 이후로 별탈 없이 지냈다.

장산래가 말한다.

원수를 갚으려고 요강에 숨은 것은 솥을 부수고 배를 가라앉힐[10] 정도로 의지가 결연한 것이라 할 만하다. 그러나 끝내 복수는 하지 못하고 그저 이웃에게 화풀이나 했을 뿐이니, 어찌된 일인가?

강희연간 임신년(1692)과 계유년(1693) 두 해 동안 서안(西安)에 연달아 기근이 들어 쌀 한 말 값이 천 냥까지 뛰고 길에는 굶어 죽은 사람이 여기저기에 널렸다. 위남현(渭南縣) 주민 조오(趙午)는 자식을 다 팔아먹고, 집에는 어머니와 처만 남았는데, 식량 구할 길이 없어 솥과 시루를 메고 호광(湖廣 : 湖南省 湖北省 일대)지역으로 곡식을 구하러 갔다. 조오는 연로하신 어머니가 너무도 잘 드시는 것을 보고는 미운 생각에 내다버리고 싶은 마음이 자주 생겼다. 반면 아내 왕씨(王氏)는 시어머니 모시는 데 극진하여 더욱 조심스럽게 시중을 들었다. 계유년 4월, 상주(商州 : 지금의 陝西省 東南部)의 산을 지날 때 조오가 아내에게 말했다.

"어머니께서 연로하시어 잘 걷지 못하시니, 당신이 짐을 메고 먼저 가서 기다리면 내가 어머니를 부축하여 천천히 가겠소."

아내는 그의 말이 옳다고 여겨 마침내 앞장 서 가서 짐을 내려놓고 쉬며 그들이 오기를 기다렸다. 조오가 미친 듯이 뛰어서 따라오는 것을 보고 시어머니는 어디 계시냐고 물었다. 조오가 말했다.

"잠시 후에 도착하실 거요."

아내가 노하여 말했다.

"거동이 불편한 노인을 어떻게 혼자 걸어오시게 해요!"

그러면서 짐을 조오에게 넘기고 시어머니를 찾으러 온 길을 되돌아가려고 하자 조오는 아내의 따귀를 몇 십대 때리고 짐을 가지고 떠나버렸다. 길을 되돌아가 후미진 곳에 이른 아내는 나무에 묶여 있는 시어머니

---

10 솥을 부수고 배를 가라앉힐 : 원문은 '파부침주(破釜沉舟)'로 항우가 진나라 군대와 싸울 때 강을 건넌 후 솥을 모두 부수고 배를 모두 침몰시켜 결코 후퇴하지 않을 것임을 보여준 일에서 나온 말이다. 끝까지 싸우기로 결심한 것을 비유한 말로 『사기』 「항우본기(項羽本紀)」에서 나왔다.

를 발견했는데, 입 안 가득 흙이 채워져 있어 숨이 거의 넘어갈 지경이었다. 아내가 급히 포박을 풀고 입에서 흙을 빼낸 다음 샘물을 길어 와 입에 부었더니 시어머니가 이내 깨어났다. 아내가 시어머니를 업고 2리쯤 가다 보니 남편은 이미 호랑이에게 잡아먹히고, 짐과 옷이 버려져 있었으며 남은 살점들이 길에 낭자했다. 이것을 본 아내가 울며 말했다.

"맙소사! 조오가 큰 잘못을 저질러 이처럼 사나운 호랑이를 만났으니, 이는 호랑이에게 죽임을 당한 것이 아니라 신에게 죽임을 당한 것이야."

길가에서 이 소리를 들은 사람 중 탄식하지 않은 이가 없었으며, 모두 그 아내의 현숙함을 칭찬하고 조오의 죽음을 통쾌하게 여겼다. 당시 상주 태수로 있던 대양좌(戴良佐)는 용구채(龍駒寨)에서 구휼 식량을 나눠주고 있었다. 조오의 아내는 시어머니를 업고 한참을 걷느라 굶주리고 지친 기색이 역력했다. 마침 용구채를 지나던 중에 태수 대양좌가 이들을 불러 사정을 물어 알고는, 돈을 후하게 주면서 위남으로 돌아가 시어머니를 모시게 했다. 조오의 아내는 감동하여 눈물을 흘리며 돌아갔다.

영덕현(英德縣) 함광(含洸) 순사(巡司)[11]의 한 사냥꾼이 활과 쇠뇌를 메고 산에 사냥을 하러 나갔다가 천둥이 치며 소나기가 내리기에 수풀 무성한 곳으로 몸을 숨겼다. 멀리 몇 걸음 밖의 고목 위에 똬리를 튼 큰 뱀이 보였는데 길이는 10여 장(丈)에 머리는 항아리만큼 컸다. 천둥이 우르릉 쾅쾅거리며 뱀에게 내리치려고 하자 뱀은 머리를 쳐들고 위를 향해 불을 뿜었다. 순간 혜성 같은 붉은 빛이 치솟더니 천둥이 점점 사라져갔다. 잠시 후 천둥소리가 더욱 심해지며 다시 뱀을 내리치려 하자 뱀은 다시 불을 뿜어 천둥에 대항했다. 사냥꾼은 그 뱀이 너무 사납고 독한 것이 싫어서 활을 당기고 쇠뇌를 쏘았는데, 정확히 꼬리를 맞혔다. 그러자 뱀

11 함광(含洸) 순사(巡司) : 원문은 '함광사(含洸司)'로 함광은 지금의 광동성 영덕현 함광진(含洸鎭)이다. '사(司)'는 '순사'·'순검사(巡檢司)'를 말하며 지역의 치안을 담당했다.

머리가 쭈그러들었다. 곧 벼락이 크게 치더니 뱀은 벼락을 맞아 죽었고 사냥꾼도 놀라 쓰러졌다. 공중에서 이런 소리가 들려왔다.

"두려워 마라, 곧 깨어날 것이다."

한참 후 사냥꾼은 깨어나 집으로 돌아갔다. 가족들이 보니 그의 등에 붉은 글씨로 '하늘을 대신해 포악한 것을 제거하였으니 목숨을 24년 연장한다[代天除暴, 延壽二紀]'라는 여덟 글자가 새겨져 있었는데 씻어도 없어지지 않았다. 이것은 강희 신유년(1681) 4월에 일어난 일이다. 지금은 뱀을 쏘아 맞힌 때로부터 이미 20여 년이 지났는데도 영덕현 사람들 말로는 그가 예전과 마찬가지로 아주 건강하다고 하니, 아마도 하늘이 내린 수명이 아직 다하지 않았나 보다.

나와 함께 공부한 친구 왕자형(王仔衡)이 해준 이야기이다. 그의 친척 아무개가 붉은 종이로 봉투를 만들어서 은 3냥을 넣고 봉한 다음 사돈집에 예물로 보냈다. 사돈집에서 답례로 은을 다시 보내왔기에 봉투를 열고 보니 [은이] 갑자기 작은 두꺼비로 변해 있었다. 두꺼비의 눈은 붉은 주사로 점을 찍어 놓은 것 같았고 온 몸은 수정같이 맑고 투명하여 뼈와 내장이 모두 보일 정도였다. 두꺼비가 봉투 안에서 펄쩍 뛰어 나오자 얼른 잡아 상자 속에 보관하고는 아침저녁으로 만지작거리며 놀았는데, 그만 사흘 만에 잃어버리고 말았다. 광주(廣州)의 진홍태(陳弘泰)는 어떤 사람에게 돈을 빌려주고 이자를 받았다. 그 사람이 두꺼비 만 마리를 팔아 이자를 갚으니, 진홍태는 측은한 마음에 그 두꺼비들을 모두 강물에 놓아주라고 명하고 계약서도 함께 불태워버렸다. 몇 개월 후 말을 타고 밤에 집으로 돌아가는데, 길 가운데 무엇인가 아주 반짝거리는 물건이 있었다. 놀란 말은 앞으로 나아가려 하지 않았다. 자세히 보니 그것은 1척 남짓한 금 두꺼비였다. 그는 그것을 가지고 집으로 돌아왔고 이때부터 그는 더욱 부유해졌다.

금이나 은은 본래 정해진 형체가 따로 없어 변화무쌍하다. 그래서 모일지 흩어질지, 언제나 사람의 마음을 보아 떠나고 남을 것을 결정한다. 그런데도 부귀를 탐하는 세상 사람들은 그것을 취할 때 의로써 취하지 않고 그것을 지킬 때 법도로써 하지 않으면서 그것을 자손 백대에게 물려줄 가업으로 삼으려 하니, 거꾸로 된 것 아니겠는가?

장산래가 말한다.

만약 두꺼비가 더 이상 변해 떠나지 않는다면 [이것이야말로] 정말 대단한 재물[12]이로다.

歲當夏秋之交, 上嘗巡幸口外. 康熙四十年七月, 駕至索爾哈濟, 有喇里達番頭人, 進彩鷂一架, 青翅蝴蝶一雙. 上問:"此二物產於何地?" 頭人回奏:"生穹谷山中, 鷂能擒虎, 蝶能捕鳥." 天顏大喜, 賜以金而遣之. 又駐蹕郭哈密圖七立, 有索和諾蛇哈密獻麟草一方, 奏云:"此草產於鳴鹿山雷風嶺, 自利用元年至今止結數枚. 必俟千月乃成, 非遇聖朝, 不易呈瑞."

姑蘇金老, 貌甚樸而有刻棘鏤塵之巧. 其最異者, 用桃核一枚, 雕爲東坡遊舫. 舫之形上穹下坦, 前舒後奮. 中則方倉四圍, 左右各有花紋. 短窗二, 可能開闔, 啓窗而觀, 一几, 三椅. 巾袍而多髯者爲東坡, 坐而倚窗外望. 禪衣冠坐對東坡而俯於几者爲佛印師. 几上縱橫列三十二牌, 若欲搜抹者然. 少年隅坐, 橫洞簫而吹者, 則相從之客也. 舫首童子一, 旁置茶鐺. 童子平頭短襦, 右手執扇, 傴而颺火. 舫尾老翁, 椎髻芒鞋, 邪立搖櫓. 外而柁篙篷纜之屬, 無不具也, 舷艦簷幕之形, 無不周

12 재물: 원문은 '아도물(阿堵物)'로 돈을 가리킨다. '아도(阿堵)'는 육조시대 구어로 '이것'이라는 의미였는데 돈을 간접적으로 지칭하는 말로 쓰였다. 『세설신어(世說新語)』「규잠(規箴)」에 성품이 고상한 왕이보(王夷甫)가 입 밖으로 '돈'이라는 말을 하지 않았는데 그의 부인이 그를 시험해 보려고 돈으로 그의 침대를 빙 둘러 놓고 지나가지 못하게 하자 그가 하녀를 불러 '이것[阿堵物]'을 치우라고 한 이야기가 수록되어 있다.

也. 細測其體, 大不過兩指甲耳. 康熙三十七年春, 江南巡撫宋公家藏一器, 左側竅敗, 無有能修治者. 聞金老名, 贈銀十餠, 使完之. 金老曰 : "此亦我手製也. 世間同我目力, 同我心思. 然思巧而氣不靜, 氣靜而神不完, 與無巧同. 我有四子, 唯行三者稍傳我法, 而未得其精, 況他人乎!"

張山來曰 : 氣靜而神完, 非深于『莊子』者不能道.

山東文登縣, 僻在海隅. 其瀕海之地, 於康熙二十二年秋, 有怪物出入其間. 居民互相驚告, 以爲鬼至, 每日向夕, 輒閉門墐戶. 如是兩月, 不得已而聞於縣. 縣宰之僕高忠勇敢有大力, 告其主曰 : "海怪擾民, 家不貼席. 此吾主之事, 而亦卽忠之事也. 願賜良馬一匹, 銛鎗一枝, 忠能除之." 宰如所請, 忠卽跨馬挾鎗, 獨至海濱. 新月初升, 平沙如雪. 比至二鼓, 見一藍面鬼, 身長一丈有餘, 聳角枝牙, 毛肱鱗背. 坐於沙上, 列置熟雞五隻, 濁酒十甁, 擧觥獨酌, 運掌若扇. 忠馳馬直前, 以鎗擬其肉角. 鬼驚竄入海, 忠遂據其坐, 裂雞釃酒, 神氣益壯. 少頃海水湧立, 前鬼騎一怪獸, 隨波而出. 舞刀迎鬪, 相持久之, 忠乘間錚刺其腹, 鬼遺刀而遁. 忠拾刀還縣, 其上有'雁翎刀'三字. 宰命收貯縣庫, 於是瀕海之怪遂絶.

東粤省城聒水巷旗人丁姓者, 入市買一溺器, 命童携歸, 置於臥牀之側. 夜起小遺, 而壺口閉塞, 且擧之頗重. 就月視之, 口內外皆黃蠟封固. 丁以石碎之, 忽見三寸小黑人跳躍而出, 頃刻間長八九尺. 身衣墨色布袍, 手持利刃, 入室登牀, 將殺丁婦. 丁隨於牀頭拔劍格鬪, 至雞鳴時, 黑人倏然而隱. 次夕更餘, 復見燈下, 丁仍揮劍逐去. 越十餘日, 其鄰余秀士之妻告丁婦曰 : "我聞五仙廟法師善治妖, 盍往求焉?" 是夜, 黑人竟奔秀士家, 大聲詈曰 : "我與丁婦有三世夙讐, 愬之冥界. 其父母兄弟死亡無遺, 唯此女在耳, 將盡殺以雪我冤. 何與汝事而令遣妖道驅我爲?" 悉碎其日用器物, 憤憤出門, 遂不復見. 丁婦自是無恙.

張山來曰 : 報仇而隱于溺器中, 亦可謂破釜沉舟. 而卒不能報, 徒遷怒于其鄰, 何也?

康熙壬申·癸酉兩歲, 西安洊饑, 斗米千錢, 道殣相望. 渭南縣民趙午, 鬻其子女已盡, 家有一母一妻, 無所得食, 擔其釜甑, 就粟湖廣. 趙以其母老而善飯, 常生厭棄之意. 其婦王氏事姑至孝, 隨侍益謹. 癸酉四月, 行至商州山中, 午謂婦曰 : "老母步履艱難, 汝負擔先行俟, 我挾之徐走." 婦是其言, 遂於前途息肩以待. 午狂奔追及, 婦問姑何在. 午曰 : "少頃卽至矣." 婦怒曰 : "龍鐘老人, 何以令其獨走!" 以擔授午, 仍回舊路覓姑, 午掌摑其婦數十, 携擔竟去. 婦回至一僻所, 見其姑面縛於樹, 以土塞口, 氣將絶矣. 婦亟解姑縛, 摳口出土, 捧泉水灌之乃甦. 傴僂負姑, 行二里許, 其夫已爲虎噬, 投擔委衣, 殘胔狼藉. 婦視而啼曰 : "天乎! 趙午大逆, 遭此虎暴, 非死於虎, 死於神也." 道傍聞者, 無不嘆息, 稱婦之賢, 而快午之斃. 是時商州守戴良佐散賑龍駒寨. 婦負姑行久, 色狀餒疲. 適經寨下, 戴守召詢得其詳, 厚賜以金, 令婦還渭南養姑. 感泣而歸.

英德縣含洸司有獵人負弓弩射於山, 適雷雨驟至, 隱身蓊翳. 遙見數武外老樹上盤繞巨蛇, 長十餘丈, 首大如甕. 迅雷轟轟, 將迫蛇, 蛇仰首吐火上衝. 紅光如彗, 雷漸引去. 少頃雷聲甚怒, 復迫蛇, 蛇復吐火敵雷. 獵人惡其猛毒, 彀弓發弩, 中其尾. 蛇首頓縮. 霹靂大震, 蛇遂擊死, 而獵人亦驚仆矣. 聞空中有語之者曰 : "無恐, 當卽甦也." 良久淸醒還家. 家人見其背有朱書'代天除暴, 延壽二紀'八字, 浣之不去. 此康熙辛酉四月間事. 今距射蛇時已二十餘載, 英德人言其雄健猶昔, 蓋天錫之齡固未艾也.

余同學友王仔衡言 : 其親某以紅紙作筒, 封銀三錢, 致賀婚家. 婚家返銀, 拆筒展視, 忽變爲小蝦蟆一頭. 眼若點硃, 通體白如水精, 瑩潔空明, 骨臟俱見. 趯然從紙窩躍出, 捕而藏之篋, 晨夕翫弄, 閱三日失去. 廣州陳弘泰貸錢於人而徵其息. 其人將鬻蝦蟆萬頭以償, 弘泰睹而心惻, 命悉放之江中, 遂與焚劵. 數月後騎行夜歸, 路間有物, 光燄閃爍. 驚馬不前. 視之乃尺許金蝦蟆也. 取以還家, 自此益致饒裕.

夫金銀本無定質, 變易不常. 故其聚散, 每因人心以爲去留. 天下之溺於富貴者, 取之旣非以義, 守之又無其道, 而欲據爲子孫百世之業, 不亦傎乎?

張山來曰 : 若蝦蟆不復化去, 則尤甚阿堵物也.

명체포관 이야기[名捕傳]

백상(伯祥) 요□□(姚□□)

금단(金壇 : 지금의 江蘇省 金壇市)의 효렴 왕백도(王伯弢)가 직접 해준 이야기이다.

병오년(1666)에 향시를 보러[1] 덕주(德州 : 지금의 山東省 德州)로 갈 때 길가에서 포졸[2]이 덕주의 압송 관리[3]와 떠드는 것을 보았다. 무슨 일인지 물었더니 그들이 이렇게 말해주었다.

"방마적(放馬賊)이 대낮에 조정에 상납할 은 얼마를 빼앗아 달아났는데, 쫓자니 도적들 손에 죽을 것이고 쫓지 않자니 벌 받아 죽을 것 같아 그러오."

1 향시를 보러 : 원문은 '해계(偕計)'로 '수계(隨計)' 또는 '계해(計偕)'라고도 한다. 원래는 초징을 받은 사람이 수행관리인 계리(計吏)와 함께 초징에 응하여 함께 가는 것을 말하는데 후대에는 과거 시험에 응시하러 가는 것을 일컫게 되었다.

2 포졸 : 원문은 '포적구당(捕賊勾當)'으로 '구당'은 공무집행을 주관하는 관원을 가리킨다.

3 압송 관리 : 원문은 '해(解)'이며, 죄인을 호송하는 하급관리인 '해리(解吏)'를 가리킨다.

그러고는 너도나도 하늘을 부르짖으며 눈물을 줄줄 흘렸다. 도적 떼의 말이 먼지를 일으키며 가고 있는 곳은 눈으로도 보이는 거리였다. 그때 갑자기 한 부부가 말을 타고 저쪽에서 달려오자 포졸들이 모두 놀라 기뻐하며 말했다.

"보정(保定 : 지금의 河北省 保定市)의 명체포관께서 오셨네! 이제 걱정할 것 없어."

포졸들이 체포관의 말을 잡아당기며 어디에서 오는 길이냐고 묻자 부부는 태산에 참배하고 오는 길이라 했다. 그러나 명체포관은 병이 심해 말안장에 앉은 채 머리를 숙이고 있었다. 그의 아내는 작고 어여쁜 아낙이었는데 검은 비단으로 얼굴을 가리고 손에는 아기를 안고 있었다. 포졸들이 그에게 자초지종을 말하며 도와달라고 애걸하자 명체포관이 말했다.

"도적은 모두 몇 명이오?"

그들이 말했다.

"다섯 놈이오."

명체포관이 말했다.

"나는 병이 심하니 내 아내가 가도 충분할 것이오."

그의 아내가 손을 내저으며 말했다.

"귀찮아유!"

명체포관이 화를 내며 말했다.

"게으른 여편네! 오늘 같은 날 나서지 않고, 구들 위에서 남편 잡을 줄밖엔 모르는가?"

그의 아내는 얼굴이 빨개져 말에서 내려와 품속의 아이를 남편에게 주었다. 그리고는 말안장을 고쳐 매고 치마와 신발을 묶은 다음 옷소매를 걷어 올렸다. 소매 속의 칼은 2척 정도 길이로 거울처럼 빛났다. 남편이 말했다.

"내 화살을 가지고 가게."

아내가 말했다.

"내 탄궁으로도 이길 수 있어요."

말이 채 끝나기도 전에 몸은 이미 말 위에 올라 바람같이 떠났다. 포졸들이 재빨리 말을 달려 여자를 따랐다. 잠시 후 도적의 말을 따라잡았다. 여자는 낭랑한 목소리를 바람에 실어 도적을 불렀다.

"나는 보정 명체포관의 아내 아무개다. 관가의 돈을 찾으러 왔다. 내 탄궁 맛이나 보지 말고 어서 돈을 내놓도록 해라!"

도적들이 말했다.

"장부도 별 것 아니거늘, 암퇘지가 어디 감히!"

도적들은 여자를 향해 화살 다섯 발을 쏘았다. 그러나 여자가 말 위에 앉아서 탄궁으로 화살을 막으니, 화살들은 모두 튕겨나가 땅에 떨어졌다. 여자는 재빨리 탄궁 하나를 쏘아 도적 한 명을 죽였다. 도적 네 명이 칼을 뽑아 겨누자 여자는 그들과 맞서 싸웠는데, 자유자재로 탄궁을 휘두르며 물리쳐 또 한 명을 베어 죽였다. 그러자 도적 셋이 흠칫 놀라며 뒤로 조금 물러섰다. 여자가 다시 말했다.

"빨리 돈을 내려놓고 두 시체를 끌고 가거라. 모두 죽으면 득 될 게 없지 않겠느냐!"

세 명은 말에서 내려 목숨만은 살려 달라 애걸하면서 돈을 내려놓고 두 시체를 말 위에 묶어 달아났다. 잠시 후 포졸들이 도착하여 돈을 가지고 돌아갔다. 이 명체포관의 아내는 어느새 칼을 닦아 넣고는 예전처럼 부드럽고 평범한 모습으로 돌아와 있었다. 아내는 말에서 내려 여러 포졸들에게 두루 인사하며 말했다.

"아녀자라 힘이 부족해 도적 세 명을 놓쳤으니, 어쨌건 한갓 여자의 기량에 지나지 않나 봅니다."

덕주 태수가 그들을 위해 술과 음식을 마련해 주어서 닷새 동안 잔치를 즐긴 후 떠났다.

요백상이 말한다.

이것은 모두 왕백도가 나에게 말해 주어 내가 기록한 것이니, 이른바 혀끝에 사물을 묘사하는 손이 달려 있다는 말이 바로 이를 두고 한 말이리라.

장산래가 말한다.

명체포관이 도적을 잡는 것은 그리 기이한 일이 못된다. 묘미는 명체포관의 아내에게 이러한 솜씨가 있었다는 데에 있으니, 정말 존경할 만하구나! 이 아내가 구들 위에서 남편을 잡는 모습을 한번 보고 싶다. 분명 남다른 데가 있을 테니. 하하하!

金壇王伯弢孝廉, 自言:

丙午偕計至德州, 見道旁有捕賊勾當, 與州解相譟. 問之, 云: "放馬賊晝劫上供銀若干, 追之則死賊手, 不追則死坐累." 各相向呼天, 泣數行下. 然賊馬塵起處, 猶目力可望也. 忽有夫婦兩騎從他道來, 諸捕咸驚相慶曰: "保定名捕至矣! 當無憂也." 諸捕控名捕馬, 問何從來, 言夫婦泰山進香耳. 然名捕病甚, 俯首鞍上. 其妻亦短小好婦人, 以皂羅覆面, 手抱一嬰兒. 諸捕告之故, 哀求相助, 名捕曰: "賊幾人?" 曰: "五人." 曰: "余病甚, 吾婦往足矣." 婦搖手: "我不耐煩!" 名捕嗔罵曰: "懶媳婦! 今日不出手, 祗會火坑上搏老公乎?" 婦面發紅, 便下馬抱兒與夫. 更束馬肚, 結縛裙韡, 攘臂 袖中刀, 長二尺許, 光若鏡也. 夫言: "將我箭去." 妻曰: "吾彈固自勝." 言未訖, 身已在馬上, 絶塵而去. 諸捕皆奔馬隨之. 須臾, 追及賊騎. 婦人發聲淸亮, 順風呼賊曰: "我保定名捕某妻. 爲此官錢, 故來相索. 宜急置, 毋嘗我丸也!" 賊言: "丈夫平平, 牝猪敢爾!" 賊發五弓射婦. 婦從馬上以彈弓撥箭, 箭悉落地. 急發一彈, 殺一人. 四人拔刀擬婦, 婦接戰, 揮斥如意, 復斫殺一人. 三人懼, 少却. 婦更言曰: "急置銀, 舁兩尸去. 俱死無益也!" 三人下馬乞命, 置銀, 以二屍縛馬上而逸. 未幾, 諸捕至, 舁銀而還. 此婦猶旖旎尋常, 善刀藏之. 下馬徧拜諸捕曰:“妮子着力不健, 縱此三寇, 要是裙襦技倆耳.” 州守爲治酒, 宴勞五日而去.

姚伯祥曰: 此皆伯弢口授於余, 予爲之記, 所謂舌端有寫生手也.

張山來曰: 名捕捕賊, 尙不足奇. 妙在名捕之婦有此手段, 眞可敬也! 想見此婦火坑上搏老公時. 必有異乎人者. 一笑!

남쪽 지방 유람기[南遊記]

석공(錫公) **손가감**(孫嘉淦)

유람에도 다양한 방법이 있다. 옛날에 우(禹)임금은 네 가지 도구[1]를 이용해 산을 뚫고 길을 통하게 하여 치수했다. 공자와 맹자는 여러 나라를 주유하면서 유가의 도를 실행했다. 태사공(太史公 : 司馬遷)은 천하의 명산대천을 유람하여 기이한 문장을 지었다. 그밖에도 성대함을 좋아하는 많은 군주들은 동쪽에서 봉선제(封禪祭)를 지내고 서쪽에서 수렵을 하면서 기분을 풀었고, 은사나 도인들은 깊고 그윽한 곳을 찾아 기이함을 펼쳤으며, 선비나 도성 벼슬아치 중 가난하고 할 일이 없는 자들은 사방을 다니며 명함을 들이밀어 재물을 구했다. 이것이 유람의 대략적인 모습이며 나머지는 모두 말할 만하지 못하다. 나는 젊어서 명성과 이익 따위에 담담하였으나 중년이 되어서는 아무 것도 이룬 것이 없는 것만 같아 마

1 네 가지 도구 : 원문은 '사재(四載)'로 고대의 네 종류의 교통수단을 지칭한다. 즉 물길에서는 배[舟], 육지에서는 수레[車], 진흙에서는 썰매[輴], 산에서는 가마[樏]를 이용했다.

음이 펀치 못했기에 늘 산수에 마음을 기탁하곤 했다. 과거에 급제한 후 한림원 일[2]을 제수 받아 도성에 머물렀으나 이는 내가 좋아하는 바가 아니었다.

기해년(1719) 여름, 모친께서 편찮으셔서 휴가를 청해 고향으로 돌아갔다. 그해 가을 모친상을 당했다. 모친의 지극한 사랑에 보답하지 못한 슬픔이 다 가시기도 전에[3] 아내가 갑자기 세상을 떠나고 어린 자식마저 요절했다. 아내의 상[4]을 치르지도 못하고 거의 눈이 멀 정도로 슬픔에 빠졌다.[5] 학문의 길도 평탄치 못하고[6] 상황도 어려워지고 보니, 다시금 산수를 거닐면서 다시는 그리워하지도 슬퍼하지도 않았으면 하는 생각이 들었다. 『시경』에서 "수레 타고 나가 노닐어 내 슬픔 없애네"[7]라고 한 것은 바로 이러한 심사를 두고 하는 말이리라.

경자년(1720) 가을, 짐을 꾸려 절름발이 나귀를 타고 동쪽으로 진양(晉陽 : 지금의 山西省 太原市 서남쪽 晉源鎭)에 이르러 석실산(石室山)에 정박했다. 현옹산(懸甕山)의 난로천(難老泉),[8] 유계(柳溪)[9]의 분하(汾河)와 진수(晉水), 원

---

2 한림원 일 : 원문은 '관직(館職)'으로 원래는 당송대 소문관(昭文館)이나 사관(史館), 집현원(集賢院) 등에서 수찬(修撰)이나 편교(編校) 등의 일을 맡은 관직을 말하나, 여기서는 손가감이 진사가 된 후 한림원검토(翰林院檢討)를 제수 받은 것을 가리킨다.

3 슬픔이 다 가시기도 전에 : 원문은 '풍목여비(風木餘悲)'로 '풍목'은 부모님이 돌아가셔서 더 이상 모시지 못하게 된 것을 말한다. 한나라 한영(韓嬰)의 『한시외전(韓詩外傳)』 권9에 제(齊)나라 효자 고어(皐魚)가 공사에게 "나무가 조용히 있으려 하나 바람이 그치지 않고 자식이 모시고자 하나 부모님은 기다려주시지 않는다[樹欲靜而風不止, 子欲養而親不待也]"고 한 말에서 나왔다.

4 아내의 상 : 원문은 '고부(鼓缶)'이며 상처(喪妻)한 것을 일컫는다. 『장자(莊子)』 「지락(至樂)」에 장자의 처가 죽어 혜자(惠子)가 조문을 갔더니 장자가 다리를 쭉 펴고 앉아 동이를 두드리며 노래하였다는 이야기가 있다.

5 거의 …… 슬픔에 빠졌다 : 원문은 '상명(喪明)'으로 자식을 잃어 생기는 비통함을 일컫는다. 『예기(禮記)』 「단궁상(檀弓上)」에 "자하가 아들을 잃고 실명했다[子夏喪其子而喪其明]"는 기록이 있다.

6 학문의 길도 평탄치 못하고 : 원문은 '학불정우(學不貞遇)'로 학문이 순조로운 점괘를 만나지 못함을 뜻한다.

7 수레 타고 …… 없애네 : 『시경 · 패풍(邶風)』의 「천수(泉水)」에서 인용한 구절. 후에는 나가 노니는 것이나 출행하는 것을 묘사할 때 사용되었다.

통(圓通)의 백수관(白水觀)에 묻혀서 몇 개월을 보냈다. 다시 동쪽으로 옛 관문을 나와서 정형(井陘 : 지금의 河北省 井陘縣)을 거치고 진정(眞定 : 지금의 河北省 正定縣 일대)에 들렀다가 다시 청원(淸苑 : 지금의 河北省 淸苑縣)을 지났다. 획록(獲鹿 : 지금의 河北省 鹿泉市)에서 배수진을 치고 싸웠던 현장을 보고,[10] 호타하(滹沱河)에서 보리밥을 먹었으며,[11] 곡양(曲陽 : 지금의 河北省 曲陽)에서 항산(恒山 : 五嶽 중의 北嶽. 山西省 渾原縣 소재)을 바라보고 역수(易水 : 河北省 역수)에서 금대(金臺)[12]를 찾아가 보았으며, 경도산(慶都山)에서 이기산(伊祁山)를 바라보고,[13] 탁군(涿郡)에서 헌원씨(軒轅氏)를 추모했다.[14] 그

---

8 난로천(難老泉) : 현옹산 아래의 진사(晉祠) 안에 있는 샘으로 진수(晉水)의 주요 발원지 중 하나. 『시경』「노송(魯頌)」 중 '영원히 늙지 않음을 선사하네[永錫難老]' 구를 인용하여 '난로천'이라 칭하게 되었다. 맑고 투명한 물과 푸르른 부평초, 물 아래 오색돌 등이 어울려 아름다운 모습을 드러내기에 당나라 시인 이백(李白)도 '진사의 흐르는 물 마치 벽옥 같도다[晉祠流水如碧玉]'라고 노래한 바 있다(「憶舊游寄譙郡元參軍」).

9 유계(柳溪) : 분하(汾河)의 범람을 막기 위해 태원 근교에 둑을 쌓고 버드나무를 심어 붙은 이름이다.

10 획록(獲鹿)에서 …… 보고 : 전설에 의하면 한나라 장수 한신(韓信)이 이곳에서 사냥을 하다가 흰 사슴 한 마리를 발견하고 활을 쏘았는데 사슴은 사라지고 화살이 꽂힌 바위에서 샘물이 솟아나 이곳을 백녹천(白鹿泉)이라 하였고 이 때문에 이 지역을 획록이라 불렀다고 한다. 한신이 정형에서 배수의 진을 치고 조나라와 싸울 때 획록의 포독산(抱犢山)에 일부 군사를 매복시켜 두었다가 조나라 군사가 출동한 틈을 타서 조나라 군영에 한나라 깃발을 꽂도록 하였다.

11 호타하(滹沱河)에서 …… 먹었으며 : 동한(東漢)을 세운 유수(劉秀)가 황제가 되기 전 하북지역 요양(饒陽) 무루정(無蔞亭)에 이르렀을 때 형세가 곤궁하여 병사들과 함께 굶주리고 있었는데 풍이(馮異)가 콩죽을 올려 힘을 내서 진군할 수 있었다. 또 남궁(南宮)에 이르러 큰 비를 만났을 때 풍이가 올린 보리밥을 먹고 호타하를 건너 신도(信都)까지 갈 수 있었다. 그 후 죽이나 보리밥을 '호타반(滹沱飯)' 또는 '호타맥반(滹沱麥飯)'이라 불렀다. 『후한서(後漢書)』「풍이전(馮異傳)」에 기록이 있다.

12 금대(金臺) : 일명 현사대(賢士臺)·초현대(招賢臺)·황금대(黃金臺)라고 하며 지금의 하북성 정흥현(定興縣) 서쪽 역수 가에 있다. 연(燕)나라 소왕(昭王)이 세운 것으로 대 위에 금을 놓아두고 천하의 현사를 불러 모았다고 한다.

13 경도산(慶都山)에서 …… 바라보고 : 경도산은 하북성 당현(唐縣) 성에서 동북쪽으로 5㎞ 떨어진 곳에 있으며 요(堯)임금이 어렸을 때 어머니 경도(慶都)를 따라 이곳에 와서 오랫동안 머물렀다고 한다. 이기산은 지금의 하북성 순평현(順平縣) 서쪽 이십 리에 위치한 산으로 기수(祁水)의 발원지이며 요임금이 태어난 곳이라고 전해진다.

후 북쪽으로 군도산(軍都山)을 지나 거용관(居庸關)에 이르렀고, 천수산(天壽山)에 올라 동쪽에 있는 양천(陽泉)에서 목욕하고 어양(漁陽 : 北京市 密雲縣에서 서남쪽 30리)으로 갔다. 공동산(崆峒山)에 올라갔다 옥전(玉田)으로 내려간 다음, 노룡(盧龍)으로 가서 고죽국(孤竹國)의 백이(伯夷) 숙제(叔齊)를 그리워하며[15] 그곳에서 또 몇 개월간 머물렀다. 집안 대대로 만리장성 이북에서 살았는데, 지금 이렇게 요서(遼西)로 와보니 3년이 지났건만 경치는 이전과 대체로 비슷했다. 마침 한 겨울이라 층층 얼음이 두껍게 얼고 눈보라가 천리에 휘몰아치며 얼어붙은 숲으로 어둔 바람이 성난 듯 울부짖었는데, 나도 모르게 마음속 깊은 곳에서 슬픔이 일어났다.

이어 남쪽으로 갈 결심을 하고 도성으로 돌아와 여행 짐을 꾸렸다. 마침 나의 벗 이경련(李景蓮)이 회시(會試)[16]에서 낙방하여 나와 동행했다. 신축년(1721) 2월 24일에 도성을 출발하니, 이것이 내 남쪽 지방 유람의 시작이었다.

도성은 복잡하고 먼지가 가득했다. 춘명문(春明門)을 나서니 어느덧 해도 밝게 빛나고 하늘도 푸르렀다. 노구교(盧溝橋)[17]를 지나 유리하(琉璃河)에 이르렀다. 노구는 상간(桑干)[18]이고 유리하는 성수(聖水)[19]다. 남쪽에 소열왕(昭烈王) 유비(劉備)가 살던 옛집이 있고 역도원(酈道元)의 집도 있는데,

---

14 탁군(涿郡)에서 …… 추모했다 : 황제(黃帝) 헌원씨와 염제(炎帝)계의 치우(蚩尤)가 탁군에 있는 탁록산(涿鹿山)에서 전투를 벌여 헌원씨가 승리하였다는 전설이 전해진다. 탁군 역시 하북성에 있다.

15 노룡(盧龍)으로 …… 그리워하며 : 노룡은 하북성 동북부에 위치하며, 상나라 때 고죽국(孤竹國)의 도읍지로 백이·숙제의 고향이다.

16 회시(會試) : 원문은 '예위(禮闈)'로, 과거시험 중 회시(會試)를 예부에서 주관했기 때문에 회시를 예위라고 불렀다.

17 노구교(盧溝橋) : 지금의 북경시 풍대구(豊臺區) 영정하(永定河)에 있는 다리이며 영정하의 옛 이름이 '노구하(盧溝河)'였기에 다리 이름을 노구교라고 했다.

18 상간(桑干) : 영정하(永定河) 상류의 하천 이름이며 매년 뽕나무가 한창 무성할 때 하천 물이 마르기 때문에 상간이라고 불렀다.

19 성수(聖水) : 유리하의 옛 이름이며 유리하는 지금의 북경시 방산구(房山區) 서남쪽의 대석하(大石河)이다.

바로 『수경(水經)』에 주를 달던 곳이다. 남쪽으로 백구(白溝)에 이르렀는데, 이곳은 옛날 송나라와 요(遼)나라의 경계였다. 또 남쪽으로 웅현(雄縣)에 이르러 호수가 나왔는데, 바라보니 물안개가 가득했다. 저 멀리 물가에 돛단배들이 구름 속에 사라졌다 나타났다 하는 것이 실로 하북의 장관이었다. 임구(任丘)에 들르니 전욱씨(顓頊氏)의 옛 성이 있었다. 남쪽으로 하간(河間)에 이르니 황하의 아홉 지류인 구하(九河)[20]의 옛 물길이 질편하게 뒤섞여 분별하기 어려웠다. 호타하(滹沱河)·역수(易水)·청수(淸水)·형수(衡水)·장수(漳水)·노수(潞水)·위하(衛河)·고하(高河)·교하(交河)·기수(淇水)·유수(濡水)가 모두 이 지역을 지나 바다로 들어간다. 하간부(河間府)의 치소는 헌현(獻縣)으로 옛 하간헌왕(河間獻王)[21]의 봉지이다. 남쪽으로 부성(阜城)을 나와 경주(景州 : 지금의 河北省 景州)에 이르렀다. 경주는 옛 조(條) 땅으로 [漢 文帝 때] 주아부(周亞夫)가 이곳에 봉해졌다. 동가리(董家里)라는 곳도 있는데, 동중서(董仲舒)가 문을 걸어 닫고 열심히 학문에 매진하던 곳이다.

동쪽으로 덕주(德州)에 이르러 산동(山東) 땅으로 들어갔다. 덕주성은 운하[22] 변에 있어서 배들이 빽빽했다. 남쪽으로 평원(平原 : 지금의 山東省 平原)에 도착하였는데, 옛날 도박꾼과 간장 파는 장사꾼들 사이에 은거하던 모공(毛公)과 설공(薛公),[23] 그리고 동방생(東方生)[24]과 관공명(管公明)[25] 같

20 구하(九河) : 원래는 우임금 때 황하의 아홉 지류를 가리키며 황하 하류의 여러 지류를 총칭하는 말이다. 『이아(爾雅)』 「석수(釋水)」에 "구하는 도해·태사·마협·복부·호소·간·결·구반·격진이다(九河, 徒駭一, 太史二, 馬頰三, 覆釜四, 胡蘇五, 簡六, 潔七, 鉤盤八, 鬲津九)"라고 되어 있다.

21 하간헌왕(河間獻王) : 하간헌왕은 한나라 경제(景帝) 유계(劉啓)의 아들 유덕(劉德)으로 하간왕으로 봉해지고 죽은 후 시호가 헌(獻)이었기에 '하간헌왕'이라고 칭해졌다. 그는 진시황의 분서갱유(焚書坑儒) 이후 민간에 흩어진 옛 고서들을 수집하여 유생들과 함께 연구하였으므로 하간은 당시 유학의 중심지가 되었다.

22 운하 : 수양제가 남쪽의 양곡을 북쪽으로 운송하기 위해 북경에서 항주까지 물길을 이은 경항(京杭) 대운하를 말한다. 덕주운하는 원나라 때에 남북 조운 유통의 대동맥 역할을 했다.

23 모공(毛公)과 설공(薛公) : 둘 다 위나라 신릉군(信陵君)의 식객이다. 신릉군이 조나

은 기이한 선비들이 혹 지금도 남아 있지 않을까? 평원군(平原君)[26] 사당 안에 안노공(顔魯公)[27]의 비석이 있지만 애석하게도 바쁘게 지나가느라 보지 못했다. 동남쪽으로 제하(齊河)에 이르렀다. 탁주(涿州)에서 서산을 등지고 남을 향해 이레 동안 900리를 오는 동안 보이는 것이라곤 모두 평야뿐이더니, 제하에 이르러서야 비로소 산이 보였다. 제하의 맑은 물은 현의 성벽을 벽옥 반지처럼 에워싸고 있었고, 돌다리가 가로질러 있었다. 강가 양쪽에 복숭아나무와 버드나무가 울긋불긋하게 물가를 비추고 있어서 다리를 지나가던 사람들은 그 경치를 보느라 잠시 발걸음을 멈추었다.

남쪽으로 사십 리 떨어진 곳의 개산(開山)이라 부르는 산으로 들어갔다. 도중에 고개를 들어 동악(東嶽 : 泰山)을 바라보려 했으나 마침 부슬비가 내려 구름 낀 산이 어지러이 보이고 때때로 구름 너머로 높은 봉우리가 보였다. 그것이 태산인가 싶었더니 몇 리 가지 않아 또 우뚝 솟은 것이 보였다. 오후에 매우 높은 봉우리를 보았는데, 우뚝 솟은 기암괴석을 이내가 휘감고 있기에 분명 태산일 것이라고 생각했다. 얼마 후 냇물이 동쪽으로 흐르고 산의 형세가 북으로 감아 돌며 저 멀리 바라보니 더 높은 봉우리가 있었다. 아마도 태산의 북쪽으로부터 왔기 때문에 오전에는 뒷모습을 보고 오후에는 어깨 자락 부분을 보고 태안주(泰安州)에 이르러서야 비로소 그 정면을 보게 된 것 같았다. 또한 산이 구름에 가리기도

라에 있을 때 인재를 찾다가 도박패에 섞여 있는 모공과 술 장수 집에 숨어 지내던 설공을 찾아 간 이야기는 『사기』 「신릉군열전(信陵君列傳)」에 기록되어 있다.

24 동방생(東方生) : 한 무제 때의 동방삭(東方朔)을 가리킨다.

25 관공명(管公明) : 삼국시대 위 땅 평원지역의 학자이자 점술가이다.

26 평원군(平原君 : ?~B.C. 253) : 성은 영(嬴), 씨는 조(趙), 이름은 승(勝)이다. 제나라의 맹상군, 위나라 신릉군, 초나라 춘신군과 더불어 전국시대 4공자로 불린다. 조나라 무령왕의 아들이자 혜문왕의 아우이다. 동무(東武 : 지금의 산동성 武城)에 봉해졌다.

27 안노공(顔魯公) : 당나라 서예가 안진경(顔眞卿)으로 노군개국공(魯郡開國公)으로 봉해져서 안노공이라고 한다.

하여 종일토록 바라보았지만 제대로 보지 못했다.

다음 날 아침 산에 오르려 하자 그 지방 사람이 말했다.

"안됩니다. 산 정상에 낭낭묘(娘娘廟)[28]가 있어서 관표(官票)를 받아야 들어갈 수 있습니다. 표 값은 한 사람 당 2전(錢)으로 이것을 '인두세'라고 부릅니다."

동악에 동악신이 있는데 소위 '낭낭'이라는 신은 어느 시대부터 있었던 것인가? 그 공덕은 어느 정도인가? 어리석은 백성들은 부부가 손을 잡고 달려와 복을 비는데, 백성을 다스리는 관리가 이를 금하지는 못하고 도리어 이것으로 이익을 취하려 하다니. 하지만 어쩔 수 없어 표를 받아왔다. 표를 얻어 산 위에 오르려는데 사람들이 또 말했다.

"안됩니다. 산 높이가 40리나 되어 하루 종일 가야 정상에 이를 수 있습니다. 헌데 지금은 벌써 정오가 다 되어 이미 늦은 데다 날도 흐립니다. 산 아래가 맑아도 산 위는 흐린데, 산 아래마저 흐리면 산 위는 반드시 비가 옵니다. 비가 와서 날도 습하고 바람도 차니 다른 날 가십시오."

그리하여 성 안에 있는 사당을 구경했다. 사당은 성의 남문에서 200여 걸음 떨어진 곳에 있었으며 북쪽 성벽을 뒷담으로 삼고 있었으니 한 성 안에 사당이 거의 반을 차지하고 있는 셈이었다. 계단에 오래된 측백나무들이 많았는데, 한나라 무제(武帝)가 동악에 봉선제를 지내러 왔을 때 심은 것이라고 한다.[29] 계단 비석에는 이런 내용이 적혀 있었다.

"광활한 동해의 서쪽, 중국의 동쪽. 높은 하늘과 빼어난 정기로 천지와 더불어 탄생했으니 그 형세가 유난히 높다. 옛날 제왕들은 이곳에 올라 푸른 바다를 바라보고 지세의 이로움을 살펴 백성들의 삶을 편안케 했다. 이에 신께 아뢴다. '태산은 공경함에 있어서는 지성을 다하고, 예

---

28 낭낭묘(娘娘廟) : 자식을 점지해 주는 여신을 모신 사당이다.

29 계단에 …… 한다 : 한무제가 봉선제를 지내러 와서 심었다는 측백나무는 '한백(漢柏)'이라 불리며 태안팔경(泰安八景) 중 하나이다. 한나라 측백나무가 있는 이 사당을 예전에는 '병령궁(炳靈宮)' 또는 '동궁(東宮)'이라 불렀으며 지금은 '한백원(漢柏院)'이라 한다.

를 올림에 있어 법도에 맞아야 하나이다. 당나라 때 태산신에게 봉호(封號)를 하사한 이래, 역대로 지금까지 이어져 내려왔습니다.[30] 지난날 원나라 군주가 통치력을 잃어 나라 안이 들끓고 백성들이 도탄에 빠졌습니다. 나 [주원장(朱元璋)] 평민의 신분으로 일어나 천지신명의 명을 받드니, 온갖 신들이 보우하여 난리를 평정하게 하고 자리와 직분이 제자리를 잡게 해 주셨습니다. 또 천지를 받들고 귀신에게 제사 드림으로써 시대에 순응하고 백성을 통솔하며 옛 것을 본받았습니다. 지금 온 나라가 이미 안정되었기에 특별히 제사 의례를 행합니다. 신에게는 대대로 봉호가 있었으나, 나는 미천한 출신이기에 생각하고 또 생각해도 두려워 감히 따라서 봉호를 내리지 못하겠나이다. 무릇 신은 하늘과 함께 생겨나 신령함으로 한 곳을 다스리는 분이니 그 세월이 얼마나 오래 되었는지 알 수 없으며, 신의 신령스러움 또한 사람이 헤아릴 수 없나이다. [천자의] 자리도 천지신명께 받은 것이니, 군주 된 자가 어찌 감히 신을 봉하겠습니까? 두려워 감히 봉호를 더하지 못하고 다만 '동악신'이라 부르며 때에 맞춰 신께 제사 올리나니, 신께서 살펴주시기를 바라나이다.' 홍무(洪武) 3년(1370) 6월 20일."

가히 문사가 위엄 있고 뜻이 바르다 이를 만하다. 사당 안에서 산 위를 바라보니 정상이 마치 병풍 같았고 가운데 흰 비단이 걸려 있는 것 같았다. 사람들에게 물어보니 "그건 남천문(南天門)입니다"라고 대답했다. 이어 경련과 약속했다. 이경(二更 : 밤 9시에서 11시 사이)에 일어나 힘껏 빨리 올라가 닭이 울 때 정상에 이르면 바다에서 해 뜨는 것을 볼 수 있으리라고.

약속대로 일어나보니 저 멀리 높은 곳에 깜박깜박 불빛이 별들과 어지러이 섞여 있는 것이 보였다. 가서 보니 모두 수천 명에 달하는 가난

30 당나라 …… 내려왔습니다 : 당나라 때는 태산에 '천중왕(天中王)' · '천제군(天齊君)' · '천제왕(天齊王)'이라는 봉호를 내렸으며, 송나라 진종(眞宗) 때는 '인성천제왕(仁聖天齊王)' · '천제인성제(天齊仁聖帝)'라는 봉호를 내렸다.

한 백성들이었는데, 길가에 묵으며 횃불을 들고 돈을 구걸하고 있는 것이었다. 교양이라곤 모두 잃어버리고 백성들이 부끄러움을 알지 못하니, 탄식할 노릇이도다! 산기슭은 홍문(紅門)이라 부르는데, 홍문 이후의 길은 모두 돌계단이었다. 때때로 계단 옆에서 졸졸 물소리가 들렸다. 사경(四更: 새벽 1시에서 3시 사이)이 되어 회마령(廻馬嶺)에 이르니 계단은 더욱 가팔라 마치 벽 위를 기어가는 듯 했다. 닭이 울 무렵 옥황묘(玉皇廟)에 도착하였기에 정상에 도착한 줄 알았다. 그러나 길을 안내하는 자가 웃으며 "이제 겨우 반 왔는 걸요"라고 말했다. 그리하여 잠시 쉬었다. 동이 틀 무렵, 계곡물을 따라 돌다리를 건너니 두 봉우리가 마주 서 있는 것이 보이고 그 가운데로 폭포가 흘러내렸다. 마침 간밤에 내린 비가 막 개어 아침 햇살이 밝았다. 이내가 바위를 감싸고 있어 푸른 소나무가 허공에 떠 있는 듯 보였으며, 날아 떨어지는 폭포 소리가 마음을 맑게 하였고 귓가에 운율이 맴도는 듯 했다. 돌 비탈길을 따라 서쪽 봉우리로 올라가니 '오대부송(五大夫松)'[31]이라고 적힌 비석이 보였다. 비석 아래에서 위를 바라보았더니 두 봉우리 정상이 안개 낀 하늘 저 높이에 솟아 있었다. 속으로 이것이 바로 산 정상일 것이라고 생각했다. 한참을 기어 올라가 고개를 돌려 멀리 바라보니, 소나무 산 정상이 내 발 아래에 있었고 어제 보았던 여러 봉우리들은 그 소나무 산 아래에 있었으며, 제(齊) 땅과 노(魯) 땅 수천 리에 걸친 산들은 또 그 여러 봉우리 아래에 있었다. 이미 높이 올라와 구름 끝까지 왔다고 여겼는데, 뜻밖에 봉우리를 돌아서니 다시 더 높은 봉우리가 나타났다.

천문봉(天門峯)에는 흙 한 점 없고 작은 풀포기 하나 없이 돌 산맥이 길게 이어져 있었고, 삐죽삐죽 돌들이 튀어나와 있으며, 첩첩이 겹쳐진 돌들이 연꽃과 국화처럼 주름 잡혀 있었다. 비탈길로 곧장 10리를 올라가

31 오대부송(五大夫松): 진시황이 동방을 순시할 적에 태산에 올라 비석을 세우고, 제단을 쌓은 다음 봉선제를 올렸다. 내려오는 길에 폭풍우를 만나 나무 아래에서 비를 피했는데, 비가 멈춘 후 그 나무에게 '오대부'라는 봉호를 하사했다.

니 이곳이 바로 성에서 바라보았을 때 흰 비단처럼 보였던 곳이었다. 비석 아래에서 소나무 산을 바라보았을 때는 성에서 남천문을 바라보았을 때 보다 높은 것 같았다. 그런데 지금 여기에서 남천문을 바라보니 비석 아래에서 소나무 산을 바라보았을 때보다 높았다. 길 옆 바위에 커다랗게 '바라볼수록 더욱 높다[仰之彌高]'[32]라는 네 글자가 새겨져 있더니, 정말로 그러하구나! 돌 비탈길에 철 기둥이 늘어서 있고 쇠사슬로 연결되어 있었다. 쇠사슬을 잡고 오르고 기둥을 안고 쉬었다. 돌 비탈길이 거의 끝날 무렵에 이르러서는 아무 것도 보이지 않았다. 아래에 보이는 천문이 이곳의 정상인 듯 했다. 그러나 그 위로 올라가니 또 높은 봉우리가 둘러막고 있었다. 구불구불 기어 올라가다보니 이른바 '낭낭묘(娘娘廟)'라는 사당이 진관봉(秦觀峯) 아래에 보였다. 정전(正殿)은 다섯 칸이고 대문[33]에는 모두 동으로 된 울타리가 쳐져 있었다. 문 안에 쌓인 돈이 2~3척은 되어 보였다. 당(堂) 위에 동비(銅碑)가 세 개 있었는데 명말 한 환관이 주조한 것이다. 나머지는 볼 만한 것이 없었다. 동쪽 건물 처마 아래 돌기둥이 잘려 있기에 나는 그 위에 앉아 쉬었다. 고개 숙여 바라보니 글자가 보이기에 흙을 털어 내고 자세히 살펴보았는데, 그것은 바로 진나라 승상 이사(李斯)의 전서(篆書)였다. 그 문장은 다음과 같다.

"성덕을 입은 승상 이사(李斯)와 풍거질(馮去疾), 그리고 어사대부 덕(德)이 죽음을 무릅쓰고 아룁니다. 신 등은 조서(詔書)를 모두 금석에 새길 것을 청하오니 새겨놓으면 [선왕인 진시황의 성덕이] 명백해질 것입니다. 신 등 죽음을 무릅쓰고 청하옵니다. 황제[二世]가 '허락한다'는 제서(制書)를

32 바라볼수록 더욱 높다[仰之彌高] : 이 말은 『논어』 「자한(子罕)」의 "안연이 크게 탄식하며 말했다. '[공자의 덕은] 우러러볼수록 더욱 높고 뚫을수록 더욱 견고하며 바라봄에 앞에 있더니 홀연히 뒤에도 있구나. 공자께서 차근히 사람을 잘 이끄시어 문(文)으로써 나의 지식을 넓혀주시고 예(禮)로써 나의 행동을 잡아주셨다'[顔淵喟然嘆曰 : '仰之彌高, 鑽之彌堅, 瞻之在前, 忽焉在後. 夫子循循然誘人, 博我以文, 約我以禮']"에서 나왔다.

33 대문 : 원문은 '삼문(三門)'으로 사원의 대문이나 바깥문을 지칭한다.

내렸다."[34]

필법이 고아하면서도 힘이 있는 것이 한(漢)나라나 진(晉)나라 사람이 미칠 수 있는 바가 아니었다. 사당 뒤편의 높이가 10여 장(丈)되는 절벽에는 당나라 때의 마애비(磨崖碑)가 있었다. 절벽 서쪽 동굴 안에는 달고 차가운 샘물이 있었다. 절벽 뒤로 1리 정도 올라가 진관봉에 오르니, 바로 태산의 정상이었다.

고개 들어 하늘 밖을 바라보고 고개 숙여 세상을 내려다보니, 넓고 망망하여 사방 끝이 보이지 않았다. 동쪽에는 청주(青州)와 영주(營州)가 산을 등지고 바다에 연해 있는 것이 보였다. 북쪽을 돌아보니 변새의 성벽이 횡으로 만 리에 뻗어 있고, 황하 이북 여러 주(州)들은 마치 별들이 늘어서고 바둑알이 촘촘히 놓여 있는 듯이 펼쳐져 있었다. 태행산(太行山)을 따라 서쪽으로 중주(中州)[35]의 비옥하고 평탄한 토지며 함양(咸陽)의 험준한 지세까지 낱낱이 손으로 가리킬 수 있을 것 같았다. 황하는 화음(華陰)으로부터 연주(兗州)·서주(徐州)로 흐르는데, 완만하게 굽은 모습이 마치 허리띠 같았다. 숭산(嵩山)[36]의 태실산(太室山)과 소실산(少室山)은 두 개의 주먹만 한 바위 같았다. 회양(淮陽) 사이를 내려다보니 초목이 총총히 자란 평원지대가 보였다. "태산에 오르니 천하가 작다"[37]는 말이 과연 헛소리가 아니로구나! 봉우리 정상에 전각이 하나 있고, 마당 한 가운데 돌이 우뚝하게 세워져 있었다. 옛날 봉선제 때 낭송하던 문장[38]을 모두 여

---

34 성덕을……내렸다: 이 대목은 『사기』「진시황본기(秦始皇本紀)」에 보인다.

35 중주(中州): 옛날 예주(豫州: 지금의 河南省) 지역이 구주(九州)의 한 가운데 있었으므로 중주라고 칭했다. 또는 중원지역을 두루 지칭한다.

36 숭산(嵩山): 하남성 등봉현(登封縣) 북쪽에 있으며 오악(五嶽) 중 중악(中嶽)에 해당한다. 옛날에는 외방(外方)·태실(太室)이라고도 칭했으며 일명 숭고(崇高)·숭고(嵩高)라고도 한다. 동쪽 봉우리는 태실산(太室山), 가운데 봉우리는 준극산(峻極山), 서쪽 봉우리는 소실산(少室山)이라 한다.

37 태산에……작다: 공자가 태산에 올라가서 노나라 땅을 바라보며 한 말이다. 『맹자』「진심하(盡心下)」에 보인다.

38 봉선제……문장: 원문은 '금니옥검문(金泥玉檢文)'으로 '금니옥검'은 수은과 금으로 장식한 옥으로 만든 상자를 말하며 천자가 봉선제 때 사용하던 것이다.

기에서 바쳤으리라. 문 앞의 석표(石表)[39]는 진시황이 세운 것으로 높이는 2장 남짓에 비문은 없다. 일관봉(日觀峯)은 동쪽에 있고 월관봉(月觀峯)은 서쪽에 있으며 높이는 모두 진관봉과 같았다. 명승고적을 두루 다 보지 못하고 해질 녘 하산하여 소나무 산에 이르러 잠시 쉬었다. 세 개의 관봉[일관봉, 월관봉, 진관봉]을 회상해 보니 마치 천상에 있었던 것만 같았다. 또 아래로 내려와 조양동(朝陽洞)을 보았는데, 돌로 된 동굴이 그윽하고 깊었다. 다시 아래로 내려와 수렴동(水簾洞)을 보았는데, 흐르는 물이 바위를 뒤덮고 있었다. 다시 아래로 내려와 산기슭에 이르러 거인을 만났다. 거인과 나란히 서서 발돋움을 하고 손을 뻗었지만 머리를 만질 수 없었다. 옛날 키가 큰 장적(長狄)[40]이 제 땅과 노 땅 사이에 있었다고 하더니, 혹 그 후손이란 말인가?

다음 날 아침, 태안에서 곡부(曲阜)로 달려갔다. 어제 산 위에서 보았을 때는 태안성이 마치 손바닥만 했고 문수(汶水)가 실 같이 성 밖을 에워싸고 있었으며, 저래산(徂徠山)이 담처럼 문수 가에 웅크리고 있었다. 그러나 태안성을 나서도 강과 산은 보이지 않았다. 50리를 가서 광활하게 펼쳐진 큰 하천을 보게 되었는데 그것이 바로 문수였다. 또 50리를 가서 우뚝 솟은 높은 산을 보았는데, 그것이 바로 저래산이었다. 백 리나 떨어진 곳인데 내려다 봤을 때 몇 발자국 밖에 되어 보이지 않았으니, 태산이 얼마나 높았는지 가히 상상할 수 있으리라. 저래산의 서쪽은 양보산(梁父山)인데, [저래산과] 문처럼 서로 마주하고 있었다. 문 남쪽으로 나서니 비옥한 평원이 펼쳐지고 사수(泗水)가 서쪽으로 흘렀다. 공림(孔林)은

---

39 석표(石表) : 태산에 글자가 없는 비석의 별명이다. 명나라 낭영(郎瑛)의 『칠수유고(七修類稿)·변증상(辯證上)』「태산몰자비(泰山沒字碑)」에 "태산에 글자가 없는 비석이 있는데 진시황이 세운 것이다. 지금은 석표라고 부른다[泰山有沒字碑, 秦始皇所建. 今曰石表]"라는 기록이 있다.

40 장적(長狄) : 춘추시대 적족 중 하나로 전설에 의하면 그들의 키가 매우 컸기 때문에 '장적'이라 칭해졌다고 한다. 역도원(酈道元)의 『수경주(水經注)』「하수4(河水四)」에 "진시황 26년 장적 12명이 임조에 나타났는데 키가 5장 남짓했다(秦始皇二十六年, 長狄十二, 見於臨洮, 長五丈餘)"는 기록이 있다.

사수 남쪽에 있고, 수수(洙水)는 공림 남쪽에 있었다. 곡부는 수수 남쪽에 있었으며 기수(沂水)는 곡부 남쪽에 있었다. 사방 10여리에 달하는 공림에는 나무들이 하늘을 뒤덮고 풀들이 땅을 뒤덮고 있었다. 지성묘(至聖墓 : 孔子의 무덤)에는 붉은 담장이 둘러쳐져 있었다. 담 안에는 풀과 나무가 무성하여 긴 가지와 덤불 때문에 사람들이 들어갈 수 없었으나 경치가 탁 트여 어두운 기운이라곤 느낄 수 없었다. 지성묘에는 시초(蓍草)[41]가 자라고 있었다. 비석에 '대성지성문선왕묘(大成至聖文宣王墓)'라고 새겨져 있었으며, 서쪽 구석에 세 칸 짜리 작은 집이 있었는데, '자공이 여막을 짓고 공자 무덤을 지킨 곳[子貢廬墓處]'[42]이라고 적힌 편액이 걸려 있었다. 동남쪽에는 사수후묘(泗水侯墓)가 있고 정남쪽에는 기국공묘(沂國公墓)가 있었다.[43] 담장 동남쪽에 있는 고목은 돌로 울타리를 만들어 보호하고 있었는데, 이것이 바로 자공이 손수 심었다는 해목(楷木)[44]이었고 그 옆에 해정(楷亭)이 있었다. 그 북쪽에 주필정(駐蹕亭)이 있었는데, 황제께서 묘에 참배할 때 옷을 갈아입던 곳이다. 문 밖에 수수교(洙水橋)가 있고 다리 남쪽은 높은 언덕으로 빙 둘려있었는데, 그 동남쪽을 뚫어 문을 냈다. 문은 곡부성에서 2리 정도 떨어져 있다. 길가에 심은 측백나무는 매우 가지런히 늘어서서, 해를 가리고 하늘에 닿을 듯 솟아있었으니, 모두 수천 년 된 나무들이었다.

---

41 시초(蓍草) : 옛날에 점 칠 때 사용하던 풀이다.

42 자공이 …… 지킨 곳[子貢廬墓處] : 공자가 죽은 후 제자들이 3년 동안 묘를 지킨 후 떠났는데 자공만은 그 후 3년 동안 묘를 더 지켰다. 후인들이 이를 기념하기 위해 세 칸짜리 집을 짓고 '자공려묘처'라는 비를 세웠다. '여묘(廬墓)'는 부모나 스승이 돌아가신 후 복상기간 동안 묘 옆에 작은 집을 짓고 기거하며 분묘를 지키는 것을 말한다.

43 동남쪽에는 …… 있었다 : '사수후묘(泗水侯墓)'는 공자의 아들 공리(孔鯉)의 묘이며 '기국공묘(沂國公墓)'는 손자인 공급(孔伋)의 묘이다. '사수후'와 '기수후'는 송 휘종(徽宗)이 추증한 봉작이다.

44 해목(楷木) : 황련목(黃連木)을 말하며 공목(孔木)이라고도 한다. 자공이 스승인 공자의 상을 치르며 해목을 스승의 묘 옆에 손수 심었다고 한다. 후에 큰 나무가 되었으나 청대 강희연간에 벼락에 맞아 불타버렸다.

곡부의 북문으로 들어가니 길 동쪽에 복성묘(復聖廟)[45]가 있고 사당 앞에 누항(陋港)[46]이 있었다. 누항 남쪽으로 꺾어져 서쪽으로 향하자 공묘의 동화문(東華門)이 나왔다. 공묘의 규모는 궁전 양식과 똑같았으나 기둥이 돌로 되어 있었고, 교룡이 휘감아 도는 모양으로 조각되어 있었다. 이는 궁전에 없는 것이다. 공자와 여러 현인들을 빚어 놓은 상(像)이 있었고, 석각으로 된 공자상이 세 개 있었다. 수레와 의복과 예기들은 연성공(衍聖公)[47] 집에 소장되어 있다. 연성공이 입궁하러 가고 없었기에 들어가 보지 못했다. 전각 남쪽에는 '행단(杏壇)'이라는 편액이 걸린 정자가 있었다. 오래된 살구나무 몇 그루에는 마침 3월이라 살구꽃이 한창이었다. 행단 남쪽에는 선사(先師 : 공자)께서 손수 심으신 노송나무가 있었는데, 3장(丈) 높이에 가지는 없고 무늬는 모두 왼쪽으로 돌아 나 있다. 자공이 심었다는 해목(楷木)은 비록 썩지는 않았으나 시든 빛이 역력했는데, 이 나무는 아주 생기가 넘쳤다. 대문 안팎으로 비석들이 무수히 늘어서 있다. 남쪽에 규문각(奎文閣)이라는 높은 누각이 있었다. 규문각 남쪽 문 아래 한나라 위나라 때의 비석 10여 개가 있었는데, 모두 윗부분이 뾰족하고 둥근 구멍이 있었다. 문 밖에 냇물이 흐르고 그 위에 다섯 개의 다리가 놓여 있었다. 다리 남쪽에 문이 있고 문 밖에 나무 울타리가 있었다. 전각 마당에서부터 나무 울타리 안까지 푸른 소나무와 오래된 측백나무

---

45 복성묘(復聖廟) : 곡부 동북쪽에 있는 안자묘(顔子廟)로, 공자의 제자 안회(顔回)에게 제사지내는 사당이다. 당나라 개원연간(開元年間 : 713~741)에 안회를 연공(兗公)으로 추증하고 사당을 건립하여 제사를 모셨다.

46 누항(陋港) : 안회가 살던 누추한 골목을 말하며 그의 안빈낙도의 생활을 나타내는 말이다. 『논어』「옹야(雍也)」에 공자가 안회를 두고 "현명하구나, 회여. 조라한 밥 한 그릇, 물 한 바가지로 누항에 머물면 사람들은 그 근심을 견디지 못하는데 회는 오히려 그 즐거움을 고치지 않는구나. 현명하구나, 회여[賢哉 回也. 一簞食 一瓢飮在陋巷 人不堪其憂, 回也不改其樂. 賢哉 回也]"라고 칭송하였다.

47 연성공(衍聖公) : '연성공'은 공자 후손에게 내려진 봉호이다. 당나라 개원연간 공자의 시호를 문선왕(文宣王)으로 추증하고 그 후에는 문선공으로 칭했다. 송나라 인종 지화(至和) 2년(1055) 그 후손들이 조상의 시호를 사용해서는 안 된다고 하여 봉호를 연성공으로 고쳤다.

가 마치 규룡처럼 구불구불 자라있었는데, 그 모습을 도저히 형용할 길 없으며, 태안에 있는 한나라 측백나무도 말할 만하지 못했다.

나는 여기서 분연히 느낀 바가 있었다. 공자는 하늘이 오직 한 사람을 내어 후세를 가르치게 한 스승이다. 그의 생애를 살펴보면 세 살에 아버지를 잃고 일곱 살에 어머니를 잃었으며, 중년에는 아내와 헤어지고 만년에는 아들을 잃었다. 죽음을 슬퍼하고 헤어짐을 슬퍼하는 것이 어찌 남과 달랐겠는가? 하지만 '지학장(志學章)'[48]을 보니 70년 동안 날로 달로 앞으로 나아가며, 자신의 처지가 어렵다고 하여 공부를 게을리 하지 않았다. 스스로를 대함에 있어 후덕하고, 멀리 내다볼 줄 알았던 사람인 것이다! 나는 그저 슬퍼하면서 따라 죽고자하였으니 어찌 그리도 못났는가! 『시경』에 "높은 산은 사람이 우러르고, 큰 길은 사람이 따르네"[49]라는 구절이 있다. 비록 이러한 경지에 이르지는 못하지만 마음만은 그것을 동경한다.

곡부 동남쪽에 구룡산(九龍山)이 있고 그 남쪽에 마안산(馬鞍山)이 있다. 두 산 사이 소나무와 가래나무가 무성한 곳이 맹림(孟林 : 맹자의 묘)이다. 맹림의 남쪽에 추현(鄒縣)이 있다. 추현 남쪽에는 맹묘(孟廟)가 있고 맹묘의 왼편에 선헌부인(宣獻夫人) 사당이 있다. 선헌부인은 맹자의 어머니다. 등현(滕縣)은 추현의 남쪽에 있는데, 땅이 평평하고 넓어 정전법(井田法)을 시행할 만하다. 등현 남쪽의 역산(嶧山)은 진시황이 지나며 비석을 새겨 놓은 곳이다. 역산 동쪽에는 도하(陶河)가 있다. 도하를 건너면 비주(邳州)에 이르는데, 하비(下邳)는 바로 장자방(張子房 : 張良)이 진시황 암살에 실패한 후[50] 숨어든 곳이다. 항적(項籍 : 項羽)은 하상(下相) 사람이며 하상 또한 비주에 있다. 옛날 조조(曹操)는 강물을 터뜨려 하비에서 여포를 물에

---

48 지학장(志學章) : 『논어』 「위정(爲政)」을 가리킨다.

49 높은…… 따르네 : 『시경 · 소아(小雅)』 「거견(車牽)」에 나오는 말로, 숭고한 덕행을 비유하는 말이다. 이 말은 사마천이 곡부를 지나면서 한 말이기도 하다.

50 하비(下邳)는 …… 실패한 후 : 장량이 박랑사(博浪沙 : 河南省 博浪縣)에서 시황제(始皇帝)를 습격했으나 실패한 것을 말한다.

빠뜨림으로써 패망하게 했지만, 지금 그 땅은 산에 있어서 물을 흘려보낼 수 없다. 나는 그 곳을 배회하면서 하비와 하상의 옛 성 및 장량(張良)이 황석공(黃石公)의 신발을 주워주던 흙다리[51]를 가보려 했으나 그 지방 사람들 중 그곳을 아는 사람이 없었다. 하비 남쪽의 낙마호(落馬湖)는 황하가 넘쳐 만들어진 호수다. 호수 남쪽은 숙천(宿遷)[52]이라 하는데, 송(宋)나라 사람들이 이주해 와 머문 곳이라고 한다. 또 그 남쪽은 도원(桃源)으로, 황하의 북쪽 기슭이다.

황하는 천문(天門)을 나와 평원을 가로지르니, 높고 낮고 막히고 터진 곳이 없다. 치닫는 물결과 솟아오르는 파도가 맹금처럼 빠르니, 이는 본성이 그러한 것이다. 남쪽으로 청강포(淸江浦)에 이르러 황하는 남쪽으로 구비 돌고, 운하는 북쪽으로 굽이 도는데, 둘 사이의 간격은 채 1리도 안 되며 운하는 황하보다 수십 장(丈)이나 낮다. 황하는 본래 사납게 물결치기 때문에 여차하여 뜻밖의 일이라도 생기면 회양(淮陽)의 물고기 밥이 될 수도 있겠다! 회안성(淮安城) 서쪽에 '한신(韓信)의 낚시터'[53]가 있다. 회

51 장량(張良)이 …… 흙다리 : 장량이 진시황을 죽이려다 실패한 후 하비(下邳)로 달아나 흙다리 위에서 한 노인을 만났다. 그 노인은 흙다리 아래로 자신의 신을 떨어뜨린 후 장량에게 주워 달라고 하였고 장량은 그 말을 따라 신을 가져다 노인에게 신겨주었다. 노인은 5일 후에 다시 만나자고 하였고 5일 후 자신 보다 늦게 나온 장량을 꾸짖은 후 다시 5일 후에 만나자고 한다. 다음 번 만남에도 허탕을 친 장량이 마침내 노인보다 일찍 나와 기다리자 노인은 장량에게 『태공병법(太公兵法)』을 주며 13년 후 제북(濟北) 곡성산(穀城山) 아래에서 누런 돌을 보게 될 텐데 그것이 바로 자신이라고 말했다. 13년 후 과연 노인의 말처럼 누런 돌을 얻게 되었고, 장량은 죽어서 그 누런 돌과 함께 묻혔다. 이로 인해 노인을 '황석공'이라고도 칭한다. 이 일은 『사기』「유후세가(留侯世家)」에 보인다.

52 숙천(宿遷) : 지금의 강소성 숙천시(宿遷市)이며 신화전설상의 소호(少昊)가 다스렸던 곳이라고 전해진다. 『사기』등의 기록에는 숙예현(宿豫縣)으로 되어 있으며 『중국고금지명대사전(中國古今地名大辭典)』에 의하면 숙예현은 춘추전국시대 송나라 사람들이 이주해 와서 살던 곳이라고 한다.

53 한신(韓信)의 낚시터 : 한신의 낚시터는 회안성(淮安城) 서북쪽 고운하 동쪽에 위치하고 있으며 명나라 만력연간(1573~1619)에 처음 지어졌다. 전설에 의하면 젊은 날 가난했던 한신이 이곳에서 낚시를 하여 입에 풀칠을 하였다고 한다. 나중에 후인들이 이곳에 대를 짓고 한신을 기념하고 있다.

음후(淮陰侯) 한신이 불우하여 굶주림을 참으며 성 아래에서 낚시하고 있을 때, 누가 지나치며 그에게 말 한 마디 물었던가? 그러나 구름이 피어올라 용으로 변하고 난 뒤, 과거의 불우함 따위는 모두 미담이 되었다. 영웅의 성패에는 때가 있는 법, 이와 같은 무리 중에 파묻혀 전해지지 않은 자, 이루 다 헤아릴 수 있으랴!

회안(淮安 : 江蘇省 中北部에 위치) 남쪽에 보응(寶應)이 있고, 보응 남쪽에 고우(高郵)가 있는데, 이 지역에는 호수가 많아 사방을 둘러보아도 온통 물 뿐이었다. 고우 이남에 가서야 비로소 논밭이 보였다. 장강(長江) 이북의 늦봄은 마치 황하 이북의 한여름 같았다. 풀이 자라 돗자리처럼 펼쳐지고, 보리가 무성하게 자라 물결을 이루며, 꽃들은 흐드러져 붉은 빛 넘치고, 나무는 빽빽하게 짙은 녹음을 이루었으니, 그 풍경이 전혀 달랐다. 남쪽으로 양주(揚州 : 지금의 江蘇省 中部에 위치)에 이르렀다. 양주는 예로부터 번화한 곳으로, 남북 수륙 교통의 요충지였던 터라, 배와 수레가 모여들고 선비와 여자들이 나들이하며 즐겼다. 게다가 염상(鹽商)들이 모여들어 분에 넘치게 유행을 흉내 내고 다투어 사치를 일삼으니, 이것이 그곳의 병폐였다. 성 안에는 그다지 볼만한 것이 없었으며, 수나라 궁전과 미루(迷樓),[54] 그리고 이십사교(二十四橋)[55] 등 명승고적은 모두 남아있지 않았다. 경화관(瓊花觀)[56] 안에 옛 터가 몇 군데 남아 있을 뿐이었다. 양주성 북쪽에 있는 천녕사(天寧寺)는 사동산(謝東山 : 謝安)의 별장으로 그 서쪽에 행원(杏園)이라는 편액이 달려 있었다. 나는 행원의 승방에 머물렀는데,

---

54 미루(迷樓) : 미루는 수나라 양제(煬帝)가 지은 행궁으로 방들이 굽은 길을 따라 깊숙한 곳에 자리하고 있었으므로 한 번 들어가면 길을 찾아 되돌아 나오기 어려웠다고 한다.

55 이십사교(二十四橋) : 이십사교에 대해서는 두 가지 설이 있다. 양주에 있던 24개의 다리를 말한다는 것과 다리 이름 자체가 이십사교라는 것이다. 현재 양주에서는 후자의 설에 따라 이십사교 풍경구를 복원하였다. 수양제가 24명의 궁녀와 함께 달밤에 이곳에서 풍악을 울리며 즐겼다는 전설도 전해진다.

56 경화관(瓊花觀) : 수양제가 양주의 명물인 경화(瓊花)의 아름다움에 반해 운하를 만들고 양주에 세 차례나 경화를 보기 위해 왔다는 전설이 있다.

대숲이 우거지고 못가 누대가 맑고 그윽하여 동진 시대 왕도(王導)와 사안(謝安)의 풍류[57]를 보는 듯 했다. 행원의 동쪽은 홍교(虹橋)였다. 정원과 정자가 물가를 따라 늘어서 있는데, 유람객들이 그 물길에 주선(酒船)을 띄우고 놀았다. 홍교의 북쪽이 바로 촉강(蜀崗)으로 문충공(文忠公) 구양수(歐陽脩)가 그 위에 평산당(平山堂)[58]을 지었다. 평산당 오른쪽에 대명사(大明寺)의 우물이 있었다. 옛날 장우신(張又新)이 『전차수기(煎茶水記)』에서 양자강 주변에서 영천(泠泉) 물이 제일이요, 혜산(惠山)의 석천(石泉) 물이 두 번째요, 호구(虎邱)의 석정(石井) 물이 세 번째요, 단양사(丹陽寺)의 우물물이 네 번째요, 양주 대명사의 우물물이 다섯 번째라고 했는데,[59] 이것이 바로 그것이었다.

동쪽으로 태주(泰州 : 江蘇省 중부에 위치)에 이르렀다. 옛날 위국공(魏國公) 한기(韓琦)[60]가 태주자사(泰州刺史)[61]로 있을 때, 손으로 해를 받쳐 드는 꿈

---

57 왕도(王導)와 사안(謝安)의 풍류 : 왕도(276~339)는 자가 무홍(茂弘), 임기(臨沂 : 지금의 山東省 臨沂) 사람이며, 사안(320~385)은 자가 안석(安石), 양하(陽夏 : 지금의 河南省 太康) 사람이다. 이들은 동진(東晋) 시대 명재상(名宰相)이자 풍류를 즐기고 청담(淸談)에 능한 명사(名士)로 유명하여 후세에 '왕사(王謝)'로 병칭된다.

58 평산당(平山堂) : 양주시 서북쪽 교외 촉강 중봉에 위치한 대명사 안에 위치하고 있다. 송나라 인종(仁宗) 경력(慶歷) 8년(1048)에 양주태수(揚州太守)로 있던 구양수가 그곳의 그윽한 풍광을 사랑하여 지었다고 한다. 그 후 많은 사대부들과 문인들이 즐겨 읊는 대상이 되었으며, 특히 송나라 섭몽득(葉夢得)은 평산당을 일컬어 "장엄하고 화려하기가 회남에서 으뜸간다[壯麗爲淮南第一]"고 말한 바 있다.

59 장우신(張又新)이 …… 했는데 : 장우신의 『전차수기(煎茶水記)』에 나오는 원문은 다음과 같다. "옛 형부시랑 유백추가 나(장우신)의 장인과 함께 다녀갔다. 그의 학문은 깊고 넓었으며 감식안도 탁월했다. 그는 물이 차와 적합한지를 따져 무릇 일곱 등급으로 나누었는데, 양자강 남쪽의 영수 물이 제일이요, 무석 혜산사의 석천 물이 두 번째요, 소주 호구사의 석천 물이 세 번째요, 단양현 관음사의 물이 네 번째요, 양주 대명사의 물이 다섯 번째요, 오 땅 송강의 물이 여섯 번째요, 회수 물이 가장 아래인 일곱 번째라고 했다. 이 일곱 군데의 물을 내가 일찍이 배를 타고 병으로 직접 떠서 비교해 보았는데, 과연 그의 말 그대로였다[故刑部侍郎劉公諱伯芻, 與又新丈人行也. 爲學精博, 頗有風鑒. 稱較水之與茶宜者, 凡七等, 揚子江南零水第一, 無錫惠山寺石泉水第二, 蘇州虎丘寺石泉水第三, 丹陽縣觀音寺水第四, 揚州大明寺水第五, 吳松江水第六, 淮水最下, 第七. 斯七水, 余嘗俱瓶于舟中, 親挹而比之, 誠如其說也]."

60 한기(韓琦 : 1008~1075) : 자는 치규(稚圭), 시호는 충헌(忠獻)이며 안양(安陽) 출신이

을 거듭 꾸었다 하여 지금도 태주 관사의 당(堂) 편액에는 '봉일(捧日)'이라는 글자가 적혀있다. 남쪽으로 과주(瓜州 : 江蘇省 瓜州, 揚州 아래에 위치)에 이르러 드디어 장강을 건넜다. 장강은 드넓고 맑았으며, 허명한 중에 푸른빛이 뒤섞여 바닥이 보일 듯 투명했다. 금산(金山)과 초산(焦山)이 모두 그 가운데 있는데 마치 거울 위에 앉아 있는 듯했다. 금산은 사방이 누각이었다. 층층 누각이 온통 에워싸고 있어서 곱게 단장한 조각 같았다. 멀리 초산을 바라보니 숲이 매우 푸르렀다. 그 지방 사람들은 "초산은 산 속의 절이요, 금산은 절 속의 산이로다"라고 말한다. 그러나 애석하게도 나는 산에 오르지 못하고 초산에서는 그저 산만 보고, 금산에서는 그저 절만 보았을 뿐이다.

강을 건넌 뒤 작은 하천을 따라 산으로 들어가서 진강부(鎭江府)에 이르렀다. 진강은 옛날의 경구(京口)[62]다. 사면이 산으로 막혀있어 외부와 단절된 형세가 실로 천하의 요새였기에, 남북이 서로 차지하려고 다툴 수밖에 없었을 것이다. 손중모(孫仲謀 : 孫權)는 처음에 여기에 도읍을 정하고 성을 쌓아 '철옹(鐵甕)'이라 이름 지었는데, 진강부의 성(城)이 그 유적지이다. 남쪽으로 단양(丹陽 : 강소성 남부, 太湖 유역에 위치)에 이르렀다. 연호(練湖)가 있다고 들었지만 가보지는 못했다. 동남쪽으로 상주(常州 : 江蘇省 南部, 長江 삼각주의 중심부에 위치)에 이르렀는데, 이곳은 옛날 연릉(延陵)[63]

다. 중국 북송의 정치가로 사천(四川)지역의 기민(飢民) 190만 명을 구제하고, 서하(西夏)의 침입을 격퇴하여 변경방비에도 역량을 과시함으로써, 서른 살에 이미 명성을 떨쳐 추밀부사가 되었다. 이후 재상에 올랐으나 왕안석과 정면 대립함으로써 관직에서 물러났다. 위국공(魏國公)에 봉해졌으며, 신종(神宗) 때 사도 겸 시중으로 있었다.

61 태주자사(泰州刺史) : 원문은 '태주지주(知州)'이다. 송나라 때에 조정의 신하를 각 주의 장관으로 임용할 때 '권지모군주사(權知某軍州事)'라고 하였는데 이를 줄여 지주(知州)라 불렀다. 권지(權知)는 잠시 주관한다는 의미이며 군(軍)은 군대, 주(州)는 민정(民政)을 가리킨다. 명청대에는 각 주의 행정장관을 지주(知州)라고 했다.

62 경구(京口) : 지금의 강소성 진강시(鎭江市)의 옛 이름으로 209년 손권(孫權)이 도읍지를 오(吳 : 蘇州)에서 이곳으로 천도하며 경성(京城)이라 했으며, 211년 건업(建業 : 남경)으로 다시 천도하며 이곳을 경구진(京口鎭)이라 했다.

땅으로 오나라 공자인 계찰(季札)[64]이 살던 곳이며 민심이 삼오(三吳)[65] 가운데 가장 순박한 곳이기도 하다. 단양 서쪽에 이르러 보니 산이 백여 리에 걸쳐 이어졌다. 무석(無錫)에서는 이 산맥을 구룡산(九龍山)이라 불렀고. 남쪽 봉우리는 혜산(惠山), 혜산 동쪽은 석산(錫山)이라 불렀는데, 봉우리들이 모두 수려했다. 혜산에 올라가 돌샘의 물을 마셔보니, 맑고 차면서도 달고 진했다. 아래로 무석을 내려다보니, 산들이 우뚝 에워싸고 갈래갈래 물길이 빙 둘러 흘렀다. 이곳은 유명한 술과 맛좋은 물고기, 그리고 마름열매와 연근 등이 풍부한 낙원으로 옛날 태백(泰伯)[66]이 선택한 땅이기도 하다. 혜산의 남쪽은 부초(夫椒)[67]로, 부차(夫差)가 월나라를 크게 격파한 곳이다.[68] 부초의 남쪽은 양산(陽山)이라고 하며 월나라가 오왕 부차를 크게 격파한 곳이다.[69] 양산 남쪽으로 여러 봉우리들이 늘어서 우뚝 솟아 녹음이 우거져 있었는데, 바로 영암산(靈巖山)·궁륭산(穹隆山)·

---

63 연릉(延陵): 춘추시대 오(吳)나라의 읍으로 공자(公子) 계찰(季札)이 봉해진 곳이다. 지금의 강소성 상주시이다. 『사기』「오태백세가(吳太伯世家)」에 "계찰이 연릉에 봉해졌다[季札封於延陵]"는 기록이 보인다.

64 오나라 공자인 계찰(季札): 원문은 '오계자(吳季子)'로 오나라 왕 수몽(壽夢)의 네 아들 중 덕행이 가장 뛰어났던 계찰을 말한다. 수몽과 계찰의 형들은 그에게 왕위를 물려주기 원했으나 그는 사양하고 은거했다.

65 삼오(三吳): 진(晉)나라 때는 오흥(吳興)·오군(吳郡)·회계(會稽)를, 당나라 때에는 오흥(吳興)·오군(吳郡)·단양(丹陽)을, 송나라 때는 소주(蘇州)·상주(常州)·호주(湖州)를 가리켰으며 장강 하류 지역 일대를 두루 지칭하기도 한다.

66 태백(泰伯): 주(周)나라 태왕(太王) 고공보(古公父)의 아들로 아우인 계력(季歷)의 아들 창(昌)에게 왕위를 양보하고 오 땅으로 갔으며, 그의 덕행에 감동한 사람들이 그의 아래로 모여들어 오나라를 세우게 되었다.

67 부초(夫椒): 지금의 강소성 태호(太湖)에 있는 동정산(洞庭山)을 말한다.

68 부차(夫差)가 …… 곳이다: 주나라 경왕(敬王) 26년(기원전 494), 오나라 부차가 부초에서 월나라 군사를 대패시켰다. 월왕(越王) 구천(勾踐)이 대부인 범려(范蠡)의 충고를 듣지 않고 오나라를 출병시켰다가 오왕 부차의 정병들에 의해 대패하고 회계산(會稽山: 지금의 浙江 紹興 남쪽)으로 달아났다. 오군이 추격하여 회계성을 점령하고 회계산을 포위하자 월왕은 강화를 요청하고 부차도 이를 수락하는데 이것은 나중에 오나라가 멸망하는 화근이 되었다.

69 부초의 …… 곳이다: 오왕 부차는 서시(西施)에게 빠져 정사를 돌보지 않다가 월나라 군사가 쳐들어오자 양산으로 도망가 자결했다.

지형산(支硎山)·현묘산(玄墓山)[70]·상방산(上方山) 등이었다. 영암산 동쪽으로 숲이 그늘을 드리운 가운데 나무들 사이로 우뚝 솟아오른 것이 있었으니, 바로 호구(虎邱)였다. 호구에서 남쪽으로 6~7리 떨어진 곳이 소주성(蘇州城)이었다. 고소(姑蘇 : 蘇州의 별칭)는 세 강[71]을 끼고 오호(五湖)[72]를 가로질러 바다와 통한다. 창문(閶門)[73] 안팎에 화물들이 산처럼 쌓여 있고 사람들이 쉴 새 없이 다니며, 늘어선 가게의 간판들이 화려한 비단처럼 빛나고 있었다. 번화함으로 말하자면 도성도 비할 수 없을 정도였다. 그러나 풍속이 화려하고 사치스러우며 사람들이 교활했다. 백공(百工)과 백성이 갖은 꾀를 다 짜내어 기이하고 음란한 기교를 일삼으니, 이른바 무익한 것을 만들어 유익한 것을 해코지한다는 것 아니겠는가? 호구는 작지만 기묘하여 밖에서 바라보면 하나의 흙 언덕이지만 가운데가 비어있었다. 길 옆 바위 아래 감천(憨泉)이라는 샘물이 있었다. 샘물가에 있는 돌은 가운데가 도끼로 쪼개놓은 듯 갈라져 있었는데, 이것이 바로 시검석(試劍石)[74]이었다. 구불구불 올라간 곳에는 커다란 너럭바위 하나가 있

---

70 현묘산(玄墓山) : 『필기소설대관』본에는 '원묘산(元墓山)'으로 되어 있는데, 이것은 청나라 강희제의 이름이 현엽(玄燁)이기에 '현(玄)' 자를 피휘하여 '원(元)'으로 바꾼 것이다.

71 세 강 : 『오지지(吳地志)』에 의하면 송강(松江)·상강(上江)·누강(婁江)을 말한다.

72 오호(五湖) : 오호에 대해서는 여러 설이 있다. 우선 오호는 태호(太湖)의 별칭으로 태호를 지칭하기도 하며, 태호 및 그 주변의 4개 호수 혹은 태호 주위의 5개 호수를 지칭하는데 지금은 모두 합쳐져서 태호에 합류되었다. 『수경주』「면수2(沔水二)」에서는 오호를 장탕호(長蕩湖)·태호(太湖)·사호(射湖)·귀호(貴湖)·격호(滆湖)라고 하였고, 『사기정의(史記正義)』를 지은 장수절(張守節)은 능호(菱湖)·유호(游湖)·막호(莫湖)·공호(貢湖)·서호(胥湖)라고 했다. 따라서 '삼강오호(三江五湖)'는 태호 일대의 여러 호수와 물길을 가리키는 말로 쓰이고 있다.

73 창문(閶門) : 소주의 성문 이름으로 이 주위는 상점과 시장이 있는 번화가였다.

74 시검석(試劍石) : 춘추시대 오왕 합려(闔閭)가 천하의 패자가 되기 위하여 당시 칼을 잘 만들기로 소문난 간장(干將)과 막야(莫邪) 부부에게 자신을 위해 칼을 주조하라고 명령했다. 그들은 혼신의 힘을 다해 100일 기한 내에 검을 완성하고자 했지만 명검의 색인 청색과 황색이 나타나지 않았다. 막야는 검을 완성하지 못하면 남편이 죽게 될 것이라 생각하고는 쇠를 녹이는 화로로 자신의 몸을 던졌고 이에 세상에 둘도 없는 한 쌍의 보검 '간장'과 '막야'가 완성되었다. 기한이 되어 간장은 '막야'검을

는데, 평평하기가 수백 보에 달하고 천 명은 족히 앉을 수 있을 정도였다. 사방을 에워싼 기이한 봉우리는 깎은 듯 높고 험했다. 북쪽으로 확 트인 골짜기가 있고 그 가운데 맑은 못이 있었으니, 바로 검지(劍池)[75]였다. 검지의 서쪽으로 다시 그윽하고 기이한 골짜기가 펼쳐지고 거기도 못이 하나 있었는데, 바로 호구의 석정(石井)이었다. 검지 동쪽에는 가중정(可中亭)이라는 정자가 있었다. 정자 아래 연못 위에 안노공(顔魯公 : 顔眞卿)의 글씨로 '호구검지(虎邱劍池)'라고 크게 새겨진 편액이 있었다. 또 '생공강당(生公講堂)'[76]이라고 새겨진 글씨도 있었는데 이것은 이양빙(李陽氷)[77]의 전서(篆書)였다. 호구에 올라 사방을 둘러보더니 대나무가 마을을 에워싸고, 마름과 연꽃이 물을 뒤덮었으며, 우거진 수풀이며 짙푸른 녹음에 천지가 온통 푸르렀다. 그러나 부역과 세금이 무거워 백성들이 살기 힘들었다. 높고 빼어난 영암산(靈巖山)에는 서시동(西施洞)이 있었고 산 정상에는 절이 있었는데, 여기가 관와궁(館娃宮)[78]의 옛터였다. 가로 놓인 돌 옆에 문이 나 있었고, 문 안에는 푸른 연못이 펼쳐졌다. 전각 서쪽에

가지고 호구산에 올라 합려에게 바쳤고 합려가 칼의 날카로움을 시험하기 위해 돌을 내리치자 돌이 두 동강이 났다. 합려는 이어 간장도 죽이려고 하였는데 간장이 '간장'검을 뽑아 들자 검은 갑자기 푸른 용으로 변해 간장을 태우고 하늘로 올라갔다. 여기에서 합려가 '막야'검으로 내리친 돌이 바로 호구의 '시검석'이라고 한다.

75 검지(劍池) : 검지는 오왕 합려의 무덤으로 합려가 생전에 아끼던 '편저(扁渚)'와 '어장(魚腸)' 등의 보검도 함께 순장했다고 한다.

76 생공강당(生公講堂) : '생공'은 진(晉)나라 말기 고승 축도생(竺道生)의 존칭이다. 생공이 호구사에서 『열반경(涅槃經)』을 강의할 때 그 옆의 천인석(千人石)이라는 바위 위에 천여 명이 앉아서 들었고 중요한 대목에 이르렀을 때 돌들도 고개를 끄덕였다고 한다.

77 이양빙(李陽氷 : ?~?) : 당나라 때의 문자 학자이자 서예가이며 자는 소온(少溫)으로 조군(趙郡 : 지금의 하북성 趙縣) 사람이다. 이백의 친척 아저씨뻘로 이백의 시집 『초당집(草堂集)』을 엮고 서문을 써 주었다. 전학(篆學)으로 특히 이름을 날렸으며 소전(小篆)에 빼어나 이사(李斯) 이후 소전에 있어 제일인자로 꼽힌다.

78 관와궁(館娃宮) : 오왕 부차가 서시(西施)를 위해 지었다는 궁이다. 월왕 구천의 충신 범려(范蠡)가 서시를 데려다가 오왕 부차에게 바치고, 서시의 미색에 빠져 정치를 태만하게 한 부차를 마침내 멸망시켰다고 전해진다. 후에 서시는 범려와 함께 오호(五湖)로 도피했다고도 하고 또는 강에 빠져 죽었다고도 한다.

바위가 있었는데, 사방에서 흘러나오는 샘물이 복도와 건물을 구비 돌아 바위 가를 에워쌌다. 그리고 또 두 개의 연못이 있었다. 나는 그 맑고 상쾌하고 그윽하고 기묘함에 마음이 즐거워져 돌아갈 것조차 잊었다. 산 정상의 바위 위에 '금대(琴臺)'라고 새겨져 있었다. 금대에 올라 태호를 바라보았다. 태호는 둘레 800리로 그 안에 여러 산들을 품고 있었다. 투명하고 흰 물 위로 긴 바람이 불어오자 물결이 산만큼 치솟고, 이른 두 개 봉우리가 눈처럼 흰 은빛 물결 가운데 사라졌다 나타나면서 짙은 녹음이 푸른 물결 위에 떠 있으니, 그야말로 우주 안의 장관이었다.

남쪽으로 오강(吳江 : 지금의 江蘇省 소재)을 나와서 남계(藍溪)로 해서 절동(浙東)으로 향했다. 가흥(嘉興 : 浙江省 嘉興市)과 항주(杭州 : 浙江省 杭州市) 일대는 양잠을 잘하여 땅마다 모두 뽕나무를 심어 놓았고 집집마다 연못이 있어 물고기를 길렀으며, 마을마다 부두가 있어 배가 다녔다. 잘 자란 보리가 뽕나무 아래 무성하고, 고운 처녀들은 대바구니를 들고 아이들은 그물을 말렸다. 풍경과 정취가 맑고 그윽하여 삼오 지역의 번화함과는 또 다른 맛이었다. 남계를 나와 당서(塘棲 : 지금의 浙江省 杭州市 북부)에 이르니 하천을 끼고 좌우로 멀리 보이는 것이 모두 산이었는데, 서남 일대에 유난히 높고 푸르러 보이는 것이 바로 서호(西湖)에 있는 여러 봉우리들이었다. 남쪽으로 무림문(武林門)에 이르자 노 젓는 배가 성안까지 들어왔다. 후조문(候潮門)을 나와 강어귀에 이르러 바라보니 아득하게 넓은 것이 장강 못지않았으나 물빛은 황하처럼 누랬으니, 그것이 바로 전당강(錢塘江)이었다. 전당강과 서호의 절경에 대해서는 어려서부터 익히 들어왔던 터라 강을 보고나자 어서 빨리 서호에 가고 싶어졌다. 그곳에 사는 사람들이 말했다.

"서호를 유람하는 사람들은 땅에서는 가마를 타고 물에서는 배를 탑니다."

내가 말했다.

"그렇지 않다네. 강과 산을 구경하는데 일단 가마나 배를 타게 되면 그 크기를 제대로 볼 수가 없지. 또한 기이한 경관은 대부분 인적이 드문 곳에 있어 가마와 배로는 갈 수가 없소이다."

그리하여 두 발로 걸어서 [항주성 밖에 있는] 만송산(萬松山)에 올라 서호를 바라보았더니, 밝고 탁 트인 중에 뭇 봉우리들이 울긋불긋했다. 산 정상에 절을 짓고 나무를 엮어 정자를 세웠는데, 누대에 안개비 자욱하여 곱고도 그윽했다. 예전에 그림을 보면서 서호가 아무래도 그림만 못하겠지 싶었는데 이렇게 와보니 오히려 그림이 서호의 진면목을 다 보여주기에 부족했음을 알겠다. 송령(松嶺)을 넘고 장교(長橋)[79]를 건너 남병(南屛)에 이르렀다. 남병산(南屛山)에는 괴석들이 늘어서 있었고 산 아래에는 오래된 사찰이 있었다. '남병산의 저녁 종소리'란 바로 이것을 두고 한 말이다. 북쪽은 뇌봉(雷峯)이라 부른다. 거기에는 자색을 띤 높은 탑이 있었는데, '뇌봉의 저녁노을'란 바로 이것을 두고 한 말이다. 서쪽은 소제(蘇隄)[80]라 부른다. 남쪽에서 북쪽까지 닿아 있고, 거기 여섯 개의 다리를 놓아 배가 통과할 수 있도록 하였다. 그 위에 매화나무와 버드나무를 심어 놓았는데, '소제의 봄날 새벽'란 바로 이를 두고 한 말이다. 제방의 서쪽에는 정원과 정자가 있었는데, 호수 물을 끌어들여 연못을 만들고 그곳에 물고기를 길렀다. '화항(花港)에서 감상하는 물고기'[81]란 바로 이를 두고 한 말이다. 제방의 동쪽에 삼각주가 하나 있고 그 옆에 탑 세 개가 있어 그림자를 섬 안으로 드리우고 있었다. '삼담(三潭)에 비친 달'[82]이란 바

79 장교(長橋) : 만송령(萬松嶺) 서북쪽, 남병산(南屛山) 동북쪽에 있는 장교수(長橋水) 위에 놓은 다리 이름이다.

80 소제(蘇隄) : 북송(北宋) 원우연간(元佑年間 : 1086~1093)에 소식(蘇軾)이 항주 지주(知州)로 있을 때 서호에 제방을 건설하여 남쪽의 남병산에서 북쪽의 악왕묘(岳王廟)까지 연결함으로써 서호를 내호와 외호로 분리시켰다. 제방에 여섯 개의 다리가 있고 그 주위에 버드나무 등을 심어 놓고 '여섯 개 다리 위의 안개 낀 버드나무'라고 불린다.

81 화항(花港)에서 …… 물고기 : 원문은 '화항관어(花港觀魚)'이며 남송 때 내시 윤승(允升)이 여기에서 멀지 않은 화가산(花家山) 아래에 화원을 짓고 물을 끌어 들여 연못을 만들고는 물고기를 기르며 완상했다고 하는데, 이곳이 화가산과 가깝다고 하여 화항(花港)이라 불렀다고 한다. 궁정화가가 서호 10경(景)을 그릴 때 이것도 그 안에 넣었다고 한다.

로 이것을 두고 한 말이다.[83] 삼담 북쪽에 정자가 수면 위에 날개를 펼친 듯 서 있었으니, 그것이 바로 호심정(湖心亭)이었다. 호심정 북쪽에 아름답게 우뚝 솟아 있는 것은 고산(孤山)이다. 고산에는 자줏빛 담으로 둘러싸인 것이 있는데, 바로 [건륭제가 남쪽을 순행할 때 지었다는] 행궁이었다. 그 동쪽으로 항주성까지 곧장 닿아 있는 것은 백제(白隄)[84]였다. 소제는 세로로 나 있고 백제는 가로로 나 있으며 고산(孤山)이 이 두 제방 사이에 끼어 있다. 그 서쪽에 악무목(岳武穆)[85]의 사당이 있고 사당 밖에는 철로 주조한 진회(秦檜) 부부 동상이 있었는데, 머리는 사람들에게 맞아 부서져 있었다. 나는 역사서를 읽다가 나라가 흥망의 기로에 놓여 있는 대목에 이를 때면 하늘을 의심하지 않을 수가 없었다. 악무목이 군사를 이끌고 북벌 할 당시, 산동과 황하 이북의 호걸들이 호응하고 [금나라 장수]

---

82 삼담(三潭)에 비친 달: 원문은 '삼담인월(三潭印月)'이며 '삼담영월(三潭映月)'·'소영주(小瀛洲)'라고도 한다. 이 섬은 호심정(湖心亭)·완공돈(阮公墩)과 더불어 서호의 삼대 섬으로 불린다. 섬 옆에 병 모양의 탑 세 개가 있는데 이것을 삼담(三潭)이라 한다.

83 남병산(南屛山)에는 …… 한 말이다: 이상은 서호십경(西湖十景)을 설명하고 있는 부분이다. 즉 "삼담에 비친 달, 남병산의 저녁 종소리, 쌍봉에 꽂힌 구름, 뇌봉의 저녁 놀, 화항에서 보는 물고기, 버드나무 물결 속에서 듣는 꾀꼬리 소리, 끊어진 다리의 잔설, 평평한 호숫가의 가을 달, 곡원 바람 속에 핀 연꽃, 소제에서 맞이하는 새벽 아침[三潭映月, 南屛晩鐘, 雙峰插雲, 雷峰夕照, 花港觀魚, 柳浪聞鶯, 斷橋殘雪, 平湖秋月, 曲苑風荷, 蘇堤春曉]" 중 몇 가지를 예로 들어 설명하고 있다.

84 백제(白隄): 백제의 원명은 '백사제(白沙隄)'로 동쪽의 '단교잔설(斷橋殘雪)'에서 시작하여 금대교(錦帶橋)를 거쳐 서쪽으로 뻗어 '평호추월(平湖秋月)'에 이르는데 그 길이가 2리 정도 된다. 후에 사람들이 이 제방이 백거이(白居易)가 수리하였다고 하여 '백제'라 불렀다. 그러나 실제로는 백거이가 항주자사(杭州刺史)로 있을 때 전당문(錢塘門) 밖 석함교(石涵橋) 부근의 제방을 수리하였으며 그것을 '백공제(白公隄)'라 하였는데 지금은 흔적이 남아있지 않다고 한다.

85 악무목(岳武穆): 악무목은 남송의 무장 악비(岳飛: 1103~1141)를 말한다. 자는 붕거(鵬擧)로 농민 출신이지만 북송(北宋) 말 의용군에 응모하여 전공을 쌓았으며, 남송 때는 대군벌(大軍閥)이 되었다. 그는 금군(金軍)과 싸울 것을 주장하는 주전파(主戰派)였는데 화평론(和平論)을 주장하는 중앙의 재상인 진회(秦檜)에 의해 무고한 누명을 쓰고 투옥된 뒤 살해되었다. 진회가 죽은 후 명예가 회복되었으며, 구국의 영웅으로 악왕묘(岳王廟)에 배향되었다.

한상(韓常)이 투항하였으며 올출(兀朮)이 [중원을 버리고] 금나라로 도망쳤으니, 만약 진회를 급살 맞게 하고 악무목의 수명을 늘려주었더라면, 중원을 회복하고 [금나라에 인질로 잡혀갔던 휘종(徽宗)과 흠종(欽宗)] 두 황제를 다시 모셔오는 일은 쉽고도 또 쉬웠으리라! 그러나 그렇게 되지 못하고서, 사람은 죽고 나라는 망하고[86] 왕조마저 바뀐 연후에야 악무목에게 제사 지내고 진회를 쳐버렸으니, 혹 천심(天心)이 지나간 일을 후회하고서 사람의 손을 빌어 전날의 잘못을 덮으려했던 것 아닐까? 아니면 하늘은 끝내 후회하지 않는데 사람이 떨치고 일어나 힘껏 하늘에 대항한 결과일까? "선악에 대한 응보는 자신이 받지 않으면 자식이라도 반드시 받는다"라는 말이 있다. 그런데 듣자니 진씨 가문은 번성하고 악씨 가문은 쇠했다고 하니, 이건 또 웬 말인가? 세상 사람들이 모두 선을 좋아하고 악을 싫어한다면, 호오지심(好惡之心)이 어떻게 생겨날 수 있겠는가? 하늘의 호오가 사람과 같다면, 어떻게 그 사람을 죽게 하고 또 그 자손까지 망하게 하고서 끝내 후회하지 않을 수 있단 말인가? 아아! 이러한 점은 옛 성인들도 알고 계셨나보다! 옛날 성인이 지은 『역(易)』에서 군자의 도가 번창하고 소인의 도가 쇠하는 것을 '태(泰)'라 하고, 소인의 도가 번창하고 군자의 도가 쇠하는 것을 '비(否)'라고 했다.[87] 팔자에 '비(否)'와 '태(泰)'가 있는 것은 운명이니 하늘도 거스를 수 없다. 소인이 뜻을 얻고 군자가 해를 당하는 것 없이는 운수가 만들어 지지 않는다. 그러므로 만세토록 사람의 마음이 군자를 좋아하고 소인을 미워하는 것은 천리의 상도(常道)요, 일시적인 운이 소인에게 복을 주고 군자에게 화를 내리는 것은 천리의 변수(變數)이다. 만물과 하늘의 관계는 아들과 아버지, 신하와

86 사람은…… 망하고: 이 구절은 『시경 · 대아(大雅)』 「첨앙(瞻卬)」에 나오는 말이다.

87 옛날 성인이 …… 했다: 이 말은 『주역(周易)』 「태괘(泰卦)」의 '[괘상이] 군자가 안[朝]에 있고 소인이 밖[野]에 있으니, 군자의 도가 번창하고 소인의 도가 쇠하는 것이다[內君子而外小人, 君子道長, 小人道消]'와 「비괘(否卦)」의 '[괘상이] 소인이 안에 있고 군자가 밖에 있으니, 소인의 도가 번창하고 군자의 도가 쇠하는 것이다[內小人而外君子, 小人道長, 君子道消也]'를 인용한 것이다.

군주의 관계와 같다. 용봉(龍逢)[88]과 비간(比干)[89]을 그 군주는 충성스럽다 여기지 않았고, 신생(申生)[90]과 백기(伯奇)[91]를 그 아비는 효성스럽다 여기지 않았다. 효자는 감히 자신의 부모를 비난하지 않고 충신은 감히 자신의 군주를 원망하지 않으니, 하늘에 또한 무엇을 원망하겠는가?

악묘(岳廟) 서쪽에 봉분이 있고 그 안에 두 개의 무덤이 있었는데, 악무목과 그의 아들 악운(岳雲)의 것이었다. 봉분 남쪽에는 정자가 호숫가에 세워져 있었는데, 붉은 난간 푸른 건물이 푸른 물빛과 붉은 연꽃과 어우러져 얼핏 가렸다 얼핏 드러냈다 하였으니, '곡원에 부는 바람 속의 연꽃'이란 이것을 두고 한 말이다. 앞서 남병산에서 호수를 바라보고 있을 때 행인이 손으로 가리키며 말했었다.

"저 꼭대기에 탑이 보이는 것이 남쪽 최고봉이라오. 저기 멀리 이것과 높이가 비슷한 것이 북쪽 최고봉이라오."

이제 악무목의 무덤에서 서쪽으로 향해 북쪽 최고봉 아래로 길을 나서보니, 길옆은 모두 산이요, 푸른 소나무와 잣나무가 산봉우리를 가리고 구름과 맞닿아 있었다. 숲 속을 천천히 걷노라니 홀연 맑은 시내가 나왔는데, 흰 돌들이 물 위에 드러나고 떨어진 꽃잎이 물에 가라앉아 있었으며 새들의 지저귐이 마치 피리소리 같았다. 나는 하도 황홀하여 행여 누군가를 만나지 않으려나 기대하였다. 산을 따라 깊이 들어가니 한 촌락이 나왔다. 나무 사이로 술집 깃발 걸려 있는 것이 보이고, 대나무 아래로 찻집 천막 쳐져 있는 것이 보였으며 길 서쪽으로는 '비래봉(飛來

88 용봉(龍逢) : 하나라의 현인 관용봉(關龍逢)을 가리킨다. 걸왕(桀王)에게 충간을 하였다가 죽임을 당한 후 충신의 대명사로 쓰인다.

89 비간(比干) : 은나라 주왕(紂王)의 숙부로 여러 차례 주왕에게 간언을 올리자 주왕이 그의 심장을 도려내 죽였다고 하며, 역시 충신의 대명사로 쓰인다.

90 신생(申生) : 진(晉) 헌공(獻公)의 태자였으나 헌공이 애첩 여희(驪姬)의 참소를 믿고 그를 죽이려 하자 도망가라는 주위의 권고를 듣지 않고 죽음을 맞이했다.

91 백기(伯奇) : 주나라 윤길보(尹吉甫)의 아들로 윤길보가 후처의 말을 믿고 그를 쫓아내자 거문고를 들고 나가 노래를 부르다가 강물에 투신하여 자살했는데, 이후 부모의 명에 순종한 사람의 대명사로 쓰인다.

峰)'이라고 현판을 걸어놓은 가게도 보였다. 가게를 지나 서쪽으로 가보니 기이한 봉우리가 높이 치솟아 있고 흐르는 물이 그 주위를 휘감고 있었다. 산허리에 동굴이 있고, 동굴 입구에 다리가 놓여 있기에 다리를 건너 동굴로 들어가 보았더니 아득히 뻥 뚫린 바위 계곡이었다. 거기에는 또 영롱한 종유석이 있었는데 똑똑 떨어진 종유가 쌓여 못을 이루고 있었다. 동굴 천정의 기암괴석은 마치 고목이 거꾸로 늘어진 듯 했고, 오색 안개가 여기저기 구멍 속을 흘러 다니고 있었으며, 길이 사통팔달로 뻗어있어 넓기도 하고 좁기도 하고, 어둡기도 하고 밝기도 했다. 동굴을 나와 서쪽으로 갔더니 계곡 바위 아래 돌들은 모두 생김새가 기이하고 수려했다. 숲 가운데 우뚝 솟은 돌은 종종 소나무·대나무와 키를 다투기도 하였다. 산 옆에 방생하는 연못이 있었고 연못가에 냉천정(冷泉亭)이 있었다. 높은 봉우리는 하늘을 찌를 듯 했고 빽빽한 대숲은 해를 가렸다. 흐르는 샘물과 맑은 못이 정자 주위를 휘감고 있어서 한여름 정오였지만 서늘한 기운이 감돌아 늦가을인 것만 같았다. 냉천정 북쪽에 있는 절 편액에는 '운림(雲林)'이라 적혀 있었으나 들어가 볼 시간이 없었다.

운림사를 지나 서쪽으로 가니 작은 정원이 딸린 별장이 나왔는데, 어찌나 아름답게 꾸며놓았는지 얼마큼 왔는지조차 잊은 채 눈길 닿는 대로 구경을 했다. 그 사이에는 그윽한 숲과 빽빽한 대숲이 구불구불 나 있었다. 때때로 고개를 들어 바라보아도 하늘의 해가 보이지 않아 속으로 흠칫 놀라 어디론가 잘못 들어온 건 아닌지 하는 생각이 들었다. 누군가에게 좀 물어보고 싶었지만 깊은 산 속이라 아무도 없었다. 숲 속에서 목을 빼고 바라보니 어떤 스님이 고개 넘어 가고 있는 것이 보이기에 나도 따라서 그 고개 위로 올라갔다. 바람이 남쪽에서 불어오고 북 치는 소리가 은은히 들려왔다. 소리를 따라 길을 찾아 가니 홀연 깨진 기왓장 더미가 보였다. 담장은 남아 있지만 집은 무너졌고 흙과 돌은 모두 검게 그을어 있었다. 길에서 사람들이 하는 소리를 들으니 "천축사(天竺寺)에 막 불이 났었다"고 했다. 그것을 보고야 비로소 내 몸이 천축봉(天竺峯)에

와 있음을 깨달았다. 이때 날은 곧 저물려고 하는데 보아하니 천축사는 이미 불에 타버렸고 사방이 깊은 산중이라 사람 사는 곳 같지 않기에, 행여 호랑이와 표범 소굴이 아닐까, 산도깨비와 나무귀신들이 다니지는 않을까 두려워져서 얼른 되돌아왔다. 다시 비래봉 아래에 이르러 아까 보았던 촌락을 찾아가 쉬었다.

다음날 아침, 다시 비래봉을 찾아가 동굴에는 들어가지 않고 바로 정상에 올랐다. 저 멀리 밝은 해가 바다에서 떠오르자 강 물결이 금빛으로 일렁이고 새벽안개가 노을처럼 물들었으며 산등성이에는 이내가 끼었다. 풍경이 환영처럼 변화하고 빽빽한 숲이 하도 기괴하기에, 내 몸이 혹 날아가 버릴까 두려운 마음이 일었다. 옛날 한세충(韓世忠)이 진회의 뜻을 거슬러 관직에서 쫓겨났을 때 날마다 술을 끼고 서호에서 노닐면서 비래봉에 취미정(翠微亭)을 지었다고 한다.[92] 그런 사람이 있었기에 후세에 이 산도 회자되는 것이다. 비래봉을 내려와 다시 냉천정에 이르러 영은사(靈隱寺)가 어디냐고 물어보고 나서야 '운림'이라는 편액이 걸려 있던 절이 바로 영은사였음을 알게 되었다. 때는 마침 4월 초파일이라 절에서는 법회가 열리고 멀리서 가까이서 찾아온 스님들로 절 안이 가득했다. 절 주지스님이 법의를 걸치고 당에 올라 강경(講經)을 했다. 연세가 거의

92 옛날 한세충(韓世忠)이 …… 한다: 취미정은 항주 영은사(靈隱寺) 비래봉 북쪽 산허리에 있다. 남송 때 금(金)나라에 대항했던 명장 한세충이 악비를 기념하기 위해 악비가 세상을 뜬 지 66일째 되던 날, 즉 소흥(紹興) 10년(1142) 3월 5일에 지었다고 한다. '취미'라는 말은 악비의 시 「지주 취미정에 올라[登池州翠微亭]」 중 "한 해 넘게 흙먼지가 갑옷에 가득한데, 방초를 찾아 특별히 취미정에 올랐네. 좋은 산 좋은 물 보고 또 봐도 부족하지만, 재촉하는 말발굽 소리에 밝은 달 아래 돌아왔네[經年塵土滿征衣, 特特尋芳上翠微. 好山好水看不足, 馬蹄催趁月明歸]"에서 따왔다. 정자가 완성되었을 때 한세충의 아들 한언직(韓彦直)은 "소흥 12년, 청량거사 한세충이 영은사를 찾아와 산에 올라 승경을 찾아다니다가 취미정 옛 터를 찾아내고 새로이 정자를 지어 '취미'라 편액을 달고는 노닐며 쉬는 곳으로 삼으면서 후세의 호사가를 기다린다. 3월 5일, 아들 직언이 쓰다[紹興十二年, 淸凉居士韓世忠, 因過靈隱登覽勝景得舊基, 建新亭, 榜名翠微, 以爲游息之所, 待好事者. 三月五日男彦直書]"라는 내용의 비석을 지었다.

아흔이 다 되신 제휘(帝輝)라는 큰 스님은 높은 자리에 위엄 있게 앉아 계셨다. 상좌 스님 둘, 시자 스님 여덟, 그 아래로 줄지어 절을 드리고 있는 스님이 300명이나 되었다. 비구승도 있고 비구니승도 있었는데, 예식에 따른 행동 하나 하나가 모두 우아하고 경건했다. 다만 애석했던 것은 강론에 새로운 깨우침이라고는 없이 책에 적힌 것만을 그대로 외울 뿐이었다는 점이다. 그 아랫사람들은 온전히 다 들었다고 할 수도 없고, 들은 사람도 온전히 다 이해했다고 할 수 없었다. 그저 시자 스님이 절하라면 절하고 일어나라면 일어날 뿐. 아아! 불법이 중국에 들어온 지 천여 년이 되었다. 어리석은 백성이 부자지간의 천륜도 끊고 음식남녀의 큰 욕망도 끊고서 승려가 되었으니, 성불하고자 하는 것이야 당연하지만, 그렇다고 반드시 성불할 수 있는 것은 아니다. 성불하지 못하고 고생만 할 바에야 승려는 되어 무엇 하나? 법당 위와 아래서 설법하고 설법 듣는 모든 중생들 또한 틀에 박힌 듯 경을 외고 남들 따라 무릎 꿇었다 일어나는 것만으로 성불할 수 없다는 사실을 모르지 않는다. 그럼에도 기어코 그렇게 한 데에는 아마도 부득이한 사정이 있을 것이다. 가난하여 자식 기를 방법이 없고, 힘써 일할 수도 없어서 삭발을 하고 승려가 된 것이리라. 게다가 세상의 우매한 백성들이란 불전을 장엄하게 꾸미고 계율과 의식으로써 부추기지 않으면 신심을 움직여 보시하려 하지 않는다. 그러니 이렇게 몰려든 많은 사람들은 명분상 불법을 배운다고는 하지만 실제로는 굶주림에서 벗어날 방법을 찾아온 것이다. 정전법은 폐지된 지 오래고 학교 제도는 더 이상 행해지지 않고 있다. 저들은 일굴 밭도 없고, 귀의처로 삼을 성인의 도(道) 같은 것도 들어본 적 없으며, 막다른 골목에 처해 더 이상 들어갈 곳도 없다. 그러니 저들이 중이 된 것도 이상할 것 없다. 그래서 구양자(歐陽子 : 歐陽修)는 "불법이 중국에 들어올 때 우리 유가의 도가 무너지는 틈을 타고 왔다"[93]고 말했고, 한유(韓愈)는

93 불법이 …… 왔다 : 구양수의 『거사집(居士集)』 권17 「본론(本論)」에 다음과 같은 구절이 있다. "요 · 순 · 삼대 때에는 왕도 정치가 훌륭히 이루어지고 천하에 예의지교

"선왕의 도를 밝혀 백성을 인도하면 홀아비나 과부·고아·노인·불구자·병자가 모두 살아갈 수 있으니, 이렇게 하면 거의 될 것이다"[94]라고 말했던 것이다.

비래봉 동남쪽에 하천축사(下天竺寺)[95]가 있었다. 더 들어 가니 중천축사(中天竺寺)가 있고 더 들어 가니 상천축사(上天竺寺)가 있었는데, 바로 어제 보았던 다 타버린 절이었다. 남녀가 뒤섞여 기와와 자갈이 널브러진 곳에서 향을 사르고 있었다. 천축사에서 나와 남쪽으로 충숙공(忠肅公) 우겸(于謙)[96]의 묘소에 이르렀다. 양명선생(陽明先生 : 王陽明)이 그 문에 이렇게 써 놓았다.

"맨손으로 은하수를 잡아 당겼으니, 당신의 큰 이름 우주에 드리워졌네. 청산에 백골 묻혔으니, 내 어디로 가서 영웅을 위해 울 것인가."

우겸의 묘소 남쪽에 있는 것이 남고봉이었다. 남고봉의 남쪽으로 고개를 하나 넘어서 서쪽으로 향하니 석벽(石壁)이 삐죽 삐죽 솟아 있고 그

가 가득하여 이때에는 비록 불법이 있어도 들어올 이유가 없었다. 삼대가 쇠해짐에 이르러 왕도정치가 사라지고 예의가 무너지면서 이 백 여년 후 불법이 중국에 들어왔다. 이로써 말하건대, 불법에 대해 내가 걱정하는 이유는 그것이 왕도정치와 예의지교가 무너지는 틈을 타고 들어왔기 때문이며 이것이 그 걱정의 근본인 것이다. 그 사라짐과 무너짐을 바로잡아 왕도정치를 밝히고 예의지교를 가득 채운다면 비록 불법이 있다 하더라도 우리 백성들에게는 소용이 없을 것이니 이것이 자연스러운 형세이다[堯·舜·三代之際, 王政修明, 禮義之教充於天下, 於此之時, 雖有佛無由而入. 及三代衰, 王政闕, 禮義廢, 後二百餘年而佛至乎中國. 由是言之, 佛所以爲吾患者, 乘其闕廢之時而來, 此其受患之本也. 補其闕, 修其廢, 使王政明而禮義充, 則雖有佛無所施於吾民矣, 此亦自然之勢也]."

94 선왕의 …… 것이다 : 이것은 한유의 「원도(原道)」에 나오는 말로 한유는 이 글에서 불교나 도가사상을 배척하고 유가의 도만이 올바른 도라고 보고 인의도덕을 강조했다.

95 하천축사(下天竺寺) : 『필기소설대관』 본에는 '삼천축(三天竺)'으로 되어 있으나 인민문학출판사 본에 따라 '하천축(下天竺)'으로 번역했다.

96 우겸(于謙 : 1398~1457) : 충숙공은 우겸의 시호다. 자는 정익(廷益), 전당(錢塘) 사람으로 명나라 때 유명한 정치가이자 군사가이다. 명나라 정통(正統) 14년(1449) 영종(英宗)이 오이라트 에센에게 전쟁 포로로 잡혀가자 병부상서이던 우겸이 사직의 중대함을 주장하여 대종을 황제로 내세워 전쟁에 승리하였다. 천순(天順) 원년(1449) 영종이 복위한 후 우겸을 반역죄로 죽였으나 후에 복권되었다. 충숙공묘는 항주 서호 남쪽 삼태산(三台山) 기슭에 있다.

아래에는 바위 동굴이 있었는데 동굴처럼 파놓아서[97] '돌집'이라 불렀다. 서쪽으로 1리 정도 올라가니 수락동(水樂洞)이 있었다. 동굴 두 개가 나란히 있는데 하나에는 물이 있고 하나에는 없었다. 물 없는 곳으로 들어갔더니 물이 있는 곳과 통해 있었다. 물이 동굴을 메우고 콸콸 흐르다 동굴 입구에 이르러 땅속으로 들어가 버려 동굴 밖으로 흘러나가지 않았으니, 이 또한 기이한 것 중 한 가지였다. 다시 서쪽으로 연하령(烟霞嶺)에 올랐는데, 눈 닿는 곳은 모두 산으로 영은사·천축사 사이의 산보다 훨씬 더 그윽하고 기이했다. 사람들에게 물어보니 "이 안에는 명산과 고찰이 매우 많아서 손가락으로 헤아려 봐도 그 이름을 다 댈 수가 없고, 몇 달을 다녀도 다 다닐 수가 없습니다"라고 대답했다. 나는 비로소 내 다리 힘으로는 두루 다 다닐 수 없음을 알고 마침내 돌아왔다.

다음 날, 같은 해 진사에 합격한 소경여(蘇耕餘)가 술을 배에 싣고 와 나를 초대했다. 나는 호수 위의 경치를 아직 두루 다 보지 못했기에 그와 함께 청파문(淸波門)을 나섰다. 성 아래에는 버드나무가 많고 백제(白隄)에는 다리가 많았으니 [西湖十景 중] '버드나무 물결 속에서 듣는 꾀꼬리 소리[柳浪聞鶯]'·'끊긴 다리 위의 잔설[斷橋殘雪]'이란 바로 이를 두고 한 말이다. 백제를 따라 다시 고산으로 가서 행궁에 들어갔다. 행궁은 건축양식이 매우 특이해서 층층 누각과 겹겹 주랑이 빙 휘감아 서로 통해 있었다. 돌을 뚫어 기초를 닦고 바위를 깎아 벽을 만들었으며 물을 끌어들여 연못을 만들고 꽃을 심어 휘장을 둘렀다. 물 위의 다리를 건너고 산에 놓인 돌계단을 오르면 후궁에 이른다. 전각은 산 위에 있었는데, 전각 안에 암석이 있고 불좌 아래 맑은 샘물이 떨어지고 있어 실내에 산수의 경관을 모두 갖추고 있었다. 좌우의 높은 누각은 가까이는 호수 빛을

97 동굴처럼 파놓아서 : 원문은 '도복도혈(陶復陶穴)'로 '도'는 가마 형태의 동굴, '복'은 횡으로 판 굴, '혈'은 토굴로 모두 동굴집을 가리킨다. 또는 '도'는 '도(掏 : 파다)'로 풀이하기도 한다. 『시경·대아(大雅)』「면(綿)」에 "고공단보는 굴을 파고 살았지, 아직 땅 위의 집이 없으셨네[古公亶父, 陶復陶穴, 未有家室]"라는 구절이 있다.

잡을 것 같고 멀리는 산 빛을 삼킬 것 같아서 마치 신선이 사는 옥소(玉霄) 금궐(金闕)에 올라가 십주(十洲) 삼도(三島)[98]의 신선의 자취를 보는 듯했다. 방학정(放鶴亭)은 행궁의 동북쪽에 있었다. 오래된 매화나무와 큰 돌들은 유난히도 청아했지만, 애석하게도 정자가 너무 화려해서 당시 처사들의 풍류와는 사뭇 달랐다. 정자를 내려와 다시 배에 오른 다음 고산의 뒤쪽을 빙 돌아 소경사(昭慶寺)를 다녀왔다. 서호의 경치를 십분의 일도 못 봤는데 이미 날이 저물었다. 그래서 나는 가마와 배가 멀리까지 갈 수 없어서 서호를 유람하는 사람들은 서호를 다 볼 수 없다는 말을 더욱 믿게 되었다.

며칠을 머문 후 드디어 강을 건너 동쪽으로 갔다. 전당강 안에도 산이 두 개 있었는데 마치 금산과 초산처럼 멀리 바다로 들어가는 입구를 바라보며 마주 보고 우뚝 솟아 있었다. 안타깝게도 8월이 아니라서 큰 조수가 밀려오는 장관은 볼 수 없었다. 강을 건너 소산(蕭山)에 이르렀다. 소산에는 상호(湘湖)가 있는데, 거기서 순채(蒓菜)[99]와 맛좋은 물고기들이 난다. 가뭄이 들면 호숫물을 끌어 들여 밭에 물을 대고 큰 비가 내리면 바다로 흘려보낸다 하니, 풍경은 서호와 비슷하지만 쓰임은 서호를 능가한다. 소산 동쪽은 산음(山陰)으로 가는 길이다. 수많은 암석과 골짜기가 펼쳐져 있었는데, 큰 것은 기이하고 웅장했으며 작은 것은 아름다웠다. 산 아래는 모두 물이라 큰 냇물 작은 냇물이 씨줄 날줄처럼 얽혀 수놓아져 있었다. 동쪽으로 백학포(白鶴浦)에 이르니 작은 산이 있었는데 뱃사람이 그것을 가리키며 "저기가 바로 우(禹)임금이 방풍시(防風氏)[100]를 죽인

---

98 십주(十洲) 삼도(三島) : 도교에서 말하는 신선들이 사는 선경으로 십주는 조주(祖洲)·영주(瀛洲)·현주(玄洲)·염주(炎洲)·장주(長洲)·원주(元洲)·유주(流洲)·생주(生洲)·봉린주(鳳麟洲)·취굴주(聚窟洲)이며, 삼도는 봉래(蓬萊)·방장(方丈)·영주(瀛洲)를 말한다.

99 순채(蒓菜) : 원문은 '순사(蓴絲)'로 순채라고도 하는 수련과의 다년생 물풀이다.

100 방풍시(防風氏) : 옛날 우임금이 여러 신들을 회계산에 모이도록 불렀는데 방풍시(防風氏)가 시간을 어기고 늦게 도착하자, 우임금이 그를 죽여 시체를 여러 사람에게 보였는데 그 두개골이 커서 수레에 가득 찼다고 한다. 『사기』「공자세가(孔子世家)」

곳입니다"라고 말했다. 배를 띄워 산음성으로 들어가 와룡산(臥龍山)에 올랐다가 성을 나와 감호(鑑湖)에 도착했다. 옛날 당나라 현종(玄宗)이 하지장(賀知章)[101]에게 감호 한 자락[102]을 하사했다 하여 이 부근을 감호라고들 하지만, 사실 소산・회계(會稽)・산음 세 현의 물이 모두 감호다. 일찍이 산에 올라가 바라보았을 때 이 세 현의 뽕나무 밭[103]이 마치 숫돌 같이 평평했는데, 모두 창해가 변해서 된 것이겠지. 물이 그 안에 있으면서 가득 찬 채 흐르지 않고, 물빛이 거울처럼 맑아 감호라고 부른다.

감호에서[104] 후산(吼山)으로 가서 유람하고자 하였다. 감호의 물은 파도가 잘 일지 않아서 밤에 배들이 많이 다녔다. 꿈결에 어느 곳에 정박하였는지도 알지 못한 채 밤새 그치지 않고 내리는 빗소리만 들었는데, 날이 밝아 일어나보니 애당초 비는 오지 않았다. 배는 큰 못에 있었고 사방은 모두 산으로 둘러싸여 있었다. 오는 길이라곤 전혀 없는데, 배가 어떻게 이 못까지 올 수 있었는지 모르겠다. 못 남쪽 바위 위에서 달고 깨끗한 종유석 물이 처마 물 떨어지듯 어지러이 떨어졌다. 동봉(東峯)에 동굴이 있었는데 물이 그 안에 가득했다. 서봉(西峰)에는 괴석이 돌출하여 길게 아래로 기둥을 드리우고 있었는데, 그 모습이 마치 커다란 코끼리가 코를 쭉 펴고 연못의 물을 마시려는 것 같았다. 북쪽은 대숲이 무성했으며 누각은 맑고 그윽했다. 그때 나는 막 새벽꿈에서 깨어난 터라 속

에 기록이 보인다.

101 하지장(賀知章 : 659~744) : 자는 계진(季眞)・유마(維摩)이며 호는 사명광객(四明狂客)・비서외감(秘書外監)으로, 월주(越州) 영흥(永興 : 지금의 浙江省 會稽) 사람이다. 당나라 때 시인으로 현종(玄宗)을 섬겼고, 시인 이백(李白)을 알아 본 사람이었다.

102 감호 한 자락 : 하지장이 현종에게 호수 주변의 땅에 조그만 방생지(放生池)를 만들어 달라고 하자 현종은 조서를 내려 감호 섬천(剡川)의 굽은 땅에 방생지를 짓게 하고 '감호일곡정(鑒湖一曲亭)'을 지어주었다.

103 세 현의 뽕나무 밭 : 여기에서 뽕나무 밭이란 뒤에 이어 나오는 창해(滄海 : 碧海)와 호응을 이루며, 소산・회계・산음 세 현의 물로 이루어진 감호를 비유적으로 표현한 것이다.

104 감호에서 : 『필기소설대관』본에서는 '왈감호(曰鑑湖)'라고 되어 있으나 인민문학출판사 본에 근거하여 '자감호(自鑑湖)'로 번역했다.

세가 아닌 다른 곳에 와있는 줄만 알았다. 뱃사람이 말했다.

"여기가 바로 조계(曹溪)라는 곳입니다. 동쪽에 동굴이 있는 것이 사산(獅山)이고, 서쪽에 코 같이 생긴 것이 상산(象山)입니다. 누각이 있는 것은 석궤선생(石匱先生)[105]의 서원이구요."

누각에 올라 사방을 바라보니 누각 뒷산이 특히나 높고 험준했다. 괴석도 빽빽이 늘어서있었는데, 누대처럼 생긴 것, 기둥처럼 생긴 것, 머리에 삿갓 쓴 모양을 한 것, 거인이 서 있는 듯한 모양을 한 것 등이 있었으니, 여기가 이른바 후산이었다. 누각을 내려와 배를 저어 가서 사산의 동굴로부터 수백 보를 구불구불 간 후 밖으로 나왔는데, 마치 어부가 도화원(桃花源)으로부터 돌아온 것만 같았다. 후산에는 공명암(空明菴)이 있었다. 문 앞에는 물이 흐르고, 문 안에 있는 맑은 연못에는 붉은 누각과 푸른 기와의 그림자가 거꾸로 비쳤다. 높은 바위 깎아지른 듯한 석벽이 누각 뒤에 우뚝 서 있고 폭포수가 날아 떨어져 마치 소나기가 퍼붓는 듯하였으니, 그 기묘함이 조계보다 덜하지 않았다.

후산에서 배를 돌려 우릉(禹陵)을 참배했다. 우릉의 산은 마치 천자의 능묘처럼 높고 둥글었다. 여러 봉우리들이 에워싸고 있는 모습이 마치 [우릉을] 호위하는 듯했다. 우릉 옆에 비천(菲泉)이 있고 비천 동쪽에 사당이 있으며 사당 옆에 폄석정(窆石亭)[106]이 있는데, 우임금을 장사지낼 때 사용했던 곳이라고 전해진다. 돌은 높이가 5~6척이고 기둥처럼 둥글게 생겼는데 끝에 둥근 구멍이 있어 마치 공묘(孔廟)에 있는 한나라 비석과 흡사했다. 옛 기록에 "공실(公室)의 업적을 보려면 풍비(豐碑)를 보면 되고, 삼가(三家)의 업적을 보려면 환영(桓楹)을 보면 된다"[107]라고 하였다. 폄석

---

105 석궤선생(石匱先生) : 명말 문학가 장대(張岱)를 가리킨다. 호는 도암(陶庵). 절강성 산음(山陰 : 지금의 紹興) 사람으로 집안의 풍부한 장서를 이용하여 명나라 역사를 기록한 『석궤서(石匱書)』 220권, 『석궤서후집(石匱書后集)』 63권을 지었다.

106 폄석정(窆石亭) : 『필기소설대관』 본에는 '지석정(砥石亭)'으로 되어 있으나 인민문학출판사 본에 따라 '폄석정'으로 번역했다.

107 공실(公室)의 …… 보면 된다 : '공실(公室)'과 '삼가(三家)'는 제후의 집안을 말하며,

은 기둥처럼 생겼는데, 아마도 장례할 때 사용한 비석인 것 같았다. 우릉에서 남진(南鎭)에 이르렀다. 남진은 곧 회계산(會稽山)이다. 가장 높은 봉우리는 노봉(鑪峰)이라 하는데, 그 아래에 역대로 나라에 일이 있을 때 신께 제사를 지내던 사당이 있다. 남진에서 배를 돌려 밤에 산음성 밖에 배를 대고 보니 그날이 음력 14일이었다. 날은 개고 구름도 걷히고, 달은 희고 강물도 맑아, 하늘과 물이 맞닿아 서로 어우러졌고, 사방에 온통 맑은 기운이 감돌았다. 배 안에 있는 사람은 몸과 마음이 유리 상자처럼 밝고 환해져서 마치 무언가 깨달음이라도 얻은 것만 같았다.

동틀 무렵 난정(蘭亭)에 도착했다. 지금의 난정은 옛날의 난정이 아니다. 평지를 골라 정자를 세우고 가운데 큰 비석을 세웠는데 그 위에 황제께서 쓰신 왕우군(王右軍)의 「난정집서(蘭亭集序)」가 새겨져있다.[108] 정자 앞에 돌로 물길을 내 곡수(曲水)[109]를 만들었는데, 지나치게 구불구불해서 고상한 정취라곤 찾아볼 수 없었고, 술잔을 띄워 보낼 수도 없었다. 좌우에 각각 연못을 파서 '아지(鵝池)'와 '묵지(墨池)'를 만들었다. 난정 서쪽으로 1리 정도 떨어진 곳에 있는 천장사(天章寺)라는 절도 옛 것이 아니었다. 이러한 것들은 모두 사람이 만든 것이라, 생겼다 사라졌다 하지만, 이른바 '높은 산 험준한 고개', '맑고 세찬 물결'[110]만은 옛날 그대로다.

'풍비(豐碑)'는 위대한 공적을 적은 큰 비석을 가리킨다. '환영(桓楹)'은 천자나 제후의 장례를 치를 때 관을 묘혈에 안장하기 위해 큰 기둥을 세우고 그 위에 구멍에 줄을 매어 관을 매달았는데 이때 세운 기둥을 말한다. 이 구절은 『예기(禮記)』「단궁(檀弓)」에 기록되어 있다.

108 황제께서 …… 새겨져있다 : 강희(康熙) 황제가 「난정서」를 쓴 것을 말한다. 여기서 '우군(右軍)'은 진대 서예가 왕희지(王羲之)를 일컫는다. 왕희지가 '우군장군(右軍將軍)'을 지낸 적이 있어서 '우군'이라 부른다. 동진(東晉) 영화(永和) 9년(353) 봄에 왕희지가 친구들과 난정에 와서 수계를 하고 곡수(曲水)에 잔을 띄우고 시를 지었는데 이때 지은 것이 바로 「난정집서(蘭亭集序)」이다.

109 곡수(曲水) : 옛 풍속에 음력 3월 상순의 사(巳)일 [위진 이후에는 음력 3월3일] 물가에서 연회를 열어 길하지 않은 기운을 쫓았는데 구불구불한 물길을 만들어 술잔을 띄우고 놀면서 이를 곡수라고 불렀다.

110 '높은 산 …… 물결' : 「난정집서」에서 인용한 구절이다. 「난정집서」의 원문은 다음과 같다. "이 곳에는 높은 산 험한 고개와 무성한 숲과 키 큰 대나무들이 있다. 또 맑은

산음의 물은 흐르지 않지만 난저(蘭渚)의 급한 물살이 무성한 수풀과 대나무 사이에 졸졸 흐르는 것은 또 다른 정취였다. 성 안으로 다시 돌아와 집산(蕺山)에 올랐다. 산 아래 있는 절은 왕우군의 옛 집이었고 그 남쪽에는 제선교(題扇橋)가 있었다. 산 위의 서원은 유염대(劉念臺)[111]가 강학하던 곳이었다.

산음의 물길에 배 띄우고 지내던 사흘 밤 동안, 산이란 산은 모두 수려하였고, 물이란 물은 모두 맑았다. [나는 그 사이를] 왔다 갔다 빙빙 돌아다니느라 동서를 구별하지 못했는데, 집산에 오른 뒤에야 모든 것이 분명해졌다. 소흥(紹興)의 서남쪽은 모두 산이고, 동북쪽은 바다에 가까우며, 후산은 동쪽에, 난정은 서쪽에, 우릉과 남진(南鎭)[112]은 그 남쪽에 있고, 북쪽에는 매산(梅山)이 있었다. 매산 아래 매시(梅市)가 있는데, 바로 매복(梅福)[113]이 살던 곳이었다. 멀리 남진의 서쪽을 바라보니 남진보다 높은 진망산(秦望山)이 있었는데, 진시황이 이곳에서 돌에 글씨를 새겼다고 한다. 또 우혈(禹穴)은 우릉(禹陵)과는 다른 곳으로, 우임금이 책을 감춰놓았던 완위산(宛委山)을 우혈이라고 한다. 회계(會稽)에 도가서(道家書)에서

물과 여울이 있어 좌우를 비추며 띠처럼 에워싸고 있다. 물을 끌어 들여 술잔을 띄울 굽은 물줄기를 만들어 놓고 차례로 줄지어 앉았다(此地有崇山峻嶺, 茂林修竹. 又有淸流激湍, 映帶左右. 引以爲流觴曲水, 列坐其次)."

111 유염대(劉念臺 : 1578 - 1642) : 명말 유학자 유종주(劉宗周)이다. 그의 학문은 정주학(程朱學)으로부터 출발했으나, 나중에 양명학으로 전향하여 '성의(誠意)', '신독(愼獨)'을 강조하였다. 그의 문하에서 황종희(黃宗羲) 등의 유학자가 배출되었다. 소흥 집산에 있는 집산서원은 남송 때 처음 세워졌으며 유종주가 여기에서 강학한 곳으로, 유종주와 그의 제자 황종희(黃宗羲)·진확(陳確)·장이상(張履祥) 등 저명한 인물을 배출한 집산학파의 발상지이다.

112 남진(南鎭) : 남진은 회계산(會稽山)을 말한다. 중국의 명산에는 오악 이외에 오진(五鎭)이 있는데 동진(東鎭)은 산동의 기산(沂山), 서진(西鎭)은 섬서의 오산(吳山), 남진(南鎭)은 절강의 회계산(會稽山), 북진(北鎭)은 요녕의 여산(閭山), 중진(中鎭)은 산서의 곽산(霍山)이다.

113 매복(梅福) : 자는 자진(子眞)이고 구강(九江) 수춘(壽春) 사람이다. 『한서(漢書)』「매복전」에 보면, 왕망이 왕위를 찬탈한 후 그는 가족을 버리고 구강에 은거했으며, 후에 사람들이 그를 회계에서 만났는데 이름을 바꾸고 오씨의 문지기로 있었다고 한다.

'제십일동천(第十一洞天)'이라 부르는 양명동(陽明洞)이 있지만 나는 모두 가보지 못했다. 유람하는 사람들은 높이 올라가는 것을 꺼려해 배가 닿을 수 있는 곳만 간다. 그래서 높고 멀고 유심한 곳, 신령스럽고 성스러운 유적은 두려워 끝내 가지 않는다. 그러나 나는 소흥에서 세 번 바다를 바라보았다. 하방산(下方山)에 올라 바다를 바라보았고 우혈과 집산에 올라서도 바다를 보았다. 그러나 망망한 모래사장의 풀만 보았을 뿐, 실제로 물이라곤 보지 못했기에, 나는 산과 바다의 기묘함을 다 보지 못한 것이 이내 슬프다.

소흥에서 다시 항주로 돌아와 일명 자양산(紫陽山)이라 하는 봉황산(鳳凰山)에 올랐다. 옛날 남송 때 고종(高宗)이 남쪽으로 내려와 항주성을 넓히고 이 산을 황제의 정원 안에 포함시킨 다음 노닐며 감상하는 곳으로 삼았다. 왼쪽에는 강을 끼고, 오른쪽에는 호수를 끼고 산에 올라 돌아다니자니 즐거움이 극에 달했다. 항주로부터 절강(浙江)을 거슬러 올라가 부양(富陽 : 지금의 浙江省 富陽市)에 이르렀다. 부양산은 웅장하기가 마치 연(燕)나라 · 진(秦)나라의 변새 같았으나 푸르름은 그들을 능가했다. 부양 이남으로 하천의 형세가 점점 좁아졌다. 두 산이 마주하는 가운데로 물줄기가 흐르니, 뭇 산의 그림자가 거꾸로 비쳐 위아래가 모두 푸르렀다. 동재관(橦梓關)을 나서자 산세가 점점 트이더니 원근이 차례대로 펼쳐지고 산이 하나 같이 아름다웠다. 동군산(桐君山)이 강기슭에 우뚝 솟아 있었다. 남쪽은 안이 트여서 평원이 펼쳐져 있었고, 석벽이 에워싸고 있어 마치 천혜의 성궐 같았는데, 이것이 동려(桐廬 : 浙江省 서북부의 桐廬縣)였다. 산으로 막히고 물가에 임해 있어서 주민들은 산과 물 사이에서 살고 있었다. 푸른 기와와 흰 담엔 먼지조차 없어서 그 맑고 곱고 깨끗하고 윤택한 모습이 사람의 마음을 고요하게 해주었다. 남쪽으로 노자원(鸕鷀原)에 이르니 산세가 우뚝하고 기괴하였다. 험준한 봉우리들이 여기저기 솟아올라 빽빽이 줄지어 있었고, 강줄기는 한 가닥 실을 묶어 놓은 것 같았다. 노자원 어귀에 들어가 서쪽으로 돌면 부춘(富春)이었다. 남북이 모두 산이고, 그 가운데는 모두 물이어서 땅이라곤 한 자락도 없었다. 북산(北山) 아래 두 곳의 낚시터가 있었고, 석봉(石峰)이 곧게 솟아 있었는데, 정상은 평평했다. 그 옆에 자릉사(子陵祠)[114]가 있었다. 낚시터 좌우의 산들은 모두 꼭대기에서 샘물이 흘러내렸다. 아득히 높은 금봉(錦峰)은 푸른 하늘로 치솟아 있고, 깎아지른 듯한 괴석들은 아래로 깊고 푸른 강에 임해있었다. 폭포수가 뿜듯이 흩어져 옥구슬이 떨어지고, 계곡물의 파도가 층층이 퍼져 생황과 거문고를 연주했다. 높은 산과 흐르는 물 구경은 이것으로 족하도다!

도은군(陶隱君 : 陶弘景)이 한 말을 기억해 보았다.

"높은 봉우리는 구름 속에 들어가고, 푸른 물은 바닥까지 보이네. 두 봉우리와 석벽은 오색찬란하고, 푸른 숲과 비취빛 대나무는 사계절 내내 갖춰져 있네. 새벽안개가 점점 걷히니 원숭이와 새들이 어지러이 울어대고, 석양이 지려하니 깊은 곳의 물고기들 다투어 뛰어오르네. 이곳이야말로 실로 욕계(欲界) 중 선경이라."[115]

이곳만이 그가 말한 선경을 감당할 만하리라. 서쪽으로 엄주(嚴州 : 지금의 浙江省 서부, 新安江 유역)에 이르니 높은 산이 사방을 막고 큰 강물이 에워싸고 있어서 가히 천하의 험준한 요새라 칭할 만 했다. 남쪽으로 횡계(橫溪)에 들어가 난계(蘭谿)에 이르렀다. 항주로부터 난계까지는 400여 리로 언덕이 연이어 있었다. 부양산은 웅장했고 동려산은 맑았으며, 부춘산은 기묘하고 난계산은 수려했다. 나는 배안에서 높이 쳐다보고 멀리 바라보느라 앉고 눕지도 못했다. 우연히 누워서 바라보니 양쪽 기슭의 산이 차례로 배의 창문을 스치며 지나가는데 마치 그림이 천천히 펼쳐지는 것만 같았다. 뱃길 여행의 즐거움 중 이보다 나은 것은 없으리라!

---

114 자릉사(子陵祠) : 한나라 때 고사(高士) 엄자릉(嚴子陵 : B.C. 37~43)을 기념하여 세운 사당이다. 엄자릉은 동한 광무제(光武帝) 유수(劉秀)와 함께 공부하고 도왔으나 벼슬을 마다하고 부춘산에 은거했다.

115 높은…… 선경이라 : 남조 제량(齊梁) 시기의 도학자이자 의학가였던 도홍경(陶弘景 : 456~536)의 「사중서에게 주는 답장[答謝中書書]」의 한 구절이다.

난계의 남쪽은 금화(金華 : 지금의 浙江省 中部)라고 하는데, 하천이 넓게 펼쳐져 있고 눈길 닿는 곳마다 모두 평야였다. 멀리 보이는 높은 산은 안개와 구름에 휘감긴 채 하늘까지 닿아 해를 가리고 있었다. 듣자니 그 위에 있는 조진동(朝眞洞)·빙호동(氷壺洞)·쌍룡동(雙龍洞)은 왕방평(王方平)이 돌을 꾸짖어 양으로 만든 곳[116]이라고 한다. 서쪽으로 용유(龍游 : 지금의 浙江省 龍游縣)를 지나 구주(衢州 : 지금의 浙江省 西部, 錢塘江 상류이자 금화·구주 분지 서쪽 끝에 위치)에 이르니 서안현(西安縣)의 산들은 마치 꽃떨기 같이 능선들이 이어졌고, 깎은 듯 매끄럽고 날렵했다. 맑고 높은 이내가 피어올라 수려함을 드러냈다. 서남쪽으로 상산(常山)에 이르니 단풍나무와 계수나무가 많았다. 구름이 나무 사이에서 잠자고 산은 구름 위로 삐죽삐죽 치솟았는데, 높고 깊은 숲은 사람으로 하여금 소산(小山)의 「초은사(招隱士)」[117]를 떠오르게 하였다. 서쪽으로 옥산(玉山)에 도착하여 다시 배를 타고 광신(廣信 : 지금의 江西省 廣信縣)에 이르렀는데, 이곳은 강의 서쪽 경계였다. 산세가 거칠고 높았으며 가로로 주욱 뻗고 위로 곧게 서있었다. 강가를 따라 늘어서 있는 것은 우뚝 솟은 돌들이었는데, 네모진 것, 둥근 것, 평평한 것, 곧게 선 것 등 각자 형상을 이루고 있다. 서쪽으로

116 왕방평(王方平)이 …… 만든 곳 : 갈홍(葛洪)의 『신선전(神仙傳)』「황초평(皇初平)」조에 돌을 꾸짖어 양으로 만드는 이야기가 나온다. 양치기인 황초평이 어느 날 양떼와 함께 집에 돌아오지 않았는데 40여 년 후 그의 형 황초기(皇初起)가 도인을 만나 금화산(金華山) 석실(石室)에 있는 황초평을 찾아가게 되었다. 황초기가 양이 있다는 곳에 가 보니 흰 돌 밖에 보이지 않았는데 황초평이 돌에게 "양들아 일어나라" 하고 외치자 모두 양으로 변했다. 한편, 『신선전』「왕방평」조에 의하면, 왕방평은 원래 후한 때 사람으로 천문과 도참학(道讖學)에 정통했으나 벼슬에서 물러나 은거하다 풍도(豊都)의 평도산(平都山)에서 신선이 되어 하늘로 올라갔다고 하며, 돌을 꾸짖어 양으로 만들었다는 이야기는 보이지 않는다. 아마도 저자가 왕방평과 황초평을 혼동한 듯하다.

117 소산(小山)의 「초은사(招隱士)」 : 소산은 서한 회남왕(淮南王) 유안(劉安)의 일부 문객들을 지칭하며 이들이 남긴 사부(辭賦)로 「초은사」 1편이 있다. 작품 내용은 산 속에 은거하고 있는 왕손(王孫)에게 오래 머무를 곳이 못되니 빨리 돌아오라고 권하는 것으로 작자는 험하고 깊은 산 속의 공포스러운 분위기를 여러 가지 묘사 수법으로 표현하였다.

익양(弋陽 : 江西省 弋陽縣)에 이르자 귀봉산(龜峰山)이 나왔다. 귀봉산의 뭇 봉우리들은 마치 죽순처럼 뾰족하게 솟아올랐는데, 푸른 산봉우리 정상이 모두 둥글둥글한 것이 꼭 사람 머리 같았다. 관을 쓴 듯 생긴 것, 면류관 쓴 듯 생긴 것, 작은 매미 머리처럼 생긴 것, 잘 생긴 머리처럼 생긴 것, 승려 머리처럼 반질반질한 것, 기녀 머리처럼 쪽진 것 등이 있었다. 절은 울창한 대 숲 사이에 숨어 있고, 샘물은 오래된 동굴에서 흘러내렸으며, 종려나무와 파초 잎이 바위 골짜기에 가득하여 험난함과 그윽함을 모두 갖추고 있었다. 서북쪽으로 귀계(貴溪 : 지금의 江西省 동북부)에 이르러 천연교(天然橋)를 보니, 돌 하나가 두 봉우리 정상에 가로 놓여 있고 그 아래는 마치 동굴처럼 텅 비어 있어서 또 하나의 절경이었다. 듣자하니 귀계에 있는 귀곡산(鬼谷山)은 귀곡자(鬼谷子)가 살던 곳이라고 한다. 또 상산(象山)이 있는데 육자정(陸子靜 : 陸九淵)[118]이 그 위에서 책을 읽다가 "구름 낀 산골짜기 바위의 기이함을 아직 눈으로 보지 못해, 사람들에게 물어보았으나 알지 못하고 오직 용호산(龍虎山)의 장진인(張眞人)[119]만 알 뿐이다"라고 말한 바 있다. 서쪽으로 안인(安仁 : 지금의 江西省 安仁縣)에 이르니 땅이 평평하고 탁 트였다. 남쪽으로 서홍(瑞洪 : 지금의 江西省 餘干縣 瑞洪鎭)에 도착하여 드디어 파양(鄱陽 : 지금의 江西省 鄱陽鎭)으로 들어갔

---

118 육자정(陸子靜 : 1139~1192) : 호는 존재(存齋)·상산(象山)이고 시호는 문안(文安)이며 이름은 구연(九淵)으로, 절강성(浙江省) 사람이다. 어려서부터 재능이 뛰어나 관직에 올랐으나 곧 물러나 귀계(貴溪 : 지금의 江西省 廣信府)의 상산에 강당을 짓고 후학 양성에 전념하였다. 당시 유일한 석학이었던 주희(朱熹)와 대립하여 중국 전체를 양분(兩分)하는 학문적 세력을 형성하였으나, 사상적 계보로는 모두 정호(程顥)·정이(程頤)의 학문을 계승하였다. 다만 주자가 정이천의 학통에 의한 도문학(道問學 : 問學第一)을 보다 존중한 데 반하여, 상산은 정명도의 존덕성(尊德性 : 德性第一)을 존중하였기 때문에, 주자는 격물치지(格物致知)의 성즉리설(性卽理說)을 제창하였고, 상산은 치지(致知)를 주로 한 심즉리설(心卽理說)을 제창하였다.

119 용호산(龍虎山)의 장진인(張眞人) : 용호산은 중국 도교의 발상지로 원래 이름은 운금산(雲錦山)이다. 장진인은 동한 중엽 때의 제1대 천사(天師) 장도릉(張道陵)을 말한다. 장도릉이 이 산에서 '구천신단(九天神丹)'이라는 단약을 만들었는데, 단약이 완성되자 용과 호랑이가 나타났다고 하여 용호산이라는 이름이 붙었다.

다. 안인의 서쪽으로는 사방을 둘러보아도 산 하나 보이지 않더니, 서홍 이남으로는 사방을 둘러보아도 나무라곤 보이지 않고 키 작은 풀과 누런 모래사장, 안개 낀 물과 구름 낀 하늘뿐이었다. 파양호의 물은 매우 탁했고 파도는 온통 붉었다.

파양호를 나와 장강(章江)으로 들어가 남창(南昌 : 지금의 江西省 중부, 鄱陽湖 서남쪽 기슭)에 도착하여 등왕각(滕王閣)에 올랐다. 장강은 남쪽에서 흘러나와 끝도 없이 드넓은데, 팽려(彭蠡)[120]와 북쪽에서 합쳐져 안개 낀 수면이 만경(頃)에 이른다. 동쪽으로 평야를 바라보니 하늘이 들판과 이어져 광활한 광경이 천 리에 이어지고, 봉우리가 서쪽으로 병풍처럼 늘어서 있었다. 이른바 '서산(西山)의 저녁 비, 남포(南浦)의 아침 구름, 노을 속에 집오리 가지런히 날고, 물과 하늘이 한 가지 색이로다'[121]라는 말은 실제 기록인 듯하다. 남창에서 바람을 만나 배를 생미(生米) 나루에 정박했다. 다음날 아침 강을 건너다가 불의의 사고를 당할 뻔했다. 옛말에 "편안할 때일수록 위태로움을 잊지 않는다"[122]고 하였고, "부잣집 자식은 처마 밑에 앉지 않는다"[123]고 했다. 나는 양주에서 배에 올라 장강을

120 팽려(彭蠡) : 파양호를 지칭하는 다른 이름으로는 팽려·팽택(彭澤)·궁정(宮亭)·양란(揚瀾)·파양(鄱陽) 등이 있다. 팽려라는 이름은 황제(黃帝) 시대 때 '팽려택(彭蠡澤)'이 남쪽으로 확장되어 앞으로 나간 호수물이 파양호가 되었다는 전설에서 비롯되었으나, 사실 파양호는 남북조 시대 때 장강의 물길이 바뀌며 생긴 큰 호수이다.

121 서산(西山)의 저녁 비 …… 색이로다 : "지는 노을은 외로운 집오리와 나란히 날고, 가을 물은 긴 하늘과 한 가지 색이로다[落霞與孤鶩齊飛, 秋水共長天一色]"는 왕발(王勃)의 「등왕각서(滕王閣序)」에 나오는 구절을 인용한 것이고 "채색 마룻대엔 아침이면 남포의 구름 날아가고, 주렴엔 저녁이면 서산의 비를 말아올린다[畵棟朝飛南浦雲, 珠簾暮卷西山雨]"는 「등왕각시(滕王閣詩)」에서 인용한 것이다.

122 편안할 …… 않는다 : 『주역(周易)』 「계사하(系辭下)」에 나오는 말이다. "그러므로 군자는 편안할 때일수록 위태로움을 잊지 않으며, 생존할 때 망함을 잊지 않고, 잘 다스려질 때 예를 잊지 않는다. 이렇게 함으로써 몸을 편안하게 하고 나라를 보호할 수 있게 된다[是故君子安而不忘危, 存而不忘亡, 治而不忘禮, 是以身安而國家可保也]."

123 부잣집 …… 않는다 : 부유한 사람은 자신의 몸을 아껴 위험한 곳에 있지 않는다는 뜻이다. 『사기』 「원앙전(袁盎傳)」에서 "신이 듣건대, 천금을 지닌 부잣집 자식은 처마 밑에 앉지 않고 백금을 지닌 부잣집 자식은 난간에 기대지 않는다[臣聞千金之子, 坐不垂堂, 百金之子不騎衡]"라고 하였다.

건너고 오송(吳淞 : 上海市)에서 배 띄워 전당강을 지났다. 동계(桐溪)를 거슬러 올라가 파양을 거치면서, 배에서 보낸 것이 몇 달이건만 요행히 아무 탈 없기에 익히 편하려니 여겼다. 만약 이번과 같은 사고를 만나지 않았더라면 편안할 때 위태로움을 생각하고 처마 밑에 앉지 않는다는 경고를 잊을 뻔 했다. 그래서야 되었겠는가?

남쪽으로 풍성(豊城 : 지금의 江西省 中部의 豊城市)에 이르러 검지(劍池)를 보았다. 그 후 서쪽으로 청강(淸江)에 들어가 임강부(臨江府)에 도착했다. 성 동쪽에 합조산(閤皂山)이 있는데, 옛날 장도릉(張道陵) · 정영위(丁令威) · 갈효선(葛孝先)이 모두 이곳에서 살았다. 서쪽으로 신유(新喩)를 지나니 산이 특히 많았다. 분의(分宜)의 산은 맑고 수려했으며, 원주(袁州)의 산은 기이하고 웅장했다. 노계(蘆溪)에 이르니 육지였다. 걸어서 평향(萍鄕)을 지나 다시 배를 타고 예릉(醴陵)을 거쳐 녹구(淥口)로 나왔다. 상강(湘江)에 이르러 호남 경계로 들어갔다. 강우(江右 : 江西)의 풍속은 오 땅이나 절강 지역보다 나았다. 남자들은 농사에 종사하면서 장사를 겸하고, 여자들은 방직을 했다. 그곳에서는 마 · 모시 · 면 · 베 · 소나무 · 삼나무 · 물고기 · 새우 · 쌀과 보리 등이 났으며 기이한 기술이나 기교 없이 근면하고 검소하게 일을 하였기에, 당나라 · 위나라의 풍모가 남아있었다. 다만 사기를 잘 치고 송사에 능한 것은 초(楚) 땅의 습속이었다.

상강의 물은 맑고 고왔으며 강가의 산은 수려하고 우아했다. 띠 풀 · 골 풀 등이 대부분이었는데, 보기 좋게 난 잎들이 한들한들 흔들려 난초 떨기의 운치가 가득했다. 오령(五嶺)의 아침노을, 삼상(三湘)의 밤 비,[124] 혹은 햇살 아래 바람에 흔들리는 혜초(蕙草),[125] 단풍나무를 비추는 밝은 달

---

124 삼상(三湘)의 밤 비 : 옛 시문 중의 '삼상'은 상강(湘江) 유역 및 동정호 일대를 두루 일컫는다. 또는 상수가 이수(漓水)와 합류되는 것을 이상(漓湘), 증수(蒸水)와 합류되는 것을 증상(蒸湘), 소수(瀟水)와 합류되는 것을 소상(瀟湘)이라 하며 이 셋을 삼상이라 한다. '소상팔경(瀟湘八景)' 중에 '소상의 밤비'가 있다.

125 햇살 아래 …… 혜초(蕙草) : 굴원(屈原)의 「초혼(招魂)」 중에 "햇살 아래 바람에 흔들리는 혜초, 무리지어 난 난초 향기 사방에 퍼지네[光風轉蕙, 泛崇蘭]"라는 구절이 있다.

을 대할 때마다 「이소(離騷)」·「구가(九歌)」·「초혼(招魂)」을 읊었는데, 그러면 강가의 초췌한 어부[126]를 보는 듯, 마름 옷 연잎 치마를 두른 미녀[127]를 만난 듯, 상수(湘水)의 여신[128]과 산 귀신[129]이 슬피 울부짖는 소리를 듣는 듯 했다. 남쪽으로 형주(衡州 : 지금의 湖南省 衡陽)에 이르러 남악(南嶽 : 衡山)을 참배했다. 무릇 오악 명산은 산이 높을 뿐만 아니라 기운 또한 성하다. 전에 태산에 올라보니 숲이 울창하고 신령스러운 빛이 뿜어져 나왔다. 그러나 장강을 건넌 이래 명산이 무수히 많았지만 신성한 풍채는 좀 덜했다. 그러다 남악을 보니 다시 태산을 보는 듯했다. 봉우리가 다투듯 연이어 나타나 그 높이는 어디가 끝인지 알 수 없었고, 첩첩 이어진 고개가 서로를 감추어 그 두터움은 어디가 끝인지 알 수 없었다. 석벽은 푸른 하늘을 찌르고, 흐르는 샘물은 흰 바위를 흘러내리며, 안개가 마치 수증기처럼 자욱하고, 이내가 눈썹처럼 짙었다. 산 정상은 구름 속에 있어서 마치 신룡(神龍)이 머리는 드러내지 않은 채 손톱만 펴고 비늘을 번쩍이고 있는 듯 괴이하고도 오색 찬연했다. "남방의 땅이 황폐하여 하늘이 남악의 신에게 전권을 주었네"[130]라고 하더니 허튼소리가 아니로다.

126 강가의 초췌한 어부 : 굴원의 「어부사(漁父辭)」의 첫 구절에서 나온 말이다. "굴원이 이미 추방되어, 강가에서 노닐고 물가를 거닐며 읊조리니, 안색이 초췌하고 몸은 말라 생기가 없었다[屈原旣放游于江潭行吟澤畔, 顔色憔悴, 形容枯槁."

127 마름 옷 …… 미녀 : 마름 옷과 연잎 치마는 은사(隱士)의 복장으로 바로 은사를 가리킨다. 「이소(離騷)」에 "마름으로 옷을 만들어 입고 부용을 모아 치마로 삼네[制芰荷以爲衣兮, 集芙蓉以爲裳]"라는 구절이 있다.

128 상수(湘水)의 여신 : 원문은 '상령(湘靈)'으로, 상수의 여신인 아황(娥皇)과 여영(女英)을 가르킨다. 그들은 남편인 순(舜)임금이 남방으로 순행하다가 창오산(蒼梧山)에서 죽자 애통해하다가 상수에 빠져 죽어 상수의 신이 되었다고 한다.

129 산 귀신 : 원문은 '산귀(山鬼)'로, 굴원의 「구가(九歌)」에서 보인다. 「구가」에서는 산귀가 자질이 뛰어난 미녀의 모습으로 묘사되어 있는데, 전설에 따르면 숲의 여신이라고 한다.

130 남방의 …… 주었네 : 오행 중 남방은 '화(火)'에 속하므로 남방을 '화유(火維)'라고 하며 특히 오악 중 남악인 형산을 가리킨다. 당나라 한유의 시 「형악의 사당을 참배하고 사찰에 머물며 문루에 적다[謁衡岳廟遂宿岳寺題門樓]」에 "남악의 땅이 황폐하여 요괴들로 가득하니, 하늘에서 남악의 신에게 전권을 주어 그 영웅됨을 다하게 하였네[火維地荒足妖怪, 天假神柄專其雄]"라는 구절이 있다.

형산 72개 봉우리 중 가장 큰 다섯 개는 부용봉(芙蓉峰)·자개봉(紫蓋峰)·석름봉(石廩峰)·천주봉(天柱峰)·축융봉(祝融峰)이다. 남악묘(南嶽廟)는 축융봉 아래에 있는데, 사당을 참배한 후 다섯 봉우리를 바라보니, 정상이 모두 구름 속에 있었다. 배에 올라 남쪽으로 가는 며칠 동안 고개를 들고 있지 않은 순간이 없었다. 옛말에 "배의 돛이 상수(湘水)를 따라 돌면서 형산의 아홉 면이 바라다 보인다"는 말이 있다. 나는 아홉 면은 바라보았지만 끝내 그 정상을 보지 못하였으니, 형산의 구름이 걷히기란 참으로 어렵구나!

서쪽으로 가서 기양(祁陽: 지금의 湖南省 祁陽縣)에 머물며 원차산(元次山)[131]이 지은 당정(唐亭)을 보았다. 서쪽으로 영주(永州: 지금의 湖南省 南部에 위치)에 이르렀다. 강우로부터 형양까지 수 천리에 펼쳐진 흙과 돌은 대부분 붉은 빛이었다. 바라다 보이는 꽃 핀 평원과 푸른 풀, 옥 빛 나무와 붉은 지붕이 오색 비단처럼 찬란했다. 그러나 영릉(零陵)에 이르니 산은 검고 바위는 하얀 것이 천지의 기운이 온통 변했다. 성 아래 소강(瀟江)은 북쪽으로 상강과 합쳐진다. 소강 서쪽의 산은 모두 그윽하고 기이한데, 유자후(柳子厚: 柳宗元)가 이에 대해 많이 기록했다.[132] 서쪽으로 상강 어귀로 들어가니 강물이 더욱 맑았다. 양쪽 강 언덕의 영롱하고 기괴한 돌은

---

131 원차산(元次山): 당나라 시인 원결(元結: 723~772)의 자이다. 754년 진사에 급제하였다. 안녹산(安祿山)의 난을 피하여 강서성에 은거하고 있었는데 759년 숙종(肅宗)의 부름을 받아 우금오병조참군(右金吾兵曹參軍)이 되어 반란군 토벌에 공을 세웠다. 그의 시는 전란으로 인한 인민의 고통과 사회상에 눈길을 돌린 침통한 작품이 많았으나, 표현의 기교보다는 내용을 중시하는 간고(簡古)한 그의 작풍과 문장은 한유(韓愈), 유종원(柳宗元)의 고문운동에 영향을 끼쳤다. 시문집으로 『원차산집(元次山集)』이 전한다.

132 유자후(柳子厚)가 …… 기록했다: 자후는 당나라 문학가 유종원(柳宗元: 773~819)의 자이며, 여기에서 유종원이 기록했다는 글은 그가 영주에 귀양 갔을 때 지은 「영주팔기(永州八記)」 즉 「시득서산연유기(始得西山宴遊記)」·「고무담기(鈷鉧潭記)」·「고무담서소구기(鈷鉧潭西小丘記)」·「지소구서소석담기(至小丘西小石潭記)」·「원가갈기(袁家渴記)」·「석거기(石渠記)」·「석간기(石澗記)」·「소석성기(小石城記)」를 가리킨다.

이루 다 셀 수 없었으니, 사람은 적고 돌이 많다는 말이 정말인가? 서쪽으로 전주(全州 : 지금의 廣西省 동북부)에 도착했는데, 그곳은 광서(廣西)의 요충지였다. 우뚝 웅장한 상산(湘山)이 높이 웅크리고 앉아 아래를 굽어보고 있었고, 여러 산들이 빙 둘러 에워싸고 있었으며, 강줄기들이 한 데 모였다. 산 아래 있는 광효사(光孝寺)는 무량수불이 입적한 곳으로 그의 육신이 탑 안에 있다고 한다. 그러나 안에 들어가 자세히 살펴보았지만 그런 것 같지 않았다.

남쪽으로 흥안(興安 : 廣西省 藏族自治區 내 興安縣)에 이르니 양해산(陽海山)이 있었다. 산 가운데 분수령이 있고 산허리에 물이 흐르고 있어 배를 띄울 수 있었다. [물줄기는] 분수령에서 나뉘어, 북쪽으로 흘러 상강이 되고, 남쪽으로 흘러 이강(灕江)이 된다. 하나의 물이 서로 헤어진다 하여 상리(湘灕)라고 한 것이다. 기록에는 "임하령(臨賀嶺)·시안령(始安嶺)·계양령(桂陽嶺)·게양령(揭陽嶺)·대유령(大庾嶺)이 오령이다"[133]라고 되어 있다. 『수경주(水經注)』에서는 "상수는 영릉 시안현(始安縣)에서 시작된다"라고 했다. 그러니 흥안이 곧 시안임을 알 수 있다. 나는 장사(長沙)에서 상강을 거슬러 올라가 영주와 전주에 이르렀는데, 배를 끌고 곧장 위로 올라가자니 마치 험한 비탈을 올라가는 것 같았다. 산허리에서 배를 돌려 이강으로 들어서자 마치 동이에서 물 쏟아 붓듯[134] 거침없이 계림(桂林)까지 내려갔다. 근원지에서 세차게 흘러나온 물이 지척에서 나뉘어 북으로는 북해로 들어가고 남으로는 남해에 들어가니, 그 고개가 얼마나 높은지 알 수 있다.

---

133 임하령(臨賀嶺) …… 오령이다 : 『문선(文選)』 권24 육기(陸機)의 시 「교지공 고진에게 드리며[贈顧交阯公眞]」의 주에서 배연(裴淵)의 『광주기(廣州記)』를 인용하여 "오령(五嶺)은 대유·시안·임하·계양·게양을 말한다[五嶺云, 大庾·始安·臨賀·桂陽·揭陽]"고 했는데, 여기에서는 이를 인용했다.

134 동이에서 물 쏟아 붓듯 : 원문은 '건령(建瓴)'으로 '건녕수(建瓴水)'의 줄인 말이다. 병 속의 물을 거꾸로 쏟는 것을 말하며 높은 곳에서 아래로 쏟아져 내려 막기 어려운 형세를 표현하는 말이다.

이강은 물줄기가 갈리자마자 산 사이를 구불구불 돈다. 그래서 따로 수로를 뚫어 배를 다니게 했다. 진(秦)나라가 남월(南越)을 칠 때, 이 수로를 팠다고 역사서에 기록되어 있다. 한나라 과선장군(戈船將軍)[135]이 영릉에서 출정하여 이수로 내려가다가 여기에 두(㪷)를 설치했는데, 두는 관(關)과 같다. 제갈무후(諸葛武侯 : 諸葛亮)가 이어 이곳을 수리했다. 수로 위에 무후사가 있고, 무후사 뒤편에는 복룡산(伏龍山)이 있다. 바위들은 괴이한 것이 많았고, 영롱하면서 들쑥날쑥한 나무들, 첩첩이 쌓인 봉우리들이 마치 미치광이 미불(米芾)의 소매 속 물건[136] 같았다. 복룡산 서쪽에 여러 봉우리들이 어지러이 솟아 사방으로 펼쳐져 있었는데, 마치 평평한 모래사장에 만 개나 되는 막(幕)을 둘러놓은 듯 천태만상이었고, 강물은 유격 기마부대처럼 그 가운데를 종횡으로 흘렀다. 앞에 있는 높은 봉우리는 마두산(馬頭山)이라 하는데, 우뚝 서서 내려다보는 모습이 마치 대장이 큰 기를 잡고 출정 명령을 하는 듯했다.

남쪽으로 영천(靈川)을 지나 계림에 도착했다. 월서(粵西)의 순무(巡撫) 고(高) 아무개가 나의 스승이라 관서에 머물며 여름을 보냈다. 때때로 말을 타고 교외로 나들이를 나가 근교 산수 명승지는 모두 보았다. 성 안에 우뚝 솟은 것은 독수산(獨秀山)으로, 높이가 수백 장(丈)에 이르며 산 아래에 석실이 있고 석실의 천정으로 햇빛이 비추었다. 그 동북쪽에 있는 것은 복파산(伏波山)이라 하는데, 높이는 독수산과 같았으며, 바위 가

---

135 한나라 과선장군(戈船將軍) : 『한서』 「무제기(武帝紀)」에 의하면 원정(元鼎) 5년(기원전 112) 가을에 남월의 '여가(呂嘉)의 난'을 평정하기 위해 "복파장군 노박덕은 계양에서 출정하여 황수로 내려가게 하고, 누선장군 양복은 예장에서 출정하여 정수로 내려가게 하고, 귀의월후 엄은 과선장군으로 삼아 영릉에서 출정하여 이수로 내려가게 했으며, 갑은 하뢰장군으로 삼아 창오로 내려가게 했다[遣伏波將軍路博德出桂陽, 下湟水, 樓船將軍楊僕出豫章, 下湞水, 歸義越侯嚴爲戈船將軍, 出零陵, 下灕水, 甲爲下瀨將軍, 下蒼梧]"고 한다.

136 미치광이 …… 물건 : 송나라 때 서화가 미불(米芾 : 960~1279)은 평소 기이한 행동을 많이 한 탓에 '미치광이 미불'이라 불렸다. 또한 괴석을 좋아하여 기묘한 돌을 보기만 하면 절을 하였으므로 '석장(石丈)'이라고도 했다. 명말의 장대(張岱)는 항주 영은사 앞 비래봉(飛來峰)을 두고 미불의 소매 속 물건이라고 칭했다.

운데 매달린 돌이 마치 기둥처럼 아래로 드리워져 있었다. 그 서쪽에 형형색색의 바위가 있었는데, 무늬가 화려했다. 바위 중간에 있는 동굴에는 찬바람이 밤낮으로 쉬지 않고 분다 하여 풍동(風洞)이라고 불렀다. 바람을 맞으며 안으로 들어가 구불구불 험한 길을 따라 갔더니 점점 환해지는 듯하다가 갑자기 확 트였다. 누각에 들어가자 문과 창문이 시원하게 트였고 난간이 빙 둘러 있었다. 문을 열고 바라보니 수평선이 끝없이 펼쳐지고 숲은 그윽하기만 했다. 성 북쪽으로부터 흘러드는 이강 양안의 산들이 모두 기기묘묘했는데, 아까는 배 안에 있어서 미처 다 보지 못했던 것 같다. 그러다 이렇게 동굴 안에 들어와 캄캄한 산허리를 걷다가 홀연 세상 경계를 보게 되니 모두 기이한 경관처럼 느껴졌던 것이다. 배를 은하수에 띄워 천태(天台)에 이르면 아마도 이와 같으리라. 성 남쪽에 유선애(劉仙崖)가 있었는데, 그곳 바위 동굴은 마치 집처럼 생겼다. 동굴 안에 장평숙(張平叔)[137]의 「계림 백룡동의 유진인에게 드리는 노래[贈桂林白龍洞劉眞人歌]」가 새겨져 있었는데, 연단술에 대해 매우 자세히 설명하고 있었다. 성 서쪽에 칠성암(七星巖)이 있고 그 위에 서하동(棲霞洞)이 있었다. 돌계단이 아래로 수백 개 뻗어 있었고 정상에는 물결무늬 흔적이 있었다. 그 안에 길이 1장 남짓 되는 잉어 무늬가 있었는데, 머리와 눈・비늘・꼬리를 모두 갖추었다. 동굴 뒤편은 깊고 컴컴했다. 횃불을 들고 수백 걸음 들이가니 냉기가 엄습했다. 동행하던 사람들이 무서워해서 결국 함께 나왔는데, 그 지방 사람들 말을 들어보아도 그 안의 경치가 매우 괴이하다고 했다. 왕형공(王荊公: 王安石)은 이렇게 말했다.

"세상의 기괴하고 비범한 장관은 보통 험하고 먼 곳에 있어서 사람들의 걸음이 잘 닿지 않는다. 뜻이 있는 사람이 아니면 갈 수 없으며, 뜻이

137 장평숙(張平叔): 초명은 백단(伯端)이고 후에 용성(用誠)으로 바꾸었다. 호는 자양(紫陽)이다. 천태(天台) 사람이다. 희녕연간(熙寧年間: 1068~1077)에 촉(蜀) 땅을 노닐다가 유해섬(劉海蟾)을 만나 단법(丹法)을 전수받고 한참 뒤에 법원(法源)을 터득하여 『오진내외편(悟眞內外篇)』을 저술하였다. 『거사전(居士傳)』에 기록이 보인다.

있어 남들 따라 포기하지 않는다 해도 힘이 부족하면 또한 갈 수 없다. 뜻과 힘이 있어 남들 따라 게으름 부리지 않는다 해도 어둡고 아득한 곳에 이르러 도와주는 사람이 없으면 역시 갈 수 없다. 갈 힘이 충분한데도 [가지 않았다면] 남에게 비웃음을 사고 스스로 후회가 남겠지만, 내 뜻을 다해도 갈 수 없는 곳이라면 후회하지 않아도 그만이다. 나는 내가 나의 뜻을 다하지 못하고 남들 따라 그만 둔 것이 매우 후회스럽다."[138]

그 동쪽에 용은동(龍隱洞)이 있었는데, 맑은 물이 동굴 안에서 나와 강으로 흘러들었다. 강안에 산이 있었는데, 마치 코끼리 코가 강 속에 드리워진 듯 굽어 있어서 배가 그 코 사이를 지나다녔다. 강가의 산 위에 있는 동굴은 산 뒷부분까지 뻥 뚫려 있어 햇빛이 통했으며 바라보니 보름달처럼 둥글고 밝았다. 기록에 "강가의 세 동굴 중에 수월동(水月洞)이 가장 아름답다"고 한 것이 바로 이것이었다.

이번 여행은 계림에서 보낸 시간이 가장 길었는데, 요족(瑤族)·묘족(苗族)·토족(土族)·동족(僮族)이며, 이무기·산양·금계(錦鷄)·공작에 검고 흰 원숭이, 여지(荔芝)·불수(佛手) 나무·황피(黃皮)와 백랍(白蠟)나무 숲, 서까래만큼 큰 파초 줄기, 붉기가 해와 겨룰 만한 천우화(天雨花) 등 전에 본 적이 없는 것들을 모두 보았다. 다만 민심이 사납고 편협하며, 이익을 좋아하고 살인을 일삼았다. 천지신명께서 자연만 아끼고 사람은 아끼지 않았으니 어째서인가? 나는 6월 초순에 계림에 도착하여 7월 더위가 물러난 후 배에 올라 노를 돌렸다. 처음 이곳에 도착했을 때는 구름 낀 봉우리가 열기를 토하고, 벼이삭이 물결치며, 붉은 연꽃이 활짝 피고, 푸른 강물이 넘실거렸다. 그러다 관서에서 이렇게 저렇게 시간을 보내는 동안, 벼는 모두 베어지고 나뭇잎은 반쯤 누렇게 되었으며 구름은 희고 하늘은 맑아지면서 서늘한 바람이 소슬하게 불어왔다. 강남에서의 늦봄을 회상해 보았다. 날아다니던 꾀꼬리에 길게 자란 풀, 서호에 내리던 장마

138 세상의 …… 후회스럽다: 왕안석의 「포선산 유기[游褒禪山記]」에 나오는 구절이다.

비, 떨어지던 꽃과 지저귀던 새. 마치 다른 세상인 것 같구나! 왕우군(王右軍 : 王羲之)이 "지난날의 즐거움, 순식간에 이미 옛 자취가 되었네"[139]라고 하더니 정말 그러하구나!

전주를 지나며 다시 상산에 있는 절에 들어갔는데 '다시 찾아온 사람(再來人)'이라고 쓰여 있는 편액을 보고서 나는 멍하니 웃음 지었다. 부처께서 다시 세상에 나타나신 것이나 내가 이 절에 다시 들어온 것이나 마찬가지니, 이상할 것 무엇 있으리? 형주에 들러 합강정(合江亭)에 올라가 보니 상수는 남쪽에서 흘러오고 증수(蒸水)는 북쪽에서 이르렀는데, 두 강이 합쳐지는 곳에 석고산(石鼓山)이라는 한 봉우리가 우뚝 솟아 있고 그 위에 무후사가 있었다. 예전에 한유 시[140]의 주석에서 '합강정 옆에 주릉동(朱陵洞)이 있다'고 한 것을 읽은 적이 있는데, 위에 올라가 보아도 그런 것은 보이지 않았다. 배로 돌아와 뱃사공에게 물었더니 사공이 대답했다.

"주릉동은 합강정 아래에 있습니다. 하지만 권세가가 길을 막아 놓아서 유람객들이 가지 못하곤 합지요."

배에서 다시 남악을 바라보았으나, 안개와 구름이 자욱하게 가려 끝내 그 정상은 볼 수 없었다. 강산은 사람에게 있어 친구와도 같은 것. 어떤 때는 기약 없이도 만나고 어떤 때는 천리 길을 찾아가고도 만나지 못하니 어째서인가? 북쪽으로 상담(湘潭)에 이르니 소산(昭山)이 나왔다. 소왕(昭王)의 남쪽 정벌이 여기까지 이른 것이다.[141]

북쪽으로 장사(長沙 : 지금의 湖南省의 成都)에 이르렀다. 동쪽에 운모산(雲

---

139 지난날의 …… 되었네 : 왕희지의 「난정집서」에 "지난날 즐겁던 일이 순식간에 이미 옛 자취가 되니, 그로 인해 감회가 일어나지 않을 수 없다[向之所欣, 俯仰之間, 已爲陳迹, 猶不能不以之興懷]"는 구절이 있다.

140 한유 시 : 한유의 시 「합강정에서 시를 지어 자사 추군에게 보내다[題合江亭寄刺史鄒君]」를 말한다.

141 소왕(昭王)의 …… 이른 것이다 : 서주(西周) 시기 주나라 소왕이 남쪽으로 형초(荊楚) 지역을 순행하다 소산(昭山)에서 죽었다.

母山)이 있는데, 『열선전(列仙傳)』에서 "성사(星沙)의 운모(雲母)[142]를 복용하면 장생할 수 있다"고 한 그것이다. 장사성 북쪽에 있는 것은 나양산(羅洋山)이라 하고 성 남쪽에 있는 것은 묘고봉(妙高峰)이라고 한다. 상강은 장사성 서쪽에 있고 강 서쪽에는 악록산(嶽麓山)이 있다. 기록[143]에 "형산 72봉은 회안(廻雁)을 머리로 삼고, 악록을 발로 삼는다"라고 한 것이 그것이다. 그 꼭대기에 도향대(道鄉臺)가 있다. 옛날 추지완(鄒志完)[144]이 장사로 귀양 왔는데 태수(太守) 온익(溫益)이 그를 내쫓은 바람에 비오는 밤 상강을 건너 여기에서 머물렀다. 후에 장경부(張敬夫)가 그를 위해 대를 쌓고 주자(朱子)가 거기다가 '도향(道鄉)'이라고 썼다. 도향은 추지완의 별호이다. 듣건대, 추지완이 막 귀양 와 눈물을 흘리자 그의 친구는 버럭 화를 내며 이렇게 말했다고 한다.

"추지완이 도성에 살았다면 감기에 걸려 땀도 흘리지 못하고서 닷새 만에 죽을 것이네! 그래 영남 땅만 사람을 죽이겠나?"

이제와 보니, 옛날 추지완과 함께 도성에 있던 자들은 모두 사라지고 없지만 추지완만은 귀양살이를 한 덕분에 이렇게 전해지고 또 그가 어디에 거처했는지까지 알 수 있지 않은가. 도향대 아래에 있는 「악록사비(嶽麓寺碑)」는 이북해(李北海)[145]가 쓴 것이다. 한 지역이 훌륭한지 그렇지 못

---

142 운모(雲母) : 『열선전(列仙傳)』 「방회(方回)」에 "방회는 요 임금 때의 은자이다. …… 운모를 가공하여 복용했으며, 또한 병 든 사람들에게 그것을 주었다[方回者, 堯時隱人也. …… 煉食雲母, 亦與民人有病者]"라는 구절이 있다. 운모는 선약(仙藥)의 일종으로 진(晉)나라 갈홍(葛洪)의 『포박자(抱朴子)·내편(內篇)』 「선약(仙藥)」의 내용에 따르면 그 빛깔에 따라 운영(雲英)·운주(雲珠)·운액(雲液)·운사(雲沙)·자석(磁石)의 5종이 있으며 그것을 복용하면 병을 물리치고 장생하며 귀신을 쫓을 수 있다고 한다.

143 기록 : 남조 유송(劉宋) 때 서령기(徐靈期)의 『남악기(南嶽記)』를 가리킨다.

144 추지완(鄒志完) : 송나라 철종(哲宗) 때의 대신으로 간신 장돈(章惇)의 뜻을 거슬러 장사로 폄적당했다.

145 이북해(李北海) : 당나라 때 서예가 이옹(李邕 : 678~747)으로 자는 태화(泰和). 광릉(廣陵 : 지금의 강소성 揚州) 사람이다. 북해태수(北海太守)를 역임하였기에 사람들이 그를 '이북해'라고 불렀다. 행서(行書)를 잘 썼으며 왕희지의 서법을 변용하여 필법을 일신했다. 그의 아버지는 『문선(文選)』의 주를 단 이선(李善)이다.

한지는 사람에게 달려 있으니, 지역을 가리지 않고 편안하게 여기면 어디건 편히 지낼 수 있다. 나는 오령(五嶺)을 넘고 삼상(三湘)을 건너 구의산(九嶷山)을 바라보고 백월(百越) 땅을 지났는데, 하나 같이 모두 옛 시인묵객들이 통곡하며 울던 곳이었다. 그 지역에 들어가 돌아다녀보니, 풍토병으로 악명 높은 곳의 꽃은 붉었고 남쪽 오랑캐 땅의 새는 말을 할 수 있었으며, 물은 맑고 바위는 기괴하여 모두 마음에 흡족했다. 장사에 이르러 보니 숲은 넓고 그윽하며 물과 땅은 평평하고도 비옥하여 백성들도 여유롭고 관리들은 온화해 보였다. 그런데도 가태부(賈太傅)[146]는 스스로를 이기지 못하여 억울함을 품고 죽었다. '젊어서 아직 세상 경험이 많지 않다'는 말이 있더니 가태부가 바로 그러했구나. 북쪽으로 귤주(橘州)에 들렀다. 옛날에 범질부(范質夫)[147]가 남쪽으로 폄적되자 그의 부인은 매번 장돈(章惇)을 욕했다. 귤주를 지나다가 배가 뒤집히자 범공이 몸소 부인을 업고 나오면서 "이것도 역시 장돈이 한 짓이오?"라고 천천히 말했다. 나는 속이 좁은 사람이라, 범공이 이처럼 스스로 넓은 마음을 지니고 있음을 탄복해왔는데, 지금 그곳을 지나노라니 그 사람을 보는 듯했다.

북으로 상음(湘陰 : 지금의 湖南省 長沙 북쪽에 위치)에 이르니 황릉묘(黃陵廟)가 있었으니, [舜임금의] 두 비[아황(娥皇)과 여영(女英)]가 물에 빠져 죽은 곳이다. 그 동쪽에 있는 멱라강(汨羅江)은 굴원이 물에 빠져 죽은 곳이다. 광릉(廣陵)을 지나 동정호에 들어가니 넓디넓어 사방 끝이 보이지 않았다. 저녁 무렵에는 붉은 해가 물속으로 떨어지는 것을 보았고 다음날 아침에는 횃불이 수면을 사르는 것을 보았다. 점점 둥글어지면서 점점 높이 솟았는데, 그것은 바로 샛별이었다. 나는 천하를 돌아다니면서 산은 모

146 가태부(賈太傅 : B.C. 200~168) : 서한 문제 때의 문인인 가의(賈誼)를 가리킨다. 서한의 관제를 정비하기 위해 많은 의견을 상주했으나 당시 고관들의 시기로 장사왕(長沙王) 태부(太傅)로 좌천되었다. 자신의 불우한 운명을 굴원에 비유해 「조굴원부(弔屈原賦)」를 지었다.

147 범질부(范質夫) : 범중엄(范仲淹)의 둘째 아들로 중서시랑(中書侍郎)을 역임했으며, 송 철종(哲宗) 때 간신 장돈의 뜻을 거슬러 영주로 폄적되었다.

두 낮다고 여기고 강물은 모두 좁다고 여겼다. 이것은 정말로 낮고 좁아서가 아니라 눈으로 끝이 어딘지를 다 볼 수 있었기에 작다 여긴 것이었다. 사물에 있어 무엇이 크고 무엇이 작은가? 큰 것을 보고 크다 여기면 크지 않은 것이 없고, 작은 것을 보고 작다 여기면 작지 않은 것이 없다. 소자첨(蘇子瞻 : 蘇軾)이 이렇게 말했다.

"한 사발의 물을 땅에 엎고 겨자씨를 그 물에 띄우면 개미는 그 겨자씨에 몸을 의지한 채 어떻게 건너갈지 몰라 우왕좌왕한다. 얼마 후 물이 마르면 개미는 곧장 밖으로 나가 무리들을 보고 눈물을 흘리며 말한다. '다시는 그대들과 못 볼 뻔 했네! 그러나 눈 깜박할 사이에 확 트인 평탄대로가 나타날 줄 누가 알았겠나?' 생각건대, 천지간 사해는 한 사발 물과 같고 배는 겨자씨와 같으며 사람은 개미와 같다. 개미가 겨자씨에 몸을 의지하는 것이 뗏목을 타고 바다에 떠 있는 것과 다르지 않다는 것을 또 어찌 알았겠는가? 물이 말라버린 것이 바다가 뽕나무 밭으로 변한 것과 다르지 않다는 것을 또 어찌 알겠는가? 사해가 제아무리 넓다지만 그래도 끝이 있을 터인데, 눈으로 볼 수 없다고 그 망망함만 바라보며 탄식한다면, 큰 것만 보고 크다고 여기는 것에 지나지 않는다."[148]

지금 동정호에 있으면서 내 눈으로 그 끝을 볼 수 없으니 동정호가 나의 바다라고 여겨도 될 것이다.

상음을 출발한 이래 뇌석(磊石)에서 정박하고, 또 녹각(鹿角)에서 정박하고, 또 정망(井罔)에서 정박하였는데, 모두가 동정호에 있었다. 마침 때는 중추절 무렵이라 날이 청명하여 이른바 '긴 안개 걷히고 하얀 달빛이 천리 멀리까지 비쳐, 달빛 받은 물결이 금빛으로 일렁거리고, 고요한 달그림자는 구슬같이 가라앉는다'[149]는 것을 나도 보게 되었다. 북쪽으로 파릉(巴陵 : 지금의 湖南省 岳陽市)에 도착했다. 악양루는 파성(巴城)에 있었는데

148 한 사발의 물을 …… 않는다 : 이 내용은 『소해식여(蘇海識餘)』 권4에 나온다.

149 긴 안개 …… 가라앉는다 : 송나라 범중엄(范仲淹)의 「악양루기(岳陽樓記)」에 나오는 구절이다.

지금은 남아있지 않다. 그 유적지에 올라가 바라보니 군산(君山)이 빼어났다. 그 동쪽은 편산(扁山)이라 하고 또 그 동쪽은 구귀산(九龜山)이라 했으며 모두 동정호에 있었다. 파성 남쪽은 백학산(白鶴山)이라고 하는데 그 옆에는 천악령(天岳嶺)이 있고 그 위에 여선정(呂仙亭)이 있으며 여선정 앞에는 악무목의 사당이 있었다. 옛날 악비가 약속한 8일 내에 동정호에서 양요(楊幺)[150]를 진압하였기에 주민들이 그 덕을 기려 그에게 제사지냈다. 웅장한 사당의 모습은 경치 좋은 호수와 산에 자리 잡고 있다. 이곳 악양루는 순양(純陽)[151]이 세 번 지나간 곳으로, 송나라 때 등자경(滕子京)이 중수하고 범문정공(范文正公 : 范仲淹)이 기(記)를 지었으며 소자미(蘇子美)[152]가 글씨를 쓰고 소송(邵竦)이 편액을 전각했다.[153] 한창 번창했을 때에는 신선들이 오가는 곳이요 어진 사대부들이 노래하던 곳이었다. 그러나 지금은 모두 황폐한 수풀과 넝쿨, 무너진 담만 남아 있으니, 글 쓰는 선비는 말할 것도 없으려니와 신선술을 가졌다는 순양도 아끼던 곳을 지키지 못했구나. 충직한 악비는 그물에 걸린 꿩 신세가 되고[154] 그저 충성스

150 양요(楊幺 : ?~1135) : 남송 초 농민기의의 영수이다. 1133년 그가 이끄는 농민군은 20만 명에 이르렀으며, 동쪽 악양에서 서쪽으로 지강(枝江), 북쪽으로 공안(公安), 남쪽으로 장사에 이르는 광대한 지역을 점령하였다. 남송의 군대가 누차 이들에게 패하자 조정에서는 악비를 보내 양요를 소탕하게 하였고, 악비는 양요가 인심을 잃은 것을 보고 양요의 군사들을 회유하여 투항하게 하였으며 마침내 양요를 사로잡았다.

151 순양(純陽) : 전설상의 신선 여동빈(呂洞賓)의 별호로 '순양자(純陽子)'라고도 한다.

152 소자미(蘇子美) : 북송 시인 소순흠(蘇舜欽 : 1008~1048). 자미는 그의 자. 개봉(開封) 사람이다. 북송 시문혁신운동의 참가자로서 매요신(梅堯臣)과 함께 '소매(蘇梅)'라고 불렸으며 『소학사문집(蘇學士文集)』이 전해진다.

153 송나라 때 …… 전각했다 : 악양루(岳陽樓)를 중수한 등자경이 범중엄의 「악양루기」를 받아 본 후 매우 기뻐하며 서예의 대가 소순흠에게 글씨를 부탁하고 유명한 조각가 소송에게 그 글씨를 새기게 했다. 이 악양루와 기(記) · 글씨 · 판각을 '사절(四絶)'이라 한다.

154 그물에 …… 되고 : 원문은 '치리어라(雉罹於羅)'이다. 『시경 · 왕풍(王風)』 「토원(兎爰)」에 "토끼는 깡충깡충 뛰는데 꿩은 그물에 걸렸네[有兎爰爰, 雉離于羅]"라는 구절이 있다. 땅에서 다니는 토끼도 그물에 안 걸리고 자유롭게 뛰노는데 날아다니는 꿩이 그물에 걸렸다는 것은 못나고 간사한 사람들은 출세하는데 올바른 사람은 박해를 당하는 것을 비유한다.

런 인품으로 인해 사람들 가슴속에 남아 유적이 홀로 보존되어 있다. 그러니 사람이 죽어도 죽지 않는 것에는 나름의 방도가 있구나!

파릉에서 바람 때문에 닷새 동안 묶여 있다가 이른바 '음산한 바람이 성나 울부짖고 탁한 물결이 하늘로 솟구친다. 저물녘 캄캄해지니 호랑이 울고 원숭이가 울부짖는다'[155]는 광경을 나도 보게 되었다. 북쪽으로 경하(涇河) 하구를 나서서 민강(岷江)으로 들어섰다. 서북쪽으로 바라보니 형양(荊襄) 땅에 한수(漢水)와 면수(沔水)가 흐르고 비옥한 평야가 천리에 펼쳐져 있었는데, 마치 두 강 사이에 있었던 옛 연나라 조나라처럼 드넓은 대국의 풍모를 보는 듯했다. 강 남쪽 연안은 임상(臨湘)·가어(嘉魚)·포기(蒲圻) 땅으로 산이 주욱 연이어 있었다. 적벽은 가어에 있었는데, 강변에 우뚝 서 있는 적벽 위에 제풍대(祭風臺)가 있었다. 옛날 소자첨(蘇子瞻 : 蘇軾)이 황주(黃州)에서 「적벽부」를 지었는데 그곳은 무창(武昌)의 하류이다. 역사서를 고찰하여 보니 "유비는 번구(樊口)에 진을 치고 진격하여 강물을 거슬러 조조를 추격하다 적벽에서 마주쳤다"라고 하였으니 적벽은 당연히 무창의 상류이다. 또한 조조가 패한 후 화용(華容)으로 도망갔는데, 지금 가어는 화용과 가깝고 황주는 매우 멀다. 그러므로 주랑(周郎 : 周瑜)의 적벽은 의심할 바 없이 분명 가어에 있다.

북쪽으로 형구(荊口)에 이르자 두 산이 마주보고 우뚝 서 있었다. 동쪽은 경기산(驚磯山)이고 서쪽은 대군산(大軍山)이었다. 경기산에는 달마정(達摩亭)이 있었는데, 바로 달마가 갈대를 꺾어 타고 강을 건넌 곳이다. 북쪽은 면구(沔口)라고 하고 면수는 또 창랑(滄浪)이라고도 하는데, 영균(靈均)이 어부를 만난 곳이다.[156] 면구의 북쪽으로 서쪽이 한구(漢口)라고 불리는 한양부(漢陽府)이고 동쪽이 하구(夏口)라고 불리는 무창부(武昌府)다. 담처럼

---

155 음산한 …… 울부짖는다 : 범중엄의 「악양루기」의 한 구절이다.

156 영균(靈均)이 …… 곳이다 : 영균은 초나라의 시인 굴원의 자이다. 굴원의 작품으로 추정되는 「어부사」에 보면 조정에서 쫓겨나 강가를 떠돌던 굴원이 어부와의 대화를 통해 자신의 지조를 밝히고 있다.

둘린 산을 성으로 삼고, 참호처럼 생긴 강을 성지(城池)로 삼았다. 무창성 안에 산이 세 개[157] 있고, 한양성 안에 호수가 두 개[158] 있었다. 황학루(黃鶴樓)와 청천각(晴川閣)은 두 성의 높은 곳에서 서로 바라보고 있었다. 한양성 밖에 대별산(大別山)이 있고 산 아래에는 쇄혈(鎖穴)[159]이 있는데, 이곳은 오나라 손씨(孫氏)가 강을 막고 싸운 곳이다. 내 일찍이 대별산 정상에 올라 삼초(三楚)[160] 지역을 바라보았더니, 형주에서 형양까지 마을이 연이어 있고, 장강과 한수가 바다로 흘러가며, 멀리 강물이 촉(蜀) 땅에서 일렁이고, 높은 나무들이 진(秦) 땅에 떠 있는 듯했다. 물과 육지가 만나는 곳이라 배와 수레가 끊이지 않고, 온갖 물건이 모여들며 상인들이 운집해 있다. 산천의 웅장함과 백성과 물자의 번화함은 북경과 남경 이외에 여기를 능가할 곳이 없다. 그러나 타수(沱水)·잠수(潛水)·한수(漢水)·면수(沔水) 사이, 소수(瀟水)·상수(湘水)·원수(沅水)·예수(澧水) 사이는 강이 넘쳐나고 호수가 많아 백성들은 수재(水災)를 많이 당하고 도적들은 또 그 틈을 노린다. 초 땅 사람들은 날래고 경솔하며 재물 모아 둘 생각을 거의 하지 않는다. 산 속의 늪지대나 물가와 웅덩이 지역에는 떠돌이 백성들이 모여 살고 있는데, 사람들이 게으르고 사건 또한 많아 다스리기 어려우니, 이 또한 근심스런 일이다.

---

157 무창성 안에 산이 세 개 : 무창성에 있는 미산(磨山)·낙가산(駱家山)·홍산(洪山)을 말한다.

158 한양성 안에 호수가 두 개 : 한양성 안에 있는 월호(月湖)·연화호(蓮花湖)를 말한다.

159 쇄혈(鎖穴) : 대별산 북쪽 바위에 돌 구멍 두 개가 있는데 이것을 '쇄혈'이라 한다. 『오서(吳書)』「동습전(董襲傳)」과 『방여기요(方輿紀要)』 등에 의하면, 이곳은 손권이 황조(黃祖)를 공격하여 싸우던 곳이다. 황조는 면구(沔口)에 몽충[길고 가느다란 배로서 화살과 도를 막을 수 있게 쇠가죽으로 선체 감싸고 나아가 적의 전함에 충돌하여 공격할 수 있게 만든 배] 두 척을 가로질러 놓고 종려나무로 만든 밧줄로 묶어 바위에 고정시킨 다음 각각 천 명씩 궁병을 배치하여 손권의 수군이 막았으나 결국 패했다. 또 『진서(晉書)』「왕선전(王璇傳)」에 의하면, 쇄혈은 진왕(晉王)이 오를 공격했을 때 오의 마지막 왕 손호(孫皓)가 쇠사슬을 연결하여 강을 막은 곳이라고 한다.

160 삼초(三楚) : 옛 초나라 영토 지역을 말한다. 진한 시대에 넓은 초 지역을 서초(西楚)·동초(東楚)·남초(南楚)로 나누었는데 이를 합쳐 삼초라고 했다.

북쪽으로 효감(孝感 : 지금의 湖北省 孝感市)의 응산(應山)에 들어가니 산은 구종산(九宗山)과 접해 있고 물은 운몽택(雲夢澤)과 이어졌으며 봉우리는 높고 들판은 광활하여 그 기세가 매우 웅장했다. 북쪽으로 무승관(武勝關)을 나오자 높은 산과 고개가 천리에 이어지며, 오른쪽으로는 방성(方城)[161]이 늘어서 있고 왼쪽으로는 목릉(穆陵)을 품고 있었으니, 이른바 '깊고 험한 요새'라는 곳이었다. 『회남자(淮南子)』에서 "산에 아홉 개의 변새가 있다"[162]고 했는데, 이곳이 그중 하나다. 북쪽으로 신양(信陽 : 지금의 河南省 남부)에 도착하였다. 신양은 옛날 신(申)나라였고 동쪽 이웃은 식(息)나라였다. 신나라와 식나라는 초나라의 북문이었다. 또 동쪽은 채(蔡)나라와 이웃하고 있었으니, 옛날 제나라 환공이 채나라를 침략하여 채나라가 무너지자 드디어 초나라를 공격했다고 한 것은 상책이 아니었다. 채나라에서 [초나라의 수도] 영(郢)까지는 크고 작은 산들이 이루 헤아릴 수 없이 많아서 이른바 "방성을 성으로 하고 한수를 성지(城池)로 삼으니 많은 사람이 필요하지 않다"는 말이 허튼 소리가 아니었으니 말이다. 초나라를 제대로 공격한 나라로 진(秦)나라만한 나라가 없었는데, 진나라가 무관(武關)을 나서서 한천(漢川)으로 내려가면 형양(荊襄)의 울타리는 철거된 셈이었다. 삼협(三峽)을 지나서 이릉(夷陵)으로 내려가면 곧 악악(鄂岳)의 요충지를 장악한 셈이었다. 그러므로 진나라가 육국을 합병한 것도 지세로 보아 당연하다.

북쪽으로 확산(確山)을 지나 수평(遂平 : 지금의 河南省 遂平縣)에 이르니 사야산(楂枒山)이 나왔는데, 당나라 때 이관(李觀)과 오원제(吳元濟)가 이곳에

161 방성(方城) : 춘추 시기 초나라 북쪽에 있던 장성(長城)으로 지금의 하남성 방성현(方城縣)에 있으며, 복우산(伏牛山)을 돌아 북쪽으로 등현(鄧縣)에 이르렀다. 옛날 아홉 개의 변새 중 하나이다.

162 산에 …… 있다 : 원문에서는 출전을 『회남자』라고 하였는데 『회남자』에는 이 문장이 보이지 않는다. 『여씨춘추(呂氏春秋)』 「유시(有始)」에서 "산에 아홉 개의 변새가 있다 …… 그것들은 무엇인가? 대분·명액·형완·방성·효·정형·영자·구주·거용이 그것이다[山有九塞 …… 何謂九塞? 大汾·冥阸·荊阮·方城·殽·井陘·令疵·句注·居庸]"라고 하였다.

서 전투를 벌였다.[163] 다시 북쪽으로 가서 서평(西平 : 지금의 河南省 西平縣)에 도착하니 치수(溠水)가 나왔다. 옛날에 광무제(光武帝)가 곤양(昆陽)에서 왕심(王尋)이 이끄는 군대를 무찔렀을 때, 병사들이 너무 많이 죽어 [시체가 강물을 메운 바람에] 치수가 흐르지 않았다[164]고 하는데, 그 치수가 바로 이곳이다. 북쪽으로 섭현(葉縣 : 지금의 河南省 중부)에 이르렀다. 이곳은 심제량(沈諸梁)[165]의 봉읍이었다. 북쪽에 황성산(黃城山)이 있고 산 아래에 장저(長沮)와 걸닉(桀溺)이 은거하던 마을이 있었다. 자로가 나루터를 묻던 곳이기도 하다.[166] 북쪽으로 여수(汝水)를 건너 양성(襄城 : 지금의 河南省 許昌市의 屬縣)에 도착했다. 양성 남쪽에 수산(首山)이 있었다. 여수 · 채주(蔡州) · 영수(潁水) · 허주(許州) 사이는 평야가 비옥하고, 그 가운데 수산이 우뚝 솟아 있다. 역사서에서 천하의 명산 여덟 개 중 셋은 오랑캐 땅에 있고 다섯은 중국에 있으며, 모두 황제(黃帝)가 다녀갔다고 하였는데[167] 수산도

---

163 당나라 때 …… 벌였다 : 당나라 헌종 때 회서절도사(淮西節度使) 오원제(吳元濟 : 783~817)가 반란을 일으키자, 이소(李愬)가 눈 온 밤에 채주(蔡州)를 기습하여 성을 함락하고 오원제를 생포하였다. 이후 오원제는 장안에서 참수되었다. 이관은 이소(李愬)의 오기로 보인다.

164 옛날에 …… 않았다 : 『수경주(水經注)』 권31에 의하면 "옛날 한나라 광무제가 왕심(王尋) · 왕읍(王邑)의 무리를 곤양에서 무찔렀는데 마침 폭우가 쏟아져 치천(滍川)이 불어나는 바람에 도망가던 병사들 중 수 많은 사람들이 익사하여 물이 흐르지 않게 되었다(昔漢光武與王尋 · 王邑戰於昆陽, 敗之. …… 會大雨如注, 滍川盛溢, 虎豹皆股戰, 士卒爭赴, 溺死者以萬數, 水爲不流)"고 한다.

165 심제량(沈諸梁 : B.C. 529?~?) : 자는 자고(子高)이며 춘추시대 초나라 군사가이자 정치가이다. 초나라 소왕(昭王)이 섬읍(葉邑)에 봉했기 때문에 섭공(葉公)이라고도 한다.

166 장저(長沮)와 …… 하다 : 장저와 걸닉은 모두 초나라의 은사들이다. 공자가 제자들을 데리고 섭(葉) 땅을 떠나 채(蔡)나라로 가는 길에 대별산 아래에서 한 하천이 가는 길을 막았다. 이때 공자가 자로를 시켜 밭에서 일하고 있던 초나라 은사 장저와 걸닉에게 나루터를 물어보게 하였다. 이 이야기는 『사기』 「공자세가(孔子世家)」와 『논어』 「미자(微子)」에 보인다.

167 역사서에서 …… 하였는데 : 여기에서 역사서는 『사기』를 말한다. 『사기』 「무제본기(武帝本紀)」의 기록은 다음과 같다. "천하에 명산이 여덟 개가 있는데 그 중 세 개는 오랑캐 땅에 있고 다섯 개는 중국에 있다. 중국의 화산 · 수산 · 태실 · 태산 · 동래 이 다섯 산은 황제가 자주 노닐며 신화 만나던 곳이다(天下名山八, 而三在蠻夷, 五

그 중 하나이다. 옛날 황제는 공동산(崆峒山)에서 도를 물은 후[168] 양성을 노닐고 구자산(具茨山)에 올라가서 대외(大隗)를 찾아갔다.[169] 공동산은 겹욕(郟鄏)[170]에 있고 구자산은 신정(新鄭)에 있으며 수산과 서로 마주보고 있다. 양성은 정(鄭)나라 사(汜) 땅으로 주나라 양왕(襄王)이 도망 와서 살던 곳이다.[171]

서쪽으로 우주(禹州)에 이르렀는데, 이곳은 우(禹)임금의 봉읍이었다. 북쪽으로 고성(告城)에 이르렀는데, 이곳은 옛 양성(陽城) 땅이었다. 고성은 영수에 임해 있고 기산(箕山)을 바라보고 숭악(嵩嶽 : 嵩山)을 등지고 있었다. 왼쪽에는 성고(成皐),[172] 오른쪽에는 이궐(伊闕)[173]이 있으며 높은 산이 사방을 에워싸고 있고 맑은 물이 에둘러 흘렀다. 높고 평평한 곳에 주공(周公)의 측영대(測影臺)가 있었다. [이곳에는] 높이가 7척에 달하는 큰 바위가 우뚝 서 있었는데, 아랫부분은 사방 5척, 윗부분은 사방 3척이었다. 『주례(周禮)』「대사도(大司徒)」에서 말하기를, '토규(土圭)[174]의 법으로 땅의

在中國. 中國華山・首山・太室・泰山・東萊, 此五山黃帝之所常遊, 與神會]."

168 옛날 …… 물은 후 : 『장자(莊子)』「재유(在宥)」에 "광성자가 공동산에서 도를 배웠고, 황제가 광성자에게 도를 물었다[廣成子學道崆峒山, 黃帝問道於廣成子]"는 기록이 있다.

169 구자산(具茨山)에 …… 찾아갔다 : 『장자』「서무귀(徐無鬼)」에서 "황제가 구자산에서 대외를 만나고자 했다[黃帝將見大隗於具茨之山]"고 했으며 육덕명(陸德明)은 이에 대해 『석문(釋文)』에서 "대외는 신의 이름이라고도 한다[或云, 大隗, 神名也]"고 했다.

170 겹욕(郟鄏) : 주나라 때의 동도(東都)로 지금의 하남성 낙양(洛陽)이다. 『좌전(左傳)』「선공(宣公) 3년」에 "성왕이 겹욕을 도성으로 정했다[成王定鼎于郟鄏]"는 기록이 있다.

171 양성은 …… 살던 곳이다 : 『좌전』「희공(僖公) 24년」의 기록에 의하면, 주나라 양왕(襄王)의 아우 왕자 대(帶)가 적군(狄軍)을 이끌고 양왕을 공격하여 양왕이 정나라 사(汜) 땅으로 도망갔다고 한다.

172 성고(成皐) : 성고에서의 전투는 중국 역사상 약한 쪽이 강한 쪽을 이긴 유명한 전투 사례로 꼽힌다. 항우가 우세한 상황에서 유방의 군대를 무찌르고 형양(滎陽)과 성고(成皐)를 점령하고 대사마(大司馬) 조구(曹咎)를 보내 성고를 지키게 하였다. 기원전 203년 조구가 군사를 이끌고 사수(汜水)를 반 쯤 건넜을 때 유방이 이들을 공격하여 초나라 군대를 크게 무찌르고 성고를 수복하였다.

173 이궐(伊闕) : 이궐지전(伊闕之戰)으로 유명하다. 주나라 난왕(赧王) 22년(B.C. 293), 진(秦)나라 백기(白起)가 이궐에서 위(魏)・한(韓) 연합군과 싸워 크게 이기고 이궐을 차지했다.

174 토규(土圭) : 토규는 고대에 해 그림자를 측정하여 사시(四時)를 바로잡고 토지를 측

깊이를 재고, 해 그림자를 바로 잡아 지중(地中 : 땅의 중심)을 구한다'고 했다. 해가 남쪽에 있을 때 그림자가 짧고, 해가 북쪽에 있을 때 그림자가 길며, 하지나 동지 때 그림자는 1척 5촌인데, 이것이 바로 토규의 법이라는 것이다. 북쪽으로 등봉(登封 : 지금의 河南省 登封市)에 이르렀는데, 이곳은 숭산의 태실산(太室山)과 소실산(少室山) 사이에 끼어 있었다. 태실산의 봉우리들은 마치 성 담처럼 즐비하게 서 있고, 소실산의 봉우리들은 높은 누대와 건물들처럼 곧게 뻗어 있다. 비록 태산이나 형산, 화산이 지닌 험준함과 기이함은 없었지만 기상이 온화하고 모습이 수려하여, 마치 왕이 궁궐 중앙에 앉아 면류관을 단정히 쓰고 띠를 늘어뜨린 채 만방을 통치하는데, 목소리와 표정이 위엄 있지는 않지만 그 덕이 멀리 이르는 것과 같았다. 중악묘(中嶽廟)는 태실산 남쪽에 있었고 소림사(少林寺)는 소실산 북쪽에 있었다. 뭇 봉우리들이 에워싸고 있어서 인간 세상과 단절되어 있고 흐르는 물과 물속의 바위들은 맑고 그윽하여 절경을 연출하였다. 때는 마침 깊은 가을이라, 흰 구름과 단풍잎, 푸른 측백나무와 노란 국화꽃들이 산등성이를 수놓은 모습이 자연이 만들어 낸 한 폭의 그림과도 같았다. 악양루와 황학루가 강호의 넓음을 다했다면 영은사와 소림사는 산악의 빼어난 아름다움을 다했다. 잠이 들면 꿈에 보이고 꿈에서 깨어서도 눈앞에 어른거리나니, 말과 글로 전할 수 있는 바가 아니로다! 소림사에서 달마(達摩)의 유적에 대해 물으니 스님이 이렇게 말했다.

"절 서쪽으로 사오 리 되는 깊은 산 중에 오랜 바위동굴이 있는데 이것이 바로 [달마대사께서] '9년 면벽'하신 곳입니다. 지금도 동굴 안에 '달마대사의 그림자'가 있습니다."

정하던 기구이다. 『주례 · 지관(地官)』「대사도(大司徒)」에 "토규의 법으로 땅의 깊이를 재고 해 그림자를 바로하여 땅의 중심을 구한다[以土圭之法, 測土深, 正日景, 以求地中]"고 하였다. 이에 대해 가공언(賈公彦)은 "토규는 1척5촌으로 주공 섭정 4년에 땅의 중심을 구해 왕성을 건설하고자 하여 토규로 해 그림자를 재는 방법으로 측량했다[土圭尺有五寸, 周公攝政四年, 欲求土中而營王城, 故以土圭度日景之法測度也]"고 소(疏)를 달았다.

그러나 나는 이를 보지 못했다.

숭산을 나와 낙수(洛水)를 건너 언사(偃師 : 지금의 河南省 偃師市)에 이르렀다. 가는 도중에 전횡(田横)[175]과 허원(許遠)[176]의 무덤을 보았다. 북쪽에 있는 구산(緱山)은 왕자진(王子晉)[177]이 신선이 되어 올라간 곳이다. 북쪽으로 북망산(北邙山)에 올라 낙양(洛陽)을 바라보았다. 옛날 반맹견(班孟堅 : 班固)의 「양도부(兩都賦)」와 장평자(張平子 : 張衡)의 「이경부(二京賦)」 등 여러 부(賦)에서 낙양의 훌륭한 모습을 매우 자세하게 묘사했거늘, 미처 겨를이 없어 가보지 못한 것이 지금도 회한에 사무친다. 맹진(孟津)에서 강을 건너 맹현(孟縣 : 지금의 河南省 孟縣)에 도착했다. 맹현은 하양(河陽)으로 주나라 양왕(襄王)이 여기에서 사냥을 했었다. 북쪽으로 심수(沁水)를 건너 태행산(太行山)에 올랐다. 태행산 꼭대기에서 내려다보니 머리는 하내(河內)에서 시작하여 꼬리는 계(薊)땅과 요(遼)땅까지 닿아 있었다. 갈석산(碣石山)・항산(恒山)・석성산(析城山)・왕옥산(王屋山)은 모두 태행산맥이다. 긴 산비탈에 구름이 일고, 높은 언덕은 해를 가리며, 길은 온통 이끼 긴 푸른 돌이어서 거울처럼 미끄러웠으니, 실로 세상에서 가장 험준한 곳이었다. 태행산을 올라 사방을 바라보니 구주(九州)의 구역이 일일이 손가락으로 가리킬 수 있을 정도였다. 진(秦)과 진(晉)은 산으로 가로 막히고, 오

---

175 전횡(田横 : ?~B.C. 202) : 진(秦)나라 말기의 인물로서 형인 전담(田儋)・전영(田榮)과 함께 진나라에 반기를 들고 제(齊)를 다시 일으켰다. 한나라의 유방(劉邦)이 천하를 평정하자 빈객 5백여 명과 섬에 숨어 살다가, 유방의 부름을 받고 낙양으로 가던 중에 자결하였다.

176 허원(許遠 : 709~757) : 허원은 자가 영위(令威)이며 항주(杭州) 염관(鹽官 : 지금의 절강성 海寧 서남부) 사람이다. 당나라 천보 4년(755), 안녹산의 난이 일어나자 현종(玄宗)이 그를 불러 수양태수(睢陽太守)로 삼았다. 그는 수양(지금의 하남성 商丘)에서 적장(賊將) 윤자기(尹子奇)를 막았으나, 식량이 다하고 지원군이 오지 않아 결국 성이 함락되었고 낙양으로 이송되었다가 안경서(安慶緖)가 패해 황하를 건너 도망칠 때 살해되었다.

177 왕자진(王子晉) : 왕자교(王子喬)의 자이다. 주 영왕(靈王)의 태자로 생황으로 봉황소리 내는 것을 좋아하였는데 이후에 숭산에 들어가 수련을 한 후 신선이 되었다고 한다.

(吳)와 월(越)은 강물로 막혔으며, 청(靑)과 제(齊)는 바다를 업고 있고, 연(燕)과 조(趙)는 물을 사이에 두고 양쪽 가에 있었다. 중원의 평평한 땅은 바로 삼하(三河)[178] 안에 있었다. 주(周)·노(魯)·송(宋)·위(衛)·진(陳)·채(蔡)·허(許)·등(鄧)·숙(宿)·기(杞)·주(邾)·심(沈)·우(虞)·형(邢)·괵(虢) 등 『춘추』에 적혀 있는 여러 나라 및 하·은·동한·북송·오대·양·당의 옛 도성이 모두 여기에 있었다. 이곳은 구주를 총괄하는 곳이요, 화하의 문지방이다. 농토가 비옥하고 물산이 풍부하여 이른바 천하의 중심이요 땅의 중앙이며 음양이 모이는 곳이고 비바람이 조화를 이루는 곳이다. 태행산을 지나 북쪽으로 가면 내 고향 산서(山西) 땅이다.

총괄하여 생각해 보니, 천하의 대세란 물은 두 길로 모이고 산은 세 줄기로 나뉘며, 황하는 곤륜산에서 나오고 장강은 민촉(岷蜀 : 四川지역)에서 발원하는데, 모두 서쪽 끝에서 시작되어 동쪽 바다로 들어간다. 황하 이북의 강물은 모두 남쪽으로 흐르고, 장강 이남의 물은 모두 북쪽으로 흘러든다. 한수 남쪽으로는 장강으로 흘러들고, 회수 북쪽은 황하로 흘러드니, 비록 '사독(四瀆)'이라고 부르기는 하지만 둘 뿐인 것이다. 태행산의 구변(九邊)은 서쪽으로는 옥문관(玉門關)에 닿고, 동쪽으로는 조선(朝鮮)에 이르는데 이것이 북쪽 줄기이다. 오령과 형산·무산은 서쪽으로 아미산과 맞닿고 동쪽으로는 회계산에 이르는데 이것이 남쪽 줄기이다. 민산(岷山)·파산(嶓山)·화산·숭산은 가운데 줄기이다. 태산은 우뚝 솟아 숭산과 이어지지 않지만 이것도 가운데 줄기에 속한다. 북방은 [오행에서] 수(水)에 해당하므로 연(燕)·진(秦)·삼진(三晉) 지역의 산은 색이 검고 파도처럼 일렁인다. 동방은 '목(木)'이므로 제·노·오·월 지역의 산은 색이 푸르고 숲을 이루어 수려하다. 초남(楚南)·민월(閩粤) 지역은 봉우리가 뾰족하고 흙이 붉으며, 월서(粤西)·검(黔)·촉(蜀) 지역은 돌이 희

178 삼하(三河) : 한나라 때 하내(河內)·하동(河東)·하남(河南) 3군을 삼하라고 하였는데 지금의 하남성 낙양을 중심으로 황하 남북 일대를 말한다. 또는 황하(黃河)·회하(淮河)·낙하(洛河)를 삼하라고 한다.

고 모양이 네모나다. 하늘에 오행이 있고 [땅의] 오방(五方)이 여기에 상응한다. 장강은 넓고 느리며, 황하는 흐름이 급하다. 초호(焦湖)는 희고 파양호는 붉으며 동정호는 맑다. 이것이 대략적인 비교이다.

이번 여행에서 사해 가운데 셋 근처까지 가보았고, 구주 가운데 일곱 주를 다녔으며, 오악 가운데 넷을 보았고, 사독은 모두 보았다. 제왕의 도읍지, 성현의 거처, 백성과 물자가 모이는 교통이 발달한 대도시, 영웅들이 다투던 험한 요새, 문인·학사들이 노래하던 명승고적들을 [이번 여행에서] 대부분 둘러보았다. 다만 호방하고 기이한 인재나 홀로 수양하고 있는 선비들이 산꼭대기나 물가에서 은거하고 있을지, 어부나 나무꾼이나 장사꾼들 사이에 섞여 있었을지 모르건만, 나는 하나도 만나보지 못했다. 조물주가 아직 그런 자들을 낳지 않았기 때문인가? 아니면 내가 만나지 못한 것인가? 아니면 만나고도 알아보지 못한 것인가? 유감이로다! 그러나 진실로 내가 마음으로 잘 헤아려 취할 수만 있다면, 산에서는 어진 자의 고요함을 볼 것이며, 물에서는 지혜로운 자의 역동성을 볼 것이다.[179] 우뚝 솟고 콸콸 용솟음치는 모습을 보면 한 시대를 호령하던 용사의 모습을 본 듯할 것이고 고운 산 잔잔한 물결을 보면 숙녀와 군자의 온화함을 본 듯할 것이다. 그렇다면 내가 날마다 그러한 사람들을 만났다 해도 안 될 것은 없다!

한편으로 생각해보니, 천지조화는 음양의 조화일 뿐이다. 음만으로 만물을 낳을 수 없고 양만으로 만물을 이룰 수 없다. 그래서 끝없는 사막 북쪽은 불모지이고 교주(交州 : 廣西省과 베트남 북부 일대)와 광주(廣州 : 지금의 廣東省 廣州市) 이남은 물이 많아 문명은 이 진단(震旦)[180] 지역에서만 나왔을 따름이다. 북쪽으로 호(胡) 땅에 가고 남쪽으로 월(越) 땅에 가는 것은

---

179 산에서는 …… 볼 것이다 : 이 말은 『논어』 「옹야(雍也)」의 "공자가 말했다. 지혜로운 자는 물을 좋아하고 어진 자는 산을 좋아하며 지혜로운 자는 역동적이고 어진 자는 고요하며 지혜로운 자는 즐거워하고 어진 자는 오래 산다[子曰 : 知者樂水, 仁者樂山, 知者動, 仁者靜, 知者樂, 仁者壽]"에서 나왔다.

180 진단(震旦) : 고대 인도에서 중국을 부르던 명칭으로 즉 중국을 가리킨다.

세 달이면 족하고, 곤륜산에서 동해에 이르는 것도 반년의 여정이면 된다. 이것으로 미루어 볼 때, 대지도 작디작다. 내가 2월에 도성을 나설 때 하북에는 아직 풀이 나지 않았었다. 오 땅에 이르니 꽃이 피고 월(越) 땅에 이르니 꽃이 떨어졌으며, 초 땅에 들어서니 모내기를 하고 월(粵) 땅에 이르니 벼를 수확했다. 월서(粵西)에서 배를 돌릴 때는 가을이 깊어 하늘이 높았고, 하남에 이르니 나뭇잎들이 모두 떨어졌으며, 산서로 돌아오니 눈비가 땅을 가득 덮었다. 순식간에 사계절이 한 바퀴 돌았으니, 이것으로 볼 때 고금이라는 시간 또한 짧디 짧은 것이다. 사람의 마음이란 자득할 수 없어 밖에서 편안함을 추구하기 때문에 아름다운 경치를 보면 즐거움이 생겨나는 것이다. 사람의 성정이란 스스로 안정할 수 없어 형체에 의지하기 때문에 유한한 시간 속의 사물이 지나가면 슬픔이 생겨나는 것이다. 즐거움은 순간이지만 슬픔은 끝날 기약이 없구나! 나는 천지간에 스스로 살아가는 데 갖추어야 것을 하나도 갖추고 있지 않은 것만 같다. 송경렴(宋景濂)[181]이 말했다.

"증삼(曾參)·원헌(原憲)[182] 같은 옛 사람들은 평생토록 쑥 더미로 뒤덮인 문도 없는 누추한 집에 살았지만, 뜻만은 매우 커서 천하를 감싸고도 남았으니, 이는 어째서인가! 혹 산수 바깥의 것으로부터 얻는 것이 있지 아니한가?"

또 맹자는 "만물이 모두 나에게 갖추어져 있다"[183]고 하셨고, 노자는

181 송경렴(宋景濂) : 명초 문학가 송렴(宋濂 : 1310~1381)을 가리킨다. 자가 경렴, 호가 잠계(潛溪)이며 별호로는 현진자(玄眞子)·현진도사(玄眞道士) 등이 있다. 포강(浦江 : 지금의 절강성 義烏) 사람으로 어린 시절 집안이 매우 가난했으나 각고의 노력으로 학문에 힘써 명나라 개국 후에는 한림학사 승지(承旨) 지제고(知制誥)의 관직에까지 올랐으며 『원사(元史)』 편찬의 책임을 맡았다. 정통 고문가로서 특히 전기문(傳記文)과 기서문(記敍文)에 뛰어나 산문의 대가로 인정받았다. 작품집으로는 『송학사전집(宋學士全集)』 등이 있다.

182 원헌(原憲 : B.C. 515~?) : 공자의 제자로 자는 자사(子思)이다. 원헌은 빈한한 집안 출신이나 곧은 성품을 지녔으며 일생동안 안빈낙도하여 세속에 휩쓸리지 않았다.

183 만물이 …… 있다 : 『맹자』 「고자하(告子下)」에 "맹자가 말했다. '만물이 모두 나에게 갖추어져 있으니 자신을 돌이켜 보아 성실하다면 즐거움이 이보다 큰 것이 없다(孟

"집을 나서지 않고도 천하를 안다"[184]고 하셨으니 이러한 말씀들은 헛소리가 아니다. 땅으로 막혀있기 때문에 산천에는 경계가 있을 수밖에 없고, 형상에 구애받기 때문에 견문에는 막힘이 있을 수밖에 없다. 진실로 그 마음이 외물과 더불어 변화하고 본성이 하늘과 통한다면, 천지가 왜 높고 깊은지, 인물이 왜 영화롭고 쇠락하는지, 산하가 왜 흐르고 우뚝 솟는지가 촛불을 비추어 낱낱이 셈 하듯 분명해질 것이다! 가슴에 풍운이 일고 방 안에 해악(海嶽)이 나타나니, 귀로 직접 접한 후에야 들은 것이고, 눈으로 직접 확인한 후에야 본 것은 아닐 것이다. 그러므로 앞으로 나는 여행하지 않아도 그만이다. 하지만 나는 여행하고 있지 않은 순간이 없을 것이다.

장산래가 말한다.

호호탕탕, 거리낌 없이 쏟아낸 만 천여 자. 그가 오르고 건너고 이른 곳을 붓 가는 대로 수식하고 서술하였는데, 아름답고 유려하기도 하지만 또한 격앙되고 비분강해하기도 하여 우주를 포괄하고 마음을 넓히기에 충분하다. 진정 만고의 기이한 문장이로구나! 지극히 훌륭한 문장과 오묘한 문장이니, 산수 묘사한 부분만을 감상하는 데 그쳐서는 안 될 것이다!

遊亦多術矣. 昔禹乘四載, 刊山通道以治水. 孔子・孟子周游列國, 以行其道. 太史公覽四海名山大川, 以奇其文. 他如好大之君, 東封西狩以蕩心, 山人羽客, 窮幽極遠以行怪, 士人京宦之貧而無事者, 投刺四方以射財. 此遊之大較也, 餘皆無當焉. 蓋余之少也, 淡於名利, 而中無所得, 不能自適, 每寄情於山水. 既登第, 授館職, 匏繫都門, 非所好也.

子曰, 萬物皆備於我矣, 反身而誠, 樂莫大焉]"고 했다.

184 집을 …… 안다 : 『도덕경(道德經)』 47장에 "집을 나서지 않고도 천하를 알며, 창을 엿보지 않고도 천도를 안다[不出戶, 知天下, 不窺牖, 知天道]"고 했다.

己亥之夏, 以母病告假歸省. 其秋, 遂丁母艱. 罔極未報, 風木餘悲, 加以荊妻溘逝, 稚子夭殘. 不能鼓缶, 幾致喪明. 學不貞遇, 爲境所困, 欲復寄踪山水之間, 聊以不永懷而不永傷焉. 『詩』云: "駕言出遊, 以寫我憂", 此之謂也.

庚子秋, 束裝策蹇, 東抵晋陽, 繫舟石室之山. 懸甕難老之泉, 柳溪汾晉之水, 圓通白水之觀, 浮沉其中者累月. 東出故關, 道井陘, 過眞定, 歷清苑. 觀背水於獲鹿, 食麥飯於滹沱, 望恒岳於曲陽, 訪金臺於易水, 仰伊祁於慶都, 思軒轅於涿郡. 已而北走軍都, 臨居庸, 登天壽, 東浴陽泉, 遂至漁陽. 上崆峒, 下玉田, 涉盧龍, 懷孤竹, 浮沉其中者又累月. 家世塞北, 今到遼西, 三過風景, 約略相同. 時值冬暮, 層氷峨峨, 飛雪千里, 叢林如束, 陰風怒號, 不自知其悲從中來也.

因而決計南行, 返都中治裝. 適吾友李子景蓮不得志於禮闈, 遂與之偕. 辛丑二月二十四日出都, 此則吾南遊之始也.

都中攘攘, 緇塵如霧. 出春明門, 覺日白而天青. 過盧溝橋, 至琉璃河. 盧溝者, 桑干也, 琉璃河者, 聖水也. 南有昭烈故居, 又有酈道元宅, 注『水經』之所也. 南至白溝, 昔宋·遼分界之處. 南至雄縣, 有湖, 一望烟水彌漫. 極浦桅帆, 雲中隱現, 亦河北巨觀也. 過任丘, 有顓頊氏之故城. 南至於河間, 九河故道, 漫滅不辨. 滹沱·易·淸·衡·漳·潞·衛·高·交·淇·濡, 皆經其境以入海. 府首曰獻縣, 昔河間獻工之都. 南出阜城, 至景州. 景州, 古條地, 周亞夫封於此. 有董家里, 仲舒下帷之所也.

東至德州, 入山東境. 州城臨運河, 船桅如麻. 南至平原, 昔博徒賣漿, 毛公·薜公, 以及東方生·管公明, 皆奇士, 今得毋有存焉者乎? 平原君廟內有顔魯公碑, 惜匆匆過, 未見也. 東南至齊河. 自涿州背西山而南, 七日走九百里, 極目平疇, 至齊河始見山. 齊河水淸, 抱縣城如碧玉環, 石橋跨之. 兩岸桃柳, 新綠嫣紅, 臨水映發, 爲徘徊橋上者移時.

南四十里曰開山, 遂入山. 途中矯首欲望東嶽, 而適微雨, 雲山歷亂,時於雲外見高峯. 以爲是矣, 曾不數里, 又有高者. 午後見一峯甚高, 怪石突起, 烟嵐擁護, 謂必是矣. 已而川勢東開, 山形北轉, 遠而望之, 更有高者. 蓋余從泰山之北來, 午前見背, 午後見臂, 至泰安州始當其面. 而又値雲封, 故終日望而未之見也.

次早欲上, 土人云: "不可. 山頂有娘娘廟, 領官票而後得入. 票銀人二錢, 曰口稅." 夫東嶽自有神, 所謂'娘娘'者, 始於何代? 功德何等? 愚民引夫婦奔走求福, 爲民上者旣不能禁, 又因以爲利. 不得已, 亦領票. 得票欲上, 人又云: "不可. 山之高四十里, 窮日乃至其巓. 玆向午已遲, 且天陰. 下晴上猶陰, 下陰上必雨. 雨濕風冷, 請以異日."

因而觀城中之廟. 廟去城之南門二百步許, 而以北城爲後垣, 一城之中, 廟居大半焉. 階墀多古栢, 云漢武東封時所植. 階墀有碑, 其文曰: "磅礴東海之西, 中國之東. 參穹靈秀, 生同天地, 形勢巍然. 古者帝王登之, 觀滄海, 察地利, 以安民生. 祝曰: '泰山於敬則致, 於禮則宜. 自唐加神之封號, 歷代相沿至今. 曩者元君失馭, 海內鼎沸, 生民塗炭. 予起布衣, 承上天后土之命, 百神陰祐, 削平暴亂, 正位稱職. 奉天地, 享鬼神, 以依時統一人民, 法當式古. 今寰宇旣淸, 特修祀儀. 因神有歷代之封號, 予起寒微, 詳之再三, 畏不敢效. 蓋神與穹昊同始, 靈鎭一方, 其來不知歲月幾何, 神之所以靈, 人莫能測. 其職受命於上天后土, 爲人君者, 何敢爲焉? 懼不敢加號, 特以'東嶽之神'名其名, 依時祭神, 惟神鑒之.' 洪武三年六月二十日." 可謂辭嚴義正矣. 廟中望山頂如屛風, 中挂白練. 問之, 人曰: "南天門也." 因與景蓮約. 起二更, 奮力急趨, 雞鳴至其巓, 可觀滄海日出也.

如約起, 遙見火光明滅, 高與星亂. 至則皆貧民男女數千, 宿止道旁, 然炬以丐錢. 敎養失而民鮮恥, 可慨已! 山足曰紅門, 紅門以後, 路皆石階. 時聞堦旁潺潺有水聲. 四更至廻馬嶺, 階級愈峻, 如行壁上. 雞鳴至玉皇廟, 謂至頂矣. 導者笑曰: "甫半耳!" 因少憩. 黎明, 緣澗水, 度石橋, 見兩峯對立, 中有瀑布. 時宿雨初晴, 朝光澄徹. 山嵐護石, 松翠浮空, 瀑流飛響, 淸心韻耳. 磴道從西峯上, 有碑, 題曰'五大夫松'. 碑下仰望, 見兩峯之頂, 高揷煙霄. 心中竊擬謂此山巓也. 攀登久之, 廻首遐眺, 見松山頂在我足下, 昨所望見諸峯, 在松山下, 齊魯數千里之山, 又在諸峯下. 蓋已飄飄凌雲矣, 不意峯回路轉, 更見高峯.

天門之峯, 無點土, 亦無寸草, 石脈長而廉隅四出, 駢植疊累, 皺若蓮菊. 磴道直上十里, 乃城中所望若白練者. 蓋吾從碑下望松山, 似高於城中望天門. 今於此地望天門, 實高於碑下望松山. 道旁石上刻四大字, 曰'仰之彌高', 其信然矣! 磴列鐵柱, 中貫鐵索. 授索而登, 抱柱而息. 比磴道盡, 反無所見. 蓋下望天門, 乃其絶頂. 旣至其上, 又有高峯擁蔽焉. 紆廻攀躋, 見所謂'娘娘廟'者在秦觀峯下. 正殿五間, 而三門皆有銅柵. 門內金錢, 積深二三尺. 堂上有三銅碑, 明末大璫所鑄. 餘無可觀. 東廡檐下, 石柱中斷, 余坐其上而休焉. 俯視有字, 拂試辨之, 則李斯篆也. 其文曰: "盛德丞相臣斯, 臣去疾, 御史大夫臣德昧死言: 臣請具刻詔書金石, 刻因明白矣. 臣昧死請. 制曰: 可." 筆法高古秀勁, 非漢·晉人所能及. 廟後後壁高十餘丈, 唐磨崖碑在焉. 崖西洞中, 有泉甘冽. 崖後上里許, 登秦觀峯, 乃泰山之巓也.

擧頭天外, 俯視寰中, 浩浩茫茫, 四無涯際. 東見靑·營, 負山阻海. 北顧塞垣, 橫亘萬里, 河朔諸州, 星羅棋布. 循太行而西, 中州之沃衍, 咸陽之阻隘, 皆可指數. 黃河由華陰走兗·徐, 灣環若衣帶. 嵩山二室, 如兩拳石. 淮陽之間, 一望平蕪. "登泰山而小天下", 果不誣也! 峯巓有殿, 庭中石崛起. 意古者金泥玉檢文皆封於此. 門前石表, 始皇所建, 高二丈餘而無字. 日觀在東, 月觀在西, 高皆與秦觀等. 古蹟名勝, 不可遍覩, 薄暮遂下, 至松山而少憩. 回思三觀, 如在天上. 又下見朝陽洞, 石穴幽邃. 又下見水簾洞, 流水蔽巖. 下至山麓, 見一巨人. 與之竝立, 翹足伸手, 而不能摹其頂. 古者長狄在齊·魯之間, 豈其遺種與?

次早, 由泰安趨曲阜. 曩在山上, 視泰安城如掌大, 汶水一線, 環於城外, 徂徠若堵, 蹲於汶上. 出泰安城, 不見水與山也. 行五十里, 見大河廣濶, 乃汶水也. 又五十里, 見崇山巍峨, 乃徂徠也. 相去百里, 而俯視不過數武, 其高可想矣. 徂徠之西曰梁父, 對峙若門. 從門南出, 平疇沃衍, 泗水西流. 孔林在泗水南, 洙水在孔林南. 曲阜在洙水南, 沂水在曲阜南. 孔林方十餘里, 其樹蔽天, 其英蔽地. 至聖墓, 有紅牆環立. 牆中草樹愈密, 修榦叢薄, 側不容人, 而景色開明, 初無幽陰之氣. 至聖墓, 産蓍草. 碑曰'大成至聖文宣王墓', 西偏小屋三間, 顔曰'子貢廬墓處'. 東南有泗水侯墓, 正南有沂國公墓. 牆東南有枯木, 石欄護之, 子貢手植楷也, 旁有楷亭. 其北有駐蹕亭, 人君謁墓更衣之所. 門外有洙水橋, 橋南高阜一帶, 闢其東南爲門. 門距曲阜城可二里. 道旁植栢, 行列甚整, 蔽日參天, 皆數千年物也.

入曲阜之北門, 路東有復聖廟, 廟前有陋巷. 巷南折而西, 則孔廟之東華門也. 廟制如內廷宮殿, 而柱以石爲之, 蛟龍盤旋. 乃內廷所無. 至聖與諸賢皆塑像, 石刻至聖像有三. 車服禮器, 藏於衍聖公家. 聖公入覲, 不可得觀. 殿南有亭, 顔曰'杏壇'. 古杏數株, 時値三月, 杏花正開. 壇南有先師手植檜, 高三丈而無枝, 文皆左紐. 子貢之楷, 雖不腐而色枯, 此則生氣勃發焉. 大門內外豊碑無數. 南有高樓曰奎文閣. 閣南門下, 漢魏之碑十餘, 皆額尖而有圓孔. 門外有水, 上作五橋. 橋南有門, 門外有柵. 自殿庭至柵內, 蒼松古栢, 虬龍蟠屈, 不可名狀, 泰安漢栢, 又不足道矣.

吾於是奮然興也. 夫孔子者, 天所獨生以敎後世者也. 考其生平, 三歲喪父, 七歲喪母, 中年出妻, 晩年喪子. 夫哀死而傷離, 寧獨異於人哉? 今觀'志學'一章, 七十年內, 日進月益, 不以遇之窮而少輟其功. 蓋其自待厚, 而所見有大焉者矣! 余乃戚戚欲以身殉, 何其陋也! 『詩』有之曰: "高山仰止, 景行行止." 雖不能至, 然心向往之.

曲阜東南有九龍山, 其南曰馬鞍山. 兩山之間, 松楸茂密者, 孟林也. 林南爲鄒縣. 縣南有孟廟, 廟左有宣獻夫人祠. 夫人者, 孟母也. 滕縣在鄒南, 地平曠, 可以行井田. 滕南有嶧山, 始皇刻石其上. 嶧東有陶河.

過陶河至邳州, 下邳乃子房擊秦後潛匿之所. 又項籍者, 下相人也, 下相在邳州. 昔曹操決水灌呂布於下邳, 今其地在山, 不可灌. 予嘗徘徊其地, 求下邳・下相之故城, 及圯橋進履之所, 而土人皆無知者. 邳南落馬湖, 黃河所溢也. 湖南曰宿遷, 宋人遷宿於此. 又南曰桃源, 黃河之北岸也.

河自出天門, 走平陸, 無高下阻激之所. 而馳波跳沫, 洶涌澎湃, 其猛鷙迅疾, 天性然也. 南至清江浦, 黃河南曲, 運河北曲, 兩河之間, 不能一里, 而運低於黃數十丈. 河性衝突, 設有不虞, 淮陽其爲魚矣! 淮安城西, 有'韓侯釣臺'. 當淮陰未遇時, 忍飢釣魚城下, 誰過而問之? 及其雲蒸龍變, 向之落魄, 皆爲美談. 英雄成敗有時, 若此類湮沒而不稱者, 可勝道哉!

淮安南曰寶應, 寶應南曰高郵, 地多湖, 四望皆水. 高郵以南, 始見田疇. 江北暮春, 似河北之盛夏. 草長成茵, 麥秀成浪, 花賸餘紅, 樹凝濃綠, 風景固殊焉. 南至於揚州. 揚州自古繁華地, 當南北水陸之衝, 舟車輻輳, 士女遊冶. 兼以鹽商聚處, 僭擬無度, 流俗相效, 競以奢靡, 此其弊也. 城內無可觀, 隋宮・迷樓・二十四橋之勝蹟, 今皆不存. 瓊花觀內, 止餘故址. 城北有天寧寺, 謝東山之別業也, 其西偏曰杏園. 余嘗寓杏園之僧舍, 竹樹蓊鬱, 池臺淸幽, 想見王・謝風流. 杏園東曰虹橋. 園亭羅列水次, 遊人棹酒船於其中. 虹橋之北, 則蜀岡也, 歐陽文忠公建平山堂於其上. 堂右有大明寺井. 昔張又新作『煎茶水記』, 謂揚子江中泠泉第一, 惠山石泉第二, 虎邱石井第三, 丹陽寺井第四, 揚州大明寺井第五, 卽此是也.

東至於泰州. 昔韓魏公知泰州, 夢以手捧日者再, 今其州堂猶顔曰'捧日'. 南至於瓜州, 遂渡江. 揚子江闊而淸, 含虛混碧, 上下澄鮮. 金・焦在中, 如踞鏡面. 金山四面皆樓閣. 環繞層累, 靚粧刻飾. 遠望焦山, 林木靑蒼. 土人云: "焦山山裏寺, 金山寺裏山." 惜余未上, 於焦止見山, 於金止見寺而已.

過江, 由小河入山, 至鎭江府. 鎭江古京口. 四面阻山, 形格勢禁, 以臨天塹, 實南北必爭之地. 孫仲謀始都此, 築城名曰'鐵甕', 府城其遺也. 南至於丹陽. 聞有練湖而未見. 東南至常州, 古延陵地, 吳季子之所居, 俗在三吳爲淳樸. 至丹陽西, 見山綿亘百餘里. 至無錫曰九龍山, 其南峯曰惠山, 惠山之東曰錫山, 峯巒皆秀麗. 登惠山, 飮石泉, 淸冽而甘且厚. 下視無錫, 羣山拱峙, 衆水環流. 名酒嘉魚菱藕之藪, 樂土也, 昔泰伯擇居於此. 惠山之南曰夫椒, 夫差敗越之所也. 夫椒之南曰陽山, 越敗夫差之地也. 陽山以南, 羣峯列峙, 巍然而葱鬱者, 靈巖·穹隆·支硎·元墓·上方諸山也. 靈巖之東, 樹林陰翳, 有秀出於樹中者, 虎邱也. 虎邱南六七里, 蘇州城也. 姑蘇控三江, 跨五湖而通海. 閶門內外, 居貨山積, 行人水流, 列肆招牌, 燦若雲錦. 語其繁華, 都門不逮. 然俗浮靡, 人誇詐. 百工士庶, 殫智竭力, 以爲奇技淫巧, 所謂作無益以害有益者與? 虎邱小而奇, 外望一土阜, 而中有洞壑. 路旁巖下, 有泉曰憨泉. 泉側有石, 中裂若劈, 試劍石也. 曲折而上, 一大磐石, 平鋪數百步, 千人坐也. 四圍奇峯, 峭拔若削. 北闢一壑, 中有淸池, 劍池也. 劍池之西, 又闢一壑, 窈窕幽奇, 而亦有池, 虎邱石井也. 劍池之東有亭, 可中亭也. 亭下池上, 大刻'虎邱劍池', 顔魯公書也. 又刻'生公講堂', 李陽氷篆也. 登虎邱而四望, 竹樹擁村, 菱荷覆水, 濃陰沉綠, 天地皆靑. 然賦稅重, 民不堪命焉. 靈巖秀而高, 上有西施洞, 山巓有寺, 館娃宮之故址也. 門據橫石, 內闢淸池. 殿西有巖, 流泉四出, 廻廊曲檻, 周於巖上. 又有二池焉. 其淸爽幽奇, 令人樂而忘反. 絶頂石上, 刻曰'琴臺'. 登琴臺, 臨太湖. 太湖周八百里, 包衆山於其中. 水淸色白, 長風一吹, 波與山同, 七十二峯, 乍隱乍現於銀濤雪浪中, 滴翠浮靑, 宇內奇觀也.

南出吳江, 由藍溪至浙東. 嘉·杭之間, 其俗善蠶, 地皆種桑, 家有塘以養魚, 村有港以通舟. 麥禾蔚然, 茂於桑下, 靜女提籠, 兒童晒網. 風致淸幽, 與三吳之繁華又別矣. 出藍溪至塘棲, 夾河左右, 遠望皆山, 西南一帶, 尤高大而淸蒼者, 則西湖上之諸峯也. 南至武林門, 棹舟竟入城內. 出候潮門, 至江口, 一望浩渺, 大不減揚子, 而色與黃河同, 則錢塘江也. 錢塘·西湖之勝, 自幼耳熟, 旣見江, 急欲至湖上. 居人曰: "遊西湖者, 陸轎而水船." 余曰: "不然. 江山之觀, 一入轎船, 則不能見其大. 且異境多在人踪罕至之處, 轎與船不能到也." 因步行, 登萬松山而望西湖, 一片空明, 千峯紫翠. 冠山爲寺, 架木作亭, 樓臺煙雨, 綺麗淸幽. 向觀畵圖, 恐西湖不如畵, 今乃知畵不足以盡西湖也. 過松嶺, 渡長橋, 至南屛. 南屛之山, 怪石攢列, 下有古寺. 所謂'南屛晩鐘'也. 北曰雷峯. 有塔高而色紫, 所謂'雷峯夕照'也. 西曰蘇隄. 從南抵北, 作六橋以通舟. 植梅柳於其上, 所謂'蘇隄春曉'也. 隄西有園亭, 引湖爲沼以蓄魚. 所謂'花港觀魚'也. 隄東有洲, 旁有三塔, 影入洲中. 所謂'三潭印月'也. 潭北有亭, 翼然水面者, 湖心亭也. 亭北突起而韶秀者, 孤山也. 山有紫垣繚繞者, 行宮也. 其東直抵杭城者, 白隄也. 蘇隄縱而白隄橫, 孤山介兩隄之間焉. 其西有岳武穆廟, 廟外鐵鑄秦檜夫婦, 而其首爲人擊碎. 嘗讀史至國家興亡之際, 不能無疑於天也. 當武穆提兵北伐, 山東·河朔, 豪傑響應, 韓常內附, 兀朮外奔, 使其予秦檜以暴疾, 假武穆以遐年, 復神州而返二聖, 至易易耳! 而顧不然, 待其人之云亡, 邦國殄瘁, 易代而後, 乃復祀武穆而擊檜, 豈天心悔過, 而假手於人以蓋前愆耶? 抑天終不悔, 而人奮其力與天爭耶? 人之言曰: "善惡之報, 不於其身, 必於其子孫." 今聞秦氏盛而岳氏式微, 此又何說焉? 使天下好善而惡惡, 人之好惡之心, 何由而生也? 天之好惡, 旣與人同, 胡爲誤於其身, 復誤於其子孫, 而終不悔耶? 嗚呼! 此其故聖人知之矣! 昔者聖人之作『易』也, 君子長而小人消曰'泰', 小人長而君子消曰'否'. 運之有否泰, 數也, 天之所不能違也. 非小人得志而害君子, 則運不成. 故萬世之人心, 好君子而惡小人者, 天之理之常, 一時之氣運, 福小人而禍君子者, 天之數之變. 萬物之於天, 猶子之於父, 臣之於君也. 龍逢·比干, 其君不以爲忠, 申生·伯奇, 其父不以爲孝. 孝子不敢非其親, 忠臣不敢懟其君, 而於天又何怨焉?

廟西有墳, 內有二塚, 武穆王與其子雲也. 墳南亭臺, 臨湖結構, 朱欄碧檻, 與綠水紅蓮相掩映, 所謂'曲院風荷'也. 初在南屛望湖, 路人指曰: "高而頂有塔者, 南高峯也. 其遙與高同者, 北高峯也." 玆由岳墳而西, 道出北高峯下, 路旁皆山, 蒼松翠柏, 蔽岫連雲. 林中徐步, 忽見淸溪, 白石磷磷, 落花沉澗, 鳥語如簧. 心中恍惚, 冀有所遇. 沿山深入, 見一村落. 酒帘樹間, 茶棚竹下, 路西有坊, 題曰'飛來峰'. 過坊而西, 乃見奇峰特峙, 流水環周. 洞在山腹, 橋當洞口, 度橋入洞, 巖壑空幻. 石骨玲瓏, 乳泉滴瀝, 積而成池. 洞頂怪石, 如古樹倒垂, 雲霞橫出, 孔空貫串, 八達四通, 或巨或細, 或暗或明. 出洞西行, 溪邊巖下, 石皆奇秀. 卓立林間者, 往往與松竹爭長. 山側有放生池, 池上有冷泉亭. 高峯插天, 修篁蔽日. 流泉淸池, 環亭左右, 盛夏正午, 冷落深秋. 亭北有寺, 扁曰'雲林', 未暇入也.

過寺而西, 小園別墅, 布置佳勝, 縱目流覽, 忘其路之遠近. 幽林密箐, 曲折其中. 有時仰望, 不見天日, 心中驚疑, 不知誤入何境. 欲一借問, 而深山無人. 林間企望, 見一僧度嶺而去, 因亦至其嶺上. 天風南來, 微聞鼓樂之聲. 尋聲覓路, 忽見一片瓦礫. 屋壞墻存, 土焦石黑. 路聞人語云: "天竺新遭回祿." 見此, 乃悟身在天竺峯也. 當是時, 日將暮, 予見天竺寺旣已燒殘, 又四圍幽壑深林, 不類人境, 懼其爲虎豹之窟穴, 山魑木魅所往來, 因返. 復至飛來峰下, 尋前所見村落而歇焉.

次早, 復至飛來峯, 不入洞而登其巓. 遠望旭日出海, 江潮湧金, 曉霧成霞, 山嵐抹黛. 景色變幻, 林密怪奇, 自疑此身或恐飛去. 昔韓世忠忤秦檜, 解官携酒, 日遊西湖, 建翠微亭於飛來峯上. 惟斯人也, 而後稱斯山也. 下飛來峰, 復至冷泉亭, 問所謂'靈隱', 乃知扁'雲林'者卽是也. 時値四月八日, 寺於此日齋僧, 遠近僧來者甚衆. 本寺住持, 披法衣上堂講經. 其大和尙曰帝輝, 年可九十餘矣, 巍然據高座. 首座二人, 侍者八人, 其下行列而拜跪者, 可三百衆. 比丘與比丘尼咸在, 其威儀俯仰皆嫻謹. 獨惜所講無所發明, 卽成書而誦之. 其下不必盡聞, 聞者不必盡解. 徒聽侍者拜云則拜, 起云則起而已. 嗚呼! 佛法入中國, 千餘年矣. 愚民絶其父子之天性, 飮食男女之大欲而爲僧, 自宜求成佛, 而佛又必不可成. 不成佛而徒自苦, 奚取於爲僧? 且此堂上堂下說法聽法諸衆, 非不自知照本諷誦, 隨人跪起之不可以成佛. 然而必爲此者, 蓋有所不得已也. 貧無所養, 不能力作, 因削髮而爲僧. 而天下之愚夫愚婦, 非爲殿宇莊嚴, 戒律威儀以聳動之, 不能發其信心而得其布施. 故此濟濟而楚楚者, 名爲學佛, 實爲救飢計也. 井田久廢, 學校不興. 彼旣無田可耕, 又不聞聖人之道以爲依歸, 窮而無所復入. 其爲僧, 無足怪也. 歐陽子曰: "佛法入中國, 乘吾道之廢缺而來," 韓子曰: "明先王之道以道之, 鰥寡孤獨廢疾者有養也, 則亦庶乎其可也."

飛來峰之東南, 有下天竺. 再入有中天竺, 再入有上天竺, 乃昨所睹燒殘者. 男女雜糅, 猶在瓦礫場中燒香也. 出天竺而南, 至于忠肅公之墳. 陽明先生題其門曰: "赤手挽銀河, 君自大名垂宇宙. 靑山埋白骨, 我來何處哭英雄." 于墳之南, 南高峯也. 峰南度一嶺而西, 石壁嵯峨, 下有巖洞, 陶復陶穴, 曰'石屋'. 西上里許, 有水樂洞. 兩洞竝列, 一有水而一無. 從無水者入, 與有水者通. 其水塞洞, 砰磅訇磕, 而至洞口卽入地, 從不流出洞外, 亦一奇也. 又西上烟霞嶺, 極目皆山, 幽深奇偉, 更過於靈隱·天竺之間. 問之人, 云: "此中名山古刹甚多, 屈指不能數其名, 累月不能窮其境." 吾始知吾之足力不能徧至也, 而遂還.

次日, 同年蘇耕餘載酒船相邀. 予以湖上之景未徧觀也, 與之出淸波門. 城下多柳, 而白隄多橋, 所謂'柳浪聞鶯'·'斷橋殘雪'也. 循白隄, 復至孤山, 入行宮. 行宮之制甚奇, 複閣重廊, 周廻相通. 鑿石爲基, 削巖成壁, 引水成池, 植花成幄. 橋水磴山, 至於後宮. 殿在山上, 含巖石於殿中, 注淸泉於座下, 一室之中, 而山水之觀畢具. 左右高樓, 近挹湖光, 遠呑山色, 如登玉霄金闕, 而望十洲三島之仙蹤也. 放鶴亭在行宮東北. 古梅巨石, 淸雅不群, 惜亭殊巨麗, 不似當日處士風流. 下亭, 復登舟, 遶孤山之背, 至昭慶寺而還. 於湖中之景, 不能十一, 而已暮矣.

予益信轎輿船之不能遠到, 而遊西湖者未盡見西湖也.

留數日, 遂渡江而東. 錢塘江中, 亦有兩山, 彷彿金·焦, 遙望海門, 屹然對峙. 惜時非八月, 不能觀大潮. 渡江至蕭山. 蕭山有湘湖, 產蓴絲嘉魚. 旱則引湖水以漑田, 潦洩於海, 風景似西湖, 而有用過之. 蕭山東則山陰道上矣. 千巖萬壑, 大者奇偉, 小者佳麗. 山下皆水, 大溪小港, 經緯繡錯. 東至白鶴浦, 有小山, 舟人指曰: "禹戮防風氏之所也." 泛舟入山陰城, 登臥龍山, 出城至於鑑湖. 昔明皇賜賀知章鑑湖一曲, 後遂指此一曲爲鑑湖, 其實蕭山·會稽·山陰三縣之水, 皆鑑湖也. 嘗登山而望之, 三縣桑田, 其平如砥, 想皆滄海所變. 水在其中, 渟滿不流, 而色清若鏡, 故曰鑑湖也.

自鑑湖欲遊吼山. 鑑湖之水無波, 故舟多夜行. 夢中不知泊於何處, 但聞雨聲, 徹夜不絶, 天明起視, 初無雨. 舟在巨潭, 四圍皆山. 並無來路, 不知舟何以得至潭中. 潭南巖上, 乳泉亂滴如簷溜. 東峯有洞, 水滿其中. 西峰怪石超出, 長垂下注, 若巨象舒鼻以飮潭水. 其北竹林茂密, 樓閣清幽. 曉夢初醒, 疑非塵世. 舟人語曰: "此所謂曹溪. 東有洞者獅山, 西如鼻者象山. 有樓閣者, 石匱先生之書院也." 登樓四望, 見樓後之山尤高峻. 怪石森列, 有如臺者, 如柱者, 如首載笠者, 如巨人立者, 所謂吼山也. 下樓棹舟, 由獅山之洞中, 曲折行數百步而後出, 如漁郎自桃源歸也. 吼山有空明菴. 門前流水, 門內清池, 朱樓碧瓦, 倒影池中. 高巖峭壁, 卓立樓後, 瀑泉飛灑, 常如驟雨, 其奇不減曹溪也.

吼山返棹, 乃謁禹陵. 禹陵之山, 高圓若塚. 衆峯環拱, 有如侍衛. 陵側有菲泉, 泉東有廟, 廟旁有窆石亭, 相傳葬禹時所用. 石高五六尺, 圓如柱, 端有圓孔, 似孔廟之漢碑. 記曰: "公室視豐碑, 三家視桓楹." 窆石似楹, 蓋葬碑也. 由禹陵至南鎭. 南鎭者, 會稽山也. 其最高者曰鑪峰, 其下有廟, 爲歷代祭告之所. 自南鎭廻舟, 夜泊山陰城外, 月幾望矣. 氣霽雲斂, 月白江清, 天水相涵, 空明一片. 人在舟中, 身心朗徹, 如琉璃合, 恍然若有所悟.

黎明至於蘭亭. 今之蘭亭, 非昔之蘭亭矣. 擇平地而建亭, 中立大碑, 御書右軍序於其上. 亭前爲石成渠, 以爲曲水, 崎嶇跼蹐, 初無遠致, 且不可以流觴. 左右各鑿一池, 以爲是'鵝池'與'墨池'也. 亭西里許, 曰天章寺, 而亦非舊矣. 然此皆人爲之者, 故有廢興, 若所謂'崇山峻嶺', '淸流激湍', 則依然在. 蓋山陰之水不流, 惟蘭渚湍急, 潺潺於茂林修竹之間, 風致又別也. 返城中, 登蕺山. 下有寺, 乃右軍之舊第, 其南有題扇橋. 山上有書院, 劉念臺講學於此.

予棹舟在山陰道上三日夜, 有山皆秀, 無水不淸. 廻環往復, 不辨西東, 登蕺山乃瞭然. 蓋紹興之西南皆山, 而東北近海, 吼山在東, 蘭亭在西, 禹陵·南鎭在其南, 北有梅山. 下有梅市, 梅福之所居也. 遠望南鎭之西, 有高於南鎭者, 曰秦望, 始皇帝刻石於此. 又禹穴非禹陵也, 禹藏書於宛委之山, 曰禹穴. 又會稽有陽明洞, 道書云'第十一洞天', 而余皆未至. 遊人憚於登陟, 舟所可至者至之. 若高遠幽深, 神聖仙靈之遺跡, 則懼而不果去. 抑吾在紹興凡三望海. 登下方山望海, 登禹穴, 登蕺山皆望海. 第見茫茫沙草而已, 實未嘗見水, 吾猶悵然以山海之奇未盡探也.

由紹興復返杭州, 登鳳凰山, 一名紫陽山. 昔高宗南渡, 廣杭城, 包此山於苑內, 以爲遊觀之所. 左江右湖, 登臨彷徨, 致足樂也. 自杭州溯浙江, 至於富陽. 富陽之山, 雄壯似燕·秦諸塞, 而靑翠過之. 富陽以南, 川勢漸窄. 兩山對峙, 一水中流, 羣山倒影, 上下皆靑. 出橦梓關, 勢漸開, 遠近布列, 山皆姸媚. 桐君山陡立江岸. 其南內拓, 開一平原, 石壁環峙, 如天生城闕, 則桐廬也. 阻山臨水, 居民在山水之間. 瓦靑牆白, 纖塵不染, 其淸華朗潤, 令人神恬. 南至鸕鶿原, 山勢怪特. 峰巒坌涌, 密峙駢植, 東江流如一線. 入原口轉而西, 則富春也. 南北皆山, 其中皆水, 不餘寸土. 兩釣臺在北山下, 石峰直起而頂方. 旁有子陵祠. 凡釣臺左右之山, 其顚皆有流泉. 錦峰縹緲, 上入高靑, 怪石崢嶸, 下臨沉碧. 瀑流噴薄, 墮玉飛珠, 澗水層波, 調笙鼓瑟. 高山流水之觀止矣! 嘗憶陶隱君語云:“高峰入雲, 淸流見底. 兩峰石壁, 五色交輝, 青林翠竹, 四時具備. 曉霧將歇, 猿鳥亂啼, 夕日欲頹, 沉鱗競躍. 實慾界之仙都.” 惟此地足以當之. 西至於嚴州, 高山四塞, 大水環周, 可稱天險. 南入橫溪, 至於蘭谿. 自杭州至蘭谿, 四百餘里, 岡巒綿亘. 雄於富陽, 淸於桐廬, 奇於富春, 秀於蘭谿. 人在舟中, 高視遠眺, 不能坐臥. 偶値偃仰, 兩岸之山, 次第從船牕中過, 如畵圖徐展. 舟行之樂, 無踰於此!

蘭谿南曰金華, 川勢大開, 極目平疇. 遠望崇山, 煙雲繚繞, 摩天碍日. 傳聞其上有朝眞・氷壺・雙龍之洞, 乃王方平叱石成羊之所也. 西過龍游, 至於衢州, 凡西安道上之山, 岡巒華簇, 而滑瘦如削. 烟嵐高潔, 刻露淸秀. 西南至常山, 多楓桂. 雲眠樹間, 山橫雲上, 高薄深林, 令人有小山「招隱」之思. 西至玉山, 復登舟, 至於廣信, 爲江西界. 山形粗猛突兀, 橫亘直竪. 緣河羅列者, 皆一石特起, 方圓平直, 各自爲象. 西至弋陽, 有龜峰山. 衆峰直起如笋, 有青山頭, 峰頂皆圓, 有如人首. 或冠或冕, 或嵊或頎, 或光如僧, 或鬟如妓. 寺隱叢篁, 泉出古洞, 棕櫚芭蕉, 延滿巖谷, 奇險幽秀, 兼而有之. 西北至貴溪, 見天然橋, 一石橫兩峯之顚, 下空若洞, 亦奇境也. 聞貴溪有鬼谷山, 鬼谷子之所居. 又有象山, 陸子靜讀書其上, 嘗曰:“雲山谷石之奇, 目所未睹, 問之人而不知, 知有龍虎山張眞人而已.” 西至安仁, 地平曠. 南至瑞洪, 遂入鄱陽. 自安仁以西, 四望不見山, 至瑞洪以南, 四望並不見樹, 短草黃沙, 煙水雲天而已. 湖水甚濁, 波濤皆紅.

出湖入章江, 至南昌, 登滕王閣. 章江南來, 渺瀰極目, 彭蠡北匯, 煙波萬頃. 東望平疇, 天垂野闊, 連峰千里, 西列屛障. 所謂‘西山暮雨, 南浦朝雲, 霞鶩齊飛, 水天一色’, 蓋實錄也. 南昌阻風, 泊舟於生米渡. 次蚤渡江, 幾至不測. 語曰:“安不忘危.” 又曰:“千金之子, 坐不垂堂.” 余自維揚登舟, 過揚子, 泛吳淞, 涉錢塘. 溯桐溪, 經鄱陽, 在舟數月, 僥倖無恙, 習而安焉. 設非遭此, 遂安其危而忘垂堂之戒也. 豈可哉?

南至於豊城, 觀劍池. 西入淸江, 至臨江府. 城東有閤皀山, 昔張道陵・丁令威・葛孝先皆居此. 西過新喻, 山尤多. 分宜之山淸而秀, 袁州之山奇而雄. 至蘆溪乃陸. 走過萍鄕復登舟, 經醴陵, 出淥口. 至湘江, 入湖南境. 右江風俗, 勝於三吳兩浙. 男事耕耘, 兼以商賈, 女皆紡織. 所出麻枲綿葛松杉魚蝦米麥, 不爲奇技淫巧, 其勤儉習事, 有唐魏之風. 獨好詐而健訟, 則楚俗也.

湘江之水淸而文, 兩岸之山秀而雅. 草多茅菅, 扶疎猗靡, 皆有蕙薄叢蘭之致. 每當五嶺朝霞, 三湘夜雨, 或光風轉蕙, 皓月臨楓, 吟「離騷」・「九歌」・「招魂」之句, 如覩澤畔之憔悴也, 如逢芰衣荷裳之芳澤也, 如聞湘靈山鬼之吟嘯悲啼也. 南至衡州, 謁南嶽. 凡嶽鎭, 非獨形偉, 其氣盛也. 向登泰山, 鬱鬱葱葱, 靈光煥發. 渡江以來, 名山無數, 神采少減焉. 玆見南嶽, 乃復如睹泰山. 連峰爭出, 高不可止, 複嶺互藏, 厚不可窮. 石壁揷靑, 流泉界白, 氣浡如蒸, 嵐深似黛. 頂在雲中, 有若神龍, 其首不見, 而爪舒鱗躍, 光怪陸離. “火維地荒, 天假神柄”, 應不誣也. 衡山七十二峰, 其最大者五 : 芙蓉・紫蓋・石廩・天柱・祝融. 南嶽廟在祝融峰下, 謁廟後, 望五峰, 其頂皆在雲中. 登舟南行數日, 無時不矯首. 古語云 : “帆隨湘轉, 望衡九面.” 予九面望而卒未嘗見其頂, 始歎衡山之雲之難開也!

西次祁陽, 見唐亭, 元次山之所建. 西至於永州. 自右江至衡陽, 數千里間, 土石多赤. 一望紅原綠草, 碧樹丹屋, 爛若繪絢. 至零陵, 山黑而石白, 天地之氣一變. 城下瀟江, 北合於湘. 瀟西之山皆幽奇, 柳子厚多記之. 西入湘口, 水愈淸. 兩岸之石, 玲瓏奇峭, 不可指數, 所謂少人而多石, 其信然與? 西至於全州, 爲粤西形勝之地. 湘山崔嵬, 高踞俯視, 衆山環拱, 諸水會同. 山下有光孝寺, 無量壽佛示寂之所, 云肉身在塔內. 予入而諦觀之, 不似也.

南至於興安, 有陽海山. 半山有分水嶺, 山脊流水, 可以泛舟. 至嶺而分, 其北流者爲湘江, 南流者爲灕江. 一水而相離, 故曰湘灕也. 志云 : “臨賀・始安・桂陽・揭陽・大庾爲五嶺.” 『水經注』云 : “湘水出零陵始安縣.” 然則興安者始安也. 予自長沙溯湘江至永全, 挽舟直上, 如登峻坂. 山腰廻舟, 轉入灕江, 下桂林如建瓴. 源泉混混, 咫尺分流, 而北入北海, 南入南海, 其嶺之高可知矣.

灕江初分, 屈曲山間. 別鑿一渠以通舟. 秦伐南越, 史錄鑿此. 漢戈船將軍出零陵, 下灕水, 於此置㪷, 㪷猶關也. 諸葛武侯續修之. 渠上有武侯祠, 祠後有伏龍山. 山石多怪, 玲瓏槎枒, 連峯疊嶂, 皆如米顚袖中之物. 伏龍以西, 羣峰亂峙, 四布羅列, 如平沙萬幕, 八門五花, 江爲遊騎縱橫其中. 前有高峰曰馬頭山, 卓立俯視, 如大將秉巨纛以出令也.

南過靈川, 至於桂林. 粵西高大中丞, 予業師也, 留署中過夏. 時時跨馬出遊郊坰, 負郭山水之勝皆見之. 城中屹立者曰獨秀山, 高數百丈, 下有石室, 頂通光耀. 其東北曰伏波山, 高峭與獨秀等, 巖中懸石, 下垂如柱. 其西有疊彩巖, 石紋華麗. 巖腹有洞, 冷風日夜不休, 曰風洞. 迎風而入, 曲折崎嶇, 漸覺光明, 忽然敞敞. 身入樓閣, 戶牖軒豁, 欄檻廻環. 開戶一望, 水天無際, 山林窈冥. 蓋灕江從城北來, 兩岸之山, 怪怪奇奇, 向在舟中, 未盡見也. 玆入洞內, 黑走山腹, 忽睹世界, 皆成異境. 舟泛銀河, 人至天台, 亦若是矣. 城南有劉仙崖, 石洞如屋. 內刻張平叔「贈桂林白龍洞劉眞人歌」, 道鉛汞術甚詳. 城西有七聖巖, 上有棲霞洞. 石階直下數百級, 頂上水紋如波. 中有鯉魚, 長丈餘, 頭目鱗尾皆具. 洞後深黑. 秉炬進數百步, 冷氣迫人, 同行者懼, 遂偕出, 聞土人道其中之景甚怪. 王荊公云: “世之奇偉瑰怪非常之觀, 常在於險遠, 而爲人之所罕至. 故非有志者不能至也, 有志矣不隨以止也, 然力不足者, 亦不能至也. 有志與力而又不隨以怠, 至於幽暗昏忽, 而無物以相之, 亦不能至也. 然力足以至焉, 於人爲可譏, 而在己爲有悔, 盡吾志也而不能至者, 可以無悔矣. 吾甚悔吾之未盡吾志而隨人以止也!” 其東有龍隱洞, 清流從洞中出而入江. 江中有山, 輪囷若象鼻舒江中, 舟行鼻內. 江岸山上有洞, 直透山背, 以通天光, 望之圓明如滿月. 志稱“濱江三洞, 水月最佳”者是也.

玆行也, 在桂林之日爲久, 猺・苗・土・獞, 蚺蛇・山羊・錦鷄・孔雀・黑白之猿, 荔枝・佛手之樹, 黃皮・白蠟之林, 芭蕉之心, 長大如椽, 天雨之花, 其紅射日, 可謂見所未見. 獨其俗凶悍褊小, 嗜利好殺. 天地之靈, 鍾於物而不鍾於人, 何哉? 予以六月初旬至桂林, 七月暑退, 登舟返棹. 曩之至也, 雲峯吐火, 稻穗湧波, 荷蕊綻紅, 江流漲綠. 署中偃仰, 曾幾何時, 而稻禾全刈, 木葉半黃, 雲白天晶, 凉風蕭瑟. 回思江南暮春. 鶯飛草長, 西湖梅雨, 花落鳥啼. 有如隔世! 王右軍云: "向之所欣, 俯仰之間, 已爲陳迹", 亶其然矣!

過全州, 復入湘山寺, 有匾曰'再來人', 予嗒然而笑. 夫佛再出世, 猶吾再入寺也, 而何怪焉? 過衡州, 登合江亭, 湘水南來, 蒸水北至, 兩江合處, 一峯特起, 曰石鼓山, 上有武侯祠. 向讀韓詩注云'合江亭旁有朱陵洞', 登其上而不見. 返舟問榜人, 云: "洞在亭下. 當事者封其路, 遊人往往不得至焉." 在舟又望南嶽, 霧隱雲封, 終不能見其頂. 江山之於人如友. 或不期而遇, 或千里相訪而不値, 何哉? 北至於湘潭, 有昭山. 昭王南征至此.

北至於長沙. 城東有雲母山, 『列仙傳』云"星沙雲母, 服之長生"者也. 城北曰羅洋山, 城南曰妙高峰. 湘江在城西, 水西有嶽麓山. 志曰"衡山七十二峰, 廻雁爲首, 嶽麓爲足"是也. 其顚有道鄕臺. 昔鄒志完謫長沙, 守臣溫益逐之, 雨夜渡湘宿於此. 後張敬夫爲之築臺, 朱子題曰'道鄕'. 道鄕者, 志完之別號也. 聞志完初謫時, 涕泣, 其友怒曰: "使志完居京師, 得寒疾不汗, 五日死矣! 獨嶺南能死人哉?" 由今觀之, 向與志完同時在京師者, 皆已湮沒, 而志完以謫特傳, 亦可以知所處矣! 道鄕臺下有「嶽麓寺碑」, 李北海所書也. 凡地之美惡, 視乎其人, 不擇地而安之, 皆可安也. 予過五嶺, 泛三湘, 望九嶷, 歷百越, 皆古遷客騷人痛哭流涕之所. 入而遊焉, 瘴花善紅, 蠻鳥能語, 水淸石怪, 皆有會心. 比及長沙, 山林雅曠, 水土平良, 已如更始餘民, 復睹司隷雍容. 賈太傅乃不自克, 而抑鬱以死. 語云'少不更事', 太傅有焉. 北過橘州. 昔范質夫南謫, 夫人每罵章惇. 過橘州舟覆, 公自負夫人以出, 徐曰 : "此亦章惇爲之耶?" 予性褊, 服膺范公以自廣, 今過其地, 想見其爲人.

北至於湘陰, 有黃陵廟, 二妃之所溺也. 其東有汨羅江, 屈子之所沉也. 過廣陵, 入洞庭, 浩浩蕩蕩, 四無涯涘. 晚見紅日落於水內, 次早見炬火然灼水面. 漸望漸高, 乃明星也. 吾遊行天下, 山吾皆以爲卑, 水吾皆以爲狹. 非果卑果狹也, 目能窮其所至, 則小之矣. 物何大何小? 因其所大而大之, 則莫不大, 因其所小而小之, 則莫不小. 蘇子瞻曰 : "覆杯水於地, 芥浮於水, 蟻附於芥, 茫然不知其所濟. 少焉水涸, 蟻卽徑去, 見其類, 出涕曰 : '幾不復與子相見! 豈知俯仰之間, 有方軌八達之路乎?' 計四海之在天地之間也, 猶杯水也, 舟猶芥也, 人猶蟻也. 吾烏知蟻之附芥, 不以爲是乘桴浮海耶? 其水涸而去, 不以爲是海變桑田耶? 四海雖廣, 應亦有涯, 目力不至, 則望洋而歎, 因所大而大之耳." 今在洞庭, 吾目力窮焉, 卽以洞庭爲吾之海可也.

自湘陰泊於磊石, 又泊於鹿角, 又泊於井岡, 皆在湖中. 時近中秋, 天朗氣清, 所謂'長烟一空, 皓月千里, 浮光耀金, 靜影沉璧'者, 吾見之焉. 北至巴陵. 岳陽樓在巴城上, 而今不存矣. 予登其址而望焉, 見君山秀出. 其東曰扁山, 又東曰九龜山, 皆在湖中. 城南曰白鶴山, 其側有天岳嶺, 上有呂仙亭, 亭前有岳武穆廟. 昔武穆剋期八日, 平楊幺於洞庭, 居人德而祀之. 廟貌巍然, 據湖山之勝. 夫岳陽爲純陽三過之所, 宋滕子京重修之, 范文正公作記, 蘇子美書, 邵竦篆額. 當其盛時, 仙靈之所往來, 賢士大夫所歌詠. 今皆爲荒榛蔓草頹垣, 文墨之士無論矣, 純陽有仙術, 亦不能留其所愛. 武穆蹇蹇, 雉罹於羅, 徒以忠義之性, 結於人心, 而遺跡獨存. 然則人之不死, 固自有道矣!

在巴陵阻風五日, 所謂'陰風怒號, 濁浪排空, 薄暮冥冥, 虎嘯猿啼'者, 吾又見之焉. 北出涇河口, 入岷江. 西北一望, 荊襄漢沔, 沃野千里, 似燕趙兩河之間, 洋洋乎大國之風也. 江南岸爲臨湘·嘉魚·蒲圻之境, 連延皆山. 赤壁在嘉魚, 雄峙江滸, 其上有祭風臺. 昔蘇子瞻賦赤壁於黃州, 武昌之下游也. 考之史云: "劉備居樊口, 進兵逆操, 遇於赤壁", 則當在武昌上游. 又操敗後走華容, 今嘉魚與華容近, 而黃州絶遠. 然則周郎赤壁, 斷在嘉魚無疑也.

北至荊口, 兩山對峙. 東曰鸞磯, 西曰大軍. 鸞磯有達摩亭, 乃折葦渡江之所. 北曰沔口, 沔水又名滄浪, 靈均遇漁父於此. 沔口之北, 西曰漢口, 漢陽府也, 東曰夏口, 武昌府也. 墉山爲城, 塹江爲池. 武昌城內包三山, 漢陽城內有兩湖. 黃鶴樓與晴川閣, 距兩城之上, 相望也. 漢陽城外有大別山, 下有鎖穴, 乃孫吳鎖江之處. 予嘗登大別之顚以望三楚, 荊衡連鎭, 江漢朝宗, 遠水動蜀, 高樹浮秦. 水陸之衝, 舟車輻輳, 百貨所聚, 商賈雲屯. 其山川之雄壯, 民物之繁華, 南北兩京而外, 無過於此. 然沱・潛・漢・沔之間, 瀟・湘・沅・澧之際, 江漂湖匯, 民多水患, 盜賊乘之. 楚俗慓輕, 鮮思積聚. 山藪水洳, 流民鳩處, 其人率呰窳, 龐雜而難治, 亦可慮也.

北入孝感應山, 山接九宗, 澤連雲夢, 峯高野闊, 氣勢沉雄. 北出武勝關, 崇山峻嶺, 連延千里, 右列方城, 左擁穆陵, 所謂'冥扼之塞'. 『淮南子』云"山有九塞", 此其一也. 北至於信陽. 信陽古申國, 東鄰息. 申・息者, 楚之北門也. 又東鄰蔡, 昔桓公侵蔡, 蔡潰, 遂伐楚, 非上策也. 由蔡至郢, 崇山大小不可勝計, 所謂"方城爲城, 漢水爲池, 無所用衆", 非虛語也. 能伐楚者莫如秦, 出武關, 下漢川, 則撤荊襄之藩籬. 出三峽, 下夷陵, 則扼鄂岳之要害. 故秦幷六國, 亦地勢然也.

北過確山, 至遂平, 有楂枒山, 唐李觀及吳元濟戰於此. 北至西平, 有滍水. 昔光武敗王尋於昆陽, 多殺士卒, 滍水不流, 卽此也. 北至於葉縣. 爲沈諸梁之封邑. 其北有黃城山, 下有沮溺故里. 子路問津處也. 北渡汝水, 至襄城. 其南有首山. 汝・蔡・潁・許之際, 平疇沃衍, 而首山雄峙其中. 史稱天下名山八, 三在夷狄, 五在中國, 皆黃帝所嘗遊, 首山其一也. 昔黃帝問道於崆峒, 遂遊襄城, 登具茨, 訪大隗. 崆峒在郟鄏, 而具茨在新鄭, 與首山相望也. 襄城鄭氾地, 周襄王出居於此.

西至禹州, 大禹之封邑. 北至告城, 古陽城地也. 臨潁水, 面箕山, 負嵩嶽. 左成皐, 右伊闕, 崇山四塞, 淸流瀠洄. 其高平處, 有周公測影臺. 巨石屹立, 高可七尺, 下方五尺, 上方三尺. 『周禮』「大司徒」'以土圭之法測土深, 正日影, 以求地中.' 日南影短, 日北影長, 日至之影, 尺有五寸, 卽此也. 北至登封, 介嵩山太·少二室之間. 太室之巓, 櫛比若城垣, 少室之峯, 直起若臺觀. 雖無岱宗衡華之高奇, 而氣象雍容, 神彩秀朗, 有如王者宅居中正, 端冕垂紳, 以朝萬國, 不大聲色, 而德意自遠. 中嶽廟在太室之南, 少林寺在少室之北. 羣峯圍繞, 界隔塵寰, 水石淸幽, 靈區獨闢. 時値深秋, 白雲紅葉, 翠柏黃花, 點綴巖岫, 天然圖畵. 岳陽·黃鶴, 極江湖之浩渺, 靈隱·少林, 盡山岳之奇麗. 睡常入夢, 醒猶在目, 非筆舌所能傳也! 在寺中問達摩遺跡, 僧云: "寺西四五里深山之中, 有古石洞, 乃'九年面壁'之處. 至今洞中猶有'達摩影'." 而予未見也.

出嵩山, 渡洛水, 至偃師. 道中見田橫·許遠之墓. 北有緱山, 子晉升仙之所也. 北上北邙, 望見洛陽. 昔孟堅「兩都」, 平子「二京」諸賦, 道洛陽之形勝甚悉, 而予未暇觀, 至今猶耿耿焉. 由孟津渡河至孟縣. 孟縣者, 河陽也, 周襄王狩於此. 北渡沁水, 上太行. 太行之上, 首起河內, 尾抵薊遼. 碣石·恒山, 析城·王屋, 皆太行也. 修坂造雲, 崇岡碍日, 路皆靑石, 鏡光油滑, 實天下之至險. 登太行而四望, 九州之區, 可以歷指. 秦·晉蔽山, 吳·越阻水, 靑·齊負海, 燕·趙沿邊. 中原平土, 正在三河. 周·魯·宋·衛·陳·蔡·許·鄧·宿·杞·郲·沈·虞·邢·虢, 『春秋』所書諸國, 以及夏·殷·東漢·北宋·五代·梁·唐之故都, 皆在於此. 總挽九州, 闔闢華夏. 土田肥美, 物産茂實, 所謂天下之中也, 地之腹也, 陰陽之所會, 風雨之所和也. 過太行而北, 則吾山西境矣.

總而計之, 天下大勢, 水歸二漕, 山分三幹, 河出昆侖, 江源岷蜀, 始於西極, 入於東冥. 大河以北, 水皆南流, 大江以南, 水皆北注. 漢南入江, 淮北入河, 雖名'四瀆', 猶之二也. 太行九邊, 西接玉門, 東抵朝鮮, 是爲北幹. 五嶺·衡·巫, 西接峨嵋, 東抵會稽, 是爲南幹. 岷·嶓·

華·嵩, 是爲中幹. 岱宗特起, 不與嵩連, 亦中幹也. 北方水位, 故燕·秦·三晉之山, 色黑而陂陀若波. 東方木也, 故齊·魯·吳·越之山, 色青而森秀若林. 楚南·閩粤, 峯尖而土赤, 粤西·黔·蜀, 石白而形方. 天有五行, 五方應之. 江性寬緩, 河流湍急. 焦白鄱紅, 洞庭澄淸. 其大較也.

斯行也, 四海濱其三, 九州歷其七, 五嶽睹其四, 四瀆見其全. 帝王之所都, 聖賢之所處, 通都大邑, 民物之所聚, 山川險塞, 英雄之所爭, 古蹟名勝, 文人學士之所歌詠, 多見之焉. 獨所謂魁奇磊落, 潛修獨行之士, 或伏處山巓水湄, 溷跡漁樵負販之中, 而予槪未之見. 豈造物者未之生耶? 抑吾未之遇耶? 抑雖遇之而不識耶? 吾憾焉! 然苟吾心之善取, 則於山見仁者之靜, 於水見知者之動. 其突兀洶湧, 如睹勇士之叱咤, 其淪漣娟秀, 如睹淑人君子之溫文也. 然則謂吾日遇其人焉可也!

抑又思之, 天地之化, 陰陽而已. 獨陰不生, 獨陽不成. 故大漠之北不毛, 而交·廣以南多水, 文明發生, 獨此震旦之區而已. 北走胡而南走越, 三月而可至, 崑崙至東海, 半年之程耳. 由此言之, 大塊亦甚小也. 吾以二月出都, 河北之地, 草芽未生. 至吳而花開, 至越而花落, 入楚而栽秧, 至粤而食稻. 粤西返棹, 秋老天高, 至河南而木葉盡脫, 歸山右而雨雪載塗. 轉盼之間, 四序還周, 由此言之, 古今亦甚暫也! 心不自得, 而求適於外, 故風景勝而生樂. 性不自定, 而寄生於形, 故時物過而生悲. 樂寧有幾, 而悲無窮期焉! 吾疑吾之自立於天地者無具也. 宋景濂曰: "古之人如曾參·原憲, 終身陋室, 蓬蒿沒戶, 而志竟充然, 有若囊括於天地者, 何也! 毋亦有得於山水之外者乎?" 孟子曰: "萬物皆備於我矣." 老子曰: "不出戶, 知天下." 非虛言也. 爲地所囿, 斯山川有畛域, 爲形所拘, 斯見聞有阻礙. 果其心與物化, 而性與天通, 則天地之所以高深, 人物之所以榮悴, 山河之所以流峙, 有若燭照而數計焉! 生風雲於胸臆, 呈海嶽於牕几, 不必耳接之而後聞, 目觸之而後見也. 然則自玆以往, 吾可以不遊矣. 然而吾乃無時不遊也已.

張山來曰 : 浩浩落落, 萬有一千餘言. 就其登涉所至, 隨筆點染鋪敍, 綺麗芊緜, 亦復激昂慷慨, 適足以囊括宇宙, 開拓心胸. 眞千古奇文! 至文妙文, 不得僅賞其模山範水已也!

우초신지 권18

성사록(聖師錄)

신전(愼旃) 왕언(王言)

자여씨(子輿氏 : 맹자)가 일찍이 "사람이 금수와 다른 것은 마음을 가지고 있기 때문이다"[1]고 말했다. 금수 가운데서도 기린이나 봉황은 살아있는 풀을 밟지 않고, 살아있는 벌레는 먹지 않는다. 또한 추이(酋耳)[2]는 사나운 호랑이만 잡아먹고, 해치(獬豸)[3]는 올바르지 않는 사람만 들이받으

1 사람이 …… 때문이다 : 『맹자』 「이루하(離婁下)」에 나온다. "군자가 일반 사람들과 다른 것은 그가 마음을 가지고 있기 때문이다[君子所以異於人者, 以其存心也]" 조기(趙岐)의 주(注)에 따르면 "존은 재[存, 在也]"로, "군자가 마음에 가지고 있는 것은 인과 예[君子之在心者, 仁與禮也]"라고 한다.

2 추이(酋耳) : 짐승이름이다. 호랑이의 일종으로, '질수(侄獸)'라고도 한다. 청나라 여전(厲荃)의 『사물이명록(事物異名錄) · 축수(獸畜)』 「호(虎)」에 따르면, "『천중기』에 추이는 호랑이와 비슷하고 …… 호랑이와 표범을 잡아먹는다는 기록이 있고, 『대전』에서는 이 짐승을 일러 '질수'라고 했다[『天中記』, 酋耳若虎 …… 食虎豹, 『大傳』謂之'侄獸']"고 되어 있다.

3 해치(獬豸) : 시비와 선악을 가릴 줄 안다고 하는 상상의 동물로, 임법수(任法獸) 혹은 정수(庭獸)라고도 한다. 『사물이명록 · 축수』 「해치」에, "『격물론』에 보면 '해치는 성정이 충직하고 곧으며, 일명 임법수라고 한다'[『格物論』, '獬豸, 性忠直, 一名任法

며, 까마귀는 자라서 늙은 어미에게 먹이를 물어다 줄 줄 알고,[4] 양은 꿇어앉아서 어미젖을 먹는다.[5] 그들이 간직한 마음이라면 모두 조정을 위해 인과 효를 드날리고 덕과 위용을 표양할 수 있을 것이다. 이밖에도 게는 때가 되면 이삭을 해신(海神)에게 바치고[6] 벌은 돌아가면서 여왕벌을 지키며, 당나라 명황(明皇)[7]의 코끼리는 안녹산(安祿山)을 위해 춤을 추려 하지 않았고, 소종(昭宗)[8]의 원숭이는 주온(朱溫)[9]에게 문안 인사를 여쭈려 하지 않았다. 또 송나라 소제(少帝)[10]의 흰 꿩은 바다에서 임금을 따라 죽었으니, 이 동물들은 모두 군신의 도리를 알았던 것이다. 꾀꼬리는 자식 때문에 마음이 아파서 애간장이 다 끊어졌고, 원숭이는 어미의 가죽을 껴안고 죽었으니, 이 동물들은 모두 부모자식간의 도리를 알았던 것이다. 평장(平章)의 비둘기는 수컷을 따라 죽었고, 군승(郡丞)의 거위는 그 짝을 도와주었으며, 분수(汾水) 가에는 '기러기 무덤'이 있고, 염성(鹽城) 호숫가에는 '정절의 원앙'이 있으니, 이 새들은 모두 부부지간의 도리를 알았던 것이다. 허공을 가로질러 날아온 황새는 까치를 대신해[11]

獸]고 되어 있다"라는 기록이 나온다. 머리에 뿔이 있으며, 임금이 공정하게 형벌을 집행하면 그 조정에서 산다고 해서 '정수'라고도 한다.

4 까마귀는 …… 알고 : 원문은 '반포(反哺)'로, 진(晉)나라 성공수(成公綏)의 「오부(烏賦)」에 따르면, "까마귀 새끼는 장성해서 날 수 있게 되면 곧 바로 먹을 것을 물어다 어미새를 봉양한다[雛既壯而能飛兮, 乃銜食而反哺]"고 한다. 후에는 부모의 은덕에 보답하는 것을 비유해서 이르는 말로 사용되었다.

5 양은 …… 먹는다 : 새끼 양은 꿇어앉은 자세로 어미젖을 받아먹는다 하여 옛날에는 효도를 상징하는 말로 사용되었다.

6 게는 …… 바치고 : 『초서(樵書)』에 "속세에서 전하는 말에 따르면 8월 초하루에 백 마리의 게가 1~2촌 정도 되는 벼까라기 두 줄기를 동쪽으로 가지고 가 해신에게 바쳤다고 한다[俗傳, 是日百蟹取稻芒兩枝長一二寸許, 東行輸送其長]"는 기록이 보인다.

7 당나라 명황(明皇) : 당나라 현종(玄宗 : 685~762) 이융기(李隆基)를 말한다. 자세한 고사는 뒤에 소개된다. 아래도 모두 마찬가지다.

8 소종(昭宗) : 당나라 소종 이엽(李曄)을 말한다.

9 주온(朱溫) : 오대(五代) 후량(後梁)을 세운 주전충(朱全忠)을 말한다.

10 송나라 소제(少帝) : 남조 송나라의 소제(406~424)를 말한다. 유유(劉裕)의 장자로 이름은 유의부(劉義符)이다. 소제는 그의 시호이다.

11 대신해 : 원문은 '익(弋)'으로 되어 있으나, 인민일보출판사(人民日報出版社)에서 간

뱀을 죽였고, 북평왕(北平王)의 고양이는 다른 새끼에게 먹이를 먹일 줄 알았으니, 이들은 모두 자기 무리를 사랑할 줄 알았던 것이다. 농산(隴山)의 앵무는 상황(上皇)[12]을 그리워했고, 양양(襄陽)의 제비는 왕씨(王氏) 여자를 따라 죽었으며, 중사인(中舍人) 손씨(孫氏)의 개는 쌀을 져 날랐고, 요생(姚生)의 말은 원통함 때문에 울었으며, 진주(陳州)의 학은 [盧氏와] 함께 늙었고, 학주(鶴州)의 노새는 달아나 [원래 주인에게] 돌아왔으니, 이들은 모두 자신이 섬겼던 사람들에 대한 충성심이 무엇인지를 알았던 것이다. 곰은 동굴에 떨어진 사람에게 과일을 나누어 주어 먹게 했고, 호랑이는 어머니를 껴안고 통곡하는 사람을 버려두고 귀를 늘어뜨린 채 순순히 물러갔으며, 긴 꼬리 원숭이는 본디 자기의 무리를 좋아하여 한 마리를 죽이면 백 마리가 따라 죽었고, 물고기는 자신의 등지느러미에 새끼가 맞아 죽은 것을 가슴아파하다 돌에 부딪쳐 죽었으니, 이들은 모두 인자함과 의리가 무엇인지를 알았던 것이다. 노부부의 원숭이는 노인의 시신을 땅에 묻을 때까지 날마다 관을 지켰고, 후씨(侯氏)의 사슴은 자신의 뿔을 잘라 후씨를 따라 죽었으며, 방생된 자라와 풀려난 닭은 모두 죽음의 위기에서 자신들을 살려준 은덕에 보답하고자 하였으니, 이들은 모두 은혜에 감사할 줄 알았던 것이다. 홍점(洪店)의 소는 급히 달려가 슬피 울면서 왕진(王臻)의 억울한 살인 누명을 알렸고, 좁은 길의 올챙이는 머리를 들고 상인과 하인이 모두 해침을 당했다는 사실을 알렸으니, 이들은 모두 수령을 어질게 여길 줄 알았던 것이다. 그러니 이들 동물이 사람과 뭐가 다르겠는가? 다르지 않을 뿐 더러 오히려 세상에 이만 못한 사람이 더 많을지도 모른다.

부친께서 일전에 책 한 질(帙)의 분량을 모아 『성사록』을 지음으로써 양자(楊子)가 말한 "성인은 만물을 스승으로 삼는다"[13]는 구절을 본뜨고

행한 『우초신지』에 의거해 '대(代)'로 고쳐 번역했다.

12 상황(上皇): 송나라 고종(高宗) 조구(趙構)를 말한다.

13 성인은 만물을 스승으로 삼는다: 이 말은 양자의 말이 아니라 주나라 철학자인 윤

자 하셨으나, 몸져누우신 바람에 뜻을 이루지 못하셨다. 그래서 자식인 내가 틈틈이 옛 서적을 읽고 부친의 뜻을 가져다가 이렇게 기록하게 되었다. 세상의 박학다식한 분들이 행여 완전하지 못하다 나무라시지는 않을까?

【흰 꿩】

애산(厓山) 싸움에서 패하자 육수부(陸秀夫)는 상흥제(祥興帝)를 안고 물에 뛰어들어 죽었다.[14] 이때 임금이 타셨던 배에 있던 흰 꿩 한 마리가 날개를 퍼덕거리며 슬프게 울더니 새장에 든 채로 물로 뛰어들어 죽었다.

【학】

진주(陳州)의 보좌관 노(盧) 아무개는 잘 길들여진 학 두 마리를 길렀다. 그 가운데 한 마리가 다쳐서 죽자 다른 한 마리가 구슬피 울면서 아무것도 먹지 않았다. 노 아무개가 애써 먹이자 그제야 모이를 먹었다. 어느 날 아침 학이 노 아무개의 곁을 돌면서 우는 것을 보고 노 아무개가 말했다.

"네가 떠나고 싶다면 너를 잡아 두지 않겠다!"

학은 날개를 퍼덕이며 구름 사이로 올라가 서너 차례 빙빙 돌더니 이내 날아 가버렸다. 노 아무개는 자식도 없고, 늙고 병이 들어 3년 뒤에 사직하고 황포(黃浦)의 시냇가로 돌아와 누웠다. 쓸쓸한 늦가을, 지팡이에

희(尹喜)의 말이다. 윤희의 『관윤자(關尹子)』에 "보통 사람은 현인을 스승으로 삼고 현인은 성인을 스승으로 삼으며 성인은 만물을 스승으로 삼는다[衆人師賢人, 賢人師聖人, 聖人師萬物]"란 말이 있다.

14 애산(厓山) …… 죽었다: 애산은 일명 애문산(厓門山)이라고도 하는 산 이름이다. 광동성(廣東省) 신회현(新會縣) 남쪽 바다 가운데에 위치해 있다. 송나라 상흥제(祥興帝: 趙昺) 2년(1279)에 원나라 병사들이 송나라의 마지막 보루인 애산을 공격해 함락시키자, 육수부가 상흥제를 업고 바다로 뛰어들어 죽었다고 한다.

의지해 숲을 거닐고 있을 때 갑자기 학 한 마리가 하늘을 빙빙돌며 우는데, 그 소리가 슬프고 애달팠다. 노 아무개가 올려다보며 "너 혹시 진주에 있을 적 내 짝이 아니더냐? 정말 그렇다면 곧장 내려오너라"라고 하자 학이 곧장 노 아무개의 품속으로 날아 들더니 부리로 옷을 잡아끌면서 빙빙 맴돌며 옷깃을 놓지 않기에 데리고 돌아왔다. 후에 노 아무개가 죽자 학은 아무 것도 먹지 않고 지내다가 죽었다. 집안사람들은 학을 노 아무개 곁에 묻어 주었다.

【기러기】

유지(裕之) 원호문(元好問)[15]은 금나라 태화(泰和) 을축년(1205)에 병주(幷州)로 시험 보러 갔다. 길에서 기러기 두 마리를 포획한 기러기 사냥꾼을 만났는데, 한 마리는 죽고 한 마리는 그물을 벗어나 달아났다. 그물에서 달아난 기러기는 공중을 빙빙 돌아날며 구슬프게 울더니 자기도 땅에 떨어져 죽었다. 원유지는 기러기 두 마리를 사서 분수(汾水) 가에 묻어주고 돌을 쌓아 표시해 놓은 뒤 '기러기 무덤'이라 이름 붙였다.

고경정(顧敬亭)의 밭 옆에 사는 한 사냥꾼이 기러기 한 마리를 잡아, 날개를 자르고 다리를 묶은 다음 물가에 세워두고 미끼로 삼았다. 기러기는 구름 속을 날고 있는 새가 있으면 꼭 머리를 치켜들고 바라보았다. 어느 날 그 기러기의 짝이 이것을 보고는 아래로 내려와 우두커니 땅에 엎드리더니, 서로 목을 부비며 애타게 울다가 피를 다 토하고 죽었다.

명나라 정덕연간(正德年間 : 1506~1521)에 장씨(張氏) 성을 가진 사람이 기

15 원호문(元好問 : 1190~1257) : 자는 유지(裕之)이며 호는 유산(遺山)이다. 태원(太原) 수용(秀容 : 지금의 山西省 忻州市) 사람이다. 그는 금나라 말 원나라 초기의 위대한 문학가이자 역사가로 북방문학을 대표하는 주요 작가이다. 『원유산선생전집(元遺山先生全集)』과 사집(詞集) 『유산악부(遺山樂府)』가 세상에 전한다.

러기 한 마리를 잡아 정원 한 가운데에 두었다. 이듬해 기러기 한 마리가 하늘에서 울자 정원에 있던 기러기가 화답했다. 한참 뒤에 하늘에 있던 기러기가 내려오더니 서로 목을 휘감고 누각 앞에서 죽었다. 그리하여 그 누각을 '쌍안루(雙雁樓)'라고 이름 지었다.

왕일괴(王一槐)가 동릉현(銅陵縣 : 지금의 安徽省 소재) 교유(教諭)[16]로 있을 때, 한 민가에서 섣달 그믐날 밤에 연기를 피워 악기(惡氣)를 몰아내고 있었다. 이때 기러기 한 마리가 우연히 연기에 취해 떨어졌는데, 그 집에서는 이를 불길하다 생각하여 기러기를 삶아 죽였다. 다음 날 기러기 한 마리가 옥상으로 날아와 울더니 며칠 뒤에 떨어져서 죽었다.

【제비】

양양(襄陽) 사람 위경유(衛敬瑜)는 일찍 세상을 떠났다. 그의 부인은 패릉(霸陵) 왕정(王整)의 누이동생으로, 그때 겨우 열여섯이었다. 친정 부모와 시부모는 여자를 다시 시집보내려고 했으나, 여자가 절대 안 된다면서 귀를 잘라 접시에 놓고 맹세하자 그제야 그만 두었다. 집에 제비 집이 있었는데, 늘 쌍쌍이 왔다 갔다 하더니 훗날 갑자기 한 마리만 외롭게 날아왔다. 여자는 이것을 보고 느낀 바가 있어 이렇게 말했다.

"나처럼 살 수 있겠느냐?"

그리고는 그 제비의 발에 실을 묶어 표시해두었다. 이듬해 제비가 다시 날아 왔는데, 이전처럼 혼자였고 여전히 앞발에 실을 묶고 있었다. 여자가 시를 지어 노래했다.

작년에 짝 없이 떠나가더니,
올 봄도 혼자 돌아왔구나.

16 교유(教諭) : 청나라 때 현학(縣學)의 정교관(正教官)을 가리킨다.

떠난 이의 사랑이 너무도 깊어서
다른 새와 짝지어 날지 못하겠어요

이때부터 제비는 6~7년 동안 봄에 왔다가 가을에 날아갔는데, 후에 다시 왔을 때 여자가 죽고 없는 것을 보고는 집 주위를 돌며 애달프게 울었다. 사람들이 묻힌 곳을 알려주자 곧장 그 무덤으로 날아가 구슬프게 울면서 아무 것도 먹지 않더니 그대로 죽었다. 사람들은 여자의 무덤 옆에 제비를 묻어주고는 그곳을 '제비 무덤'이라고 불렀다.

원나라 원정(元貞) 2년(1295)에 연(燕) 땅 사람 유탕좌(柳湯佐)의 집 들보에 제비 한 쌍이 둥지를 틀었다. 어느 날 저녁 집안사람들이 횃불을 들고 지네를 비추었는데, 그 바람에 수컷이 깜짝 놀라 그만 땅에 떨어진 것을 고양이가 홀딱 잡아먹었다. 이를 본 암컷은 아침저녁으로 구슬피 울면서 새끼에게 모이를 먹였는데, 새끼의 날개가 다 자라자 그대로 날아갔다. 이듬해에도 암컷은 혼자 날아왔다. 사람들이 제비 집 안에 알 두 개가 있는 것을 보고는 혹 그 제비가 짝을 바꾸었나 의심스러워 천천히 다가가 살펴보았는데, 그것들은 모두 알껍데기일 뿐이었다. 제비는 6년 동안 그렇게 봄에 왔다 가을이면 떠나갔다.

하씨(夏氏)의 아들이 들보 사이에 제비 두 마리가 있는 것을 보고 장난삼아 탄궁을 쏘았는데, 그 가운데 수컷이 맞아 죽었다. 암컷은 한 식경이 넘도록 구슬프게 울더니 스스로 강에 몸을 던져 죽었다. 당시 사람들은 「열녀 제비 노래」를 지어 제비를 기렸다.

욱칠(郁七)의 집에 거의 다 부화된 제비 새끼가 있었는데, 둥지가 오래되어 갑자기 무너져 내리려 했다. 그때 이웃 제비들이 무리를 지어 진흙을 입에 물고 와서 마치 베를 짜듯 왔다 갔다 하더니, 순식간에 새 둥지를 지었다. 다음 날이 되어서야 둥지 안에서 제비 새끼를 기르던 어미 제비는, 일이 급박하게 되자 다른 제비들이 와서 도와주었음을 알게 되었다.

【앵무새】

송나라 고종(高宗) 때 농산(隴山)[17] 사람이 말할 줄 아는 앵무새 한 마리를 진상하자 고종은 앵무새를 궁중에다 놓고 길렀다. 하루는 고종이 앵무새에게 "고향이 그리우냐?"라고 물었다. 그러자 앵무새는 "어찌 고향이 그립지 않겠습니까? 그렇지만 그리워한들 무슨 소용 있겠습니까?"라고 말했다. 이에 고종은 환관을 시켜 앵무새를 농산으로 돌려보내게 했다. 몇 년 뒤에 사신이 그곳을 지나가는데 앵무새가 "상황께서는 잘 계십니까?"라고 물었다. 사신이 "붕어하셨다!"고 하자, 앵무새는 쉬지 않고 슬피 울었다.

관중(關中)의 상인이 농산에서 말할 줄 아는 앵무새를 얻어 애지중지 키우며 부지런히 모이를 주었다. 상인이 우연한 일로 하옥되었다가 집으로 돌아와 계속 원망하고 탄식하자, 앵무새가 말했다.

"그대는 며칠 옥중에 있는 것도 견디지 못하는구려. 몇 년 동안 갇혀 있는 이 앵무새는 어떻겠소?"

이 말에 상인은 느낀 바가 있어 앵무새를 놓아주었다. 후에 상인의 동료 가운데 농산을 지나가는 사람이 있으면, 앵무새는 숲에서 이렇게 묻곤 했다.

"아무개는 무탈하십니까? 안부 전해 주시오! 안부!"

---

17 농산(隴山) : 요하(寧夏) 남쪽, 서안(西安)과 은천(銀川)과 난주(蘭州) 가운데 지역에 위치한 산.

이매암(李邁菴)이 직접 기술한 내용이다. 전(滇 : 雲南省) 땅을 여행하고 돌아오는 길에 한 하인이 풍토병에 걸려 죽었는데, 그 하인이 기르던 앵무새 두 마리가 사흘 동안 쉬지 않고 울다가 하인을 따라 죽었다.

【황새】

고우현(高郵縣 : 지금의 江蘇省 高郵市) 남쪽 누각 위에 [황새] 암수 두 마리가 살고 있었다. 그러나 어떤 사람이 수컷을 찔러 죽여 암컷 혼자 외로이 지냈다. 그로부터 열흘 남짓 뒤에 한 무리의 황새가 수컷 한 마리를 데려왔는데, 마치 유혹해 중매라도 하는 듯 했다. 그러나 종일토록 짝짓기를 하지 않자 모두 날아가 버렸다. 암컷은 계속 구슬피 울다가 갑자기 주둥이를 둥지 틈 사이에 쳐 박고 매달려 죽었다. 당시 이곳을 노닐던 많은 객들이 이 광경을 보고는 모두 탄식하면서 '열녀 황새'라 불렀으며, 다투어 시가를 지어 조문하고 열녀 황새의 비석도 세웠다.

위아(衛衙)[18]의 가래나무에 황새가 둥지를 틀고 살다가 아비 새가 활에 맞아 죽었다. 잠시 뒤에 황새 여러 마리가 수컷 한 마리를 데리고 와 어미 새와 짝 지어 주려 했다. 어미 새가 구슬피 울면서 한사코 거절하자, 수컷이 새끼 네 마리를 부리로 쪼아 죽여 버렸다. 어미 새가 더욱 고통스럽게 울다 죽자 사나운 새들은 곧장 수컷을 데리고 달아났다.

아무개의 정원에 고목 한 그루가 있었는데, 그 위에 까치가 둥지를 틀고 곧 새끼가 다 되어가고 있는 알을 품고 있었다. 그러던 어느 날 까치 두 마리가 옥상을 돌면서 그치지 않고 구슬피 울어댔다. 잠시 후 까치 몇 마리가 그쪽을 바라보다가 울음소리가 점점 가까워지자 일제히 그 둥지를 주시했다. 그러더니 갑자기 까치 몇 마리가 서로 서로 부리를 대

18 위아(衛衙) : 명청시대에 양각성(角城城 : 지금의 山東省 范縣 남쪽 70里에 위치) 보루 안팎으로 두었던 공공장소를 말한다.

고 소리를 내기 시작했는데, 그 모습이 마치 서로 이야기하는 듯했다. 까치들이 휙 하고 어디론가 날아가더니 잠시 뒤에 까악! 까악! 하면서 황새 한 마리가 허공을 가로질러 내려왔고, 황새를 부르러 갔던 까치도 그 뒤를 따라 왔다. 까치들이 무리를 지어 황새를 바라보며 마치 뭔가를 호소하는 듯 시끄럽게 울어대자 황새도 마치 그 호소를 받아들이는 듯 소리를 냈다. 황새는 별안간 둥지 위로 올라가서 붉은 뱀 한 마리를 집어삼켰다. 그러자 까치들은 축하라도 하고 감사라도 올리는 듯 시끄럽게 지저귀며 춤을 추었다. 아마도 까치가 뱀과 싸워 새끼를 구해달라고 황새를 불러온 모양이다.

화정현(華亭縣 : 지금의 上海市 松江縣) 동씨(董氏)네 집 정원 앞에 구불구불한 소나무 한 그루가 있었다. 나뭇가지가 무성하고 마치 수레 덮개처럼 높이 자라 있었는데, 그 나무 꼭대기에 황새 한 쌍이 둥지를 틀고 있었다. 후에 수컷이 탄궁에 맞아 죽자 암컷은 외로이 홀로 지내면서 아침저녁으로 애처롭게 울다가 며칠 뒤에 수컷을 따라 죽었다.

태주(泰州 : 지금의 江蘇省 중부) 염장(鹽場)에 절이 있었는데, 절의 창문 밖 나무 위에 황새 둥지가 있었다. 암컷이 그 사이에서 알을 품고 있었는데, 어떤 마을 사람이 암컷이 먹이를 찾으러 간 틈을 타서 거위 알을 몰래 황새 알과 바꿔 놓았다. 그러나 암컷은 그런 사실을 알지 못했다. 얼마 뒤에 황새 새끼가 알을 깨고 나왔는데, 다름 아닌 거위였다. 수컷은 전혀 다른 새가 나온 것을 보고 의아해하더니, 암컷이 다른 새와 교미했을 것이라 여겨 화를 내며 암컷을 쪼았다. 암컷은 그저 울기만 할 뿐이었다. 잠시 뒤 수컷이 날아가고 갑자기 황새 떼가 몰려들어 새끼를 보고는 일제히 암컷을 향해 시끄럽게 울어댔다. 암컷은 자신의 결백을 밝힐 길이 없어 부리를 담장 틈 사이에 쳐 박고 죽었다. 야인(野人) 오가기(吳嘉紀)[19]가 시를 지어 이 일을 기록했다.

【꾀꼬리】

어떤 사람이 꾀꼬리 새끼를 잡아다가 대나무 조롱에 넣어 길렀는데, 어미 새와 아비 새가 나란히 아침저녁으로 조롱 밖에서 슬피 울면서 번갈아 가며 먹이를 주었다. 간혹 사람이 앞에 있어도 전혀 두려워하는 기색이 없었다. 며칠 동안이나 새끼 새를 조롱 밖으로 내놓지 않았더니, 아비 어미 새는 조롱 주위를 빙빙 날아돌면서 울었다. 그러나 도무지 조롱 안으로 들어갈 수 없어서 한 마리는 불 속으로 뛰어들어 죽었고 다른 한 마리는 조롱에 부딪쳐 죽었다. 두 마리 새의 배를 갈라보니 창자가 마디마디 끊겨 있었다.

【원앙】

[명나라] 성화(成化) 6년(1470) 10월에 염성(鹽城 : 江蘇省) 천종호(天縱湖)의 어부는 원앙이 아주 많이 있는 것을 보고는 어느 날 수컷을 잡아 솥에 삶았다. 암컷은 노를 따라 가며 슬피 울면서 떠나가지 않더니 어부가 솥을 열자마자 곧장 끓는 물에 몸을 던져 죽었다.

【까치】

대자산(大慈山)[20] 남쪽에 아름드리 나무가 하나 있었는데, 그 위에 까치 두 마리가 가가 둥지를 틀고서 새끼를 낳았다. 그 중 한 쪽의 어미 까치가 사나운 새에게 잡혀가자 새끼 까치 두 마리는 어미를 잃고 시끄럽게 울어댔다. 나머지 한 쪽의 어미 까치는 새끼에게 먹이를 먹이다가 어미 잃은 새끼 까치를 보고 불쌍한 마음이 들어 그 둥지로 날아가 새끼들을 구해왔는데, 새끼들을 입에 물고와 한 둥지에 둔 다음 자기 새끼랑 똑같

19 오가기(吳嘉紀 : 1618~1684) : 명말 청초의 시인으로, 자는 빈현(賓賢), 호는 야인(野人)이며 태주(泰州 : 지금의 江蘇省 泰州市) 사람이다. 특히, 백성들의 질고를 잘 묘사해 시사(詩史) 두보와 비교되었다.

20 대자산(大慈山) : 절강성(浙江省) 항주(杭州)에 있는 산 이름이다. 남송 때 재상 사미원(史彌遠)이 자모를 이곳에 묻었다 하여 '대자산(大慈山)'이라는 이름이 붙었다.

이 먹이를 먹였다.

【비둘기】

강절(江浙)의 지방관 노노(嶁嶁)의 집에서 비둘기 두 마리를 길렀다. 수컷 비둘기가 고양이[21]에게 해를 당하자 하인이 다른 수컷과 짝을 지어 주었는데, 암컷은 그 수컷과 싸우다가 끝내 죽고 말았다. 사자란(謝子蘭)[22]이 「의로운 비둘기 시」를 지어 애도했다.

【거위】

[당나라] 천보연간(天寶年間 : 742~756) 말에 덕청(德淸 : 지금의 浙江省에 위치) 사람 심조(沈朝)의 집에 거위가 있었는데, 알을 낳아 부화시키고는 창자가 튀어 나와 죽었다. 새끼는 그 모습을 보더니 구슬프게 울면서 더 이상 모이를 먹지 않았다. 새끼는 해진 돗자리를 가져다가 어미를 덮어주고, 꼴과 풀을 물어다 어미 앞에 놓았는데, 그 모습이 마치 제사를 지내는 것 같았다. 그런 다음 길게 소리 내어 몇 번 울더니 이내 죽고 말았다. 심씨(沈氏 : 沈朝)는 이를 기이하게 여겨 이들을 묻어 주었다. 후세 사람들은 이 무덤을 '효자 거위의 무덤'이라 불렀다.

인초(鄰初) 탕환(湯煥)[23]은 강서(江西)의 좌군(佐郡)[24]으로 있다가 딸을 보았다. 딸의 돌이 되어 한 고을 사람이 거위를 보내왔는데, 목이 상자에 눌려 꺾어져서 '갈 지(之) 자'가 되어있는 것을 보고 탕환은 애처로워 그

21 고양이 : 원문은 '이노(狸奴)'로, 고양이의 다른 이름이다.

22 사자란(謝子蘭) : 원나라 말에 살았던 일사(逸士)로 무진(武進 : 지금의 江蘇省 武進縣) 사람이다. 자는 응방(應芳), 자호는 귀소노인(龜巢老人)이다.

23 탕환(湯煥) : 자는 요문(堯文)이고, 호는 인초로, 인화(仁和 : 지금의 浙江省 杭州) 사람이다. 명나라 융경(隆慶) 4년(1570)에 거인(擧人)으로 뽑혀 강음교론(江陰教論)을 지냈다. 후에 한림원(翰林院) 대조(待詔)로 뽑혔다가 군승(郡丞)이 되었다.

24 좌군(佐郡) : 주(州)나 군(郡)의 정무를 처리하는 사마(司馬)나 통판(通判) 등의 직책을 가리킨다.

냥 두고 길렀다. 후에 관직을 그만 두고 귀향하자 친척이 또 거위 한 마리를 주었는데, 발가락 하나가 없었다. 그 거위도 불쌍해서 두고 길렀더니 마침 암컷과 수컷이 짝을 지었다. 수컷은 '오랑(烏郎)'이고 암컷은 '창녀(蒼女)'였는데, 그 이름을 부르면 곧장 다가왔다. 걸어 다닐 때는 발가락 없는 암컷이 먼저 가게 양보했고, 모이를 먹을 때는 목이 꺾인 수컷이 먼저 먹게 양보했다. 거위를 기른 지 30여년이 되었을 때 당환의 부인이 죽자 거위 두 마리는 며칠 밤낮으로 애통하게 울면서 모이를 먹지 않더니 결국 관 아래에서 죽었다.

상주(常州 : 지금의 江蘇省 남부에 위치)의 진사(陳四)는 검정 색과 흰색 거위 두 마리를 길렀는데, 거위들은 둥지 두 개를 나란히 하고서 각자 새끼 몇 마리씩을 길렀다. 어느 날 검은 거위가 죽자 어미 잃은 새끼들은 슬프게 울었다. 흰 거위는 매일 새벽 그쪽 둥지로 가서 새끼들을 부르며 자기 새끼들과 똑같이 부리로 먹이를 쪼아 먹였다. 밤이 되면 반드시 먼저 검은 거위 새끼들을 둥지로 돌려보낸 뒤에 자기 새끼들을 데리고 들어가 잤다. 사람들은 이 모습을 보고는 의롭다고 여겼다.

【닭】

구주(衢州 : 지금의 浙江省 서쪽에 위치)의 하급관리가 세금을 독촉하러 한 가난한 민가를 찾아가니, 백성은 한 마리밖에 없던 암탉을 삶으려 했다. 하급관리는 뽕나무 숲 사이로 어렴풋이 황색 옷 입은 여자가 살려달라고 하는 것을 보았는데, 놀랍기도 하고 한편 측은하기도 했다. 잠시 뒤에 백성이 칼을 들고 암탉을 잡으려 하는 것을 보고는 왠지 꺼림칙한 생각이 들어 잡지 못하게 말렸다. 후에 그 집을 다시 찾아가보았더니 암탉이 병아리 떼를 거느리고 와 하급관리 앞에서 폴짝폴짝 뛰었는데, 그 모습이 마치 자기에게 감사 인사를 하는 것 같았다. 하급관리는 [그 집을 나서] 백 걸음 정도 가다가 호랑이를 만났는데, 갑자기 암탉이 날아와 호랑이의 눈을 덮친 덕분에 하급관리는 달아나 죽음을 모면할 수 있었다.

【코끼리】

당나라 명황(明皇 : 玄宗)은 코끼리에게 절하는 법과 춤을 가르쳤다. 천보(天寶)의 난[25] 때 안녹산(安祿山)이 그 무리들에게 큰 연회를 베풀다가 코끼리를 불어내 이렇게 거짓말 했다.

"이 코끼리는 저 남쪽 바다에서 달려 왔다. 내가 천명을 받을 것임을 안다면, 비록 이물이라 할지라도 분명 절하고 춤출 것이다."

좌우에서 절하라고 명하였지만 코끼리들은 모두 눈을 부릅뜨고 머리를 치켜들면서 절하려하지 않았으며, 춤추라 명하였지만 성난 눈으로 발을 모으고는 춤추려하지 않았다. 안녹산은 화가 나서 코끼리들을 모두 죽여 버렸다.

[당나라] 상원연간(上元年間 : 674~676)에 화용현(華容縣 : 지금의 湖南省 북부에 위치)의 코끼리가 한 농가 마당에 들어와 벌렁 누웠는데, 보았더니 발바닥에 가시가 박혀 있었다. 집주인이 가시를 뽑아주자 코끼리는 땅에 엎드려 타라고 하더니 깊은 산속으로 들어갔다. 그리고는 코로 흙을 파헤쳐 상아 수십 개를 꺼내 그에게 보답했다.

원나라 때 어가(御駕)를 등에 지고 다니던 코끼리가 있었는데, 명나라 태조(太祖)가 등극하자 무릎 꿇고 절하려 하지 않았다. 이 코끼리는 결국 몽둥이에 맞아 죽었다.

명나라 때 광서(廣西)에 코끼리 한 마리가 있었는데, 정남공(定南公)에 봉해졌다. 오삼계(吳三桂)[26]가 광서로 들어와 횡포를 부리며 코끼리를 도

25 천보(天寶)의 난 : 천보 14년(755)에 일어난 안녹산(安祿山)의 난을 말한다.

26 오삼계(吳三桂 : 1612~1678) : 자는 장백(長伯)이며 명말청초 요동(遼東) 사람이다.

성으로 압송하려고 하자 코끼리는 머리를 치켜들고 오삼계를 들이받았다. 조련사가 온갖 방법을 다해 달래보았지만 끝내 복종하지 않았다. 크게 노한 오삼계는 칼이나 화살로 코끼리를 해칠 수 없자 화포(火炮)로 쏘아 죽였다.

【사슴】

은대(銀臺)[27] 후광성(侯廣成)의 집에서 사슴 한 마리를 요봉(堯峰)에 놓아주었다. 몇 년 뒤에 후광성이 죽자 사슴이 펄쩍펄쩍 뛰면서 뿔을 자르고 며칠 동안 아무 것도 먹지 않더니 후광성을 따라 죽었다. 산사의 스님이 사슴을 불쌍하게 여겨 장사지내주고 '의로운 사슴의 무덤'이라는 비석을 세워 주었다.

【곰】

진(晉 : 東晉)나라 승평연간(昇平年間 : 357~361)에 어떤 사람이 산에 들어

본적은 강소성(江蘇省) 고유(高郵)이다. 무과 출신으로, 금주(錦州) 총병(總兵)을 지낸 오양(吳襄)의 아들로서, 전공과 부음(父蔭)으로 도지휘(都指揮)에 제수되었다. 계속 승진하여 요동 총병이 되어 산해관(山海關)의 진장으로서 청군(淸軍)의 진출을 막는 데 힘썼다. 1644년 유적(流賊) 이자성(李自成)이 북경(北京)으로 쳐들어오자, 평서백(平西伯)에 봉하여져 북경 방어의 명을 받고 구원에 나섰다. 북경이 함락되고 숭정제(崇禎帝)가 자살하였다는 소식과 함께, 이자성의 협박을 받은 아버지로부터 이자성에게 귀순하라는 편지를 받았으나 듣지 않았다. 그는 즉시 청군과 결탁, 청군의 선도가 되어 북경을 탈환하였고, 청나라의 중국 본토 진출에 중대한 역할을 함으로써 평서왕(平西王)에 봉해졌다. 그 뒤 중국 전토 평정에도 앞장섰고, 1657년 평서대장군이 되어 명나라 계왕(桂王 : 永曆帝)을 추격하여 1659년 운남성을 점령하였다. 1662년 미얀마에서 계왕을 붙잡아 평서친왕(平西親王)에 진봉(進封)되었다. 광동(廣東)의 상가희(尚可喜), 복주(福州)의 경중명(耿仲明)과 함께 삼번(三藩)이라 불리었다. 1673년 청나라 강희제(康熙帝)가 철수명령을 내리자, 그는 상가희의 아들 상지신(尚之信)과 경중명의 손자 경정충(耿精忠)과 함께 '삼번의 난'을 일으켰다. 1678년 5월 호남성(湖南省) 형양(衡陽)에서 황제위에 올라 국호를 주(周)라 하고, 소무(昭武)라 건원하였으나 그해 8월에 병사하였다.

27 은대(銀臺) : 궁문 이름이다. 당나라 때는 한림원(翰林院)과 학사원(學士院)이 모두 은대문 부근에 있었기 때문에, 한림원을 가리키는 말로도 쓰였다.

가 사슴사냥을 하다가 갑자기 동굴에 떨어졌는데, 그 안에 새끼 곰 몇 마리가 있었다. 잠시 후 커다란 곰 한 마리가 안으로 들어왔다. 곰이 그 사람을 뚫어져라 쳐다보자 그는 틀림없이 자신을 해칠 것이라 생각했다. 한참 뒤에 곰은 과일을 꺼내 새끼 곰들에게 나누어주고 마지막으로 일부분을 떼어 내어 그 사람 앞에 놓았다. 한참이나 굶주려있던 그는 죽음을 무릅쓰고 그것을 먹었다. 얼마 뒤에 그 사람과 곰은 서로 친해졌다. 어미 곰은 아침이면 먹이를 구하러 나갔고 돌아오면 늘 그 사람에게도 과일을 나누어주어 그 덕에 그는 연명할 수 있었다. 후에 새끼 곰들이 다 자라자 어미 곰은 새끼 곰 한 마리씩 등에 업고 굴 밖으로 데리고 나갔다. 새끼 곰들이 모두 굴 밖으로 나가자 그 사람은 이제 꼼짝없이 굴 안에서 죽겠구나 생각했다. 그런데 잠시 후 어미 곰이 다시 동굴 속으로 돌아와 그 사람 옆에 앉았다. 그 사람이 곰의 뜻을 알아채고 곧바로 곰의 다리를 끌어안자 곰은 동굴 밖으로 뛰어 나갔다. 그리하여 그 사람은 죽지 않을 수 있었다.

【호랑이】

후한(後漢) 사람 도구보(都區寶)는 부친상 중에 있었다. 이웃 사람이 호랑이를 때려잡으려 격투를 벌였는데, 호랑이가 자신의 여막으로 도망쳐 들어오자 도롱이로 덮어 숨겨 주었다. 이웃이 호랑이의 종적을 묻자 도구보는 "설마 호랑이가 불쌍해 숨기기라도 했겠습니까?"라고 대답했다. 그 뒤로 호랑이는 마치 제사를 돕기라도 하는 양 짐승을 보내왔다. 도구보는 이 때문에 세상에 이름이 알려졌다.

상우(上虞 : 지금의 浙江省 上虞市) 사람 양위(楊威)는 어려서 부친을 잃고 어머니를 극진히 모시고 살았다. 한번은 어머니와 함께 산에 나무하러 갔다가 호랑이의 습격을 받았다. 양위는 호랑이의 공격을 막을 길이 없을 것 같아 어머니를 끌어안고서 울면서 도망갔다. 그 모습을 본 호랑이는 귀를 늘어뜨리고 순순히 물러갔다.

【원숭이】

당나라 소종(昭宗)에게 원숭이 한 마리가 있었는데, 조정대신들의 반열을 따라 안으로 들어와서 문안인사를 여쭈었기에[28] 상으로 붉은 도포를 하사했다. 주온(朱溫)은 왕위를 찬탈한 뒤에 이 원숭이를 빼앗아 어전 밑에서 문안인사를 올리라고 시켰다. 원숭이는 주전충(朱全忠 : 朱溫)을 보더니 곧장 그가 있는 곳으로 달려가 발로 차고 때렸다. 주전충은 원숭이를 죽이라고 명령했다.

길주(吉州)의 어떤 사람이 원숭이를 생포한 뒤, 어미 원숭이는 죽이고 그 가죽과 새끼 원숭이는 용천현(龍泉縣)의 소씨(蕭氏)에게 팔았다. 어미 원숭이의 가죽을 보여주자 새끼 원숭이는 그것을 껴안고 펄쩍 뛰다가 결국 죽었다. 소씨의 아들은 이 원숭이를 위해 「효자 원숭이 전」을 지었다.

등지(鄧芝)가 어미 원숭이를 활로 명중시키고 보았더니, 새끼 원숭이가 화살을 뽑고 상처 난 곳을 나무 잎으로 틀어막고는 계속해서 구슬프게 울면서 어미를 위해 피를 빨고 있는 것이었다. 등지는 활을 내던지고 탄식하면서 말했다.

"산짐승도 이와 같이 제 어미를 애처롭게 여기는데 사람이 도리어 원숭이만 못해서야 되겠는가? 내 더 이상 사냥을 하지 않겠다!"

[魏나라] 함희연간(咸熙年間 : 264~265)에 서창문(瑞昌門) 밖에 원숭이를 잘

28 문안인사를 여쭈었기에 : 원문은 '기거(起居)'이다. 『신오대사(新五代史) · 잡전(雜傳)』 「이기(李琪)」에 보면 다음과 같은 문장이 있다. "[당나라] 명종은 즉위 초에 신하들에게 조서를 내려 매달 5일에 재상들을 따라 내전으로 들어와 황제를 알현하게 했는데, 이것을 일러 '기거'라고 한다[明宗初卽位, 乃詔群臣, 五日一隨宰相入見內殿, 謂之'起居']."

다루는 한 노부부가 살았다. 어느 날 노파가 죽자 노인이 장례를 치렀다. 그로부터 얼마 지나지 않아 노인도 죽었는데, 장례를 치러 줄 사람이 없어 원숭이가 시신을 지켰다. 한참 뒤에 사람들은 이를 불쌍히 여겨 노인을 장사지내주었다. 사람들은 원숭이를 모두 '의로운 원숭이'라고 불렀다.

명나라 정덕(正德) 신사년(1521)에 한 부부가 살았는데, 원숭이를 다루면서 먹고살아온 지 10년이었다. 부부는 가주(嘉州 : 지금의 四川省 樂山市) 백탑산(白塔山)에서 살았는데, 주인이 죽어 백탑 왼쪽에 묻었더니 원숭이가 밤낮으로 울었다. 부인이 웬 거지를 불러들여 남편으로 삼자 원숭이는 머리를 쳐들고 야유했다. 부인이 원숭이에게 재주를 부리게 해도 원숭이는 땅에 엎드려 꼼짝도 하지 않았으며, 채찍으로 때리면 부르르 떨며 소리를 질렀다. 밤마다 죽은 주인의 묘를 찾아가 펄쩍펄쩍 뛰면서 슬피 울더니 이레 만에 죽고 말았다.

학사(學使) 왕가수(汪可受)는 금화(金華 : 지금의 浙江省 金華市)에서 처음 고을살이를 시작했다. 한 거지가 산속을 지나가다가 아이들이 어린 원숭이를 묶어서 학대하는 것을 보고 그 원숭이를 사들여 재주를 가르친 뒤 날마다 저자거리에서 구걸하면서 먹고살았는데, 이렇게 해서 번 돈이 제법 많았다. 부럽기도 하고 샘이 나기도 한 다른 거지가 그에게 술을 먹여 취하게 한 뒤 빈 동굴로 데려가 그를 쳐 죽였다. 후에 이 거지는 원숭이를 밧줄로 묶어 다시 재주를 부리게 했다. 어느날 왕공(汪公 : 汪可受)의 행차소리가 갑자기 들려오자 원숭이는 곧장 이빨로 줄을 끊고 돌연 왕공의 앞으로 달려가 뭔가 호소하는 시늉을 했다. 이에 사람을 보내 원숭이를 따라가 보게 했더니 동굴에서 시체가 나왔다. 왕공은 급히 그 거지를 잡아들여 국문한 후 사형에 처했다. 이 일로 온 마을이 놀라서 죽은 거지를 애도했으며 관을 사서 거지의 시체와 함께 불태워주었다. 화염이 세차게 타오르자 원숭이는 울부짖으며 불 속으로 뛰어 들어 거지를 따라 죽었다.

【소】

제하현(齊河縣 : 지금의 山東省 齊河縣) 홍점(洪店)의 어떤 도적이 왕진(王臻)의 집 앞에서 살인을 했다. 하지만 사람들이 왕진을 잡아가는 바람에 왕진은 이미 오래도록 무고하게 복역하고 있었다. 제하현의 현령 조청(趙淸)이 홍점을 지나는데, 갑자기 소 한 마리가 조청 앞으로 달려와 마치 뭔가 호소할 것이라도 있는 양 무릎을 꿇고 슬프게 울었다. 조청이 말했다.

"누구의 소인가?"

사람들이 대답했다.

"왕진의 소입니다."

조청이 말했다.

"왕진에게 억울한 일이라도 있는가?"

그리고는 읍에 도착해 상황을 분석한 뒤 왕진 부자를 풀어주었다. 후에 대도(大盜) 왕산(王山)을 국문하면서 바로 그가 살인사건을 저지른 자임을 알게 되었다. 제하현 사람들은 소의 총명함을 칭찬하면서 「의로운 소 이야기」를 썼다.

천장현(天長縣 : 지금의 安徽省 天長縣) 백성 대(戴) 아무개는 아침에 집을 나가고, 그의 아내는 들판에서 소를 치고 있었다. 평상시처럼 집에서 기르던 개가 아내를 따라왔는데, 풀 속으로 들어가더니 나오지 않았다. 대 아무개의 아내가 소를 끌고 가 개를 찾아보다가 채 100걸음도 못 가 호랑이가 덤불에서 개를 먹고 있는 장면을 목격했다. 사람이 다가오는 것을 본 호랑이는 먹던 개를 버리고 사람에게 다가갔다. 대 아무개의 아내가 호랑이에게 잡힌 것을 본 소는 주인이 곤경에 처한 것을 알고 씩씩거리며 호랑이 앞으로 나아갔다. 그러자 호랑이는 이제 사람을 버리고 소를 응시했다. 호랑이와 소는 서로 으르렁거렸는데, 호랑이가 발톱을 세우고 이빨을 드러내자 소가 두 뿔로 호랑이를 들이받았다. 한 시각이 넘어서 결국은 소가 호랑이를 이겼고, 대 아무개의 아내는 죽음을 모면할 수 있었다.

가정(嘉靖) 을묘년(1555)에 통병어왜(統兵御倭)로 있던 무진(撫鎭) 호현(胡賢)은 임산(臨山 : 지금의 浙江省 餘姚市 臨山鎭)에 이르러 나무 아래에서 잠시 쉬다가 백정이 소를 막 잡으려 하는 장면을 보았다. 아직도 젖을 찾는 송아지가 날카로운 칼을 물고 수레 고랑[29]까지 오더니, 발로 진흙 속에 짚어 넣었다. 백정은 여기저기 칼을 찾다가 결국 찾지 못했다.

【개】

[삼국시대] 오(吳)나라 때 양양(襄陽 : 지금의 湖北省 서북부에 위치) 사람 기신순(紀信純)은 '오룡(烏龍)'이라는 개를 키우면서 들고 날 때마다 늘 데리고 다녔다. 하루는 성 밖에서 술을 마시고 잔뜩 취해 집으로 돌아오다가 그만 풀 속에서 잠이 들고 말았다. 그때 태수(太守) 등하(鄧瑕)가 사냥을 나왔다가 불을 놓아 풀을 태웠다. [이를 본] 개가 입으로 옷을 물어 잡아끌었지만 기신순은 꼼짝도 하지 않았다. 이곳에서 30~50걸음 떨어진 곳에 도랑이 하나 있었는데, 개는 곧장 물속으로 들어가 온몸에 물을 적셔오더니 기신순이 누워 있는 곳을 뒹굴러가며 몸으로 풀을 적셨다. 불길은 축축이 젖은 곳에 와서 꺼졌지만 개는 피곤에 지쳐 결국 기신순 옆에서 죽었다. 이렇게 해서 기신순은 위험에서 벗어날 수 있었다. 깨어나서 보았더니 개는 털이 젖은 채 죽어 있었고, 불난 흔적이 여기 저기 보였다. 기신순은 대성통곡했다. 이 사실이 태수에게까지 알려지자 태수는 관을 마련해 개의 장례를 치러주게 했다. 지금도 기남(紀南 : 지금의 荊州에 위치)

29 수레 고랑 : 원문은 '거박(車薄)'이라 되어있으나 인민일보출판사에서 간행한 『우초신지』에 의거하여 '거구(車溝)'로 고쳐 번역했다. '거구'는 수레바퀴에 눌려 생긴 고랑을 말한다.

에는 '의로운 개의 무덤'이 남아 있는데, 높이가 10여 장(丈)이나 된다.

진(晉)나라 태흥(泰興) 2년(319)에 오(吳) 땅 사람 화륭(華隆)은 사냥을 좋아했다. 그는 '적미(的尾)'라는 이름의 개 한 마리를 기르면서 늘 데리고 다녔다. 화륭은 어느 날 강변에 갔다가 한 마리 커다란 뱀에게 온 몸이 친친 감겼는데, 개가 뱀을 물어 죽였으나 화륭은 온 몸이 굳은 채 쓰러져서 기절하고 말았다. 개가 마구 짖고 배회하면서 길에서 왔다 갔다 하는 것을 본 집안사람들이 개의 이와 같은 행동을 이상하게 여겨 따라가서 보았더니 화륭이 혼절한 채 땅에 엎어져 있었다. 화륭은 집으로 실려 돌아온 지 이틀 후에야 깨어났다. 화륭이 깨어나지 못하고 있는 동안 개는 아무 것도 먹지 않았다.

[晉나라] 태화연간(太和年間 : 366~371)에 양생(楊生)은 개 한 마리를 기르면서 끔찍이 아꼈다. 후에 양생은 술에 취해 큰 못을 지나다가 풀 속에서 잠이 들었다. 그때는 겨울이었는데, 들판에 불이 났고 바람마저 매서웠다. 개가 짖어댔지만 양생은 깨어나지 못했다. 앞에 웅덩이가 있는 것을 본 개는 곧바로 물속으로 달려가서 [몸에 물을 적신 다음] 돌아와 몸의 물을 양생 주위에 뿌렸다. 풀이 물에 젖어 축 늘어져있었기 때문에 불길은 금세 그곳을 지나쳐갔다. 다른 날 양생이 또 어두운 밤길을 가다가 빈 우물 속에 빠졌는데, 개는 밤새도록 낑낑대며 신음했다. 어떤 사람이 지나가다가 개의 행동을 보고 이상하게 여겨 우물가로 가서 보았더니 양생이 그 안에 있었다. 양생이 말했다.

"나를 꺼내주면 내 틀림없이 후사하겠소!"

그러자 그 사람이 말했다.

"이 개를 내게 준다면 당신을 꺼내주겠소."

그러자 양생이 말했다.

"이 개는 다 죽게 된 나를 살려준 적이 있어서 남에게 줄 수 없소. 다른 것은 아깝지 않소."

그 사람이 말했다.

"그렇다면 꺼내드릴 수 없소."

그러자 개는 고개를 떨어뜨리며 우물을 내려다보았는데, 양생은 그 뜻을 알아차리고서 그 사람에게 개를 주겠다고 말했다. 그 사람은 양생을 꺼내준 뒤 개를 묶어가지고 떠나갔다. 그러나 닷새 뒤에 개가 야반도주해 돌아왔다.

원찬(袁粲)은 소도성(蕭道成)이 반란을 일으키려하자 송(宋) 왕조를 지켜 달라는 부탁을 받은 몸으로 기의(起義)를 도모하다가 결국 소도성에게 해를 당했다.[30] 그에게는 겨우 몇 살 난 아이가 있었는데, 유모는 그 아이를 원찬의 문하생인 적영경(狄靈慶)에게 데려갔다. 적영경이 말했다.

"도령을 고발한 자에게는 큰 상을 준다고 들었네."

그러자 유모가 소리치면서 말했다.

"공께서 지난 날 당신에게 은혜를 베푼 적이 있기에 위험을 무릅쓰고 당신을 찾아왔소. 당신이 도련님을 죽여 이로움을 취한다면, 천지신명께서도 지각이 있으시니 당신 집안이 멸족되는 꼴을 내 꼭 지켜보게 될 것이오!"

원찬의 아이는 결국 죽고 말았다. 아이는 생전에 큰 개 한 마리를 타고 놀았는데, 아이가 죽은 지 일 년 남짓 뒤에 갑자기 개 한 마리가 적영경의 집으로 들어왔다. 개는 뜰에서 적영경을 맞닥뜨리자 그와 그 부인

---

30 원찬(袁粲)은 …… 당했다 : 남조 송(宋)나라 순제(順帝) 때, 소도성은 정권을 잡아 충신들을 학살하고 횡포를 일삼으며 왕위를 찬탈하려 했다. 당시 대신이었던 원찬과 유동(劉東) 두 사람은 비밀리에 소도성을 암살하려고 모의했으나 일이 누설되고 말았다. 크게 노한 소도성은 그 즉시 부장(部將) 대승정(戴僧靜)으로 하여금 대규모 병력을 보내 원찬을 포위하게 했다. 당시 원찬이 자신의 아들 원최(袁最)에게 한 "기둥 하나로는 큰 건물이 무너지는 것을 막을 수 없지만, 명예와 절의를 위해 나는 죽겠다"는 말은 후에 '일목난지(一木難支)'라는 성어가 되었다.

을 물어 죽였다. 이 개는 바로 예전에 그 아이가 타고 놀던 개였다.

요주(饒州 : 지금의 江西省 소재) 낙평현(樂平縣)의 백성 장화(章華)는 [당나라] 원화연간(元和年間 : 806~820) 초에 개 한 마리를 길렀는데, 나무하러 산에 들어갈 때면 늘 그 개를 데리고 갔다. 원화 3년(808) 겨울에 이웃집에 사는 왕화(王華)와 함께 나무하러 산에 갔을 때도 개가 따라갔다. 그때 갑자기 호랑이 한 마리가 덤불 속에서 뛰어나와 왕화를 공격하고는 땅바닥에 웅크리고 앉았으나 아직 왕화를 해치지는 않고 있었다. 장화가 비명치며 도망가자 호랑이는 왕화를 버려두고 장화에게 달려들더니 그를 잡아놓고 다시 앉았다. 그때 무성한 풀 속에 숨어 있던 개는 장화가 호랑이에게 잡힌 것을 보고는 갑자기 호랑이 머리 위로 뛰어올라가 코를 물어뜯었다. 호랑이는 뜻밖의 습격에 놀라 겁을 먹고 달아났다. 두 사람은 모두 술 취한 사람처럼 온 몸이 굳은 채 쓰러져 있었다. 개가 자기 코를 장화의 입에 갖다 대고 숨을 불어넣었더니 장화는 곧바로 침을 토해냈다. 이렇게 몇 차례 했더니 장화는 조금씩 깨어나기 시작했다. 개가 다시 자기 입을 왕화의 입에다 갖다 대고 좀 전과 똑같이 했더니 한참 후에 걸을 수 있게 되어 장화를 부축해 일으켰다. 그러나 개는 지친 나머지 일어나지 못하다가 하룻밤 뒤에 죽고 말았다.

당나라 금군대교(禁軍大校) 제경(齊瓊)은 집에서 명견 네 마리를 길렀는데, 드넓은 수풀에서 사냥을 마치고 돌아오면 늘 개들에게 밥과 고기를 먹였다. 그 중 한 마리는 마치 덤불 속에 숨겨두었다가 나중에 먹기라도 하려는 듯, 목구멍과 이빨 사이에 먹이를 담아가지고 밖으로 나갔다가 먹이를 다 먹고 나면 다시 들어왔다. 제경은 속으로 이상하게 생각했다. 어느 날 노복을 시켜 그 개가 가는 곳을 살펴보게 했더니, 북쪽 담 낡은 구멍 속에 있는 어미 개에게로 가는 것이었다. 어미 개는 늙고 앙상한데다가 더럽기 짝이 없었는데, 그 개는 [입에 넣어온] 먹이를 뱉어내서 어미에게 먹이고 있었다. 제경은 [이 이야기를 전해 듣고] 기이한 일도 다 있다며 한참을 감탄하다가, 광주리로 어미 개를 실어오게 해서 해진 자리를 깔고 남은 음식을 배불리 먹게 했다. 그러자 개는 마치 감사의 마음을 표시라도 하듯 꼬리를 흔들며 머리를 숙였다. 그 후로 이 개는 간교한 사람을 쫓거나 뒤쫓을 때면 비장(飛將)처럼 재빨랐다. 황제를 수행하여 어가 앞에서 사냥을 할 때도 늘 후한 상을 받았다. 한 해가 지나 어미 개가 죽자 이 개는 더욱 열심히 몸을 바쳤다. 후에 제경이 죽자 밤낮으로 울부짖었다. 한 달 뒤 무덤에서 장례를 치르려고 할 적에 도적을 지키게 하려고 이 개를 집에 남겨 두었는데, 하관하던 날 밤에 혼자 무덤을 찾아와 발로 흙을 파서 구덩이를 만들고는 머리로 제경의 관을 찧어 피를 냈다. 무덤의 흙을 다 덮기도 전에 그 개는 죽고 말았다.

회계(會稽 : 지금의 浙江省 紹興) 사람 장연(張然)은 오랫동안 노역 나가 있었는데, 자식도 없이 지내던 젊은 부인은 오직 노복 한 명과 집을 지키다가 결국 정분이 나고 말았다. 장연은 평소 '오룡(烏龍)'이라는 개 한 마리를 기르면서 늘 데리고 다녔다. 훗날 장연이 돌아오자 노복은 장연을 살해하려고 성대하게 음식을 차렸다. 부인이 말했다.

"이제 당신과 영영 이별할 때가 되었으니, 억지로라도 다 드세요!"

노복은 이미 활을 당기고 화살을 뽑아 들고서 장연이 식사를 마치길 기다렸다. 장연은 눈물을 흘리느라 음식을 먹을 수가 없어서 고기와 밥을 개에게 던져주면서 이렇게 빌었다.

"너를 몇 년이나 길렀는데, 다 죽게 된 마당에 날 좀 구해줄 수 없겠니?"

개는 음식만 받아놓고 먹지도 않으면서 오직 노복만을 노려보고 있었다. 장연이 무릎을 치며 큰 소리로 "오룡아!" 하고 외치자 그 소리와 동시에 개가 노복을 덮쳤다. 노복이 칼을 놓치고 넘어지자 그 순간 개가 노복의 음부를 물었다. 그 틈에 장연은 칼을 집어 노복을 죽인 뒤 부인을 현(縣)으로 보내 처형시켰다.

오대(五代) 남당(南唐) 때 강주(江州 : 지금의 江西省 九江市)의 진씨(陳氏) 집은 식구가 700명에 기르는 개만도 100여 마리였다. 개들은 모두 한 우리에서 먹이를 먹었는데, 한 마리라도 오지 않으면 다른 개들도 먹이를 먹지 않았다.

상당(上黨 : 지금의 山西省 동남부) 사람 노언(盧言)은 비쩍 마른 개 한 마리가 죽어가는 것을 보고는 불쌍한 마음이 들어 거두어 길렀다. 하루는 술에 취해 잠을 자는데, 이웃에서 불이 났다. 개는 다급하게 침상으로 올라가 노언의 머리맡에서 짖어대며 그의 옷자락을 물고 잡아끌었다. 그 바람에 노언이 깜짝 놀라 일어나 보았더니 불이 이미 집 기둥을 태우고 있었다. 노언은 연기를 뚫고 나와 겨우 화를 면할 수 있었다.

부풍현(扶風縣 : 지금의 陝西省 扶風縣) 서쪽에 있는 대화사(大和寺)는 높은 언덕 위에 위치해 있다. 그 아래에는 당(堂)처럼 널찍한 감실이 하나 있는데, 그 안에 가난한 조씨(趙氏) 노인이 살고 있었다. 조씨 노인은 처자식도 없었으며 다리도 아프고 등도 굽어서 늘 지팡이를 짚고 마을을 돌아다녔다. 마을 사람들은 늙고 병든 데다 곤궁하여 돌아갈 곳도 없는 그의 처지를 애처롭게 여겨 모두들 음식을 주었다. 노인은 음식을 얻으면 언제나 개들을 불러 먼저 먹였다. 몇 년 뒤에 조씨 노인이 감기가 들어 감실 안에 몸져누웠다. 눈이 많이 내렸지만 옷도 없이 벌거벗은 채 바닥에 엎드려 떨면서 신음했다. 그러자 개들이 모두 노인 앞으로 모여들어 꼬리를 흔들고 짖더니, 노인이 누운 자리를 빙 에워싸고 몸으로 노인의 몸을 덮어주었는데, 그 덕에 한기가 조금 가시기는 했지만 열흘 남짓 후에 노인은 결국 감실에서 얼어 죽고 말았다. 개들은 밤낮을 쉬지 않고 슬피 울다가 며칠 뒤에야 떠나갔다.

양광원(楊光遠)이 청주(青州 : 山東省에 위치)에서 난을 일으켰을 때, 중사(中舍)[31] 손씨(孫氏) 일가는 포위된 성 안에 갇혀 있었고, 친족들은 서주(西州)의 별장에 있었다. 성문이 닫힌 지 오래되어 식량이 다 떨어지자 집안 식구들은 근심하며 탄식했다. 개도 손중사 곁에서 마치 근심이라도 있는 것처럼 왔다갔다 했다. 손중사가 개에게 "네가 나를 위해 별장에 가서 곡식을 가져올 수 있겠느냐?"라고 부탁하자 개는 꼬리를 흔들며 대답하는 시늉을 했다. 밤이 되자 손중사는 자루 하나와 편지를 개의 등 위에 묶었다. 개는 하수도를 통해 밖으로 나가 별장에 도착해서는 컹컹 짖어댔다. [개 짖는 소리에] 별장에 있던 사람이 문을 열고 나왔다가 그 개를 알아보고는 편지를 꺼내 읽은 뒤 개 등에 쌀을 실어 돌려보냈다. 이렇게 한 지 몇 달 만에 성문이 열렸다. 손씨 일가는 이렇게 해서 굶지 않을 수 있었기에 더욱 더 이 개를 아꼈다. 몇 년 뒤에 개가 죽자 서주 별장에 묻어 주었다. 손중사의 손자인 손팽년(孫彭年)이 용도학사(龍圖學士) 조사민(趙師民)[32]에게 이와 같은 이야기를 해주자 조사민은 개의 무덤에 '영특한 개의 묘지'라고 쓰인 비석을 세웠다.

[南宋] 순희연간(淳熙年間 : 1174~1190) 때의 일이다. 왕일취(王日就)는 자가 성덕(成德)이고 분수현(分水縣 : 지금의 浙江省 桐廬縣) 사람이었는데, 어려서부터 협객 기질을 지니고 있었다. [하루는] 밤에 사냥을 나가니, 사방에서 말을 타고 무리들이 따랐다. [사냥 중에] 집에서 기르던 개가 멍멍 짖어대며 자신의 옷을 물고 늘어졌다. 채찍으로 때려도 물러나지 않고 계속 앞을 막아서기에 이상한 생각이 들어 급히 돌아왔다. 다음날 다시 그 곳에 가 보았더니, 호랑이 발자국이 여기저기 어지럽게 나 있었다. 이를 본 왕

31 중사(中舍) : '중사인(中舍人)'이라고도 하는데, 태자의 속관(屬官)을 말한다.

32 조사민(趙師民) : 자는 주한(周翰)이고, 송나라 청주(青州) 임치(臨淄 : 지금의 山東省 淄博市) 사람이다. 진사로 급제한 뒤에 천장각시제(天章閣侍制)·용도각직학사(龍圖閣直學士)·요주지부(耀州知府)·형부낭중(刑部郎中)을 지냈다.

일취는 탄식하면서 "사람이 기르는 개도 주인을 사랑할 줄 알거늘, 나는 부모님께서 물려주신 몸을 아낄 줄 몰랐으니, 그래서야 되겠는가?"라고 말했다. 왕일취는 마침내 무리들을 해산시키고 글을 읽었다.

호주(湖州 : 지금의 浙江省 북부)에 안씨(顔氏)네 집이 있었는데, 부부는 모두 품 팔러 나가고, 다섯 살 된 딸이 혼자 남아 집을 지키다가 문 앞 연못에 빠졌다. 그때 안씨 집에서 기르던 개가 [그것을 보고는] 물속으로 들어가 딸을 등에 업고 못가로 나왔다. 그런 다음 안씨 부부가 품 팔고 있는 집으로 미친 듯이 달려가서는 주인에게 어서 가자고 부르는 시늉을 했다. 안씨 부부가 깜짝 놀라 집으로 돌아와 보니 딸이 땅에 엎어져 숨이 넘어가고 있었다. 부부가 황급히 구해내자 딸은 다시 살아났다.

저주(滁州 : 安徽省 소재)에 있는 절의 한 스님이 도적들에게 살해되었다. 다른 스님들이 그 사실을 알리러 관가를 찾아가자 절에서 기르던 개도 따라나섰다. 한 주점에 도착했을 때 도적들이 무리지어 한창 술을 퍼마시고 있었는데, 개가 갑자기 달려들어 그 도적의 발을 물어뜯었다. 사람들이 그 일을 이상하게 여겨 도적을 잡아 관가에 데리고 가서 심문했더니, 도적은 사실을 자백했다.

처사(處士) 심항길(沈恒吉)은 금사견(金絲犬) 한 마리를 길렀는데, 키가 1척도 채 되지 않았지만, 잘 길들여져 있었다. 처사가 날마다 잔치를 열어 손님을 초대하면 개는 늘 안석 아래에 엎드려 있었다. 3년 뒤에 처사가 병이 나자 개는 아무 것도 먹지 않았다. 며칠 후 처사가 죽어 안채에서 염을 했는데, 개가 그 주위를 빙빙 돌면서 짖더니 하루가 지나서야 그쳤다. 관을 안치한 1년 동안 밤이고 낮이고 그 옆에서 자더니만 하관하던 날, 머리로 관을 들이박고 죽었다.

철령위(鐵嶺衛)[33] 사람 유교(劉釗)는 개 한 마리를 기르면서 나고 들 때마다 데리고 다녔다. 유교가 늘 말 등에 땔감을 싣고 산 속을 다니면 개도 그를 따라다녔다. 그러던 어느 날 느닷없이 개만 혼자 돌아와 유교의 아들 유국훈(劉國勳)을 향해 뛰면서 짖어대기를 그치지 않았다. 이를 이상하게 여긴 유국훈이 개를 따라가 보았더니 유교는 도적에게 살해되어 돌 틈에 버려져 있었고, 말은 가져가고 없었다. 유국훈이 장례를 치르고 난 뒤 사람들은 모두 돌아갔지만, 개는 혼자서 무덤을 지키면서 떠나가지 않았다. 개가 밤낮으로 슬프게 우는 바람에 [무덤 주위에 있던] 풀과 흙이 모두 젖었다. 며칠 뒤에 개는 관이 나올 때 까지 흙을 판 다음 유교의 관 옆에서 죽었다.

회안성(淮安城 : 지금의 江蘇省 중북부)의 한 민가에서 어미 개를 삶아 먹었다. 강아지 세 마리가 엎드려 있다가 각각 어미 뼈를 물고와 흙을 파고 묻고는, 땅에 엎드려 계속해서 슬피 울었다. 마을 사람들은 이를 보고 기이한 일도 다 있다며 너도나도 '효성스런 개'라고 말했다.

상주(常州)의 예씨(芮氏)는 집이 가난해서 날마다 개에게 쌀겨와 쭉정이만 먹였다. 이웃에 부자 요씨(姚氏)가 있었는데, 그 집은 개들까지도 배불리 먹었다. 두 집은 작은 대나무 울타리 하나를 사이에 두고 있었는데, 요씨 집 개가 마치 오라고 부르는 듯 울타리에 난 구멍을 향해 낮은 소리로 짖어대며 꼬리를 흔들어도, 예씨 집 개는 몸을 웅크리고 땅에 엎드린 채 머리 들어 대답만 할 뿐, 절대로 넘어가서 남은 쌀 알갱이조차 먹지 않았다. 이러한 일은 일상사가 되었다.

---

33 철령위(鐵嶺衛) : 지금의 철령현(鐵嶺縣)이다.. 역사적으로는 '부주(富州)' 혹은 은주(銀州)라고 불렸다. 명나라 홍무(洪武) 26년(1393)에 은주(지금의 철령시)에 철령위를 설치했으며, 청나라 강희(康熙) 3년(1664)에 철령위를 없애는 대신 철령현을 설치했다.

【말】

[당나라] 진숙보(秦叔寶)[34]가 타고 다니던 말은 이름이 '홀뢰박(忽雷駁)'이었다. 그는 늘 말에게 술을 먹이고 밝은 달빛 아래서 시험해보았는데, 그러면 말은 세 장의 검은 양탄자를 능히 뛰어 넘곤 했다. 후에 호공(胡公 : 秦叔寶의 封號)이 죽자 홀뢰박은 울부짖으며 아무 것도 먹지 않다가 죽었다.

위촉(僞蜀) 때 거양(渠陽 : 지금의 湖南省 靖州縣 渠陽鎭)의 인산(鄰山)에 왕행사(王行思)라는 부자가 살았다. 그는 말 한 마리를 길렀는데, 몹시 애지중지하여 꼴도 다른 말보다 많이 먹였다. 하루는 말을 타고 본군(本郡)으로 가던 중에 여름 장마를 만나 물이 갑자기 불어났다. 뱃사공은 먼저 말을 건네준 뒤 다시 배를 돌려 와서 왕행사를 태웠는데, 배가 중류에 이르렀을 때 바람이 일어 배가 뒤집혔다. 그러자 말은 산기슭에서 출렁이는 물속으로 뛰어 들어가 주인을 태웠다. 그 덕에 왕행사는 범람하는 물속에서 겨우 익사를 면할 수 있었다.

필재우(畢再遇)는 연주(兗州 : 지금의 山東省 兗州市)의 장수다. [남송] 개희연간(開禧年間 : 1205~1208)에 여러 차례 전공을 세웠기에, 금나라 사람들은 그의 깃발만 봐도 모두 피했다. 그는 후에 삽주(霅州 : 지금의 浙江省 湖州)에서 살았다. 그에게는 남달리 빼어난 '흑대충(黑大蟲)'이라 불리는 전투마

---

34 진숙보(秦叔寶 : ?~638) : 이름은 경(瓊)이고, 제주(齊州) 역성(歷城 : 지금의 山東省 濟南) 사람이다. 당나라 초의 명장이자, 능연각(凌烟閣) 24공신의 1인으로 역사상 용맹하고 날쌔기로 이름났다. 처음에는 수(隋)나라 장수 내호아(來護兒)의 부장으로 있다가 후에 장수타(張須陀)를 따라 이밀(李密)을 정벌했다. 그러나 전쟁에서 패하고 장수타가 전사하자 배인기(裴仁基)의 부하로 들어가서 배인기를 따라 이밀에게 투항한 뒤, 이밀의 신임을 받아 장내표기(帳內驃騎)가 되었다. 이밀이 패한 뒤 왕세충(王世充)에게 투항하나, 왕세충의 사람됨에 불만을 느끼고 619년에 당나라에 투항해 진왕(秦王) 이세민의 부하로 들어간 뒤 여러 차례 전공을 세웠다. 638년 서주도독(徐州都督)으로 있다가 세상을 떠난 뒤, 639년에 호국공(胡國公)에 추증되었다.

가 있었는데, 그 말은 오직 주인인 필재우만이 다룰 수 있었다. 필재우가 죽고 난 뒤 가족들은 그 말을 쇠줄로 묶어 마구간에 넣어두었다. 때마침 악사(嶽祠)에서 영신(迎神)하느라 징과 북소리가 들려오자 말은 적진으로 달려가나 보다 생각하고 히힝! 울면서 쇠줄을 끊고 급히 달려 나갔다. 가족들은 말이 사람을 해칠까 염려스러워 장병 10여 명을 보내 말을 잡아오게 했다. 그리고는 좋은 말로 이렇게 타일렀다.

"장군께서 이미 돌아가셨으니, 괜히 소동을 일으켜 우리 집에 누를 끼치지 마라!"

말은 귀를 쫑긋 세우고 그 말을 듣더니, 눈물을 뚝뚝 흘리며 입을 꾹 다물고 몇 번 길게 울부짖은 후 죽었다.

용천현(龍泉縣 : 지금의 浙江省에 위치)에 백마묘(白馬墓)가 있는데, 이것은 개국공신 호심(胡深)[35]이 탔던 도화마(桃花馬)의 무덤이다. 진우정(陳友定)을 치러갔던 공이 해를 당하자 말은 급히 집으로 돌아와 문 밖에서 슬피 울다가 죽었다. 호공(胡公 : 胡深)의 부인은 이를 의롭다 여겨 말을 묻어주고 그 무덤을 일러 '백마묘'라 했다.

[원나라] 천순연간(天順年間 : 1328~1328)에 오(吳) 땅 가정현(嘉定縣)에 살던 요생(姚生)이란 사람은 평소 마음가짐이 음험했으며 외삼촌 육(陸) 아무개에게 대하여 원한을 품고 있었다. 육 아무개는 양장(糧長)[36]으로 충당되어

35 호심(胡深 : 1314~1365) : 자는 중연(仲淵)이고 호는 운재(芸齋)이며 용천(龍泉) 사람이다. 학식이 빼어나고 경사백가에 정통했다. 주원장에게서 좌사원외랑(左司員外郎)을 제수받아 처주(處州)에 있던 병사들을 소집해 강서로 정벌 나갔다. 후에 반란군 사재흥(謝再興)이 장사성(張士誠)의 병사를 끌고 동양(東陽)을 치러 왔을 때, 호심은 부대를 이끌고 선봉에 서 그들을 토벌했고, 전공을 거두어 주원장으로부터 마가장(馬嘉獎)이라는 이름을 하사받았다. 후에도 온주(溫州)와 평양(平陽), 그리고 서안(瑞安) 일대에서 수차례 전공을 세웠다. 후에 복건(福建)의 진우정(陳友定)이 병사를 이끌고 처주를 공격하자 이를 다시 무찔러 포성(浦城)까지 추격했으나, 결국 진우정에게 죽임을 당했다. 진운군백(縉雲郡伯)에 추증되었다.

말을 타고 밤에 도성으로부터 돌아오고 있었다. 요생은 길에 인적이 끊기기를 기다리면서 칼을 들고 다리 아래에 숨어 있었다. 이를 감지한 말은 다리에 이르자 머뭇거리며 앞으로 나아가지 않았다. 그러나 육 아무개가 채찍으로 때리는 바람에 말은 나아가기 시작했고, 육 아무개는 잠시 후 다리 아래에서 살해되고 말았다. 이 날 밤은 유난히 달이 어두워서 아무도 이 사실을 알지 못했다. 말은 달아나 집으로 돌아와서는 육 아무개의 아내를 향해 마치 뭔가를 호소하는 듯 놀라 울어대기를 그치지 않았다. 육 아무개의 아내는 남편이 비명횡사한 것이 틀림없다고 생각하고 등불을 들고 말 뒤를 따라갔는데, 한 들판에 도착해 보았더니 남편이 정말 죽어 있었다. 육 아무개의 아내가 말에게 말했다.

"남편의 시신은 찾았지만 범인을 잡지 못했으니, 어떻게 이 원한을 풀 수 있겠느냐?"

그러자 말은 곧장 앞으로 달려가더니 머리로 요생의 집 문을 들이 받았다. 또 요생을 보더니 물고 발로 걷어찼다. 육 아무개의 아내는 그를 잡아 관아에 데려가서 모든 사실을 고했고, 요생은 저자거리에서 처형당했다.

판사(辦事) 손(孫) 아무개의 집에서 말이 망아지를 낳았는데, 생김새가 매우 특이했다. 판사는 새끼를 더 얻고 싶어 수컷을 암컷에게 보내 교배하게 했다. 그러나 망아지와 어미 말이 모두 원하지 않았다. 이에 수컷의 몸에 진흙을 칠한 다음 교배시켰다. 후에 수컷의 몸이 씻기어 본 모습이 드러나자 어미 말과 망아지는 펄쩍펄쩍 뛰다가 죽었다. 사람들은 이 말을 '열녀 말'이라고 불렀다.

역적들[37]이 하내(河內)를 쳤을 때 현령 정운태(丁運泰)는 역적들을 욕하

---

36 양장(糧長) : 명청시대 양구(粮區) 내의 양식 징수와 운반을 담당했던 관원이다. 양구 내의 대호(大戶)로 충당했다.

다가 능지처참 당했다. 역적은 정운태가 타고 다니던 말을 타고 현으로 들어갔다. 말은 당(堂) 아래에 이르자 사람처럼 서서 큰 소리로 울더니, 제어할 수 없을 만큼 미쳐 날뛰었다. 말은 결국 담장에 머리를 들이박고 죽었다.

화석친왕(和碩親王)[38]은 '극륵(克勒)'이라는 준마를 가지고 있었는데, 중원 말로 하면 극류마(棘騮馬)[39]다. 키는 7척이고, 몸길이는 머리부터 꼬리까지 1장(丈)하고 몇 척이 더 되었으며, 귓가에 뿔이 1촌 남짓 솟아 있고, 배 밑에는 물고기의 비늘처럼 생긴 곱슬털이 나 있었는데, 보통 말보다 배는 빨랐다. 식자들은 이 말을 용의 씨라고 했다. 화석친왕은 몹시 이 말을 아꼈는데, 왕이 죽자 말은 배회하며 구슬피 울더니, 얼마 지나지 않아 왕을 따라 죽었다.

【노새】

명나라 말에 장헌충의 무리가 촉성(蜀城)을 공격하자 촉왕(蜀王)은 자녀와 궁인들을 이끌고 우물에 몸을 던져 죽었다. 왕이 타던 흰색 노새도 그 곁에서 배회하다 함께 우물 속으로 뛰어 들어 죽었다. 훗날 나무꾼들은 종종 날이 흐리고 궂은비가 내리는 날이면 촉나라 옛 궁터에서 흰색 노새가 풀 숲 사이로 출몰하는 것을 보곤 했다.

행인(行人)[40] 장학주(張鶴洲)는 송사에 연루되어 서조(西曹)[41]에 잡혀 있었

---

37 역적들 : 원문은 '유구(流寇)'로, 원래는 도망쳐 사방을 돌아다니는 도적들을 말하나, 여기서는 명말에 반란을 일으켰던 장헌충(張獻忠) 무리를 멸시하여 부르는 말로 사용되었다.

38 화석친왕(和碩親王) : 줄여서 친왕(親王)이라고 한다. 청나라 조정에서 종실이나 몽고(蒙古) 등 속국에 수여한 최고의 관직으로, 종실에서는 왕자와 황제의 형제가 이 작위를 받을 수 있고, 속국에서는 몽고의 '칸'만이 이 작위를 받을 수 있었다.

39 극류마(棘騮馬) : 극류는 색을 나타내는 말인데, 일반적으로 적색을 가리킨다. 따라서 극류마란 적토마와 비슷한 말이다.

는데, 이 때문에 평소 타고 다니던 노새를 다른 사람에게 저당 잡혔다. 노새는 슬피 울면서 아무 것도 먹지 않다가 어느 날 새 주인을 등에서 떨어뜨리고서 혼자 달아나 돌아왔다. 이부(吏部)의 왕서초(王西樵)는 행인 장학주와 함께 고초를 겪었는데, 이 일을 목격하고는 감동해 「의로운 노새 노래」를 지었다.

【양】

빈주(邠州 : 지금의 陝西省 彬縣)의 백정 안씨(安氏) 집에 어미 양과 새끼 양이 있었다. 어느 날 어미 양을 잡으려고 묶어서 양 잡는 틀 위에 올려놓았더니 새끼 양이 갑자기 안씨 앞으로 와서 무릎을 꿇고 눈물을 뚝뚝 흘렸다. 안씨는 한참 동안 놀라워하다가 칼을 땅에 내려놓고 동복과 같이 양을 잡으려고 동복을 부르러 갔다. 돌아와 보았더니 갑자기 칼이 보이지 않았는데, 바로 새끼 양이 칼을 물고 담 밑으로 가 그것을 깔고 앉아 있던 것이었다. 백정은 여기 저기 칼을 찾다가 깨달은 바가 있어 어미 양과 새끼 양을 모두 놓아주었다.

【고양이】

당나라 때 북평왕(北平王)[42] 집에 같은 날 새끼를 낳은 어미 고양이 두

---

40 행인(行人) : 심부름을 하던 하급관리를 말한다.

41 서조(西曹) : 병부나 형부의 별칭이다. 청나라 양장거(梁章鉅)가 쓴 『칭위록(稱謂錄)』 「병부(兵部)」에 다음과 같은 기록이 보인다. "최표의 『고금고』에 이르기를, '병부는 서조라고도 한다'고 하였는데, 살펴보건대 서쪽은 금(金)에 해당하고 금은 병사와 형벌을 주관하기 때문에 병부와 형부를 모두 서조라고 칭하는 것이다[崔豹『古今考』, '兵部称西曹', 案, 西爲金, 主兵刑之義. 故與刑部同稱." 여기서는 송사와 관련 있는 것으로 보아 형부를 지칭하는 말로 쓰였다.

42 북평왕(北平王) : 마수(馬燧)로, 자는 순미(洵美)이고 여주(汝州) 겹성(郟城 : 지금의 河南省 郟縣) 사람이다. 전열(田悅)을 격파한 공로로 북평군왕에 봉해졌다. 한유(韓愈)는 스무 살에 장안으로 올라와 진사과에 응시했는데, 그때 마수로부터 경제적 도움을 많이 받았다. 한유 문집 안에 「묘상유(猫相乳)」라는 작품이 있는데, 바로 이 내용을 기록한 글이다.

마리가 있었는데, 그 가운데 한 마리가 죽어버렸다. 두 마리 새끼가 어미 고양이 젖을 빨았으나, 어미는 이미 죽은지라 야옹대며 울었다. 그때 다른 어미 고양이는 새끼에게 젖을 물리고 있었는데, 무슨 소리가 들리자 바로 일어나 귀를 기울이더니, 이내 그쪽으로 달려가 새끼들을 구했다. 우선 한 마리를 입에 물고와 자기 보금자리에 넣고, 다시 가서 똑같이 한 다음 돌아와 자기 새끼인 양 젖을 먹였다.

고소(姑蘇 : 江蘇省 蘇州의 옛 이름)의 제문(齊門) 밖 육묘(陸墓)에 사는 어떤 백성이 관의 세금을 빚지고 도망갔다. 집에는 고양이 한 마리밖에 없었는데, 세금을 독촉하던 사람은 고양이를 데리고 가 창문(閶門)에 있는 가게에다 팔아버렸다. 어느 날 백성이 그곳을 지나가자 고양이는 백성의 품으로 달려 들었다. 가게에서 고양이를 다시 빼앗아가자 고양이는 계속 주인을 돌아다보았다. 밤이 되자 고양이는 금 닷 냥 남짓 들어 있는 비단 주머니 하나를 물고와 던져 놓고 떠나갔다.

【착한 물고기】

바다에 착한 물고기 한 마리가 있었는데, 늘 새끼를 등에 태우고 해안으로 나오곤 했다. 어느 날 뜻하지 아니하게 자신의 등지느러미로 새끼를 다치게 했는데, 새끼가 죽자 물고기는 슬픔을 이기지 못하고 자신도 돌에 부딪쳐 죽었다.

【자라】

송나라 전경연간(傳慶年間)[43]에 한 사대부집에서 큰 자라 한 마리를 얻었다. 하녀는 차마 자라를 죽이지 못하고 도랑에 놓아주었다. 1년 남짓 뒤에 하녀가 병에 걸려 다 죽게 되었을 때, 밤에 큰 자라 한 마리가 몸에

43 전경연간(傳慶年間) : 원문은 '전경(傳慶)'이라 되어 있으나, 이에 해당하는 연호가 없다.

진흙을 묻힌 채 나타나 하녀의 가슴 위로 올라가더니 하녀의 몸을 차갑게 해 주었다. 그러자 하녀의 병이 다 나았다.

황덕괴(黃德瓌)의 하인은 자라를 삶으면서 대나무로 만든 삿갓을 솥 위에 덮었다. 대나무 삿갓을 열고 보니 자라가 고개를 쳐든 채 대나무 삿갓을 움켜쥐고 있었는데, 등은 이미 문드러졌으나, 머리와 발은 여전히 움직일 수 있었다. 하인은 자라를 불쌍하게 여겨 몰래 하수(河水)와 경수(涇水)[44] 사이에 놓아주었다. 후에 하인이 열병에 걸려 죽을 때가 되자, 황덕괴는 그에게 물가 집으로 옮겨가 보양하게 했다. [하인이 잠을 잘 때] 밤에 어떤 물체가 천천히 몸 위로 올라왔는데, 느낌이 아주 차가웠다. 날이 밝은 뒤 보았더니 가슴 위에 온통 진흙이 발라져 있었다. 흙 속에 있던 자라는 세 번 기어가다 세 번 돌아보다 하면서 떠나갔다. 하인은 그날로 바로 병이 나았다.

【게】

송강(松江 : 지금의 上海市) 간산(幹山) 사람 심종정(沈宗正)은 매년 늦가을이 되면 저수지에 통발을 띄우고 게를 잡아 요리했다. 하루는 게 두세 마리가 한데 붙어서 일어나고 있었는데, 가까이 가서 보았더니 그 중 게 한 마리가 다리 여덟 개가 모두 떨어져나가 걷지 못하는 것을 게 두 마리가 부축해 통발을 지나가려 하는 것이었다. 심종정은 그 의로움에 감탄하여 통발을 부숴 버리라고 명한 뒤, 죽을 때까지 다시는 게를 먹지 않았다.

【올챙이】

소흥(紹興 : 지금의 浙江省 紹興市) 군승(郡丞) 장좌치(張佐治)는 금화(金華 : 지금의 浙江省 金華市) 태수에 제수되었다. 금화군으로 가다가 어느 한 곳에

44 경수(涇水) : 위하(渭河)의 지류로 섬서성(陝西省) 중부에 있는데, 경하(涇河)라고도 한다.

이르렀을 때 수많은 올챙이들이 좁은 길에서 시끄럽게 울어대는 소리를 들었는데, 모두 머리를 치켜 든 모습이 마치 뭔가를 하소연하는 것만 같았다. 이를 이상하게 여겨 수레에서 내려 걸어가며 보았더니 올챙이들이 폴짝폴짝 뛰면서 길을 인도했다. 밭 경계에 도착해 보았더니 시체 세 구가 포개져 있었다. 장좌치는 힘이 세어서 손으로 시체 두 구를 잡아 일으켰는데, 맨 밑에 있던 시체가 조금 꿈틀거렸다. 국물을 흘려 입에 넣어 주었더니 잠시 후 살아나 말했다.

"저는 장사치입니다. 길에서 광주리를 메고 저자거리로 가는 두 사람을 보았는데, 광주리 안에는 올챙이가 들어 있었습니다. 저는 올챙이가 불쌍해 올챙이를 사서 놓아주려 했습니다. 두 사람이 또 '여기는 물이 얕아서 올챙이를 놓아줘도 틀림없이 다른 사람에게 잡힐 게요. 앞에 깨끗한 연못이 있는데, 그곳이 바로 방생하는 못이라오'라고 하기에 저는 그들을 따라 이곳에 왔는데, 뜻밖에도 저들이 휘두른 도끼에 맞아 죽고 말았습니다. 멀찍이서 하인 두 명이 저를 따라오고 있었는데, 허리춤에 돈주머니를 차고 있었기 때문에 필시 이곳으로 유인해 모두 죽여 버리고 돈을 빼앗았던 겁니다."

군수가 명을 내려 급히 그들을 체포하게 하니, 도둑도 잡고 돈도 찾았다. 장좌치가 아무 현의 현령 석곤옥(石崑玉)에게 부탁해 이들을 심문하게 했더니 단번에 모두 실토했다. 이에 이들을 사형에 처한 뒤 돈을 모두 장사치에게 돌려주었다.

【벌】

정덕연간(正德年間 : 1506~1521)에 진강현(鎭江縣 : 지금의 江蘇省 鎭江市) 북고산(北固山) 아래의 벌떼들이 여왕벌을 옹위해 밖으로 나갔다가 여왕벌이 사나운 새에게 잡혀 죽임을 당했다. 벌떼들은 여왕벌 주위를 에워싸고 떠나가지 않더니 며칠 뒤에 모두 같이 죽었다. 상공(相公)으로 있던 수엄(邃庵) 양일청(楊一淸)[45]은 하인을 시켜 벌들을 묻어주게 하고 묘비에 '의로운 벌'이라고 쓴 뒤 친히 제문을 지어 제사 지내주었다.

태창현(太倉縣 : 지금의 江蘇省 太倉縣)의 장용량(張用良)은 평소 말벌이 사람들에게 침을 쏘는 것이 싫어서 말벌만 보면 손으로 때려 죽였다. 한번은 곤충 한 마리가 거미줄에 걸려 있는 것을 보았다. 거미가 급히 곤충을 칭칭 감자 갑자기 벌 한 마리가 날아와 거미에게 침을 쏘았다. 거미가 달아나자 벌은 여러 번 물을 입에 머금고 와 곤충의 몸을 축여 주었는데, 한참을 그렇게 하여 곤충은 거미줄에서 벗어날 수 있었다. 장용량은 벌의 의로움에 감동해 이때부터 더 이상 벌을 죽이지 않았다.

장산래가 말한다.

불가에서 말하길, 꿈틀대는 미물도 영혼을 품고 있어 모두 불성을 가지고 있다고 하더니, 지금 「성사록」을 읽어보니 과연 그렇지 아니한가?

子輿氏言 : "人之所以異于禽獸, 以其存心." 而禽獸之中, 乃有麒麟鳳凰, 不踐生草, 不食生蟲. 酉耳但食殘暴之虎, 獬豸惟觸不直之人, 烏能反哺, 羊有跽乳. 其存心皆可以爲朝廷旌仁孝而揚德威. 他如蟹至期而輸稻, 蜂輪値而衛王, 唐明皇之象不肯爲祿山作舞, 昭宗之猿不肯爲朱溫起居. 宋少帝之白鷴殉帝于海, 是物知有君臣也. 鶯哀其子而腸斷, 猿抱母皮而死, 是物知有父子也. 平章之鴿, 死殉其雄, 郡佐之鵝, 克和其配, 汾水之旁有'雁邱', 鹽城之湖有'烈鴛', 是物知有夫婦也. 橫空之鸛, 弋鵲殺蛇, 北平王氏之貓, 能哺他子, 是物知有同類也. 隴山之鸚鵡思上皇, 襄陽之燕殉王女, 孫中舍之犬負米, 姚生之馬鳴冤, 陳州之鶴

45 양일청(楊一淸 : 1454~1530) : 명나라 운남성(雲南省) 안녕(安寧) 사람으로, 자는 응녕(應寧)이고, 호는 수엄(邃奄) · 석종(石淙)이다. 젊어서 파릉(巴陵)에서 살다가 후에 진강시(鎭江市) 단도현(丹徒縣)으로 이사 갔다. 성화연간(成化年間 : 1465~1487)에 진사(進士)가 되어 중서사인(中書舍人) 및 섬서성(陝西省) 독학부사(督學副使) 등을 지냈다.

伴老, 鶴州之騾逸歸, 是物知忠于所事也. 熊分果以餉墮坎之人, 虎弭耳而捨抱哭之母, 猓猣性愛其類, 殺其一而致百亡, 魚傷鬐觸之兒, 身亦觸石而死, 是物知有仁義也. 翁媼之猴, 日守待葬, 侯家之鹿, 斷角以殉, 至放生之鼈, 釋命之雞, 俱能圖報救死之德, 是物知感恩也. 洪店奔牛, 悲鳴而訴王臻之誣殺, 夾道蝌蚪, 昻首而訴商僕之戕生, 是物知賢守令也. 然則物何異于人哉? 微獨無異, 抑恐世之不若者衆矣.

家公向欲彙集一帙, 爲『聖師錄』, 本諸楊子"聖人師萬物"句, 因病不果. 予小子閒閱往籍, 竊取其義而識之. 博物君子, 得無責其不備耶?

【白鷴】

厓山之敗, 陸秀夫抱祥興帝, 與俱赴水. 時御舟一白鷴, 奮擊哀鳴, 與籠墜水中死.

【鶴】

陳州倅盧某, 蓄二鶴, 甚馴. 一創死, 一哀鳴不食. 盧勉飼之, 乃就食. 一旦鳴繞盧側, 盧曰 : "爾欲去, 不爾羈也!" 鶴振翮雲際, 數四徊翔乃去. 盧老病無子, 後三年, 歸臥黃浦溪上. 晩秋蕭索, 曳杖林間, 忽有一鶴盤空, 鳴聲凄斷. 盧仰祝曰 : "若非我陳州侶耶? 果爾, 卽當下." 鶴竟投入懷中, 以喙牽衣, 旋舞不釋, 遂引之歸. 後盧歿, 鶴亦不食死. 家人瘞之墓左.

【雁】

元裕之好問, 于金泰和乙丑, 赴試幷州. 道逢捕雁者捕得二雁, 一死, 一脫網去. 其脫網者, 空中盤旋哀鳴, 亦投地死. 裕之遂以金贖得二雁, 瘞汾水傍, 壘石爲識, 號曰'雁邱'.

顧敬亭稼圃傍, 有羅者得一雁, 鎩其羽, 縶其足, 立之汀畔以爲媒. 每見雲中飛者, 必昂首仰視. 一日, 其偶者見而下之, 特然如土委地, 交頸哀鳴, 血盡而死.

正德間, 有張姓者, 獲一雁, 置于中庭. 明年有雁自天鳴, 亭雁和之. 久而天雁自下, 彼此以頭絞死于樓前. 因名樓曰'雙雁樓'.

王一槐教諭銅陵, 有民舍除夜燎煙, 辟除不祥. 一雁偶爲煙觸而下, 其家以爲不祥也, 烹之. 明日, 一雁飛鳴屋頂, 數日, 亦墮而死.

【燕】

襄陽衛敬瑜早喪. 其妻, 霸陵王整妹也, 年十六. 父母舅姑咸欲嫁之, 誓不許, 截耳置盤中爲誓, 乃止. 戶有燕巢, 常雙來去, 後忽孤飛. 女感之, 謂曰: "能如我乎?" 因以縷誌其足. 明年復來, 孤飛如故, 猶帶前縷. 女作詩曰: "昔年無偶去, 今春猶獨歸. 故人恩旣重, 不忍復雙飛." 自爾春來秋去, 凡六七年, 後復來, 女已死, 燕遶舍哀鳴. 人告之葬處, 卽飛就墓, 哀鳴不食而死. 人因瘞之于旁, 號曰'燕冢'.

元貞二年, 燕人柳湯佐家, 雙燕巢梁. 一夕, 家人持火照蝎, 其雄驚墜, 猫食之. 雌朝夕悲鳴, 哺雛成翼而去. 明年, 雌獨來. 人視巢有二卵, 疑其更偶, 徐伺之, 則二殼耳. 春秋去來, 凡六載皆然.

夏氏子見梁間雙燕, 戲彈之, 其雄死. 雌者悲鳴踰時, 自投于河, 亦死. 時人作「烈燕歌」.

郁七家有燕將雛, 巢久忽毁. 鄰燕成羣銜泥, 去來如織, 頃刻巢復成. 明日遂育數雛巢中, 乃知事急燕來助力者.

【鸚䳇】

宋高宗時, 隴山人進能言鸚䳇, 高宗養之宮中. 一日問曰: "爾思鄉否?" 曰: "豈不思爾? 思之何益?" 帝遣中貴送還隴山. 數年之後, 使過其地, 鸚䳇問曰: "上皇安否?" 曰: "崩矣!" 鸚䳇悲鳴不已.

關中商人, 得能言鸚䳇于隴山, 愛而食之甚勤. 偶事下獄, 歸時歎恨不已, 鸚䳇曰: "郎在獄數日, 已不堪. 鸚䳇遭閉累年, 奈何?" 商感而放之. 後商同輩有過隴山者, 鸚䳇必于林間問曰: "郎無恙否? 幸寄聲! 幸寄聲!"

李邁菴自記: 自滇遊回, 有僕染瘴而死, 僕攜有二鸚䳇, 流淚三日不休, 亦死.

【鸛】

高郵有鸛, 雙栖於南樓之上. 或弋其雄, 雌獨孤栖. 旬餘, 有鸛一班, 偕一雄與其巢, 若媒誘之者. 然竟日弗偶, 遂皆飛去. 孤者哀鳴不已, 忽鑽觜入巢隙, 懸足而死. 時遊者群客見之, 無不嗟訝, 稱爲'烈鸛', 而競爲詩歌弔之, 復有烈鸛碑.

衛徜梓巢鸛, 父死于弩. 頃之, 衆擁一雄來, 匹其母. 母哀鳴百拒之, 雄卻盡啄殺其四雛. 母益哀頓以死. 羣凶乃挾其雄逸去.

某氏園亭中, 有古樹, 鵲巢其上, 伏卵將雛. 一日, 二鵲徊翔屋上, 悲鳴不已. 頃之, 有數鵲相向, 鳴漸益近, 百首皆向巢. 忽數鵲對喙鳴, 若相語狀. 颺去. 少頃, 一鸛橫空來, 閣閣有聲, 鵲亦尾其後. 羣鵲向而噪, 若有所訴, 鸛復作聲, 若允所請. 瞥而上擣巢, 銜一赤蛇吞之. 羣鵲喧舞, 若慶且謝者. 蓋鵲招鸛搏蛇相救也.

華亭董氏, 庭前有虯松一株. 枝幹扶疎, 亭亭如蓋, 有雙鸛結巢其顚. 後雄被彈死, 其雌孑然獨處, 日夕哀鳴, 越數日亦死.

泰州鹽場僧寺, 樓窗外樹上, 有鸛巢焉. 雌鸛伏卵其間, 村民伺雌覓食, 潛以鵝卵易之. 鸛不知也. 久之, 雛破卵出, 則鵝也. 雄鸛訝其不類, 謂雌與他禽合, 怒而噪之. 雌者亦鳴而已. 旣而雄者飛去, 少頃, 諸鸛羣集, 視其雛, 咸向雌而噪. 雌者無以自明, 以喙鑽牆隙死. 吳嘉紀野人作詩紀其事.

【黃鶯】

有人取黃鶯雛養于竹籠中, 其雌雄接翼, 曉夜哀鳴于籠外, 則更來哺之. 人或在前, 略無所畏. 積數日不放出籠, 其雄雌繚繞飛鳴. 無從而入, 一投火中, 一觸籠而死. 剖腹視之, 其腸寸斷.

【鴛鴦】

成化六年十月間, 鹽城天縱湖漁父, 見鴛鴦甚多, 一日, 弋其雄者烹之. 其雌者隨棹飛鳴不去, 漁父方啓釜, 卽投沸湯中死.

【鶻】

大慈山之陽, 有拱木, 上有二鶻, 各巢而生子. 其母一爲鷙鳥所搏, 二子失母, 其鳴啁啁. 其一方哺子, 見而憐之, 赴而救之, 卽銜置一處. 哺之若其子然.

【鴿】

江浙平章巎巎家養二鴿. 其雄斃於貍奴, 家人以他雄配之, 遂鬬而死. 謝子蘭作「義鴿詩」弔之.

【鵝】

天寶末, 德清沈朝家有鵝, 育卵而腸出以死. 其雛悲鳴不復食. 啄敗薦覆之, 又銜芻草母前, 若祭奠狀. 長吁數聲而死. 沈氏異而埋之. 後人呼爲'孝鵝塚'云.

湯鄰初煥佐郡江右, 在任生女. 及週, 郡人饋以鵝, 頸爲盒擔壓折, 折成'之'字, 憐而畜之. 後罷郡歸, 親黨又饋以鵞, 乃缺一掌者. 亦憐而畜之, 一雌一雄, 遂成配偶. 雄曰'烏郎', 雌曰'蒼女', 呼其名, 卽應聲至. 行則讓缺掌先, 食則讓折頸者先. 畜至三十餘年, 迨湯夫人歿, 二鵞哀號數晝夜, 絶食, 死于柩下.

常州陳四畜黑白二鵞, 兩窠相並, 各哺數雛. 一日黑者死, 衆雛失怙悲鳴. 白者每晨至其窠, 呼雛與己雛同啄. 晩必先領歸窠, 始引己雛入宿. 人皆見而義之.

【雞】

衢州里胥至貧民家督賦, 民祇有一哺雞, 擬烹之. 胥恍忽見桑林間, 有黃衣女子乞命, 里胥驚惻. 少間, 見民持刀取哺雞, 意疑之, 止勿殺. 後再至, 見雞率群雛, 向前踴躍, 有似相感之狀. 胥行百步遇虎, 忽見雞飛撲虎眼, 胥因奔免.

【象】

唐明皇嘗敎象拜舞. 天寶之亂, 祿山大宴其曹, 出象紿之曰: "此象自南海奔來. 知吾有天命, 雖異類必拜舞." 左右命之拜, 象皆努目卭首不肯拜, 命之舞, 努目歛足不肯舞. 祿山怒, 盡殺之.

上元中, 華容縣有象入莊家中庭臥, 其足下有搓. 人爲出之, 象乃伏,令人騎入深山. 以鼻掊土, 得象牙數十以報之.

元有駕象, 明太祖登極, 不肯拜跪. 竟死殳下.

明廣西有象, 封定南公. 吳三桂入橫, 欲將象解京, 象昂首直觸. 象奴百計勸勉, 終不服. 三桂大怒, 刀矢不能傷, 以火炮攻斃之.

【鹿】

銀臺侯廣成家, 放一鹿于堯峰. 且數年, 侯死, 鹿跳躑斷角, 累日不食, 亦死. 山僧憐而葬之, 碣曰'義鹿塚'.

【熊】

晋昇平中, 有人入山射鹿, 忽墮一坎內, 見熊子數頭. 須臾, 有大熊入. 瞪視此人, 人謂必害己. 良久, 大熊出果分與諸子, 末後作一分着此人. 此人饑久, 冒死取噉之. 旣而轉狎習. 每旦, 熊母覓食還, 輒分果, 此人賴以支命. 後熊子大, 其母一一負將出. 子旣出盡, 此人自分死坎中. 乃熊母復還, 入坐人邊. 人解其意, 便抱熊足, 熊卽跳出. 遂得不死.

【虎】

後漢人都區寶者, 居父喪. 鄰人格虎, 走趨其廬中, 卽以蓑衣覆藏之. 鄰人尋跡問, 寶曰 : "虎豈可有念而藏之乎?" 後此虎送禽獸至, 若助祭然. 寶由是知名.

上虞楊威, 少失父, 事母至孝. 常與母入山採薪, 爲虎所逼. 自計不能禦, 于是抱母, 且號且行. 虎見其情, 遂弭耳去.

【猿猴】

唐昭宗有猿, 隨班起居, 賜以緋袍. 朱梁篡位, 取此猿令殿下起居. 猿見全忠, 徑趨其所, 跳躍奮擊. 遂令殺之.

吉州有捕猿, 殺其母, 以皮幷其子賣之龍泉蕭氏. 示以母皮, 抱之跳躑, 遂斃. 蕭氏子爲作「孝猿傳」.

鄧芝射中猿母, 見猿子爲拔箭, 以木葉塞瘡口, 悲哀不已, 爲母吮血. 芝遂投弩而歎曰 : "山獸猶哀母, 人可不如猿? 吾不獵矣!"

咸熙中, 有翁嫗弄猴于瑞昌門外. 一日嫗死, 翁葬之. 未幾翁死, 無人葬, 猴守之. 日久, 人憐而葬之. 咸稱爲'義猴'.

正德辛巳, 有夫婦以弄猴爲衣食者, 十年矣. 寓于嘉州之白塔山, 主者死, 葬于塔之左, 猴日夜號. 其婦更招一丐者爲夫, 猴擧首揶揄之. 婦弄猴使作技, 猴伏地不爲, 鞭之輒奮叫. 入夜, 走主者之墓, 跑土悲號, 七日而死.

汪學使可受, 初尹金華. 有丐者行山中, 見群兒縛一小猴而虐之, 丐者買而教之戲, 日乞于市, 得錢甚多. 他丐忌且羡, 因酒醉丐者, 誘至空窯. 異日繩其猴, 復使作戲. 而汪公呵導聲遠至, 猴卽嚙斷繩, 突走公之前, 作寃訴狀. 公遣人隨而往, 得屍窯中. 亟捕他丐鞫問, 伏法. 闔邑駭而悼之, 買棺焚丐者屍. 烈焰方發, 猴哀叫躍入, 死矣.

【牛】

齊河縣洪店, 有盜殺人于王臻戶前. 衆執臻, 已誣服久矣. 知縣趙淸過洪店, 一牛奔淸前, 跪而悲鳴, 若有所訴. 淸曰 : "誰氏之牛?" 衆曰 : "王臻牛也." 淸曰 : "臻其有冤乎?" 抵邑, 卽辯釋臻父子. 後鞫大盜王山,得其殺人狀. 齊河人稱神明, 作「義牛記」.

天長縣民戴某朝出, 其妻牧牛于野. 平昔豢犬隨之, 俄入草芥不出. 戴妻牽牛尋之, 未百步, 見虎據叢而食犬. 虎見人至, 棄犬趨人. 戴已爲虎搏矣, 牛見主有難, 忿然而前. 虎又釋人而應牛. 二物交加哮吼, 虎張爪牙, 牛以二角奔擊. 逾時, 牛竟勝虎, 戴乃得免.

嘉靖乙卯, 胡撫鎭賢統兵御倭, 至臨山, 少憩樹下, 見屠兒將解一牛. 一犢尚隨乳, 將利刃銜至車薄內, 以蹄踏沒泥中. 屠兒遍索不獲.

【犬】

孫吳時, 襄陽紀信純, 一犬名'烏龍', 行住相隨. 一日, 城外大醉, 歸家不及, 臥草中. 太守鄧瑕出獵, 縱火爇草. 犬以口銜純衣, 不動. 有溪相去三五十步, 犬入水濕身, 來臥處週廻, 以身濕之. 火至濕處卽滅, 犬困乏, 致斃于側. 信純獲免. 醒見犬死毛濕, 觀火蹤跡. 因而痛哭. 聞于太守, 命具棺衾葬之. 今紀南有義犬冢, 高十餘丈.

晉泰興二年, 吳人華隆, 好弋獵. 畜一犬, 號曰'的尾', 每將自隨. 隆後至江邊, 被一大蛇圍繞周身, 犬遂咋蛇死焉, 而華隆僵仆無所知矣. 犬彷徨嘷吠, 往復路間, 家人怪其如此, 因隨犬往, 隆悶絶委地. 載歸, 二日乃蘇. 隆未蘇之際, 犬終不食.

太和中, 楊生養狗, 甚愛之. 後生醉酒, 行大澤, 草中眠. 時冬月, 野火起, 風又猛. 狗號呼, 生不覺. 前有一坑水, 狗便走往水中, 還以身灑生左右. 草沾水得着地, 火尋過去. 他日又闇行, 墮于空井中, 狗呻吟徹曉. 有人過, 怪之, 往視, 見生在井. 生曰 : "君可出我, 當厚報君!" 人曰 : "以此狗相與, 便當相出." 生曰 : "此狗曾活我于已死, 不得相與. 餘卽無惜.” 人曰:“若爾, 便不相出.” 狗因下頭向井, 生知其意, 乃語人, 以狗相與. 人乃出之, 繫狗而去. 後五日, 狗夜走歸.

袁粲値蕭道成將革命, 自以身受顧託, 謀起義, 遂遇害. 有兒方數歲, 乳母攜投粲門生狄靈慶. 慶曰:“吾聞出郎君者厚賞.” 乳母號呼曰:“公昔有恩于汝, 故冒難歸汝. 若殺郎君以求利, 神明有知, 行見汝族滅也!” 兒竟死. 兒存時, 嘗騎一大羝狗戲, 死後年餘, 忽有狗入慶家. 遇慶于庭, 嚙殺之, 併其妻. 卽向所騎狗也.

饒州樂平民章華, 元和初, 嘗養一犬, 每樵採入山, 犬必隨. 三年冬, 比舍有王華者, 同上山採柴, 犬亦隨之. 忽有一虎榛中躍出, 搏王華, 盤踞于地, 然猶未傷. 章華叫喝且走, 虎遂捨王華, 來乘章華, 旣獲, 復坐之. 時犬潛在深草, 見章被銜, 突出躍上虎頭, 咋虎之鼻. 虎不意其來, 驚懼而走. 二人皆僵仆如沉醉者. 其犬以鼻襲章口取氣, 卽吐出涎水. 如此數次, 章稍蘇. 犬乃復以口襲王華之口, 亦如前狀, 良久, 王華能行, 相引而起. 犬憊, 伏不能起, 一夕而斃.

唐禁軍大校齊瓊, 家畜良犬四, 常畋廻廣囿, 輒飼以粱肉. 其一獨塡茹咽喉齒牙間以出, 如隱叢薄, 然後食, 食已, 則復至. 齊竊異之. 一日令僕伺其所往, 則北垣枯竇, 有母存焉. 老瘠疥穢, 吐哺以飼. 齊奇歎久之, 乃命篋牝犬歸, 以敗茵席之, 餘餠餌飽之. 犬則搖尾俛首, 若懷知感. 爾後擒奸逐狡, 指顧如飛將. 扈獵駕前, 必獲豊賞. 逾年牝死, 犬加勤効. 後齊卒, 犬日夜嘷吠. 越月, 將有事于邱隴, 則留犬以禦奸盜, 及懸棺之夕, 犬獨來, 足踣土成坳, 首叩棺見血. 掩土未畢, 犬亦至斃.

會稽張然滯役, 有少婦無子, 惟與一奴守舍, 奴遂與婦通焉. 然素養一犬, 名‘烏龍’, 常以自隨. 後歸, 奴欲謀殺然, 盛作飮食. 婦曰:“與君當大別離, 君可强啖!" 奴已張弓拔矢, 待然食畢. 然涕泣不能食, 以肉及飯擲狗, 祝曰 : "養汝經年, 吾當將死, 汝能救我否?" 犬得食, 不噉, 惟注睛視奴. 然拍膝大呼曰 : "烏龍!", 犬應聲傷奴. 奴失刀遂倒, 狗咋其陰. 然因取刀殺奴, 以妻付縣殺之.

五代南唐時, 江州陳氏, 族七百口, 畜犬百餘. 共一牢而食, 一犬不至, 諸犬不食.

上黨人盧言, 常見一犬羸瘦將死, 憫而收養. 一日醉寢, 而鄰火發. 犬忙迫, 乃上牀于言首嘷吠, 又銜衣拽之. 言驚起, 火已爇其屋柱. 突烟而出, 始得免.

扶風縣西有大和寺, 在高岡之上. 其下有龕, 豁若堂, 中有貧者趙叟家焉. 叟無妻兒, 病足傴僂, 常策杖行邑里中. 人哀其老病, 且窮無所歸, 率給以食. 叟既得食, 常先聚群犬以食之. 後歲餘, 叟病寒, 臥于龕中. 時大雪無衣, 裸形俯地, 且戰且呻. 其羣犬俱集于叟前, 搖尾而嘷, 已而環其衽席, 競以身蔽叟體, 由是寒少解, 後旬餘, 竟以寒死其龕中. 犬皆哀鳴, 晝夜不歇, 數日方去.

楊光遠叛于青州, 有孫中舍居圍城中, 族在西州別墅. 城閉久, 食盡, 擧家愁歎. 犬傍徨其側, 似有憂思. 中舍因囑曰 : "爾能爲我至莊取米耶?" 犬搖尾若應狀. 至夜, 置一布囊, 并簡繫犬背上. 犬由水竇出, 至莊鳴吠. 居者開門, 識其犬, 取簡視之, 令負米還. 如此數月, 以至城開. 孫氏闔門賴以不餒, 愈愛畜此犬. 後數年斃, 葬于別墅. 至其孫彭年, 語龍圖趙師民, 刻石表其墓, 曰'靈犬誌'.

淳熙中. 王日就, 字成德, 分水縣人, 少負俠氣. 夜獵, 從騎四出. 有畜犬, 嗚嗚銜衣. 捶之不却, 且道且前, 怪之, 亟隨以歸. 明日復視其處, 虎跡縱橫. 歎曰 : "犬, 人蓄也, 猶知愛主, 吾奉父母遺體, 不自愛, 可乎?" 遂散其徒讀書.

湖州顔氏, 夫婦出傭, 留五歲女守家, 溺門前池內. 家有蓄犬, 入水負至岸. 復狂奔至傭主家作呼導狀. 顔驚駭歸家, 見女伏地, 奄奄氣息, 急救乃甦.

滁州一寺僧被盜殺死. 徒往報官, 蓄犬尾其後. 至一酒肆中, 盜方群聚縱飮, 犬忽奔噬盜足. 衆以爲異, 執之致官, 訊服.

沈處士恒吉, 嘗畜一金絲犬, 長不過尺, 甚馴. 處士日宴客, 犬必臥几下. 後三載, 處士病, 犬即不食. 數日, 處士卒, 殮于正寢, 犬盤旋而號, 竟夕方罷. 停柩者期年, 犬日夜臥其側. 將葬, 遂一觸而斃.

劉釗, 鐵嶺衛人, 畜一犬, 出入必從. 釗常以馬負薪山中, 犬亦從. 一日, 犬忽獨歸, 向釗子國勳鳴躍不已. 勳異之, 隨其所往, 見釗爲盜所殺, 棄屍石間, 取其馬去. 勳爲營葬畢, 人皆罷歸, 犬獨守塚不去. 日夜悲泣, 淚濕草土. 數日, 抉土及棺, 死棺旁.

淮安城中民家, 有母犬, 烹而食之. 其三子伏, 各銜母骨抱土埋之, 伏地悲鳴不絕. 里人見而異之, 共傳爲'孝犬'.

常州芮氏, 家貧, 日飼犬以糠粃. 其鄰爲富室姚氏, 犬多餘食. 所限僅一小竹籬, 姚犬每向籬竇低聲搖尾, 若招呼狀, 芮犬蟠曲臥地, 惟昂首相應, 絶不過食其餘粒. 如是以爲常.

【馬】

秦叔寶所乘馬, 號'忽雷駮'. 常飮以酒, 每于月明中試, 能竪越三領黑氈. 及胡公卒, 嘶鳴不食而死.

僞蜀渠陽鄰山, 有富民王行思. 嘗養一馬, 甚愛之, 飼秣甚于他馬. 一日乘往本郡, 遇夏潦暴漲. 舟子先渡馬, 回舟以迎行思, 至中流, 風起船覆. 其馬自岓奔入駭浪, 接其主. 蒼茫之中, 遽免沉溺.

畢再遇, 兗州將家也. 開禧中, 用兵累有功, 金人認其旗幟卽避之. 後居于霅. 有戰馬, 號'黑大蟲', 駿駔異常, 獨主翁能御之. 再遇死, 其家以鐵絙羈之圉中. 適遇嶽祠迎神, 聞金鼓聲, 意謂赴敵, 馬嘶, 奮迅斷絙而出. 其家慮傷人, 命健卒十人挽之而歸. 因好言戒之云 : "將軍已死, 汝莫生事累我家!" 馬聳耳以聽, 汪然出涕, 喑啞長鳴數聲而斃.

龍泉縣有白馬墓, 卽開國勳臣胡公深所乘之桃花馬也. 公以征陳友定, 遇害, 其馬馳歸門外, 悲嘶殞絶. 夫人義之, 因葬焉, 號爲'白馬墓'.

天順中吳之嘉定姚生, 素心險異, 嘗搆怨于母弟陸某. 陸充糧長, 乘馬自本都夜歸. 姚候至中途無人, 操刃伏于橋下. 馬亦覺之, 至橋, 躑躅不進. 陸加鞭楚, 馬始進, 而已殺橋下矣. 是夜月暗更幽, 寂無知者. 馬逸歸對陸妻, 驚嘶不已, 若有訴狀. 妻知夫必死非命, 持燈尾馬後, 至一曠野, 夫果死焉. 妻又謂馬曰 : "吾夫屍雖得, 然正犯不得, 何以雪寃?" 馬卽前行, 首撞姚門. 見姚, 嚙之蹴之. 其妻執以聞官, 乃棄姚市.

孫辦事家有馬生駒, 甚奇. 令牡交其母以傳種. 子母俱不肯. 乃塗其身以泥而交焉. 及洗出本色, 母子皆跳躑以死. 人號爲'烈馬'云.

流寇破河內, 縣尹丁運泰罵賊被磔. 所乘馬, 賊騎以入縣. 至堂下, 大嘶人立, 狂逸不可制. 竟觸牆死.

和碩親王有良馬曰'克勒', 猶漢言棘騮馬也. 高七尺, 自首至尾長可丈有咫, 耳際肉角寸許, 腹下旋毛若鱗甲然, 翹駿倍常. 識者謂是龍種. 王甚愛之, 王薨, 馬躑躅哀鳴, 未幾隨斃.

【騾】

明末張賊破蜀城, 蜀藩率其子女宮人投井死. 王所乘白騾躑躅其旁, 亦跳入殉焉. 後樵蘇者當陰雨瞑晦時, 于蜀宮故址, 往往見白騾出沒蔓草間.

張行人鶴洲, 訟繫西曹, 以常所乘騾抵逋于人. 騾悲鳴不食, 一日, 墮其新主, 自逸歸. 王西樵吏部與張同患難, 目擊其事, 感之, 作「義騾行」.

【羊】

邠州屠者安姓家, 有牝羊幷羔. 一日欲刲其母, 縛上架之次, 其羔忽向安前雙跪前膝, 兩目涕零. 安驚異良久, 遂致刀于地, 去呼童稚, 共事刲宰. 及廻, 遽失刀, 乃爲羔子銜之, 致牆根下, 而臥其上. 屠徧索方覺, 遂幷釋之, 放生焉.

【貓】

唐時北平王家貓, 有生子同日者, 其一死焉. 有二子飮于死母, 母且死, 其鳴咿咿. 其一方乳己子, 若聞之, 起而聽, 走而救. 銜其一置于其棲, 又往如之, 反而乳之, 若己子然.

姑蘇齊門外, 陸墓一小民負官租出避. 家獨一貓, 催租者持去, 賣之閶門舖商. 忽小民過其地, 躍入懷. 爲舖中所奪, 輒悲鳴, 顧視不已. 至夜, 銜一綾帨, 內有金五兩餘, 投之而去.

【仁魚】

海中有仁魚, 嘗負一小兒登岸. 偶以鬐觸傷兒, 兒死, 魚不勝悲痛, 亦觸石死.

【鼈】

宋傳慶中, 一士夫家得一大鼈. 其婢不忍殺, 放之溝中. 年餘, 後婢有病, 將卒, 夜有大鼈, 被泥登婢胸冰之. 遂愈.

黃德瓌家人烹鼈, 將箬笠覆其釜. 揭見鼈仰把其笠, 背皆蒸爛, 然頭足猶能伸縮. 家人愍之, 潛放河涇間. 後因患熱, 將殛, 德瓌徙于河邊屋中將養. 夜有一物, 徐徐上身, 覺甚冷. 及曙, 能視, 胸臆悉塗淤泥. 其鼈在土間, 三曳三顧而去. 卽日病瘥.

【蟹】

松江幹山人沈宗正, 每深秋, 設簖于塘, 取蟹入饌. 一日, 見二三蟹相附而起, 近視之, 一蟹八腕皆脫, 不能行, 二蟹舁以過簖. 沈歎其義, 遂命折簖, 終身不復食蟹.

【蝌蚪】

紹興郡丞張公佐治, 擢金華守. 去郡, 至一處, 見蝌蚪無數, 夾道鳴噪, 皆昂首若有訴. 異之, 下輿步視, 而蝌蚪皆跳躑爲前導. 至田間, 三屍疊焉. 公有力, 手挈二屍起, 其下一屍微動. 湯灌之, 逡巡間復活, 曰:"我商也. 道見二人肩兩筐適市, 皆蝌蚪也. 意傷之, 購以放生. 二人復曰:'此皆淺水, 雖放, 人必復獲. 前有清淵, 乃放生池也.' 我從之至此,不虞揮斧, 遂被害. 二僕隨後尙遠, 有腰纏, 必誘至此, 幷殺而奪金也."
丞命急捕之, 人金皆得. 以屬某守石公崑玉, 一訊皆吐實. 抵死, 腰纏歸商.

【蜂】

正德間, 鎭江北固山下, 有羣蜂擁王出游, 遇鷙鳥攫殺之. 群蜂環守不去, 數日俱死. 楊邃菴相公一淸, 令家佯瘗焉, 表其上曰'義蜂', 親作文祭之.

太倉張用良, 素惡胡蜂螫人, 見卽撲殺之. 嘗見一飛蟲, 投于蛛網. 蛛束縛之甚急, 忽一蜂來螫蛛. 蛛避, 蜂數含水濕蟲, 久之得脫去. 因感蜂義, 自是不復殺蜂.

張山來曰 : 佛氏謂蠢動含靈, 皆有佛性, 今讀此錄, 不其然歟?

바다와 하늘 여행기[海天行記]

옥초(玉樵) **유수**(鈕琇)

해충개(海忠介)[1] 공의 손자 해술조(海述祖)는 호방하고 기인의 자질을 지니고 있었다. 당시는 중원에 변고가 많던 때라 그는 과거시험 따위에 연연해하지 않고 오로지 배 탈 생각뿐이었다. 그는 천금의 재산을 들여 큰 배 하나를 만들었다. 그 배는 길이가 28장(丈)으로 28개의 별자리를 본떠 만들었고, 선실은 64괘(卦)를 본떠 64개로 나누었다. 돛은 24절기를 본떠 24개로 펼쳐놓았다. 경천주(擎天柱)[2]라고 불리는 높이 25장의 돛대가 있었는데, 맨 꼭대기에 해와 달을 상징하는 남두(南斗)와 북두(北斗)를 만들었다. 이 배는 만든 지 3년 만에 완성되었는데, 해술조는 독특하고 기발하

1 해충개(海忠介 : 1514~1587) : 본명은 해서(海瑞)로, 명나라 광동성(廣東省) 경산(瓊山 : 지금의 海南에 해당함) 사람. 자는 여현(汝賢)이고 호는 강봉(剛峰)이며 시호는 충개(忠介)이다. 회족(回族)으로, 가정연간(嘉靖年間 : 1522~1566)에 거인(擧人)으로 뽑혔다.

2 경천주(擎天柱) : 전설에 따르면, 하늘을 받치고 있는 기둥 8개가 있었다고 하는데, 바로 그것을 가리킨다.

게 만들어졌으니 이 배라면 긴 바람을 타고 만경청파를 가르는 것도 어렵지 않으리라 생각했다. 연안의 장사치와 손님 38명이 이 배를 임대해 재물을 싣고 해외의 여러 나라와 무역했는데, 해술조가 이를 주관했다.

숭정(崇禎) 임오년(1642) 2월에 돛을 올려 바다로 나갔다. 그런데 해질 무렵 갑자기 폭풍이 일고 흰 물살이 하늘까지 닿더니 교룡 같은 것들이 배의 좌우를 뛰어오르며 맴돌았다. 뱃사공은 얼굴이 하얗게 질렸다. 바람에 실려 표류하다가 한 곳에 도착했는데, 사방이 어두워 어디인지 알 수 없었다. 순식간에 구름이 걷히고 바람이 멎었는데, 저 멀리로 예닐곱 명의 관리가 보였다. 그들은 모두 높은 관을 쓰고 옥대를 찬 채 물가에 엄숙하게 서 있었다. 백 여 명 정도 되어 보이는 시종들은 그 모습이 참으로 기이했다. 이들은 모두 물고기·거북 등이었으며, 집게 다리 검(劍)을 쥔 게와 긴 수염 창을 멘 새우가 횃불을 들고 등불을 켠 채 마치 뭔가를 기다리는 것 같았다. 어느새 배가 해안에 닿자 관리들이 모두 기뻐하며 배로 뛰어 올라와 주위를 빙 둘러 보더니 "쓸 만합니다!"라고 소리쳤다. 그리고는 선주가 누구냐고 물었다. 해술조는 그 말의 의미를 알아채지 못한 채 급히 "네" 하고 대답했다.

이튿날 아침 그들은 해술조를 불러 함께 왕을 알현하러 들어갔다. 약 3리 정도 걸어가자 옥산처럼 밝은 협도(夾道)가 나왔는데, 먼지 한 점 없이 깨끗했다. 어떤 궁궐 문에 이르렀더니 황룡 두 마리가 문을 지키고 있었다. 사방에 둘러쳐진 담은 모두 수정으로 만들어서 맑고 투명한 것이 머리카락이 다 비칠 정도였다. 해술조는 속으로 "여기는 아마 용궁일 게야!"라고 생각했다. 다시 문을 세 번 지나 바야흐로 대전에 이르렀는데, 그 규모가 인간 세상에 있는 왕의 거처와 비슷했으며 번쩍번쩍하고 웅장했다. 대전은 천 명 정도 분량의 음식을 차려 놓을 수 있을 정도로 넓고, 10장이나 되는 깃발을 꽂을 수 있을 정도로 높아서 이루 말로 다 형언할 수 없었다. 왕이 대전에 오르는데, 보았더니 머리에는 붉은 수건을 써서 양쪽 뿔을 싸고 있었고, 누런 비단 도포를 입고 있었으며 수염이 배까지 늘어져 있었다. 여러 관리들이 왕에게 아뢰었다.

“지난번에 공문을 내려 배 두 척을 가져오라고 했으나 오랫동안 당도하지 않고 있었습니다. 그런데 지금 배 한 척이 절로 찾아왔기에 감히 아룁니다.”

왕이 말했다.

“전례대로라면 배 두 척에 공물을 진설해야 하는데, 지금 배 한척이 부족하니 어찌하면 좋겠느냐?”

관리들이 말했다.

“공물을 바칠 시기가 이미 임박했습니다. 신 등이 배를 자세히 살펴보니, 배의 설계가 우연히도 혼천의(渾天儀)[3]와 일치했습니다. 이 배라면 천구성(天衢星)[4]까지 가는 데 아무 문제없을 것입니다. 또한 배가 넓고 크며 깨끗하고 새 것입니다. 공물을 잘 정리하면 왕궁으로 가져가 진설하는데 별 문제없을 듯합니다.”

왕은 이를 윤허하며 말했다.

“속세의 물건과 사람들을 옮겨 부적을 태운 물로 씻기되, 늦지 않도록 속히 시행하라.”

관리들은 “예! 예!” 하고는 대전을 나와 곧장 배가 있는 곳으로 돌아갔다. 그리고는 사람과 물건을 모두 차압해 해안으로 옮긴 뒤, 궁궐 서쪽에 위치한 낭우지(琅玗池) 안에 두었다. 그러나 해술조만은 앞으로 나가지 않으려 하면서 사사로이 물었다.

“공물들은 어디로 가져가십니까?”

관리들이 말했다.

“하늘에 바칠 것이오!”

해술조가 말했다.

---

3 혼천의(渾天儀) : 원문은 ‘혼의(渾儀)’로, 천체의 운행과 그 위치를 측정하는 중국 고대의 천체 관측기구이다.

4 천구성(天衢星) : 원문은 ‘천구(天衢)’로, 별자리 이름이다.

"저는 비록 더운 남쪽 변방에 사는 비천한 백성이지만 품은 뜻은 심원합니다. 늘 날개가 없어 하늘 문을 두드리지 못하는 것이 한이었습니다. 다행히 이런 기이한 인연을 만나게 되었으니, 저도 따라가게 해주십시오."

관리들이 말했다.

"속세 사람이라 당신이 따라 가면 하늘의 법령을 범하게 될지 모르니 안 되겠소."

그 가운데 한 관리가 말했다.

"당신의 생년월일시를 자세히 적어오시오."

해술조는 급히 이를 써서 바쳤다. 그러자 그 관리가 다른 관리들에게 말했다.

"이 사람은 팔자에 천록(天祿)이 있는데다가 충신의 후예이니, 한번 데려가 보도록 합시다."

잠시 뒤에 공물을 메고 갈 일꾼 수백 명이 줄줄이 도착했다. 공물을 호송할 관리는 먼저 부적 태운 물을 배 안에 골고루 뿌리고 금으로 상감한 표문을 받들어 중루(中樓)에 바쳤다. 다음으로 공물을 호송해갈 관리 두 명이 보물들을 잘 정리했다. 공물 목록을 몰래 보려고 해술조가 안을 열어보았더니 다음과 같이 적혀있었다.

"크고 작은 50그루의 붉은 산호림(珊瑚林) 하나, 크고 작은 70그루의 누런 산호림 하나, 크기는 모두 1장 4~5척. 야광주 100알과 화제주(火齊珠) 200알, 크기는 각각 1촌 5푼. 교초(鮫綃)[5] 500필, 영사금(靈梭錦) 500필, 푸른 구슬 20곡(斛), 홍말갈(紅靺鞨)[6] 20곡, 유리 거울 100개, 원주는 3척, 무게는 각각 40근. 옥가루 천 말, 금장(金漿)[7] 100 그릇, 오색 돌 1만 방(方)."[8]

---

5 교초(鮫綃) : 교인(鮫人 : 남해에 산다는 인어로 울면 눈물이 구슬이 된다고 함)이 생사로 짠 직물을 말한다.

6 홍말갈(紅靺鞨) : 보석의 한 종류로, 홍마뇌(紅瑪瑙)라고도 한다.

7 금장(金漿) : 선약(仙藥) 이름이다.

8 방(方) : 면적이나 체적을 재는데 쓰는 양사이다.

기타 기이한 물건들도 많았으나 일일이 다 기록할 수 없다.

공물을 잘 배치하고 타고(鼉鼓)를 크게 세 번 울리더니 배가 움직이기 시작했다. 바람을 거슬러 올라가는데, 큰 물고기 두 마리가 날아가듯이 양 옆에서 배를 끼고 갔다. 흰 물결을 일으키며 고요한 수면 위를, 물길이 험하건 평평하건 밤이건 낮이건 계속해서 갔다. 가는 길에 천 길이나 되는 석벽이 물을 가르고 우뚝 서 있었는데, 그 위에 황금색으로 '천계와 인간계, 강과 바다의 경계[天人河海分界]'라는 여섯 글자가 크게 적혀 있었다. 관리들이 해술조를 가리키며 말했다.

"옛날에 장건(張騫)[9]의 뗏목은 이곳을 지나가지 못했는데, 지금 당신은 아득히 은하수를 건너고 있으니, 어찌 대단한 일이 아니겠소?"

이에 해술조는 머리 숙여 감사의 인사를 했다.

한 식경쯤 뒤에 사람들이 입을 모아 "남천관(南天關)이 보이기 시작합니다!"라고 말했다. 이윽고 남천관에 도착하자 공물을 호송하는 관리들은 각자 조복을 바로 했고, 보물을 옮기는 여러 사람들은 모두 붉은색 장의(長衣)로 갈아입으면서 해술조에게도 같은 옷으로 갈아입게 했다. 해안에 올라보니 펼쳐진 것들이며 발에 밟히는 것들이 모두 연금(軟金)이었으며, 간간이 요석(瑤石)[10]을 박아 넣은 것이 이채로웠다. 올려다보니 경궐(瓊闕)·선당(璿堂)·강루(絳樓)·벽각(碧閣)이 모두 어렴풋한 가운데에 보였는데, 멀리 있는 것 같기도 하고 가까이 있는 것 같기도 하여 측량할 수 없었다. 문 아래에 있던 천계의 공경(公卿) 네 명이 예관(禮冠)을 쓰고 홀을 든 채[11] 천제의 어지를 전하고, 공물을 호송해온 관리들을 호천문(昊天門)으로 인도했다. 공물을 호송해온 관리들은 신소전(神霄殿) 앞에서 표문을 올리고 예를 행했다. 해술조와 보물 옮기는 일꾼들이 문 밖에서

9 장건(張騫) : 한나라 무제(武帝) 때 대월지(大月氏)에 사신으로 갔다가 흉노에게 잡혀 십년 동안 포로생활을 하였고, 13년 만에 대월지로부터 돌아왔다.

10 요석(瑤石) : 2등급의 옥이다.

11 예관(禮冠)을 쓰고 홀을 든 채 : 원문은 '면홀(冕笏)'로, 면홀은 고대 관리들의 복식인 홀과 예관을 말한다.

머리를 조아리고 있는 내내, 귓가에 감도는 음악소리와 진한 향기만이 끊임없이 바람에 실려 올 뿐이었다. 곧이어 성관(星冠)을 쓰고 악피(嶽帔)를 걸친[12] 두 사람이 공물 호송 관리를 접견하고 공물을 살펴 거두어들인 뒤 공물을 배치할 관리들도 데리고 들어오게 했다. 예를 행하고 나서 천제는 남방 백성들의 생활상과 북방 전쟁의 징후 등을 널리 물으며 많은 이야기를 했는데, 일일이 다 적지는 않겠다. 염파관(恬波舘)에서 모두에게 주연을 베풀어주었다. 공물을 가져간 자들은 감사의 인사를 올리고 밖으로 나와 모두 배에 올랐다.

해술조는 잠깐 눈을 부쳤을 뿐인데, 몽롱한 가운데 몇 천만 리를 왔는지 어느새 원래 있던 곳에 돌아와 있었다. 해술조가 자신의 물건과 일행들을 데리고 떠나겠다고 하자 왕이 명했다.

"해술조의 배는 일찍이 천계에 들어갔다 왔으니 이제 인간 세상으로 돌려보낼 수 없다. 일행들은 모두 연못 안에 있으니 한번 보게 해 주거라."

서른여덟 명은 모두 물고기로 변해 있었는데, 머리만은 변하지 않고 있었다. 이를 본 해술조가 서럽게 울자 앞서 배를 가지러 왔던 관리가 그를 다른 방으로 데리고 가 위로하면서 이렇게 타일렀다.

"당신과 동행했던 사람들은 모두 물고기 밥이 될 팔자였으니 물고기라도 된 게 그나마 다행인 줄 아시오. 당신은 배를 빌려 주었기에 목숨을 살려주었는데, 뭐가 슬퍼서 그러시오? 혹 민(閩) 땅의 배가 이곳을 지나가게 되면 당신을 돌려보내 주리다."

그리고는 날마다 그에게 먹을 것을 주었다.

그곳에 머문 지 한참 되었을 때 누군가가 갑자기 "민 땅에서 배가 도착했습니다"라고 보고했다. 왕은 해술조를 불러 희고 검은 진주 한 자루를 하사하면서 "이것은 너의 배 값이다"라고 말하고는 작은 거룻배에 태

12 성관(星冠)을 쓰고 악피(嶽帔)를 걸친 : 성관(星冠)은 도사의 모자를 가리키나 여기에서는 부합하지는 않는 듯하다. 악피(嶽帔) 또한 정확히 무엇을 지칭하는지 모르겠다.

워 민 땅의 배로 보냈다. 경산(瓊山)[13]에 도착해 집에 돌아와 보니 때는 임오년(1642) 12월이었다. 집안사람들은 배가 전복되었다는 소식을 듣고 배 주인을 위해 이미 발상(發喪)했는데, 별안간 해술조가 나타나자 뜻밖의 일에 놀라 기뻐했다. 해술조도 어찌된 사정인지 말하지 않고 그저 광풍을 만나 배가 파산했는데, 요행히 경천주 덕분에 죽음을 면하고 가까스로 살았다고만 말했다. 해술조는 이듬해 광주(廣州)로 가서 자루 안에 있던 진주를 외국 상인에게 팔았는데, 어마어마한 값을 받아서 그것으로 밭을 사 죽을 때까지 먹고 살았다. 강희(康熙) 병자년(1696)에 월(粵) 땅 승려 방지린(方趾麟)이 직접 해술조를 방문해 그 이야기를 자세히 들었다. 그때 해술조는 이미 96세였는데, 외모는 50세 정도로 보였다고 한다.

장산래가 말한다.

만약 연월과 이름이 없었다면 『태평광기(太平廣記)』를 읽는 줄로만 알았을 것이다. 선친께서는 일찍이 이하(李賀)가 「백옥루기(白玉樓記)」[14]에

13 경산(瓊山) : 산 이름. 해남성(海南省) 경산현(瓊山縣) 남쪽에 위치한 산으로, 현의 이름을 따 경산이라 불렀다.

14 「백옥루기(白玉樓記)」: 『유설(類說)』 권58 「백옥루기」조에 다음과 같은 내용이 보인다. "이하가 죽을 무렵에 붉은 옷 입은 사자가 붉은 규룡을 타고 서판 하나를 들고 그를 찾아왔는데, 글씨가 마치 태고적 전서 혹은 벽력고문과 같았다. 사신이 '천제께서 너를 부르신다'고 하자 이하는 글씨를 읽을 방법이 없어 섬돌에 머리를 조아린 채 '어미가 늙고 병들어 가고 싶지 않습니다'라고 말했다. 붉은 옷 입은 사람은 '상제께서 백옥루를 완공하고 그대를 불러 기(記)를 짓게 하셨네. 천상에도 음악이 있어 그다지 고달프지 않네'라고 말했다. 잠시 후 이하는 숨이 끊겼다[李賀將死時, 有緋衣人, 駕赤虯持一板, 書若太古篆或霹靂古文云 : '召賀', 賀了不能讀下, 階叩頭言 : '阿彌老且病, 不願去.' 緋衣人曰 : '帝成白玉樓, 立召爲記. 天上差樂不苦也.' 少頃氣絶]"고 되어 있다. 『선실지(宣室志)』에 보면, 이하가 죽은 뒤 모친 정씨(鄭氏)의 꿈에 나타나 다음과 같이 말했다고 한다. "근자에 상제와 신선께서 그 거처를 월포(月圃)로 옮기면서 궁을 새로 짓고 '백요(白瑤)'라 명명하셨습니다. 제가 문사로서 이름을 드날리고 있다고 생각하여 다른 몇몇 문사들과 함께 불러 들여 새로 지은 궁궐의 기문(記文)을 짓게 하셨습니다. 상제께서는 또 응허전(凝虛殿)을 짓고 저희에게 악장(樂章)을 짓게 하셨습니다. 지금 저는 신선이 되어 즐겁게 지내고 있으니, 원컨대 어머니께서는 걱정하지 마십시오[上帝神仙之居也, 近者遷都于月圃, 構新宮, 命曰'白瑤'.

서 구주(九州) 만국(萬國)의 말과 문자가 모두 다르다고 한 것을 의심하셨는데, 지금 이 글을 보니 천계와 중국은 같은가보다. 나는 이장길(李長吉: 李賀)의 일화가 황당하다고 생각했는데 지금 이 글을 보니 정말 그런 일도 있긴 한가보다. 그러나 '천계와 인간계, 강과 바다의 경계'라는 여섯 글자와 공물의 목록에 적힌 글자가 전서(篆書)였는지 해서(楷書)였는지, 중국글자였는지 외국의 글자였는지는, 정말 알 수가 없구나!

海忠介公之孫述祖, 倜儻負奇氣. 適逢中原多故, 遂不屑事擧子業, 慨焉有乘桴之想. 斥其千金家産, 治一大舶. 其舶首尾長二十八丈, 以象宿, 房分六十四口, 以象卦. 篷張二十四葉, 以象氣. 桅高二十五丈, 曰擎天柱, 上爲二斗, 以象日月. 治之三年乃成, 自謂獨出奇制, 以此乘長風破萬里浪, 無難也. 瀕海賈客三十八人, 賃其舟載貨, 互市海外諸國, 以述祖主之.

崇禎壬午二月, 揚帆出洋. 行至薄暮, 颶風陡作, 雪浪粘天, 蛟螭之屬, 騰繞左右. 舵師失色. 隨風飄至一處, 昏霾莫辨何地. 須臾雲開風定, 遙見六七官人. 高冠大帶, 拱立水次. 侍從百輩, 狀貌醜怪. 皆魚鱗銀甲, 擁巨螯之劍, 荷長鬚之戟, 秉炬張燈, 若有所伺. 不覺舟忽抵岸, 官人各喜, 躍上舟, 環視曰: "是可用已!" 卽問船主爲誰. 述祖不解其意, 匆遽聲諾.

詰朝, 呼述祖同入見王. 約行三里許, 夾道皎如玉山, 無纖毫塵土. 至一闕門, 門有二黃龍守之. 週遭垣墻, 悉以水晶疊成, 光明映徹, 可鑒毛髮. 述祖私念曰: "此殆龍宮也!" 又踰門三重, 方及大殿, 其制與人間帝王之居相似, 而輝煌巀嶪. 廣設千人之饌, 高容十丈之旗, 不足言矣. 王甫升殿, 首以紅巾圍兩肉角, 衣黃繡袍, 髯長垂腹. 衆官進奏曰: "前文下所司取二舟, 久不見至. 今有自來一舟, 敢以聞." 王曰: "舊例二舟陳

以某榮於詞, 故召某與文士數輩, 共爲新宮記. 帝又作凝虛殿, 使某輩纂樂章. 今爲神仙中人, 甚樂, 願夫人無以爲念.'"

設貢物, 今少一, 奈何?" 衆曰 : "貢期已迫. 臣等細閱此舟, 制度暗合渾儀. 以達天衢, 允宜利涉. 且復寬大新潔. 若將貢物摒擋, 俟到王宮, 以次陳設, 似無不可." 王允奏, 曰 : "徙其凡貨凡人, 滌以符水, 速行勿遲." 衆唯唯下殿, 仍回至舟. 將人貨盡押上岸, 置之宮西琅玗池內. 唯述祖不肯前, 私問曰 : "貢將焉往?" 衆曰 : "貢上天耳!" 述祖曰 : "述祖雖炎陬賤民, 而志切雲霄. 常恨羽翼未生, 九閽難叩. 幸遘奇緣, 亦願隨往." 衆曰 : "汝濁世凡人也, 去則恐犯天令, 不可." 中有一官曰 : "汝可具所生年月日時來." 述祖亟書以進. 官與衆言 : "此人命有天祿, 且係忠直之裔, 姑許之." 俄頃, 舁貢物者數百人, 絡繹而至. 賫貢官先以符水遍灑舟中, 然後奉金葉表文, 供之中樓. 次有押貢官二員, 將諸寶物安頓. 述祖私窺貢單, 內開 : "赤珊瑚林一座, 大小共五十株, 黃珊瑚林一座, 大小共七十株, 高者俱一丈四五尺. 夜光珠一百顆, 火齊珠二百顆, 圓大一寸五分. 鮫綃五百匹, 靈梭錦五百匹, 碧瑟瑟二十斛, 紅靺鞨二十斛, 玻璃鏡一百具, 圓廣三尺, 各重四十斤. 玉屑一千斟, 金漿一百器, 五色石一萬方." 其他殊名異品, 不能悉記.

安頓已畢, 大伐鼉鼓三通, 乃始啓行. 逆風而上, 兩巨魚夾舟若飛. 白波搖漾, 練靜鏡平, 路無坦險, 時無晝夜. 中途石壁千仞, 截流而立, 其上金書'天人河海分界'六大字. 衆指示述祖曰 : "昔張騫乘槎, 未能過此, 今汝得遠泛銀潢, 豈非盛事?" 述祖俯首稱謝.

食頃之間, 咸云"南天闕在望矣!" 旣而及闕, 賫貢官各整朝服, 舁寶諸役俱易赭色長衣, 亦令述祖衣之. 登岸陳設, 足之所履, 皆軟金地, 間以瑤石嵌成異彩. 仰視瓊闕・璿堂・絳樓・碧閣, 俱在飄渺之中, 若近若遠, 不可測量. 門下天卿四員, 冕笏傳旨, 令賫貢官入昊天門. 於神霄殿前進表行禮. 述祖及衆役叩首門外, 惟聞樂音繚繞, 香氣氤氳, 飄忽不斷而已. 隨有星冠嶽帔者二人, 爲接貢官, 察收貢物, 引押貢官亦入. 行禮畢, 玉音宣問南方民事, 北方兵象, 語甚繁, 不盡述. 各賜宴於恬波舘. 謝恩而出, 於是集衆登舟.

述祖假寐片時, 恍忽不知幾千萬里, 已還故處. 因啓領所押貨物與同行諸人, 王下令曰: "述祖一舟, 曾入天界, 不可復歸人寰. 衆伴在池, 宜令一見." 則三十八人, 俱化爲魚, 唯首未變. 述祖大慟, 前取舟官引至一室, 慰諭之曰: "汝同行人, 命應皆葬魚腹, 其得身爲魚, 幸也. 汝以假舟之故, 貸汝一死, 尙何悲哉? 候有閩船過此, 當俾汝歸." 日給飮食如常.

居久之, 忽有報者曰: "閩船已到." 王召見, 賜白黑珠一囊, 曰: "以此償造舟之價." 命小艇送附閩船. 抵瓊山還家, 壬午之十二月也. 家人蚤聞覆溺之信, 設主發喪, 乍見述祖, 驚喜逾望. 述祖亦不言所以, 但云狂風敗舟, 倖憑擎天柱遇救得免. 次年入廣州, 出囊中珠, 鬻於番賈, 獲貲無算, 買田終老. 康熙丙子, 粤僧方趾麟親訪述祖, 具得其詳. 時述祖年已九十六, 貌如五十歲人.

張山來曰: 若非有年月姓名, 便如讀『太平廣記』矣. 先君嘗疑李賀「白玉樓記」謂九州萬國語言文字, 各不相同, 今觀此, 則上天果與中華同矣. 余謂長吉事屬荒唐, 今讀此文, 則是實有其事. 但不識所謂'天人河海分界'六大字, 以及貢單所列, 爲篆乎, 爲楷乎, 爲中國文字乎, 爲各國文字乎, 眞不可曉!

우초신지 권19

칠대 불가사의에 대한 그림과 설명[七奇圖說]

남회인(南懷仁)

상고시대에 거대한 건축물 중 전적에 기록된 것이 일곱 가지 있는데, 이른 바 '세계 7대 불가사의'라는 것이 그것이다.

첫째, 아시아의 바빌론성. 삼무라마트 왕비가 세운 도성이다. 모양은 정사각형이며 한 변의 길이는 오십 리(里), 둘레는 삼백 리이다. 성문은 모두 백 군데 있는데, 문은 모두 깨끗한 구리로 만들어졌다. 성의 높이는 19장(丈)이고 두께는 4장 8척이며 아름다운 돌을 깎아 만들었다. 성루(城樓) 위에는 동산과 각종 나무 등 여러 가지 경관이 꾸며져 있고, 산의 물을 끌어다가 작은 강처럼 물길을 냈다. 이것을 제작

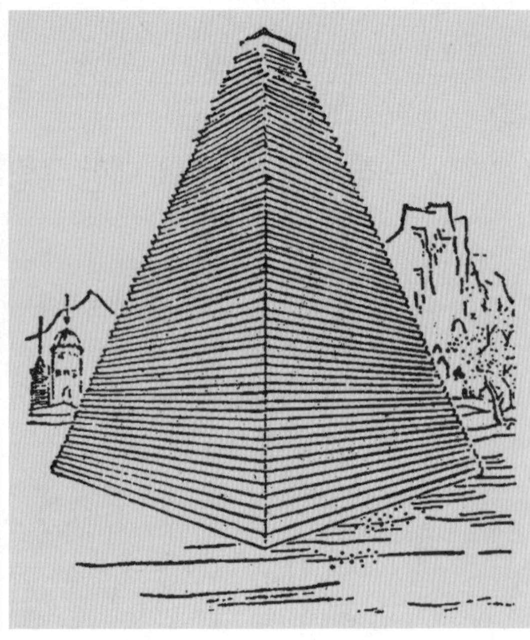

하는 데 매일 30만 명의 장인이 동원되었다.

둘째, 거인 동상. 로도스 섬에는 구리로 주조한 사람 동상이 있는데, 키가 삼십 장에 달하고 바닷가에 놓여 있다. 동상의 손가락은 한 사람이 안을 수 없을 정도로 굵고, 두 발은 각각 두 개의 석대(石臺)를 밟고 있는데 가랑이 사이가 높고 넓어서 큰 배도 지나다닐 수 있다. 왼손에 쥐고 있는 등불을 밤이 되면 밝혀, 선박들이 항구의 위치를 쉽게 알 수 있도록 해주므로 배 대기에 편리하다. 동상의 안은 비어있고, 발에서 손까지 나신형의 계단이 있어 올라가서 등불을 밝힌다. 이것을 제작하는 데 매일 천여 명의 장인이 동원되었고 12년만에야 완성되었다.

셋째, 아프리카 알렉산드리아 쿠푸 피라미드. 프톨레마이오스 왕이 건설한 것으로 지반은 정사각형이며 한 변의 길이는 약 1리, 둘레는 4리다. 피라미드의 높이는 계단 이백 오십 개 정도인데, 계단 하나를 보면 너비가 2장 8척 5촌, 높이가 2척 5촌이다. 정상에는 오십 명의 사람을 수용할 수 있다. 제작하는 데 매일 36만 명의 장인이 동원되었다.

넷째, 아시아 할리카르낫소스 마우솔루스 능묘. 아르테미시아 왕후가 그의 남편을 추모하면서 만든 능묘이다. 아래층은 정사각형이며, 사면마다 고귀하고 아름다운 돌기둥 스물여섯 개가 있다. 둥글게 뚫린 복도는 각각의 넓이가 7장 남짓이다. 안에는 돌계단이 정상까지 이어져 있으며 정상에는 구리 수레 하나와 구리 말 두 필, 마우솔루스왕의 동상 하나가 있다. 능묘의 기이한 점은 첫째 규모가 웅장하다는 점이고, 둘째 높다는 점이며, 셋째 정교하다는 점이고, 넷째 재료는 순수하게 흰 대리석만을 사용해 지었다는 점이다. 능묘가 완성될 무렵 왕후는 그 남편을 그리워하다가 슬픔을 이기지 못하고 죽었다.

다섯째, 아시아 아페수스 달의 신전. 크고 아름다우며 정교하다. 신전의 터는 호수 가운데 있는데, 지진에 무너지는 것을 막기 위해서이다. 높이는 44장이고 넓이는 21장이다. 안에는 대리석으로 만든 기둥이 있는데, 모두 157개이고 각각의 높이는 7장이다. 신전 안에는 대리석으로 정교하게 조각한 사람 동상이 많다. 신전 밖 사면에는 각각 다리가 있어 네 개의 문으로 통한다. 다리는 아주 넓으며 흰 대리석으로 만들어졌다. 정문 앞에는 아름다운 돌로 정교하게 조각한 신상(神像)이 안치되어 있다. 건축가들이 220년에 걸쳐 완성했다.

여섯째, 유럽 올림피아의 제우스[1] 상. 피디아스는 세상에서 제일가는

장인이었는데, 산에서 가장 견고하고 큰 돌을 가져다가 제우스 상을 조각했다. 신상의 몸을 매우 거대하고 정교하고 또 세밀하게 조각해서 신전 가운데 두었더니, 어떤 사람이 피디아스를 조롱하며 말했다.

"이렇게 거대한 신상을 설치하였으니, 신상이 일어서기라도 하면 신전이 무너지지 않겠소?"

그가 대답했다.

"이미 잘 안치해 두었으니, 절대로 일어설 리 없을 게요."

일곱째, 피로스 섬의 등대. 알렉산드리아의 프톨레마이오스 왕이 만든 것으로, 웅장하기 그지없다. 등대를 세운 터는 산에서부터 시작되고, 흰 대리석으로 건축되었다. 정상에는 많은 횃불이 설치되어 있는데, 밤이면 선박들을 비추어 쉽게 항구를 알아보고 정박할 수 있도록 해준다.

上古製造宏工, 紀載有七, 所論 "天下七奇"者是也.

一, 亞細亞洲巴必鸞城. 瑟彌辣米德王后, 創造京都城也. 形勢矩方,

1 제우스: 원문에는 '목성(木星)'이라 되어 있다. 서양 신화에서 목성은 제우스를 상징한다.

每方長五十里, 周圍計三百里. 城門共一百處, 門皆以淨銅爲之. 城高十九丈, 濶厚四丈八尺, 以美石砌成. 城樓上有園囿樹木諸景, 引接山水, 湧流如小河然. 造工者每日三十萬人.

二, 銅人巨像. 樂德海島銅鑄一人, 高三十丈, 安置海口. 其手指一人不能圍抱, 兩足踏兩石臺, 跨下高廣, 能容大船經過. 左手持燈, 夜則點照, 引海船認識港口, 以便叢泊. 銅人內空, 從足至手, 有螺旋梯升上點燈. 造工者每日千餘人, 凡十二年乃成.

三, 利未亞洲厄日多國孟斐府尖形高臺. 多祿茂王所建, 地基矩方, 每方約一里, 周圍四里. 臺高二百五十級, 每級寬二丈八尺五寸, 高二尺五寸. 頂上寬容五十人. 造工者每日三十六萬人.

四, 亞細亞州嘉略省茅索祿王塋墓. 亞爾德彌細亞王后, 追念其夫王, 建造塋墓. 下層矩方, 四面各有貴美石柱二十六株. 穿廊圓拱, 各寬七丈餘. 內有石梯至頂, 頂銅輦一乘, 銅馬二疋, 茅索祿王像一尊. 其奇異一製度, 二崇高, 三精工, 四質料純細白石築造. 將畢, 王后憶念其夫王, 悵悶而殂.

五, 亞細亞洲厄佛俗府供月祠廟. 宏麗奇巧. 基址建在湖中, 以免地震摧倒. 高四十四丈, 寬二十一丈. 內有細白石柱, 凡一百五十七株, 各高約七丈. 廟內多細石絶巧人像. 廟外四面各有橋, 以通四門. 橋最寬闊, 以細白石爲之. 正門前, 安置美石精工神像. 築工者至二百二十年乃成.

六, 歐邏巴洲亞嘉亞省供木星人形. 斐第亞, 天下名工, 取山中一最堅大石, 彫刻木星人形. 身體宏大, 工精細巧, 安坐廟中, 時有譏笑者語工師曰 : "設此宏大之軀, 起立, 寧不衝破廟宇乎?" 工師答曰 : "我已安置之, 萬不能起立."

七, 法羅海島高臺. 厄日多國多祿茂王建造, 崇隆無際. 高臺基址, 起自丘山, 以細白石築成. 頂上多置火炬, 夜照海艘, 以便認識港涯叢泊.

콜로세움[公樂場]

고대에는 7대 불가사의 이외에도 유럽의 이탈리아 로마에 세워진 콜로세움이라는 것이 더 있다. 콜로세움은 타원형으로 생겼고, 둘레에 4층으로 지어진 특이한 양식의 건물이 있으며, 22장 남짓한 높이에 모두 아름다운 돌로 지어졌다. 경기장의 지름은 76장이다. 건물 아래에는 각종 맹수를 기르는 구멍이 있는데, 경기가 있는 날이면 맹수들을 내보내 경기장에서 싸우게 한다. 관중들은 둥근 계단에 앉는데, 층층이 서로 연결되어 있고 계단의 높이는 몇 장도 넘으며 8만 7천 명 정도를 수용할 수 있다. 계단 사이마다 통로가 있어 서로 방해 되지 않는다. 이 경기장은 1600년이 되었으나 지금까지도 남아있다.

古時七奇之外, 歐邏巴洲意大理亞國羅瑪府營建公樂場一埏. 體勢橢圓, 周圍樓房異式四層, 高二十二丈餘, 俱以美石築成. 空場之徑七十六丈. 樓房下有畜養種種猛獸諸穴, 于公樂之時, 卽出猛獸, 在場相鬪. 觀者坐團圓臺級, 層層相接, 高出數丈, 能容八萬七千人座位. 其間各有行走道路, 不相逼礙. 此場自一千六百年來, 至今現存.

해선(海船)

선박의 종류야 백 가지도 넘지만 대략 세 가지로 구분할 수 있다. 작은 것은 겨우 수십 명 정도를 태울 수 있으며, 편지를 전하는 데 사용될 뿐 물건은 싣지 않는다. 선복(船腹)은 비어 있는데, 위에서 아래까지 구멍 하나만이 있을 뿐이어서 사면에 물 한 방울 새지 않는다. 아래는 돌로 눌러놓는다. 풍랑을 만났을 시, 물에 익숙하지 않은 사람은 모두 선복으로 들어온다. 그 구멍만 잘 닫고 송진으로 막으면 물이 새들어오지 않는다. 배를 조종하는 사람은 돛대에 몸을 묶고 파도치는 대로 몸을 맡긴다. 선복이 비어 있기 때문에 절대로 물에 잠기지 않을뿐더러 배의 밑바닥을 돌로 눌러 놓았기 때문에 배가 뒤집히지도 않는다. 풍랑이 잔잔해져 뱃사공이 스스로 포박을 풀고 보면 아무 것도 잃은 것이 없다. 하루에 천리를 갈 수 있다.

중간 것은 수백 명을 태울 수 있으며 인도양에서 광동(廣東)까지 갈 때 주로 이용한다. 그 중 큰 것은 상하 8층이고 높이는 대략 8장이다. 맨 아래층에는 모래와 자갈 천여 섬으로 눌러놓아 배가 기울어 흔들리지 않게 한다. 아래에서 둘째, 셋째 층에는 물건과 식료품을 싣는다. 바다에서는 담수 얻기가 가장 어렵기 때문에 반드시 천여 개의 큰 통에 물을 싣는데, 천 명이 일 년을 족히 쓸 수 있는 양을 준비한다. 다른 물건들도 이에 준해 준비한다. 갑판에서 가장 가까운 지하 1층에는 중인이나 하인들이 머물기도 하고 간혹 가벼운 물건이나 필수품 등을 싣기도 한다. 갑판 밖에는 백 걸음 정도의 빈 공간이 있어서 돛을 올리거나 무예를 익히거나 노니는 장소로 사용한다. 앞뒤에는 각각 4층짜리 건물이 있는데, 귀하신 분들이 머무는 곳이다. 그 중간에는 길이 있어 이물이나 고물로 통할 수 있다. 고물에는 누각이 있어서 더위를 피해 시원한 바람을 쐴 수 있기에 귀하신 분들이 노닐면서 쉬곤 한다. 선박의 양옆에는 대포 수십 개가 끼워져 있는데, 포탄 중에는 30여 근이나 나가는 것도 있다. 상하좌우로 돛이 십여 개 있다. 돛대 중 큰 것은 20장이고 둘레가 1장 2척이다. 돛의 넓이는 8장이어서 대략 흰 베 2천4백장이 있어야 만들 수 있다. 쇠닻은 무게가 6천 3백 5십 근 남짓이다. 닻줄의 둘레는 2척 5촌이고 무게는 만4천 3백 근 남짓이다. 선원은 200~300명 가량이고 장졸과 포수가 300~400명 가량이며 행상이 수백 명이다. 선박을 총괄하는 고관 1명은 서양나라의 국왕이 직접 임명하는데 배의 모든 일을 관장하여 상벌(賞罰)을 내리고 생사를 결정할 권리가 있다. 조타수 세 명과 천문에 통달한 두 명의 관리도 있다. 조타수는 바람을 살펴 배를 조종하는 일을 맡으며, 배의 기물을 정리하면서 일꾼들의 우두머리를 불러 지시하기도 하고, 얕은 물이나 암초를 만나면 나갈 것인지 피할 것인지를 결정하기도 한다. 천문에 통달한 관리는 천문 관측 일을 맡는데, 낮이면 해를 관찰하고 밤이면 별을 관찰하며, 바다지도를 가지고 위도와 경도를 측량하여 어디가 위험한 길인지 쉬운 길인지를 판단하고 위치도 파악한다. 또 관의(官醫)가 있어서 선박 안 사람들의 질병을 책임지고 관리한다. 상점도 있어서 먹을 것을 바꾸어 주기도 한다.

큰 배는 풍랑을 근심하지 않고 단지 암초나 얕은 모래톱을 근심한다. 또 불을 경계해서, 배에서는 불을 사용하는 것이 매우 엄하게 금지되어 있다. 천명의 목숨이 여기에 달려있기 때문이다. 출발 시 바람만 살필 뿐 시일을 고려하지 않는데, 그래도 큰 낭패를 본 적은 한 번도 없다. 많은 배가 함께 출발할 경우 큰 배가 먼저 가서 길을 인도하는데, 밤이면 고물에 있는 누대에 등불을 밝혀 [뒷 배를] 비춰준다. 등불의 둘레는 2장 4척이고 높이는 1장 2척이며 모두 유리판을 붙여 만들었다. 항해할 때에는 밤이고 낮이고 멈추지 않는다. 기억하고 있는 섬이 있으면 섬을 지표 삼아 항해한다. 큰 바다 만 리 안에 섬이 없으면 나침판으로 방향을 살핀다. 방향을 살피는 방법은 전적으로 바다지도를 보고 위도와 경도를 측정하는 데 달려있는데, 그러면 배가 어디에 와 있는지, 어디에서 몇 리나 떨어져 있는지를 손금 보듯이 훤히 알 수 있다.

장산래가 말한다.

서양인의 정교한 구상력은 매우 빼어나다. 하지만 우리 유자(儒者)들은 중용(中庸)을 아름답게 여기므로 기이한 기교 따위를 자랑하거나 겨루는 일은 하지 않는다.

海舶百種不止, 約有三等. 小者僅容數十人, 用以傳書信, 不以載物. 其腹空虛, 自上達下, 惟留一孔, 四圍點水不漏. 下鎮以石. 一遇風濤,不習水者, 盡入舟腹. 密閉其孔, 塗以瀝青, 使水不進. 操舟者, 縛其身于檣桅, 任水飄蕩. 其腹空虛, 永不沉溺, 船底有鎭石, 亦不翻覆. 俟浪平, 舟人自解縛, 萬無一失. 一日可行千里.

中者容數百人, 自小西洋以達廣東, 則用此船. 其大者, 上下八層, 高約八丈. 最下一層, 鎭以沙石千餘石, 使船不傾側震盪. 二三層載貨與食用之物. 海中得淡水最艱, 須裝千餘大桶, 以足千人一年之用. 他物稱是. 上近地平板一層, 中下人居之, 或裝細軟切用等物. 地平板外, 則虛百步, 爲揚帆習武游戲之地. 前後各建屋四層, 爲尊貴者之居. 中有甬道, 可通頭尾. 尾建水閣, 可納涼, 以待貴者遊息. 船兩傍列大銃數十門, 其鐵彈有三十餘斤重者. 上下前後, 有風帆十餘道. 桅之大者, 二十丈, 周一丈二尺. 帆濶八丈, 約需白布二千四百丈爲之. 鐵錨重六千三百五十餘斤. 其纜繩周二尺五寸, 重一萬四千三百餘斤. 水手二三百人, 將卒銃士三四百人, 客商數百. 有船總管貴官一員, 是西國國王所命, 以掌一船之事, 有賞罰生殺之權. 又有船師三人, 通天文二士. 船師專掌候風使帆, 整理器用, 吹號頭, 指使夫役, 探試淺水礁石, 以定趨避. 通天文士專掌窺測天文, 晝測日, 夜測星, 用海圖量取度數, 以識險易, 知里道. 又有官醫, 主一船疾病. 有市肆貿易食物.

大船不畏風浪, 獨畏山礁淺沙. 又畏火, 船上火禁極嚴. 千人之命攸係. 其起程但候風色, 不選擇日時, 亦未嘗有大失. 若多船同走, 大者先行引路, 船後尾樓, 夜點燈籠照視. 燈籠周二丈四尺, 高一丈二尺, 皆玻璃板湊成. 行海晝夜無停. 有山島可記者, 指山島行. 至大洋中, 萬里無山島, 則用羅經以審方. 審方之法, 全在海圖量取度數, 卽知船行至某處, 離某處若干里, 瞭如指掌.

張山來曰 : 極西巧思獨絶. 然吾儒正以中庸爲佳, 無事矜奇鬪巧也.

인암우필(訒菴偶筆)

汪□□

효감현(孝感縣)의 한 며느리가 시어머니에게 불효하자 벼락이 내리쳤다. 며느리가 급히 피 묻은 고쟁이를 머리에 뒤집어썼는데, 그것은 벼락이 너무 싫어하는 것이라, 벼락은 그만 갑자기 땅에 떨어지고 말았다. 그 모습을 보니 매 비슷하였으나 매보다 조금 컸다. 그 집 사람들이 향기 나는 물로 벼락을 목욕시키고 향불을 피운 다음 자리에 모시자 벼락은 스스로 날개를 벗어버렸다. 그 집 사람들이 다시 불사를 행하자 어느 날 아침 비바람이 몰아칠 때 하늘로 날아갔다. 며느리는 묘책을 얻었다고 생각하여, 외출할 때마다 반드시 피 묻은 조각을 끼고 다녔다. 어느 날 며느리가 강가에서 옷을 빨고 있는데, 구름 한 조각 없던 하늘에서 갑자기 벼락 치는 소리가 들리더니 며느리는 어느새 죽어있었다.

장산래가 말한다.

귀신들은 더러운 것이라면 모두 싫어한다. 더러운 것이 혐오를 사는 것이야 당연하다지만, [귀신과 더러운 것이] 어쩌다 부딪칠 경우 귀신이 통함을 발휘하지 못하니 참으로 이해할 수 없는 노릇이다. 내가 만약 뇌신(雷神)이라면, 유하혜(柳下惠)의 "네가 어찌 나를 더럽힐 수 있겠느냐"[1]의 도량을 가지고 고요(皐陶)의 "법대로 집행할 뿐이다"[2]의 방법을 본받아 서로 모순되지 않게 둘 다 잘 처리하였을 것이니, 안될 것이 뭐가 있단 말인가?

강희(康熙) 계축년(1673)에 상해현(上海縣)에 살던 어떤 사람이 가짜 은으로 돼지 서른여섯 마리를 샀다. 또 다른 어떤 사람이 돈 4백 냥을 주면서 한 마리를 사다달라고 부탁하였기에, 그것도 같이 사서 배에 실었다. 잠시 후에 벼락이 배 천막지붕을 들어 올리고는 돼지 서른여섯 마리를 내리쳐 한꺼번에 모두 죽여 버렸다. 한 마리만이 아무 탈 없었는데, 그것은 바로 진짜 돈을 주고 산 돼지였다. 한편 돼지를 판 사람은 가짜 은으로 물건을 사다가 다른 사람에게 잡히는 바람에 소송에 걸려 관가에 잡혀갔다. 현의 관리가 그를 심문하자 그가 말했다.

"돼지를 팔아 받은 돈이지 제가 만든 돈이 아닙니다."

관리가 물었다.

"돼지 사간 자를 아느냐?"

---

1 네가 어찌 나를 더럽힐 수 있겠느냐: 『맹자』 「공손추상(公孫丑上)」에 나온 말이다. 유하혜가 추운 겨울날 여행을 하다가 한 객사에서 자게 되었는데, 한 가난한 여인이 그를 따라 들어와 하룻밤을 함께 하게 되었다. 그는 여인의 언 몸을 녹여주기 위해 아침까지 품에 앉고 잤는데도 아무런 난행(亂行)도 없었다. 유하혜는 그 여인을 보고 "너는 너요 나는 난데, 비록 내 옆에서 옷을 벗은들 어떻게 나를 더럽힐 수 있겠느냐[爾爲爾, 我爲我, 雖袒裼裸裎於我側, 爾焉能浼我哉!"고 하였고 태연하게 여인과 더불어 있으면서도 스스로 몸가짐을 잃지 않을 수 있었다.

2 법대로 집행할 뿐이다: 『맹자』 「진심상(盡心上)」에 나온 말이다. 맹자의 제자인 도응(桃應)이 맹자에게 묻기를 "순(舜)이 임금으로 있고 고요(皐陶)가 재판관으로 있는데, 순임금의 아버지인 고수(瞽叟)가 사람을 죽였다면 어떻게 되었을까요[舜爲天子, 皐陶爲士, 瞽瞍殺人, 則如之何]?"라고 하자 맹자는 "법대로 집행하였을 뿐이다[執之而已矣]"라고 대답하였다.

그가 대답했다.

“얼굴은 알지만 어디에 사는지는 모릅니다. 하지만 돼지 실은 배가 지금 낭가교(郎家橋)에 있습니다.”

이에 [그를 태웠던] 뱃사공을 앞세워 가서 돼지 사간 사람을 물색한 결과 그를 잡을 수 있었다. 현의 관리는 그를 엄하게 꾸짖으며 칼을 씌우고 조리를 돌렸다.

장산래가 말한다.

벼락이 불효한 사람이나 가짜 돈을 사용한 사람들을 내리치는 경우는 많은데, 무뢰배는 내리치지 않으니, 어째서인가? 불효한 사람과 가짜 돈을 만든 사람이 벼락을 맞지 않아야 한다는 말이 아니라, 무뢰배가 더욱 더 벼락을 맞아야 마땅하다는 소리다. 벼락이 무뢰배를 내리치지 않은 것은 두렵기 때문인가? 아니면 너무 많아서 이루다 내리칠 수 없기 때문인가?

고회중(高懷中)은 양주(揚州)의 소동문(小東門)에서 두렁허리 국수를 팔았는데, 하루에 죽이는 두렁허리만도 수천 마리였다. 한 계집종이 이를 불쌍히 여겨 매일 한밤중에 항아리 속 두렁허리를 몰래 훔쳐다가 뒤쪽 창문을 열고 강에 던져주었다. 이렇게 하기를 몇 년이었다. 하루는 국수집에 불이 나 계집종은 허둥지둥 도망가다가 화상을 입었다. 너무 노곤하여 강가에 누웠는데, 밤이 깊어지자 잠이 들었다. 깰 무렵 통증이 한결 덜하더니 불에 덴 상처가 모두 나아있었다. 살펴보니 강의 진흙이 상처에 덧발라져 있었다. 계집종은 땅에 두렁허리가 다닌 흔적을 보고서야 지난 날 방생한 두렁허리들이 와서 구해준 것임을 알았다【醫書에 따르면 강바닥의 진흙은 화상에 바를 수 있다고 한다】. 고회중은 그 기이함에 감동받아 결국 장사를 그만두었다. 가마솥을 치우려고 보았더니 그 밑에 구멍이 나있고 몇 섬이나 되는 살아있는 두렁허리가 그 속에 똬리를 틀고 있었다. 그는 두렁허리를 모두 가져다가 강에 놓아주었다.

상해(上海) 사람 주금(朱錦)은 소시적에 반상서(潘尙書)의 집에 들어가 하인 노릇을 했다. 훗날 그의 아들이 과거[3]에 합격하자 반상서에게 감사의 인사를 하러 갔다. 반상서가 말했다.

"너의 아들이 조정의 관리가 되었으니, 문객의 예로 대해도 좋다. 다시는 주인과 하인의 관계로 생각지 마라."

그리고는 그의 노비 문서를 찾아서 돌려주었다. 주금이 감격에 겨워 말했다.

"큰 은혜를 입었으니 마땅히 보답을 하여야 제 마음이 편해질 것 같습니다."

반상서가 말했다.

"나는 이미 충분히 부귀한데, 너에게 무엇을 바라겠느냐?"

주금이 계속 간청하자 반상서는 한참을 망설이다 말했다.

"지금 문묘(文廟 : 공자묘)가 허물어졌으니 네가 수리해준다면 나에게 보답하는 것 보다 훨씬 낫겠다!"

주금은 그 즉시 혼자 힘으로 문묘를 보수하였는데, 호화롭고 화려하다는 명성이 자자했다. 이는 벌써 백 년도 넘은 일이어서 아직까지 이것을 기억하는 사람은 없다.

순치(順治) 기해년(1659) 회시(會試)에 장원으로 급제했던 주금도 상해 사람이었다. 그는 한림원(翰林院)의 관리로 있다가 강희 임자년(1672)에 죽었다. 죽을 즈음에 문묘의 대들보가 오래되어 무너지려고 하는 것을 보고는 매우 가슴 아파했다. 그래서 문묘를 중건한 사람의 성명을 보았더니 바로 주금이었다. 그는 그제야 자신이 그의 후신임을 깨달았다. 그 일은

---

3 과거 : 원문은 '유반(遊泮)'이다. 명청시기 과거제도에 따르면 주현(州縣)의 시험을 거쳐 생원으로 뽑힌 사람은 학궁(學宮)에서 공부할 수 있었는데, 이것을 유반이라고 불렀다. 반은 반궁(泮宮)으로 원래 서주(西周) 때 제후들이 설치한 대학의 이름이다.

『상해지(上海志)』에 상세히 나와 있다.

또 진운현(縉雲縣)의 정갱당(鄭賡唐)은 천계(天啓) 정묘년(1627)에 효렴(孝廉)이 되었는데, 유학(儒學)[4]이 전쟁으로 불타자 그 또한 밤낮을 가리지 않고 몸소 감독하며 재건했다. 그의 아들 유양(惟颺)・재양(載颺)은 연달아 진사에 급제했다. 지금 사람들은 불사(佛寺)와 도관(道觀)만 화려하게 장식함으로써 명복을 빌고자 할 뿐, 이렇듯 어려서부터 칭송하고 본보기로 삼아오던 성인들에 대해서는 오히려 먼 나라[5] 일처럼 여긴다. 동가씨(東家氏)[6]의 영험함이 이처럼 분명하다는 것을 어찌 알겠는가?

장산래가 말한다.

이 일에 그 공로를 따지자면 마땅히 반상서가 첫째가 되고 주금이 다음이 될 것이다. 반상서가 이미 부귀하기 때문에 이루어진 일 아니겠는가? 그러나 전생의 주금에게 보답하지 않고 백년 후의 같은 이름의 사람에게 보답한 것은 또 어째서인가?

의진군(儀眞郡)에 공씨(孔氏) 성을 가진 사람이 흉년에 『공씨가보(孔氏家譜)』를 사서는 현(縣)의 관부를 찾아가 공자의 후손이라고 사칭했다. 당시는 아직 변란이 끝나지 않아서 공자의 후손들이 흩어져 있었는데, 현에서 그의 이름을 나라에 올리자 그는 제사 모실 사람으로 뽑혔고, 결국 그의 집에 공자의 위패가 안치되기에 이르렀다. 그러나 그 사람은 행실이 나빠서 남의 아내를 탐했고 그 여자의 남편이 죽자 데려다 첩으로 삼

4 유학(儒學) : 명청시기 부(府)나 주(州), 현(縣)에 설치되었던 학교로 생원의 수업을 담당하였다.

5 먼 나라 : 원문은 '진월(秦越)'로, 춘추시대에 진나라는 서북쪽에 위치해 있었고 월나라는 동남쪽에 위치해 있어서 그 거리가 매우 멀었다. 그래서 문장에서는 거리가 매우 먼 곳을 말할 때 종종 이 단어로 비유한다.

6 동가씨(東家氏) : 즉 공자(孔子)를 가리킨다. 『공자가어(孔子家語)』에 따르면 공자의 서쪽 이웃들은 공자의 뛰어난 학식과 재능을 몰라보고 그를 멸시하여 '동가구(東家丘)'라고 불렀다.

았다. 그의 아내 역시 음행을 일삼았기에 마을에서는 그들을 천하게 여겼다. 이웃에 사는 훈장이 한 유학자가 수레를 타고 오는 꿈을 꾸었다. 수레 위에는 '사마우(司馬牛)'[7]라고 적힌 깃발이 꽂혀 있었고 따르는 제자들이 매우 많았는데, 그들은 모두 머리에 포각건(包角巾)【상투 위에 씌우는 네모진 두건으로 꼭대기에 띠가 달려 있다】을 쓰고 있었다. 그가 훈장에게 말했다.

"내일 이곳에 사단이 날 것이니 너는 당장 피하도록 하라."

훈장은 잠에서 깬 후 몹시 놀라 그의 말대로 몸을 피했다. 오후가 되자 불이 났다. 공씨는 밖에서 재빨리 돌아와 아직 불길이 거세지 않은 것을 보고는 가보를 꺼내오려고 황급히 안으로 들어갔다. 그러나 그가 막 문안으로 들어가자마자 불길이 갑자기 사면을 에워싸 부부는 결국 불에 타 죽었다.

장산래가 말한다.

이 일은 내가 직접 본 것이다. 이 사람 또한 행실이 나빴기에 이러한 응보를 얻은 것이다.

孝感縣一婦, 不孝於姑, 雷下擊之. 婦急以血袴蒙頭, 雷爲所厭, 欻然墜地. 形如鷹而稍大. 其家以香湯沐浴之, 奉以香火座上, 雷仍自褫其翅羽. 其家又爲作法事, 一旦風雨飛騰而去. 此婦自以爲得計, 每出入必挾血片自隨. 一日河邊漂衣, 天無纖雲, 忽聞雷轟, 婦已斃矣.

張山來曰 : 鬼神之屬, 類惡汚穢. 汚穢之取惡固宜, 但往往偶一相値, 卽不能運其威靈, 誠不可解. 我若爲雷神, 則以柳下惠 "爾焉浼我"之度量, 效臯陶"執之而已"之用法, 並行不悖, 亦何不可?

---

7 사마우(司馬牛) : 이름은 경(耕)으로 공자의 제자이다.

康熙癸丑，上海縣有人，以假銀買猪三十六頭．又有他人以錢四百，託買一頭，同載入舟．俄而疾雷揭篷，轟擊三十六頭，一時皆斃．獨一頭無恙，則用錢所買者也．賣猪人以假銀買貨，爲人所執，訟之於縣．縣官詰之，供云："實係賣猪得來，非某假造．" 官問："汝識其人乎?" 曰："買猪人雖識其貌，不識其住處．而載猪之船，現在郎家橋．" 於是押同舟子物色其人，果獲之．縣官痛責枷示焉．

張山來曰：雷所擊者，不孝與用銅爲多，而光棍不與焉，則何也? 吾非謂不孝與用銅不當擊，祗以光棍爲更當擊耳．雷之不及光棍，殆亦畏之耶? 抑多而不勝擊耶?

高懷中，業鱔麪於揚州小東門，日殺鱔數千．一婢憫之，每夜分竊缸中鱔，從後窗抛入河．如是者積年．一日麪店被焚，婢踉蹌逃出，爲火所傷．困臥河濱，夜深睡去．比醒而痛減，火瘡盡愈．視之，有河中汚泥堆於瘡處．而地有鱔行跡，始知向者所放生，來救之也【按醫書，河底泥能塗湯火傷】．高感其異，遂爲罷業．及拆鍋，下有洞穴，生鱔數石，盤其中．盡舉而縱之河．

上海朱錦初投潘尙書爲家人．後其子遊泮，入謝于公．潘曰："汝子已係朝廷士子，可以門生禮見．勿復作主僕觀也．" 卽檢其靠身文書還之．朱不勝感激曰："荷洪恩，須當報效，庶慊微心耳．" 潘曰："我富貴已足，何賴於汝?" 朱懇請不已，潘沉吟再四，乃曰："現今文廟圮壞，汝能修葺，賢於報我遠矣!" 朱卽獨力營繕，頗稱華煥．此事已過百餘年，人亦無有憶及之者．

順治己亥科，會元朱錦，亦上海人．官翰苑，至康熙壬子歿．臨卒時，文廟正梁，年久朽壞，亦以是刻崩殞．視其建造之姓名，卽朱錦也．始知會元乃其後身．事詳『上海志』．

又縉雲鄭賡唐, 天啓丁卯孝廉, 亦以儒學爲兵火所燬, 躬自督造, 晨夕不輟. 其子惟颺, ·載颺相繼登進士. 今人惟知崇飾寺觀, 以希冥福, 而於幼所誦法之聖人, 反秦越視之. 抑知東家氏之靈爽, 固若是其彰彰也乎?

張山來曰 : 此事若論功, 當以潘爲首, 而朱次之. 豈爲潘已富貴耶? 至于不報前之朱錦, 而報于百餘年後之同名者, 則又何也?

儀眞孔姓者, 於荒年購得『孔氏家譜』, 遂詣縣冒陳聖裔. 時値變亂之餘, 聖冑散落, 縣爲申請, 得補奉祀生, 遂於家安設聖位. 然其人無行, 淫人之妻, 夫死遂娶爲妾. 而已妻亦有淫行, 鄕里薄之. 鄰有塾師, 夜夢一儒者乘車. 上竪一旗, 題曰 : '司馬牛', 弟子從者甚衆, 皆頭帶包角巾【罩於髻上方, 頂有帶者】. 語塾師曰 : "來日此處有事, 汝當避之." 覺而駭甚, 如言避去. 至午後火發. 孔姓者從外奔歸, 見火勢尙緩, 亟入欲攫其譜. 甫進門內, 火忽四合, 遂夫妻焚死.

張山來曰 : 此事予猶及見之. 然亦此人不肖, 故遭此報耳.

유헌총담(柳軒叢談)

무명씨[佚名]

무원(婺源)의 강군보(江君輔)는 어려서부터 바둑에 뛰어나 국수(國手)로 칭해졌다. 나이 열일곱이 되었을 때 갑자기 어떤 사람이 문 두드리며 찾아오더니 강북(江北)에 사는 아무개 집에서 그를 모셔와 재주를 한번 겨루어보고자 한다고 말했다. 강군보는 두건 쓰고 옷을 입고 그를 따라 나서서, 한 달 남짓 후에 중주(中州)의 관리 아무개 집에 도착했다. [강군보를 데려간] 사람이 먼저 안으로 들어가 아무개를 만나 속이며 말했다.

"살 길이 막막하여 제 아들을 팔아 돌아갈 노자나 마련하려고 합니다."

그는 금을 받고 계약을 하고 나서 눈물을 흘리며 말했다.

"부자지간의 정이 있어 차마 얼굴을 보고 헤어질 수가 없습니다. 뒷문으로 빠져나가 제 아들이 울며불며 매달리는 비참한 꼴을 피하게 해주십시오."

관리는 그 말을 믿었다. 강군보는 한참을 당(堂) 위에 앉아있었는데도 나와서 손님을 안내하는 사람이 없는 것을 이상하게 여겼다. 그때 갑자기 봉두난발을 한 계집종이 물동이를 지고 나와 강군보를 보고 큰 소리로 말했다.

"네가 새로 온 노비구나. 빨리 나가 물을 길어 와라."

강군보는 깜짝 놀라 성난 목소리로 계집종과 다투었다. 그러자 관리가 나와 문서를 내보이며 말했다.

"네 아비가 너를 팔았는데, 또 무슨 할 말이 있느냐?"

강군보가 말했다.

"별일이로군! 당신이 수천 리 밖으로 심부름꾼을 보내 나를 데려와 바둑 두기를 원해 놓고서, 이제와 이렇게 황당한 소리를 하다니, 누가 내 아비요?"

그리고는 자신이 쓴 『혁보(奕譜)』를 꺼내 관리에게 보여주고 증거로 삼았다. 관리가 크게 놀라 말했다.

"네가 만약 나를 이긴다면 네 말이 틀리지 않겠구나."

그래서 관리와 바둑을 두게 되었는데, 강군보가 연이어 몇 판을 이기자 관리는 시원스레 깊은 예의를 표했다. 그 지방 국수 중에도 그보다 나은 자는 있지 않았다. 관리가 갑자기 대국을 청해도 강군보의 연승이었다. 관리는 매우 기뻐하며 그를 상객(上客)으로 모셨다. 강군보는 그곳에 몇 개월간 머물렀는데, 관리가 바둑 좋아하는 고관대작들에게 편지를 써 거듭 추천해주었기에 수백 금을 얻어 돌아갈 수 있었다.

장산래가 말한다.

이는 분명 아무개 관리가 꾸며낸 교활한 짓일 것이다! 그렇지 않고서야 어떻게 자식을 종으로 판다는데, [그 아이의] 얼굴도 보지 않고 급히 거래를 성사시킬 수 있단 말인가?

婺源江君輔, 幼工奕, 稱國手. 年十七, 忽一人扣戶, 稱江北某家, 延請角技. 君輔襆被隨之往, 月餘抵中州某宦宅. 其人先入內, 見某宦詐云:“吾途窮, 鬻吾子爲歸串.” 旣得金立契, 復涕泗曰:“父子情不忍面別. 請從後門去, 免吾子牽衣慘狀也.” 宦信之. 君輔方久坐堂上, 訝無出肅客者. 忽一髽頭婢, 肩水桶, 目江大聲曰:“爾新來僕. 速出汲.” 江驚異, 厲聲爭之. 宦從內出, 持券示曰:“爾父賣爾, 夫復何云?” 江曰:“異哉! 君數千里遣使迎我手談, 反爲此不經語乎, 誰爲吾父?” 出所著『奕譜』呈宦証之. 宦大驚曰:“汝果能勝我, 言卽不謬.” 甫對着, 君輔連勝數局, 宦爽然深相禮貌. 其地有國手, 從無出其右. 宦忽請對局, 輔又連勝. 宦大喜, 待爲上客. 盤桓數月, 作書疊薦好奕鉅公處, 獲金數百歸.

張山來曰: 此當是某宦故作狡獪耳! 不然, 賣子爲僕, 豈不覿面而遽成交耶?

소홍필기(嘯虹筆記)

무명씨[佚名]

전학(篆學)에 관한 도서는 신안(新安)에서 많이 나오며 다른 군(郡)은 이에 미치지 못한다. 예를 들어 왕몽룡(汪夢龍) 같은 사람은 휴녕(休寧) 서문(西門) 출신인데, 이름은 도(濤)이고 자는 산래(山來)이며 팔 힘이 세서 사람들은 그를 '몽룡장군(夢龍將軍)'이라 불렀다. 그는 해서·초서·예서·전서 및 제가(諸家)의 서법에 두루 정통했다. 어떤 사람의 서법으로 글씨를 쓸 때면 [다른 서법이] 한 획이라도 잡스럽게 들어가는 법이 없었다. 큰 글자를 쓸 때면 한 글자가 사방 1장(丈)에 달했고 작은 글자를 쓸 때면 한 치 지름 안에 천 마디 말이 들어갔다. 철획(鐵劃)[1]의 묘미는 백가의 서법을 모두 망라하고 있어서 옛사람 중에도 그와 같은 경지는 찾아볼 수 없었다.

그는 젊어서 초(楚) 땅으로 들어가 쌀을 팔았는데, 여관에서 한가롭게

1 철획(鐵劃): 서법에서 필법이 쇠처럼 견중한 것을 말한다. 이에 반해 필법이 은처럼 활력이 있는 것은 은구(銀鉤)라고 한다.

지내다가 우연히 한 절에 가게 되었다. 보았더니 십여 명의 사대부들이 불전(佛殿) 앞에 모래를 모아 놓고 지름 한 장 정도의 크기로 '악양루(岳陽樓)'라는 글씨를 만들고 있었다. 이것을 보고 왕산래가 웃으며 말했다.

"이거라면 먹으로도 쓸 수 있는데, 여덟 가지 필법[2] 구사하기가 뭐 그리 어렵다고 그러고들 있으시오?"

사람들이 깜짝 놀라 이 사실을 군수에게 알리자 군수는 그를 관서로 불러들였다. 먹 한 항아리를 끓인 후 왕산래는 찢어진 천에 먹물을 묻혀 편액 위에 글자를 썼는데, 순식간에 글자가 완성되었다. 군수가 한참 동안 경탄하며 감상하다가 왕산래에게 편액 뒤에 낙관을 써 달라고 부탁했더니, "해양(海陽) 왕도(汪濤) 씀"이라고 적었다. 지금 누대는 비록 여러 번 수리되었지만 이 편액만은 바꾸지 못하고 있다. 그의 제자로 왕언(王言)이라는 자가 있는데, 자는 윤자(綸紫)이고 북문(北門) 사람이다. 윤자의 전서는 조환광(趙宧光)[3]보다 낫고 예서는 채중랑(蔡中郎)[4]을 곧장 따라잡을 만하다. 지금에 이르러서는 행서와 해서도 각각 그 묘미를 다하고 있다.

---

2 여덟 가지 필법 : 원문은 '팔법(八法)'으로 영자팔법(永字八法)을 말한다. 영자팔법이란 영(永)자의 각 획이 한자의 서법에 있어서의 모든 기본을 포함하고 있다고 하여 서법을 전수하고 익히는 방법으로 이용되어 왔다. 각부의 명칭은 운필(運筆)의 순서에 따라서 ① 측(側) ② 늑(勒) ③ 노(努) ④ 적(趯) ⑤ 책(策) ⑥ 약(掠) ⑦ 탁(啄) ⑧ 책(磔)의 8법이다. 당나라 때의 한방명(韓方明)의 설에 따르면, 그 기원은 이미 예서체(隷書體)가 생긴 무렵부터 있었으며 후한(後漢)시대의 최원(崔瑗)으로부터 종요(鐘繇)·왕희지(王羲之)·지영(智永)으로 전해지고, 다시 당나라 때 장욱(張旭)에게 전해졌다고 한다.

3 조환광(趙宧光 : 1559~1625) : 명나라 때 사람으로 자는 범부(凡夫)·수신(水臣)이고 호는 광평(廣平)이며 태창(太倉 : 지금의 江蘇省 太倉) 사람이다. 국학생(國學生)으로 한산(寒山)에 은거하며 수십 종의 책을 저술하였다. 글자에 매우 정통하여 초전(草篆)을 만들었다.

4 채중랑(蔡中郎 : 133~192) : 동한 때 인물 채옹(蔡邕). 진류(陳留) 어현(圉縣 : 지금의 하남성 杞縣 서남쪽) 사람이다. 자는 백개(伯喈)인데 좌중랑장(左中郎將)을 지냈다 하여 채중랑으로 불리기도 한다. 그는 박학하고 재주가 많아 문사와 경사(經史)에 두루 통달했으며, 음률과 천문에도 밝았다. 또한 서화도 잘해, 특히 전서와 예서에 뛰어났다. 『대전찬(大篆贊)』·『소전찬(小篆贊)』·『예서세(隷書勢)』·『필론(筆論)』 등의 저서를 남겼다.

장산래가 말한다.

나와 왕군(汪君 : 汪山來)은 둘 다 자가 산래로 같은데, 그는 서법에 이처럼 정통한 반면 나는 열 손가락이 거꾸로 매달린 망치처럼 퉁퉁 부은 것이 아둔하기 짝이 없으니, 너무도 원망스럽다. 어찌 빼어난 재주를 저 혼자만 가져갔단 말인가? 어렸을 적에 도장 하나를 얻었던 일이 아직도 기억난다. 그 도장은 납작하게 생겼고 안이 비어있었으며, 한쪽 면에는 "달빛과 강물소리 누대를 감싸네[月色江聲共一樓]"라는 일곱 글자가, 또 한쪽 면에는 "눈 오는 밤엔 천 권의 책이요, 꽃 피는 시절엔 한 바가지 술이로다[雪夜書千卷, 花時酒一瓢]"라는 두 구가 새겨져 있었는데, 모두 양각이었다. 그 옆에는 "신유년 가을에 새기다[辛酉秋日篆]"라는 다섯 글자와 또 "왕도"라는 두 글자가 새겨져 있었고, 다른 면에는 "산래"라는 두 글자가 새겨져 있었다. 지금도 나는 이 도장을 상자 속에 보관하고 있다. 예전에는 산래가 누구인지 알지 못했으니, 이제와 돌이켜봄에 실로 웃음이 나올 만하구나.

篆學圖書, 多出於新安, 爲他郡所不及. 如汪夢龍休寧西門人, 名濤, 字山來, 多膂力, 人呼之'夢龍將軍'. 眞草隸篆, 以及諸家書法, 無所不精. 每寫一家, 從不致雜入一筆. 大則一字方丈, 小則徑寸千言. 鐵筆之妙, 包羅百家, 前無古人.

少時至楚中販米, 逆旅暇日, 偶至一寺. 見衣冠者十餘輩, 在佛殿以沙聚地, 成字徑丈曰'岳陽樓'. 山來笑謂曰 : "是可以墨書也, 何艱於八法乃爾耶?" 衆驚愕, 因白之郡守, 延入署. 煮墨一缸, 山來以碎布蘸墨, 書於扁上, 頃刻成. 守歎賞久之, 因囑山來落款於後, 曰 : "海陽汪濤書." 至今樓雖屢修, 而此扁不能易也. 其徒王言, 字綸紫, 北門人. 綸紫篆書出宦光之上, 隸書直追中郎. 至今行楷, 各盡其妙.

張山來曰 : 僕與汪君同字山來, 彼于書法精妙乃爾, 僕則十指如懸槌, 深

以爲憾. 豈靈秀之氣, 爲彼所獨得耶? 猶憶爲童子時, 得一圖章. 形扁而空其中, 一面刻"月色江聲共一樓"七字, 一面刻"雪夜書千卷, 花時酒一瓢"二句, 俱朱文. 其傍一刻"辛酉秋日篆"五字, 又"汪濤"二字, 一刻"山來"二字. 今此石尚存篋中. 向亦不知山來爲誰, 由今觀之, 眞足發一笑也.

연고(燕觚)

옥초(玉樵) 유수(鈕琇)

선성(宣城 : 安徽省 선성현) 사람 유산(遺山) 고검토(高檢討)[1]가 해 준 이야기이다.

고검토의 친척 형 아무개는 명나라 말에 마을 사당에서 아이들을 가르쳤다. 여름날 밤에 한가로이 걸으면서 정원 사이에서 바람을 쐬고 있는데, 갑자기 사당에서 푸르스름한 불빛이 어른거렸다. 창문 틈으로 엿보았더니 안에 한 사람이 높은 관에 가사(袈裟)를 입고 남쪽을 바라보고 앉아 있었다. 그 양 옆으로는 대략 열남은 명 정도 되어 보이는 아이들이 차례로 서서 시중들고 있었는데, 눈이 움푹 들어가고 코가 거대한 것이 매우 흉측해 보였다. 고 아무개가 놀라 창문을 두드리며 소리치자 안에 있던 사람이 조용히 걸어 나와 인사를 하더니 이렇게 말했다.

1 고검토(高檢討) : 청나라 시인 고영(高詠 : 1622~?). 자는 완회(阮懷) 혹은 회원(懷遠)이며 호는 유산(遺山)이다. 안휘성(安徽省) 선성(宣城) 사람. 강희 18년(1679)에 홍박(鴻博)에 뽑혀 검토(檢討)에 제수되었다. 글씨와 그림과 시에 모두 뛰어나 삼절(三絶)로 일컬어졌다. 『약암당집(若岩堂集)』과 『유산당시(遺山堂詩)』가 전해진다.

"저 역시 선생입니다. 제가 가르치는 이 아이들은 30년 후면 모두 공후(公侯) 장상(將相)이 될 것입니다. 상제께서 저들이 시무에 밝지 못한 것을 불쌍히 여기시어, 저들에게 약간의 문자를 익히게 하고 인의(仁義)의 대략을 알게 하고자 하셨습니다. 장차 천하가 어지러워질 텐데, 그때 살아남은 몇몇 백성이나마 저 무모한 자들에게 잡아먹히지 않게 하기 위함이지요. 비록 보잘것없는 몸이지만, 마침 상제의 명을 받들어 이곳에 오게 되었으니, 분담하여 저들을 가르치기 위해 이 사당을 잠시 빌리려 합니다. 한 달 남짓이면 일이 모두 끝날 것입니다."

말을 마치고 안으로 들어가 등불을 끄니, 이내 적막하기만 할 뿐 아무것도 보이지 않았다.

장산래가 말한다.[2]

공후 장상 중에도 진짜 무식쟁이[3]들이 있다. 생각건대 마을 사당에서도 공부하지 못했는가 보다. 하지만 고요(皐陶)·기(夔)·직(稷)·설(契) 같은 사람들이 무슨 책을 읽었던가? 글자를 몰라도 안 될 것 없거늘, 한갓 문자나 가지고 노는 무리가 되었을 뿐이다!

도성 동쪽 변두리에 있는 어떤 민가에서 여자아이를 낳았는데, 말 할 수 있는 나이가 되자 갑자기 이렇게 말했다.

"나는 공부낭중(工部郎中) 정렴(鄭濂)의 부인인데, 어찌하여 여기에 있는 게냐? 나는 내 집으로 돌아가겠다."

정렴이 사는 곳을 찾아보았더니 그 여자아이의 집과 2리 쯤 떨어져 있었다. [여자아이의 아버지] 아무개는 이 사실을 비밀에 부치고 알리지 않

2 민국 24년(1935) 상해 개명서점(開明書店)의 연배본(鉛排本)을 배인(排印)한 1954년 문학고적간행사(文學古籍刊行社)본 『우초신지』에는 이 부분이 없으나 인민일보출판사에서 출판된 『우초신지』를 참조하여 보충하였다.

3 무식쟁이: 원문에는 '몰자비(沒字碑)'라 되어 있는데, 이는 겉모습은 멀쩡한데 일자무식인 사람을 가리키는 말이다.

았다. 여자아이는 겨우 걸을 수 있게 되자 문을 나서 정렴의 집을 찾았다. 어떤 때는 골목 바깥까지 걸어 나가기도 했는데, 그때마다 집안사람들이 안고 들어와서 간신히 잃어버리지 않을 수 있었다. 그러나 갈수록 고집스럽게 돌아가게 해달라고 떼쓰는 통에 집에서도 이와 같은 사실을 정렴에게 알릴 수밖에 없었다. 정렴이 그 아이를 데려왔더니, 여덟 살밖엔 되지 않은 아이가 겹겹의 당실이며 내실까지 익히 다니던 곳인 듯 돌아다녔다. 아이는 곧장 침상으로 올라가 남쪽을 향해 앉아 부인들에게 말했다.

"내 아들과 며느리는 어디에 있느냐? 속히 나오게 하지 못할까?"

사람들이 웃음을 감추며 서로 눈짓을 하고 있던 참에 마침 정렴이 밖에서 돌아왔다. 아이가 일어나며 말했다.

"당신과 헤어진 지 오래이긴 하나, 그렇다고 어찌 알아보지 못하는 지경까지 이르렀단 말입니까?"

그러더니 바구니가 놓여 있는 시렁이며 신발이 있는 곳 등을 하나도 틀리지 않게 일일이 지적해냈다. 정낭중(鄭郎中 : 鄭濂)은 괴이한 일이라 여겨 그날 밤을 넘기지 않고 아이를 돌려보냈다. 그러나 이 이야기를 들은 사람들이 놀라워하며 서로 서로 소문을 냈고, 결국 이야기는 궁궐에까지 퍼졌다. 지금 주상께서 정렴을 불러 하문하니, 정렴은 감히 숨기기 못했다. 주상께서 내세의 연을 다시 맺으라고 하자 정렴은 "나이 차가 너무 많이 나는데다가 이미 손자까지 본 터라 집안에서 부를 호칭도 도리에 맞지 않을 듯 합니다"라면서 사양했다. 황제께서 말씀하셨다.

"하늘의 명이니, 열세 살까지 기다렸다가 혼인한다면 누가 마땅치 않다고 하겠느냐?"

정렴은 황제의 어지를 받들어 약속한 때가 되자 혼례를 치르고 이전처럼 다시 부부가 되었다.

장산래가 말한다.

둘이 사랑을 확인하던 날 밤에 '아픔'이 있었을까?

宣城高檢討遺山言 : 其族兄某, 於明季中, 訓蒙村廟. 暑夕散徒, 納凉庭間, 忽見廟殿青燈影影. 因從窗楞窺之, 內有一人, 危冠方袍, 南面而坐. 兩傍童子, 以次侍立, 約十餘人, 深目巨鼻, 貌極猙獰. 高拍窗驚呼, 殿內人從容徐步, 出揖曰 : "吾亦師也. 所訓諸徒, 皆三十年後公侯將相. 上帝憫其未諳時務, 欲使稍習文字, 略知仁義. 天下將亂, 孑遺之民, 不至被其鹵莽啖噬也. 吾身隱少微, 適奉帝命來此, 分方授業, 暫假廟席. 月餘事畢矣." 語後入殿息燈, 寂無所見.

張山來曰 : 公侯將相中, 盡有'沒字碑'在. 想未在村廟中讀書耳. 然皐·夔·稷·契所讀何書? 卽不識字, 未爲不可, 但徒爲舞文輩地耳!

京城東偏有民家生一女, 能言之歲, 忽曰 : "我工部郎中鄭濂婦也, 何以在此? 我欲歸我家矣." 跡鄭之居, 與女家相去二里許. 某秘之不以告. 女甫能行, 卽出戶覓鄭居. 或時趨出巷外, 其家輒抱持之, 防其逸. 而女之求歸益堅, 不得已, 以聞於鄭. 鄭乃迎之, 蓋八齡矣, 重堂邃室, 皆若素遊. 直入踞牀, 南面而爲婦言曰 : "我之子與媳安在? 不速出見?" 衆方匿笑旁睨, 濂適自外來. 起而曰 : "我別夫子日久, 豈遂不相識耶?" 籠篋之庋, 香履之存, 靡不一一指點其處. 鄭郎中以事近怪, 不踰宿而遣之. 然聞者驚相傳告, 旋徹內庭. 今上召詢濂, 濂不敢隱. 因命續再世之婚, 濂辭以"年齒甚懸, 且臣之子已生孫矣, 居室名言, 恐有未順." 上曰 : "天命之也, 待十三歲而婚, 誰曰不宜?" 濂奉旨屆期成禮, 伉儷如初.

張山來曰 : 不識定情之夕, 亦有所'痛楚'否?

예고(豫觚)

옥초(玉樵) 유수(鈕琇)

영성(永城 : 지금의 河南省 永城)의 장생(張生)이라는 사람은 여러 번 동자시(童子試)를 봤지만 합격하지 못하고 망탕산(芒碭山) 천제사(天齊寺)에서 공부하고 있었다. 공부를 하고 난 여가에 한가로이 불전 곁채를 거닐다가 동제상(東帝像) 아래에 있는 판관(判官)을 보게 되었다. 그 모습이 하도 멋지기에 그는 장난삼아 그 등을 어루만지며 말했다.

"인간 세상에 공과 같은 사람이 어디 있겠소! 나와 한번 마음 터놓고 사귀어 보지 않겠소?"

그날 밤 장생이 선방에 등잔불을 켜놓고 책을 편 채 혼자 앉아 있는데, 갑자기 문 두드리는 소리가 들리더니 다음과 같은 말소리가 들려왔다.

"그대가 사귀고 싶어 하던 사람이 왔소."

문을 열고 맞이했더니 바로 낮에 보았던 판관이었다. 처음에는 의심스럽고 두려웠으나 둘은 이내 마음이 잘 맞았다. 앉아서 담소를 나누는 동안 판관은 온화하면서 자신 있는 어조로 흥미로운 이야기들을 줄줄 이어나갔다. 장생은 좋은 친구 얻은 것이 몹시 기뻤다. 이때부터 판관은 저녁 여덟시[1] 즈음 왔다가 한밤중이 되어야 돌아갔는데, 이것이 어느덧 일상이 되었다. 장생은 그와 교제한지 오래 되자, 여러 해 동안 뜻을 이루지 못한 자신의 불우한 처지를 이야기하면서, 영락(榮落)이 찾아오는 것은 예측할 길 없으니 저승 명부를 한번 찾아봐달라 부탁했다. 그러자 판관이 얼굴을 찡그리며 말했다.

"그대에게는 높은 관직에 오를 운이라곤 없을뿐더러 미나리 하나조차[2] 캐기 어려우니 이 일을 어찌하오!"

장생은 자신도 모르게 분통이 터져 어떻게 한번 손을 써볼 수 없겠느냐고 한사코 청했다. 판관이 천천히 말했다.

"그대를 위해 내 한 번 손을 써보겠소."

판관은 며칠이 지나서야 찾아오더니 이렇게 말했다.

"해결되었소. 산동(山東) 아무 읍(邑)에 그대와 같은 성을 가진 사람이 있는데, 내년에 생원[3]이 되게끔 되어 있소. 내가 그대와 그 사람의 명부를 서로 바꿔어 놓았으니, 그대는 잠시나마 뜻을 얻게 될 것이오. 그러나 꼬리가 길면 잡히게 마련이니, 조심하시오."

그 후로 판관은 다시 나타나지 않았고 장생도 고향으로 돌아갔다. 장생은 과연 과거에 합격해 모든 것이 판관의 말처럼 되었다. 장생이 학교에서 십여 년 간 부침하며 어영부영 살아가고 있을 때, 갑자기 꿈에 판관이 나타나 황급히 앞으로 나오며 그에게 말했다.

---

1 저녁 여덟시 : 원문은 '정경(定更)'으로 옛날 초경(初更)을 알리는 시각인 저녁 8시경을 말한다.

2 미나리 하나조차 : 원문의 '일근(一芹)'은 보잘것없는 선물, 혹은 보잘것없는 물건을 지칭한다.

3 생원 : 원문은 '입반(入泮)'으로 옛날에 부(府)·현(縣)의 학교인 반궁(泮宮)에서 교육을 받던 학생을 말한다. 그들은 과거시험에서 수재(秀才)의 자격을 취득한 후, 또 더 높은 과거시험을 준비를 위해 부·현에 설치된 학교에 들어가 교육을 받았다.

"나는 그대와 맺은 하룻밤 약속 때문에 과거 합격 명부[4]를 몰래 훔쳤소. [그 일로] 이미 상제의 견책을 받았으니, 법대로라면 멀리 수자리 서러 가게 될 것이오. 이제 가면 그대와는 영영 이별이라오."

장생은 꿈에서 깨어 망연자실했다. 얼마 지나지 않아 장생 역시 성적이 나빠 학교에서 퇴출당했다.

장산래가 말한다.

판관이 비록 장생 때문에 견책을 당하긴 했지만, 재주를 아낌이 이와 같았으니, 천고에 전해질 만하구나!

이통판(李通判)은 산서(山西) 분주(汾州) 사람이다. 그는 전생에 마을 서당 선생이었다. 쉰을 넘기고 집에서 한가로이 지내면서 낮잠을 자고 있는데, 꿈에 병졸 둘이 첩지를 들고 문 앞에 와서는 "우리 관부에서 당신을 모셔다 가르침을 받으려 하니, 속히 떠나시지요"라고 말했다. 그리고는 양옆에서 그를 부축하여 말에 올랐다. 얼마 후 고관대작의 집처럼 보이는 한 저택에 도착했다. 하녀들이 그를 데리고 들어갔는데, 번쩍번쩍 화려한 중문(重門)을 지나고 구비 진 난간을 돌고 돌아 마지막에 기둥 세 개짜리 서실(書室)에 도착했다. 잠시 앉아있으려니 비단옷을 입고 옥처럼 아름다운 용모를 지닌 두 명의 공자(公子)가 나와 절했다. 둘은 그에게 제자의 예를 행하더니 밤낮으로 공부를 게을리 하지 않았다. 서실의 바깥채는 대청과 매우 가까웠는데, 때때로 호통치고 곤장 때리는 소리는 들렸지만 주인만은 통 볼 수가 없었기에 이상한 생각이 들었다. 또 주인이 어떤 벼슬을 하는 사람인지도 알 수가 없었기에 두 공자에게 물었다. 두 공자가 말했다.

"아버님께서 선생을 뵈러 오실 겁니다."

4 과거 합격 명부 : 원문은 '금록(衿錄)'으로, 반궁에 들어갈 사람들의 이름을 적은 명부를 말한다.

얼마 지나지 않아 정말로 주인이 나왔는데, 의관이 매우 훌륭했고 이야기를 나누어 보니 예의도 있고 마음도 서로 잘 맞았다. 서당 선생이 말했다.

"제가 공의 막하(幕下)에서 외람되이 선생직을 맡아 오랜 세월을 지내다보니 집 생각이 안날 수 없습니다."

주인이 미소 지으며 말했다.

"여기에 온 이상 돌아갈 수는 없소. 앞으로 좋은 곳으로 가게 될 테니 다시는 그런 말 하지 마시오."

서당 선생은 처량하여 맘이 기쁘지 않았으나 자신이 저승에 와 있다는 사실은 끝내 알지 못했다.

하루는 주인이 연회를 열고는 함께 하자면서 선생을 초청했다. 선생은 자기 같이 보잘것없는 사람이 선배들과 대등한 예를 받을 수 없다며 사양했지만 하도 강요하는 바람에 결국 자리에 참석하게 되었다. 대청에는 네 곳의 연회석이 차려져 있었다. 길을 한참 쓸며 손님 맞을 준비를 하고나자 어떤 스님이 가마를 타고 왔는데, 말 탄 시종들이 매우 많았으며 사람들은 그를 '큰 스님'이라고 불렀다. 또 다른 스님 한 명이 아까와 마찬가지로 등장했는데, 이번에는 그를 '둘째 스님'이라고 불렀다. 그 둘은 곧장 남쪽을 향해 설치된 두 연회석에 올랐다. 서당 선생과 주인도 차례로 자리에 앉았다. 주인과 두 스님이 하는 말을 서당 선생은 알아들을 수 없었다. 술과 안주 역시 인간세상의 것이 아니었다. 술을 마시던 중 갑자기 처마에 사다리 하나가 툭 걸리더니, 두 스님이 나아가 사다리를 밟고는 천천히 떠나갔다. 주인은 서당 선생에게 어서 좇아 올라가라고 재촉했다. 선생은 사다리를 잡고 겨우겨우 올라가다가 갑자기 땅에 떨어지고 말았는데, 어느새 분주 이씨(李氏) 집에 환생해있었다.

그는 강보에 있을 때부터 어른처럼 말할 수 있었지만 저승에서 절대 말하지 말라고 당부했기에 전생의 일에 대해서는 감히 말하지 않았다. 네 살 때에 붓을 잡고 팔고문(八股文)을 지었으며, 아버지의 문장에 대해 품평한 것도 그 옳고 그름이 모두 온당했다. 후에 숭정(崇禎) 을과(乙科)에 합격하여 순치연간(順治年間 : 1644~1661) 초에 양주통판(揚州通判)을 지냈다. 유왕(裕王)의 군대가 남하하자 그는 나가서 유왕을 맞이했는데, 왕은 마치 예전부터 알고 지낸 사이인 듯 손수 그를 부축하며, "당시의 일을 아직도 기억하는가?"라고 말하고는 한 번 웃고 떠나갔다. 유왕의 모습을 몰래 엿보았더니 바로 이전에 보았던 '둘째 스님'이었다. 큰 스님이 누구로 환생했는지는 알 수 없다.

두사(竇四)는 심구현(沈邱縣) 괴점(槐店) 두생(竇生)의 소작인이다. 강희(康熙) 경오년(1691) 여름에 두사 아내의 해산날이 다가왔는데, 꿈에 기골이 장대하고 수염이 더부룩한 검은 얼굴의 대장부가 나타나 이렇게 말했다.

"내가 잠시 너의 집에 몸을 맡기려 한다. 해를 입히지 않는다면 응당 보답이 있을 것이다."

다음날 저녁 무렵에 아내는 용 한 마리를 낳았다. 용은 구불구불 1척도 넘었고 비늘과 뿔이 모두 갖추어져 있었으며 목 사이에 말갈기 같은 누런 털이 나있었다. 용이 꿈틀꿈틀 움직이자 부인은 몹시 공포에 질려 베어 없애려고 했다. 그러나 용이 갑자기 들보 위로 날아올라가 똬리를 틀자 그제야 어제 밤 꿈을 기억해내고선 일단 길러보기로 했다. 사흘이 못 되어 용은 금세 몇 장으로 자라났는데, 굽혔다 폈다 하며 노닐다가도 젖을 먹을 때만 되면 막 태어났을 때처럼 몸이 작아졌다. 시간이 오래되어 서로 익숙해지자 계란을 먹여보았는데, 그것 역시 잘 받아먹었다. 심구현의 범현령(范縣令)이 그 집에 가서 직접 보았다.

장산래가 말한다.
이 용이 어떻게 어미에게 보답했는지 모르겠구나.

永城有張生者, 屢就童子試, 不遇, 讀書芒碭山天齊寺. 攻書之暇, 散步殿廡, 見東帝座下判官. 像貌偉麗, 戲拊其背曰:"人間安得如公者! 吾與論心訂交乎?" 是夕, 生篝燈禪室, 披簡孤坐, 忽聞扣門聲, 且曰:"君所願交者來矣." 啓扃而迎, 則晝所見判官也. 始頗疑懼, 繼稍款洽. 坐談之頃, 溫語莊言, 纚纚動聽. 生且喜得佳友. 由是定更輒來, 夜分乃去, 率以爲常. 生久之與習, 因自陳轗軻有年, 莫測榮枯所詣, 乞其搜示冥冊. 神顰蹙曰:"君無顯秩, 卽一芹猶難擷也, 奈何!" 生不覺憤慟, 堅請爲之迴斡. 神徐曰:"當爲君圖之." 閱數夕至, 曰:"已得之矣. 山東某邑有與君同姓者, 應於明年入泮. 吾互易其籍, 可暫得志. 然事久必露, 君其愼之." 嗣後神不復見, 生亦歸里. 試果獲售, 悉如神言. 浮沈黌宮十餘載, 忽夢神倉皇前訴曰:"吾因與君一日之契, 潛竄衿錄. 已蒙帝譴, 法當遠戍. 玆行與君永別耳." 生覺而惘然. 未幾亦以試劣被黜.

張山來曰: 神雖因生被譴, 而愛才若此, 殊足千古!

李通判者, 山西汾州人. 其前世爲鄉學究. 年踰五旬, 閑居晝臥, 夢二卒持帖到門云:"吾府延君教授, 請速往." 挾之上馬. 不移時, 至一府第, 如達官家. 青衣者引之入, 重闥煥麗, 曲檻紆迴, 最後書室三楹. 坐頃, 兩公子出拜, 錦衣玉貌. 皆執弟子禮, 日夕講課不輟. 書室外院地逼廳事, 時聞傳呼鞭笞之聲, 特不見主人爲怪. 且不曉是何官秩, 請于二子. 二子曰:"家君卽出見先生矣." 未幾, 主人果出, 冠帶殊偉, 晤語間禮意款洽. 學究因言:"晚輩承乏幕下, 久且閱歲, 不無故園之思." 主人微哂曰:"君至此, 已不可歸. 然自後當有佳處, 幸勿復多言." 學究凄然不樂, 竟不知身在冥府也.

一日主人開讌, 邀學究共席. 辭以寒素, 不宜與先輩抗禮, 彊之乃行. 廳事設有四筵. 掃徑良久, 一僧肩輿而至, 極騶從之盛, 曰'大和尚'. 又一僧至如前, 曰'二和尚'. 直據南面兩筵. 學究・主人依次列坐. 主人與二僧語, 學究皆不解. 酒果亦並非人間物. 酒半, 忽見一梯懸於堂簷, 二僧出躡之, 冉冉而去. 主人促學究從而上. 攀援甚苦, 倏然墮地, 則已托生本州李氏矣.

襁褓中能語如成人, 但冥府有勿言之約, 不敢道前世事. 生四歲握筆爲制義, 評隲其父文, 可否悉當. 後登崇禎乙榜, 順治初通判揚州. 天兵南下, 出迎裕王, 王手掖之, 如舊相識, 曰 : "當時事猶能記憶耶?" 一笑馳去. 潛窺裕王狀貌, 卽所見'二和尙'也. 而大和尙未知出世爲何如人.

竇四者, 沈邱槐店竇生之佃也. 康熙庚午夏日, 四婦將逼娩期, 夢黑丈夫頎而髯, 謂之曰 : "我欲暫托汝家. 幸勿加害, 當有以報." 次日之晡, 產一龍. 蜿蜒踰尺, 鱗角俱備, 項間有黃鬃如馬鬣. 拂拂而動, 婦極驚怖, 意欲斫除. 忽飛蟠屋梁, 因憶前夢, 姑置豢焉. 不三日驟長數丈, 夭矯遊行, 就乳則體仍縮小如初生時. 熟習日久, 飼以鷄卵, 亦能啖也. 沈邱范令, 親往其家視之.

張山來曰 : 不知此龍何以報母.

진고(秦觚)

옥초(玉樵) 유수(鈕琇)

숭정연간(崇禎年間 : 1628~1644) 말에 포성(蒲城) 사람 굴만(屈曼)은 현(縣)의 노복으로 일하고 있었는데, 그는 천성적으로 술을 좋아했다. 하루는 격문(檄文)을 가지고 마을로 내려가던 도중에 취해 잠이 들었다. 한밤중이 되어서야 겨우 깨어났는데, 마침 대낮처럼 달이 밝았다. 그가 보았더니 검은 두건에 양털 옷을 입은 한 젊은 서생이 늙은 홰나무 사이에서 달을 바라보며 숨을 들이쉬고 있었다. 잠시 후에 입에서 불 보다 더 붉은 구슬 하나를 토해내더니 손에 받쳐 들었다. 굴만은 비틀거리며 다가가 급히 서생 손의 구슬을 빼앗아 삼켜 버렸다. 서생은 계속해서 화를 내다가 이윽고 말했다.

"네게 몇 년 빌려주긴 하겠으나, 결국은 내게 돌아올 것이다."

그리고는 사라져 버렸다.

굴만은 구슬을 삼킨 이후로 몸이 날아갈 것만 같더니, 어떤 장소를 생각하기만 하면 이미 그곳에 도착해 있었다. 얼마 후 어떤 교활한 놈이 굴만을 고용해 성회(省會)[1]에 들어가 투서하게 했다. 성회는 서안(西安)에서 이백 리 남짓 떨어진 곳에 있었는데, 굴만은 한 식경 만에 그곳에 도착했다. 그러나 아무도 그가 다니는 자취를 보지 못했다. 다른 일로 시험해 보아도 마찬가지였다. 사람들은 모두 그가 은신술(隱身術)을 익혔다고들 말했다. 마침 어사(御史)가 포성을 순시하면서 고소장들을 기록하고 있었는데, 그의 원수가 굴만에게 후한 뇌물을 먹이자 굴만은 곧장 당(堂)으로 들어가 문서를 손에 쥐었다. 좌우의 사람들은 그를 보지 못했지만 어사는 계단 앞에 반쪽 몸을 한 사람이 있는 것을 어렴풋 느낄 수 있었다. 또 고소장들이 저절로 뒤집히는 것을 보고는 매우 괴이한 생각이 들어 다급히 차고 있던 인장으로 꾹 눌렀더니 갑자기 사람 손이 보이고 이내 몸 전체가 보였다. 어사는 즉시 그를 때려죽이라 명했다. 굴만을 땅에 묻은 다음날 그의 봉분에 조그만 구멍이 생겼는데, 마치 어떤 물체가 드나든 것 같은 모양이었다. 아마도 서생이 구슬을 가져가느라 뚫은 것이리라.

장산래가 말한다.

굴만은 구슬을 얻었다가 오히려 죽임을 당했으니, 서생이 어사의 마음의 눈을 열어주었나 보다.

崇禎末, 蒲城人屈曼者, 爲縣隷, 性嗜酒. 一日持檄下鄕, 中途醉臥. 夜半乃醒, 時朗月如晝. 見古槐樹間有年少書生, 烏巾羢袍, 仰月呼吸. 俄而口吐一珠, 色赤於火, 以手承弄. 曼踉蹌而前, 遽向生手奪取吞嚥. 生怒爭不已, 旣而曰: “假汝經年, 仍當歸我耳.” 隨失所在.

曼吞珠後, 覺體甚飄忽, 擧念卽至其所. 旋有黠者雇曼入省會投文. 距西安二百餘里, 食頃已到. 並不見其跋涉之跡. 試之他事皆然. 衆咸

1 성회(省會): 성의 행정기관이 있는 곳을 말한다.

謂其得隱形術. 適御史巡蒲, 錄諸訟牒, 怨家重賂曼, 徑入堂掣牒. 左右無見者, 御史微覺階前有半體人. 案牒翻翻自動, 心甚駭異, 急以所佩印重按之, 忽得人手, 其全體亦遂現. 立命箠斃. 曼埋踰夕, 其地墳起成一小穴, 若有物出入狀. 蓋書生取珠爲之.

張山來曰 : 屈曼得珠, 反以自斃, 想亦書生啓御史之衷耳.

오고(吳觚)

옥초(玉樵) 유수(鈕琇)

가흥(嘉興 : 지금의 浙江省 嘉興市) 동문(東門) 밖에 살던 사치(史癡)에게는 매우 아름다운 아내가 있었다. 하지만 그 아내를 다른 데로 시집보내고 미친 척하며 시장에서 구걸하며 살았는데, 그가 구걸한 집은 반드시 장사가 두 배로 잘 되었다. 그래서 장사치들은 그가 오기만 하면 바로바로 돈을 줬다. 간혹 문 앞을 지나치기만 할 뿐 들어가지 않는 집이 있었는데, 그럴 때는 불러서 주려고 해도 머리를 흔들며 돌아보지도 않았다. 봉두난발에 머리카락은 헝클어진 실 같았다. 얼어붙을 정도로 추울 때도 모시 적삼을 입고 헤진 솜으로 두 발을 감싸고 다녔으며, 날마다 낮에는 강에서 몸을 씻고 얼음을 지치며 달렸는데, 쨍그랑 하고 얼음 부딪치는 소리가 나면 몹시 재미있어했다. 돈을 구걸하면 술을 사서 마셨고 마시면 취했다. 술을 사고 남은 돈은 길 옆 담장 틈에 놓아두고는 "인연이 있는 사람이 가져가겠지"라고 말했다. 어쩌다 누군가의 길흉에 대해 말하면 기이하게 적중하는 일이 많았다. 평소에 알고 지내던 노파가 있었는데, 뜬금없이 그 노파를 찾아가 이렇게 말했다.

"내일 아침, 적은 돈이나마 좀 들어와 당신께 도움이 될 게요."

이날 밤에 노파 집 문 앞에서 단정히 앉아 죽었다. 사람들은 그가 죽었다는 소문을 듣고 다투어 부의금을 냈고 노파는 과연 큰돈을 얻었다. 그의 관을 들었을 때 마치 사람이 없는 것처럼 가벼웠으니, 아마도 시해(尸解)[1]한 것이리라.

내가 해내(海內)에서 사귀였던 사람 중에 수염이 덥수룩한 사람이 셋이 있는데, 하나는 자계(慈谿)의 강서명(姜西溟)[2]이고 또 하나는 합양(郃陽)의 강맹모(康孟謀)[3]이며 나머지 하나는 양선((陽羡)의 서생 진기년(陳其年)[4]이다. 진기년이 아직 불우하던 시절, 치고(雉皐)로 놀러간 일이 있는데, 모소민(冒巢民)[5]이 그의 재주를 아껴 매화 별장으로 모셔왔다. [별장에는] 자운(紫雲)이라는 이름의 아이가 있었는데, 똑똑하고 잘생기고 노래를 잘해 서

1 시해(尸解) : 도를 닦은 사람이 죽어 몸뚱이를 버리고 신선이 되어 사라진 것을 말하는 도가용어이다.

2 강서명(姜西溟 : 1628~1699) : 강신영(姜宸英)을 말한다. 서명은 그의 자이고, 호는 담원(湛園) 혹은 위간(葦間)이다. 절강성 자계(慈溪) 사람이다. 강희 26년(1697)에 일흔의 나이로 탐화(探花)가 되어 편수(編修)에 제수되었다. 처음에는 포의로서 『명사』를 편수하였다 하여, 주이존(朱彝尊) 및 엄승손(嚴繩孫)과 더불어 '삼포의(三布衣)'로 일컬어졌다. 산수화를 잘 그렸으며 서법에도 뛰어났다.

3 강맹모(康孟謀) : 강내심(康乃心)을 가리킨나. 맹모는 그의 자. 섬서성 합양(郃陽) 사람이다.

4 진기년(陳其年) : 청나라 사인(詞人) 진유숭(陳維崧 : 1625~1682)이다. 기년은 그의 자이며 호는 가릉(迦陵)이고 강소성 의흥(宜興) 사람이다. 청나라 초기에 제생(諸生)이 되었다가 강희(康熙) 18년(1679)에 박학홍사(博學鴻詞)에 천거되어 한림원(翰林院) 검토(檢討)를 제수 받았으며 54세 때 『명사』 편찬에 참여했다. '양선파(陽羨派)'의 영수로 호방한 풍격의 사를 많이 지었다. 저작으로 『호해루시문사전집(湖海樓詩文詞全集)』 54권이 있으며 이 중 사가 30권을 차지한다.

5 모소민(冒巢民) : 모벽강(冒辟疆 : 1611~1693)으로 소민은 그의 호다. 청나라 여고현(如皐縣 : 지금의 江蘇省 소재) 사람으로, 명나라 때 공생(貢生)이다. 어렸을 때 준재(俊才)로 이름났고, 방이지(方以智) · 진정혜(陳貞慧) · 후조종(侯朝宗)과 함께 '사공자'로 이름을 날렸다. 청대에 들어와서는 저술활동에만 전념했다. 저서로는 『수회도시문집(水繪圖詩文集)』 · 『영매암억어(影梅庵憶語)』 등이 있다.

당의 자질구레한 일을 맡겼다. 진기년은 그 아이를 보자마자 마음이 동해 좋은 글귀를 지어주고 아이의 모습을 그린 다음 이것을 책으로 엮어 '운랑의 작은 초상화집[雲郞小照]'이라는 제목을 붙여주었다. 때마침 별장에 매화가 흐드러지게 피었기에 진기년은 자운과 함께 그윽한 향기 풍기는 매화가지 속을 거닐었다. 모소민은 우연히 내각(內閣)에 올랐다가 멀리서 그들의 모습을 보았다. 그는 갑자기 화난 척하면서 두 명의 건장한 하인을 불러 자운을 잡아와 곤장을 치라고 했다. 진기년은 자운을 구할 방도가 없어 몹시 당황스러웠다. 오직 모소민 모친의 몇 마디 말만이 이 곤경을 해결할 수 있으리라는 생각에 이미 해질 무렵임에도 불구하고 모친 집 앞으로 곧장 달려가 문 밖에 무릎 꿇고 앉아 문지기에게 말했다.

"다급한 사정이 있어 태부인의 옥음 한 마디를 구하고자 합니다. 허락을 받지 못하면 일어나지 않겠습니다."

그리고는 자운의 일을 아뢰었다. 잠시 후 늙은 하녀가 나와서 말했다.

"그만 두시지요. 소민은 이미 모친의 명을 받들어 운랑에게 죄를 묻지 아니하였소. 그러나 선생이 오늘밤 안으로 「매화시」 백 수(首)를 완성하여 바쳐야만 운랑을 보내드리어 옆에서 시중들게 하시겠다고 하시었소."

진기년은 크게 기뻐하며 옷을 추스르고 돌아와 등불을 켜고 먹을 적신 후 새벽까지 힘들게 시를 지었다. 시 백 수가 완성되자 급히 적어 모소민에게 보냈다. 모소민은 시를 읽고 손으로 무릎을 치며 칭찬했고, 웃으며 운랑을 돌려보냈다. 그 후 자운이 아내를 맞게 되어 혼례 치룰 날짜가 되자 진기년은 망연자실하여 「하신랑(賀新郞)」을 지어 그에게 주었다.

> 맥문동 술[6]을 작은 잔에 따르네.
> 기쁘구나, 오늘 아침 비녀 그림자가

6 맥문동 술: 원문은 '도미(荼蘼)'로 백합과의 여러해살이풀인 맥문동을 말한다.

등잔 앞에서 어른거리네.
병풍 사이에서 웃고 떠드는 소리
까치 날개가 처음으로 올라갔음을 알려주네.
또 가만가만 단노(檀奴)[7]의 모습을 훔쳐본다네.
엎치락뒤치락 누가 신랑이고 누가 신부인지 구별할 수 없네.
바람 맞으며 몰래 꽃신[8]을 재어본다.
당신을 떠나보내고,
혼자 원앙 휘장을 걷어 올리네.
여섯 해 동안 외로운 방에서 서로 의지했는데,
가장 잊기 어려운 것은 붉은 꽃 수놓인 베갯머리.
나풀대는 눈물꽃.
그대 일생의 혼사를 마쳤으니,
구순하게 부창부수하시고,
힘써 남편[9]의 모습을 갖추어가시게.
허나 나의 비단이불은 쇳덩이 같아,
도지죽(桃枝竹)으로 엮은 베개를 끌어안아도 비단 창문 좀체 밝아오지 않네.
그만 두려니,
또 다시 슬퍼지는구나.

이 사(詞)는 다투어 인구에 회자되었고 듣는 사람들 중에 탄복하지 않는 이가 없었다.

---

7 단노(檀奴) : 여자가 남편 또는 애인을 부를 때 쓰는 애칭이다.

8 꽃신 : 원문은 '춘궁(春弓)'으로 전족한 여자들이 착용하는 신발이다.

9 남편 : 원문은 '고침(藁砧)'이다. 옛날에는 죄인을 사형에 처할 때 다듬잇돌 위에 멍석을 깔고 도끼로 목을 쳐서 죽였다. 도끼를 나타내는 '도끼 부(鈇)'와 남편을 나타내는 '지아비 부(夫)'가 해음(諧音)이므로 나중에 멍석과 다듬잇돌을 나타내는 '고침'은 아내가 남편을 가리키는 은어가 되었다.

장산래가 말한다.

듣자니 수염 덥수룩한 진기년이 수회원(水繪園)[10]에 있을 때 매년 3백금 남짓의 급료를 달라 했다고 한다. 모벽강(冒辟疆 : 모소민)이 왜 이렇게 많이 필요하냐고 묻자 수염 덥수룩한 진기년이 대답했다.

"나는 돈이 필요 없지만 아무개를 데려와 자려면 하룻밤에 1금은 있어야 하오!"

그러나 그 아무개가 자운인지 양지(楊枝)[11]인지는 모르겠다.

합비(合肥)의 종백(宗伯)[12]이 총애하던 고부인(顧夫人)은 이름이 미(媚)였는데, 천성적으로 고양이[13]를 좋아했다. 고부인에게는 오원(烏員)[14]이라는 이름의 고양이가 있어서 날마다 꽃무늬 난간과 수놓인 탁자 사이를 거닐면서 고양이를 어루만지며 놀았는데, 고양이를 소중하게 여기는 마음이 손 안의 진주보다 더했다. 하지만 좋은 쌀과 물고기만 먹이다가 고양이가 너무 많이 먹고 그만 죽어버렸다. 고부인은 여러 날을 슬퍼하며 식음을 전폐했다. 종백은 특별히 침향목(沈香木)으로 관을 만들어 고양이를 묻어주고 열두 명의 비구니를 모셔와 도량을 세우고 삼일 밤낮을 불공드렸다.

장산래가 말한다.[15]

이 고양이가 너무 지나치게 사치를 누리기는 했는데, 쥐를 잘 잡았는

10 수회원(水繪園) : 여고현에 있는 중국의 유명한 정원 중의 하나로 명말청초 강남의 재자 모벽강과 진회(秦淮) 가인 동소완(董小婉)이 함께 머물렀던 곳이다.

11 양지(楊枝) : 진기년이 총애했던 배우이다.

12 합비(合肥)의 종백(宗伯) : 대종백이었던 공정자(龔鼎孶)를 말한다.

13 고양이 : 원문은 '이노(貍奴)'로, 고양이의 별칭이다.

14 오원(烏員) : 이 또한 고양이의 별칭으로 새까만 고양이를 가리킨다.

15 민국 24년 상해 개명서점(開明書店)의 연배본(鉛排本)을 배인(排印)한 1954년 문학고적간행사(文學古籍刊行社)본 『우초신지』에는 없으나 인민일보출판사에서 출판된 『우초신지』를 참조하여 보충하였다.

지는 모르겠구나.

嘉興東門外有史癡者, 娶婦甚美. 遣之別嫁, 佯狂行乞於市, 所乞之家, 貨必倍售. 以是遇其來, 輒施以錢. 或有過門不入者, 雖招與之, 掉頭不顧也. 蓬首, 髮如亂絲. 沍寒時身衣草衫, 以破絮纏兩足, 日至河中濯之, 曳冰而走, 琤琮有聲, 以爲樂. 乞錢沽酒, 飮輒醉. 餘錢置道旁牆隙中, 云: "有緣者任得之." 間與人言禍福, 多奇驗. 有老嫗素相識, 忽詣之曰: "詰朝當有少錢助汝." 是夜卽於嫗門, 端坐而逝. 人聞其死, 爭致賻錢, 嫗果大獲. 旣擧棺, 輕若無人, 蓋尸解矣.

余所交海內三髯, 一爲慈谿姜西溟, 一爲郃陽康孟謀, 其一則陽羨生陳其年也. 其年未遇時, 遊於雉皐, 冒巢民愛其才, 延致梅花別墅. 有童名紫雲者, 儇麗善歌, 令其執役書堂. 生一見神移, 贈以佳句, 並圖其像, 裝爲卷帙, 題曰'雲郎小照'. 適墅梅盛開, 生偕紫雲徘徊於暗香疏影間. 巢民偶登內閣, 遙望見之. 忽佯怒, 呼二健僕縛紫雲去, 將加以杖. 生營捄無策, 意極徬徨. 計唯得冒母片言, 方解此厄, 時已薄暮, 乃趨赴母宅前長跪門外, 啓門者曰: "陳某有急, 求太夫人發一玉音. 非蒙許諾, 某不起也." 因備言紫雲事. 頃之, 靑衣媼出曰: "先生休矣. 巢民遵奉母命, 已不罪雲郎. 然必得先生「咏梅花句」百首, 成於今夕, 仍送雲郎侍左右也." 生大喜, 攝衣而回, 篝燈濡墨, 苦吟達曙. 百咏旣就, 亟書送巢民. 巢民讀之擊節, 笑遣雲郎. 其後紫雲配婦, 合巹有期矣, 生惘惘如失, 賦「賀新郎」贈之云: "小酌荼蘼釀. 喜今朝釵光鈿影, 燈前滉漾. 隔着屛風喧笑語, 報道雀翹初上. 又悄把檀奴偸相. 撲朔雌雄渾不辨. 但臨風私取春弓量. 送爾去, 揭鴛帳. 六年孤館相依傍, 最難忘紅蕤枕畔. 淚花輕颺. 了爾一生花燭事, 宛轉婦隨夫唱. 努力做藁砧模樣. 只我羅衾渾似鐵, 擁桃笙難得紗窗亮. 休爲我, 再惆悵." 此詞競傳人口, 聞者無不絶倒.

張山來曰：聞髯在水繪園, 每年索俸三百餘金. 辟疆訝其多, 髯曰："我不須金, 但以某郎伴我, 一夕一金可耳!" 然不知爲紫雲, 爲楊枝也.

合肥宗伯所寵顧夫人, 名媚, 性愛貍奴. 有字烏員者, 日於花欄繡榻間, 徘徊撫翫, 珍重之意, 踰於掌珠. 飼以精粲嘉魚, 過饜而斃. 夫人惋悒累日, 至爲輟饍. 宗伯特以沉香斲棺瘞之, 延十二女僧, 建道場三晝夜.

張山來曰：此猫享用太過, 但不識工於捕鼠否.

우초신지 권20

삼농췌인광자서(三儂贅人廣自序)

삼농(三儂) 왕개(汪价)

나는 어려서 서포(西圃)에서 글공부를 하면서 숲속 새들을 이웃삼아 살았다. 책을 한번 펼치면 처음부터 끝까지 다 읽은 연후에야 다른 책을 읽었으며, 뽑아 읽는 법도, 중간에 읽다 그만두는 법도 없었다. 앉았다 하면 늘 밤을 꼬박 샜고, 잠시도 멈추지 않았으며, 추운 줄도 배고픈 줄도 몰랐고, 빗질도 세수도 하지 않았다.

어느 날 저녁 비쩍 바른 붓을 쥐고 시론(時論)을 짓고 있는데, 갑자기 창밖에서 우우 하며 울어대는 귀신 소리가 들려왔다. 나는 속으로 '내 감히 죄를 짓지 않았으니 백유(伯有)와 팽생(彭生)[1]이 절대 나를 해칠 리

1 백유(伯有)와 팽생(彭生) : 백유(伯有)는 춘추시대 정(鄭)나라 대부 양소(良霄)의 자이다. 그는 국정을 다스리다가 귀족들과 분쟁이 생겨 결국 양사(羊肆)라는 곳에서 피살되었다. 전하는 바에 의하면 그는 죽은 후에 악귀가 되어 사람을 괴롭혔다고 한다. 후에 억울하게 죽은 사람의 대명사처럼 사용되었다. 공자 팽생은 제나라 양공(襄公)과 노(魯)나라 강씨(姜氏)와의 간통 때문에 죽임을 당했다. 노나라 환공이 강씨를 데리고 제나라로 갔는데, 강씨는 양공과 간통을 하였다. 환공이 강씨를 나무라

없을 터, 저 기두(倛頭)와 악찰(惡刹)[2]을 어찌 두려워하리오!'라고 생각했다. 횃불을 들고 귀신의 자취를 찾아가보니 그 소리는 대나무밭에서 나고 있었다. 떨어진 대나무 잎이 거미줄에 감겨있었는데, 그 구멍 사이로 바람이 들어가 윙윙 소리를 내고 있었던 것이다. 나는 그제야 깨닫고서 "귀신 울음소리라 여겼던 것이 바로 이것이었구나!"라고 말했다. 또 어느 날 저녁에는 이실(耳室)[3]에 도둑이 든 것 같아서 몽둥이를 들고 쫓아가보았다. 내 눈에 훤칠한 물체가 서 있는 게 보였는데, 사람이었다. 그래서 몽둥이를 냅다 휘둘렀더니 도둑놈의 옷은 어지러이 떨어지는데, 숨소리가 들리지 않았다. 급히 등불을 비추어보니 늙은 하인이 낡은 옷을 빨아서 방안에다 걸어놓은 것이었다. 나는 이로 인해 세상에 실상(實相)이란 존재하지 않으며, [우리 눈에 보이는 모든 형상들은] 모두 사람의 생각이 만들어낸 것임을 알게 되었다. 그 일 이후로 나는 일체의 의구심이 사라졌다.

한번은 돼지치기 노예들의 놀이[4]를 했는데, 호화롭다 일컬어질 만하게 판을 벌였다 하면 매번 큰돈을 땄다. 또 한때는 기방놀음을 했는데, 이름난 기녀를 만날 때마다 매파나 광대[5]에게 부탁하지 않아도, 오히려 금보따리를 싸들고 와 학비[6]를 보태주곤 하였다. [놀음과 기녀는] 둘 다 이

자 강씨는 이를 양공에게 알렸고, 양공은 연회를 열어 환공을 초대하였다. 연회 후에 공자 팽생을 보내 환공이 수레에 오르는 것을 도와주게 하였는데, 환공은 그만 수레에서 죽고 말았다. 노나라에서 제나라를 비난하자 제나라에서는 팽생을 죽임으로써 일을 마무리 지었다.

2 기두(倛頭)와 악찰(惡刹) : 기두는 고대에 악귀를 쫓기 위해 귀신으로 분장한 사람이 얼굴에 썼던 가면인데, 그 모습이 아주 흉측했다. 악찰은 흉신(凶神)을 뜻한다.

3 이실(耳室) : 가운데 채 양쪽에 있는 작은 방을 말한다.

4 돼지치기 …… 놀이 : 저포놀이를 가리키는 말이다. 『진서(晉書)』 「도간전(陶侃傳)」에, 도간이 저포놀이를 금지하면서, "저포는 그저 돼지 치는 노예들의 놀이일 뿐이다[樗蒲者, 牧猪奴戲耳]!"라고 말하는 대목이 나오는 데서 유래하였다.

5 광대 : 원문은 '전두자(纏頭者)'이다. 옛날 광대들이 비단을 머리에 싸매 장식한다고 하여 광대를 가리키는 말로 사용되기도 하였고, 여기저기 기방을 기웃거리는 사람을 가리키는 말로도 사용되었다. 여기서는 전자를 가리키는 듯하다.

6 학비 : 원문은 '고화(膏火)'이다. 밤 일 할 때 들어가는 비용을 가리키는데, 대부분 학

익이 생기는 것이라 거기 빠지는 것도 당연하다. 그러나 경망스런 호협심이나 망나니 같은 짓거리는 고아한 선비들이 즐겨 듣는 바가 아니니, 그런 고약한 취미는 한번 맛보았으면 그만, 이제는 벗어나야 마땅하다는 생각이 들었다. 한번 끊겠다고 생각하고 나서는 두 번 다시 하지 않았다.

예전에 도성에 과거시험을 치르러 갔을 때, 시험 담당관으로부터 수차례 내침을 당했다. 나랑 같이 내침을 당한 벗들은 대부분 실망하여 슬퍼하면서 비 오듯 주룩주룩 눈물을 흘렸다. 그러나 나는 호탕하게 웃고 즐기면서 전과 다름없이 행동했다. 갑신년(1644)에 나라에 큰 변이 생겨 하늘이 무너지고 땅이 갈라졌다. 고을 수령이 명나라의 업적을 정비하느라 뭇 사대부들을 현의 관아로 모았는데, 그들은 입으로 대행황제(大行皇帝)[7]를 부르며 눈물 대신 쓰라림을 삼켰다. 그러나 나는 펄펄 뛰면서 살고 싶지 않을 만큼 비통해했다. 평상시에는 눈물을 가벼이 흘리지 않으면서, 이는 아녀자나 하는 행동이라 여겼다. 양친을 여윈 이후로, 마음이 찢어지듯 아파한 것은 오직 그때뿐이었던 것 같다.

나는 형제가 드물어 오직 동생 하나만 있을 뿐이다. 그런데 그 동생마저 어린 나이에 근수(芹水)로 놀러 갔다가 난리를 만나 장사치들 사이에서 은거하였다. 단목사(端木賜)가 재산을 잘 늘린다 하여서[8] 희롱할 것이 무엇인가? 집안에 처 하나 첩 하나가 있었는데, 둘 다 예의바르고 집안일에 부지런했다. 각각 아들 둘씩을 낳았는데, 서로 보듬어 키우면서 남의 자식이라 여기지 않았다. 아들 넷 또한 우애가 돈독한 것이 한 배에서 나온 듯했다. [처와 첩] 둘 다 나보다 앞서 세상을 떴다. 봉천(奉倩)은 너

업에 들어가는 비용을 가리킨다.

7 대행황제(大行皇帝) : 돌아가신 황제를 일컫는 말이다. 여기서는 명나라 숭정제(崇禎帝)를 가리킨다.

8 단목사(端木賜)가 …… 하여서 : 『논어』 「선진(先進)」에 다음과 같은 구절이 보인다. "안회는 도에 거의 가깝구나. 늘 가난하였는데도 말이다. 단목사는 천명을 받들지 아니하고 재산을 늘렸는데도 예측할 때마다 모두 적중하였다[回也其庶乎, 屢空. 賜不受命, 而貨殖焉, 億則屢中]."

무 애통해하다가 몸을 상했고,[9] 몽장(蒙莊)은 대야를 두드리며 노래를 불렀는데,[10] 둘의 행동은 모두 인지상정을 거스르는 짓이다. 나는 그저 하늘의 뜻에 따르고 모든 것을 운에 맞기면서 예법으로 슬픔을 억제할 뿐이었다. 아들들 모두 나의 가르침을 잘 따라 옛 사람이 쓴 글 읽기를 좋아하고, 다투어 시 짓기를 즐겼으며, 술도 좋아하고 바둑도 잘 두었다. 서예와 그림도 섭렵하였고 사방을 다니며 노니는 것 또한 즐겼다. 나는 일찍이 농담 삼아 "다른 것은 다 나를 닮아 부모를 욕되게 하지 말고, 늙고 쇠해지도록 불우함을 면치 못하는 것만은 닮지 않기를 바란다"고 했다. 그랬더니 지금 자식들이 모두 성공하여 처자식을 거느렸다. 또 하나같이 장봉(章縫)[11]을 입고 성문(聖門)의 제자가 되어 열심히 뜻을 이루고자 노력하고 있다. 얻을 것이라면 절로 얻어지고, 잃을 것이라면 절로 잃는 법, 그런 것을 가지고 늙은이 마음을 얽어매지 않는다.

벗으로 말할 것 같으며 나의 목숨이나 마찬가지이다. 내가 간절히 사귀고자 한 사람들은[12] 한결같이 빼어난 인재들이었다. 진솔하게 서로 만나다보면 어느덧 옛 친구처럼 느껴졌다. 거침없이 가슴속 이야기를 나누었고 마주보며 시서(詩書)의 향기를 느꼈다. 벗 중에 뜻과 행적이 괴리되

---

9 봉천(奉倩)은 …… 상했고 : 봉천은 삼국시대 위(魏)나라 순찬(荀粲)의 자이다. 아내가 병으로 세상을 뜨자 통곡을 그치지 않았는데, 그러다 몸이 상해 일 년 남짓 만에 겨우 스물아홉의 나이로 죽고 말았다 한다. 『삼국지(三國志)·위지(魏志)』 「순운전(荀惲傳」의 배송지(裴松之)의 주(注)에 인용한 진(晋)나라 손성(孫盛)의 「진양추(晋陽秋)」에 보인다. 후에 죽음을 애도하는 전고로 사용되었다.

10 몽장(蒙莊)은 …… 불렀는데 : 몽장은 장자(莊子)이다. 『장자』 「지락(至樂)」에 보면, "장자의 아내가 죽자 혜자가 찾아와 조문하였는데, 장자는 다리를 쭉 뻗고 앉아 대야를 두드리며 노래를 부르고 있었다[莊子妻死, 惠子吊之, 莊子則方箕踞鼓盆而歌]"는 대목이 나온다.

11 장봉(章縫) : 장보봉액(章甫縫掖)의 줄임말. 유자(儒者)를 가리키거나 유가의 학설을 가리킨다. 『예기(禮記)』 「유행(儒行)」에 "공자는 젊어서 노나라에 사시면서 봉액의를 입으셨다. 나이 들어서는 송나라에 사시면서 장보관을 쓰셨다[丘少居魯, 衣縫掖之衣. 長居宋, 冠章甫之冠]"라는 구절이 보인다.

12 간절히 …… 사람들은 : 원문은 '원언결계(願言結契)'로 되어 있다. 원언(願言)은 간곡히 그리워하는 마음이고 결계(結契)는 서로 벗이 되는 것을 말한다.

거나 행인이나 다를 바 없는 그런 자가 있다면, [그런 벗을 사귄 자의] 사람됨을 가히 알만하다. 역성혁명 이후로 함께 공부한 벗 중에 월동(粵東 : 廣東 지역)에서 벼슬하던 자는 병란으로 죽었다. 【합포현령(合浦縣令) 진보신(陳寶臣), 대포현령(大埔縣令) 장문약(蔣文若), 화주태수(化州太守) 조비맹(曹蜚孟)이 그렇다.】 월서(粵西 : 廣西 지역)에서 벼슬하던 자는 병에 걸려 죽었다. 【흥안현령(興安縣令) 왕북대(王北臺)가 그렇다.】 역(嶧) 땅에서 수령 노릇 하던 자는 과오를 범해 처형되었다.[13] 【역현령(嶧縣令) 오비능(吳丕能)이 그렇다.】 하북(河北) 장수로 있던 자는 곤경에 처해 죽었다. 【하북좌영(河北左營) 유격(遊擊)으로 있던 심원배(沈元培)가 그렇다.】 조정에서 공사(貢士) 노릇 하던 자는 귀신에게 죽임을 당하고 도둑에게 죽임을 당했다. 【후공양(侯公羊)은 병에 걸렸다가 귀신에 씌워 죽었고 장정기(張正起)는 도둑에게 살해당했다.】 연주(兗州 : 山東省 연주)와 초계(苕溪 : 浙江省 초계현)와 분주(汾州 : 山西省 隰州) 땅에서 벼슬하던 자들은 모두 사람됨이 너무 진솔하고 소박하여 상관에게 유들유들하게 아부하지 못한 탓에 나란히 축출 당했다. 【연주통판(兗州通判) 항신우(項莘友)와 무강현령(武康縣令) 오정원(吳定遠), 그리고 평요현령(平遙縣令) 주겸량(朱兼兩)이 그렇다.】 진사(進士) 출신으로 이부(吏部) 선인(選人)[14]이 된 자들 중에서도 수십 년 동안이나 밑바닥에 버려진 채 단 한 번도 임명받지 못한 자가 수두룩하다.

아아! 현자의 관(冠)을 쓰고 남면(南面)하는 귀인이 되는 것은 가히 영광스런 일이라 이를 만하다. 그런데 줄줄이 좌절과 욕을 당하고 끝까지 곤경에 처해 무료히 엎어져 지내다가 죽고 말았구나! 내 비록 불운하기는 하였으나, 그래도 산수에서 유유자적 지내고 태연히 평민의 신분으로 늙어갈 수 있다. 술의 나라 시(詩)의 성(城), 오래도록 삼농(三儂)[15] 탕목읍(湯沐

13 처형되었다 : 원문은 '괘오(罣誤)'이다. 자신의 과실로 인해, 혹은 사건에 연루되어 처벌을 받은 것을 말한다.

14 선인(選人) : 당나라 때 과거 전형 후보자가 된 관원을 이르던 말인데 후대에도 계속 사용하였다.

15 삼농(三儂) : 이 글의 지은이 왕개는 오 땅 사람이며 호는 '삼농췌인'이다. 가정(嘉定) 근해 지역의 사람들은 스스로를 '오농(吾儂)·아농(我儂)'하며 불렀고, 다른 사람은

邑)[16]에서 지내고 있으니, 이 어찌 하늘이 낸 늙은이가 아니겠는가? 내 평생 재난을 만나기는 하였으되 대체적으로 평안하게 살았고, 중간에 기이한 액운을 만나기는 하였으되 어두운 곳에서 묵묵히 나를 구해준 것이 있었다. 임신년(1632)에 초(楚) 땅으로 고을살이 가시는 선친을 따라가다가 중간에 팽택(彭澤 : 江西省 최북단에 위치한 팽택현)을 지나게 되었다. 그런데 강둑이 갑자기 무너져 내려 돛도 키도 전부 잘리고, 배는 그 밑에 깔려 도무지 살아나갈 방도가 없었다. 한 식경쯤 되었을 때 휘익 하고 문 여는 소리가 들리면서 배가 수면 위로 떠올랐다. 그 해에 집에서 불조심을 제대로 하지 못한 탓에 소장하고 있던 만 권의 책이 모두 재로 변했다. 돌아와 옷을 전당 잡히고 집을 세내어 다시금 수천 권을 모았다. 을유년(1645)에 성이 함락되면서 난군(亂軍)들에게 약탈당해 겨우 낱 권 몇 가지만 남았는데, 책방을 두루 다니며 짝을 맞춘 덕에 처음부터 끝까지 대략 모습을 갖춘 것이 수백 권쯤 되었다. 그러나 신묘년(1651)에 한 가난한 친척이 훔쳐 달아나는 바람에 거의 없어졌다. 삼사년 동안 음식 비용을 아껴서 다시 수십 권을 모았으나 정유년(1657) 재난에 하인놈이 내 집을 침입하니, 텅텅 빈 채 아무 것도 남지 않았다. 놈은 책상 위에 책이 있는 것을 보고는 그것까지 다 묶어 가져가버렸다. 이에 나는 그 옛날 평양(平陽 : 山西省 臨汾)의 서승(書乘)에서 매우 엄격하게 책들을 보호하면서 빈대나 쥐가 갉아먹을까 근심했던 일을 떠올렸다. 20여 년 동안, 첫 번째는 화재로, 두 번째는 병란으로, 세 번째는 도둑으로, 네 번째는 하인으로

'거농(渠儂)・니농(你儂)'이라 불렀으며, 누구냐고 물을 때는 '수농(誰儂)'이라 불렀다. 그래서 밤에 누군가가 문을 두드려 주인이 "수농?" 하고 물으면 바깥의 객은 '아농'하고 대답했다. 주인은 그가 누군지 알지 못하다가 문을 열고서야 비로소 알아보고는 '니농이었구먼!' 하고 말했다 한다. 그래서 사람들은 오 땅의 가정 근해지역을 '삼농의 땅[三儂之地]'이라 불렀다. 이 지역은 지금의 상해시(上海市) 서북부에 해당한다.

16 탕목읍(湯沐邑) : 원래는 주나라 때 제후가 천자를 알현하러 왔을 적에 머물면서 목욕재계하던 봉지(封地)를 일컫는 말이었다. 후에는 황족이 세금을 거두어들이는 사읍(私邑)을 가리키는 말로 사용되었다.

인해 화를 입었으니, 탄식이 아니 나올 수 있겠는가! 을유년에 강좌(江左)가 들끓고 해군 장수가 병사를 풀어 민가를 약탈했다. 웬 놈이 '관을 쓴 유자(儒者)를 체포하라'고 소리치며 내 집 문을 부수고 들어오더니 하나도 남김없이 모든 것을 약탈해갔다. 나도 거의 붙잡힐 뻔 했으나 담장을 뛰어넘어가 겨우 면할 수 있었다. 기해년(1659)에 예주(豫州 : 河南省 예주)로 들어가 노아장(老兒莊)을 지나다가 강도떼를 만났다. 그런데 한 두목이 "저 자는 서생이니 짐이라봐야 가련하기 짝이 없을 터, 손님 접대하는 데에[17] 쓸 만도 못할 것이다"라고 하면서 크게 웃으며 채찍을 휘두르면서 떠나갔다.

나는 길에서 세 번이나 호랑이를 만났다. 임신년(1632)에 선친께서 내게 형주(荊州 : 湖北省 중남부)로 가 하혜번(賀惠藩)을 찾아뵈라 하셨는데, 옥천산(玉泉山)을 지나다가 벼랑에 웅크리고 앉은 호랑이를 보았다. 하인 놈은 놀라 도망을 쳤는데, 호랑이는 펄쩍 뛰어 밭으로 들어가더니 닭 한 마리를 낚아챈 다음 나의 말총머리 곁을 스치고 냇물을 뛰어넘어 사라졌다. 경자년(1660)에 밀주(密州 : 산동성 동남부)의 초화채(超化砦)에 놀러갔다가 장감(張鑒)의 공산재(空山齋)에서 술을 마셨다. 붉은 꽃술이 주흥을 돋우기에, 나도 모르게 미친 듯 취하고 말았다. 사람들이 나를 부축하여 말 위에 얹혔는데, 나는 코를 골면서 안장에 앉은 채 길을 갔다. 그때 시종들이 시끄럽게 즐기는 소리를 들었는데, 이튿날이 되어서야 호랑이가 두 사람을 냇가로 끌고 가 술을 마셨음을 알게 되었다. 둘은 [이미 죽어] 꿈쩍도 하지 않았다. 갑진년(1664)에 부춘산(富春山)에 올라 엄자릉(嚴子陵)이 낚시하던 곳[18]에 올라갔다가 그 김에 동군(桐君)[19]을 배알했다. 울퉁불퉁

---

17 손님 접대하는 데에 : 원문은 '동도(東道)'로, 손님을 초청하고 접대하는 일을 가리킨다.

18 엄자릉(嚴子陵)이 낚시하던 곳 : 동려시(桐廬市) 서쪽으로 15킬로미터 떨어진 부춘강(富春江) 북쪽 기슭의 부춘산 위에 있다. 엄자릉은 동한(東漢)의 고사(高士) 엄광(嚴光)이다. 엄자릉이 낚시하던 곳이라 하여 엄릉산(嚴陵山)이라고도 부른다.

19 동군(桐君) : 전하는 바에 따르면 황제(黃帝) 때의 의원으로, 절강성(浙江省) 동려현(桐廬縣) 동산 오동나무 아래 여막을 짓고 살았다고 한다.

가파른 곳을 바라보니 이마가 허연 호랑이 한 마리가 냇물을 바라보며 앉아있었다. 나는 함께 간 여러 객들과 함께 바위 아래에서 옆으로 기어갔는데, 호랑이가 발톱을 쫙 펴고 꼬리를 세운 채 사람을 덮치려 하였다. 여러 객들은 벌벌 떨면서 땅에 엎드렸다. 내가 손을 모아 호랑이에게 말했다.

"산의 왕이시여, 산의 왕이시여, 그 명성 오래전부터 들어왔는데 오늘에야 그 멋진 모습을 우러르게 되었으니, 제발 제 갈 길을 막지 말아주십시오. 제가 지니고 있는 것이라곤 세 치의 붓밖엔 없으니, 한번 솜씨를 뽐내 장률(長律)을 지어 바쳐보겠습니다."

호랑이는 세 번 고개를 끄덕이더니, 한번 포효하고 펄쩍 뛰어 수풀 속으로 들어갔다. 여러 객들과 함께 나무꾼의 오두막에서 밤을 새웠는데, 등불을 사르고 급히 오언 배율(排律) 60운(韻)을 써내려갔다. 동이 틀 무렵, 그 시를 가져와 낮의 그 장소에서 태우면서 이렇게 기도했다.

"한 말씀 아뢰겠습니다. 저는 [長律을 만들어 바치겠다는] 약속을 어기지 않았습니다. 그대가 영명하신 신이라면 확인하셔야 하지 않겠습니까?"

그날 밤 꿈에 호랑이 머리를 한 사람이 나와 가르침에 감사하다고 하면서 녹주(鹿酒)를 가져와 함께 마셨다. 한창 흥겨운 차에 일꾼이 일어나라고 재촉하는 바람에 깨어나 보니 모든 것이 놀라 흩어져버렸다.

나는 눈이 안 좋아 아무리 뚫어지게 봐도 한 길[丈]에도 못 미친다. 또 길에서 누가 인사를 해도 누군지 잘 알아보지 못한다. 그러나 늙어서 시력이 더 나빠지지 않고 어둔 저녁에도 문자나 점획을 알아볼 수 있으며, 등불 밑에서 붉은 종이에 편지를 쓸 때는 작은 해서로도 쓸 수 있으니, 늘 눈에 빛을 보아두었기 때문인가 싶다. 사람들은 문인들 중에 눈 먼 자가 많은 것은 다 밤낮으로 불빛 아래서 책을 읽느라 시력을 해친 탓이라고들 말한다. 그러나 이 말은 근거 없는 소리에 가까우니, 다 타고난 바대로 되었을 뿐이다. 송학사(宋學士 : 宋濂)가 「눈동자에게 묻는 글[咨目瞳文]」[20]을 지어 [눈동자에게] 자기 직분을 다하지 못한 것을 탓하였는데, 억울한 일이로다! 나는 비록 눈은 안 좋지만 귀는 배로 밝아서 웅얼웅얼 혼잣말도 아무리 먼 곳에서도 다 들을 수 있으며 꿈결에 빠졌다가도 소리만 나면 바로 깨어난다. 네 발 짐승에게는 날개가 없고, 뿔을 주었으면 이빨은 주지 않는다고 하더니, 이를 두고 한 말인가? 눈자위가 크고 눈동자가 튀어나온 것을 천시하고, 벌처럼 생긴 눈은 상서롭지 못하다느니, 매의 눈을 한 자는 포악하다느니 하는 말은 모두 어리석어 하는 소리이다. 옛날에는 짐승의 모습을 하였으나 사람의 마음을 지닌 자가 있었으니, 복희(伏羲)와 신농(神農)이 소의 머리, 뱀의 몸을 하고 있던 것이 바로 그것이다. 또 모습은 사람이지만 마음은 짐승이나 다름없던 자가 있었으니, 걸(桀)임금・주(紂)임금이 훤칠하고 멋진 외모에 건장하고 튼튼한 몸을 지니고 있었던 것이[21] 바로 그것이다. 관상 운운하는 것은 참으로 언급하기에도 부족하지 아니한가?

나는 잘 걷지는 못하지만 100리 길을 걸어본 적이 있는데 그다지 힘들지 않았다. 좋은 경치를 찾아 산에 오르느라 넝쿨을 헤치고 험한 곳을 기어오를 때면 목숨조차 아끼지 않았다. '이는 강인하게, 혀는 부드럽게'라는 말을 지키지 못하고 딱딱한 음식 씹기를 좋아해서인지 예순도 안 되어 이가 두 개나 빠졌다. 때론 독설을 퍼부어 말로 사람을 거스르기도 한 탓에 사람들이 견디기 힘들어했다. 처음엔 잘 몰랐으나 나중에 가서는 그 일을 후회하였다. 그리나 이제는 나이를 먹었더니 나와 만나는 손

20 「눈동자에게 묻는 글[咨目瞳文]」: 명나라 송렴(宋濂 : 1310~1381)의 『송학사문수(宋學士文粹)』 권4에 수록되어 있다. 송렴은 절강성 금화(金華) 사람으로 자는 경렴(景濂)이고 호는 잠계(潛溪)이다. 명나라 개국공신으로 후에 한림학사 승지(承旨) 지제고(知制誥)의 관직에까지 올랐다. 유기(劉基)・고계(高啓)와 함께 명대 초기 시문 삼대가로 정통적인 시문을 많이 지었다. 특히 전기문(傳記文)과 기서문(記敍文)에 뛰어나 산문의 대가로 인정받았는데, 유가 윤리를 존중하고 주원장의 은덕을 칭송하는 글을 많이 썼다. 작품으로 「진사록(秦士錄)」・「왕면전(王冕傳)」 등이 유명하다.

21 걸(桀)임금 …… 있었던 것이 : 『초사(楚辭)』 「동방태일(東方太一)」에 보면, "옛날 걸임금과 주임금은 덩치도 크고 외모도 멋져 천하의 호걸이었다네[古者桀・紂長巨姣美, 天下之傑也]"라는 말이 나온다.

님들은 나의 나이를 실제보다 적게 부르며, 더러 홍안(紅顔)이라고 추켜세우기까지 한다. 내가 얼마나 노쇠했는지 가히 알만 하다.

나는 용강(蓉江 : 江西省 南康市 蓉江鎭)에서 이인(異人)의 술법을 전수받아 팔을 무쇠처럼 단련시킬 수 있었다. [한번은] 흘여호(仡如虎)라는 장사가 주먹으로 자기를 치라고 하기에 그를 쳐봤는데, 내 팔은 아무렇지도 않았다. 열 몇 번을 쳤더니 그 자는 주먹이 마비되어 팔을 들지도 못했다. 해창(海昌 : 절강시 海寧에 있는 지명)의 사이황(査伊璜)이 말하기를, 한 호협이 있는데 팔이 무쇠처럼 단단하기가 나와 다름없다고 했다. 호협은 본디 무림(武林 : 지금의 浙江省 杭州)의 천민이었는데, 사이황이 호심정(湖心亭 : 항주 西湖에 있는 정자)에서 연회를 베풀 적에 낡은 배를 그 주변에 대고 술을 달라고 하기에 함께 마시자고 하여 서로 거나하게 취해 실컷 즐겼다고 한다. 사이황은 술자리가 파한 뒤 남은 음식을 모두 호협에게 주었다. 후에 호협은 검을 차고 군대에 들어가 민월(閩粤 : 복건성과 광동성) 지방을 평정했고, 교광(交廣 : 광서성과 광동성) 일대에서 으뜸가는 군공을 세워 봉호(封號)와 작위(爵位)를 하사받았다. 사이황이 '명사안(明史案)'에 연루되자 호협은 술과 음식을 베풀어준 사이황의 은혜를 떠올리며 몰래 그를 구해내고자 노력해, 그 결과 억울함을 씻을 수 있었다.[22] 똑같은 완력을 지

---

22 해창(海昌)의 …… 있었다 : 사이황과 호협, 그리고 『명사』에 연루된 이야기는 『우초신지』 권16 「오육기 장군의 일을 기록하다(記吳六奇將軍事)」에 자세히 보인다. 사이황은 효렴 사배계(査培繼)이고, 여기 등장하는 호협은 바로 오육기 장군이다. 사이황은 사계좌(査繼佐 : 1601~1676)의 사이다. 본명은 계우(繼佑), 자는 삼수(三秀) · 지삼(支三) · 이황(伊璜) · 경수(敬修), 호는 여재(與齋) · 좌은(左隱) · 동산작수(東山釣叟) 등으로 해녕(海寧) 원화(袁花) 사람이다. 어려서 집안이 가난하고 병치레를 자주 하였으나 배움을 좋아하여 숭정(崇禎) 6년(1633) 거인(擧人)이 되었다. 남명(南明) 노왕(魯王)을 받들어 병부직방주사(兵部職方主事)를 역임하며 항청(抗淸) 운동에 적극 가담했다. 명이 망한 후 이름은 성(省), 자는 불성(不省)으로 바꾸고 성인 '사(査)'도 '사(楂)'로 적었다. 강희(康熙) 2년(1663) 장정롱(莊廷鑨)의 '명사안(明史案)'에 연루되어 하옥되었다가 월(粵) 제독(提督) 오육기(吳六奇)의 상주로 풀려났다. 출옥 후 이름을 좌윤(左尹), 호는 비인씨(非人氏)로 고치고, 섬석(硤石 : 절강 해녕시 섬석진) 동산(東山)에 은거하며 강학했다. '명사안(明史案)'은 강희연간(康熙年間 : 1662~1722)에 일어난 문자옥을 말한다. 호주부(湖州府) 남심진(南潯鎭)의 장정롱이 명대 재상

니고도 호협은 가난뱅이에서 제후가 되었고 나는 그저 유희나 즐기는 데 썼으니, 어쩔 수 없는 나약한 서생이로다. 부끄러운 노릇이다!

경자년(1660)에 나는 흰 머리를 뽑으면서 글을 지어 욕했다. 그러자 흰 머리가 자신의 흉억을 털어놓으며 이렇게 대답했다.

"사슴은 신령한 짐승으로 천년이 지나면 푸르러지고 다시 천년이 지나면 희어집니다. 거북은 사령(四靈)의 하나로 오백년이 되면 자색이 되고 다시 오백년이 되면 희어집니다. 그러니 흰색이란 영물이 늙어 성스러워지는 것이니, 이것만으로도 견딜 만하지 않겠습니까!"

나는 이로 인해 늙어가는 것을 즐기게 되었고, 희어지는 것을 기뻐하게 되었다. 천하에 도(道)를 배우는 사람들 모두가 이 말에 귀 기울이길 바란다.

나는 남방의 나약한 남정네인지라 본디 배와 노에 의지해 살았지 안장이나 고삐는 다뤄본 적이 없었다. [한번은] 어사(御史) 이(李) 아무개를 따라 강을 건너게 되었는데, 수레를 물리고 말을 타게 되었다. 그래서 어사가 채찍을 휘두르며 내 말을 몰아 달렸는데, 나는 몸이 마치 저 하늘 위로 날아오르는 듯하고 눈이 어질하였으며 귓가에 성난 파도 소리가 울렸다. 나는 처음에는 놀랐으나 얼마 후 기분이 상쾌해졌으며 나중에는 편안해졌다. 그 후 여러 말들이 나란히 내달릴 때면 내 말이 반드시 앞서 달렸다. 숭정연간(崇禎年間 : 1628~1644) 말에 석강(石崗)의 여남(汝南) 글방에서 활쏘기를 익혔는데, 활을 당기기만하면 화살이 땅에 떨어져 동무들의 웃음거리가 되었다. 분한 마음에 저들을 이기고 싶어서 『예기(禮

주국정(朱國楨)에서부터 시작된 『명사고(明史稿)』 일부를 입수하여 여러 학자들의 도움으로 교정 작업을 했다. 책이 완성되고 얼마 지나지 않아 장정롱이 세상을 떠나자 그의 부친 장윤성(莊允誠)이 그를 기념하여 『명사집략(明史輯略)』이라는 제목으로 출판했다. 그런데 귀안현(歸安縣)의 해직된 지현 오지영(吳知榮)이 이 책의 편년(編年)이 명조 중심으로 되어있고 청조는 안중에도 없다고 고발하는 바람에 장씨 일가 15세 이상 사람들은 모두 참수 당했고, 이에 연루되어 옥에 갇힌 자가 이천여 명, 사형된 자가 70여 명에 이르렀다.

記)·사의(射義)』에 나오는 "뜻이 바르고 몸이 곧아야 활을 곧게 잡을 수 있다"[23]는 말을 되새기며 과녁에만 매달렸더니, 그렇게 한 지 세달 만에 마음이 부드러워지고 손놀림이 익숙해지면서 갑작스레 장족의 발전이 있었다. 이를 통해 나는 사람에게 있어 중요한 것은 원래 타고난 것이 아니라 열심히 노력하는 것임을 알게 되었다. 타고난 것은 믿을 수 없으나 연습하면 길이 생길 수도 있는 법, 모든 것이 다 그러하다.

나는 술은 잘 마시는데 음식은 잘 먹지 못해서 밥도 두 그릇이면 족하고 보통 식사 때도 큰 고깃점은 그다지 잘 먹지 못한다. 그래서 대식가들은 나랑 같이 밥 먹는 것을 좋아한다. 북방에서 객지살이 한 지 몇 년이다 보니 날마다 찐빵이나 수제비[24] 등을 먹었으며, 날된장이나 파도 좋아하게 되었다. 지금은 돌아와 남들보다 더 좋은 식사를 하고 있지만 오히려 쌀이 맛없게 느껴진다. 다섯 살 적에 몰래 술 담가놓은 방에 들어가 머리를 술동이에 처 박고 단술을 빨아먹다가 그만 곯아떨어지고 말았던 기억이 있다. 집안사람들이 샅샅이 뒤져보니 나는 술에 취해 술동이 옆에 누워있었다. 자라서 외람되이 술고래[25]라 자칭하며 늘 잔치를 열곤 했는데, 손님들은 의례 횡설수설하며 술에 취해 성을 내거나 게슴츠레 잠들기[26] 일쑤였다. 그러나 패국(沛國) 사람 주윤생(朱掄生)만은 기치를 높이 세우고 맞은편 보루에 앉아 대작하며 저녁이 끝나도록 흐트러지지 않았다. 그래서 당시 사람들은 '주윤생은 새벽닭이 울 때까지[朱鷄

---

23 뜻이 …… 있다 : 원문은 다음과 같다. "안으로는 뜻이 바르고 밖으로는 몸이 곧아야 활을 곧게 잡을 수 있다. 활을 곧게 잡을 수 있어야 적중시킬 수 있다. 이것으로 덕행을 살필 수 있다[內志正, 外體直, 然後持弓矢審固. 持弓矢審固, 然後可以言中. 此可以觀德行矣]."

24 수제비 : 원문은 '불탁(不托)'으로 탕병(湯餠 : 수제비)의 다른 이름이다. 구양수(歐陽修)의 『귀전록(歸田錄)』 권2에 보면, "탕병을 당나라 사람들은 불탁이라 불렀다. 지금 사람들은 박탁이라 부른다[湯餠, 唐人謂之不托, 今俗謂之餺飥矣]"는 기록이 보인다.

25 술고래 : 원문은 '대호(大戶)'로 주량이 센 사람을 부르는 말이다.

26 술에 취해 …… 잠들기 : 원문은 '광화병엽(狂花病葉)'이다. 술 마신 뒤 화를 내며 눈을 부라리는 것을 일러 '미친 꽃[狂花]'이라 하고, 술에 취해 게슴츠레 눈을 감고 조는 것을 '병든 잎[病葉]'이라 한다.

啼]'·'왕가는 날 밝을 때까지[汪天亮]'라고들 주목하였다. 주인은 기뻤지만 가끔 하인들의 미움을 받기도 하였다.

생각해보니 내 평생 취한 적이 두 번 있다. 임인년(1662)에 합비(合肥 : 安徽省 합비시) 사람 공백통(龔伯通)[27]과 회경(懷慶 : 河南省 沁陽市)의 고대사(高臺寺)에서 술을 마셨다. 함께 마신 자는 왕촉은(王蜀隱)·심운문(沈雲門)이었다. 우리가 마셨던 것은 오향시주(五香柿酒)로, 북방의 소주 중 가장 좋은 술이다. 넷이 호롱불 아래 술잔을 기울였는데, 유시(酉時 : 저녁 5시~7시)에서 묘시(卯時 : 새벽 5시~7시)까지 두 동이를 지게미 하나 남기지 않고 다 비웠다. 마실 때는 그저 달달하고 맛이 좋아 입에 딱 맞는다는 것만 느꼈을 뿐, 취기라곤[28] 없었다. 그때 하인이 와서 보고하기를, "벌써 해가 기울어갑니다!"[29]라고 하였다. 넷은 문을 열고 해 지는 것을 보다가 바람을 맞고는 그만 정신이 혼미해져서 동시에 고꾸라지고 말았다. 나는 포시(晡時 : 오후 4시)까지 자고 나서야 회복되었다. 나머지 셋은 서로 마주보며 토악질을 하다가 며칠 동안이나 술병으로 일어나지 못했다. 그 해에 나는 업(鄴 : 河南省 安陽縣 경내) 땅의 여관에서 어사 이 아무개의 의장행렬을 수행했는데, 멍하니 앉아 무료하게 지내던 차에, 서쪽 교외에서 연극을 하는데 구경꾼이 매우 많다는 소리를 듣고 한번 찾아가보았다. 무대 옆에 술집이 늘어서서 술을 팔고 있었고, 선비며 장사치들이 모여 술을 마시고 있었다. 나도 모르게 침이 흘러 자리를 잡고 앉아 거만하게 홀로 술을 마셨다. 이윽고 흥이 일어 손님 중 호걸을 끌어와서 같이 술을 들이켰는데, 계속해서 무전(拇戰)[30]을 하다가 술판이 다른 자리까지 번져나

27 공백통(龔伯通) : 공사치(龔士稚)를 말한다. 오위업·전겸익과 더불어 '강좌삼대가(江左三大家)'라 일컬어지던 공정자(龔鼎孳)의 아들이다.

28 취기라곤 : 원문은 '명정(茗艼)'이다. '명정(酩酊)'이라고도 한다. 크게 취한 모습을 형용하는 말이다.

29 해가 기울어갑니다 : 원문은 '고용(高舂)'. 태양이 기울어가는 황혼 즈음을 가리킨다.

30 무전(拇戰) : 술을 마시면서 주흥을 돋우기 위해 하는 가위바위보 놀이이다. 당나라 때는 '무전' 혹은 '초수령(招手令)'·'타령(打令)'이라 하였고, 지금은 '획권(劃拳)'이라 칭한다.

갔다. 많은 사람들과 거나하게 술을 마신 결과 나는 취해 쓰러지고 말았다.[31] 피차간에 경황이 없어서 성씨도 밝히지 못하였고 내가 사는 곳이 어디인지도 몰라 사람들은 일어나 나를 부축해 벌판의 사당 천막 앞에다 실어다놓았다. 나는 새벽이 되어서 키득키득 웃으며 집으로 돌아왔다. "명교(名敎) 중에 절로 낙토가 있다"[32] 하더니, 옛날 현자의 말씀을 그때 다시금 간직하게 되었다.

나는 주도(酒道)는 잘 모르지만 다도(茶道)에는 조예가 깊다. 벗 대척암(戴惕庵)은 우리 읍내의 육우(陸羽)[33]다. 나는 때때로 그에게로 가서 일주차(日鑄茶)[34]를 받아 마시며 차 일곱 잔의 흥취[35]를 느끼곤 했다. 기자국(杞子

31 취해 쓰러지고 말았다 : 『세설신어(世說新語)』 「용지(容止)」에 나오는 구절이다. "혜숙야의 사람됨은 우뚝 서있는 한 그루 소나무 같이 꼿꼿하다. 그는 술에 취하면 옥산이 무너질 것처럼 기우뚱 몸을 기울인다[嵇叔夜之爲人也岩岩若孤松之獨立. 其醉也傀俄若玉山之將崩]." 후에 '옥산이 무너진다[玉山倒]'라는 말로 술에 취해 넘어지려는 모습을 형용하였다.

32 명교(名教) 중에 …… 있다 : 『세설신어』 「덕행(德行)」에 나오는 구절이다. "왕평자와 호무언국 등은 모두 거리낌 없이 호방하게 살았으며 개중에는 나체로 지내는 자도 있었다. 그러자 악광이 비웃으며, '명교 중에 절로 낙토가 있거늘, 저렇게까지 할 것이 무엇인가?'라고 하였다[王平子 · 胡毋彦國諸人, 皆以任放爲達, 或有裸体者. 樂廣笑曰 : '名教中自有樂地, 何爲乃爾也?']"

33 육우(陸羽 : 733~804) : 자는 홍점(鴻漸) 혹은 계자(季疵)이며 호는 경릉자(竟陵子) 혹은 상저옹(桑苧翁) · 동강자(東岡子)이다. 다도에 대한 조예가 깊어 당나라 상원연간 초에 절강성 소계(苕溪)에 은거하면서 『다경(茶經)』을 저술하기도 하였다. 그래서 '다선(茶仙)'이라 칭해지고 '다성(茶聖)'이라 존칭되며, 다신(茶神)으로 제사 받는다.

34 일주차(日鑄茶) : 일주차(日注茶) 혹은 일주설아(日鑄雪芽)라고도 불린다. 절강성 소흥현(紹興縣) 동남쪽 50리 즈음에 있는 회계산(會稽山) 일주령(日鑄嶺)에서 생산되며, 중국 명차 중의 하나로 꼽힌다.

35 차 일곱 잔의 흥취 : 당나라 시인 노동(盧仝)의 「간의대부 맹 아무개가 새 차를 보내왔기에 붓을 들어 감사를 표하다[走筆謝孟諫議寄新茶]」라는 시에서 유래한 이야기이다. "차 한 잔에 목이 촉촉해지고, 차 두 잔에 외롭고 답답한 마음이 사라진다. 차 세 잔에 말라비틀어진 내장을 뒤적이니, 오직 오천 권의 문장만이 있구나. 차 네 잔에 가벼운 땀이 나니, 평생 불평 가득했던 심사가 모공을 통해 모두 밖으로 빠져나온다. 차 다섯 잔에 살결이 맑아지고, 차 여섯 잔에 신선의 영혼과 교통한다. 일곱째 잔은 마시지 않아도 양쪽 겨드랑이에서 맑은 바람이 살랑살랑 일어나는 듯[一椀喉吻潤, 兩椀破孤悶. 三椀搜枯腸, 唯有文字五千卷. 四椀發輕汗, 平生不平事, 盡向毛孔散. 五椀肌骨清, 六椀通仙靈. 七椀喫不得也, 唯覺兩腋習習清風生]." 후에 '차 일곱 잔

國)[36]에 갔을 때 마포암(馬布庵)이라는 자가 있었는데, 그 또한 노야(盧埜)의 대단한 후계자[37]로 찻잎[38]을 고르는 데 있어 단연 최고였다. 내 일찍이 그에게 "그대와 내 고향의 척암이 함께 샘물의 맛을 품평하면 과연 누가 왕좌에 오르게 될지 모르겠구먼"이라고 농담을 한 적이 있다. 나는 우연히 갑진년(1664)에 술을 끊게 되었는데, 그때 다음과 같은 시구를 지었다.

> 내 마땅히 천제의 뜰에 올라 상주하리라,
> 주성(酒星)이 귀양 가 다성(茶星)이 되었노라고.

이 또한 이 늙은이가 꾸며낸 이야기일 뿐, 사실이 아니다.

나는 식초를 좋아해서 식초를 넣지 않으면 음식의 맛이 조화롭게 느

(七椀茶)'은 차를 칭송하는 전고로 사용되었다.

36 기자국(杞子國):『사기(史記)』「진기세가(陳杞世家)」에 대한『사기색은(史記索隱)』의 해석은 다음과 같다. "기는 나라 이름이다. 동루공의 시호이기도 하다. 이름을 사용하지 않은 것은 사서에 일찌감치 실전되었기 때문이다. 송충이 말하기를, '기는 지금 진류 옹구현이다'라고 하였다. 그러니 지리지에서 말하는 옹구현이 바로 기국이며, 주나라 무왕이 우의 후손을 동루공에 봉했던 것이 바로 그것이다[杞, 國名也. 東樓公號謚也. 不名者, 史先失耳. 宋忠曰:'杞, 今陳留雍丘縣'. 故地理志云雍丘縣, 故杞國, 周武王封禹後爲東樓公是也]." 즉, 기자국은 바로 지금의 하남성(河南省) 기현(杞縣)임을 알 수 있다.

37 노야(盧埜)의 대단한 후계자:'야(埜)'는 '야(野)'와 같은 뜻이다. '노야'는 관직에 나가지 않고 야인의 신분으로 평생 차에 심취해 지낸 당나라 시인 노동(盧仝:795?~835)을 가리키는 듯하다. 노동은 호가 옥천자(玉泉子), 하남(河南) 제원(濟源)사람으로 후세 사람들이 그를 다선(茶仙)이라 일컫는다. 특히 그가 만든 다가(茶歌)인 '칠완차(七碗茶:「走筆謝孟諫議寄新茶」)'는 후대 다인(茶人), 시인(詩人)들에 의해 가장 즐겨 읊어진 다시(茶詩)이다. 후경(後勁)은 고대 행군 시 뒤를 받쳐주던 정예병을 가리킨다.

38 찻잎:원문은 '창 하나 깃발 하나(一槍一旗)'이다. 어리고 야들야들한 찻잎을 가리키는 말이다. 송나라 섭몽득(葉夢得)의『피서록화(避暑錄話)』하권에 다음과 같은 기록이 보인다. "찻잎이야 다 똑같지만 최고의 것은 잎이 부드러워야 한다. 제비 혓바닥처럼 갓 피어난 것을 일러 창(槍)이라 하고, 조금 펴진 잎은 기(旗)라 한다. 기는 귀하지 못하여, 부득이한 경우 창 하나 기 하나를 취할 수는 있다. 그러나 기 상태를 넘기면 너무 늙었다[盖茶味雖均, 其精者在嫩芽, 取其初萌如雀舌者謂之槍, 稍敷而爲葉者謂之旗. 旗非所貴, 不得已取一槍一旗猶可, 過是則老矣]."

꺼지지 않는다. 또 늦가을의 게와 초여름의 잠두(蠶豆)를 좋아하여 이 두 가지가 부엌에 가득하면 다른 음식은 생각도 나지 않는다. 사람들은 왕생(汪生 : 지은이 汪價)의 기호는 굴도(屈到)가 마름을 좋아한 것이나 희문(姬文)이 창포절임을 좋아한 것[39]과 크게 다르지 않다고들 여겼다. 근자에 민간에서는 담배 피기를 좋아한다. 내가 매번 [담배 피는] 사람에게 "무엇 때문에 불로 오장을 지진단 말이오? 대롱 속에 낀 때를 좀 보시오. [오장이] 이를 장차 어찌 견디겠소?"라고 말하면 그 사람은 문득 깨닫고서 다시는 피지 않겠노라 맹서한다. 하지만 그 가르침을 잠시 기억하다가 바로 저버리고 만다. 술병 난 사내는 이튿날이 되기도 전에 미친 듯 술을 마시고, 애 낳느라 고생했던 여자는 채 한 달이 되기도 전에 합방한다 했던가? 담배의 해악은 술이나 색을 밝히는 것과 마찬가지이니, 어찌 유혹에 빠질 수 있겠는가!

우리 집은 늘 궁핍했지만 의관만은 반드시 깨끗이 정리되어 있어서 사람들은 부자들 옷보다 더 낫다고 여겼다. 그러나 젊어서부터 타고난 복을 아끼느라 비단은 몸에 걸치지 않았고, 의복을 소중히 여겨 함부로 먼지를 묻히지 않았으며, 낡아 찢어질 정도가 되어도 가벼이 내버리지 않았다. 『예기(禮記)』에서 말하기를, "헤진 휘장을 버리지 않음은 말을 묻어주기 위함이다"[40]라고 하였다. 선친께서 내가 학교에 들어가던 때에

---

39 굴도(屈到)가 …… 좋아한 것 : 유종원(柳宗元)의 「한유가 지은 모영전을 읽고서 적다[讀韓愈所著毛穎傳後題]」에 "문왕의 창포질임, 굴도의 마름, 증석의 양조[文王之昌蒲菹, 屈到之芰, 曾晳之羊棗]"라는 구절이 나온다. 『여씨춘추(呂氏春秋)』에 "문왕은 창포절임을 좋아했다. 공자는 그 이야기를 듣고 따라 해보았는데, 목을 움츠리고서야 넘길 수 있었고, 삼년이 지나서야 먹을 수 있게 되었다[文王嗜昌蒲菹. 孔子聞而效之, 縮頞而食之, 三年, 然後勝之]." 또 『국어(國語)』에는 "초나라 굴도는 마름을 좋아했다. 그는 병이 나자 집안 어른을 불러 '내게 제사 지낼 때는 반드시 마름을 올려주시오'라고 말했다[楚屈到嗜芰. 有疾, 召宗老屬之曰 : '祭我必以芰']." 『맹자』에는 "증석이 양조를 좋아했기에 증자는 차마 양조를 먹지 못했다[曾晳嗜羊棗, 而曾子不忍食羊棗]"는 말이 있다.

40 헤진 휘장을 …… 위함이다 : 『예기』「단궁하(檀弓下)」에 나오는 구절이다. "공자께서는 기르던 개가 죽자 자공에게 묻어주게 하면서, '듣자니 헤진 휘장을 버리지 않는

서양식 면 도포를 지어주신 일을 나는 아직 기억하고 있다. 명절을 맞이하거나 훌륭한 연회석이 열릴 때면 나는 늘 그 옷을 입었다. 지금 거의 30년이 되어가지만 아직도 빨아본 적이 없다. 누군가가 내게 더러워진 옷을 이제 [다른 옷으로] 바꿔 입으라고 했다. 가의(賈誼)가 말하기를, "아무리 관모가 헤졌어도 신발로 삼지 않는다"[41]고 하였다. 선친께서 주신 옷을 나는 차마 버릴 수 없다. 선친이 사시던 낡은 집은 겨우 기둥 몇 개밖에 되지 않았지만 온 식구가 오순도순 모여 살면서 삼대(三代)가 되도록 옛 모습을 바꾸지 않고 있다. 내가 날마다 앉고 눕고 하는 곳이라야 겨우 반 평에 지나지 않는데, 그나마 서책이 사방을 둘러싸고 즐비하게 꽂혀있어 내 한 몸 들어갈 자리밖엔 있지 않다. 그러나 그곳에서 생활하면서 좁다는 것을 느끼지 못한다. 밖으로 나가서는 왕공들의 저택을 오만하게 거니는데, 고광대실이 우뚝하고 울긋불긋한 저택이 구름 위로 치솟아있어도 나는 그 가운데 호방하게 거하면서 전혀 괘념치 않는다. "공의 눈에는 고관대작의 집처럼 보여도 내 눈에는 그저 가난한 사람의 집을 왕래하는 것이나 마찬가지입니다"[42]라 하였으니, 큰 지혜가 담긴 말이 어찌 나를 속일 손가!

나는 이층방이나 다락방을 좋아한다. 낮고 습한 곳은 견디기 어렵다. 또 그다지 길지 않은 처마와 깨끗한 안석을 좋아하는데, 창이 사방으로 나있어 새벽에 일어나 가슴을 펴면 바람과 햇살을 기분 좋게 느낄 수 있다. 어둡고 깜깜한 암실에 들어가면 가슴이 답답해 숨이 끊어질 것 같다.

것은 말을 묻어주기 위함이고, 헤진 덮개를 버리지 않는 것은 개를 묻어주기 위함이라 하더구나'[仲尼之畜狗死, 使子貢埋之, 曰:'吾聞之也, 敝帷不棄, 爲埋馬也, 敝蓋不棄, 爲埋狗也]."

41 아무리 관모가 …… 않는다: 『한서(漢書)』「가의론(賈誼論)」에 나오는 말이다.

42 공의 눈에는 …… 마찬가지입니다: 『세설신어』「언어(言語)」에 나오는 고사이다. "축법심이 간문제의 객이 되자 유윤이 물었다. '도인께서 어찌하여 고관대작 집에 왕래하십니까?' 그러자 축법심이 답했다. '그대가 보기엔 고관대작 집인지 몰라도, 내가 보기엔 그저 가난한 사람 집이나 마찬가지입니다'[竺法深在簡文坐, 劉尹問:'道人何以游朱門?' 答曰:'君自見其朱門, 貧道如游蓬戶']."

또 배를 타고 다니는 것을 좋아하여 갈대 무성한 모래섬이나 여뀌가 자라 있는 삼각주 사이에 배를 띄우고 맘껏 노 저어 다니다가 마음에 드는 곳이라도 만나게 되면 멍해져서 돌아가는 것조차 잊는다. 나는 원래 목욕하기를 좋아하지 않아서, 한여름에도 수건으로 땀만 닦을 뿐이었다. 늙어서야 목욕하는 습관을 갖게 되었는데, 오랜 병이 없어지고 뱃병도 사라지며 몸에 기운이 펴지는 것을 느꼈다. 그래서 아주 추운 날에도 기꺼이 욕탕에 들어간다.

나는 강한 체력을 타고나서 중병에 걸리지 않는다. 어쩌다 몸이 좀 편치 못해도 약 쓸 필요 없이 아주 맑은 술로 고치거나 아주 재미난 책으로 고친다. 신사년(1641) 오월(午月)[43]에 이 미천한 몸이 갑작스레 피곤해지더니 머리가 지끈지끈 아파오면서 마치 전염병에 걸린 사람처럼 하루 종일 음식 먹고픈 생각이 들지 않았다. 그때 마침 어떤 사람이 내게 좋은 술을 보내왔는데, 침상으로 가져오게 하여 한번 열어보라 하였더니 향기가 코를 찔렀다. 급히 그 술을 덥혀오라 명한 다음 태사공(太史公)의 「형가전(荊軻傳)」을 가져다 연거푸 마시며 연거푸 읽었더니 순식간에 책상을 치고 일어날 수 있었다. 고서는 믿기 어려우니 절대 자기 몸으로 약방을 시험해보아서는 안 된다. 나의 벗 가정자(賈靜子)는 수양(睢陽 : 河南省 商丘市 睢陽)의 재사(才士)인데, 좀 불편한 데가 있다면서 '도창법(倒倉法)'[44]을 써보려고 했다. 내가 말리며 말했다.

"어떻게 뱃속에다가 장난을 칠 수 있나?"

그러나 내 말을 듣지 않고 한번 복용하더니 설사가 멈추지 않아 결국

---

43 오월(午月) : 하력(夏曆)에서는 인월(寅月)을 정월이라 치므로 오월(午月)이라 하면 5월이 된다.

44 도창법(倒倉法) : 도창법은 한방의 치료법 중 토법(吐法)의 하나로, 비위(脾胃)나 대소장(大小腸)에 식적(食積)이나 담음(痰飮)이 있는 경우에 사용해 볼 수 있다. 비위는 마치 큰 시장과 같아서 모든 음식물이 들어가지만 곡식이 가장 많기 때문에 창(倉)이라고 하고, 도(倒)는 오랫동안 쌓여 있는 것을 몰아내고 잘 씻어서 깨끗하게 한다는 뜻이다.

죽고 말았다. 어찌 약 뿐이겠는가! 평상시에 먹는 음식도 사람을 해칠 수 있다. 내 일찍이 술 취한 후에 꽃병에 넣어 둔 오래된 물을 마셨다가 간신히 죽지 않은 적이 있다. 또 상국사(相國寺) 승방에서 잘못하여 버섯독에 올랐다가도 간신히 죽지 않았다. 이것은 모두 소인이 요행히 죽음을 면한 것이라 할 수 있다. 두자미(杜子美)는 백주(白酒)와 소고기 육포로 인해 죽었고[45] 이태백(李太白)은 채석기(采石磯)에서 진탕 술을 마시고 [물 속] 달을 끌어안으려다 죽었다. 이백과 두보는 시인 중 으뜸이지만 경솔함으로 인해 스스로 목숨을 해쳤으니 조심하지 않을 수 있겠는가!

한창 때는 어쩔 수 없이 방사(房事)의 즐거움에 빠졌지만 후에 점차 담담해지더니 속세를 벗어난 유랑[46]을 하면서 여색과 멀어졌다. 연(燕) 땅과 조(趙) 땅의 가희(歌姬)가 줄줄이 늘어서서 술을 권해도 단 한 명에게도 눈길을 주지 않았다. 북방의 기녀가 자리에 들어와 손님을 보고는 절하고 서서 시중을 드는데, 주인이 큰 소리로 기녀를 꾸짖었다. 내가 그 기녀에게 들어가 앉으라고 하고, 시중들어야 할 여러 일들은 모두 하녀에게 하게 하자, 북쪽 사람들은 내가 자기네 예법을 그르친다고 말했다. 지천명(知天命)의 나이에 여색을 끊었다고 하자 벗들은 모두 거짓이라 비웃으면서 담소 자리에서 웃음거리로 삼았다. 잉재(賸齋) 이지(李至)는 "쉰에 욕정을 끊느니 차라리 죽어 귀신이 되느니만 못하다"고 하였다. 이지는 나보다 네 살 위인데, 결국 쇠고기를 먹고 요망한 할망구랑 음탕한 짓을 하다가 죽고 말았다. 무릇 정(精)・기(氣)・신(神)이란 사람의 '삼보(三寶)'요

---

45 두자미(杜子美)는 …… 죽었고: 두보의 사망에 관한 설은 세 가지로 나눌 수 있다. 첫째는 소고기와 백주를 마시고 죽었다는 것이고, 둘째는 익사했다는 것이며, 셋째는 병사했다는 것이다. 당나라 사람 정처회(鄭處誨)는 『명황잡록(明皇雜錄)』에서 "두보가 재상에게 시를 투권하였더니 재상이 두보에게 소고기와 백주를 보내왔다. 그러나 두보는 이를 너무 과하게 먹은 탓에 하루저녁에 죽고 말았다[甫投詩于宰, 宰遂致牛炙白酒以遺甫. 甫飮過多, 一夕而死]"고 말했다. 이 기록을 양당서(兩唐書)에서 그대로 채용하여 정설로 받아들여지기에 이르렀다.

46 속세를 벗어난 유랑: 원문은 '한만유(汗漫游)'로 유유히 속세 밖에서 노니는 것을 가리킨다.

단약(丹藥) 중의 왕이라. 나의 조상께서는 한 이인(異人)을 만나 '용호토납법(龍虎吐納法)'[47]을 전수받았는데, 그 법술을 익힌 지 4년 만에 도를 이루어 한여름에 두꺼운 이불을 덮고 뙤약볕 아래 누워도 땀 한 방울 흘리지 않았다. 또 겨울에 커다란 통에 찬 물을 가득 담은 다음 정수리가 잠기도록 그 안에 들어앉아 있어도 종일 추운 줄을 몰랐다. 나는 못난 골상을 타고나 신선의 기질이라곤 있지 않았기에 그 분에게 가서 배우지는 않았으나 현빈요결(玄牝要訣)[48]에 관해서는 제법 익숙히 들어 알고 있다. 큰 요지인즉 신(神)을 보배로이 여기고 정(精)을 아끼는 것이 주지이다. 세상의 어리석은 자들은 맘껏 정력을 쓰다가 양기가 허해져 일어나지 못하는 지경에 이르러서야 짐승이나 벌레와 같은 말단의 것에 도움을 청한다. 조개는 우충(偶蟲)[49]인데 그것을 가져다 미약(媚藥)으로 쓴다. 산랄(山獺)[50]은 음독(淫毒)을 지닌 짐승인데 그것의 성기를 가져다가 장양제(壯陽

---

47 '용호토납법(龍虎吐納法)' : 오래(吳萊)가 지은 「사마자미 천은자주 후서(司馬子微天隱子注後序)」에 보면 다음과 같은 내용이 나온다. "자관 천은자는 담담하고 한적하며 마음이 비고 욕심이 적었으나, 이는 황로의 남겨진 이론이었을 뿐이다. 납과 수은으로 달인 용호를 넣었다 뺐다 하는 일은 아직 할 줄 몰랐다[子觀天隱子沖澹而閒曠, 虛靚而寡欲, 黃老之遺論耳. 然而龍虎鉛汞抽添吐納之事未之及也]." "천사 장도릉은 용호산에 은거하면서 삼원묵조법을 수련한 끝에 황제 용호중단술을 터득했다. 단약이 완성되어 먹었더니 능히 형체를 해체하고 그림자를 흩어놓을 수 있었다[張天師道陵隱龍虎山, 修三元默朝之道, 得黃帝龍虎中丹之術. 丹成服之, 能分形散景]." 이로 미루어 볼 때 용호토납법은 도가에서 수련하는 단약의 일종인 것 같다.

48 현빈요결(玄牝要訣) : 현빈은 도가에서 만물을 낳고 기르는 본원, 음양의 근본이라 여기는 것이다. 곧 도(道)를 비유하기도 한다. 여기서는 내용으로 보아 음양의 조화, 즉 합궁하는 일을 비유하여 쓴 듯하다.

49 우충(偶蟲) : 『월서총재(粵西叢載)』라는 책의 권22에 보면 조개에 관하여 다음과 같은 기록이 보인다. "조개는 암수 딴 몸이다. 수컷을 합이라 하고 암컷을 개라 한다. 그들은 늘 함께 다니면서 떨어지지 않는다. 저들이 교접하고 있을 때 잡으면 죽어도 서로 들러붙은 채 떨어지지 않는다. 사람들은 이것을 주워 미약으로 사용한다[蛤蚧, 偶蟲也. 雄曰蛤, 雌曰蚧. 自呼其名, 相隨不舍. 遇其交合捕之, 雖死, 牢抱不開. 人多採之, 以爲媚藥]."

50 산랄(山獺) : 짐승 이름이다. 송나라 범성대(范成大)가 지은 『계해우형지(桂海虞衡志)』 「지수(志獸)」에 다음과 같은 기록이 보인다. "산랄은 의주 계곡에서 난다. 속세에서는 약재로 쓰인다고들 말한다. …… 화살 독을 해독할 수 있다고도 하여, 화살에 맞은 자

劑)로 쓴다. 물개는 수컷 한 마리가 암컷 백 마리를 거느린다 하여 방중술을 돕는 약제로 팔린다. 어쩌면 저리도 진실을 해치고 도를 해치며 짐승을 귀히 여기고 사람을 천히 여긴단 말인가! 게다가 방사(方士)들은 채음설(采陰說)[51] 따위를 가지고 남녀 교합을 통해 장생불로 할 수 있다고 말하는데, 나는 조개가 단약이 되었다거나 산랄이 시해(尸解)[52]하였다거나 물개가 대낮에 등선(登仙)했다는 말은 들어보지 못했다.

암기하여 읊조리는 여가에 나는 아무 때나 친히 여러 가지 일을 맡아 해서, 양치질이며 청소하는 일 가지고 하인들을 번거롭게 하지 않는다. 꽃에 직접 물을 주고, 풀 또한 직접 김을 매며 물고기와 새들에겐 직접 먹이를 먹인다. 때론 어부나 나무꾼과 한데 섞이고 때론 일꾼이나 거지들과 한데 어울리며, 때론 어린애들과 장난치며 뿔 던지기 놀이를 하며 즐긴다. 그래서인지 다 늙었지만 사람들은 내게 동심이 남아있다고들 한다. 걸음걸이도 뛸 듯이 가볍고 얼굴빛 또한 노쇠하지 않아서 이 다 빠진 구부정한 늙은이 같지 않다. 요즈음에도 놀이에 대한 흥취가 덜하지 않아 꿈속에서라도 호숫가나 산기슭에 가 있곤 한다. 아들들은 내 근력이 걱정되어 나의 수레가 멀리가지 못하도록 말린다. 집에 있으면 한가하기 그지없으니, 꽃이 있으면 꽃을 보고 술이 있으면 술을 마시고, 같이 바둑 둘 자가 있으면 종일토록 바둑을 둔다. 오랜 벗과 만나면 쌈짓돈을 풀어 술을 마신다. 불법 높은 스님들은 나와 담소 나누는 것을 즐기고, 나도 선단실(旃檀室)[53]에 앉아있기를 좋아한다. 나는 이러한 순간을 일러

가 산랄의 뼈를 조금 빻아 상처 난 곳에 붙이면 곧 낫는다[山獺出宜州溪洞. 俗傳爲補助要藥 …… 云能解藥箭毒, 中箭者研其骨少許, 傅治立消."

51 채음설(采陰說) : 황제와 팽조 선인이 실행하던 방법은 이른바 『소녀경』의 채음보양술로서, 특별히 선단 등의 약품을 먹은 것이 아니고 성교의 신묘한 방법으로써 장생불사의 목적을 이룬 것이다. 이런 양생법에는 오봉채약(五峰採藥)이라고 해서 원기가 넘치는 젊은 여성의 음을 갖가지 방법으로 빼앗아, 그것으로 자기의 양을 보충하는 방법이 있었다. 물론 이것에도 물질적 외약을 아울러 쓴 사람이 있기는 하였다.

52 시해(尸解) : 도가(道家) 용어로, 수도자가 육신을 버리고 신선이 되는 것을 가리킨다.

53 선단실(旃檀室) : 선단은 단향(檀香)을 가리킨다. 보통 단향으로 깎은 불상을 선단서

'창아한 시절의 작은 태평성세'라고 부른다. 미녀와 만날 일이 있어도 방포(方袍)를 걸친 골동[54]은 당돌하게 굴어 미움을 사는 지경에 이르지 않는다. 한수(邗水) 계희(桂姬)에게 준 시 중에 "대단하답시고 여인네를 무시하지 마시게. 그저 그네들 사랑만 얻을 수 있다면 백발도 다 용서할 수 있다네"라는 구절이 있는데, 가련함을 구걸하고자 한 말이 아니라 가인(佳人)이 가련한 마음을 가져준 것일 뿐이다.

손자 중 몇 명은 어른과 더불어 문자를 점검하여 교정도 하고, 대충 주소(注疏)를 달고 해석할 줄도 안다. 어린 아이들은 아직 치맛자락에 매달려 있어서 대추나 밤을 나누어주면 먹고 싶은 만큼 실컷 가지고 간다. 그래서 반드시 똑같게 나누어주어야지 조금이라도 차이가 나면 몰려와 이 늙은이에게 따지고 든다. 그럴 땐 더욱 귀엽다.

나는 천하의 절반을 떠돌아다닌지라 객지를 내 집으로 여기며 살았다. 하남(河南)과 하북(河北)에서 객지살이 한 것이 전후로 십 몇 년이었다. 처음엔 찰황어사(察荒御史) 이 아무개의 막부에 있었는데, 회맹(懷孟)의 설종백(薛宗伯)께서 이 사실을 아시고 댁으로 부르시어 중천(仲蒨) 두 형님과 흡원(翕園)에서 글공부하게 해주셨다. 나중에는 순무(巡撫) 가(賈) 아무개의 부름을 받고 성지(省志) 편수하는 데 참가했다가 이별을 고하고 떠나왔다. 3년 후에 설종백 문상을 갔는데, 황문(黃門) 위공(衛公)께서 마침 『예기(禮記)』를 강독하고 계시기에 그곳에 머무르면서 함께 비산초당(崥山草堂)에서 고금의 일을 논했다. 그러다 다시 낙양태수(洛陽太守) 주찬황(朱燦煌)의 부름을 받고 시권(試卷)을 열독하러 갔다가 이별을 고하고 떠나왔다. 내가 그곳에 오래 있을 수 있었던 것은 실로 설종백 부자의 은혜가 깊고 두터웠기 때문이니, [왕찬이] 유표(劉表)에게 의지하였듯 [순상이] 이응(李膺)

상(旃檀瑞像)이라고 하는데, 그 불상을 모신 방을 선단실이라 칭한 것 같다.

54 방포(方袍)를 걸친 골동: 방포는 스님들이 입는 가사를 말한다. 평평하고 네모반듯하게 생겼다하여 그리 이름 지어졌다. 여기서는 스님을 지칭하는 말로 쓰였다. 골동은 아마도 늙은 자신을 가리키는 말로 쓰인 듯하다.

의 마부가 되었듯,[55] 말머리를 돌려 다른 곳으로 갈 수 없었다. 그때 역당선생(繹堂先生) 심궁첨(沈宮詹)[56]이 대량(大梁 : 河南省 開封市 서북쪽) 순무(巡撫)로 나갔는데, 곧고 자애롭고 현명하고 공정하여 나라 안 모든 수령들의 모범이 되었다. 나는 수레를 몰고 여덟 군을 다니면서 하악(河嶽)[57]의 걸출한 인재들을 두루 거쳤는데, 그러다 지치면 균양(鈞陽)[58]의 청빈한 관서를 귀의처로 삼았다. 그 밖의 여관 주인들도 모두 친척처럼 살갑게 대해주었다. 물길을 가게 되면 뱃사공에게 천천히 노를 저어도 좋다고 이야기하여 배 위에서 유유자적 즐겼고, 육로를 가게 되면 고삐를 잡은 이와 걷기 내기를 하여 수레를 버리고 걸어가면서 맘껏 유람하기도 하였다. 내가 지나간 길은 내 스스로 찾아간 것이었다.

나는 음률에 심혈을 기울여 고금 음률의 합쳐졌다 떨어졌다 하는 모든 정황에 두루 통달하였다. 우리 마을에 사는 육군양(陸君揚)은 현악기의 천부적 연주자이다. 그는 내게서 음과 소리를 교정 받아 글자에 잘못이 있으면 모두 수정하였다. 그리하여 마침내 팔풍(八風)[59]과 24절기[60]가 서

55 유표(劉表)에게 …… 마부가 되었듯 : 원문은 '의류어리(依劉御李)'이다. 육조(六朝) 때 순상(荀爽)은 늘 이응(李膺)을 찾아뵈었는데, 그 덕분에 이응의 마부가 되었다고 한다. 또 왕찬(王粲)은 형주(荊州)에 머물 때 유표에게 의지한 바 있다.

56 역당선생(繹堂先生) 심궁첨(沈宮詹) : 심전(沈荃 : 1624~1684)을 가리킨다. 화정(華亭 : 지금의 上海市) 사람으로 순치(順治) 9년(1652)에 탐화(探花)가 되었고, 예부시랑(禮部侍郞)을 지냈으며 문각(文恪)이라는 시호를 얻었다. 학문과 덕행이 고결했으며, 서법으로 더욱 유명했다. 『남범영(南帆詠)』과 『충재집(充齋集)』 등의 저서를 남겼다. 역당학사 혹은 궁첨학사라 칭해지기도 한다.

57 하악(河嶽) : 황하와 오악(五嶽)의 병칭. 중원을 뜻하기도 한다.

58 균양(鈞陽) : 우주성(禹州城) 남쪽의 균양궁(鈞陽宮)을 가리킨다. 지금 그 옛 터가 남아있다. 여기서는 균주(鈞州)를 지칭하는 말로 쓰였다.

59 팔풍(八風) : 팔풍은 팔음(八音)을 가리킨다. 『좌전』 「양공(襄公) 29년」 조에 보면, "오곡이 화락하고 팔풍이 편하다[五聲和, 八風平]"라는 표현이 나오는데, 왕인지(王引之)는 『경의술문(經義述聞)』 「춘추좌전중(春秋左傳中)」에서 "옛날에는 팔음을 팔풍이라 하였다. 양공 29년에 나오는 '오음이 화락하고 팔풍이 편하다'라는 말은 팔음이 조화로움을 가리킨다[古者八音謂之八風. 襄二十九年傳 : '五聲和, 八風平'謂八音克諧也]"라고 말했다. 팔음이란 재료에 의한 악기 분류법이다. 즉, 쇠[金 : 鐘 · 鈴], 돌[石 : 磬] · 흙[土 : 塤] · 가죽[革 : 鼓] · 실[絲 : 琴] · 나무[木 : 柷] · 박[匏 : 笙] · 대나무[竹 :

로 조화를 이루도록 만들 수 있었다. 나라 안의 유명한 공경들 및 글 솜씨 좋은 선비들이 모두 그와 더불어 노닐었으며, 그의 이름은 곧바로 궁중에까지 이르렀다. 비록 완함(阮咸)[61] 전수자이지만 덕과 재주가 있는 사람을 스승으로 삼았으니 이 또한 특이하다고 할 만하다. 나는 전에 이러한 생각을 해 보았다. 공자의 「의란조(猗蘭操)」,[62] 환자야(桓子野)[63]의 「만가(挽歌)」, 제갈공명의 「양보음(梁父吟)」, 사안(謝安)의 「낙생영(洛生咏)」, 혜강(嵇康)의 「광릉산(廣陵散)」, 원산송(袁山松)[64]의 「행로난(行路難)」, 이백(李白)의

笛]를 말한다.

60 24절기 : 중국 고대에는 기후에 근거하여 24절기를 나누었다. 『음성기원(音聲紀元)』 권6에 보면, "[아무개의 책에서는] 오음을 종합하고 팔풍에 합치고 있다. 여기 12률을 더하여 24절기에 대응시켰다. 그림도 있고 표도 있으며, 논술도 있다. 거기 『풍아십이시』를 부록으로 달고 있다. 그러나 깊이 있게 통찰하지 못한 바가 있어서 득실이 반반이다. 팔풍을 팔괘에 배합하는 것은 복건의 『좌전주』에 근본하고 있다. 12율을 12간지에 배합하는 것이나, 팔풍을 12풍으로 나누는 것, 그리고 12지·12율을 24절기에 배합하는 것은 정강성[鄭玄]의 『주례주』에 근본하고 있으니, 그 학설에는 근거가 있다고 할 수 있다[綜以五音, 合以八風. 加以十二律, 應以二十四氣. 有圖有表, 有論有述. 而以『風雅十二詩』附焉. 然所見未精, 得失參半. 如八風之配八卦, 本之服虔『左傳注』. 十二律之配十二支, 八風之分爲十二風, 以及十二支·十二律之配二十四氣, 本之鄭康成『周禮注』, 其說尙有根据]."

61 완함(阮咸) : 원문은 '완(阮)'으로 완함을 말한다. 완함은 현악기로 모양이 월금(月琴)과 비슷하며 가슴에 안고 두 손으로 연주한다.

62 의란조(猗蘭操) : 옛날 거문고 연주 곡명으로 회재불우(懷才不遇)의 정을 연주한 것이 많다. 곽무천(郭茂倩)의 『악부시집(樂府詩集)』 「금곡가사(琴曲歌辭)」 「의란조(猗蘭操)」 해제에 의하면, 공자가 제후들을 찾아 다녔으나 등용되지 못하고 노나라로 돌아가던 중에 난초가 잡초 속에 홀로 피어있는 것을 보고 탄식하며 때를 만나지 못한 자신의 처지를 빗대어 이 노래를 지었다고 한다.

63 환자야(桓子野) : '자야(子野)'는 동진(東晉) 때 음악가 환이(桓伊)의 어릴 적 이름이다. 환자야는 자가 숙하(叔夏)이며, 피리를 매우 잘 불고 특히 만가에 뛰어났다. 또 남이 부는 피리 소리 듣기를 좋아해, 마음에 드는 곡이 들려오면 눈물을 흘렸다고 한다. 『세설신어』 「임탄(任誕)」 23에 보면, "환자야는 매번 청아한 노래소리를 들으면 '아, 이를 어쩌나!'라고 소리쳤다 한다. 이 말을 들은 사안은 자야는 끝도 없이 깊은 정이 있다 이를만 하구나[桓子野每聞淸歌, 輒喚'奈何!' 謝公聞之, 子野可謂一往有深情]"라고 말했다 한다.

64 원산송(袁山松 : ?~401) : 『진서(晉書)』에 의하면 원산송은 원숭(袁崧)이라고도 한다. 서진(西晉) 때 오군태수(吳郡太守)를 지냈고, 음악에 뛰어난 재능이 있었으며, 그가 지은 노래 「행로난(行路難)」을 들으면 눈물을 흘리지 않는 자가 없었다고 한다. 「행

「오야제(烏夜啼)」를 골라 사마상여(司馬相如)에게는 거문고를, 환이(桓伊)에게는 옥피리를, 고점리(高漸離)에게는 축을, 예형(禰衡)에게는 어양고(漁陽鼓)[65]를 연주하게 하고, 육군양에게 나아가 높은 관을 쓰고 짧은 소매를 한 채 그들 사이에서 현을 켜게 한다. 이에 좌우가 동요하며 의기가 격앙되고, 맑은 현 소리 울리며 애잔한 곡조를 뽑아내고, 사람의 소리와 자연의 소리가 구름처럼 눈처럼 휘날림으로써 이원(梨園)의 비루한 곡법(曲法)을 일소한다면, 즐겁지 않겠는가!

육박(六博)·격오(格五) 등의 놀이[66]는 위진(魏晉) 시대에 성행하였다. 요즘의 사대부들은 십재(十齋)[67]를 받들고 엽자(葉子)[68] 놀이 하는 것을 명사들이 행하는 고상한 일이라고 여겨 서로서로 부추기며 풍조를 이루니, 이것이 온 나라에 유행처럼 번졌다. 나는 그것을 따라하지 않고 단지 검은 돌 흰 돌만으로 실력을 겨루며 바둑판을 뒤집었다 다시 두었다 하였지만[69] 그래도 '[사람 홀리는] 나무로 만든 들여우'[70]라는 비난은 아마 면

로난」은 양담(羊曇)의 노래, 환이(桓伊)의 만가(挽歌)와 더불어 '삼절(三絶)'로 칭해진다.

65 어양고(漁陽鼓): 『세설신어』 「언어」에서 "예형은 위무제에 의해 북 치는 관리로 좌천당했다. 정월 보름날 북 치는 시범을 보일 때 예형이 북채를 들고 「어양참과」를 쳤는데 둥둥 북소리가 마치 편종 소리처럼 맑아 좌중의 사람들이 안색을 고쳤다(禰衡被魏武謫爲鼓吏. 正月半試鼓, 衡揚枹爲「漁陽摻撾」, 淵淵有金石聲, 四座爲之改容)"라고 하였다.

66 육박(六博)·격오(格五) 등의 놀이: 원문은 '박새(博塞)'로 '박새(博簺)'라고도 한다. 육박이나 격오는 모두 주사위 놀이의 일종이다.

67 십재(十齋): 십재는 불교 용어로 매월 정진결재(精進潔齋)하며 소식(素食)을 하고 육식을 금하는 열흘을 말한다. 『지장경(地藏經)』 「여래찬탄품(如來贊嘆品)」에 의하면, 매월 1일, 8일, 14일, 15일, 18일, 23일, 24일, 28일, 29일, 30일을 십재일이라 하며, 이때 부처와 보살상 앞에서 경을 한 번 읽으면 사방 백 유순(由旬: 고대 인도의 거리 측정 단위) 내에 재난이 없다고 한다.

68 엽자(葉子): 빳빳한 종이에 각종 점이나 도안, 문자 등을 인쇄한 일종의 카드로 그 모양 및 놀이 방법이 다양하다.

69 바둑판을…… 하였지만: 원문은 '복국(覆局)'이다. 『삼국지·위지(魏志)』 「왕찬전(王粲傳)」에 다음과 같은 이야기가 나온다. "왕찬(王粲)은 사람들이 바둑 두는 것을 보고 있다가 바둑판이 엉클어졌을 때 그것을 원래 모양대로 다시 두었다. 바둑 두던 사람들이 그것을 믿지 않고 수건으로 바둑 두던 판을 가리고는 그에게 다른 바둑판

하지 못할 듯싶다. 좀 낮은 위치에 있을 때 나는 또 마술을 무척 좋아하여 석복(射覆) 놀이나 장구(藏鉤) 놀이,[71] 순식간에 꽃을 피우는 묘기,[72] 준순주(逡巡酒)[73] 등 여러 가지 마술에 두루 능했다. 점을 쳐 귀신을 불러들이는 일에도 영험함을 보여 [불러낸 귀신이] 설사 진짜 신선이 아니더라도 재주 있는 귀신쯤은 되었다. 기묘년(1639) 과거에 낙방하여 마음이 심란하였을 때, 선동(仙童)들에게 춤을 추게 하여 답답한 마음을 풀었다. 또한 선동들에게 잡극을 공연하게 했는데, 선보이는 온갖 자태는 노련한 배우들도 해내지 못할 정도였다. 금세 이 사실이 알려져 남자 여자 할 것 없이 모두 모여들어 구경하며 집안을 가득 메웠는데, 종일토록 웃고 떠들며 한 달이 되도록 흩어지지 않아서 창문과 안석이 모두 밀려 훼손되었다. 나는 천한 짓을 한 것에 대해 깊이 후회하면서 밖으로 도망가 숨어 구경꾼들을 사절했다. 세상살이가 무료할 때면 주사위를 던져 점을 쳤다. 을해년(1635) 시험 때 옥봉(玉峰)에서 같이 묵던 친구들은 너도나도 길

에 다시 두게 하였다. 그 후 그 둘을 서로 비교해 보았더니 하나도 틀린 것이 없었다[王粲觀人圍棋, 局壞, 粲爲覆之. 棋者不信, 以帊蓋局, 使更以他局爲之. 用相比較, 不失一道]." 이후로 바둑판을 엉망으로 만든 다음 다시 예전과 똑같이 바둑판을 배치하는 것을 '복국'이라고 한다.

70 나무로 만든 들여우 : 원문은 '목야호(木野狐)'이다. 바둑 두는 사람들이 귀천에 상관없이 자신의 일은 내팽개친 채 바둑 두는 일에 빠지는 것을 보고, 바둑판이 마치 여우처럼 사람을 홀린다고 하며 바둑판을 '목야호'라고 불렀다.

71 석복(射覆) 놀이나 장구(藏鉤) 놀이 : 석복과 장구는 모두 고대 놀이의 일종이다. 석복은 엎어 놓은 그릇 속에 들어 있는 물건을 알아맞히는 놀이이다. 장구는 손에 쥔 물건을 알아맞히는 놀이로 한(漢)나라 소제(昭帝)의 모친 구익부인(鉤弋夫人)이 젊었을 때 주먹을 쥐고 입궁하였는데 한 무제(武帝)가 손을 펴게 하니 그 안에 갈고리[鉤]가 있었던 것에서 유래하였다.

72 순식간에 …… 묘기 : 원문은 '경각화(頃刻花)'이다. 유부(劉斧)의 『청쇄고의(青瑣高議)』「한상자(韓湘子)」에 다음과 같은 이야기가 있다. 당나라 한유(韓愈)의 조카 한상(韓湘)이 「언지(言志)」라는 시를 지었는데 "눈 깜박할 사이에 술을 익혀 만들고, 순식간에 꽃을 피울 수 있네[解造逡巡酒, 能開頃刻花]"라는 구절이 있었다. 한유가 그것을 증명해 보라고 하자 한상이 흙을 화분에 담고 덮개로 덮었다가 열었는데 순식간에 꽃이 피어 있었다.

73 준순주(逡巡酒) : 전설에 신선이 순식간에 빚어 익힌 술을 '준순주'라고 하며 '경각주(頃刻酒)'라고도 한다.

흉을 점쳤다. 주사위를 한 번 던지자 주사위 여섯 개가 모두 붉게 나오더니, 과연 이 해에 나는 수재가 되었다. 선친께서 육순이실 때 병에 걸려 한 달이 다 되어가도록 약으로 고치지 못했다. 나는 애가 타서 주사위 판을 안고 마당 가운데 꿇어 앉아 기원했다.

"아버지의 병이 무탈하실 거라면 길한 징조를 내려주십시오!"

그러고는 주사위를 던졌는데, 다섯 개가 각각 다른 색이 나오고 한 개만 빙빙 돌며 멈추지 않았다. 내가 속으로 간절히 비는 도중 주사위가 한 번 튀어 오르더니 순조로움을 나타내는 색이 나왔고 선친의 병환도 곧 좋아지셨다. 예전에 남조 송나라의 기노(寄奴)[74]가 주사위를 던지며 소리치니 전부 검은 색인 노(盧)가 나온 것이나,[75] 당나라 명황(明皇 : 玄宗)이 주사위를 던지며 소리쳐 4가 나온 것,[76] 그리고 자성태후(慈聖太后)가 던진 주사위 중 하나가 옆으로 서서 엎어지지 않은 것이나,[77] 광헌왕후(光獻王后)가 던진 주사위가 삼일 동안 빙글빙글 돌며 멈추지 않은 것[78] 등은 정성을 쏟아 부었기에 하늘의 응답이 즉시 드러난 것이니, 저포(樗蒲)[79]에

74 기노(寄奴) : 남조(南朝) 송(宋)의 고조(高祖) 유유(劉裕)의 아명이다.

75 전부 …… 것이나 : 원문은 '성노(成盧)'이다. 위는 검은 색, 아래는 흰 색인 주사위 다섯 개를 던져 전부 검은 색이 나오는 것을 '노'라고 한다. 사조제(謝肇淛)의 『오잡조(五雜俎)』「인부(人部)」2에 유유(劉裕)가 주사위 놀이를 한 기록이 나온다. 유유의 차례가 되어 주사위를 던졌는데 네 개는 검은 색이 나오고 한 개는 아직 정해지지 않았다. 이때 유유가 큰 소리로 꾸짖자 나머지 하나도 검은 색이 되어 '노'가 되었다.

76 당나라 …… 것 : 『언청(言鯖)』에 다음과 같은 기록이 있다. "명황이 양귀비와 주사위 놀이를 하였는데 질 것 같았다. 4가 나와야만 되는 상황에서 주사위 하나가 뱅글뱅글 돌며 멈추지 않았는데 이때 명황이 주사위를 계속 꾸짖자 과연 4가 되었다[明皇與楊貴妃采戲, 將北, 唯四可解, 有一子旋轉未定, 連叱之, 果成四]."

77 자성태후(慈聖太后)가 …… 것이나 : 송나라 진종(眞宗)의 황후인 자성태후가 아직 입궁하기 전에 한식(寒食) 때 가족들과 동전 던지기 놀이를 하였다. 그녀가 던진 동전 하나가 한참을 돌더니 옆으로 서서 엎어지지 않았는데 얼마 지나지 않아 간택이 되었다.

78 광헌왕후(光獻王后)가 …… 것 : 송나라 인종(仁宗)의 황후인 광헌왕후가 부모님 집에 있을 때 뭇 여자들과 함께 동전 돌리기 놀이를 하였는데 동전 하나가 홀로 소반 안에서 3일 동안 돌다가 비로소 멈추었다.

79 저포(樗蒲) : 가죽 나무[樗木]로 만든 주사위를 던져서 승패를 겨루던 것으로, 우리의

신이 있다는 것이 어찌 허튼 소리겠는가!

나는 한양(漢陽 : 湖北省 武漢市 서남부)의 이운전(李雲田)과 함께 변경(汴京 : 河南省 開封市)의 저자거리를 지나다가 돈을 걸고 도박하는 자들을 보았다. 이운전이 말했다.

"옛 사람들은 돈[錢]을 도[刀]라고 불렀는데, 칼날의 날카로움이 사람을 죽일 수 있기 때문이라오. 두 개의 창[戔]을 집어들고 금(金)을 구하는 것이 전(錢)이니 이 역시 그 흉하고 해로움을 나타내는 것이오."

내가 말했다.

"두 개의 창[戔]을 집어 들고 금(金)을 구하는 것을 전(錢)이라고 하고, 두 개의 창[戔]을 집어 들고 재물[貝]을 구하는 것을 천(賤)이라 하오. 열 개[十]의 창[戈]을 집어 들고 재물[貝]을 구하는 것을 적(賊)이라 할 따름이오!"

이운전이 말했다.

"두 개의 창[戔]과 한 개의 금(金)으로 분명 더 깊이 있는 논의를 해 볼 수 있을 것이오. 그대가 한 번 말해 보시오!"

내가 말했다.

"두 개의 창[戔]으로 하나의 금(金)을 대적하지 못하니 돈[錢]이란 정말 신묘한 물건[神物]이오!"

이운전이 말했다.

"금(金)을 하나 얻자 두 개의 창[戔]이 따라 오니, 어찌 위태롭지 않을 수 있소?"

내가 말했다.

"두 개의 창[戔]을 잡고 하나의 금(金)을 지키니 더 이상 무엇이 두렵겠소?"

한 노인이 웃으며 앞으로 다가와 말했다.

"이 돈이란 놈은 탐욕스러운 자가 반드시 잔혹한 것으로써 얻고자 하

윷놀이와 비슷하다.

는 것이로군요. 두 어르신의 고담준론을 듣게 되어 이 노인네는 대단히 유쾌합니다! 왕개보(王介甫)[80]가 이 말들을 한 번 증명해 줄 수 없어 애석하네요."

을사년(1665) 삼구(三衢 : 지금의 절강성 衢縣)를 거쳐 분수(汾水 : 廣東省 揭陽市 揭東縣 분수촌)와 개화(開化 : 浙江省 開化縣)로 가는 길에 여비가 다해 갈 방법이 없어 막막했다. 마침 서당 하나가 있기에 가보았더니 훈장이 '심광체반(心廣體胖)' 읽는 것을 가르치고 있었는데 '반(胖 : pan)'의 음을 '반(伴 : ban)'으로 읽고 있었다. 내가 들어가 그에게 말했다.

"선생님이 틀렸습니다. 반(胖 : pan)은 포관(蒲官 : p+an) 반절이므로 반(盤 : pan)으로 읽어야 됩니다."

서당 선생이 말했다.

"선생께서는 혹 반절법(反切法)에 정통하십니까? 좀 가르쳐주시기 바랍니다."

그리하여 앞 글자에서는 성모를 따고 뒷 글자에서는 운각을 따고, 중간에 변화되어 가는 과정, 예컨대 '경견정전(經堅丁顚)' 등과 같이 외우는 구결들을 일일이 지도해 주고 여러 번 발음해 보게 하였다. 선생과 제자들에게 나를 따라 외워보게 하니, 서당 안에 주고받는 목소리가 가지런히 울려 퍼졌다. 처음에는 어린아이들이 옹알옹알 말을 배우듯이 혀가 모두 뻣뻣했으나 조금 지나니 섬섬 부드럽게 풀리는 듯했다. 수백 번 연습을 하자 입을 벌려 나오는 것이 자연스럽게 조화를 이루었다. 주인은 이 소리를 듣고 몹시 기뻐하면서 나에게 읍하며 말했다.

80 왕개보(王介甫) : 개보(介甫)는 왕안석(王安石)의 자로, 그는 신법을 주장하여 화폐경제를 부흥시키고 거둔 세금으로 국고를 풍성히 채웠다. 그러나 서하(西夏)와의 잦은 전쟁으로 인해 대부분 군사비용으로 탕진하였고 결국 민간에서의 화폐 유통은 원활하지 못했다. 또한 왕안석이 재정담당으로 추천한 정협(鄭俠)은 동전을 국외로 반출시키지 못하도록 명한 '전금(錢禁)' 정책을 폐지하였는데, 이 때문에 동전이 대량으로 주변국들로 유출되고 조정과 민간의 동전이 부족해지는 부작용이 나타났다. 여기에서 노인은 화폐정책과 관련 있었던 왕안석이 돈에 대해 잘 알고 있을 것이라 생각하여 이렇게 말한 것이다.

"등운·반절법[81]과 같은 것은 시골구석에 제대로 전해지지 않아 시골 글방의 아둔한 아이들은 목석에 옷 입혀 놓은 듯 멍하기만 한데, 다행히 선생님의 가르침을 받게 되었군요! 선생님의 성은 어떻게 되시며, 이제 어디로 가실 겁니까? 어째서 이곳에서 수레를 멈추셨나요?"

나는 강우(江右)로 가는 길에 노잣돈이 떨어졌노라고 사실대로 말했다. 그러자 주인은 "어려운 일이 아닙니다"라고 하더니, 집안 하인에게 즉시 구리돈과 무늬 비단을 가져오도록 하여 사례로 주었다. 나는 절을 하고 그 돈을 받아 즉시 길을 떠날 수 있었다. 문자학을 어릴 적부터 익힌 덕분에 음과 뜻에 대체로 큰 오류가 없더니, 뜻밖에 유랑하다가 그 덕을 보았구나. 글자를 풀이하여 술과 음식을 얻고, 운을 분석해서 재물을 얻었으니, 이 역시 학문하는 사람들 사이에 회자 되는 미담이다.

불가와 도가에서는 세상 사람을 어리석고 속되다고 여겨 도가에서는 신선이 되는 것으로 사람 마음을 동하게 하고, 불가에서는 윤회사상으로 사람을 두렵게 만든다. 나는 삶과 죽음에 대해 잘 알고 있었기에 그러한 이야기에 빠지지 않았다. 그러나 나타내는 뜻이 청아하고 미묘하며, 사용하는 언어가 고상하고 오묘하여, 어리석은 자의 꽉 막힘을 뚫어주기에는 충분하다. 그래서 나는 도가에서 말하는 육갑비문(六甲秘文)[82]이나 만필신술(萬畢神術),[83] 불가에서 말하는 삼거(三車)[84]의 주요한 뜻이나 사체(四

---

81 등운·반절법 : 원문은 '등자절법(等字切法)'으로 중국 음운학에서 말하는 '등운(等韻)'과 '반절(半切)'을 말한다. 등운은 한자의 발음을 객관적으로 표현하는 수단의 하나로, 성모(聲母)를 무성(無聲)·유성(有聲)의 차이에 의하여 청(淸)·탁(濁)으로 나누고, 운모(韻母)를 벌리는 입의 대·소에 따라 1등에서 4등까지 4종류로 나누어 분류한 것이다. 반절은 성모(聲母)와 운모(韻母)를 나누어 한 글자의 독음을 표기하는 방식이다. 예를 들면 '東 德紅反(切)'과 같이 써놓고 동(東)의 독음이 '덕'의 성모/t/와 '홍'의 운모/uŋ/을 취하여 '동'(/tuŋ/)이란 음을 표시하도록 하는 것이다. 이때, 성모를 표시하는 글자를 반절상자(反切上字)라 하며 운모를 표시하는 글자를 반절하자(反切下字)라고 한다.

82 육갑비문(六甲秘文) : 도교에서 악귀를 쫓는데 사용하는 부적이다.

83 만필신술(萬畢神術) : 도교의 여러 가지 술법을 일컫는다.

84 삼거(三車) : 불교 용어로 삼승(三乘) 즉 소승(小乘 : 聲聞乘)·중승(中乘 : 緣覺乘)·

諦)[85]에 관한 진리에 대해 깊이 탐구해보지 않은 바가 없다. 내가 만약 고요한 곳에서 도술을 닦는다면 그 목적은 지초를 캐고 선액을 삼키는 일에 있지 않을 것이고, 높은 자리에 앉아 불법을 이야기한다면 그 목적은 먼지떨이를 세우거나 몽둥이를 드는 데[86] 있지 않을 것이니, 하늘로 승천한 신선이건, 단약 화로 지키는 자라건, 대선(大善) 지식이건 간에 모조리 울타리 밖에 던져버리고 잠이나 자게 할 것이다.

나는 점성가나 관상가의 말 따위는 믿지 않는다. 이허중(李虛中)[87]과 당거(唐擧)[88]는 이 세상 사람이 아니다. 점성가나 관상가들에게 내가 어디까지 갈 것인지 추측하고 내 지위를 예상해 보게 하면 모두 지극히 귀한 상이라 하면서 서른 마흔 이전에 일찌감치 공경장상이 될 것이라고 했다. 사람들은 이런 말로 내게 아첨하였고, 나 또한 처음에는 그러한 아첨 듣는 것을 좋아했다. 그러나 이후에 보니 종종 들어맞지 않았다. 나는 칠십 년을 살았다. 누런 기장도 다 익어버렸고[89] 바보 같은 꿈은 더 이상

대승(大乘 : 菩薩乘)을 가리킨다. 이 셋은 깊이가 다른 해탈의 도이며 불법을 두루 지칭하기도 한다.

85 사체(四諦) : 인간 세상은 모든 것이 고통이고, 욕망이 모든 고통의 원인이며, 번뇌와 욕망을 없애야만 해탈의 경지에 이를 수 있고, 해탈의 길은 팔정도(八正道)를 통해 사념을 없애는 것이라는 불교의 기본 교리를 말한다.

86 먼지떨이를…… 드는 데 : 원문은 '수불염퇴(竪拂拈槌)'이다. 불교 선종(禪宗)에서 선사들이 손에 먼지떨이나 몽둥이를 들고 움직여 설법을 듣는 사람의 마음을 불편하게 만든다. 그러나 이러한 먼지떨이나 몽둥이라는 주관적으로 만들어 낸 외물(外物)의 움직임에 집착하여 사물을 분별하거나 마음이 동요되어서는 안 되며, 모든 것을 초월하여 무념의 경지에 이르러야 한다고 가르친다.

87 이허중(李虛中 : 762~813) : 당나라 때 점성가로 자는 상용(常容)이다. 정원연간(貞元年間 : 779~805)에 진사가 되어 관직이 전중시어사(殿中侍御史)에 이르렀다. 도교의 장생불로술을 믿고 오행서(五行書)에 정통하였으며, 사람의 생년월시로 운명을 점쳐 후세인들에게 점성가의 시조로 받들어졌다.

88 당거(唐擧) : 전국시대 양(梁)나라 사람으로 사람의 생김새, 안색 등으로 길흉을 점치는 관상술에 뛰어났다.

89 누런 기장도 다 익어버렸고 : 원문은 '황량숙(黃粱熟)'으로 인생이 거의 끝났음을 비유적으로 말한 것이다. 당 전기(傳奇) 「침중기(枕中記)」에 여관 주인이 누런 기장을 찌고 있는 동안 주인공 노생(盧生)이 부귀영화를 누리다가 우여곡절 끝에 병들어 죽는 한바탕 꿈을 꾸다 깨어나서 인생의 허망함을 깨닫는 이야기가 나온다.

꾸지 않으니, 그러한 말들을 믿고 싶어도 또한 뭘 가지고 믿을 수 있으리오? 무당의 술법도 믿지 않는다. 우리 유(瓔: 嘉定) 땅에는 여자 무당이 많아 조상의 혼령을 불러내 사람들과 말을 하곤 했다. 어렸을 때 집안사람을 따라가 [무당이 술법하는 장면을] 보았는데, 과연 문 뒤에서 은은하게 소리가 들렸고, 집안사람은 대낮에 귀신을 보고 울며 안부를 물었다. 나는 이러한 것이 싫어서 뒷문으로 나가 몰래 살펴보다가 어떤 사람이 항아리 속에 머리를 숙이고 말하는 것을 보았고, 이로 인해 사기 행각은 마침내 밝혀졌다. 하남(河南)에 있을 때 이어사(李御史)와 숭악(嵩嶽: 嵩山)에 참배하러 갔다가 소위 '마자(馬子)'라는 자가 몸에 신이 내려 처마 밑에 엄숙히 앉아 있고, 밧줄과 몽둥이를 든 자가 좌우에 빽빽이 서 있는 장면을 보았다. 산에 오른 어리석은 백성들 중에는 본래 신을 모셔놓은 곳에는 참배하지 않고 뜻밖에 '마자'에게 절하며 축원하고 돌아가는 자도 있었다. 마자가 갑자기 큰소리로 꾸짖으며 지껄이면 모두들 놀라 달아나고 재물은 산더미만큼 쌓였다. 그것이 싫어 어사에게 그들을 모두 잡아들이라고 명하니 뭇 '신'들이 고개를 조아리며 살려달라고 애결했다.

성색(聲色)은 사람의 마음을 움직이지만 나의 성향은 또한 남다른 점이 있다. 나는 샘물 소리를 좋아하고, 음악 소리를 좋아하며, 아이들이 책 읽는 낭랑한 소리를 좋아하고, 한밤 중 노 젓는 뱃사공의 소리를 좋아한다. 나는 까마귀 떼 울음소리를 싫어하고, 하인들의 길 비키라는 소리를 싫어하며, 장사꾼들의 주판 소리를 싫어하고, 부녀자들의 욕하는 소리를 싫어한다. 남자들이 시끄럽게 구는 소리를 싫어하고, 눈 먼 아낙의 탄사 소리를 싫어하며, 솥 바닥 긁는 소리를 싫어한다. 또 새벽녘 달빛을 좋아하고, 새벽녘 내린 눈빛을 좋아하며, 정오의 꽃빛깔을 좋아하고, 엷게 화장한 여인의 참모습을 좋아하며, 삼백주(三白酒)[90]의 빛깔을 좋아한다. 화

90 삼백주(三白酒): 술의 일종으로, 청나라 우조릉(虞兆漋)의 「천향루우득(天香樓偶得)」에 "근자에 술집에서 찹쌀을 찧어 밀가루 누룩과 맑은 물로 술을 빚어 오래 묵혀두면 아주 귀한 술이 되는데 이를 '삼백주'라고 한다(近來造酒家以白麵爲麯, 幷舂白秫,

류계 기녀들의 쇠잔해 가는 모습을 싫어하고, 아첨하는 사람의 가식적인 모습을 싫어하며, 귀인들의 거짓 표정과 꾸민 모습을 싫어한다. 나의 경우, 평상시에는 희색이 만연하고 수심과 고뇌에 찬 모습일랑 없으며, 웃음소리만 있고 탄식하는 소리는 없다. 내 생각에 굴원의 「구탄(九歎)」[91]이나 양홍(梁鴻)의 「오희(五噫)」,[92] 노조린(盧照鄰)의 근심과 한이 서린 시문들[93]과 가의(賈誼)의 '긴 한숨',[94] 그리고 양웅(揚雄)의 「반뢰수(畔牢愁)」[95]와 은심원(殷深源)의 '돌돌괴사(咄咄怪事)'[96] 등은 모두 마음이 좁아 늘 세상을

和潔白之水爲酒, 久釀而成, 極其珍重, 謂之'三白酒'"는 설명이 있다.

91 굴원의 「구탄(九歎)」: 후한(後漢) 왕일(王逸)의 『초사장구(楚辭章句)』에 의하면 「구탄」은 전한(前漢)의 유향(劉向)이 굴원을 추념하여 지은 것으로 되어 있다.

92 양홍(梁鴻)의 「오희(五噫)」: 양홍은 동한 때 시인이다. 자는 백란(伯鸞)이고 부풍(扶風) 평릉(平陵 : 지금의 섬서성 咸陽市 서북쪽) 사람이다. 한나라 장제(章帝) 때 양홍이 도성을 지나며 「오희가(五噫歌)」를 지어 세상을 풍자했는데 장제가 이를 듣고 불쾌해하며 그를 체포하도록 했다. 「오희가」는 전체 5구로 매 구의 말미에 '희(噫)'자가 있다. 원문은 다음과 같다. "저 북망산에 올라, 아! 제왕의 도성을 돌아 보네, 아! 궁실은 높고 거대한데, 아! 백성들의 수고로움은, 아! 아득하니 끝이 없구나, 아![陟彼北芒兮, 噫! 顧覽帝京兮, 噫! 宮室崔嵬兮, 噫! 人之劬勞兮, 噫! 遼遼未央兮, 噫!]"

93 노조린(盧照鄰)의 …… 시문들 : 노조린(637?~689?)은 자가 승지(昇之), 호는 유우자(幽憂子)로 어려서부터 재주가 뛰어나 일찍부터 문명(文名)을 떨쳤으나, 풍질(風疾)에 걸려 고생하다 끝내 물에 빠져 자살하였다. 자신의 정치적 포부를 이루지 못하고 병마에 시달리며 맺힌 한이 그의 시문 「오비문(五悲文)」이나 「석질문(釋疾文)」 등에 잘 드러나 있다. 왕발(王勃) · 양형(楊炯) · 낙빈왕(駱賓王)과 함께 초당사걸(初唐四傑)로 병칭되었다.

94 가의(賈誼)의 '긴 한숨' : 가의는 「치안책서(治安策序)」에서 "신이 속으로 일의 형세를 헤아려보니 통곡을 할 만한 것이 하나요, 눈물을 흘릴 만한 것이 둘이요, 크게 탄식할 만한 것이 여섯입니다[臣竊惟事勢, 可爲痛哭者一, 可爲流涕者二, 可爲長太息者六]"라고 하였다.

95 양웅(揚雄)의 「반뢰수(畔牢愁)」: 「반뢰수」는 한나라 양웅이 지은 사부(辭賦)의 편명으로 지금은 전해지지 않는다. 『한서』 「양웅전」의 안사고(顏師古) 주에 따르면 '반(畔)'은 '리(離 : 이별하다)'의 뜻이고 '뇌(牢)'는 '료(聊 : 무료하다)'의 뜻으로 이 작품은 군주와 이별하여 근심스럽고 무료한 심정을 노래한 것이다.

96 은심원(殷深源)의 '돌돌괴사(咄咄怪事)' : 『진서(晉書)』 「은호전(殷浩傳)」과 『세설신어』 「출면(黜免)」에 나온다. 은호는 진(晉)나라 사람으로 자가 심원(深源)이다. 건무장군(建武將軍)을 거쳐 예주(豫州) · 서주(徐州) · 연주 · 양주(揚州) · 청주(青州)의 다섯 주를 관장하는 중군(中軍)장군이 되었다. 그러나 요양(姚襄)의 반란을 진압하지 못했다는 이유로 서인으로 강등되어 변방에서 귀양살이를 하다가 죽었다. 은호가 귀양을 간 것은 죽마지우인 환온(桓溫)의 무고로 인한 것인데, 그럼에도 은호는

원망한 것 같다. 나와 같은 시대에 태어나 거침없고 호방한 말들을 서로 나누면서 마음을 넓히지 못한 게 안타깝구나.

나는 돈 액수를 알지 못하고 물건 값을 알지 못하며, 장사하여 이익 취하는 방법을 배우지 않았고, 회계 장부를 마련하지 않았다. 느닷없이 온 것은 느닷없이 떠나가게 마련이다. 마치 집 주인하고는 아무 관계가 없는 듯 집안에 홀연 가득 찼다가 홀연 비기도 한다. 일곱 살 때 백부께서 돌아가셔서 응당 내가 대를 이어야 했는데, 문중 사람 하나가 나타나 후사 자리를 놓고 다투게 되었다. 군(郡)의 사마(司馬)인 아무개가 이 일의 심판을 맡았는데, 문중 사람으로부터 뇌물을 받고 부당하게 그의 편을 들어주었다. 내가 일어나 아뢰었다.

"누군가의 후계자임을 다투는 것은 그 재산을 탐하기 때문입니다. 저는 그런 세속적인 마음으로 종사를 받드는 것은 원하지 않습니다."

나는 재빨리 인사하고 나갔다. 그러자 사마가 선친께 말했다.

"이런 훌륭한 아들이 있으니 이 재산에 기대지 않아도 되겠소!"

이렇게 뜻만 크고 재물을 모으지 않는 성향은 어릴 적부터 이미 그러하였던 것이다. 내 여행 상자를 기울여 보면 십 전 정도의 적은 돈도 쌓여 있던 적이 없다. 은전이나 돈 역시 수시로 왔다 수시로 가지만 유독 나 같이 청빈한 사람만은 좋아하지 않는다. 일찍이 선생 자리에 앉아[97] 학생들의 수업료[98]를 받은 적도 있고, 또 글을 지어주거나 글을 팔아 생활한 적도 있으며, 민가(民歌) 수집하는 관리에게 글을 지어주고 앞에서

원망하는 말을 전혀 입 밖에 내지 않았다. 다만 하루 종일 허공에 대고 손가락으로 오로지 '돌돌괴사'라는 넉 자만을 쓸 뿐이었는데, 이것은 '아아, 괴이한 일이로다!'라는 뜻이다. 이후로 상식적으로 이해할 수 없는 아주 이상한 일, 또는 괴상망측한 뜻밖의 일을 일컫는 관용어로 굳어졌다.

97 선생 자리에 앉아 : 원문은 '좌고비(坐皐比)'이다. '고비'는 원래 호랑이 가죽을 말하며, 옛날 사람들이 호랑이 가죽 위에 앉아 강학하였으므로 이후에 가르치는 선생 자리를 일컫게 되었다.

98 수업료 : 원문은 '수포(修脯)'로 옛날에 선생님께 드리던 선물이나 사례금을 일컫는다. '수(修)'는 '수(脩)'와 통하며 말린 고기를 말한다.

최고의 상을 받은 적도 있다. 크게 사업을 벌인 적도 없고 쉬지 않고 입에 넣지도 않았는데 머리맡 저 돈[99]이 어찌하여 다 없어졌는지 모르겠다.

나는 옛 기물을 아주 좋아하는 기벽이 있어서 요행히 구입하게 되면 끊임없이 아끼며 만지작거렸고, 혹시라도 잃어버리면 마치 죽은 사람을 그리워하듯 오랫동안 속상해 했다. 예전에 동도(東都 : 洛陽)에 있을 때, 이별 선물로 받은 돈을 모두 삼대(三代) 때의 주기(酒器)인 존(尊)과 이(彝)를 사는 데 썼는데, 진짜와 가짜가 각각 반씩 섞여 있었다. 보따리를 짊어지고 숙소로 돌아오니 가족들은 그 속에 들어 있는 물건이 귀중한 것이리라 생각하고 열어보았으나 그야말로 하나같이 무덤 속 물건이었다. 내가 자랑하자 가족들은 비웃었다. 그러나 얼마 지나지 않아 하나하나 잃어버렸다. 만약 내가 금을 담아 돌아왔어도 분명 손 가는 대로 다 썼을 터, 임저(臨沮)의 수전노[100]는 되지 못했을 것이다. 사람들은 나보고 어리석다고 하지만 어리석은 것이 아니다.

예전에 두려워하는 것이 세 가지 있었으니, 도둑을 두려워하고, 미친 개를 두려워하고, 웃는 낯에 꾀가 많은 사람을 두려워했다. 불행히도 나는 당파의 노여움을 사게 되었는데, 그들은 끝내 독충이 독이 든 모래를 뿜어 사람을 해치듯 나를 음해하고[101] 문자옥(文字獄)을 일으켜 잡아 가두

---

99 돈 : 원문은 '아도(阿堵)'이다. 육조 때 구어로 '이것' 이라는 뜻으로 돈을 지칭한다. 『세설신어』「규잠(規箴)」에 "이보가 아침에 일어나 돈이 나가는 길을 막고 있는 것을 보고는 시녀를 불러 '이 물건을 치워라'라고 말했다[夷甫晨起, 見錢閡行, 呼婢曰 : '擧却阿堵物']"는 이야기가 있다.

100 임저(臨沮)의 수전노 : 임저에 살던 등차(鄧差)를 말한다. 『태평광기』 권360 「등차(鄧差)」에 "사람이 세상에 사는 것은 다 입고 먹기 위한 것인데 하루아침에 병들어 죽으면 어떻게 다시 산해진미를 맛볼 수 있겠습니까? 임저의 등생처럼 평생 쓰지 않고 아껴서 수전노가 될 수는 없지요[人生在世, 終止爲身口耳, 一朝病死, 安能復進甘美乎? 終不如臨沮鄧生, 平生不用, 爲守錢奴耳]"라는 구절이 있다.

101 그들은 끝내 …… 음해하고 : 원문은 '졸취역사(卒吹蜮沙)'이다. 전설에 의하면 조주(祖洲)에 사는 '역(蜮)'이라는 독충은 평소에 모래 속에 숨어 있다가 사람이 지나가면 그의 그림자에 모래를 뿜어내는데, 그것이 적중하면 사람의 몸에 독이 퍼져 해를 입는다고 한다. 여기서는 간사한 이가 음해하는 것을 비유적으로 표현한 것이다.

었다. 폐간(狴犴)[102]같은 놈이 있는 것도 모르는 것처럼, 나는 날마다 저술에 힘썼다. 그러자 객이 나를 꾸짖어 말했다.

"그대는 재주를 감추지 못해 이 지경에 이르고도 아직도 그 방탕한 언사를 놀려 잘난 척을 하는가?"

내가 말했다.

"사마천은 궁형(宮刑)을 당하고 잠실(蠶室)에 앉아 『사기』를 지었고, 육평원(陸平原 : 陸機)은 사형에 임해 '옛 사람들은 입언(立言)함으로써 길이 기억되었으니, 내가 한스러운 것은 내 책이 아직 완성되지 못한 것일 뿐이오!'라고 했네.[103] 또 채중랑(蔡中郞 : 蔡邕)은 체포되자 묵형(墨刑)과 월형(刖刑)을 당하더라도 한나라 역사서를 계속 기술하게 해달라고 청했네.[104]

---

102 폐간(狴犴) : 괴수의 이름이다. 전설에 따르면 용에게 아홉 아들이 있었는데 이들은 비록 용이 되지 못하였으나 각각 잘 하는 것이 있었다. 그 중 넷째 아들의 이름은 폐간으로 호랑이 형상에 대단한 위력을 지녔기에 감옥 문을 지키게 되었다고 한다. 양신(楊愼)의 「용생구자(龍生九子)」에 자세한 기록이 있다.

103 육평원(陸平原)은 …… 했네 : 육조 때의 육기(陸機). 육기는 명문가 출신으로 조부 손(遜)은 삼국시대 오(吳)나라의 재상, 아버지 항(抗)은 군사령관, 동생 운(雲)도 문재(文才)가 있어 그와 함께 '이륙(二陸)'이라 불렸다. 혜제(惠帝) 때 정국이 혼란해지고 팔왕(八王)의 난이 일어나자 이 난에 휘말려 동생과 함께 죽임을 당하였다. 『포박자(抱朴子)』「내편(內篇)」 및 『태평어람(太平御覽)』 602에 다음과 같은 기록이 보인다. "육평원은 『자서』를 짓다가 완성하지 못했다. 나의 문하생 중에 육기의 군대에 있었던 자가 있는데, 늘 옆에 있었다고 한다. 육기는 임종 무렵에, '궁하고 통하는 것은 때가 있는 것이고, 어떤 일을 당하는가는 모두 운명이다. 고인은 입언을 귀히 여기며 불후라 여겼는데, 나는 『자서』를 아직 완성하지 못하였으니, 그것이 한이로다'[陸平原作『子書』, 未成. 吾門生有在陸君軍中, 常在左右. 說陸君臨亡曰 : '窮通時也, 遭遇命也. 古人貴立言以爲不朽, 吾所作『子書』未成, 以此爲恨耳']."

104 채중랑(蔡中郞 : 蔡邕)은 …… 청했네 : 채중랑은 동한의 문인 채옹(蔡邕)을 가리킨다. 『삼국지(三國志)』「동탁전(董卓傳)」에 이와 관련된 내용이 보인다. "채옹은 왕윤과 함께 있다가 동탁이 죽었다는 소리를 듣고 탄식했다. 왕윤이 채옹을 꾸짖으며 말했다. '동탁은 나라의 큰 도적이다. 임금을 죽이고 신하를 해쳤으니, 천지신명도 보우하지 않고, 사람도 귀신도 모두 미워한다. 그대는 신하가 되어 대대로 한나라의 은혜를 입었으면서 나라와 임금이 위험에 빠졌는데도 칼 한번 휘두르지 않았다. 그러더니 동탁이 천벌을 받았다는 이야기를 듣고 탄식을 한단 말이냐?' 그러면서 그에게 정위 직을 맡으라 했다. 채옹은 이를 사양하며 말했다. '제가 비록 불충하지만, 그래도 대의는 압니다. 고금의 안위는 질리도록 듣고, 늘 입에 달고 살았습니다. 그러니 제가 어찌 나라를 배반하고 동탁에게 붙었겠습니까? 어리석은 말은 한번 잘못 나가

이 세 현인은 나의 스승일세. 그대가 어찌 이러한 것을 이해할 수 있겠는가?"

어떤 이는 또 인과응보설을 끌어다 말했다.

"그대는 무슨 악한 일을 했기에 이러한 형벌을 당했소?"

내가 말했다.

"저 포악한 도척(盜跖)[105]은 충정어린 사람을 죽여 그 살을 먹고도 장수를 누렸으며, 유하혜(柳下惠)[106]는 몸가짐을 바르게 하였으나 왕에게 내침을 당하고 굴욕스럽게 생을 마감했소. 숭후호(崇侯虎)[107]는 포락지형(炮烙之刑)을 왕에게 진언하여 백성을 괴롭히고도 나라가 멸망해도 그 해를 입

면 다시 주워담기 어렵지요. 청컨대 묵형과 월형을 받더라도 한나라 사서를 계속 저술하고 싶습니다.' 공경들이 채옹의 재주를 아껴 왕윤에게 간청하였으나, 왕윤은 '옛날 무제가 사마천을 죽이지 않았던 것은 [한나라를 비방한 『사기』를 쓰게 하여 후세에 남기기 위함이었다. 그러나 지금 나라가 위태롭고 변방에 군사들이 나가 있으니, 저런 불충한 신하로 하여금 어린 군주 옆에서 붓을 쥐게 하여 우리들이 괜히 비방을 받을 이유가 없다'라고 하고는 채옹을 죽였다[蔡邕在王允坐, 聞卓死, 有嘆惜之音. 允責邕曰:'卓, 國之大賊. 殺主殘臣, 天地所不佑, 人神所同疾. 君爲王臣, 世受漢恩, 國主危難, 曾不倒戈. 卓受天誅, 而更嗟痛乎?' 便使收付廷尉. 邕謝允曰:'雖以不忠, 猶識大義, 古今安危, 耳所厭聞, 口所常玩. 豈當背國而向卓也? 狂瞽之詞, 謬出患入, 原黥首爲刑以繼漢史.' 公卿惜邕才咸共諫允. 允曰:'昔武帝不殺司馬遷, 使作謗書, 流於后世. 方今國祚中衰, 戎馬在郊, 不可令佞臣執筆在幼主左右, 後令吾徒幷受謗議.' 遂殺邕]."

105 도척(盜跖) : 중국 춘추 시대 때의 대도(大盜)이다. 현인 유하혜(柳下惠)의 아우로, 수천 명을 거느리고 천하를 횡행하였다고 한다.

106 유하혜(柳下惠) : 중국 춘추 시대 노(魯) 나라 때의 현자(賢者)로 성은 전(展), 이름은 획(獲), 자는 금(禽)·계(季)이며 유하(柳下)에서 살았기에 이것이 호가 되었다. 또한 문인들이 혜(惠)라는 시호를 올려 유하혜라고 불리게 되었다. 직도(直道)를 지켜 임금을 섬긴 것으로 알려져 있으며 춘추 시대 대도(大盜)이자 악인(惡人)으로 유명한 도척(盜跖)이 그의 동생이다. 이에 따라 형제간에 현인과 대악인이 있을 때 이들에 비유하였다.

107 숭후호(崇侯虎) : 중국 역사상 첫 번째 밀고자로 알려져 있다. 은나라 주왕(紂王)이 구후(九侯)의 딸을 후궁으로 들였다가 그녀가 음란한 것을 싫어하자 그녀를 죽이고 구후를 죽여 육장을 담갔다. 악후(鄂侯)가 그들을 위해 항변하자 주왕은 그를 죽여 육포로 만들었다. 이에 서백창(西伯昌)이 몰래 탄식하였는데 숭후호가 이것을 알고 주왕에게 밀고하였으며 주왕은 서백을 유리에 가두었다. 『사기』「은본기(殷本紀)」에 자세한 기록이 있다.

지 않았소. 반면, 서백(西伯)은 덕을 닦고 인을 행하였으나 유리(羑里)에 갇혔소.[108] 사마퇴(司馬魋)[109]는 성인[공자]을 죽이려 하고도 송나라의 권세가가 되었소. 공자께서는 요순보다 어진 현자였지만 광(匡) 땅에서 잡히고, 포(蒲) 땅에서 포위되었으며, 송(宋) 땅에서는 평복을 입어야 했소.[110] 인과응보설에 따르면 도척·숭후호·사마퇴가 선한 보답을 받은 것이 잘못된 것이 아니고 유하혜·서백·중니가 악한 보답을 받은 것이 분명하다는 말인데, 세상에 이런 법이 어디 있단 말이오!"

자신을 알아주는 은혜는 나를 낳아 주는 것과 같다. 옛 사람들은 "선비는 자신을 알아주는 사람을 위해 일한다"[111]고 하였고 또 "선비는 자신을 알아주지 않는 이에게는 재주를 펼쳐 보이지 않고, 자신을 알아주는 사람에게 재주를 펼쳐 보인다"[112]고 했다. 또 "은혜에 감사할 일은 있으나, 아직 지기라 할 수는 없다"[113]고 하였으며, "천하에 나를 알아주는

---

108 서백(西伯)은 …… 갇혔소: 서백은 주나라 문왕(文王)이다. 은나라 주왕(紂王)의 간신 숭후호의 말을 듣고 서백을 유리(지금의 河南省 湯陰縣 북쪽)에 가두었다.

109 사마퇴(司馬魋): 사마퇴는 춘추시대 송나라 환공(桓公)의 후손으로 환퇴(桓魋)라고도 부른다. 노나라 정공(定公)이 제나라에서 보낸 미녀들에게 빠져 정사를 소홀히 하자 노나라 사구(司寇)로 있던 공자는 노나라를 떠나 위나라로 갔다가 다시 송나라로 갔다. 이때 사마퇴가 공자를 죽이려고 하여 공자는 제자들과 미복을 하고 도망갔다. 『사기』「공자세가」와 「송세가(宋世家)」에 자세한 기록이 있다.

110 공자께서는 …… 입어야 했소: 공자는 광(匡) 땅을 지나가다가 생김새가 양호(陽虎)와 비슷하다는 이유로 닷새 동안 포위되어 있었다. 후에 포(蒲) 땅에 갔다가 위(衛)나라 귀족 공숙씨(公叔氏)의 내란으로 다시 포위되는 신세가 되었다. 송(宋) 땅에 왔을 때는 사마퇴가 공자를 죽이려 하여 미복 차림으로 송을 빠져나갔다.

111 선비는 …… 일한다: 『전국책(戰國策)』「조책(趙策)」에 예양(豫讓)이 자신을 알아준 지백(智伯)이 조양자(趙襄子)에게 살해당하자 지백을 위해 복수를 다짐하며 "아! 선비는 자신을 알아주는 이를 위해 일하고, 여인은 자신을 예뻐해 주는 이를 위해 화장을 하니, 나는 지백의 원수를 갚겠노라[嗟呼! 士爲知己者用, 女爲悅己者容, 吾其報智氏矣]"라고 한 말을 인용한 것이다.

112 선비는 …… 보인다: 당나라 유명한 서예가이자 서예 이론가인 손과정(孫過庭: 645?~703)의 『서보(書譜)』에서 인용한 말이다.

113 은혜에 …… 없다: 당나라 한유(韓愈)가 「장복야에게 올리는 편지[上張仆射書]」에서 "비록 날마다 천금을 하사 받고 1년에 아홉 차례나 관직을 옮겨 승진하니 그 은혜에 감사할 일은 있으나 장차 세상에서 말하는 '지기'에 대본다면 아직 지기라 할 수는

사람이 한 명이라도 있다면 한이 없을 것이다"[114]고 하였다. 심하도다! 지기를 얻기 어려움이여! 그러나 나는 평생 모두 열 명의 지기를 얻었다. 어렸을 때 동자시(童子試)에 응시하였는데, 용동(甬東 : 浙江省 定海縣)의 사상삼(謝象三)[115] 선생이 나를 보고 "깊은 웅덩이의 신령스런 망아지가 소금수레에 매여 있어, 천 리를 내달리지 못할까 걱정이다"라고 하였으니, 이 분이 나를 알아 준 한 사람이다. 초황(楚黃)의 조석하(曹石霞) 선생은 유(瀏) 땅 현령으로 있을 때 한 달에 두 차례 선비들의 학업을 평가하였는데, 내가 번번이 일등을 하였다. 관직에서 물러나서 서자호(西子湖 : 西湖)와 백문(白門 : 지금의 南京)의 산수를 방랑하며 손을 마주 잡고 시를 읊고 미친 듯 소리치며 고꾸라지기도 했으니, 이 사람이 또 한 명의 지기이다. 광주(光州 : 河南省 潢川縣의 옛 명칭)의 당설령(唐雪靈) 선생은 마을의 선비 스무 명을 선발하여 때때로 관서에서 문재(文才)를 겨루게 하였다. 그는 문장을 반드시 마주하고 앉아 읽었고, 여러 젊고 영특한 이들에게 나를 경사(經師)로 받들라고 시켰다. 또 신묘년(1651) 과거 시험에서 그는 내가 반드시 일등이 될 거라고 여겼다. 그러나 내가 낙방하자 그는 하늘을 향해 탄식하며 눈물을 흘렸다. 이 사람도 나를 알아준 한 사람이다. 상담(湘潭 : 湖南省 상담시)의 욱륜(旭輪) 선생 심이오(沈李吳)는 여러 선비들의 글 중 세 번이나 [내 글을] 으뜸으로 뽑으면서, "시문(時文) 중의 고문(古文)으로, 장님인 좌구명(左丘明)과 궁형 당한 사마천이 쓴 두 역사서[『좌전』과 『사기』]에서 나왔다. 그러나 지금 과거시험 관리의 눈에는 차지 않을까 걱정스럽다"고 하였으니, 역시 나를 알아준 사람 중 하나이다. 봉래(蓬萊 : 山東省 봉래시)의 이임지(李琳枝)[116] 선생은 향시에서 선비를 선발할 때 죄인 중

없습니다[雖日受千金之賜, 一歲九遷其官, 感恩則有之矣, 將以稱于天下曰知己, 知己則未也]"라고 한 것을 인용한 것이다.

114 천하에 …… 것이다 : 장조(張潮)의 소품집 『유몽영(幽夢影)』에서 인용한 말이다.

115 사상삼(謝象三) : 명말청초의 장서가로, 자는 삼빈(三賓)·새옹(塞翁)이며 사명(四明 : 절강성 寧波) 사람이다. 전겸익의 문하생으로, 장서에 뜻을 두어 사명에 박아당(博雅堂)이라는 장서루를 세웠다.

에 있는 나를 선발하여 도읍 인사들보다 더 높은 자리에 올렸다. 그는 내 글에 서문을 써 주며 말하기를 "개인(介人 : 汪价)의 글은 사람을 슬프게도 하고 또 노하게도 하며, 기쁘게도, 술을 마시게도, 병이 낫게도 한다. 개인은 문장으로 천하를 살리고자 하는데, 천한 무리들은 오히려 그를 죽임으로써 보복하고자 하니 차마 그럴 수 있는가?"라고 하였다. 이 사람도 지기 중 한 명이다. 하양(河陽)의 설행옥(薛行屋)[117] 선생은 학문이 깊은 사람으로 우리 집 담우헌(澹友軒)에 앉아 함께 역사를 고증했다. [그 후] 나는 정처 없이 돌아다니면서 모서리 떨어져 나간 여의(如意)[118] 신세가 되었는데, 설행옥 선생은 높은 관직에도 불구하고 나와 대등한 입장에서 사귀며 '진주의 광채, 옥의 꽃다움을 갖춘 세상에 보기 드문 보배'라고 추켜세웠으니 이 사람도 지기 중 한 명이다. 칠민(七閩)[119]의 황석재(黃石齋)[120] 선생이 호숫가에서 강학하니, 제자 수천 명이 마치 개미떼처

---

116 이임지(李琳枝 : ?~1660) : 이삼선(李森先)을 말한다. 청나라 초기의 정치가로 순치연간에 어사(御史)를 역임했다.

117 설행옥(薛行屋) : 설소온(薛所蘊). 자는 자전(子展)이고, 행옥은 호이다. 하남성 맹진(孟津) 사람이며, 숭정 원년에 진사가 되어 국자감사업(國子監司業)에 올랐다. 후에 청나라에 귀순해 예부좌시랑을 지냈다. 저서에 『곽암집(椁庵集)』·『담우헌집(澹友軒集)』 등이 있다.

118 모서리 …… 여의(如意) : 원문은 '절각여의(折角如意)'로, 뜻대로 되지 못함을 의미한다. 『세설신어』「배조(排調)」에 다음과 같은 일화가 있다. "은예장(殷豫章 : 殷羨)이 유정서(庾征西 : 庾翼)에게 편지를 쓰고 모서리가 떨어져 나간 여의 하나를 보내 그를 조롱했더니, 유정서가 답장하여 말하길 '보내 주신 것 잘 받았습니다. 비록 망가진 물건이지만 그래도 고쳐서 쓰려고 합니다'라고 했다[殷豫章與書, 送一折角如意以調之. 庾答書曰 : '得所致, 雖是敗物, 犹欲理而用之']." 은예장이 유익에게 모서리가 떨어져 나간 여의를 보낸 것은 유익의 북적(北狄) 정벌이 뜻대로 되지 못할 거라는 의미였는데, 유익은 이러한 행위에 전혀 개의치 않았다는 이야기이다.

119 칠민(七閩) : 고대에 지금의 복건성(福建省)과 절강성(浙江省) 남부에 거주하던 민인(閩人)을 가리킨다. 이들을 칠족(七族)으로 나누었기에 '칠민'이라고 하였다. 『주례(周禮)』「직방씨(職方氏)」 소(疏)에, 숙웅(叔熊)이 난을 피해 남쪽 오랑캐의 땅 복(濮)으로 가서 그 곳의 풍속을 따랐는데 후에 일곱 갈래로 나뉘었기에 '칠민'이라고 한다는 기록이 있다.

120 황석재(黃石齋 : 1585~1646) : 황도주(黃道周). 자는 유평(幼平)이고 호는 이평(螭平) 혹은 석재다. 천계 2년(1622) 진사가 되어 편수(編修)에 제수되었으나, 후에 항청(抗

럼 처마 밑에 모여들었다. 『역정(易正)』이라는 책은 효상(爻象)을 구하고 앞날을 기가 막히게 점친 것인데, 오직 나에게만 주며 "세상이 변해도 너만은 이 책을 간행하지 않을 것이다. 초주(譙周)[121]처럼 책을 읽어 나라의 울타리와 담장을 세울 수 있다면 내가 어찌 한스러워 하겠는가?"라고 말했다. 이 사람도 나를 알아준 한 명이다. 내 고향의 글은 오랫동안 안개 속에 묻혀 전해지지 않았는데, 잠호허자(潛壺許子)와 나는 애써서 그것들을 찾아내어 송릉(松陵 : 江蘇省 吳江縣의 별칭)에서 함께 초고를 쓰고, 한수(漢水) 가에서 나누어 적었으나, 그밖에는 달리 더불어 나눈 말이 없었다. 그는 일찍이 "삼대 동안 뜻을 지니고, 두 사람이 한 마음이다"라고 말한 적이 있다. 이 사람도 나를 알아준 한 명이다. 상양(上洋 : 福建省 德化縣 國宝鄕 북쪽)의 기녀 왕편선(王翩仙)은 그 자태와 재주가 비할 자가 없었는데도 부귀한 사람들을 가까이하지 않았다. 내 글을 얻으면 반드시 단향을 피우고 절한 다음 읽었으며 다 읽은 후에 다시 절을 하였다. 서로 마주하고 청담을 나누어보니, 한 마디도 속세의 가식이라곤 없었다. 이 여자 또한 한 명의 지기이다. 청나라의 녹봉을 받는 관리가 있었는데, 흉악한 마을 청년들과 음모하여 나의 뜻을 기울게 하려했다. 일이 발각되자 주동자가 이렇게 말했다.

"이 사람이 지은 글은 대가(大家)의 모습을 품고 있어 분명 천하를 돕는데 쓰이게 될 것이니 반드시 죽여야 한다."

나를 두 번이나 찔렀는데, 적중하지 못하자 탄식하며 "재사(才士)란 본래 죽일 수 없는 것인가 보다!"라고 말했다. 나를 아끼는 말로 이보다 더

淸)운동에 가담하여 포로로 사로잡혔다가 처형당했다. '충단(忠端)'이라는 시호를 받았다.

121 초주(譙周 : 199~270) : 초주는 자가 윤남(允南)이며 파서(巴西) 서곤국(西袞國 : 지금의 南部縣) 사람이다. 어린 시절에 집안이 가난하였지만 학문을 좋아하고 천문에 밝았다. 초주는 본래 익주목(益州牧) 유장(劉璋)의 수하였으나 천명을 논하며 유비(劉備)에게 투항할 것을 권했고 투항한 후 유비에게 임용되었다. 조비(曹丕)가 헌제(獻帝)를 폐위시키자 초주는 천문의 상서로움을 살펴 유비를 한중왕(漢中王)으로 추대하였으며, 제갈량이 북벌을 주장할 때에도 천문을 살펴 북벌을 반대했다.

적확한 표현이 없다. 저자들이 칼로 나를 베려고 하면서도 기꺼이 '대가'라 칭하고 '재사'라 불렀으니, 또한 나를 알아준 사람들이다.

이헌길(李獻吉)[122]은 명나라 때 문인으로 공동산(崆峒山)에 묻혔는데 무덤이 이미 무너져 관이 거의 드러났다. 훌륭한 사람 중에 그곳을 지나가며 물어보는 이가 없었기에 내가 우주(禹州 : 河南省 禹州市)의 사태수(史太守)에게 말했다.

"장량(張良)의 무덤 옆에 황석공(黃石公)[123]의 무덤이 있고, 섭정(聶政)[124]의 묘소 옆에 누이 섭앵(聶嫈)의 분묘가 있다는 말은 대개가 황당한 이야기로 시골 사람들이 전하는 말일 뿐입니다. 그러나 유독 명나라 시인 이헌길의 무덤은 뼈를 묻은 지 백 년도 되지 않아 잡초더미에 파묻히고 비석도 사라졌습니다. 그러니 태수 된 자로서 급히 표문을 올려 수리하고, 시인이 남긴 풍아(風雅)의 가르침을 북돋워야 합니다."

태수는 곧 장인들을 모아 수리해야 할 무덤으로 보냈고, 나도 직접 흙을 실어 옮겨 쌓았으며, 옛 묘지명을 꺼내어 '명나라 시인 이몽양(李夢陽)의 묘'라고 다시 새겨 넣었다.

---

122 이헌길(李獻吉) : 명나라 문학가 이몽양(李夢陽 : 1473~1530). 자가 헌길(獻吉), 호가 공동자(崆峒子)이며 경양(慶陽 : 지금의 甘肅省 경양현) 사람이다. 하경명(何景明)·서정경(徐禎卿) 등과 시문의 복고를 주창하여 '문필진한(文必秦漢), 시필성당(詩必盛唐)'을 주장하였다.

123 황석공(黃石公) : 황석공은 장량(張良)이 박랑사(博浪沙 : 지금의 安徽省 亳州市)에서 진시황 암살 계획에 실패한 후 도망가 하비(下邳 : 지금의 江蘇省 睢寧 북쪽)의 다리 위에서 만난 노인을 가리킨다. 노인은 장량에게 『태공병법(太公兵法)』을 주며 13년 후 제수(濟水) 북쪽 곡성산(穀城山) 아래에서 누런 돌을 보게 될 텐데 그것이 바로 자신이라고 말한다. 13년 후 장량이 유방(劉邦)을 따라 제수 북쪽을 지나게 되었는데 과연 곡성산 아래 누런 돌이 있었다. 장량은 죽어서 누런 돌과 함께 묻혔다. 이 일은 『사기』「유후세가(留侯世家)」 및 『한서』「장량전(張良傳)」에 보인다.

124 섭정(聶政 : ?~B.C. 397) : 섭정은 전국 시대 협객으로 위(魏)나라 지(軹 : 지금의 濟源 동남부)땅 사람이다. 그는 자신을 알아준 엄중자(嚴仲子)를 위해 한(韓)나라 재상 협루(俠累)를 암살한 후 배후를 밝히지 않기 위해 스스로의 얼굴을 훼손하고 자살을 해버렸다. 이 무렵 이미 시집가서 잘 살고 있던 섭정의 누이 섭앵은 협루의 살해 사건을 듣고는 저자거리에 내걸린 동생의 시신을 찾아가서 붙잡고 울다가 따라 죽었다. 이 이야기는 『사기』「자객열전(刺客列傳)」에 기록되어 있다.

운간(雲間 : 上海市 松江)의 팽연우(彭燕又)는 지금의 문인이다. 50년 동안 내내 효렴이었던 그가 여녕부(汝寧府 : 河南省 汝南縣)의 사리(司李)[125] 벼슬을 맡았는데, 재주는 세상을 놀래킬만 했지만 백성이 억울함을 호소하는 일이나[126] 사람을 잡아들이는 일에는 신경을 쓰지 않았다. 어떤 사람은 그가 문학적 재주는 있으나 관리로서의 재능은 없다고 말했다. 하루는 그가 변(汴) 지역 관서에 이어사(李御史)를 알현하러 왔다. 나는 병풍 뒤에서 엿보다가 그가 안에 붉은 평상복을 입고 있는 것을 보고 흠칫 놀랐다. 그런데도 이어사는 더욱 예를 갖춰 대우하면서 정중하게 그를 앉히고 화기애애하게 이야기를 나누었다. 차를 무릇 세 번 정도 끓였을 때 팽연우는 점차 자신의 신분을 망각하고 발을 무릎 위에 올리고 입을 크게 벌려 거침없이 떠들어대면서 마치 옆에 아무도 없는 듯 함부로 행동하였다. 그러나 이어사는 싫어하는 기색 없이 미소만 지었다. 어사는 들어와 나를 불러 말했다.

"그대는 저 미치광이 사리를 보았는가?"

내가 말했다.

"그를 보니 재주를 절제하지 못하던데, 다행히 어르신께서 가엾게 여겨 용서해주시더군요."

이어사가 말했다.

"나는 탓하지 않네. 그러나 천하 사람들이 어찌 모두 재주 있는 자를 아끼겠는가? 저러다가 끝내 화를 입을까 걱정이네."

얼마 지나지 않아 지방을 순시하는 관리가 마침 공문을 가지고 도착하자 이어사가 나에게 말했다.

"사리 팽연우가 탄핵을 받았네! 법도에 맞지 않는 일이 많이 쌓여서

---

125 사리(司李) : 사건 처리와 형벌을 담당하던 옥관(獄官)이다.

126 억울함을 호소하는 일이나 : 원문은 '폐석(肺石)'이다. 옛날에 조정 문 밖에 붉은 돌을 설치해 놓았는데, 백성들이 억울한 일이 있으면 그 돌을 두들기며 억울함을 호소할 수 있었다. 그 돌 모양이 폐와 닮았기에 '폐석'이라고 불렀다.

그 죄를 헤아릴 수 없다네."

나는 이어사에게 그 일을 중재해 주어 문인이 살아날 여지를 남겨달라고 간청했다. 그러자 이어사가 난처해하며 말했다.

"직지(直指)[127]가 외지에서 공무를 보며 덕을 밝히고 있긴 한데, 변 땅은 업(鄴) 땅에서 멀리 떨어져 있네. 상주문이 이미 보내졌으니, 쫓아가도 따라잡지 못할 걸세!"

나는 꿇어 앉아 간청하여 중요한 몇 조항을 뺀 다음 노련한 하급관리 하나를 보내 직지가 있는 곳으로 날듯이 달려가 원래의 상주문을 찾아오게 하고 고친 상주문으로 바꿔 올렸다. 팽연우는 이에 작은 죄과로 처벌을 받게 되었다. 나는 절대 팽연우가 이 일을 모르게 했다.

나는 어렸을 적에 꿈에 한 사람을 보았는데, 가늘고 아름답게 생겼으며 스스로를 '금란비인(金鑾否人)'이라 칭했다. 그 사람은 녹침필(綠沉筆) 한 자루를 내게 주며, "건덕연간(乾德年間 : 919~924) 초에 공께서 빌려주신 적이 있으신데, 이제 삼가 돌려드리겠습니다"라고 말했다. 그때부터 문학적 구상력이 크게 진보하여 거침없이 문단을 종횡하기 시작했다. 난리가 일어난 후 자선(資善) 선방에서 대낮에 자다가 글 짓는 꿈을 꾸었는데, 붉은 옷 입은 사람이 종이를 찢어서 땅에 던져버리는 것이었다. 내가 그에게 여쭈었다.

"혹 문장으로 인해 화를 입을 터이니, 다시는 먹을 낭비하여서는 안 된다는 뜻입니까? 그렇다면 앞으로 보잘 것 없고 천박한[128] 글만 짓지

---

127 직지(直指) : 한 무제(武帝) 때 각 지역을 순시하며 정사 처리를 담당했던 조정 관리를 말하며, 이를 '직지사자(直指使者)'라고도 한다.

128 보잘 것 없고 천박한 : 원문은 '제잠(蹄涔)'이라 되어 있다. 이 말은 『회남자(淮南子)』「범론훈(氾論訓)」의 "소발굽 자국에 고인 물에는 물고기가 살지 못한다[夫牛蹄之涔不能生鱣鮪]"라는 구절에서 비롯되었다. 여기에 고유(高誘)가 주(注)를 달기를, "잠이란 소발자국에 빗물이 가득 고인 것을 뜻하며, 매우 적은 것을 말한다[涔, 雨水也滿牛蹄迹中, 言其小也]"라고 하였다. 후에 '제잠'은 용량이나 체적이 적은 것, 보잘 것 없는 것을 가리키는 말로 사용되었다. '배수(杯水)' 역시 미천하고 천박한 것을 뜻하는 용어이다.

다시금 파도를 놀라게 하고 골짜기를 노하게 하는 문장을 짓지 않겠습니다. 번질번질하고 유들유들한 글만 짓지 이를 드러내고 가시 박힌 글을 짓지 않겠습니다. 울타리나 침실 주변에 어울리는 글만 짓지 강토를 개척하고 가파른 산을 뚫는 글을 짓지 않겠습니다. 여자의 거울과 화장상자 같이 요염한 글이나 짓지 사내 대장부의 창을 드높이 세우는 글을 짓지 않겠습니다. 이리 하면 되겠습니까?"

그러자 붉은 옷 입은 사람은 노여움을 풀고 떠나갔다. 붓을 들어보았더니 문장 구상력이 홀로 빼어나 성대하고 화려하기가 옛날과 다름없었다. 또다시 꿈을 꾸었는데, 붉은 옷 입은 사람이 노하여 꾸짖으며 말했다.

"나의 뜻을 어기고 네 마음대로 문단을 호시탐탐 노리다니, 과거에 급제할[129] 생각일랑 하지 마라!"

그래서 나는 조정에서 벼슬할 생각을 접고 날마다 술을 벗 삼아 위로는 시인을 뒤좇고 아래로는 삼당(三唐)의 음영하던 노인을 따르면서 서로 어울려 북을 치고 피리를 불었다.

나는 장성해서 마치 곧 과거라도 치를 사람처럼 시문(時文)에 힘썼다. 갑오년(1654)에 같이 과거를 치른 관리 아무개는 나와 깊은 교분을 나누던 사이었는데, 나를 거두어 인재로 등용하고자[130] 비밀리에 부르고는

---

129 과거에 급제할: 원문은 '용문소미(龍門燒尾)'이다 용문은 원래 지명으로, 우문구(禹門口)라고도 부른다. 민간에 "잉어가 용문으로 튀어오르다[鯉魚跳龍門]"라는 말이 전하는데, 용문을 오르기가 그만큼 어렵다는 것을 뜻한다. 그러나 용문을 오르기만 하면은 용이 될 수 있다 하여, 후에 과거에 급제하여 진사가 되는 것을 일러 '등용문(登龍門)'이라 칭하게 되었다. 또한 잉어가 용문으로 튀어오를 적에 뒤에서 천화(天火)가 일어 꼬리를 태우면 바로 용이 된다는 전설이 있다. 그래서 당나라 때는 거자(擧子)가 진사에 합격한 후 여는 잔치상에 반드시 잉어꼬리 구이[燒鯉魚]가 나왔다고 하며, 그 잔치를 '소미연(燒尾宴)'이라 불렀다 한다. 즉, 소미(燒尾) 역시 과거에 급제하는 것을 뜻하는 말이다. 『봉씨견문기(封氏聞見記)』에 자세한 기록이 보인다.

130 나를 …… 등용하고자: 원문은 '협대(夾袋)'이다. 송나라 주희(朱熹)의 『오조명신언행록(五朝名臣言行錄)』「승상 허국공 여문목(丞相許國呂文穆公)」에 다음과 같은 기록이 보인다. "공의 협대 속에는 책자가 들어있었다. 매번 사방에서 인재들이 찾아와 알현하고 나면 그가 어떤 인재이더냐고 물었다. 그리고는 손님이 가고 난 뒤 인재에 관한 내용을 책자에 적어 분류해놓았다. 혹 여러 사람이 이구동성으로 칭찬한 사람

뇌물[131]을 주라 했다. 나는 놀라 대답했다.

"과거의 명예라는 게 대체 무엇이기에 정당치 못한 것으로 얻을 수 있단 말이오? 게다가 나는 본디 팔자가 사나워 아마도 계적(桂籍)[132]에 오를 만한 인물은 아닌 듯하니, 내 글이 팔리고 안 팔리고 간에 결국 팔자 도망은 못 갈 것이오. 그러나 만일 옳지 못한 방법으로 등용된다면, 이는 내 팔자를 거스르는 짓이라 인간세상의 재앙과 하늘의 견책이 동시에 따를 것이오!"

그는 나를 몹시 원망하면서 나와 절교하였다. 늙어서는 고문(古文)에 힘을 기울였다. 무오년(1678)에 황문(黃門) 위공(衛公) 설선생(薛先生)께서 나를 요직에 앉히고자 박학홍사과(博學宏詞科)에 천거했는데, 나는 편지를 올려 사양하며 말했다.

"저는 일찌감치 재난을 만나 운이 막힌 탓에 고질병이 되도록 책만 읽어왔으나, 벌레나 조각하는 자질구레한 재주는 명가(名家)라 이를만하지 못합니다. 또한 사서를 쓸 만한 재목도 못되니, 감히 그러한 직분을 얻어 더럽힐 수 없으며 '박학굉사'라는 칭호 또한 제가 차지할 수 있는 것이 아닙니다. 게다가 산에서 뛰어노는 사슴은 본디 의관을 달가워하지 않습니다. 그런데 다 늙어 얼마 남지 않은 여생에 수구초심을 갑자기 잊을 수 있겠습니까? 효연(孝然)은 강가 섬에 숨었고,[133] 중위(仲蔚)의 집은

은 분명 현명한 인재였다. 조정에서 현명한 인재를 구할 때면 보따리 속의 기록을 꺼내보곤 하였다. 공이 재상이 되었을 때 문무백관이 모두 직책에 어울리는 사람이었던 것은 다 그 기록 덕분이었다(公夾袋中有冊子. 每四方替罷謁見, 必問其有何人才. 客去隨卽疏之, 悉分門類. 或有一人而數人稱之者, 必賢也. 朝廷求賢, 取之囊中. 故公爲相, 文武百官各稱職者, 以此)." 후에 '협대'는 인재를 널리 찾아내 나중에 쓸 재목으로 준비해두는 것을 뜻하는 말로 사용되었다.

131 뇌물 : 원문은 '관절(關節)'이라 되어 있다. 옛날 몰래 청탁을 넣거나 뇌물을 먹어 관리를 매수하는 행위를 가리킨다.

132 계적(桂籍) : 과거 합격자 명단을 말한다.

133 효연(孝然)은 …… 숨었고 : 효연은 초선(焦先)의 자이다. 이 이야기는 갈홍(葛洪)의 『신선전(神仙傳)』에 보인다. "초선은 자가 효연으로 하동 사람이다. 한나라 말년 관중이 어지러워졌을 때 가족을 잃어버리고 홀로 강가 섬에 숨어들어가 풀을 먹고 물을 마시며

쑥대풀로 뒤덮였다 하였으니,[134] 보통 사내라도 뜻을 세웠거든 돌이켜서는 안 되는 것입니다.”

그렇게 고사한 후 일이 마무리되었다. 형부(刑部)의 반완(伴阮) 유공(劉公)은 30년간 중주(中州)에서 우의를 다져온 벗이다.[135] 근자에 황제의 측근 신하가 되어 무관세(蕪關稅)[136]를 감독하러 나갔는데, 나를 난강(欒江)의 관

살았는데, 옷도 신발도 없었다. 당시 태양의 장주가 남쪽을 바라보다 그를 발견하고는 도망친 선비라 여기고 배를 보내 잡아오려고 했다. 그때 [초선과] 같은 군(郡)에 살던 후무양이 ‘그저 미친 사람일 뿐입니다’라고 하여 그를 호적에 올리고 매일 닷 되의 쌀을 주었다. 사람들은 모두 그를 무시했으나, 그는 삐뚤어진 좁은 길로 다니지 않았고 널따란 길로만 다녔으며, 곡식을 주울 때도 큰 낟알은 줍지 않았다. 또한 아무리 주려도 구차하게 음식을 구하지 않았고, 아무리 추워도 구차하게 얻어 입지 않았다. 외출 시 아녀자를 만나면 피했고, 지나가고 나면 나왔다. 손바닥만 한 집을 직접 지어 안을 깨끗이 청소한 후, 나무를 가져다 침상을 만들고 그 위에 풀섶을 덮었다. 추위가 찾아오면 불을 지펴 몸을 따스하게 했고, 혼자 앉아 중얼중얼하였다. 태화・청룡연간 사이에 지팡이 하나를 짚고 남쪽으로 건너갔는데, 강물이 불어나면 혼자 말로 아직 안된다고 하였다. 이때부터 사람들은 그가 혹 미친 사람이 아닐지도 모른다고 생각하였다. 또한 그가 하는 말마다 영험한 것이 제법 많아, 그를 은자라고 불렀다. 그는 여든아홉에 세상을 떠났다[焦先, 字孝然, 河東人也. 漢末關中亂, 先失家屬, 獨竄于河渚間, 食草飮水, 無衣履. 時太陽長朱南望見之, 謂之亡士, 欲遣船捕取. 同郡侯武陽語縣:‘此狂痴人耳’, 遂注其籍, 給廩日五升. 人皆輕易之, 然其行不踐邪逕, 必循阡陌, 及其搶拾, 不取大穗, 飢不苟食, 寒不苟衣. 每出, 見婦人則隱翳, 須至乃出. 自作一爪牛廬, 淨掃其中, 營木爲床, 而草褥其上, 至天寒時, 搆火以自炙, 呻吟獨語. 太和青龍中, 嘗持一杖南渡, 河水泛漲輒獨云未可也. 由是人頗疑不狂, 所言多驗僉, 謂之隱者也. 年八十九終].”

134 중위(仲蔚)의 …… 하였으니:『고사전(高士傳)』에 동한 장중위(張仲蔚)에 대한 기록이 보이는데, 그는 은거하면서 벼슬하지 않았으며, “늘 가난한 곳에 살았는데, 거처에 쑥대풀이 뒤덮여 사람 키를 덮었다. 그러나 그는 문을 닫아 걸고 양생에 힘썼으며, 영화와 명예를 구하지 않았다. 그러나 당시에 그를 알아주는 사람은 아무도 없었고, 오직 유공만이 그를 알아 줄 뿐이었다[常據窮素, 所處蓬蒿沒人, 閉門養生, 不治榮名, 時人莫識, 唯劉龔知之].”

135 우의를 다져온 벗이다: 원문은 ‘호저(縞紵)’. 『좌전(左傳)』「양공(襄公) 29년」에 “오나라 계찰이 정나라에 사신으로 갔다 자산을 만났는데, 오래 전부터 알고지낸 친구 같았다. 그가 자산에게 명주 의대를 주었더니 자산은 그에게 모시옷을 주었다[吳季札聘于鄭見子産如舊相識. 與之縞帶, 子産獻紵衣焉]”는 기록이 보인다. 후에 ‘호저’는 깊은 우의를 상징하는 말로 쓰였다.

136 무관세(蕪關稅): 무호(蕪湖)는 청익강(青弋江)과 유계하(裕溪河)가 흘러들어가는 입구로 환남(皖南) 조운(漕運)의 중심지이다. 명나라 때는 무호 일대에 경제가 매우 발달하여 상인들이 큰 이윤을 취하였다. 이에 조정에서 국고에 충당하기 위해 성화(成

청으로 불러 술을 마시면서 시를 지었다. 유공은 관청 앞쪽에 있는 연못가에 새로 정자 하나를 지어놓고 황제께서 하사하신 '송풍수월(松風水月)' 네 글자를 새긴 편액을 걸어놓고서 아침저녁으로 바라보았다. 그리고는 정자에 '경정(敬亭)'이라는 이름을 붙이고 임금을 잊지 않으리라는 뜻을 새기었다. 나는 그 정자를 위해 송축문을 짓고 뒤에 시를 지어 붙였다. 조정으로 돌아가 업무 보고하는 날, 나의 재능에 대해 주변 사람들에게 말하면서 청탁을 넣고자 하기에 내 간곡히 말리며 말했다.

"시골구석에 사는 겨울 매미가 오랜 세월 달갑게 입 다물고 엎드려 지내왔는데, 어찌 상서롭지 못한 이름으로 제위에 계신 분을 어지럽힐 수 있겠습니까?"

유공은 묵묵히 있다가 물러나 막객들에게 "이 사람이 늙고 둔하여 팔자가 재능을 거스르는군"이라고 말했다. 나의 고문과 시문은 시운을 만날 수 있는 물건이 아니니, 천하의 높으신 공자께서 잘못하여 내게 부귀를 준다 하여도, 세상 사람들은 쉽지 않은 기회라 떠벌리며 자벌레가 움츠리듯 쥐가 손 모으고 절을 하듯 감격에 겨워 눈물 흘리며 받을지 모르겠지만, 나는 마치 더럽혀지기라도 할 듯 거들떠보지 않고 거절할 것이다! 그러나 칠 척의 키를 한 나라는 사람은 날아보지도 못한 끄트머리 깃털이요, 일찌감치 흩날려버린 떨어진 나뭇잎이라, 참으로 그러하구나!

예전에 젊어서부터 늙을 때까지 지어왔던 시와 고문들을 수집한 다음 아홉은 버리고 하나만 남겨두었다. 손님이 그것을 보고 "그 중 가장 마음에 드는 작품이 어떤 것인지 좀 알려주실 수 있으십니까?"라고 말했다. 내가 말했다.

"떠돌아다니기나 하는 쓸데없는 인간들에게는 실로 글 짓는 즐거움이 크지요. 내 그대를 위해 한두 가지만 대략 말씀드려보리다. 이어사(李御史)가 양하(兩河)에서 찰황어사(察荒御史)로 있을 적에 귀덕촌(歸德村)에 머문

化) 7년(1471)에 강 남쪽 어구에 관문을 설치하고 세금을 징수하기 시작해 8대 세관 중의 하나가 되었다.

적이 있었는데, 내가 찾아가 뵈었소. 어사가 직접 『병신시각(丙申詩刻)』이라는 한 권의 책을 주었는데, 시가 대략 100여 수 되었소. 나는 숙소로 돌아와 시종에게 명령해 불을 밝히고 술을 받아오게 한 다음 운에 맞추어 화답하기 시작하여 오경이 넘어서야 다 끝냈소. 새벽녘에 헌부(憲府)로 가져다주니 어사는 즉시 관청으로 들어오게 하면서 큰 소리로 '그대의 하룻저녁이 나의 일 년에 필적하니, 우리 둘의 재주의 차이가 백 배 이상이구려'라고 말하고는 나를 막부 안에 머무르게 했소. 이것이 가장 통쾌한 것 중의 첫 번째라 할 수 있소.

하양(河陽)의 기생 소홍아(小紅兒)는 고집도 세고 술도 잘 마셨는데, 그 대단한 주량으로 늘 사람들을 압도하곤 했었소. 하루는 내가 몇 되는 들어갈 만큼 커다란 술잔을 가져다가 올렸더니, 소홍아는 거절하지 않고 '나는 술을 잘 마시고, 당신은 시를 잘 지으니, 당신이 시 한 수를 완성할 때마다 저는 술 한 잔씩을 비우겠습니다. 오늘 시와 술로 승패를 한 번 겨뤄봅시다'라고 말했소. 내가 읊조리면 소홍아는 마시고, 그렇게 몇 순배가 돌자 소홍아는 조금 취기가 돌기 시작했소. 이에 연달아 몇 수를 읊었더니, 소홍아는 더 이상 버티지 못하고 무릎을 꿇고 항복했소. 나는 소홍아에게 가서 자라고 한 후 홀로 시를 읊조리며 홀로 술을 마셨소. 자리에 있던 손님들은 모두 술잔을 들어 내게 축하를 해주었소. 이것이 크게 통쾌한 일 가운데 두 번째라 할 수 있소.

시독(侍讀) 무염재(繆念齋)[137] 선생이 유(䍐) 땅에 들렀을 적에 하원(何媛)이라는 기생이 시를 가지고 와 배알하면서 밑바닥 인생이 되어 전전하게 된 고달픈 상황에 대해 구구절절 늘어놓았소. 시강(侍講) 선생은 측은한 마음에 하원의 기생어멈을 불러, 달라는 대로 몸값을 다 주고 사들인 다음 마음대로 사람을 골라 시집하게 하였을 뿐, 그 여자와 다른 관계는

137 무염재(繆念齋 : 1627~1697) : 무동(繆彤)을 말한다. 자는 가기(歌起)이고 호는 염재. 강소성 오현(吳縣) 사람이다. 강희 6년(1667)에 장원급제하여 한림원 수찬(修撰)이 되었다. 후에 고향으로 돌아가 삼외서원(三畏書院)을 열고, 후학들을 가르쳤다.

맺지 않았소. 그래서 나는 「종덕기(種德記)」라는 작품을 지어 그에게 주었소. 어느 날 저녁, 나는 병이 나 술을 마시지 못하고 주령(酒令) 놀이를 감독하면서, 다음과 같이 법을 정하였소. '실수를 범하는 자 가운데 술을 마시지 못하는 사람은 벌로 술을 마시고, 술을 잘 마시는 사람은 벌로 시를 짓는다.' 그리고는 '시강이 돈을 쾌척해 하원에게 주어 기적(妓籍)에서 빼내다[繆侍講損金與何媛落籍]'를 시제로 냈소. 사람들은 시를 무선생에게 증여한다는 말을 듣더니 모두 '좋소!'하며 응했소. 한 손님이 말했소. '왜 술 잘 마시는 사람에게 벌로 술을 마시게 하지 않는 거요?' 내가 말했소. '만약 잘 마시는 사람에게 벌주를 준다면, 이는 상이지 벌이 아니지 않소.' 나는 벌을 내리고 다시 시를 읊고 하면서 시중드는 아이에게 명해 기록하게 하였는데, 지은 시를 헤아려보니 서른 두 동이의 술을 면한 셈이었소. 시강이 웃으면서 '옛날 사람들이 연회를 열 때 시를 짓지 못하는 자에게 금곡(金谷)에서의 술만큼 벌주를 내렸다는 말은 들어보았어도, 마시는 데 끼지도 않고 벌로 시를 지었다는 말은 들어보지 못했소. 그런 것이 있다면 아마도 자네부터 시작된 것일 게요'라고 말했소. 나는 속으로 기뻐하면서 '뜻밖에 고상한 문단에서 술을 피해가는 법을 알게 되었구나'라고 생각했소. 나는 본디 술 꽤나 마신다는 명성을 듣고 살아왔기에 벌주를 받을 때면 머리를 조아리며 받을 뿐 벗어날 길이 없었는데, 이번엔 시를 가지고 버틸 방법을 얻었으니, 공공연히 고집피우며 마시지 않아도 감히 뭐라 할 자가 아무도 없었소. 이것이 크게 통쾌한 일 가운데 세 번째라 할 수 있소.

무자년(1648)에 향위(鄕闈)[138]에 들어갔소. 그때 호사(號舍)[139]에서 무슨 소리가 났는데, 울음소리가 매우 애처로웠소. 나는 분명 과장에서 죽어간 글 귀신일 것이라 생각하고, 큰 소리로 일전에 지었던 「가을 휘파람 소리[秋嘯]」라는 시를 읊었소.

138 향위(鄕闈) : 향시(鄕試)를 치르던 곳. 향시 자체를 가리키기도 한다.
139 호사(號舍) : 고대 주(州)나 군(郡) 등에 설치했던 학사(學舍)이다.

삼년 동안 못나게 살다가 나졸을 만나니,
칠의(七義)의 시퍼런 빛줄기가 주인장을 놀라게 하네.

그러자 소리가 드디어 그쳤소. 고향왕(顧香王)이라는 자가 있었는데, 고을의 재주 있는 선비였으나 청금(靑衿)[140]을 입어보지 못하고 죽었소. 내 그를 위해 전(傳)을 지었더니 사람들이 읽고 그의 마음과 뜻을 마치 산 사람을 그려내듯 잘 묘사해냈다며 좋아하면서 모두들 입을 다물지 못했소. 기유년(1669)에 상약(上箬)에 있는 절 방에서 객지살이 하였소. 그때 이웃에 서생 둘이 묵고 있었는데, [내가 지은 「고향왕전」을] 펼쳐 읽어보더니 갑자기 둘이 끌어안고 목이 쉴 정도로 우는 것이었소. 내가 놀라 물어보았더니, 저들 역시 기이한 재주를 품었으나 실의한 채 한 번도 뜻을 이루어보지 못한 자들이었소. 저들이 그렇게 울었던 것은 아마도 상처가 깊었기 때문인 듯싶소. 나의 시가 귀신의 혼령을 편히 해줄 수 있고, 나의 글이 사람의 마음을 움직일 수 있었으니, 크게 통쾌한 일 가운데 이것이 네 번째라오.

소사농(少司農) 주역원(周櫟園)[141] 선생은 민(閩) 땅의 사건과 관계있다며 중상모략을 입어 갖은 고문을 당했지만 끝내 뇌물을 써 간언하지 않았소. 그때 얼사(臬司)[142]의 이관(李官)[143]으로 있던 자는 그간 죄를 너무 가벼이 다스려 실수를 범해왔었는데, 이번 고문에서만큼은 사농과 함께 형부에 잡혀갔던 사람들 중 죽은 자가 몇 명이었고, 사농 또한 8년 동안이나 감옥에 갇혔소. 그러나 세조(世祖 : 順治帝)께서는 홀연 사농의 무고함을

140 청금(靑衿) : 명청시대 수재(秀才)의 복장을 말한다.

141 주역원(周櫟園 : 1612~1672) : 명말의 학자 주양공(周亮工)을 말한다. 자는 원량(元亮)·함재(緘齋)이고, 호는 역원이다. 하남성 상부(祥符 : 지금의 開封市) 사람이다. 순치연간에 복건좌포정사(福建左布政使)가 되어 호부우시랑(戶部右侍郞)까지 올랐으나, 탄핵되어 하옥되었다가 풀려났다.

142 얼사(臬司) : 명청시대의 제형안찰사사(提刑按察使司)를 부르던 별칭으로 한 성(省)의 사법을 주관했다. 염방사(廉訪使) 혹은 안찰사(按察使)를 얼사라 부르기도 한다.

143 이관(李官) : 고대의 법관을 지칭한다. '리(李)'는 '리(理)'와 통한다.

생각하시어 죽음을 면해주고자 하는 뜻을 품으시고, 조정의 논의를 거쳐 영고(寧古 : 黑龍江省)로 유배 보내고 먼 변방을 흩어져 지키는 병사로 삼으려 하셨소. 그리고는 승하하시던 날 특별 유지를 내리시어 그를 풀어주어 고향으로 돌려보내게 하시었소. 나는 신축년(1661)에 사리(司李) 왕과객(王過客)과 함께 보따리를 싸서 남으로 돌아가는 도중 설원(雪苑)을 지나게 되어 송목중(宋牧仲) 공의 집에서 머물렀는데, 그때 마침 주역원 선생과 만날 수 있었소. 송공(宋公 : 宋牧仲)이 황상께서 하사하신 이전 상국(相國)의 옛 그림을 꺼내시기에 함께 보았소. 주역원 선생은 하나 하나 감상을 마친 후 잔치 자리를 베풀었소. 내가 '천천히 하시고, 오늘날의 그림도 좀 보시지요'라고 말하면서 내가 지은 「화산객초(火山客譙)」를 꺼냈소. 여러 공들은 감탄을 그치지 못하면서, 글을 읽느라 마시는 것도 먹는 것도 잊었으며, 박수 치며 웃는 통에 두건이 다 삐뚤어졌소. 주인이 술을 권했는데도 여러 공들은 '이렇듯 기이한 문장을 얻고 보니, 읽으면 읽을수록 마음이 통쾌하여 마치 용궁 속으로 들어가 다투어 보배를 보면서 이게 끝일까 두려워하는 것만 같으니, 누가 이것을 손에서 놓고 싶어 하겠소?'라고 말하면서 빈객의 예도 갖추지 않고 새벽까지 글을 읽었소. 이것이 크게 통쾌한 일 가운데 다섯 번째라오.

담회(覃懷) 심운문(沈雲門)은 훌륭하고도 기이한 사람으로, 나와는 금석지교(金石之交)를 맺은 사이라오. 자식을 얻지 못해 고생했으나 안사람에게 꽉 잡혀서 집에 첩 두는 것을 용납하지 않았소. 그러나 집밖에 몰래 여자 하나를 숨겨두고 아들을 하나 낳았는데, 매우 영특하였소. 나이는 여덟이었소. 그 아이를 마을 사람 자식이라 하면서 집으로 데려왔더니 부인은 그 아이를 보고 깜짝 놀라서 '뉘 집에서 이런 구포(九苞) 봉황[144]을 낳았답니까?'라고 물었소. 심운문은 '이 아이는 바로 부인 자식이요'라고 말했소. 나중에 사실을 알고 난 부인은 뜻밖의 일에 크게 기뻐하면

144 구포(九苞) 봉황 : '구포'는 곧 봉황의 아홉 가지 특징을 가리키는 말인데, 봉황의 대칭(代稱)으로도 쓰인다.

서 길일을 택해 아들 얻은 것을 기념하는 잔치를 열었소. 친지와 벗들은 비단 주머니를 만들어 주며 경하하였고, 문장은 모두 나더러 대신 지으라 하였소. 하나는 중서(中書) 단옥미(段玉美) 대신 지었고, 하나는 급간(給諫) 설위공(薛衛公) 대신 지었고, 하나는 하북대장군(河北大將軍) 포제우(鮑濟宇) 대신 지었고, 하나는 대총융(大總戎) 노벽산(魯璧山) 대신 지었고, 하나는 회경태수(懷慶太守) 팽오산(彭悟山) 대신 지었고, 하나는 장건아(張乾雅) 등 동문수학한 형제들 대신 지었소. 하루 동안 붓을 휘둘러 모두 저들의 요구에 부합하도록 글을 지었으며, 비슷비슷한 인사치레용 문자는 하나도 없었으니, 크게 통쾌한 일 가운데 이것이 바로 여섯 번째라오.

나는 경자년(1660)에 『예지(豫志)』를 편수하고 있었는데, 오일(午日)에 가대중승(賈大中丞)이 나를 초청해 막부에서 함께 술을 마시다가 이야기가 제갈공명(諸葛孔明)과 왕경략(王景略) 두 사람의 우열에 미치자 서로의 견해가 엇갈렸소. 마침 양성(襄城 : 河南省 襄城縣)의 여현령(余縣令)께서 양주(襄酒) 300그릇을 보내왔는데, 계단 앞에 늘어놓고 동료 여럿이서 함께 열어 나누려고 하던 중이었소. 중승이 웃으며 말했소. '그대들은 각자 「제갈량과 왕경략의 우열론」 한 편씩을 적어오도록 하시오. 제일 잘 쓴 사람이 다 가져가게 될 것이니, 나눌 필요 없소.' 그 말을 들은 여러 동료들은 용기백배하여 각자 자리로 가 문장을 구상하기 시작했소. 나도 종이를 펼치고 붓을 흔들어 단 한 군데도 고치지 않고 단숨에 원고를 완성했소. 중승이 나더러 읊어보라 하였는데, 나의 목소리가 어찌나 낭랑했는지 중승은 무릎을 치며 감탄하였고 여러 동료들은 붓을 버리고 길게 한숨 쉬며 자기가 지은 글을 찢어버렸소. 나는 앞으로 나아가 읍을 하고 하사품에 대해 감사를 표했소. [중승이] 군교(軍校) 네 명에게 시켜 술을 앞으로 실어오게 하자 나는 그것을 안고 천천히 걸어 나갔소. 이것이 바로 크게 통쾌한 일 가운데 일곱 번째라오.

보아하니 학관의 아이나 촌구석의 노인들이 아무렇게나 시문을 지어서는 모두들 입으로 읊고, 손뼉 치고 머리 끄덕이며, 스스로 만족해들 하는데, 조금이라도 아픔이라는 것을 알았다면 차마 그러지 못할 것이오. 한유(韓愈)는 '조금 마음에 들면 사람들은 조금 탓하였고, 크게 마음에 들면 사람들은 크게 탓하였다'[145] 하였고, 유태(劉蛻)는 '열 번 문장을 지어 열 번 다 마음에 든 적이 없다'[146]고 하였소. 그러니 내가 지은 문장 중에 제일 통쾌하고 마음이 드는 것이 무엇이냐고 물으면, 아마 거의 없을 것이오."

나의 문장에 농짓거리로 지은 것이 많다며 왈가왈부하는 자가 있었다. 내가 말했다.

"동방삭(東方朔)의 「객난(客難)」은 비난을 빌어 글을 지은 것이고, 최실(崔實)의 「답기(答譏)」는 희롱을 빌어 우의를 담은 것이오. 또 최인(崔駰)의 「달지(達旨)」는 듯을 기탁함으로써 생각을 엮은 것이고, 한유의 「석언(釋言)」은 말에 의지해 뜻을 펼친 것이오. 양웅(揚雄)의 「해조(解嘲)」는 조소에 의탁해 생각을 발산한 것이고, 반고(班固)의 「빈희(賓戲)」는 유희를 따라 회포를 펼친 것이오."

그러자 객이 말했다.

"양웅은 경전을 흉내 낸 자이고, 반고는 사서를 짓던 학자인데, 어떻게 그 혀와 붓을 놀려 필묵으로 유희를 할 수 있단 말이오?"

내가 말했다.

"옛날 공자께서는 염보[冉父]를 얼룩소라고 하셨고,[147] 재여(宰予)를 썩

---

145 한유(韓愈)는 …… 탓하였다 : 이 말은 한유가 지은 「풍숙에게 주어 문장을 논하는 편지[與馮宿論文書]」에 나온다. "나는 글을 지어온 지 오래되었는데, 매번 마음에 든다 싶은 문장이 있으면 사람들은 반드시 그걸 싫어하였소. 조금 마음에 들면 사람들은 조금 탓하였고, 크게 마음에 들면 사람들은 크게 탓하였소[仆爲文久, 每自測意中以爲好, 則人必以爲惡矣. 小稱意,人亦小怪之, 大稱意, 則人必大怪之也]."

146 유태(劉蛻)는 …… 없다 : 유태는 당나라 때 문인으로 자는 복우(復愚)이다. 의종(懿宗) 함통연간(咸通年間)에 진사가 되어 좌습유(左拾遺)를 역임했다. 인용한 글은 「재주 도솔사 문총명 병서(梓州兜率寺文冢銘并序)」에 보인다. 원문은 "선비가 글을 지음에 열 번 다 만족할 수는 없다. 조금만 만족스러워도 하늘의 도우심 아닌가[夫士爲文, 不得十如意, 少如意, 則豈非天助乎]!"이다.

147 옛날 …… 하셨고 : 이 이야기는 『논어』 「옹야(雍也)」에 보인다. "공자께서 염옹(冉雍)

은 나무라며 내치셨으며,[148] 중유(仲由)가 용맹함을 좋아하는 것을 보시고는 포악한 호랑이에 비유해 충고의 뜻을 보이시었소.[149] 언언(言偃)이 거문고 뜯으며 노래하는 소리를 듣고, 닭 잡은 비유를 들어 기쁨을 표하셨소.[150] 유희의 말은 성인이라도 버리지 않으셨거늘, 하물며 성인의 문도들이야 일러 무엇 하겠소?"

젊어서는 방언을 좀 알아서 『농아(農雅)』라는 책 네 권을 지었다. 환란 시기에는 『화산객초(火山客譙)』 열다섯 권, 『광선희(廣禪喜)』 한 권을 지었다. 감상과 한탄에 젖어 있을 때 『서혁(鼠嚇)』 다섯 권을 지었다. 예(豫 : 하남성 일대) 땅에서 제일 오래 유랑하였기에 『중주잡조(中州雜俎)』 스물네 권을 지었다. 동인들과 묻고 대답한 내용을 가지고 『천리면목(千里面目)』 여섯 권을 지었다. 늙어서 배 타고 한가로이 지내면서 『화화서(化化書)』 열두 권과 『인림제목(人林題目)』 여덟 권, 그리고 『해춘추(蟹春秋)』 한 권을 지었다. 『삼농췌인시문전집(三儂贅人詩文全集)』은 아직 권수를 확정짓지 못했다. 지금 비록 늙고 쇠했지만, 내 집을 찾아와 글을 구하는 자가 있으면 오랜 빚이라도 갚듯, 피곤해 하지 않고 반드시 응했다. 훗날의 작가

을 보시고는, 얼룩소의 새끼가 붉고 또 뿔이 나면 비록 쓰지 않으려 하나, 산천의 신이야 버리겠느냐[子謂仲弓, 曰 : 犁牛爲之騂且角, 雖欲勿用, 山川棒舍諸]"라고 하셨다.

148 재여(宰予)를 …… 내치셨으며 : 『논어』 「공야장(公冶長)」에 보인다. 공자가 낮잠 자고 있는 재여를 보고 "썩은 나무에는 조각을 할 수 없고, 더러운 담장에는 흙칠을 할 수 없다. 그러나 재여를 나무란들 무엇 하리[朽木不可雕也, 糞土之墻不可圬也, 於予于何誅]"라고 했다.

149 중유(仲由)가 …… 보이시었소 : 중유는 자가 자로(子路)이다. 중유는 용맹하였으며, 과감하고 솔직했다. 인용한 고사는 『논어』 「술이(述而)」에 보인다. "자로가 말하기를, 스승님께서 병사를 이끌고 종군해야 한다면 누구를 데려가시렵니까? 공자가 대답했다. "맨손으로 호랑이와 싸우고, 맨발로 강을 건너가면서 죽어도 후회하지 않을 자는 데려가지 않겠다. 반드시 일에 임해 두려움을 알고, 도모를 잘해 일을 성사시킬 자를 데려가겠다[子行三軍, 則誰與?" 子曰 : "暴虎馮河, 死而無悔者, 吾不與也. 必也臨事而懼, 好謀而成者也]."

150 언언(言偃)이 …… 표하셨소 : 이 구절은 『논어』 「양화(陽貨)에 보인다. "공자께서 무성에 가시어 거문고 뜯는 소리를 들으시고는 빙그레 웃으시며, 닭 잡는 데 소 잡는 칼이 무슨 소용 있겠느냐고 하셨다[子之武城, 聞弦歌之聲, 夫子莞爾而笑, 曰 : 割鷄焉用牛刀]."

중에 내 책을 얻는 자가 있어 중랑(中郎)의 휘장 안에 감춰두겠다면[151] 그렇게 하라. 이한(李漢)[152]처럼 한유 문집에 서문을 지어 발행하여 백 대 동안 전해지도록 하겠다면, 그렇게 하라. 그렇지 않고, 장백송(張伯松)처럼 『법언(法言)』이 싫어 욕하면서 장독 뚜껑 덮개로 삼겠다면,[153] 그 또한 그렇게 하라.

장산래가 말한다.

거의 만 자나 되는 글이지만 읽으면서 길다 싫증내지 않고 오히려 끝날까봐 두려울 뿐이니, 가히 훌륭한 작품이라 칭할 만 하도다.

나는 삼농을 알지 못하지만, 영식 주동(柱東) 군이 내게 수학하였기에 여러 종류의 기이한 책을 달라 하였다. 그러나 아직 다 읽지 못하고 있으니, 언제나 나의 회포를 풀 수 있으려나!

---

151 중랑(中郎)의 …… 감춰두겠다면 : 중랑은 동한의 문인이자 학자인 채옹(蔡邕)을 가리킨다. 『포박자(抱朴子)』 및 『태평어람(太平御覽)』 602에 보면, 다음과 같은 기록이 보인다. "왕충이 지었다는 『논형』을 북방에서는 얻어 본 자가 없었다. 채백개(蔡伯喈 : 蔡邕)가 일찍이 강동으로 갔다가 그것을 얻었는데, 문장이 고상한 것이 웬만한 사람들을 뛰어넘는지라 감탄하였다. 중원으로 돌아오자 여러 학자들은 그의 고준담론이 더욱 심원해진 것을 느끼고, 혹 이서라도 얻지 않았나 의심했다. 어떤 사람이 채옹의 휘장 은밀한 곳을 뒤졌더니 과연 『논형』이 거기 있기에 몇 권을 가지고 갔다. 채백개는 '이 책은 우리 둘만 공유하세! 널리 퍼뜨리지 말게'라고 말했다[王充所着『論衡』, 北方都未有得之者. 蔡伯喈常到江東得之, 嘆其文高, 度越諸子. 及還中國, 諸儒覺其談論更遠, 嫌得異書. 或搜求其帳中隱處, 果得『論衡』, 捉取數卷持去. 伯喈曰 : '惟吾與汝共之, 弗廣也']."

152 이한(李漢) : 한유의 사위이자 『한유집』을 편찬하고 서문을 지은 사람이기도 하다.

153 장백송(張伯松)처럼 …… 삼겠다면 : 여기에는 두 가지 이야기가 섞여 있다. 『한서(漢書)』 「양웅전(揚雄傳)」에 다음과 같은 기록이 보인다. "유흠이 양웅에게 말했다. '괜한 고생 했네. 요즘 학자들은 녹봉만 탐하지 『주역』이 무슨 책인지도 모르는데, 하물며 『태현』이겠소? 행여 후세 사람들이 장독 뚜껑으로나 삼지 않을까 걱정이오'[劉歆謂雄曰 : '空自苦! 今學者有祿利, 然尙不能明『易』, 又如『玄』何? 吾恐後人用覆醬瓿也']." 『논형(論衡)』 「제세편(齊世篇)」에는 "양자운이 『태현』과 『법언』을 짓자 장백송은 한번 쳐다보려 하지도 않았다[子雲作『太玄』, 造『法言』, 張伯松不肯一觀]"라는 언급이 있다.

余小時讀書西圃, 以林鳥爲里舍. 每展卷, 自首訖尾, 方理他冊, 不抽閱, 不中輟. 坐必竟夜, 不停晷, 不知寒餓, 不櫛髮頮面.

一夕, 正拈枯管作時論, 忽聞櫺外呦呦鬼聲. 自思 : '不敢爲孽, 伯有・彭生斷不我厲, 我豈畏倛頭・惡刹者耶!' 燃火跡之, 聲出竹畦中. 見一敗葉爲蛛絲所罥, 風入竅中鳴. 余始悟曰 : "向以爲鬼而嗥者, 卽此是也!" 又一夕, 疑耳室有偸兒在焉, 持杖逐之. 見頎然而立者, 人也. 以杖橫擊, 偸之衣紛然而墜, 但無聲息. 遽以燈照, 乃老蒼頭澣其故衣, 懸之室中. 因思天下事原無實相, 皆是人以其意造之. 嗣是無疑懼心.

余嘗爲牧猪奴戲, 凡讌集詡爲豪擧, 輒得大采. 又嘗事狹斜遊, 每遇名姝, 無乞介人纏頭者, 或反以槖金佽助膏火. 二者皆有利焉, 宜其溺矣. 忽思輕俠亡賴, 非大雅所樂聞, 正當一嘗惡趣, 卽解脫耳. 一意敕斷, 更不復爲.

向應京兆試, 數見刖於有司. 友人同斥者, 多惝怳悲惶, 淚簌簌雨下. 余則廓落宴笑, 猶故吾也. 甲申當國變, 天地崩裂. 邑令修故事, 群士大夫臨於縣庭, 口呼大行, 含辛以爲淚. 余獨號踊, 幾不欲生. 平日淚不輕揮, 謂其近於婦人也. 自喪二親以來, 中心抽割, 惟此一慟.

余鮮兄弟, 止仲子一人. 早遊芹水, 會逢世亂, 乃隱於市. 端木貨殖, 亦何所譏? 壼以內, 妻妾二人, 雍容井臼. 各生二男, 共保抱之, 無異視. 四子友愛, 一如同產. 二氏皆先我化去. 奉倩哀殞, 蒙莊鼓歌, 俱失物情之正. 余惟順天委運, 禮以制哀而已. 諸子善承吾教, 亦喜誦古人書, 亦競爲歌詩, 亦嗜杯酌, 亦精於弈. 亦涉書林畵苑, 亦好作四方遊. 余嘗戲語曰 : "諸如類我, 不忝所生, 頹老不遇, 幸無克肖." 今皆得成, 遂皆有妻孥. 皆服章縫爲聖門弟子, 駸駸乎有進取之意. 得者自得, 失者自失, 不以縈老人之懷.

至若朋友, 吾性命也. 願言結契, 莫非俊人. 率爾相遭, 便如夙昔. 脫口披肝膈之言, 對面領詩書之氣. 有若志跡乖離, 判若行路者, 卽其人可知矣. 鼎新以後, 同學吾友, 仕粵東者死兵. 【合浦令陳寶臣, 大埔令蔣文若,化州守曹蜚孟.】粵西者死疾.【興安令王北臺.】宰嶧者死詿誤.【嶧縣令吳丕能.】帥河北者死顚連.【河北左營遊擊沈元培.】貢大廷者死於鬼於盜.【侯公羊病而死祟, 張正起爲盜劫殺.】仕兗仕莒仕汾者, 皆以眞樸不能突梯上官, 並見黜落.【兗州通判項莘友, 武康令吳定遠, 平遙令朱秉兩.】以進士爲吏部選人, 沉廢數十年, 不能沾一命者多有.

嗟嗟! 士人著進賢冠, 爲南面貴人, 可謂榮矣. 乃累累遭挫辱, 終其身困踣不聊, 以至死! 余雖不幸, 猶得優游林水, 泰然以韋布老. 酒國詩城, 長爲三儂湯沐邑, 此非天縱之耉民哉? 余一生遭罹, 大抵平樂, 間有奇厄, 冥冥之中, 默爲提救. 壬申, 隨先君宦楚, 道經彭澤. 江岸忽崩, 檣柁盡折, 舟壓其下, 料無生理. 食頃, 有聲鬨然, 舟浮水面. 是歲家中不戒於火, 藏書數萬卷悉成灰燼. 歸而典衣賃屋, 復集數千卷. 乙酉城陷, 爲亂兵所掠, 僅存零帙, 徧從書肆配合, 其粗有頭訖者, 又得數百卷. 辛卯, 被一窮戚胠竊殆盡. 於三四年中, 節湯糜之費, 又聚得數十卷, 丁酉遇禍, 皂隷入吾室, 枵然烏有也. 見几上書, 捆之以去. 因憶往昔平陽書乘, 珍護甚嚴, 唯恐飽蟫鼠之腹. 乃於二十餘年之內, 一災於火, 二災於兵, 三災於盜, 四災於皂隷, 可勝歎哉! 乙酉, 江左鼎沸, 海上帥縱兵劫民舍. 口呼縛儒冠者, 破我闥而入, 剽掠靡遺. 余幾被縶, 越牆而僅免. 己亥, 入豫州, 過老兒莊, 群盜截劫. 一魁曰 : "彼書生者, 行李可憐, 不足供東道." 大笑揚鞭而去.

余於行路, 凡三遇虎. 壬申, 先君命余至荊州謁賀惠藩, 道經玉泉山, 有虎踞崖. 僕夫駭走, 虎躍入田, 攫一雞, 掠余馬尾越澗去. 庚子, 遊密之超化砦, 飮於張鑒空山齋. 紅蕊侑酒, 不覺狂醉. 扶置馬上, 鼾然據鞍而行. 聞從人讙譟聲, 次日始知有虎引二子飮澗中. 都無動色. 甲辰, 游富春山, 登子陵釣處, 因訪桐君. 見山凹絶巘, 一白額虎坐瞯溪流. 余與衆客方側行巖下, 虎張爪竪尾, 欲來撲人. 衆客噤戰俯地. 余拱手語之曰 : "山君山君, 聞聲久矣, 今日得瞻神采, 幸無妨我去路. 僕所携三寸弱管耳, 當揮斥成長律奉獻." 虎点首者三, 一嘯跳入叢莽. 與衆客越宿樵子之廬, 燃灯疾書五排六十韻. 天方曙, 以詩焚故處, 祝之曰: "一言相贈. 余不爽約. 君有英神, 能無印可乎?" 是夜, 夢虎頭人來謝教, 持鹿酒共酌. 興正酣, 爲役夫催起, 乃驚失之.

余短於目, 窮睫之力, 不及尋丈. 道途拱揖, 不辨爲誰. 迨老而視不加眊, 昏暮能審文字點畵, 燈下書紅箋, 能作細楷, 以光常內斂也. 相傳文人目多眚, 歸咎讀書焚膏繼晷, 以致損明. 此言近誣, 殆由天分. 宋學士作「咨目瞳文」, 罪其失職, 冤矣! 余詘於目, 而耳倍聰, 嚶嚶私語, 雖遠必聞, 睡夢之中, 有聲卽覺. 四足者無羽翼, 予之角者去其齒, 殆是之謂乎? 賤目眶大而睛露, 有議其蜂目不祥, 鷹目爲暴者, 此世俗之惑也. 古有獸其形而人其心者, 羲·農之牛首而蛇身是也. 有人其形而獸其心者, 桀·紂之長巨姣美而筋骨越勁是也. 而又何法相之足云乎?

余足不健於行, 然亦曾走百里, 不見苦尬. 至如登山覓勝, 捫蘿躋險, 命且不惜. 不能守'齒剛舌柔'之說, 好齮齕剛物, 未六十而齳然落其二. 時逞舌鋒, 以言語抵忤人, 人以不堪. 初時不省, 後乃悔之. 吾年旣邁, 有客相見, 必減我以年數, 譽我以紅顔. 則其爲衰憊, 亦可知也.

余在蓉江, 受異人術, 能鍊臂爲鐵. 聽力士仡如虎者張拳擊之, 余臂無恙. 至十數擊, 而彼拳痿薾, 不能擧矣. 海昌査伊璜嘗言有豪客者, 鐵臂與余無二. 客本武林窶人也, 伊璜宴客湖心亭, 客艤破舟畔索酒, 伊璜拉與同飮, 酣叫盡懽. 飮畢, 悉以餘饌贈之. 後客仗劍從軍, 底定閩·粵, 以功帥於交廣之間, 錫有封爵. 伊璜以明史事挂累, 客感酒食之惠, 陰爲營救, 冤乃白. 同一臂術耳, 客以窶而侯, 余特用之以戱, 猶是孱書生也. 可哂也!

庚子, 擢得白髮, 爲文以罵之. 白髮對以臆曰: "鹿, 仙畜也, 千年而蒼, 又千年而白. 龜, 四靈之一也, 五百年而紫, 又五百年而白. 然則白也者, 物老而聖, 斯足以當之!" 余由是得老而娛, 得白而喜. 吾願天下學道人, 共聞斯語.

余南土弱夫, 素倚舟楫, 與鞍轡不相謀. 隨李御史渡河, 撤輿而馬. 御史振策逐余馬而馳, 余身若翥霄塄之外, 目迷陰曀, 耳轟怒濤. 始而驚, 旣而爽, 終而安焉. 後此羣騎並出, 余馬必先鶩. 崇禎末, 習射於石崗之汝南書墅, 弓張矢落, 同學者以爲笑. 余憤欲勝之, 味「射義」'志正體直, 持而審固'之語, 懸的者三匝月, 心柔手熟, 忽焉大進. 以是知人不貴自然, 貴勉然. 性不可恃, 而習有可通, 大抵然矣.

余善飮而不善啖, 飯可二缶, 常食不能啾大臠. 客之饕者, 喜並余餐. 僑朔方者數年, 日食蒸餠不托之屬, 生醬鮮葱有同嗜焉. 歸而饌且兼人, 反覺稻粱之寡味. 五歲時, 私闖酒室, 垂首盎面, 吸取浮醴, 遂至沉頓. 家人徧索, 乃酣臥於瓶罍之側. 長而僭稱大戶, 常時列宴, 衆客支離, 狂花病葉. 獨沛國朱掄生搴旗對壘, 終夕不言散. 時有'朱雞啼', '汪天亮'之目. 主人悅, 間亦取憎侍者.

計余一生, 曾有二醉. 壬寅, 與合肥龔伯通飮於懷慶之高臺寺. 同飮者, 王蜀隱・沈雲門. 所飮者, 五香柿酒, 此朔方燒醴之最俊者. 四人篝灯細酌, 自酉達卯, 傾二罌無賸瀝. 飮時但覺甛美可人, 無茗艼意. 從者報曰: "日高舂矣!" 四人啓戶而視, 觸受風色, 心目迷眩, 一時俱倒. 余睡至日晡而復. 三公者, 相對嚱咯, 病不起者累日. 是年在鄴之旅舍, 候李御史行旆, 癡坐無憀, 聞西郊演劇, 觀者甚衆, 趁步一往. 臺之旁, 列肆酤酒, 士商聚飮. 不覺流涎, 因選席而坐, 傲然獨酌. 已而興發, 拉客中之豪者並釂, 搰戰不已, 遂蔓及他席. 大衆轟飮, 余玉山頹矣. 彼此造次, 未及敍姓氏, 亦未識余邸舍, 群起而掖余, 舁之野廟神幔之前. 迨曉, 怪笑而回. "名教中自有樂地", 昔賢所云, 時復戢之.

余不習鐺杓, 而洞於茶理. 友人戴惕庵, 爲邑之陸羽. 余時過領日鑄, 以消七碗之興. 及至杞子國, 有馬布庵者, 又盧埜之後勁也, 一槍一旗, 居然獨步. 嘗戱語之: "若與吾鄉惕庵共品泉源, 正未知誰當北面." 余於甲辰偶然禁酒, 有句云: "我當上奏天帝庭, 酒星謫去補茶星." 此亦老儂謾言, 非實爾也.

性好食醋, 失此則諸味不調. 又好秋末蟹・夏初蠶豆, 二物充庖, 不想他味. 人以汪生所嗜, 不殊屈到之芰, 姬文之昌歜. 近日俗尙食煙. 余每語人 : "奈何以火燒五臟? 請觀筒中垢膩. 將何以堪?" 其人猛省, 誓不再食. 少焉憶之, 便渝戒矣. 病酒之夫, 狂飮不待明朝, 難產之婦, 好合何須滿月? 嗜煙之酷, 乃至同與酒色, 何惑溺也!

余家常乏, 獨衣冠必鮮整, 人目之, 若雄於財者. 然少而惜福, 茧絲不以附內體, 服之矜重, 不輕爲塵涴, 卽至褸裂, 亦不輕擲. 『記』曰 : "敝帷不棄, 爲埋馬也." 嘗記先大夫於余入泮時, 制一西洋布袍. 凡遇佳節良讌, 則衣之. 几三十年, 不之澡濯. 有勸余改作褻衣者. 賈子曰 : "冠雖敝, 弗以苴履." 先人所賜, 吾不忍也. 先人之敝廬, 不過數楹, 團聚家人, 三世不易其舊. 余日坐臥者, 止於半舫, 圍塞書卷, 櫛比鱗次, 容我頭足一席地耳. 俯仰之餘, 不見其窄. 出而翔步王公之第, 崇構岧嶢, 霞垂雲聳, 余處之落落然, 了無與也. "公自見其朱門, 貧道如游蓬戶", 大智之言, 豈欺我哉!

余愛樓居及庋板之房. 不耐卑庳下濕. 又愛短簷淨几, 其牕四開, 晨起披襟, 爽受風日. 如入闇室幽曖, 便悶欲絕. 又愛舟行, 放槳蘆洲蓼渚之間, 率其宕往, 有會心處, 嗒爾忘歸. 余向不喜浴, 雖夏月, 亦止以巾拭汗. 老始習之, 乃覺除淹消痠, 體氣榮楊. 卽冱寒, 且樂就澡室焉.

余得天強固, 不嬰重疴. 偶爾違和, 亦不用藥, 醫之以至淸之酒, 醫之以至快之書. 辛巳午月, 賤體忽憊, 頭涔涔作楚, 一日夕不思湯餌, 若染時癘者. 適有餉余佳釀, 呼至牀頭開看, 芬香拉鼻. 急命溫之, 取太史公「荊軻傳」連飮連讀, 瞬息之間, 拍案而起. 古書難信, 切不可以身試方. 吾友賈靜子, 睢陽才人也, 體有不適, 欲行'倒倉'之法. 余諍之曰 : "奈何於腹中演戲法?" 不聽, 一服之後, 下泄不止而斃. 豈惟藥石! 卽平時飮膳, 皆可傷人. 余嘗於醉後飮養花宿水, 不死. 於相國寺僧舍誤中鮮菌毒, 不死, 此小人倖免也. 子美死於白酒牛脯, 太白縱飮采石, 捉月而亡. 李・杜, 詩人之魁也, 皆以輕率自殞其生, 可不愼哉!

壯時不免房帷之好, 後乃以漸而淡, 至爲汗漫遊, 遂與色遠. 卽燕趙歌姬, 充列侑飮, 從無一人沾昵者. 北妓入席, 見客卽拜, 立而執役, 主人加之訶叱. 余命之入坐, 諸執事悉令隷人司之, 北人且謂介人壞其鄕俗禮貌. 知命之年, 便絶婉孌, 友人俱誚其假, 席間每引爲笑資. 李賸齋至謂"五十斷慾, 不如捐館作泉下人". 彼長余四齡, 竟以啖牛颏, 淫一妖嫗而殂. 夫精·氣·神, 人之'三寶', 而丹藥之壬也. 先祖遇一異人, 授以'龍虎吐納'之法, 習練四十年, 道成, 夏月盖重衾臥熾日中, 無纖汗. 冬以大桶滿貯凉水, 沒頂而坐, 竟日不知寒. 余以骨頑無仙分, 不之向學, 然於玄牝要訣, 頗熟聞之. 大要以寶神嗇精爲主. 世之愚傖, 縱情彫伐, 以致陽弱不起, 乃求助於禽蟲之末. 蛤蚧, 偶蟲也, 采之以爲媚藥. 山獺, 淫毒之獸, 取其勢以壯陽. 海狗以一牡管百牝, 鬻之助房中之術. 何其戕眞敗道, 貴獸而賤人也! 且方士挾采陰之說, 謂御女可得長生, 則吾未見蛤蚧成丹·山獺尸解·海狗之白日冲擧也.

記誦之外, 無時不親操諸務, 盥漱泛掃, 不以煩厮役. 花則手灌之, 草則手薅之, 魚鳥則手飼之. 或雜伍漁樵, 或混同傭乞, 或時與童穉相嬲, 擲弄鱅鰈以嬉. 故年雖近耄, 人以爲有童心. 擧步輕躍, 容色亦不衰, 不似龍鍾齒豁人. 年來遊興不減, 夢想時在湖澨岳麓. 諸子惜余筋力, 柅余車不得遠行. 在家閒極, 有花卽看, 有酒卽飮, 有對弈者卽終日. 老友相値, 卽解杖頭以醵. 緇流之上者, 樂共余談, 余亦樂坐旃檀之室. 謂之'淸時小太平'. 適與紅裙會, 方袍骨董, 不至以唐突取厭. 贈邗水桂姬有"休將量大欺紅袖. 但得情癡恕白頭"之句, 非乞憐語, 佳人會生憐耳.

孫子數人, 與長者点定文字, 粗爲疏解. 羣小則牽繞衣裾, 分棗栗與之, 各饜所欲而往. 分之必均, 偶有參差, 聚而向老人計較. 尤可愛也.

余行李半天下, 所至以客爲家. 客兩河者, 前後十數年. 始於察荒李御史幕, 懷孟薛宗伯知之, 呼至其家, 與仲蒨二兄讀書翕園. 後爲賈大中丞召修省志, 別去. 越三年, 會弔宗伯之喪, 黃門衛公先生正在讀『禮』, 留與崥山草堂, 商榷今古. 又爲洛陽太守朱燦煌邀閱試卷, 別去. 介人之久於玆土者, 實以宗伯父子恩分滋深, 故依劉御李, 馬首不能他指耳. 時沈宮詹繹堂先生分巡大梁, 淸慈明允, 爲海內岳牧表. 余驅車八郡, 歷收河嶽之英, 倦則以鈞陽淸署爲歸焉. 其他逆旅主人, 無不款暱如戚屬. 水行則戒榜人無妨緩棹, 柯上逍遙, 陸行則常與執轡者試走, 舍輿馬而徒, 恣其流覽. 余之所爲通, 余之所爲介也.

余殫精音律, 於古今離合之義, 無不博綜. 吾邑陸君揚, 絃索化工手也. 從余考訂音聲, 字有訛舛, 悉爲釐正. 遂使八風二十四氣, 相爲噓吸. 海內名公卿, 以及文章之士, 皆與之遊, 其名直達禁掖. 譬阮傳人, 乃以介人爲導師, 亦可異也. 余嘗作一想. 取尼父「猗蘭操」, 桓子野「挽歌」, 孔明「梁父吟」, 謝安「洛生咏」, 嵇康「廣陵散」, 袁山松「行路難」, 李太白「烏夜啼」, 令相如鼓琴, 桓伊吹玉篴, 高漸離擊筑, 禰衡撾漁陽鼓, 君陽出而攲冠短袖, 爲之提掇其間. 左顧右盼, 意氣激昂, 撥淸絃, 發哀弄, 人聲天籟, 雲委雪飛, 一洗梨園法曲之陋, 顧不樂哉!

博塞之事, 盛於魏晋. 近日士大夫, 皆以奉十齋打葉子爲名流雅尙, 相煽成風, 浸淫海內. 余不之效, 只是黑白二子, 比勢覆局, '木野狐'之誚, 恐亦在所不免. 當余少賤, 頗耽戲術, 射覆藏鉤, 與夫'頃刻花'·'遂巡酒'之類種種幻化, 皆所熟諳. 至於召請乩仙, 尤極靈響, 卽非眞仙, 當亦才鬼. 己卯應試失利, 情懷悼恡, 舞仙童以釋悶. 令其搬演雜劇, 窮姿盡態, 有老梨園所不到者. 一時傳播, 男婦聚觀, 擁塞堂廡, 終日哄笑, 匝月而不散, 牕几悉遭擠毁. 余深悔其賤, 固逃匿於外以謝之. 世俗無聊, 動拈骰子以卜. 乙亥試, 玉峰同寓友人, 競卜休咎. 余一呼而六子皆赤, 果於是年入泮. 先君六旬時, 遘疾彌月, 醫藥不能療. 余心焚灼, 抱骰盆跽於中庭, 祝曰: "大人病果無患, 幸賜吉徵!" 一擲而五子各色, 獨一子旋轉不定. 余默懇之, 一躍而成順色, 病亦旋瘳. 昔寄奴喝子成盧, 明皇叱子成四, 慈聖之側立不仆, 光獻之盤旋三日, 精誠所注, 符應立呈, 樗蒲有神, 豈虛也哉!

余與漢陽李雲田偶過汴市, 見有爭錢而相搏者. 雲田曰: "古人名錢曰刀, 以其銛利能殺人也, 執兩'戈'以求'金', 謂之'錢', 亦以示凶害也."

余曰："執兩'戈'以求'金'，謂之'錢'，執兩'戈'以求'貝'，謂之'賤'．執'十戈'以求'貝'，則謂之'賊'而已矣!" 雲田曰："兩'戈'一'金'，當更有精義．子試說之!" 余曰："兩'戈'不敵一'金'，錢眞神物也!" 雲田曰："得一'金'而來兩'戈'，豈不可危?" 余曰："操兩'戈'以求一'金'，亦復何畏?" 有一老父笑而前曰："此貪者之必濟以酷也．敬領兩公高論，老夫快極! 惜王介甫不得一証斯言."

乙巳，從三衢假道至汾水·開化道中，資斧告匱，伥伥乎靡所騁．適遇一蒙館，其館師教讀'心廣體胖'，'胖'音爲件．余入語之曰："先生誤矣．胖，蒲官切，當讀如盤." 館師曰："門下精於翻切乎? 愿受台教." 因教以上字母，下韻脚，中間過脈，如'經堅丁顚'諸訣，一一指授，呼調數四．令其師弟同余念誦，一堂之中，齊聲唱和．初如小兒喤喤學語，舌本都强，少焉漸覺柔利．至數百遍，而趁口以出，自然通協．主人聞之狂喜，出揖余曰："等字切法，里俗罕傳，村塾蠢兒，肉橐衣楦，何幸得公提誨! 請問公姓氏，今將何往? 何爲停車於此?" 余實告以前往江右，行李空乏之故．主人曰："是不難." 命家僮立取青錢文綺見餉．余拜受之，得以卽時就道．余於字學，童而習之，音義略無訛舛，不謂浪遊乃受其益．以解字而得酒食，以切韻而得錢財，是亦學圃之美談也．

二氏皆視世人蠢俗，故一以冲舉歆之，一以輪回懼之．余明於死生之故，不溺其說．然其標旨淸微，振辭高妙，有足豁懵人之閡塞者．故夫道家之六甲秘文·萬畢神術，釋氏之三車要義·四諦眞言，罔不洞究．我若靜地修玄，不在採芝咽液，高座說法，不在豎拂拈槌，將使上淸羽客，黿守丹罏，大善知識，都向籬門外瞌睡也．

余不信屋相家言．李虛中·唐擧，世無其人．二家推余限度，按余部位，皆云至貴之格，公卿將相，早於年三四十內得之．人多以此佞余，余初亦喜聞其佞．逮其後來，往往不驗．今閱七十甲子矣．黃粱熟矣，癡夢不復作矣，雖欲信之，又烏得而信之? 又不信師巫之術．吾鄕多有女巫，召人先靈與人敘語．余幼隨家人往，果於隔戶隱隱有聲，家人白日見鬼，哭而問訊. 余惡之, 從後闔密偵, 見一人垂首甕中作語, 遂發其奸. 余在河南, 與李御史同謁嵩嶽, 見有所謂'馬子'者, 托神附體, 儼坐堂檐, 執繩棍者, 森列左右. 愚民朝山者, 有不謁神座, 竟拜'馬子'酬愿而去. 忽而恫喝邏索, 衆皆驚竄, 財如阜積. 余惡之, 令御史皆縛之至, 衆'神'叩頭, 哀乞免死.

聲色移人, 余性亦有殊焉者. 喜泉聲, 喜絲竹聲, 喜小兒烺烺誦書聲, 喜夜半舟人款乃聲. 惡群鴉聲, 惡騶人喝道聲, 惡賈客籌算聲, 惡婦人詈聲. 惡男人咿嚘聲, 惡盲婦彈詞聲, 惡刮鍋底聲. 喜殘月色, 喜曉天雪色, 喜正午花色, 喜女人淡妝眞色, 喜三白酒色. 惡花柳敗殘色, 惡熱熟媚人色, 惡貴人假面喬妝色. 至余平日, 有喜色, 無愁苦色, 有笑聲, 無嗟嘆聲. 竊謂屈原之「九歎」·梁鴻之「九噫」·盧照鄰之「四愁六恨」·賈誼之「長太息」·楊雄之「畔牢愁」·殷深源之「咄咄怪事」, 皆其方寸偪仄, 動與世懟. 惜不與介人同時, 爲作曠蕩無涯之語以廣之.

余不識金錢之數, 不知方物之值, 不聞營殖之方, 不設會計之籍. 倘然而來者, 倘然而去. 室中忽盈忽虛, 若與阿家翁無與焉. 年七歲時, 族伯亡, 應余承祧, 有宗人出而爭嗣. 郡司馬某當讞, 得宗人賕, 袒之. 余起告曰:"爭爲人後者, 利其産耳. 兒不願如俗情奉人宗祀." 遽辭以出. 司馬謂先君曰:"有是佳兒, 宜不賴此!" 其爲志大財疏, 自童齔已然矣. 傾余行篋, 從無十金之積. 白鏹青蚨, 亦數來數往, 但不戀清寒吾輩人. 余曾坐皐比, 收諸生修脯, 亦曾心織筆耕, 賣文字作生活, 亦曾以文應採風之使, 得受前茅上賞. 不以事生産, 不以食孱孱八口, 牀頭阿堵, 不知何故咄嗟而散.

余最僻古器, 幸而購得, 寶玩不已, 倘或失去, 經時怏怏, 如憶故人. 向在東都, 所得當道之賮, 悉置三代尊彝, 眞贋各半. 槖負抵舍, 家人意其貲重, 启視之, 确确然皆邙土中物也. 余誇而家人笑. 不久卽星失. 假使余囊金以歸, 要亦垂手盡, 不能作臨沮守錢翁. 人言介人癡, 不癡也.

向有三畏 : 畏盜, 畏猘犬, 畏笑面多機智人. 不幸旋觸黨人怒, 卒吹蠹沙, 興文字獄, 執余而囚之. 余日事著述, 若不知有狴犴者. 客譙余曰 : "子才之不戢以至於斯, 今猶是放宕其辭以自騁乎?" 余曰 : "馬遷腐刑, 居蠶室而著『史記』, 陸平原臨刑曰 : '古人立言以垂不朽, 吾所恨者, 予書未成耳!' 蔡中郎被收, 請黥首刖足, 繼成漢史. 此三賢者, 介人之師也. 子烏足以知之?" 或又引善惡報應之說曰 : "子有何惡而遘此刑獄?" 余曰 : "盜跖爲暴, 肝人之肉而食之, 卒得上壽, 柳下惠操行修潔, 以黜辱沒其年. 崇侯虎進炮烙以痡百姓, 國滅不與其難. 西伯修德行仁, 囚於羑里. 司馬魋欲殺聖人, 終柄宋國. 仲尼賢過堯舜, 拘於匡, 圍於蒲, 微服於宋. 信如報應之語, 則是盜跖・崇侯・司馬之善報爲不爽, 而柳下・西伯・仲尼之惡報爲斷如也, 有是理乎?"

知己之恩, 侔於生我. 古人云"士爲知己者用", 又云"士屈於不知己, 而伸於知己", 又云"感恩則有之, 知己則未也", 又云"天下有一人知己, 可以不恨". 甚矣! 知己之難也! 而余之生也, 凡得知己者十. 髮未燥, 應童子試, 甬東謝象三先生目之曰 : "渥洼之神駒也, 困以鹽車, 恐未得千里騰逸." 此一知己. 楚黃曹石霞先生令嵊, 月兩課士, 余輒冠一軍. 迨解官, 放浪西子湖與白門諸山水間, 連手吟唱, 狂叫絶倒, 此一知己. 光州唐雪靈先生, 選邑士廿人, 時校藝於衙齋. 文必面閱, 必戒諸少雋者奉余爲經師. 辛卯之役, 謂余必掄元. 及報罷, 仰天嚄唶, 至於流涕. 此一知己. 湘潭沈旭輪先生李吳, 三簡首諸士, 曰 : "時文中古文, 盲・腐二史, 其鼻祖也. 終恐不利時官之目!" 此一知己. 蓬萊李琳枝先生, 以省方試士, 拔余罪隸之中, 弁冕都人士. 序予文曰 : "介人之文, 能令人悲, 亦能令人怒. 能令人喜, 能令人下酒, 能令人已疾. 是介人以文生天下, 而群傖乃欲報之以殺, 忍乎哉?" 此一知己. 河陽薛行屋先生, 人倫淵藪, 坐余澹友軒, 相與訂千秋業. 余斷梗, 又折角如意也, 而先生折官位輩行以交, 詫爲'珠采玉英, 希世之寶', 此一知己. 七閩黃石齋先生, 講學湖上, 弟子數千人, 蟻升廡下. 『易正』一書, 荃蹄爻象, 妙契圖先, 獨以授余, 曰 : "滄桑而變, 惟此子不刊其書. 譙周之得文立藩衛門牆,吾何恨矣?" 此一知己. 吾鄕之文, 久沒雲霧中, 潛壺許子, 與余力刷之, 並草松陵, 分題漢上, 他無可與語者. 嘗曰 : "有志三代, 同心二人." 此一知己. 上洋妓王翩仙, 姿才無輩, 頗不近貴人. 得余文, 必焚檀拜讀, 讀已又拜. 相對淸譚, 無一語墮人間粉澤者. 此一知己. 有授僞秩官人, 偕邑中雕面少年, 密謀傾余. 事且露, 主者曰 : "斯人制作, 胚胎大家, 必將羽儀天下, 必務殺之." 再擊不中, 歎曰 : "才士固不可殺!" 愛我之口, 無可準的. 若輩方欲剸我以刃, 而肯稱爲'大家'·呼爲'才士', 此亦一知己.

李獻吉, 前朝之文人也, 葬於崆峒山, 冢已崩阤, 幾出貍首. 穎人無過而問焉者, 余語禹州史太守 : "張良洞旁黃石冢, 聶政墓側姊嫈墳, 大抵荒唐, 爲土人耳食語. 獨明詩人李獻吉墓, 埋骨不過百年, 沒於豐草, 碑識無存焉. 爲太守者, 所當急爲表治, 以培風雅." 守卽鳩工往葺, 余親爲輿土而封, 出故碑而重泐之曰 : "明詩人李夢陽之墓."

雲間彭燕又, 當代之文人也. 以五十年老孝廉, 授汝寧司李, 才華震蕩, 不屑以肺石繩人. 或議其有文才, 無吏幹. 一日來謁李御史於汴署. 余從屛後覘之, 見其內衷紅褶, 心爲竊駭. 御史甚加禮遇, 肅之坐, 談論甚洽. 茶凡三点, 燕又漸忘分位, 以足加膝, 哆口橫議, 旁若無人. 御史微哂, 無憎意. 入而呼余曰 : "子見夫狂司李乎?" 余曰 : "見之, 才不檢制, 幸夫子憐而恕之." 御史曰 : "我無責乎爾. 天下豈皆愛才者? 恐終以是禍." 未幾, 巡方使者會稿至, 御史謂余曰 : "彭司李掛彈章矣! 款跡累累, 罪且不測." 余切懇御史轉旋, 爲文人留一生地. 御史難之, 曰 : "直指駐節彰德, 汴之去鄴也遠. 疏發, 追無及矣!" 余爲跽請, 乃刪其重大者數條, 遣一幹役, 策飛騎詣直指所, 追還原疏, 更爲改繕. 燕又得從薄譴以歸. 余初不令燕又知也.

余方童丱, 嘗夢一人, 纖細娟好, 自稱'金鑾否人'. 以綠沉筆一矢授余曰 : "乾德初, 蒙公見借, 今以奉還." 由是文思大進, 放騁詞塗, 不可捉搦. 患難後, 於資善僧寮, 晝夢作文, 有朱衣人裂而擲之地. 余啓之曰

:“豈以文受禍, 不當更費險糜耶? 今後但爲蹄涔杯水之文, 不復爲驚濤怒壑之文. 但爲軟面滑口之文, 不復爲聱牙棘齒之文. 但爲依籬傍闥之文, 不復爲開疆鑿嶂之文. 但爲女子鏡奩嬌昵之文, 不復爲丈夫槃戟森峨之文. 如是可乎?” 朱衣人色霽而去. 及余提筆, 匠心獨詣, 其爲砰奇如故也. 又夢朱衣人怒訶曰:“違吾意旨, 由汝虎視文林, 但無望龍門燒尾!” 余乃絶意金閨, 日與麯生者爲友, 上追風人, 下逮三唐吟老, 遙相鼓吹.

余壯盛時, 力爲時文, 若科目可旦暮掇焉者. 甲午, 同考官某, 與余有神契, 欲收之夾袋, 密相招, 授以關節. 余驚復之曰:“科名爲何物, 可以闇汶獲之? 且余命多蹇剝, 恐非桂籍中人, 文之售不售, 無所逃命. 若使一日詭遇, 是與命拗也, 人禍天譴, 均有之矣!” 當事怪恨, 便與余絶. 老而力爲古文. 歲戊午, 薛黃門衛公先生謀之要津, 欲以博學宏詞薦, 余上札啓謝曰:“价夙遭屯難, 沉痼書城, 雕蟲瑣事, 不足名家. 實乏史材, 無容忝竊, ‘宏博’之稱, 非所據也. 且也山麋野性, 不樂冠裳. 豈其濛汜餘年, 頓忘丘首? 孝然竄河渚, 仲蔚沒蓬蒿, 匹夫有志, 不可回也.” 固辭而後已. 刑部侔阮劉公, 結三十年中州縞紵. 近爲侍從親臣, 出督蕪關稅, 迎余欒江之署, 飮酒賦詩. 公於署前方池之上構一新亭, 鐫御賜‘松風水月’字爲之額, 朝夕瞻對. 題曰‘敬亭’, 志不忘君也. 余爲之頌, 系之以詩. 復命日, 擬以余才緩頰左右, 余懇止之曰:“草澤寒蜩, 久甘噤伏, 豈可以不祥名字, 上干帝座?” 公爲默然, 退語幕客曰:“此公老鈍, 命與才違.” 余之古今文, 洵非逢年之物, 天下鉅公, 謬以富貴相貽, 此世間詡爲奇遇, 蠖屈鼠拱感涕以受者, 而余顧麾而去之, 若將浼焉! 然則介人七尺, 其爲不翥之末翮, 早飄之敗葉也, 審矣!

向集自少至老所爲詩古文辭, 删九而存一. 客見之, 問余曰:“其中所稱最快意之作, 可得聞乎?” 余曰:“流落散人, 實多筆墨之樂. 試爲足下略言一二. 李御史察荒兩河時駐節歸德, 余入謁. 御史手授『丙申詩刻』一冊, 凡百有餘首. 余回寓, 命從者焠燈釃酒, 依韻和之, 漏五下而卒業. 黎明投入憲府, 御史立邀進署, 大呼曰: '君以一夕敵我一年, 才之相去, 奚但百倍而已!' 遂留幕, 內. 可爲大快者, 此其一.

河陽妓小紅兒, 性豩, 善飮, 常倚其量以壓人. 一日, 余取大觥容數升者奉之, 紅兒不辭, 曰: '我善酒, 爾善詩, 爾成一詩, 我盡一爵. 今日試以詩酒一決楚漢.' 余吟紅飮, 酣對數巡, 紅兒微有醺態. 余乃一連疊咏, 紅不能支, 跽而乞降. 余縱之睡, 自吟自飮. 坐客各擧杯稱賀. 可爲大快者, 此其二.

繆侍讀念齋先生過嘐, 有靑樓何媛以詩晋謁, 備陳墮落苦狀. 侍講心惻, 呼其嬤盡償所値, 聽其擇人而字, 無他染也. 余作「種德記」以贈之. 一夕, 余病不能飮, 而爲酒糾, 爲之約法曰: '苟有犯, 不能飮者, 罰以酒, 能飮者, 罰以詩.' 卽以'繆侍講損金與何媛落籍'爲題. 衆聞以詩贈繆, 皆應曰: '諾!' 一客曰: '奈何能飮而不罰之酒?' 余曰: '若以酒罰能飮者, 則是賞也, 非罰也.' 余乃隨罰隨吟, 令小童錄之, 計所爲詩, 竟得免酒三十二甌. 侍講笑曰: '昔人讌集, 詩不成者, 罰依金谷酒數, 未聞有不與飮而罰之詩者. 有之, 自介人始矣.' 余私喜曰: '不意於風雅林中, 而得逃酒法.' 余素負酒人之名, 每罰卽俯首受之, 無可解免, 此番乃得以詩硬抵, 公然强項不飮, 衆不敢譁. 可爲大快者, 此其三.

戊子入鄕闈. 號舍中啾然有聲, 其鳴甚哀. 余信爲場屋文鬼, 大聲誦余向日「秋嘯」詩曰: '三年齷齪逢邏卒, 七義光芒嚇主翁', 其聲遂滅. 有顧香王者, 邑之才士, 以不得靑其衿而死. 余爲立傳, 人閱之, 喜其描情繪意, 有若寫生, 無不頤解. 己酉, 客上箬僧伽舍. 鄰寓有二生, 披而讀之, 忽相抱痛哭, 至於失聲. 余驚問之, 彼亦負奇詫傺, 而不得一遇者. 其爲此態也, 蓋重有所傷也. 我之詩, 可以妥鬼精靈, 我之文, 可以役人情性, 可爲大快者, 此其四.

周少司農櫟園先生, 被蜚語中以閩事, 窮極栲訊, 終無賍証. 時臬司李官以讞決失輕, 比次逮問, 與司農同繫刑部, 死者數人, 滯於獄者八載. 世祖忽念無辜, 有貸死意, 廷議改流寧古, 將爲散戍征人. 升遐之日, 特諭放令還鄕. 辛丑, 偕王過客司李東藁南歸, 道經雪苑, 留宿宋公牧仲家, 余適邂逅. 宋出上賜先相國古畵同觀. 司農一一賞鑒畢, 列坐開宴. 余曰 : '姑緩之, 請再觀今畵.' 取余所著「火山客譙」閱之. 諸公叫讀不已, 都忘杯箸, 鼓掌而笑, 巾幘盡欹. 主人勸且飮, 諸公曰 : '得此奇文, 愈讀愈快, 正如身入龍藏, 爭看寶貝, 惟恐其盡, 誰肯撤而去之?' 竟閱達旦, 不備賓禮. 可爲大快者, 此其五.

覃懷沈雲門, 嶔崎異人, 與余訂金石交. 艱得子嗣, 頗制於內, 不容置妾媵. 秘一人於外宅, 產一男聰穎明俊. 且八齡矣. 托爲里人兒, 携至家, 夫人見而驚異曰 : '阿渠家生此九苞鳳?' 雲門進啓曰 : '此卽夫人子.' 訊得其實, 夫人大喜逾望, 涓日爲育麟之宴. 親朋制錦稱慶, 文皆屬余捉刀. 一爲中書段玉美, 一爲給諫薛衛公, 一爲河北大將軍鮑濟宇, 一爲大總戎魯璧山, 一爲懷慶太守彭悟山. 一爲張乾雅諸同學兄弟. 一日之內, 橫筆揮霍, 悉副其請, 無一雷同門面語, 可爲大快者, 此其六.

庚子修『豫志』, 午日, 賈大中丞邀飮開府, 談次論及諸葛孔明 · 王景略二人優劣, 互有異同. 適襄城余令獻襄酒三百器, 陳列階前, 諸同事並啓分貺. 中丞笑曰 : '請諸公各草「葛王優劣論」一篇. 佳者悉持去, 不須分也.' 諸同事聞言賈勇, 各就席構思. 余伸紙搖筆, 不加点竄, 俄頃而稿畢. 中丞令余口誦, 余音辭郎㗳鏗戛, 中丞爲之擊節歎賞, 諸同事皆撤筆長嘘, 自壞已作. 余進揖謝賜. 督軍校四人, 儋酒於前, 余擁之徐步而出. 可爲大快者, 此其七.

嘗見館孩村腐妄爲詩文, 多有口自吟誦, 忭手点頭, 自鳴其得意者, 若稍知痛痒, 則不然矣. 韓愈曰 : '小稱意則人小怪, 大稱意則人大怪.' 劉蛻曰 : '十爲文不得十如意.' 則求余所爲最快意之作, 當又絶少也."

有譏余文多游戲者. 余曰 : "方朔之「客難」, 假難以徵辭, 崔實之「答譏」, 因譏以寓興. 崔駰之「達旨」, 寄旨以緯思, 韓愈之「釋言」, 憑言以攄志. 揚雄之「解嘲」, 托嘲以放意, 班固之「賓戲」, 隨戲以逞懷也." 客曰 : "子雲擬經之徒, 孟堅述史之士, 奈何鼓其舌穎, 以筆墨爲遊戲乎?"

余曰："昔孔子目冉父爲犁牛, 斥宰予爲朽木, 覩仲由之好勇, 取暴虎以示規. 聞言偃之絃歌, 擧割鷄以志喜. 遊戱之語, 雖聖人有所不廢, 而况爲聖人之徒哉?" 少辨方言, 作『儂雅』四卷. 蒙難時, 作『火山客譙』十五卷, 『廣禪喜』一卷. 會有感喟, 作『鼠嚇』五卷. 豫遊最久, 作『中州雜俎』二十四卷. 同人問訊, 作『千里面目』六卷. 老閒半舫, 作『化化書』十二卷·『人林題目』八卷·『蟹春秋』一卷. 『三儂贅人詩文全集』, 未定卷數. 今雖衰裁, 踵門而乞文者, 必應之, 如償夙逋, 不以爲疲. 後有作者, 得吾書而秘之中郎之帳, 聽之. 如李漢序韓文以行, 壽之百世, 聽之. 卽不然, 如張伯松不喜『法言』, 叱覆醬瓿, 亦聽之.

張山來曰：文近萬言, 讀之不厭其長, 惟恐其盡, 允稱妙構.

予素不識三儂, 而令嗣柱東, 曾通縞紵, 因索種種奇書. 尚未惠讀, 不知何日方慰予懷也!

판교잡기(板橋雜記)

담심(澹心) **여회**(余懷)

서문[1]

혹자가 내게 물었다.

"「판교잡기(板橋雜記)」는 무엇 하러 지었는가?"

내가 대답했다.

"뜻한 바가 있어 지었습니다."

혹자가 또 말했다.

"한 시대의 흥망성쇠와 천추에 길이 남을 감개 중에 읊을 만하고 기록할 만한 것이 얼마나 많은데, 하필 기방의 일 따위나 적고 여색의 아

1 『우초신지』에 수록된 「판교잡기」에는 원래 서문이 존재하지 않으나, 청도출판사(青島出版社, 2002)에서 간행한 『판교잡기』(余懷 著, 劉如溪 點評)에 의거하여 보충 번역하였다.

름다움이나 전하다니, 너무 황당하지 않소?"

내가 듣고 웃으며 말했다.

"이것이야말로 한 시대의 흥망성쇠이자 천추에 길이 남을 감개와 관련된 일이지, 결코 기방의 일 따위나 적고 아름다움이나 전한 것이 아닙니다. 금릉(金陵 : 지금의 南京)은 옛날부터 아름다운 지방이라 일컬어졌으며, 의관과 문물이 강남에서도 대단했었습니다. 게다가 문장과 풍류는 나라 안에서 으뜸이었지요. 백하(白下)와 청계(青溪),[2] 도엽(桃葉)과 단선(團扇)[3]에 얽힌 염사(艶事) 또한 참으로 많았습니다. 홍무연간(洪武年間 : 1368~1398) 초에, 열여섯 곳에 누각을 짓고 그곳에 관기들을 살게 하였는데, 열은 연기 피어나는 곳에 가벼운 화장 한 기녀들과 먼 이국에서 찾아온 손님들로, 가히 한 시대의 운사(韻事)를 장식했습니다. 그 후, 어떤 것은 없어지고 어떤 것은 남고, 그렇게 300년의 세월이 흘렀는데, 옛 흔적일랑 거의 모두 사라지고, 남은 것이라곤 남시(南市)와 주시(珠市), 그리고 구원(舊院)[4] 뿐입니다. 남시는 비천한 기생들이 사는 곳이고, 주시에는 간혹 빼어난 미색이 남아있습니다. 구원의 경우는 남곡(南曲)의 명기들과 상청행수(上廳行首)[5]가 모두 남아있지요. 나는 늦게 태어난 탓에 남부(南部)의 창기[6]며 의춘원(宜春院)[7]의 제자들을 미처 보지는 못하였지만, 다행히 청

2 백하(白下)와 청계(青溪) : 모두 금릉, 즉 지금의 남경시에 있는 지명이다.

3 도엽(桃葉)과 단선(團扇) : 도엽은 중국 진(晉)나라 때 서예가인 왕헌지(王獻之)의 애첩 이름이다. 그는 도엽이 진회(秦淮)를 건너올 때면 매우 근심스러워 늘 강어귀로 나가 맞이하였다고 한다. 그때 그는 "도엽아, 도엽아, 강 건너면서 노 젓지 말거라. 아무 근심 말고 건너오기만 하면, 내가 나가 너를 맞이하마[桃葉復桃葉, 渡江不用楫. 但渡無所苦, 我自迎接汝]"라는 시를 지었다고 한다. 도엽 또한 여기에 대한 답시로 「답단선가(答團扇歌)」를 지었는데, "칠보가 알록달록한 둥근 부채여, 밝은 달빛 아래 그 빛 찬란하다. 나는 낭군과 이 더위를 즐기나니, 오래 오래 서로 잊지 말아요[七寶畵團扇, 燦爛明月光, 與郎却耽暑, 相憶莫相忘]"라고 하여 서로의 사랑을 확인했다고 한다. 왕헌지와 도엽이 만나던 나루를 도엽도(桃葉渡)라 하며, 지금은 남경의 명승지 중 하나이다.

4 구원(舊院) : 명나라 초기에 세워진 부락원(富樂院)을 말하다.

5 상청행수(上廳行首) : 관기 중의 우두머리로 다른 기녀들을 거느린다.

6 창기 : 원문은 '연화(烟花)'로 창기를 가리키는 말이다.

7 의춘원(宜春院) : 원래는 당나라 장안궁(長安宮) 내에 있던 관기(官妓)들이 살던 곳이

장년 시절에 태평성세를 만나 우연히 기방[8]으로 놀러갔던 적이 있습니다. 그때 장판교(長板橋) 주변에서 한 번 노래하고 한 번 읊조리고 하면서 스스로 최고라 자부하며[9] 지냈습니다. 내가 지은 시가는 여러 기생들이 입으로 전하며 읊었는데, 초낭(楚娘)과 윤낭(潤娘)[10]이 바라보고, 장태(張態)와 이연(李娟)[11]이 잡아당겨서, 나는 마치 '두서기(杜書記)[12]님 평안하신가요?'의 두서기라도 된 양, 으쓱거렸습니다. 그러나 나라가 뒤바뀐 이래, 시간도 흘러가고 모든 것이 다 바뀌었습니다. 십년 전의 옛 꿈은 아련한 양주(揚州) 땅에 묶여있는데,[13] 한바탕 즐거웠던 이곳엔 무성한 잡초뿐입니다.[14] 홍아(紅牙)도 벽관(碧串)도,[15] 아리따운 춤도 청아한 노래도 다시는

다. 동경(東京)인 낙양(洛陽)에도 있었다. 여기서는 관기들이 머무는 곳을 상징하는 용어로 쓰였다.

8 기방 : 원문은 '북리(北里)'이다. 당나라 때는 장안(長安) 평강리(平康里)를 성 북쪽에 있다하여 '북리'라고 불렀는데, 그곳에 기원(妓院)이 있었다. 후세에는 기녀들이 모여 사는 곳을 일컫는 말로 사용되었다.

9 스스로 최고라 자부하며 : 원문은 '고반자웅(顧盼自雄)'인데, 스스로의 모습을 보면서 매우 자랑스럽게 여긴다는 뜻이다.

10 초낭(楚娘)과 윤낭(潤娘) : 둘 다 당나라 때 장안 평강리의 기녀다. 『운어양추(韻語陽秋)』 권18에 당나라 정곡(鄭谷)이 지은 「과거에 급제한 후 평강리에서 묵다[登第後宿平康里]」라는 시가 인용되어 있는데, 거기 "봄이 오니 어딘들 한가로이 거닐지 않으랴만, 초낭과 윤낭이 서로 바라보니 각별한 느낌 생기네[春來無處不閒行, 楚潤相看別有情]"라는 시구가 나온다.

11 장태(張態)와 이연(李娟) : 당나라 때 소주(蘇州)의 명기들이다.

12 두서기(杜書記) : 두서기는 당나라 때 문인 두목(杜牧)을 가리킨다. 『당재자전(唐才子傳)』 권6에 다음과 같은 일화가 실려있다. "두목은 잘 생긴 외모에 가무를 좋아하였으며, 풍류가 넘칠라 스스로도 억제하지 못했다. 당시 회남 땅은 번화하기 그지없어 그 화려함이 도성에 뒤지지 않았다. 게다가 천하절색 명기도 많아 두목은 마음이 흐뭇하였다. [두목이 회남을 떠난 후] 재상 우승유가 서리들이 보고를 받아보니, '두서기님(두목은 당시 우승유 막부에서 서기 직을 맡고 있었음), 평안하신가요?'를 묻는 편지가 상자에 가득했다고 한다[牧美容姿, 好歌舞, 風情頗張, 不能自遏. 時淮南稱繁盛, 不減京華. 且多名妓絶色, 牧恣心賞. 牛相收街吏報杜書記平安帖子至盈篋]."

13 십년 전의 …… 묶여있는데 : 이 구절은 두목의 「견회(遣懷)」에 보인다. "양주의 달콤한 꿈에서 십년 만에 깨어나니, 청루에서 박정하다는 명성만 얻었네[十年一覺揚州夢, 贏得青樓薄倖名]."

14 무성한 잡초뿐입니다 : 이 구절은 『시경·소아(小雅)』 「소변(小弁)」의 "평평한 큰 길엔 무성한 잡초뿐[踧踧周道, 鞫爲茂草]"에서 나왔다.

들을 수 없습니다. 동방(洞房)의 꽃무늬 창[16]도, 상렴(湘簾)[17] 드리운 비단 휘장도, 더 이상 볼 수 없습니다. 이름난 꽃과 옥으로 만든 풀도, 곱게 장식한 거문고와 무소뿔로 만든 고리[18]도, 더 이상 감상할 수 없습니다. 간혹 그곳을 지나가 보아도 쑥대풀만 눈에 가득할 뿐, 누각은 잿더미가 되어버리고 미인들은 모두 흙먼지가 되었으니, 흥망성쇠의 감개가 이 보다 더 할 수 있겠습니까! 답답한 뜻 펼 길 없는데 졸지에 난리까지 만나고보니, 곰곰이 지난날을 생각하다 뜬금없이 추억에 빠지고 말았습니다. 이에 보고들은 것들을 기록하여 책으로 편집하였습니다.[19] 『동경몽화록(東京夢華錄)』[20]을 본떠 애공(崖公)께서 몹시 좋아하셨던[21] 옛날의 명성을

15 홍아(紅牙)도 벽관(碧串)도 : 홍아는 붉은 단목(檀木)으로 만든 박판(拍板)이다. 즉, 노래할 때 박자를 맞추기 위해 치던 악기이다. 벽관 역시 푸른색으로 만든 박판의 일종이다. 홍아와 벽관은 연회석상에서 음악을 연주하는 장면을 묘사할 때 주로 사용된다.

16 꽃무늬 창 : 원문은 '기소(綺疏)'이다. 속이 비어 있는 꽃 모양을 조각한 창문을 말한다.

17 상렴(湘簾) : 상비죽(湘妃竹)으로 만든 발.

18 곱게 …… 고리 : 원문은 '금슬(錦瑟)'과 '서비(犀毗)'. 금슬은 화려하게 장식한 거문고이고, 서비는 금으로 만든 의대의 장식용 고리다.

19 책으로 편집하였습니다 : 원문은 '한간(汗簡)'이다. 불로 죽간(竹簡)을 그을어 글씨 쓰는 도구로 사용한 것을 말한다.

20 『동경몽화록(東京夢華錄)』 : 북송 때 동경이었던 개봉부(開封府)의 성시 풍경에 관해 기록해놓은 책이다. 송나라 맹원로(孟元老)가 지었다. 맹원로는 호가 유란거사(幽蘭居士)이고 본명은 맹월(孟鉞)이다. 그는 동경에서 23년간 생활했는데, 만년에 옛 동경의 번성했던 시절을 추억하며 『동경몽화록』 10권을 지었다. 책 안에는 동경의 성지 · 하도(河道) · 궁궐 · 관서 · 사관(寺觀) · 교항(橋巷) · 와시(瓦市) · 구란(勾欄) 및 조정의 전례와 세시풍습 · 풍토습속 · 물산 · 야시 등이 기록되어 있어 당시 도성의 풍모를 고스란히 전해주고 있다.

21 애공(崖公)께서 몹시 좋아하셨던 : 애공은 당나라 때 산악예인(散樂藝人)들이 황제를 부르던 용어이고, 현두(蜆斗)는 은어로 좋아하다는 뜻이다. 당나라 최영흠(崔令欽)이 지은 『교방기(敎坊記)』에 보면 당나라 때는 황제들이 사적으로 기녀들을 기르면서 즐겼다는 기록이 나온다. "개원11년에 처음으로 성수악(聖壽樂)을 제정하여 여러 기녀들로 하여금 오색 옷을 입고 노래하며 춤추게 했다 …… 궁내기녀와 양원의 가인들이 번갈아 가며 무대에 올랐는데, 궁내 기녀가 노래를 하면 황번작이 추켜세웠고, 양원의 가인이 노래하면 욕을 했다. 뚱뚱하고 늙은 여자는 '굴돌간아고(屈突干阿姑)'라고 불렀고, 모습이 좀 추한 여자는 '강태빈아매(康太賓阿妹)'라고 불렀다. …… 여러 산악예인들이 천자를 애공이라 부르고 좋아하는 것을 현두라 불렀다[開元十一

드러내고자 합니다. 그러니 이 어찌 기방의 일 따위나 적고 여색의 아름다움이나 전하는 것이겠습니까!"

그러자 객이 벌떡 일어나더니 "그렇다면 기록하지 않을 수 없겠군요"라고 말했다. 이에 『판교잡기』를 짓는다.

或問余曰 : "「板橋雜記」, 何爲而作也?" 余應之曰 : "有爲而作也." 或者又曰 : "一代之興衰, 千秋之感慨, 其可歌可錄者何限, 而子唯狹邪之是述, 艷冶之是傳, 不已荒乎?"

余乃聽然而笑曰 : "此卽一代之興衰, 千秋之感慨所繫, 而非徒狹邪之是述, 艷冶之是傳也. 金陵, 古稱佳麗之地, 衣冠文物, 盛於江南. 文采風流, 甲於海內. 白下靑溪, 桃葉團扇, 其爲艷冶也多矣. 洪武初年, 建十六樓以處官妓, 淡烟輕粉, 重譯來賓, 稱一時之韻事. 自時厥後, 或廢或存, 迨至三百年之久, 而古迹寢湮, 所存者爲南市・珠市及舊院而已. 南市者, 卑屑妓所居, 珠市間有殊色. 若舊院, 則南曲名姬・上廳行首皆在焉. 余生也晚, 不及見南部之烟花, 宜春之弟子, 而猶幸少長承平之世, 偶爲北里之游. 長板橋邊, 一吟一詠, 顧盼自雄. 所作歌詩, 傳誦諸姬之口, 楚・潤相看, 態・娟互引, 余亦自詡爲'平安杜書記'也. 鼎革以來, 時移物換. 十年舊夢, 依約揚州, 一片歡場, 鞠爲茂草. 紅牙碧串, 妙舞淸歌, 不可得而聞也. 洞房綺疏, 湘簾繡幕, 不可得而見也. 名花瑤草, 錦瑟犀毗, 不可得而賞也. 間亦過之, 蒿藜滿眼, 樓館劫灰, 美人塵土, 盛衰感慨, 豈復有過此者乎! 鬱志未伸, 俄逢喪亂, 靜思陳事, 追念無因. 聊記見聞, 用編汗簡. 效『東京夢華』之錄, 標崖公蜆斗之名.

年, 初制聖壽樂, 令諸女衣五方色衣以歌舞之. 于是納妓與兩院歌人, 更代上舞臺唱歌. 內妓歌則黃幡綽替揚之, 兩院人歌, 則幡綽輒訾詬之. 有肥大年長者, 卽呼爲'屈突干阿姑', 貌稍胡者, 則云'康太賓阿妹'…諸家散樂, 呼天子爲'崖公', 以歡喜爲'蜆斗']"라는 기록이 보인다. 송나라 왕당(王讜)의 『당어림(唐語林)』「정사상(政事上)」에도 "지금의 황제께서도 매우 좋아하셔서 아우를 위해 주청드리고자 하나, 끙끙거리며 감히 그러지 못하고 있다[今日崖公甚蜆斗, 欲爲弟奏請, 沉吟未敢]"라는 기록이 보인다.

豈徒狹邪之是述, 艶冶之是傳也哉!"

客躍然而起, 曰:"如此, 則不可以不記." 于是『板橋雜記』作.

금릉은 제왕이 도성을 세운 곳이다. 공후와 외척의 저택이 줄을 이었고, 종실 왕손들이 갖옷 입고 말을 타고 너울너울 다닌다. 검은 옷 입은 귀족자제들[22]이며 사방의 빈객들이 너도나도 탄궁을 옆에 끼고 퉁소를 불면서 조비연(趙飛燕)과 이부인(李夫人)[23]의 집 앞을 지나간다. 매번 연회가 열려 기생들을 부르면 비단옷의 향긋한 내음이 진동하는 가운데 번갈아 가며 술을 따르고 잔을 부딪친다. [술집 주인이] 나만 남겨두고 나머지 손님들을 다 보내면, 술자리도 바둑도 끝나 귀고리 떨어져있고 갓끈 또한 버려져있다.[24] 이야말로 욕계(慾界)의 선지(仙地)요, 태평성세의 낙토로다.

22 검은 옷 입은 귀족자제들: 검은 옷[烏衣]은 오의항(烏衣巷)을 상징하는 말이다. 동진(東晉)의 왕도(王導)와 사안(謝安) 등 세족들이 이곳에 살았다고 하여 명망 높은 귀족을 가리키는 말로 사용되었다.

23 조비연(趙飛燕)과 이부인(李夫人): 조비연은 한나라 성제(成帝)의 황후이고 이부인은 무제(武帝)의 황후이다. 두 사람 모두 춤과 노래에 능해 천자의 총애를 받았는데, 후에는 가기(歌妓)와 무녀(舞女) 등을 칭하는 용어로 사용되었다.

24 나만 남겨두고 …… 버려져있다: 『사기』 「골계열전(滑稽列傳)」에 나오는 순우곤(淳于髡)의 말이다. "마을 모임이 있어 남녀가 함께 앉아 술을 돌리고, 장기와 투호를 해서 짝을 구하며, 남녀가 손을 잡아도 벌이 없고, 아름다운 여자를 쳐다보아도 금하지 않습니다. 앞에는 귀고리가 떨어지고 뒤에는 비녀가 떨어져 나가는 경우라면, 저는 이런 것을 가장 좋아하여 여덟 말의 술을 마시고도 2할 내지 3할밖에 취하지 않습니다. 날 저물어 술손님이 거의 다 떠나가고, 합배하고 자리를 좁혀 남여가 같이 앉으면, 신발은 서로 뒤섞이고 술잔과 그릇이 어지럽게 흩어지며 당상에는 촛불이 꺼집니다. 여주인이 나만 잡아두고 다른 손님은 다 보냅니다. 그리고 비단 속옷의 옷깃을 풀어헤치면 아늑한 향기가 풍깁니다. 이때에 저는 가장 기분이 좋아져 술 한 섬을 마실 수 있습니다[若乃州閭之會, 男女雜坐, 行酒稽留, 六博投壺, 相引爲曹, 握手無罰, 目眙不禁. 前有墮珥, 後有遺簪, 髡竊樂此, 飮可八斗而醉二參. 日暮酒闌, 合尊促坐, 男女同席, 履舄交錯, 杯盤狼藉, 堂上燭滅. 主人留髡而送客, 羅襦襟解, 微聞薌澤. 當此之時, 髡心最歡, 能飮一石]."

구원(舊院)을 사람들은 '곡중(曲中)'이라 부른다. 앞문은 무정교(武定橋)[25]와 마주하고 있고, 뒷문은 초고가(鈔庫街)[26]에 있다. 기방이 즐비하게 서로 이웃하고 있는데, 집이 정갈하고 꽃나무가 소슬한 것이 속세와는 전혀 다른 세상이다. 문 앞에 이르러보면 구리로 만든 둥근 문고리[27]가 반쯤 열려있고, 주렴이 낮게 드리워져 있다. 계단에 오르면 개가 손님을 보고 짖어대고 앵무새가 차 내오라 소리친다. 당에 오르면 기생어멈이 정중히 맞이하면서 나란히 빈객의 예를 나눈다. 안으로 들면 어린 하녀가 단장을 마치고 아리따운 자태로 나온다. 한참 앉아있노라면 갖은 산해진미가 다 차려지고, 악기 소리 노래 소리[28]가 뒤질세라 어우러진다. 서로 맘이 맞으면 눈짓을 주고받고 수작을 부리다가 알콩달콩 사랑을 주고받는다. 부잣집 도련님이건 지체 높은 재자(才子)건, 모두 기녀들의 미색에 넋이 나가 갖은 추태를 다 부린다. 기녀들을 하인과 하녀는 '아씨'라고 부르고 바깥사람들은 '작은 아씨'라고 부른다. 기생어멈은 '아가'라고 부르고, 손님이 들면 손님을 '형부'라고 부른다. 손님은 기생어멈을 '장모'라고 부른다.

악호(樂戶)[29]는 교방사(敎坊司)에서 총괄하는데, 한 명의 관리를 두어 이

25 무정교(武定橋) : 남경의 진회하(秦淮河)를 가로지르는 다리의 이름. 문덕교(文德橋)와 자매 다리이다.

26 초고가(鈔庫街) : 부자묘(夫子廟)와 진회하 남쪽 언덕에 있다. 동북으로 문덕교가 있고, 서남으로 무정교가 있다. 전하는 바에 의하면 명나라 홍무(洪武) 7년(1374)에 주원장(朱元璋)이 조서를 내려 보초제거사(寶抄提擧司)를 설치하게 하고, 그 아래 초지국(鈔紙局)과 인초국(印鈔局), 그리고 보초고(寶鈔庫)과 행용고(行用庫)를 설치했다고 한다. 침향가(沉香街)라고도 불린다.

27 구리로 만든 둥근 문고리 : 원문은 '동환(銅環)'이다. 원래는 동으로 만든 둥근 문고리를 가리키나 문을 대신 가리키는 말로도 사용된다.

28 악기 소리 노래 소리 : 원문은 '사육(絲肉)'인데, '사(絲)'는 악기소리를, '육(肉)'은 사람의 육성, 즉 노래 소리를 가리킨다.

29 악호(樂戶) : 고대에는 악기연주와 가창에 종사하는 백성들을 모아 악적(樂籍)에 이름을 올린 다음 '악호'라고 칭했다. 후세에는 기원(妓院)을 지칭하는 말로 사용되기도 하였다.

를 주관하게 한다. 관아도 있고 공무를 집행하는 자리도 있으며, 부리는 하인이며 형틀이며 대나무로 만든 신분증[30]까지 있다. 관모도 있고 의대도 있지만 손님을 보면 감히 읍하지 못할 뿐이다.

기방에서는 문호를 구분한다. 이들은 서로 아름다움을 다투고 교태를 바치며, 재주를 겨루고 기이함을 자랑한다. 새벽이면 다들 어슴푸레 술에 취하는데, 그러면 향긋한 목욕물이 가득 받아지고 옷에 밴 향긋한 내음이 방안에 가득하다. 정오가 되면 난꽃·말리꽃·침수(沈水)[31]·갑전(甲煎)[32] 향기가 몇 리 밖까지 풍긴다. 밤이 들면 피리 불고 쟁 뜯으며 이원(梨園)의 연극을 공연하느라 그 소리가 하늘 저 끝까지 울린다. 이십낭(李十娘)과 변옥경(卞玉京)이 으뜸이고, 사재(沙才)와 고미(顧媚)가 그 다음이며, 정타낭(鄭妥娘)·돈문(頓文)·최언연(崔嫣然)·마교(馬嬌)[33]가 또 그 다음이다.

장판교(長板橋)는 기원 담장으로부터 수십 걸음 떨어진 곳에 있는데, 강물이 저 멀리 드넓고 초목이 무성하며, 안개 피는 물가엔 푸른빛이 그윽하다. 회광사(迴光寺)[34]와 취봉사(鷲峰寺)[35]가 양 옆에 있고, 중산(中山) 동쪽 화원[36]이 그 앞까지 닿아있으며, 진회하(秦淮河)의 주작항(朱雀桁)[37]이

30 대나무로 만든 신분증: 원문은 '첨패(簽牌)'이다. 대나무로 만든 증명서 혹은 신분증을 가리킨다.

31 침수(沈水): 향단목(香檀木)의 일종으로 매우 진귀하다.

32 갑전(甲煎): 향료명. 갑향(甲香)와 침사(沉麝) 등 여러 화초를 섞어 만든 것으로 입술연지를 만들기도 하고 약에 넣기도 한다.

33 이십낭(李十娘)과 …… 마교(馬嬌): 이들은 모두 가무에 능하고 곤곡(昆曲)에 빼어났던 진회 일대 명기들이다. 모두 다재다능하여 많은 선비들이 그녀들을 위해 시를 지어주고, 그림을 그려주었다.

34 회광사(迴光寺): 양(梁)나라 천감(天監) 13년(514)에 세워졌으며, 원래 이름은 광택사(光宅寺)였으나, 명나라 영락연간(永樂年間)에 중건하면서 회광사로 바뀌었다.

35 취봉사(鷲峰寺): 명나라 천순연간(天順年間)에 세워졌으며, 남경 회청교(淮清橋) 동남쪽에 있다.

36 중산(中山) 동쪽 화원: 지금 남경의 백로주공원(白鷺洲公園)이다. 명나라 초에는 중산왕(中山王) 서부(徐府)에 속했고, 서부의 동쪽에 있었기 때문에 동쪽 화원이라고

그 뒤를 휘감고 있는데, 그 풍경에 실로 눈이 즐겁고 마음이 흡족하여 속세의 흉금이 깨끗이 씻겨나가는 듯하다. 인적마저 고요해진 서늘한 밤, 맑은 바람 불고 밝은 달 떠오를 때면, 명사(名士)와 미녀들이 머리에 꽃을 꽂고 귀밑머리 올린 채 손잡고 한가로이 거닐다가, 난간에 기대어 배회하곤 한다. 그러다 갑자기 아가씨라도 만나게 되면 서로 즐겁게 웃으며 이야기를 나눈다. 이쪽에서 퉁소를 불면 저쪽에선 절묘한 노래를 부른다. 세상의 온갖 소리가 다 잠잠해지고 헤엄치던 물고기가 튀어나와 그 소리를 들으니, 실로 태성성세에나 있을 성대한 일이로다.

진회하 등선(燈船)의 성대함은 천하에 둘도 없다. 양쪽 물가에 늘어선 집들, 화려하게 조각된 난간, 아름답게 꾸민 창문에 비단 휘장, 십 리도 넘게 이어진 주렴. 손님은 "이미 술에 취했소!" 하는데, 주인은 "아직 가지 마세요!" 한다. 놀잇배가 왔다 갔다 하다가 어떤 곳을 가리키며, "아무개라는 명기가 아무개 집에 있으니, 최고의 명기를 얻은 자를 오늘의 승자로 칩시다!"라고 말한다. 잠깐 사이에 어슴푸레 저녁이 찾아오면 등선들이 모두 모여드는데, 구불구불한 화룡(火龍)[38]들로 온 천지가 훤하고, 드높은 악기연주 소리에 강물 속으로 빠져들 것만 같다. 취보문(聚寶門)[39] 수관(水關)에서부터 통제문(通濟門)[40] 수관에 이르기까지, 새벽이 되도록 노니는 소리로 떠들썩하다. 도엽 나루[41] 어귀에는 서로 건너겠다며 아우성치는 소리가 끊이지 않는다. 내가 지은 「진회 등선곡(秦淮燈船曲)」에 다

불렀다.

37 주작항(朱雀桁) : 주작항(朱雀航)이라고도 한다. 건강(建康) 즉 지금 남경시의 남쪽 성문인 주작문 밖에 있던 부교(浮橋)로 진회하에 걸쳐져있다. 삼국시대 오(吳)나라 때는 남진교(南津橋)라고 불렀고, 진(晉)나라 때 와서 주작항이라 개명했다.

38 화룡(火龍) : 배위에 등불을 켜놓으면 강물에 반사된 불빛이 배의 흐름을 따라 한 줄로 쭉 이어진 듯 보이므로, 이를 화룡이라고 묘사한 것이다.

39 취보문(聚寶門) : 지금 남경의 중화문(中華門)이다.

40 통제문(通濟門) : 지금 남경의 대중교(大中橋) 동남쪽, 구룡교(九龍橋) 북쪽에 있다.

41 도엽 나루 : 주석 3 참고.

음과 같은 구절이 있다.

아득히 보이는 종산(鍾山)[42]엔 나무색도 밝구나!
육조(六朝)[43]의 방초는 경대(瓊臺)[44]를 향했네.
빙 둘린 등불의 행렬은 하늘에서 내려오고
만 조각 산호는 파도를 타고 나오네.

다음과 같은 구절도 있다.

꿈속에 본 붉은 봄빛 열 장(丈)이나 되더니,
주렴 사이로 해남향(海南香)[45]이 남몰래 스며드네.
서쪽 하늘의 노을은 동룡관(銅龍館)[46] 밖으로 날아나가고,
몇 무리의 미녀들은 똑같은 단장 하였네.

다음과 같은 구절도 있다.

신선의 악기와 유리로 만든 술잔,
화룡은 구불구불하고 물결은 드높구나.
구름에 닿을 듯한 금궐(金闕), 하늘 문은 아득하고,
학이 춤추는 은성(銀城), 맑은 못[47]이 열렸네.

---

42 종산(鍾山) : 남경시 동북쪽 교외에 위치한 산.

43 육조(六朝) : 진회하가 있는 금릉, 즉 지금의 남경은 육조시대 옛 도읍이 있던 곳이기에 육조를 거론한 것이다.

44 경대(瓊臺) : 전설에 따르면 하나라 걸왕(桀王)의 옥대로, 후대에는 아름다운 누대를 두루 칭하는 말로 쓰였다.

45 해남향(海南香) : 토침향(土沈香). 향목의 일종이다.

46 동룡관(銅龍館) : 동으로 만든 용을 장식한 관사. 태자의 궁이나 제왕의 궁전을 가리킨다.

47 맑은 못 : 원문은 '설교(雪窖)'이다. 원래는 눈으로 뒤덮인 땅을 가리키는데, 물방울이

이것은 모두 실제 기록이다. 아, 다시 볼 수 있으려나?

교방 이원(梨園)[48] 중에 지금은 법부(法部)[49]만이 전해지고 있는데, 법부는 바로 위무대장군(威武大將軍)이 남쪽을 순유할 때[50] 남긴 것이다. 그러나 명기들과 선녀 같은 미녀들은 무대 위에 올라 연극하는 것을 매우 수치스럽게 생각한다. 그래서 지음(知音)들이 자리를 가득 메우고 여러 차례 강요한 후라야 겨우 무대에 오른다. 그들의 목청과 하늘하늘한 자태에 좌중이 흠뻑 빠지면, 자리를 마련한 사람은 기세등등해지고, 쏟아지는 선물과 환호성[51]은 갑자기 배로 늘어난다. 돈로(頓老)의 비파[52]와 정타낭(鄭妥娘)의 사곡(詞曲)[53] 같은 것은 천상에나 있지 인간 세상에는 드문 것이었다!

정오가 되면 치마 입고 나막신 신은 소녀들이 빡빡머리에 반소매 차림으로, 바구니 들고 통 메고 크게 소리치면서 벽한초(逼汗草)[54]와 말리화

흩어지는 못을 비유하는 말로도 사용된다.

48 이원(梨園) : 당나라 현종 때 배우들을 기르는 장소였다. 후에 '이원제자'는 희극단원을 부르는 말로 사용되었다.

49 법부(法部) : 당나라 황궁에 설치되어 있던 이원에서 법곡(法曲)을 연주하도록 훈련하던 부서이다. 후에는 교방 혹은 법곡을 대신 받는 말로 사용되었다.

50 위무대장군(威武大將軍)이 남쪽을 순유할 때 : 명나라 무종(武宗) 주후조(朱厚照)는 황음무도한 임금으로, 노는 것을 좋아하여 수차례 순유(巡遊)를 떠났다고 한다. 정덕연간(正德年間)에 무종은 위무대장군(威武大將軍) 주수(朱壽)의 이름을 팔아 친히 남쪽으로 유람을 나섰으니, 이것이 바로 무종의 남순(南巡)이다. 주후조는 남원(南苑)의 법곡, 그 중에서도 비파연주 듣기를 좋아했다고 한다.

51 선물과 환호성 : 원문은 '전두조채(纏頭助采)'이다. 전두는 원래는 연극이 끝난 후에 손님들이 배우들에게 주던 비단을 가리키는데, 후에는 배우들에게 주는 선물의 통칭으로 쓰였다. 조채(助采)는 갈채(喝采)와 같은 뜻으로 쓰인 듯하다.

52 돈로(頓老)의 비파 : 명나라 때 금릉의 비파 명수인 돈인(頓仁)을 말한다.

53 정타낭(鄭妥娘)의 사곡(詞曲) : 정타낭은 정여영(鄭如英)으로 자는 무미(無美)이며, 타낭은 어릴 적 이름이다. 시사(詩詞)에 능해 전겸익(錢謙益)은 「금릉잡제(金陵雜題)」에서 "옛 가락에 새로운 시로 교방을 압도했네[舊曲新詩壓教坊]"라고 읊었다. 정타낭의 시는 전겸익이 편한 『열조시선(列朝詩選)』 「윤집(閏集)」에 실려 있다.

54 벽한초(逼汗草) : 향초명. 벽한초의 향기가 땀 냄새를 없애준다고 한다.

(茉莉花)를 판다. 그러면 아리따운 하녀들이 주렴을 걷고서 돈을 내며 다투어 사는데, 팔을 잡고 가슴을 콕콕 찍어가며 웃고 떠드느라 정신없다. 잠시 후 검은 머리채 눈 같이 흰 피부의 기녀들이 온 몸에서 향기를 풍겨댄다. 꽃은 낮에 봉오리 져 있다가 밤에 머리맡에서 활짝 피어나는 법, 그야말로 매혹적인 밤의 음탕한 꽃이요, 사람을 나른하게 만드는 요상한 풀이로다. 그러나 건란(建蘭)[55]은 고아하여 남들과 어울리지 않으니, 비단 휘장이나 아름다운 정자에 어울린다. 마치 불수(佛手)나 모과(木瓜)[56]처럼 고요하여, 한바탕 술 마시고 차를 감상한 후라야 그 그윽한 향기가 살포시 전해온다. 이야말로 소위 제왕의 향기[57]요, 상군(湘君)[58]이 차고 다니는 패물이라, 어찌 음탕한 꽃이나 요상한 풀과 비교나 할 수 있을까!

남곡(南曲)의 의상과 장식은 사방에서 가져다 본으로 삼는다. 대략 담

---

55 건란(建蘭) : 한여름에 피어나는 난초꽃이다.

56 불수(佛手)나 모과(木瓜) : 둘 다 과수(果樹) 이름이다. 불수는 중국 남방에서 주로 정원에 심었다. 과일 껍질과 잎에 방향유(芳香油)가 함유되어 있어 향료로 사용되었다. 모과는 서리가 내린 뒤 따는 것이 가장 좋은데, 과일이 황금색으로 변하면서 끈적끈적한 꿀 같은 것이 과일껍질에 배어나와 은은한 향기를 풍긴다. 불수와 모과는 향연(香櫞)과 더불어 명청시대 문인들이 가장 좋아하던 과일이어서 잘 익은 과일로 침실이나 거실을 장식하곤 했다. 청나라 때 이어(李漁)가 지은 『한정우기(閑情偶寄)』를 보면, "휘장 안에 꽃을 두면 아름다운 꽃을 늘 감상할 수 있다. 낮에는 함께 방안에 있고 밤이 되면 데리고 잠자리에 든다. 꽃들이 다 없어지고 온갖 화초가 다 궁해진 때라 할지라도, 화로 안에 용연, 쟁반 위에 불수와 모과와 향연 등이 있어 꽃을 대신할 수 있다(帳中有此, 凡得名花異卉可作清供者. 日則與之同堂, 夜則携之共寢. 卽使群芳偶缺, 萬卉將窮, 又有爐內龍涎, 盤中佛手, 與木瓜・香楠等物可以相繼)"라는 기록이 있다.(「기완부(器玩部)・상장(床帳)」)

57 제왕의 향기 : 『좌전(左傳)』 「선공(宣公)3년」에 난초를 "국향(國香)"이라 일컫은 바 있으며, 채옹(蔡邕)의 「금조(琴操)」에 공자께서 "위나라로부터 노나라로 돌아와 그윽한 골짜기를 지다던 중, 홀로 무성히 자라있는 난초를 보고 탄식하면서, 난초란 제왕을 위해 향기로워야 한다고 말씀하셨다(自衛返魯, 過隱谷之中, 見香蘭獨茂, 喟然嘆曰, 夫蘭, 當爲王者香)"는 기록이 보인다.

58 상군(湘君) : 요임금의 두 딸이 순임금에게 시집갔다가 상수(湘水) 가에서 죽어 그곳에 묻혔다고 한다. 그래서 상군을 상수의 신이라고도 하고, 제녀(帝女)나 왕비를 뜻하기도 한다.

백하고 고아하며 소박한 것을 위주로 하지, 화려하고 아름다운 것은 훌륭하다 여기지 않는다. 막 열여섯 살[59]이 된 기녀를 '소롱(梳櫳)'[60]이라 부르고, 이미 성인이 된 기녀를 '상두(上頭)'라 부른다. 치마며 저고리는 모두 손님들이 마련해준다. 기교를 부린 모양이나 새로운 바느질법 등은 기생어멈들이 맡아한다. [옷 만들고] 남은 천을 가져다가 옷을 지어 입었기에 기생어멈들은 비록 나이가 많아도 성장을 하고 아름다운 옷을 입어 그 광채가 사람 마음을 움직일 정도다. 저고리 길이나 소매 넓이 등은 시대마다 다른데, 사람들은 그런 것을 일러 '유행복[時世妝]'이라 부른다.

곡중의 기녀들 중에는 친딸들이 많다. 그래서 몇 배나 더 애지중지한다. 간혹 멋진 손님이 들면 얼마를 머물건 돈 가지고 따지지 않으나, 촌놈이나 장사치가 들면 거절하며 들어오지 못하게 하면서 뒤도 돌아보지 않는다. 기녀가 시집을 가게 되어 기적에서 빠지게 되는 일은 사부(祠部)[61]에서 관할한다. 친어미일 경우에는 그다지 큰돈이 들지 않았지만 기생어멈일 경우에는 높은 몸값을 요구한다. 속담에 "어머니는 자기 닮은 딸을 사랑하고 기생어멈은 돈을 사랑하지"라는 말이 있는데, 이는 기생어멈을 두고 한 말이다.

구원은 공원(貢院)[62]과 겨우 강 하나를 사이에 두고 멀리 마주하고 있으며, 본디 재자가인을 위해 세운 곳이다. 가을바람에 계화꽃 향기 풍기

---

59 열여섯 살: 옛날에는 여자가 열여섯 살이 되는 것을 일러 '파과(破瓜)'라 했다. '과(瓜)' 자를 나누면 두 개의 '八' 자가 되기 때문에 그렇게 불렀던 것이다.

60 소롱(梳櫳): 기녀들이 처음 손님을 받은 후에 머리를 빗어 올리기 때문에 '소롱'이라고 부른다.

61 사부(祠部): 예부에 속한 관직명으로, 교방의 일을 맡아보았다.

62 공원(貢院): 강남공원(江南貢院)이라고도 부른다. 부자묘(夫子廟) 근처의 3대 옛 건축 중 하나. 송나라 건도(乾道) 4년(1168)에 지어졌다. 당시에는 건강부(建康府)의 시험 장소였으나, 명나라 주원장이 남경에 도읍한 후에는 향시와 회시를 이곳에서 치렀다.

는 시절[63]이 오면 사방의 응시생들이 모두 모여들어 네 필 말을 나란히 몰면서 여색을 고르고 노래를 찾는다. 수레꾼의 노래 소리 들리고,[64] 「양아(陽阿)」[65]에 맞춰 춤을 추며 원본(院本)[66]을 공연할 때면 생황과 노래가 어우러지고, 저 멀리 배 있는 곳까지 온통 향기가 그득하다. 열흘 동안의 즐거움을 찾기도 하고, 백년가약을 맺기도 한다. 포도넝쿨 아래서 장난삼아 투전을 하고 작약 흐드러진 난간 옆에서 한가로이 옥마(玉馬)[67]를 던진다. 이는 평강리(平康里)[68]에나 있는 성대한 일이요 과거 시험장[69]의 외편(外篇)이라. 남자는 여색으로 인해 황폐해지고 여자는 사랑에 권태로워 질 무렵, 홀연 옷도 헤지고 돈도 다 없어져 기쁨은 적어지고 근심만 커간다. 함정을 쳐놓는 자들이야 늘 그렇기 마련이니, 여색을 즐기는 자들은 모름지기 깊이 경계해야 한다. 청루(青樓)의 박정함이여, 대체 저들은 누구인가!

곡중의 저자는 유난히도 아름답고 깨끗하다. 향주머니와 비단신, 이름난 술과 훌륭한 차, 엿이며 사탕이며 안주며, 퉁소·피리·금·슬까지, 한결같이 최상품들이다. 외부에서 물건을 사러 온 사람들은 값이 아무리

63 가을바람에 …… 시절 : 향시를 볼 때를 가리킨다. 명청시대에는 3년에 한번씩 향시를 치렀는데, 8월이 시험 때라 계화꽃이 필 시기였다.

64 수레꾼의 …… 들리고 : 번휴백(繁休伯)의 「위 문제에게 드리는 편지[與魏文帝箋]」에 "당시 도위 설방의 수레꾼은 열넷의 나이로, 목청을 돋우어 소리를 낼 줄 알았는데, 그 소리가 피리 같았다[時都尉薛訪車子, 年始十四, 能喉囀引聲, 如笳同音]"는 구절이 있다.

65 「양아(陽阿)」 : 가곡 이름. 『초사』 「초혼(招魂)」에 "강 건너 마름 따며 「양아」를 부르네[涉江采菱, 發「陽阿」些]"라는 구절이 있다.

66 원본(院本) : 원나라 때는 연극을 할 때 사용하던 각본을 이르던 말이었는데, 명청시대에 이르러서는 각종 희극을 통칭하는 말로 사용되었다. 『남촌철경록(南村輟耕錄)』에 보면, "원본과 잡극은 기실 하나다[院本·雜劇, 其實一也]"는 설명이 나온다.

67 옥마(玉馬) : 옥으로 만든 주마(籌碼). 즉 놀음에서 사용하는 말.

68 평강리(平康里) : 당나라 장안에 있던 마을 이름인데, 이곳에 기녀들이 모여 살았다.

69 과거 시험장 : 원문은 '문전(文戰)'인데, 마치 전쟁하듯 과시를 치른다는 뜻에서 과거 시험을 지칭하는 용어로 사용되었다.

비싸도 돈을 아끼지 않는다. 기녀들이 선물로 주는 물건에도 속세의 물건일랑 있지 않다. 이선원(李仙源)[70]이 「십육루집구시(十六樓集句詩)」에서, "시끌벅적한 저자거리의 소리는 봄에도 질펀하고, 나무의 빛깔은 저녁 무렵에도 푸르네. 술동무들에게 번갈아가며 선물을 주는데, 집에 돌아와 보니 금실로 수놓은 향주머니라네"라고 했는데, 바로 이런 것을 두고 읊은 시이다.

우산(虞山) 전목재(錢牧齋)[71]가 지은 「금릉잡제절구(金陵雜題絶句)」 중에 다음과 같은 몇 수가 있다.

> 담분(淡粉)과 경연(輕煙),[72] 그 이름도 아름다워라
> 나라를 세우고 그곳을 지어 도성을 기렸네.
> 지금에 와서는 연화부(煙花部)에 들어갔으나,

---

70 이선원(李仙源): 이태(李泰). 자는 숙통(叔通) 혹은 선원이다. 명나라 홍무 30년(1397)에 진사가 되었다. 천문에 밝아 흠천감(欽天監)에서 일하였다.

71 우산(虞山) 전목재(錢牧齋): 전겸익(錢謙益: 1582~1664). 자는 수지(受之)이고 호는 목재이다. 늙어서는 몽수(蒙叟) 혹은 동간노인(東澗老人)이라는 호를 사용했다. 청나라 초기 시단(詩壇)의 맹주였다. 상숙(常熟: 강소성 동남부에 위치한 상숙시) 사람. 명나라 만력(萬曆) 38년(1610)에 진사가 되었으며, 동림당(東林黨)의 영수 중 한 명이다. 예부시랑까지 지냈으나 온체인(溫體仁)과 정권을 다투다 실패하여 자리에서 쫓겨났다. 마사영(馬士英)과 완대성(阮大鋮)이 남경에서 복왕(福王)을 옹립했을 때, 전겸익 또한 그들에게 붙어 예부상서를 지냈다. 후에 청나라에 항복하여 예부시랑을 지냈으나 곧 병으로 사직하고 돌아왔다. 명나라 때 지은 시는 『초학집(初學集)』에 수록되었고, 청 이후에 지은 시는 『유학집(有學集)』에 수록하였다. 『투필집(投筆集)』은 만년의 작품집이다. 명나라에 대한 그리움을 적은 글이 적지 않아 건륭연간에 그의 시문집은 금서가 되기도 하였다.

72 담분(淡粉)과 경연(輕煙): 명나라 초기의 기녀관(妓女館)의 이름이다. 명나라 축윤명(祝允明)이 지은 『야기(野記)』 「국초불금관기(國初不禁官妓)」에 "국초에는 도성 취보문 밖에 기루(妓樓) 여섯 곳을 설치하여 먼 곳에서 온 사람들을 편히 쉬게 하였다. 그 이름은 내보·중역·경연·담분·매연·유취였다[國初於京師建妓館六樓於聚寶門外, 以安遠人. 故名曰來賓, 曰重譯, 曰輕烟, 曰淡粉, 曰梅研, 曰柳翠]"라는 기록이 보인다.

등불 훤히 켜진 번루(樊樓)[73]는 변경(汴京)과 닮았네.

어느 날 밤 붉은 종이에 편지 적어 사랑을 약속하더니,
남쪽에서 십년 간 지내며 일찌감치 명성을 얻었네.
옛날 소원(小院)의 상렴(湘簾) 아래에서,
앵무새가 손님 부르던 일 아직도 생각나네.

이별이 아쉬워 손님 잡아놓으니 말굽소리 미워라,
달빛 비치는 난간엔 밤 까마귀 우는 소리.
왕삼(汪三)의 일[74]이 나랑 무슨 상관있다고,
내게로 와 즐기고 나와 함께 돌아가나.

남다른 풍취 안고 이 몸은 술에 취했네,
남들 따라 박정하면 그만, 남들의 미친 짓 참으면 그만.
천공(天公)께서 기녀들을 모두 없애려 하시니,
술 취한 양주(揚州)의 소백량(蕭伯梁)[75]은 죽을 것만 같네.

돈로(頓老)의 비파는 옛날의 모범,
단조(檀槽)[76] 소리 껄끄럽고 외롭게 들리네.

---

73 번루(樊樓) : 원래는 송나라 때 동경 즉 개봉(開封)에 있던 술집 이름이다. 3층 누대가 다섯 개 나란히 세워져있고, 화려하고 장엄하기 이를 데 없었으며 손님이 늘 천 명 이상 들었다고 한다. 지금은 술집의 통칭으로 쓰인다.

74 왕삼(汪三)의 일 : 청도출판사본 『판교잡기』에 따르면, 원시에 "신안 사람 왕일을 말한다. 왕일은 자가 일민이다(新安汪逸. 字逸民)"라는 주가 달려 있다는데, 『우초신지』 「판교잡기」에 수록된 「금릉잡제절구」에는 이 주석이 누락되어 있다.

75 소백량(蕭伯梁) : 과주(瓜洲) 사람 소백량은 호방하고 의협심이 강해서 재산을 털어가며 벗을 사귀었다. 또한 기녀들을 좋아하여 오랫동안 기방에 머물면서 기녀들을 품고 밤낮으로 놀았다.

76 단조(檀槽) : 단목으로 만든 비파나 금.

남쪽을 순유할 때의 법곡, 그 누가 듣겠는가?

머리 허연 주랑(周郎)만이 눈물 훔치며 듣고 있네.

【소흥(紹興) 사람 주우석(周禹錫)[77]은 옛날의 비파소리 듣는 것을 좋아했다.】

옛 곡조 새로 지은 시로 교방을 압도했지,

남루한 옷차림과 허연 머리에 호상(湖湘) 사람들 마음 아파라.

한가로이 『윤집(閨集)』 읽으며 손녀들에게 가르치니,

이 몸은 이전 왕조 때 정타낭(鄭妥娘)이라네.

【정여영(鄭女英)은 어릴 적 이름이 타낭이다. 『열조시선(列朝詩選)』 「윤집(閨集)」에 수록되어 있다.】

신성(新城) 왕완정(王阮亭)[78]의 「진회잡시(秦淮雜詩)」에도 다음과 같은 두 수가 전한다.

구원의 풍류, 돈로와 양빈(楊彬)[79]이 그 몇이었던가!

이원은 이미 과거지사, 눈물이 옷깃을 적시네.

술동이 앞에 머리 허연 노인들 천보(天寶) 시절을 이야기하고,

---

77 주우석(周禹錫) : 청도출판사본 『판교잡기』에 따르면, 원시에 "소흥 사람 주석규는 자는 우석이다. 남원의 돈로가 타는 비파소리를 듣기 좋아해서, 늘 사람들에게 '이건 위무대장군이 남쪽을 순유할 때 남기신 법곡이다'라고 말했다[紹興周錫圭, 字禹錫. 好聽南院頓老琵琶, 常對人曰, '此威武南巡所遺法曲也']"는 주석이 달려 있다고 한다. 『우초신지』 「판교잡기」에 수록된 「금릉잡제절구」의 주석과 약간 차이가 있다.

78 왕완정(王阮亭) : 청나라 때 시인 왕사정(王士禛 : 1634~1711). 사정(士正) · 사진(士禛)이라고도 한다. 자는 자진(子眞) 혹은 이상(貽上)이며, 어양산안(漁洋山人)이라는 별호를 쓰기도 했다. 산동(山東) 신성(新城 : 지금의 桓台) 사람이다. 순치연간에 진사가 되어 형부상서(刑部尙書)까지 지냈다. 시와 사에 모두 능했으며, 특히 시를 논하면서 신운설(神韻說)을 주장하였다.

79 양빈(楊彬) : 구원(舊院)의 비파 명가로, 돈로와 이름을 나란히 했다. 『진회광기(秦淮廣記)』에 보면, "동교의 장연은 교방악공들을 불러 쟁과 비파를 타게 하면서 주흥을 돋웠는데, 그중에서도 소악공 양빈을 가장 좋아했다[東橋張宴, 必用教坊樂工, 以箏琵琶佐觴, 最喜小樂工楊彬]"는 기록이 보인다.

영락한 인간 세상에는 탈십낭(脫十娘)[80]이 남아있구나.

그 옛날의 남조, 너무도 가슴아파라!
지금까지도 이곳 사람들은 아름다움을 다투네.
진회 가 악기소리 한밤중에 들리나니,
옥률(玉律)은 버려진 채 화려한 피리만 남았구나.

이상은 모두 지금을 아파하고 옛날을 슬퍼하며, 비분과 안타까움에 가득 차서 지은 작품들이라, 남곡의 이야깃거리를 보탤 만하기에 기록하여 애달픈 거문고와 급히 부는 피리소리로 연주하게 한다. 황부옹(黃涪翁)[81]은 "강남의 애끓는 시구를 이해할 수 있는 자는, 세상에 오직 하방회(賀方回) 뿐이라네"[82]라고 하였다. 기루를 노래하는 자를 만난다면, 벽

---

80 탈십낭(脫十娘) : 『지북우담(池北偶談)』 「진홍수시(陳洪受詩)」에 다음과 같은 구절이 보인다. "금릉 구원에 돈(頓)이니 탈(脫)이니 하는 성이 있었는데, 모두 교방으로 흘러들어간 원나라 사람의 후예이다. 순치연간 말에 내가 강녕에 머물고 있을 때, 탈십낭이라는 여자가 여든이 넘은 나이로 아직 살아있다는 소리를 들었는데, 그녀는 바로 만력연간 북리의 빼어난 기생이었다고 한다. 이에 느낀 바가 있어 다음과 같은 시를 짓는다. '구원의 풍류, 돈로와 양빈이 그 몇이었던가! 이원은 이미 과거지사, 눈물이 옷깃을 적시네. 술동이 앞에 머리 허연 노인들 천보(天寶) 시절을 이야기하고, 영락한 인간 세상에는 탈십낭(脫十娘)이 남이있구나.' 또 정무미라는 기생도 순치연간까지 건강하게 살아있었다고 한다. 이에 우산의 전종백이 그녀에게 다음과 같은 시를 지어주었다. '한가로이 「윤집(閏集)」 펼쳐 손녀를 가르치니, 이 몸은 앞선 왕조 때의 정타낭이로세.'[金陵舊院, 有頓・脫諸姓, 皆元人後沒入教坊者. 順治末, 予在江寧, 聞脫十娘者, 年八十餘尙在, 萬歷中北里之尤也. 予感而賦詩云: "舊院風流數頓楊, 梨園往事淚沾裳. 樽前白發談天寶, 零落人間脫十娘." 又鄭姬無美, 順治中尙無恙. 虞山錢宗伯贈詩云: "閑開「閏集」教孫女, 身是前朝鄭妥娘."

81 황부옹(黃涪翁) : 송나라 때 시인 황정견(黃庭堅)의 호이다. 산곡도인(山谷道人)이라는 호도 있었다.

82 강남의 …… 뿐이라네 : 『사원췌편(詞苑萃編)』에 다음과 같은 이야기가 전한다. "하방회의 작은 집이 소주(蘇州) 횡당(橫塘) 가에 있었는데, 거기서 「청옥안(青玉案)」이라는 사를 지었다. '물결은 횡당 길을 넘어가지 못하네. 눈으로만 보낼 뿐, 먼지마저 사라지네. 꽃다운 시절 뉘와 함께 보낼꼬. 달 빛 받은 누대, 꽃 우거진 정자, 격자창, 주렴 드리운 문. 아! 오직 봄만이 이곳을 아는구나. 푸른 구름은 뉘엿뉘엿, 향초

에 그림을 그려 넣게 하지 않을 수 없으리라. 【이상은 「아유(雅遊)」를 기록한 것이다.】

팔경일객(八瓊逸客)이 말한다.

이 글은 반드시 냉금전(冷金箋)[83]에 오사란격(烏絲欄格)[84]을 긋고, 작은 해서로 「낙신부(洛神賦)」[85]를 적어, 구름과 난새가 그려진 담황색 띠로 장식해 교룡 상자에 넣고, 다시 침수향과 미질향(迷迭香)[86]을 쐰 다음, 맑은 바람 밝은 햇볕 아래, 홍두화(紅豆花)가 만발한 사이에서 읽어야 할 것이다.

나는 만력연간(萬歷年間 : 1573~1619) 말년에 태어났으며, 사방의 빈객들과 교유하기 시작해서 범대사마(范大司馬)의 연화(蓮花) 막부[87]에 들어가

핀 연못엔 저녁이 드네. 오색 빛으로 애끓은 시구를 새로이 짓네. 묻노라, 한가로운 시름, 몇 번이나 겪었던가. 냇가 가득 안개 낀 풀, 성 가득 버들개지 날리네. 매화는 누렇게 익고, 때 마침 배가 내리네.' 그러자 황산곡이 시를 지어 그에게 주었다. '강남의 애끓는 시구를 이해할 수 있는 자는, 세상에 오직 하방회 뿐이라네.'[方回小築在蘇之橫塘, 有「靑玉案」詞云 : '凌波不過橫塘路. 但目送, 芳塵去. 錦瑟年華誰與度. 月臺花榭, 瑣窗珠戶. 惟有春知處. 碧雲冉冉蘅皐暮. 彩筆新題斷腸句. 試問閑愁都幾許. 一川烟草, 滿城風絮. 梅子黃時雨.' 黃山谷贈以詩曰 : '解道江南腸斷句, 只今惟有賀方回']" 하방회는 송나라의 사인(詞人) 하주(賀鑄)다.

83 냉금전(冷金箋) : 냉금지(冷金紙)라고도 한다. 종이 위에 금박을 입혔기에 '冷金'이라 칭한 것이다, 무늬가 있는 것과 없는 것 두 종류로 나뉘는데, 당나라 때부터 있었던 것으로 추정되며, 송명 이후로 유행했다. 주로 소주(蘇州)나 사천(四川) 등에서 생산되었다.

84 오사란격(烏絲欄格) : 비단이나 종이에 검은 색 줄을 긋는 것을 밀한다.

85 「낙신부(洛神賦)」 : 삼국시대 위(魏)나라의 조식(曹植)이 지은 작품. 원래 제목은 「감견부(感甄賦)」로 이루어지지 못한 사랑을 읊은 낭만적 사부(辭賦)다.

86 미질향(迷迭香) : 미질은 작은 관목(灌木)이다. 향기가 진해, 이것을 몸에 지니면 옷에 향이 배어들고, 태우면 모기 등을 쫓을 수 있다. 줄기와 잎과 꽃을 취해 향료를 만들기도 한다. 조비(曹丕)는 「미질향부(迷迭香賦)」를 지으면서 서문에서 "나는 뜰에 자라는 미질수가 너무 좋다. 가지에서 향을 토해내는 것도 아름답고, 짙은 꽃향기도 좋다[余鍾迷迭于中庭. 嘉其揚條吐香, 馥有令芳]"고 하였다.

87 범대사마(范大司馬)의 연화(蓮花) 막부 : 범대사마는 범경문(范景文 : 1587~1644)를 말한다. 자는 몽장(夢章)이고 호는 질공(質公)이다. 사인(思仁)이라는 별호도 있다. 하북성(河北省) 오교(吳橋) 사람이며, 만력 41년(1613)에 진사가 되었다. 문선원외랑

'두서기님 평안하신가요?'의 두서기가 된 것은 숭정(崇禎) 경신년(1640) 이후의 일이다. 그래서 명기 주두아(朱斗兒)[88] · 서편편(徐翩翩)[89] · 마상란(馬湘蘭)[90] 같은 이들은 미처 만나보지 못했다. 이에 내가 본 것을 바탕으로 순서대로 기록했다. 어떤 경우는 용모와 재주를 품평했고, 어떤 경우는 그저 이름만을 기록하였는데, 이것으로도 강남의 풍류를 드러내고, 금릉의 청루 문화[91]를 보존하기에 족할 것이다. 그 옛날 송나라 휘종(徽宗)은 오국성(五國城)에 있으면서 이사사(李師師)를 위해 전기를 썼다고 하는데,[92]

(文選員外郞)을 거쳐 공부상서(工部尙書) · 동각대학사(東閣大學士)까지 지냈으며 남부 병부상서를 지냈기에 남대사마(南大司馬)로 불렸다. 58세 되던 해에 도성이 함락되자 우물에 빠져 죽었다. 시호는 문충(文忠)이다. 연화 막부는 일반적으로 막부를 지칭하는 말이다. 남제(南齊) 때 왕검(王儉)이 재상이 되어 명사들을 초징했는데, 그의 막부에 연화가 만발해 있어서, 사람들은 그의 막부를 '연막(蓮幕)' 혹은 '연부(蓮府)'라고 불렀다.

88 주두아(朱斗兒 : 1506~1521) : 호는 소아(素娥)로, 명나라 금릉의 기생이다. 산수를 잘 그렸다. 진기(陳沂)로부터 필법을 전수받아 작가로서의 명성을 얻게 되었다.

89 서편편(徐翩翩) : 명나라 기생으로, 시를 아주 잘 썼다.

90 마상란(馬湘蘭 : 1548~1604) : 명나라 여류 시인이자 화가이다. 『진회광기』에 따르면, 마상란은 이름은 마수진(馬守眞)이고 자는 상란(湘蘭) · 월교(月嬌)이며 어릴 때의 자는 현아(玄兒)이다. 집에서 네 째였기 때문에 사람들은 그녀를 '사낭(四娘)'이라 불렀다. 시에 능하고 그림을 잘 그렸는데, 특히 난초와 대나무를 잘 그려 '상란(湘蘭)'이라는 이름을 얻었다.

91 금릉의 청루 문화 : 원문은 '육조금분(六朝金粉)'이다. 육조 때는 모든 나라가 도읍을 금릉에 정했기 때문에 금릉은 늘 '육조고도(六朝古都)'라 불렸다. 금분은 옛날 부녀지들의 장식용 금가루 분으로 화려힘을 형용하는 밀로 사용되있는데, 특히 육조의 화려한 모습을 형용하는 말로 사용되었다. 또 다른 의미로는 청루(青樓) 문화를 의미한다. 진회의 부자묘는 일찍이 "화려한 기생집이 모여 있는 곳이고 기생들이 모여 있는 곳[風華烟月之區, 金粉薈萃之所]"이라고 불렸다. 따라서 '육조금분'에는 육조의 고도 금릉, 그리고 금릉의 청루 문화 이 두 가지의 의미가 같이 쓰였다고 볼 수 있다.

92 그 옛날 …… 하는데 : 이사사는 본래 변경(汴京) 성에서 염색방을 경영하던 왕인(王寅)의 딸이었는데, 부친이 죄를 지어 옥사하는 바람에 이웃집에서 살게 되었다. 자라면서 피부가 희고 달처럼 예뻐 기생 어미 이온(李媼)이 그녀를 돌보며 금(琴) · 바둑 · 글 · 그림 · 가무 등을 가르쳤다. 이에 이사사는 일시에 변경의 명기가 되었으며, 문인과 왕손들이 다투어 그녀를 차지하려고 했으나, 후에 송 휘종(徽宗)에게 의지하게 되었다. 휘종은 풍류황제로 유명했다. 1127년에 금나라가 북송을 멸한 뒤, 휘종과 흠종(欽宗) 두 황제를 북으로 압송해갔는데, 1130년 7월에 오국성에 도착하자 성 안에 감금했다. 1135년과 1155년에 두 황제는 세상을 떠나 이곳에 묻혔다. 오국성은

아마도 미인이 파묻힌 채 세상에 전해지지 않을까 걱정하는 마음에 이런 치정어린 장난을 했을 것이다. "'봄바람 언뜻 불어와 연못에 잔잔한 물결이 이는 것이' 경과 무슨 상관이 있는가?"[93] "저 미인이 웃으면 보조개 어여쁘고, 초롱초롱한 눈 곱기도 하여라."[94] "군자들 마음에 품고 어느 날인들 잊을까!"[95]

윤춘(尹春)은 자가 자춘(子春)으로, 자태가 아주 곱지는 않지만 행동거지와 분위기가 대갓집 규수처럼 기품이 있고 아름다웠다. 성격이 온화하고, 말하는 것이 시원시원하고도 고상했으며, 화장을 하거나 가식을 부리는 등 세속적인 모습은 없었다. 무대 공연에 특히 뛰어나서 생(生)과 단(旦)[96] 역할을 모두 잘 했다. 내가 윤춘을 만난 것은 윤춘이 이미 만년일 때였다. 집으로 초대해 『형차기(荊釵記)』를 공연하게 했는데, 왕십붕(王十朋) 역을 연기하다가 「견양(見孃)」·「제강(祭江)」 두 척(齣)에 이르러 비장함이 넘치고 울부짖는 소리와 눈물이 동시에 어우러지니, 좌중이 모두

흑룡강성 의란현(依蘭縣) 서북부에 있다. 송화강(松花江)·흑룡강(黑龍江)·우수리강(烏蘇里江) 하류에 살던 여진족들이 건립한 월리길(越里吉)·오리미(奧里米)·부아리(剖阿里)·분노리(盆奴里)·월리독(越里篤) 다섯 개의 부락이다. 이사사는 휘종이 오국성에 잡혀 있다는 소식을 듣고 그 길로 오국성으로 갔으나, 휘종을 만나지 못하고 도리어 금군의 칸에게 잡혀 결혼 협박을 받았다. 결국 이사사는 결혼 전 날 밤에 쇠를 삼키고 자살했다. 후에 휘종은 이 소식을 듣고 이사사의 무덤을 찾아가 눈물을 흘리면서 그녀를 위해 직접 묘비와 묘지명을 썼다.

93 봄바람 …… 있는가? : 『남당서(南唐書)』 권21권에 나오는 내용이다. 풍연사(馮延巳)가 「알금문(謁金門)」에서 "봄바람 언뜻 불어오니 연못에 잔잔한 물결이 이네[風乍起, 吹皺一池春水]"라고 하자 「탄파완계사(灘破浣溪沙)」를 지은 남당(南唐) 전주(前主) 이경(李璟)이 "봄바람 언뜻 불어와 연못에 잔잔한 물결이 이는 것이 경과 무슨 상관이 있는가?"라고 했다. 그러자 풍연사가 "폐하께서 지으신 '꿈결에 가랑비 소리 부슬부슬 한데 변방은 멀고, 작은 누각에서 부는 옥피리 소리 차가워라[細雨夢回鷄塞遠, 小樓吹徹玉笙寒]'가 이 두 구절만 못합니다"라고 했다.

94 저 미인이 …… 곱기도 하여라 : 『시경·위풍(衛風)』 「석인(碩人)」에 나오는 구절이다.

95 군자들 …… 잊을까! : 『시경·소아(小雅)』 「습상(隰桑)」에 나오는 구절이다.

96 생(生)과 단(旦) : 생(生)은 중국 전통 극에서 남자 배역을 말하고 단(旦)은 여자 배역을 말한다.

탄복했으며, 이원의 노련한 배우들도 스스로 따라갈 수 없다며 탄식했다. 내가 말했다.

"이것은 허화자(許和子) 영신(永新)[97]의 노래인데, 위청(韋青)[98] 장군의 역할을 할 자는 누구인가?"

그리고는 시를 주었다.

곡을 잘 기억하던 홍홍(紅紅),[99] 노래 잘하던 유채춘(劉采春)[100]

---

97 허화자(許和子) 영신(永新) : 당나라 현종 때의 궁정 가기(歌伎). 지금의 강서성(江西省) 길안현(吉安縣)의 악공 집안 출신이다. 개원연간에 교방 의춘원의 내인으로 뽑혀 들어가 '영신'이라 개명했는데, 노래를 아주 잘 불렀다고 한다. 한번은 현종의 생일 때 근정전에서 큰 잔치를 열었는데, 신하들과 많은 백성들이 와서 구경했다. 근정전 앞이 너무 시끄러워 백희(百戲)와 가무를 감상할 수 없자 현종이 잔치를 물리려 했다. 이때 고역사(高力士)의 건의로 허화자를 불러내어 노래하게 했더니 그녀의 노래에 시끄럽던 연회장이 일시에 조용해졌으며 현종과 양귀비(楊貴妃)도 지존의 신분을 망각하고 환호성을 질렀다고 한다.

98 위청(韋青) : 단안절(段安節)의 『악부잡록(樂府雜錄)』「가부(歌部)」에 따르면, 위청은 당나라 현종 때 사람이다. 위청은 장안의 궁정여가수 허화자와 알고 지냈다. 안사의 난 이후 반란군이 장안을 점령하자 이원제자들은 모두 도망갔고, 영신은 전란 중에 한 문인에게 시집갔다. 그때 위청도 광릉(廣陵 : 지금의 江蘇省 鎭江)까지 흘러 들어갔는데, 어느 달 밝은 밤에 작은 물가의 난간에 숨어서 생각에 잠겨 있을 때 갑자기 귀가에 「수조가(水調歌)」가 들려왔다. 위청은 단번에 이것이 영신의 목소리임을 알아채고 영신의 배에 올라타 서로를 확인하고 눈물을 흘렸다. 위청은 허화자의 신분이 탄로나 해를 입을까 걱정해 그녀의 신분을 비밀에 부쳤다고 한다.

99 홍홍(紅紅) : 『악부잡록(樂府雜錄)』「가부」에 따르면, 장홍홍은 병풍을 쳐놓고 팥으로 악곡의 리듬을 기록하는데 뛰어났다고 한다. 장홍홍이 대력연간(大歷年間)에 부친과 함께 길에서 걸식하면서 노래를 부르다가 장군 위청의 눈에 띄어 첩으로 들어갔다. 한 악공이 새로운 곡을 지은 뒤 조정에 바치지 않고 먼저 위청에게 보여주자 위청이 몰래 장홍홍을 시켜 병풍 뒤에서 노래를 듣고 팥으로 신곡의 리듬을 기록하게 하니, 장홍홍은 모두 다 기억했다. 위청이 악공에게 "우리 집 가기가 이 노래를 부른 적이 있소. 이것은 새로운 곡이 아니오"라고 하면서, 병풍을 치우고 장홍홍에게 노래를 부르게 하니 한 소절도 틀리지 않았다. 얼마 뒤 궁에 이 소식이 전해져 결국 장홍홍은 궁으로 들어갔고, 궁에서 그녀를 '기곡낭자(記曲娘子)'라고 불렀다. 위청이 죽자 장홍홍이 "신첩은 본래 저자거리의 거지였다가 이곳에 들어오게 되었는데, 위청장군의 은혜를 차마 잊지 못하겠습니다"라고 아뢴 뒤 통곡하다가 혼절했다고 한다.

100 유채춘(劉采春) : 중당 때 강남의 여자 예인으로, 참군희(參軍戲)를 잘 했으며 노래를

나 또한 윤춘의 노래 듣고 절로 탄성이 터졌네.
강남의 애끓는 시를, 그 누가 부를 것인가?
푸른 적삼 흰 머리카락 그림자 흔들리네.

윤춘 역시 시를 받아들고 울었다. 후에 그녀가 어떻게 되었는지는 모른다.

그 후에 윤문(尹文)이라는 기녀가 있다. 윤문은 풍만하고 요염했으며, 호방한 풍류 또한 드높아서 스스로 최고임을 자부했으니, 다른 기생들을 훨씬 능가했다 할 수 있다. 태수 장유칙(張維則)이 윤문을 몹시 총애하여, 원하는 대로 해주면서 아주 가깝게 지냈다. 측실로 삼으려 했으나 윤문이 허락하지 않자 친구에게 부탁하여 억지로 데려오려 했다. 윤문이 웃으면서 말했다.

"어려운 일이 아니지요. 하지만 시집갔다가는 3년 만에 장례를 치를 텐데요."

결국 장유칙에게 시집갔으나, 얼마 지나지 않아 죽었고, 장유칙은 그 뒤로 십 몇 년 뒤에 죽었다. 장유칙은 감사(監司)까지 지냈으며, 재주 있고 의협심이 강해, 재물에 연연해하지 않고 벗을 사귀던 그런 호탕한 사람이었다.

이십낭(李十娘)은 이름이 상진(湘眞)이고 자는 설의(雪衣)이다. 엄마 뱃속에 있을 때에 금(琴) 타는 소리와 노래 소리를 들으면 바로 꿈틀대며 움직였다. 태어났을 때부터 아주 예쁘고 피부가 옥 같이 희었으며 "그윽한 눈빛에 웃음을 띠면",[101] 「한정부(閑情賦)」에 나오는 "세상에 둘도 없는

부를 줄 알았다. 원진(元稹)이 월주자사(越州刺史)와 절동관찰사(浙東觀察使)로 있을 때 회전(淮甸 : 지금의 江蘇 淮安·淮陰 일대)에서 벼슬살이 하던 주계숭(周季崇) 등을 따라 월주에 왔다가 원진의 눈에 들었다고 한다.

101 그윽한…… 띠면 : 『초사』 「구가(九歌)」 중 「산귀(山鬼)」에 나오는 구절.

미인"[102]이었다. 깨끗한 것을 좋아하는 성품에, 금을 타면서 청아한 노래를 잘 불렀으며, 글공부도 제법 하여서 문인이나 재주 있는 선비들을 좋아했다. 평소 거하는 그윽한 침실에는 휘장이며 도자기며 모두 정결하고 운치 있었다. 중간에 긴 난간을 만들고 난간 왼쪽에 오래된 매화나무 한 그루를 심어 놓았는데, 꽃이 필 때면 매화향기가 안석과 걸상까지 풍겨왔다. 긴 난간 오른 쪽에는 오동나무 두 그루와 커다란 대나무 수십 그루를 심었다. 아침저녁으로 오동나무를 씻고 대나무를 닦아서, 파릇파릇한 것이 마치 먹을 수 있을 것만 같았기에, 그 방에 들어간 사람들이 인간세상이 아닌가보다 의심할 정도였다. 나는 시회(詩會)가 열릴 때면 반드시 그 집에 갔다. 손님들에게 각각 참한 시녀 한명씩을 붙여서, 글 시중을 들고 먹 갈고[103] 도량향(都梁香) 사르고 차와 다과를 바치게 했다. 저녁이 되면 음악을 연주하고 술잔치를 벌였는데, 실컷 즐기고 헤어졌지만 손님이나 주인이나 조금의 흐트러짐도 없었다. 당시 역적들이 장강 이북을 도륙하여 명사들 가운데 강을 건너 금릉으로 와 거주하는 사람들이 아주 많았는데, 그중 이십낭을 흠모하지 않는 사람이 없었다. 그러나 이십낭은 더욱 더 자신을 꽁꽁 숨기며 병약하다는 핑계로 꾸미지도 않고 손님도 물리쳤다. 기생어미는 이십낭을 아끼는 마음에 그 뜻대로 해주면서, 완곡한 말로 손님들을 물리며 들이지 않았다. 오직 두세 명의 지기(知己)가 찾아올 때면 기뻐하며 직접 맞이하였고, 즐거운 마음에 피곤함도 잊었다. 후에 이름을 정미(貞美)라고 바꾸고 '이십정미의 도장(李十貞美之印)'을 만들었다. 내가 장난삼아 "아름다움[美]은 있으나 정절[貞]은 없다"라고 하자 이십낭이 울며 말했다.

"당신은 저를 아시는 분으로서 어찌 그런 말씀을 하실 수 있습니까?

---

102 세상에 둘도 없는 미인: 도연명(陶淵明)의 「한정부(閑情賦)」에 나오는 구절.

103 먹 갈고: 원문은 '아유미(磨隃糜)'로, 유미(隃糜)는 본래 한나라 때의 현 이름으로, 먹 생산지로 유명했던 곳인데, 후에 문장을 쓰거나 글을 짓는 일을 가리켰으나, 여기서는 먹으로 사용되었다.

제가 비록 속세의 천출이기는 하지만, 그래도 하희(夏姬)[104]나 하간부인(河間婦人)[105]처럼 음란함을 좋아하거나 방탕한 부류의 인간은 아닙니다. 제가 아주 좋아하는 사람이라면 손님처럼 정중하게 대하더라도 속으로는 그 사람을 완전히 받아들입니다. 그러나 제 마음이 좋아하지 않는다면 아무리 잠자리를 같이 하자고 해도 그와 동침하지 않습니다. 제가 정절을 지키지 못하는 것은 운명인데, 어떡하란 말입니까?"

이렇게 말을 하고는 옷깃이 젖을 정도로 울었다. 이에 나는 얼굴빛을 바꾸고 정중하게 사과했다.

"내가 실언했네. 내가 잘못했네!"

이십낭에게는 이미저(李媚姐)라는 여동생이 있었는데, 겨우 13세 남짓에 살결은 희고 머리카락은 이마를 덮었으며 눈썹과 눈은 그려 놓은 것 같았다. 내 속으로 그 아이를 어여삐 여기니, 그 아이도 내가 자기를 어여삐 여긴다는 사실을 알고 애교를 부리며 손바닥 위에서 춤이라도 출 듯 굴었다.[106] 이십낭이 말했다.

"제가 중신어미가 되어드리겠습니다."

임오년(1642)에 나는 과시[107]를 보러 갔다. 이미저는 날마다 돈을 들여 주사위 점을 보면서 나의 합격여부를 물었다. 방이 붙던 날, 시험에서 낙방한 나는 울분이 쌓여 결국 병이 났고, 속세를 피해 서하산사(棲霞山寺)로 들어가 살면서 해를 넘기도록 서로 소식을 듣지 못했다. 세상이 바뀐

---

104 하희(夏姬): 『열녀전(列女傳)』에 따르면 정(鄭) 목공(穆公)의 딸로, 견줄 데 없을 정도로 빼어난 미모를 지니고 있어서, 세 번이나 왕후의 자리에 올랐고 일곱 차례나 다른 남자의 여자가 되었다고 한다.

105 하간부인(河間婦人): 음탕한 여인을 가리키는 말이다. 당나라 유종원(柳宗元)의 『하간전(河間傳)』에 보면, "하간은 음탕한 여인으로, 그 이름을 밝히고 싶지 않아 마을 이름을 따서 부른다(河間, 淫婦人也, 不欲言其姓, 故以邑稱)"고 한다.

106 손바닥 …… 굴었다: 한나라 성제(成帝)의 비 조비연은 몸이 가볍고 부드러워 손바닥 위에서 춤을 추었다고 한다.

107 과시: 원문은 '극위(棘闈)'로, 옛날에 과거 시험장 주위를 가시로 에워싼 데서 나온 말인데, 바로 과거 시험장을 말한다.

뒤, 진주자사(秦州刺史) 진담선(陳澹仙)[108]이 머무는 총계원(叢桂園)에 첩이 하나 있었는데, 성이 이씨라 했다. 그래서 휘장을 열고 보았더니 바로 미저였다. 서로 묵묵히 소매로 눈물만 훔치다가 이십낭의 안부를 물었더니 "시집갔어요!"라고 대답했다. 거처를 묻자 "진회의 물가 누각에서 살고 있어요"라고 했다. 집은 어떻게 되었냐고 묻자 "이미 무너져 채마밭이 되었습니다"라고 했다. 내 다시 물었다.

"매화와 오동나무, 대나무는 아직도 있느냐?"

"이미 잘려 땔감이 되었습니다."

"기생어멈은 살아 있느냐?"

"돌아가셨습니다."

이에 다음과 같은 시를 지어 주었다.

강호를 떠돌아다닌 지 어느덧 십년,
미인은 아직도 옛날 돈을 가지고 점을 치네.
설의는 날아갔고 선가(仙哥)[109]도 늙었으니,
비파 뜯는 것 그만두고 다른 배 찾아가시게나.

갈눈(葛嫩)은 자가 예방(蕊芳)이다. 나는 동성(桐城 : 安徽省 동성현)의 손극함(孫克咸)[110]과 아주 친했는데, 극함은 이름이 임(臨)으로, 문무지략을 모

108 진담선(陳澹仙) : 이름은 소(素)이고, 자는 원백(元白)이며 호는 대순(大淳) 혹은 천산도인(天山道人)이다. 절강성 동향(桐鄉) 사람이며, 숭정연간에 진사가 되었다.

109 선가(仙哥) : 『북리지(北里志)』 「천수선가(天水仙哥)」에 보면, "천수의 선가는 자가 강진이다. 남곡에 살면서 해학이 뛰어났고 노래 또한 능했다[天水仙哥, 字絳眞. 位于南曲中, 善談謔, 能歌]"는 기록이 있다.

110 손극함(孫克咸 : 1611~1646) : 이름은 임(臨)이고, 자는 극함(克咸)이다. 안휘성(安徽省) 동성(桐城) 사람으로 시인 방이지(方以智)의 매부이다. 명나라 숭정연간 초에 방이지·방문(方文)·전병등(錢秉鐙)·주기(周岐) 등과 시사(詩社)를 만들었다. 문무에 능했고, 반청 활동에 가담했다가, 복주(福州) 보위(保衛) 전투 중 갈눈과 함께 장렬하게 전사했다.

두 갖추고 있어서 천만 마디의 글을 순식간에 지을 수 있었을 뿐 아니라,[111] 오석궁(五石弓)[112]도 쏠 줄 알아서 어느 방향에서나 잘 쏘았다. 몸은 왜소하지만 민첩하고 용감해 스스로 '비장군(飛將軍)'[113]이라 불렀다. 붓을 집어 던지고 무술을 연마하여 혁혁한 공을 세우고자,[114] 또 다른 자(字)를 '무공(武公)'이라 지었다. 기생집 드나들기 좋아하고[115] 질펀하게 술을 마시고 큰 소리로 노래하기를 즐기는 것은 천성이었다. 먼저 주시(珠市)[116]의 기녀 왕월(王月)을 좋아했는데, 세도가에게 빼앗기는 바람에 울적해하다가 나와 함께 한가로이 이십낭의 집에 앉아 있었을 때였다. 이십낭이 갈눈의 재주와 기예는 당대 최고라며 칭찬하자 그는 곧장 갈눈을 찾아갔다. 침실에 들어서니 갈눈이 막 머리를 빗고 있었는데, 긴 머리는 땅에 닿았고 두 팔목은 연근처럼 희었으며, 약간 노르스름한 얼굴에 눈썹은 먼 산등성이 같았고 눈동자는 칠흑 같았다. 갈눈이 '앉으세요!'라고 하자 손극함이 말했다.

"여기야말로 온유향(溫柔鄉)[117]이로다. 내 여기서 노년을 보내리."

그날 밤으로 사랑을 맺고 한 달 동안 나오지 않더니 후에 결국 갈눈을 첩실로 맞았다. 손극함은 강상지변(江上之變)[118]이 나는 바람에 운간(雲間:

---

111 천만 마디의 …… 아니라: 원문은 '의마천언(倚馬千言)'으로, 문재가 뛰어나 글을 빨리 잘 짓는다는 뜻이다.

112 오석궁(五石弓): 동굴 속의 벼이나 방패, 그리고 비석도 뚫을 수 있는 활이지만, 무게가 너무 무거워 세상에서 이것을 들 수 있는 사람이 드물다고 한다.

113 '비장군(飛將軍)': 한나라 때 흉노족들은 이광(李廣)을 비장군이라 불렀다.

114 혁혁한 공을 세우고자: 원문은 '봉랑거서(封狼居胥)'이다. 『한서』「곽거병전(霍去病傳)」에 나오는 말로, 곽거병이 낭거서산(狼居胥山)에 올라 제단을 쌓고 하늘에 제를 올리면서 자신의 혁혁한 공을 아뢴 데서 유래했다.

115 기생집 드나들기 좋아하고: 원문은 '협사유(狹邪遊)'으로, 옛날 장안에 좁고 구불구불한 골목에 기생집이 있었다 하여 나온 말이다.

116 주시(珠市): 옛날 금릉성 내 기생집이 있던 곳이다.

117 온유향(溫柔鄉): 한나라 성제는 자신의 총비 조합덕(趙合德)을 '온유향이라 칭했다. 이 내용은『비연외전』에 보인다. 후에는 미인의 황홀한 경지를 가리키는 말로 사용되었다.

118 강상지변(江上之變): 좌양옥(左良玉)이 마사영(馬士英) · 완대성(阮大鋮)을 토벌하러

上海市 松江의 옛 이름)으로 이사했는데, 샛길로 민(閩) 땅에 들어갔다가 감중승(監中丞) 양문총(楊文驄)[119]의 군사(軍事)에 제수되었다. 그러나 후에 전쟁에 패해 갈눈과 함께 사로잡혔다. 적장이 갈눈을 범하려 하자 갈눈은 순순히 따르지 않고 혀를 깨물어 피를 물고 있다가 적장의 얼굴에 뿌렸다. 적장은 갈눈을 직접 죽였다. 손극함은 갈눈이 절개를 지키다가 죽는 것을 보고 크게 웃으며 말했다.

"내 오늘 신선이 되겠구나!"

그 역시 죽임을 당했고 중승 삼부자는 같은 날 난으로 죽었다.

이대낭(李大娘)은 일명 이소대(李小大)라고도 하며, 자는 완군(宛君)이다. 성품이 호방하고 통이 커서, 여자였지만 수염 난 대장부 기질을 지니고 있었다. 평상시 거하는 누대와 정원은 아주 화려했고, 비단옷 입은 시종만도 10여명이나 되었다. 술상을 차려놓고 성대한 연회가 열릴 때면 비파며 쟁이며 슬을 뜯었고, 간혹 심원(沈元)·장묘(張卯)·장규(張奎) 등과 같은 술손님들은 퉁소를 불고 당시의 유행가를 불렀다. 술이 거나하게 취하면 협주곡[120]을 연주했다. 해가 서쪽으로 넘어가면 이내 화려한 등이 밝혀지고, 비단 휘장 바람 따라 날리노라면 어느새 닭 울음소리에 동녘이 밝아왔다. 이대낭이 말했다.

"세상의 내놓으라는 한량들과 빼어난 젊은이들도 우리 집에 왔다 하

가다 구강(九江)에서 병사한 후 좌양옥의 아들 좌몽경(左夢庚)이 군대를 이끌고 청에 투항한 일을 말한다.

119 양문총(楊文驄 : 1579～1649) : 명나라 화가로, 자는 용우(龍友)다. 귀양(貴陽 : 지금의 貴州省 貴陽市) 사람으로 금릉에서 살았다. 병부낭중(兵部郎中)을 지냈으며, 시와 그림에 뛰어났는데, 특히 산수화를 잘 그렸다.

120 협주곡 : 원문은 '십번고(十番鼓)'로, 일종의 악기 협주곡을 말한다. 악기를 연주할 때 순차적으로 고(鼓)·축(笛)·목어(木魚) 등 10종의 악기를 사용하기 때문에 부쳐진 이름이다. 명나라 만력연간에 시작되어 오늘날의 강소·절강·복건 등지에 전해지고 있다. 처음에는 악기 연주를 위주로 했으나, 후에는 각종 관현악기가 모두 사용되었는데, 시간과 장소에 따라 사용하는 악기를 제한하지 않았다.

면 미혹되어 돌아갈 생각을 못한다. 그러나 나도 돈이라면 가질 만큼 가졌으니, 어찌 저 악착같은 시장 기생들처럼 다른 사람들과 돈을 가지고 따질 수 있겠는가!"

이 때문에 이대낭은 막수호(莫愁湖)[121]와 도엽 나루 사이에서 '협기(俠妓)'라는 명성을 얻었다.

후에 이대낭은 신안(新安 : 河南省 신안현)의 오천행(吳天行)에게 시집갔다. 오천행은 백만금이나 가진 갑부였지만, 몸이 약해 평소 병을 잘 앓았다. 게다가 뒷방에 아름다운 첩들이 즐비해서 이 방 저 방 옮겨 다니느라 지칠대로 지쳐있었다. 이 때문에 이대낭은 우울하고 답답했다. [그러던 차에] 지난날 좋아 지내던 서생(胥生)이 시종들에게 뇌물을 먹이고 소식을 전해 왔다. 그러자 이대낭은 점차 병이 났다고 핑계대면서 서생이 병을 잘 고친다며 추천했고, 서생은 이렇게 해서 집안으로 들어와 이대낭과 만날 수 있었다. 이대낭은 금은보석과 돈을 약 광주리에 담아 서생에게 주면서 죽을 때까지 함께 하자고 약속했다. 후에 오천행이 죽자 이대낭은 결국 서생에게 시집갔다. 서생은 본래 가난한 선비로 사방에 벽만 덩그러니 있을 정도로 가난했는데, 오씨(吳氏 : 吳天行)의 재물을 손에 넣은 뒤 집안이 점차 부유해지자 이대낭과 함께 술 마시고 고기 먹으며 삶을 즐기기 시작했고, 기녀 몇 명들에게 가무를 가르쳤다. 그 뒤 서생은 즐거움을 누리다 죽었고, 늙어버린 이대낭은 저자거리를 돌며 기녀들에게 춤과 노래를 가르치며 살아갔다. 나도 이대낭을 만나 볼 기회가 있었는데, 서낭(徐娘)이 비록 늙긴 했지만 그래도 고아한 풍취가 남아 있었다.[122] 옛날

121 막수호(莫愁湖) : 남경시 수서문(水西門) 밖에 위치해 있다. 전하는 말에 따르면, 남제(南齊) 때 낙양에 살던 소녀 막수는 집이 가난해 멀리 강동(江東)의 부호 노씨(盧氏) 집에 시집와 금릉의 석성호(石城湖) 가에 살았다고 한다. 막수는 참하고 현명했으며 다른 사람들을 잘 도와주었기에, 막수가 죽은 뒤 사람들이 그녀를 추모하기 위해 석성호를 막수호라 불렀다.

122 서낭(徐娘)이 …… 남아 있었다 : 서낭은 남조 양나라 원제(元帝)의 후비 서소패(徐昭佩)를 가리킨다. 『남사(南史)』「원제서비전(元帝徐妃傳)」에 보면, 서비는 아름답기는 했지만 줄곧 원제의 총애를 받지 못했다고 한다. 중년이 된 뒤에 황제의 측근인

노닐던 시절을 기억하며 이야기할 때면 눈물을 줄줄 흘렸는데, 정말로 화청궁(華清宮)[123]의 궁녀가 개원(開元)・천보(天寶) 때 이야기를 하는 것 같았다. 옛날 두목(杜牧)이 낙양성 동쪽에서 장호호(張好好)를 다시 만나고는 옛 생각에 마음이 아파서 다음과 같이 시를 적어 주었다고 한다.[124]

노닐던 벗 지금은 있는가, 없는가?
너무나도 쇠락해진 모습이여!
기루 문 앞에서 한바탕 울고 나니,
어느 덧 초가을 경치로구나.
지는 해는 늘어진 버드나무에 걸려 있고,
차가운 바람 앉은 자리 모퉁이에서 나오네.
소매 가득 눈물 다 쏟고 나서,
짧은 노래 적어보네.

정말 오늘 같은 날을 두고 읊은 것 같다. 내가 흰 부채를 꺼내서 이대낭에게 주자 그 부채를 받아들고 울다가 침상에 기대어 신음했는데, 그

신하 계강(季江)과 정분이 났는데, 한번은 어떤 사람이 장난삼아 계강에게 나이가 많은 서비와 연애하는 맛이 어떠냐고 묻자, "서낭이 비록 늙긴 했지만 그래도 고아한 풍취가 남아 있다(徐娘雖老, 猶尙多情)"고 했다. 서낭은 바로 여기서 나왔는데, 후에는 풍류를 갖춘 중・장년층의 여자를 통칭하는 말로 사용되었다.

123 화청궁(華清宮) : 당나라 현종과 양귀비가 사랑을 나누었던 곳이다.

124 두목(杜牧)이 …… 한다 : 「장호호시(張好好詩)」는 두목이 낙양 감찰어사로 있을 때 지은 시이다. 장호호는 가기이다. 두목이 대화(大和) 3년에 강서관찰사(江西觀察使) 심전사(沈傳師 : 769~827)의 막부에서 일할 때 서로 알게 되었다. 두목이 연회에 참석했다가 장호호를 알게 되어 서로 아끼는 사이가 되었다. 대화 4년 심전사가 선흡관찰사(宣歙觀察使)로 가게 되면서 두목과 장호호도 함께 안휘성(安徽省) 선성(宣城)으로 갔다. 그러나 2년 뒤에 장호호가 심전사의 동생 심술사(沈述師)의 눈에 들어 그의 첩이 되면서 서로 만나지 못하게 되었다. 대화 7년 심전사가 이부시랑(吏部侍郎)이 되면서 두목은 그와 헤어졌고, 그로부터 얼마 지나지 않아 장호호 역시 박정한 남편에게 버림을 받아 낙양성 동쪽의 한 술집에서 기녀가 되었는데, 후에 두목이 그녀를 만나고 이 시를 지었다고 한다.

슬픔이 옆 사람의 마음까지 움직일 정도였다.

고미(顧媚)는 자가 미생(眉生)이고 고미(顧眉)라고도 불리었다. 단아하고 고왔으며 풍모가 남들보다 뛰어났다. 구름 같은 귀밑머리, 복사꽃 같은 얼굴, 가늘고 작은 활모양의 발,[125] 가늘고 야들야들한 허리, 문사도 두루 통달하고 마수진(馬守眞)[126]을 따라잡을 만큼 난도 잘 쳤으되 외모는 그보다 빼어났기에, 당시 사람들은 남곡에서 제일가는 가기로 꼽았다. 살던 집에 미루(眉樓)가 있었는데, 미루는 아름답게 장식된 창에 수놓은 주렴이 쳐져 있었으며, 책과 옥 두루마리가 책상에 쌓여 있었다. 또한 옥으로 장식한 금(琴)과 비단으로 장식한 슬(瑟)이 늘 그 옆에 놓여 있고, 향연기가 피어올랐으며, 처마에서는 풍경소리가 났다. 나는 늘 고미를 놀리며, "여기는 미루가 아니라 사람의 혼을 빼놓는 미루(迷樓)로구나!"라고 말했다. 그리하여 마침내 이곳을 '미루(迷樓)'라고 부르게 되었다. 당시 강남은 아주 사치스러워서, 술 마시며 시 짓는 자리에는 늘 미인과 은사, 고관대작이 한데 모였는데, 그 자리에 미낭(眉娘 : 顧媚)이 없으면 즐거워하지들 않았다. 특히 고씨(顧氏) 집 음식이 뛰어나서 수준이 거의 순공(郇公)[127]이나 이태위(李太尉)[128]에게 비길 만했기 때문에 미루에서는 하루도 쉬지 않고 잔치가 열렸다.

고미를 예뻐하는 사람도 많았지만 질투하는 사람도 적지 않았다. 절

---

125 활모양의 발 : 전족한 발을 가리킨다.

126 마수진(馬守眞 : 1548~1604) : 명나라 여류 시인이자 화가인 마상란(馬湘蘭)을 말한다. 주석 90 참조.

127 순공(郇公) : 당나라 위척(韋陟)을 말한다. 위척은 순국공(郇國公)에 봉해졌는데, 그는 천성적으로 사치스러워 주방에 온갖 맛있는 음식을 다 갖추어 놓고 사람들을 대접했다고 한다.

128 이태위(李太尉) : 태위(太尉) 주애공(朱崖公) 이덕유(李德裕)를 말한다. 『태평광기(太平廣記)』「사치(奢侈)」 중의 「이덕유(李德裕)」 조에 보면, 무종(武宗) 때의 재상 이덕유는 아주 사치스러워, 식사 때마다 국 한 그릇에 3만 냥이나 들였으며, 국에 구슬과 옥 등의 보배와 웅황(雄黃)과 주사(朱砂)를 함께 넣어 달였는데, 다 먹고 나서는 그릇째 버렸다고 한다.

강(浙江)에서 온 한 무지랭이가 어떤 문인과 고미의 사랑을 다투다가, 강우(江右)의 아무 효렴(孝廉)과 서로 짜고서 술주정 하고 좌석의 사람들에게 욕을 하면서, 문인이 황금과 무소뿔로 만든 술잔을 훔쳤다고 무고하여 지방관청에 소송했는데, 사실은 미낭을 욕보이고자 하는 데 뜻이 있었다. 나는 그때 의분에 겨워 격문을 지어 그의 죄를 논했다.

"아무개와 아무개는 본래 풍류를 즐기는 손님도 아니면서 낭자(浪子)와 단왕(端王)[129]을 함부로 칭했다. 오색 원앙과 봉황이 사는 곳에서 탐욕스런 멧돼지와 기다란 구렁이가[130] 나타나 진을 치고 이간책을 써서,[131] 난초를 꺾고 옥을 부러뜨리는 계책이나 만들어 내니, 이로써 숙세의 원한을 삼고 한 시대의 아름다운 풍경을 몰살시켰다."

남소사마(南少司馬)[132]로 있던 무지랭이의 숙부가 이 격문을 보고는 무

---

129 낭자(浪子)와 단왕(端王) : 단왕은 송나라 휘종을 가리킨다. 그는 역사상 유명한 풍류천자였다. 궁궐 안에 시장을 벌여놓고 궁녀에게 술을 팔게 했으며, 스스로는 거지 분장을 하고 그 사이를 다니며 구걸했다. 정화연간(政和年間) 이후로는 미복차림으로 궁밖을 나가서 기방을 출입하고 여색을 즐겼다. 명기 이사사와의 염문은 매우 유명하다. 낭자는 휘종 밑에서 재상을 지냈던 이방언(李邦彦)을 가리킨다. 그는 어려서부터 저속한 놀이를 좋아하여, 스스로를 '이낭자(李浪子)'라고 불렀다. 재상이 된 후에는 '낭자재상(浪子宰相)'이라고 불렸다. 그는 시정잡배들의 저속한 언어를 가져다 소곡(小曲)을 만들었으며, 우스갯소리를 잘해 휘종의 눈에 들었다. 스스로 "세상의 꽃을 다 맛보고, 세상의 공을 다 차보고, 세상을 관직을 다 해보겠다"고 떠벌렸다고 한다.

130 탐욕스런 …… 구렁이가 : 원문은 '봉시장사(封豕長蛇)'로, 『좌전(左傳)』「정공(定公) 4년」에 보면 다음 구절이 있다. "오나라가 큰 멧돼지와 긴 구렁이가 되어 중국을 잠식하려고 한다[吳爲封豕長蛇, 以薦食上國]." 즉 큰 멧돼지처럼 탐욕스럽고 긴 구렁이처럼 잔혹하다는 뜻으로, 훗날 침략자를 비유하는 말로 사용되었다.

131 이간책을 써서 : 원문은 '진을 유혹하고 초를 속이는 계략[誘秦誆楚之計]'이다. 기원전 4세기말에 접어들면서 진(秦)이 최강국으로 등장하여 열국(列國)을 위협하였다. 그리하여 동방에 있던 조(趙)·한(韓)·위(魏)·연(燕)·제(齊)·초(楚) 등 6국은 종적으로 연합하여 서방의 진에 대항하는 동맹을 맺었다. 이를 합종이라 하며, 합종책을 주도한 사람은 소진(蘇秦)이었다. 그 뒤 진은 6국의 대진동맹(對秦同盟)을 깨는 데 주력해 위나라 사람 장의(張儀)로 하여금 6국을 설득하여 진과 6국이 개별적으로 횡적인 평화조약을 맺도록 했는데, 바로 이것을 가리킨다. 후에는 이간질을 한다는 뜻으로 사용되었다.

132 남소사마(南少司馬) : 남경의 병부시랑을 지칭한다.

지랭이를 동쪽으로 돌아가라고 꾸짖은 덕에 송사가 잘 해결되었다. 미낭은 나를 덕망 있는 사람이라 여기고, 동성(桐城 : 지금의 安徽省 동성현) 사람 방구암(方瞿庵) 집에서 무대에 올라 공연하면서 나의 장수를 빌어주겠다고 했다. 그러나 이때부터 미낭의 집은 명성이 꺾이고 장사가 기울기 시작하더니, 점차 세상의 관심에서 멀어지게 되었다.

얼마 지나지 않아 고미는 합비(合肥) 출신 상서(尙書) 공지록(龔芝麓)[133]에게 시집갔다. 상서는 한 시대의 영웅호걸로, 금과 옥을 진흙과 오물처럼 보았는데, 미낭이 옆에서 모시고부터는 더욱 더 재물을 가벼이 여기고 손님들을 좋아하면서 재주 있는 미친한 선비들을 아꼈기에, 명성이 이전보다 더 자자해졌다. 손님들 중에 상서의 시문이나 고미의 난초 그림을 원하는 사람이 많아서 고운 비단과 종이 넣어두는 상자가 걸핏하면 넘쳐났다. 낙관에 '횡파부인(橫波夫人)'이라는 쓴 것이 이때 그려준 그림이다. 정유년(1657)에 상서는 횡파부인을 데리고 다시 금릉으로 갔다가 시은원(市隱園)[134]내의 중림당(中林堂)[135]에서 살았다. 횡파부인의 생일을 맞아, 등불을 밝히고 잔치를 연 다음 빈객 수 십 수 백 명을 초대해놓고 이원의 곽장춘(郭長春) 등에게 극을 공연하게 했는데, 술손님 정계지(丁繼之)와 장연축(張燕筑),[136] 두 명의 왕씨 도령[137]이 『왕모요지연(王母瑤池宴)』에

---

133 공지록(龔芝麓 : 1615~1673) : 공정자(龔鼎孶)를 말한다. 지록은 그의 호. 자는 효승(孝升)이며, 합비(合肥 : 지금의 안휘성 합비) 사람이다. 명말청초의 시인인 오위업(吳偉業) 및 전겸익과 더불어 '강좌삼대가(江左三大家)'로 일컬어졌다. 병과(兵科)에 임직하고 있을 당시, 주연유(周延儒)·진연(陳演)·왕응웅(王應熊)·진신갑(陳新甲)·여대기(呂大器) 등 권신들을 연이어 탄핵했다. 그러나 명나라가 망한 후로는 이자성(李自成)에게 투항하고, 만주족에게도 투항하는 등, 지조 없이 행동했다. 특히 풍류를 좋아했다고 한다. 『정산당집(定山堂集)』 등의 저서를 남겼다.

134 시은원(市隱園) : 남경(南京) 무정교(武定橋) 유방(油坊)에 위치한 별장 이름으로, 시은원 안쪽은 아름다운 나무와 그윽한 섬돌이 있고 시은원 바깥쪽은 아주 시끄러웠다고 한다.

135 중림당(中林堂) : 만력연간 남경의 문인들이 모이던 곳으로, 시은원 내에 위치해 있다.

136 장연축(張燕筑) : 당시의 저명한 예인으로 오 땅 사람이며 노래를 잘했다. 『우초신지』 권2에 실려 있는 오위업(吳偉業)의 「유경정전(柳敬亭傳)」에 나온다.

137 두 명의 왕씨 도령 : 왕식지(王式之)와 왕환지(王桓之)를 말한다.

출연했다. 횡파부인이 주렴을 드리우고 지난 날 남곡에서 언니 동생 부르며 함께 지냈던 기녀들을 잔치에 부르니, 이대낭 · 이십낭 · 왕절낭(王節娘)이 모두 그 자리에 참석했다. 그때 상서의 문인인 초(楚) 땅의 엄(嚴) 아무개가 절강의 감사로 부임하러 가는 길에, 잠시 이곳에 들러 술을 올려 축수하면서[138] 길게 꿇어 앉아 잔을 들고 말했다.

"부디 장수하시길 비옵니다!"

그 자리에 있던 사람들이 모두 자리에서 일어나 땅에 엎드려 절하고, 횡파부인이 흔쾌히 술 석 잔을 비우니, 상서가 아주 흡족해했다. 나는 오원차(吳園次)[139] 및 등효위(鄧孝威)와 함께 장가(長歌)를 지어 그 일을 기록했다. 고미는 얼마 뒤에 도성으로 돌아와서 병으로 죽었다. 염을 할 때 보니 완연히 노승(老僧)의 모습이었다고 한다. 몇 백 대나 되는 수레가 조문하러 찾아왔으니, 사후의 영예를 모두 누렸다 할 수 있다. 성을 서씨(徐氏)로 개명했기에 세상에서는 고미를 '서부인(徐夫人)'이라고도 부른다. 상서의 『백문류전기(白門柳傳奇)』가 세상에 전한다.

동백(董白)은 자가 소완(小宛) 혹은 청련(青蓮)으로, 타고난 자태가 아름다웠으며 용모 또한 빼어났다. 7~8세 때 기생어미가 글공부를 가르쳐보니 금세 터득했다. 조금 자라서는 자신에게 강한 연민을 느꼈으며, 바느질[140]이며 노래[141]며, 요리며 다도(茶道)며, 어느 것 하나 정통하지 않은

---

138 술을 올려 축수하면서 : 원문은 '거존하(居樽下)'로, 술잔을 머리까지 들어 올려 공경을 표하는 것을 말한다.

139 오원차(吳園次 : 1619~1694) : 청나라 초기의 문학가인 오기(吳綺)를 말한다. 오기는 자가 원차이고, 호는 청옹(聽翁) 혹은 풍남(豊南)으로, 당시에 홍두사인(紅豆詞人)이라 불렸다. 강소성(江蘇省) 강도(江都 : 지금의 揚州) 사람으로, 흡현(歙縣)에서 살았다. 순치연간에 비서원(秘書院) 중서사인(中書舍人)에 임명되었으며, 후에 호주지부(湖州知府)가 되어 선정을 베풀었다. 시사와 변려문을 잘 지었으며 희곡 창작도 했다. 저서로는 『임혜당집(林蕙堂集)』이 있다.

140 바느질 : 원문에는 '침신(針神)'이라 되어 있다. 위(魏)나라 문제(文帝) 때의 미인 설야래(薛夜來 : 薛靈芸)는 바느질 솜씨가 신기에 가까웠는데, 어두운 장막 안에서도 불을 밝히지 않은 채 옷을 지을 수 있었기 때문에 궁중에서 그녀를 '침신'이라 불렀다.

것이 없었다. 성품이 조용한 것을 좋아하여, 심산유곡에 갔다하면 연연해하면서 떠나질 못했다. 만약 남녀가 섞여 앉아 노래 부르고 함께 웃고 떠드는 장면을 보면 혐오스러움에 안색이 어두워져 거들떠보지도 않았다. 오문(吳門 : 江蘇省 蘇州의 별칭)의 산수를 흠모해 반당(半塘)으로 이사하고는, 물가에 작은 누각을 짓고 대나무 울타리를 치고 초가집에서 살았다. 그 집 앞을 지나가는 사람들은 가끔씩 들려오는 시 읊는 소리와 금(琴) 뜯는 소리를 듣고 "아, 여기 사람이 살고 있었구나!"라고 말했다. 얼마 뒤에 배를 타고 서호를 유람하고 황산(黃山)에 올랐다 백악(白嶽)[142]에 예배한 다음 다시 오문으로 돌아왔다. 그 뒤 모친을 여의고 중병을 얻어 남의 집에 세 들어 살았다. 여고현(如皐縣 : 江蘇省 通州의 관할 현) 사람 모벽강(冒辟疆)[143]을 따라 혜산(惠山)에 갔다가 징강(澄江 : 江蘇省 江陰縣)과 형계(荊溪)를 거쳐 경구(京口 : 江蘇省 鎭江市)에 도착했다. 금산(金山) 정상에 올라 장강(長江)의 용선(龍船) 경기[144]를 구경한 뒤 돌아왔다. 나중에는 결국 모벽강의 측실이 되었는데, 모벽강을 섬긴 지 9년째 되던 해 스물일곱 나이로 폐결핵에 걸려 죽었다. 모벽강은 「영매암억어(影梅庵憶語)」 2천 4백 마디를 지어 통곡했으며, 동시대 사람들이 지은 애사(哀辭) 또한 많았는데, 오직 오매촌(吳梅村)[145]이 지은 「궁윤십절(宮尹十絶)」[146]만이 동소완의

---

141 노래 : 원문은 '곡성(曲聖)'으로 노래 솜씨가 뛰어난 사람을 말하나 여기서는 노래를 뜻한다.

142 백악(白嶽) : 안휘성 휴녕현(休寧縣) 내에 있다.

143 모벽강(冒辟疆 : 1611~1693) : 이름은 양(襄)이고 호는 소민(巢民) 혹은 박암(朴庵)이며 아명은 승승(繩繩)이다. 여고현(如皐縣) 사람으로, 명나라 공생 출신이다. 어렸을 때 준재로 이름났고, 방이지(方以智)·진정혜(陳貞慧)·후방역(侯方域)과 함께 '4공자'로 이름을 날렸다. 청나라에 들어와서는 저술활동에만 전념했다. 저서로는 『수회도시문집(水繪圖詩文集)』·『영매암억어(影梅庵憶語)』 등이 있다.

144 용선(龍船) 경기 : 원문은 '경도(競渡)'라 되어 있다. '경도(競度)'라고도 하는데, 용선을 타고 시합하는 것을 말한다. 전해오는 말에 따르면 전국시대 초나라의 시인 굴원(屈原)이 음력 5월 5일에 멱라강(汨羅江)에 빠져죽자, 민간에서 그의 우국충정을 기리기 위해 이날 용선경기를 하고 종자(粽子)를 먹었다고 한다.

145 오매촌(吳梅村 : 1609~1672) : 오위업(吳偉業)을 말한다. 청나라 초기 시인으로, 자는 준공(駿公)이며 태창(太倉 : 지금의 강소성 태창) 사람이다. 명나라 숭정연간에 진사

사람됨을 가장 잘 표현해내고 있다. 그 가운데 네 수는 다음과 같다.[147]

진주는 값을 매길 수 없고 옥은 흠이 없어,
탐내며 바라보다 뉘 집 딸이냐고 묻네.
백제(白堤)[148]까지 찾아가 그녀를 불러 나오게 하니,
밝은 달 잔설에 비친 매화꽃이라네.

또 다음과 같다.

「염가산파(念家山破)」,[149] 「정풍파(定風波)」,[150]
신랑은 새로운 사(詞)를 연주하고 첩은 노래 부르네.
미워 죽겠어라, 남조(南朝)의 완사마(阮司馬)[151]
내 남편 병과 근심만 더하네.

가 되어 좌서자(左庶子)의 관직을 제수 받았다. 홍광연간(弘光年間)에 소첨사(少詹事)의 직책을 역임했고 청나라에 들어서 좨주(祭酒)가 되었다. 저서로는 『매촌몽장집(梅村蒙藏集)』 등이 있다.

146 「궁윤십절(宮尹十絶)」: 「완군을 조문하는 절구 10수(弔宛君十絶)」라고도 하는데, 「청량산찬불시(清涼山贊佛詩)」와 「모벽강의 이름난 첩 동백의 초상화에 쓴 절구 8수(題冒辟疆名姬董白小像八絶)」 및 「완군 화선에 쓴 절구 2수(題宛君畵扇二絶)」가 포함되어 있다.

147 다음과 같다: 인용한 시는 「모벽강의 이름난 첩 동백의 초상화에 쓴 절구 8수」이다.

148 백제(白堤): 항주 서호에 있는 긴 제방으로, 당나라 때 백거이가 놓았다고 한다.

149 「염가산파(念家山破)」: 사패명(詞牌名). 남당(南唐) 후주(後主)의 이욱(李煜)의 직접 만든 것으로, 지금은 실전되었다.

150 「정풍파(定風波)」: 당나라 교방곡(敎坊曲)이었으나 후에 사패명으로 사용되었다. 「정풍류(定風流)」·「정풍파령(定風波令)」·「취경지(醉瓊枝)」라고도 불리는데, 오대 구양형(歐陽炯)이 지은 것이 정격(正格)이다.

151 완사마(阮司馬): 완대성(阮大鋮: 1587?~1646)을 가리킨다. 완대성은 자가 집지(集之), 호가 원해(圓海)·석소(石巢)·백자산초(百子山樵)로 회녕(懷寧) 사람이다. 만력 연간에 진사가 되어 행인(行人), 호과급사중(戶科給事中)을 지냈으며, 위충현(魏忠賢)과 함께 동림당(東林黨) 인사를 탄압했다. 명이 망한 후 남명(南明) 왕조의 병부상서(兵部尙書)를 지냈으나 순치 3년(1646) 청에 투항했다.

또 다음과 같다.

어지러이 구름머리 빗고 누각에서 내려와 보니
온 집안 창망 중에 나루터를 건너네.
비녀함도 금비녀도 모두 던지고 달아나니
고가(高家)의 병마[152] 벌써 양주(揚州)에 와 있네.

또 다음과 같다.

강성(江城)에 가랑비 내리네, 벽도촌(碧桃村)
한식날 동풍 부네, 두우(杜宇)의 혼.[153]
설도(薛濤)[154]를 조문하려는데 안타깝게도 꿈이 끊어지고,
무덤 문은 깊은데 제후의 문이 가로막고 있네.

변새(卞賽)는 새새(賽賽)라고도 하는데, 후에 여도사가 되어 자칭 옥경도인(玉京道人)이라 하였다. 글을 알고 작은 해서에 능했으며 난초를 잘 치고 금을 잘 뜯었다. 바람에 살랑 살랑 흔들리는 나뭇가지를 즐겨 그렸는데, 한번 붓을 들었다 하면 열 장 이상씩 그렸다. 열여덟 살 때 오문(吳門

---

152 고가(高家)의 병마 : 고걸(高杰)이 병사를 일으키고 혼란을 틈타 백성들의 재물을 약탈했다. 모벽강은 여러 차례 난을 피해 달아났고, 세 차례나 병이 났다.

153 두우(杜宇)의 혼 : 옛날 촉제(蜀帝) 두우는 망제(望帝)라고도 하는데, 나라가 망한 후 그의 혼이 자규가 되었다고 한다. 자규는 두견새이다. 그는 죽어 새가 되었어도 나라를 잊지 못하고, 피를 토하는 것만 같은 울음소리를 냈다고 하며, 피를 토한 자리에서 두견화가 피었다고 한다. 두견화는 한식 무렵에 핀다.

154 설도(薛濤 : 768?~832) : 당나라 때 여류시인. 자는 홍도(洪度)이며, 장안(長安 : 陝西省 西安) 사람이다. 부친 설운(薛鄖)을 따라 촉(蜀) 땅으로 들어갔다가 처녀의 몸으로 촉 땅에 머물렀다. 용모가 빼어나고 총명하여 시와 음률에 모두 밝았다. 정원연간(貞元年間)에 위고(韋皐)가 검남서천절도사(劍南西川節度使)로 있을 때 악적(樂籍)에 올랐으며, 후에 원자(袁滋)・고숭문(高崇文)・무원형(武元衡)・단문창(段文昌)・곽조(郭釗)・이덕유(李德裕) 등과 어울렸다.

: 강소성 소주)에 놀러왔다가 호구(虎邱)에서 살게 되었다. 상비죽(湘妃竹)으로 만든 주렴과 비자(榧子) 나무로 만든 작은 상에는 먼지 하나 없었다. 변새는 손님을 봐도 그다지 대꾸하지 않았지만 훌륭한 손님을 맞이하면 간간이 농담도 섞어 가면서 재미있게 이야기를 잘해서 좌중을 사로잡았다. 얼마 지나지 않아 진회로 돌아왔다가 난리를 만나자 다시 오문에서 노닐었다. 학사(學士) 오매촌이 「여도사 변옥경의 금 연주를 듣고[聽女道士卞玉京彈琴歌]」라는 시를 지어 주었는데, "어제 밤 성루에서 필률(篳篥)[155] 소리 나더니, 기방에도 급보가 전해져 왔네. 악적에 오른 미녀들은[156] 지명 받아 남을까 두렵고, 악영(樂營)[157] 문 밖의 노가(盧家)[158]는 눈물 흘리네. 홀로 옷단장하고 강변에 나왔다가, 우연히 도인을 만나 속세의 배[159]에서 내렸네. 누런 베옷 만들어 입고 도교에 들어가길 바라며, 녹기금(綠綺琴)[160]을 가지고 와서 달을 보고 호소하네"라고 한 것은 바로 이때를 두고 한 말이다. 변새는 오 땅에서 도인 복장을 하고 살았지만, 간간이 손님을 맞기도 했다. 시녀 유유(柔柔)는 마치 제자처럼 벼루 시중을 들고

155 필률(篳篥): 중국 고대의 관악기 이름으로, '필률(觱篥)'이라고도 한다. 한대(漢代)에 서역(西域)으로부터 전래된 피리의 일종으로 그 소리가 매우 처량하다.

156 악적에 오른 미녀들은: 원문은 '벽옥반(碧玉班)'인데, 벽옥은 자색을 갖춘 여자를 말하고, 벽옥반은 악적(樂籍)을 말한다.

157 악영(樂營): 옛날 관기(官妓)들이 있었던 곳을 말한다.

158 노가(盧家): 노가 혹은 노녀(盧女)·노희(盧姬)는 보통 악적에 오른 기녀나 궁녀를 가리킨다. 『악부시집』 「노녀곡(盧女曲)」에 달린 해제에 "노녀는 위나라 무제 때 궁녀로, 장군 음승의 동생이다. 일곱 살에 한궁에 들어갔으며, 금을 잘 탔다. 명제가 붕어한 뒤에 출궁하여 윤갱생의 처가 되었다[盧女者, 魏武帝時宮人也, 故將軍陰升之姊. 七歲入漢宮, 善鼓琴. 至明帝崩後出, 嫁爲尹更生妻]"라는 설명이 있다.

159 속세의 배: 원문은 '저선(渚船)'으로, 물가의 배를 가리키는데 여기서는 넓은 의미로 속세라고 보았다.

160 녹기금(綠綺琴): 한나라 문인 사마상여(司馬相如)가 탔던 금(琴)이다. 원래 사마상여는 집에 벽만 덩그러니 있을 정도로 가난했지만, 시부(詩賦)를 아주 잘 지어 그 명성이 높았다. 양왕(梁王)이 그의 명성을 흠모하여 그를 청해 시를 짓게 하자, 사마상여가 그를 위해 「여옥부(如玉賦)」 한 편을 써서 주었다. 「여옥부」를 받아든 양왕은 너무 기쁜 나머지 자신의 소장하고 있던 '녹기금'을 사마상여에게 선물로 주었고, 사마상여는 이것을 아주 아꼈다고 한다.

시키는 대로 움직였으니, 또한 조용하고 참한 여자였다. 변새는 2년 뒤에 절강을 건너 동중(東中 : 절강성 會稽)의 한 제후[161]에게 시집갔다. 그러나 이에 만족하지 못하고서, 유유를 바치고 바로 그날 밤에 삭발하게 해달라고 청했다. 후에 오 땅으로 돌아와 명의 정보어(鄭保御)에게 의지해 살았으나, 따로 별채를 지어 그곳에서 지냈다. 독실하게 불자 생활을 하면서[162] 계율을 엄격하게 지키고 혀를 깨물어 피를 내어 『법화경(法華經)』을 써서 정보어에게 보답했다. 그로부터 십여 년 뒤에 죽어 혜산(惠山) 지타암(祗陀菴)의 금수림(錦樹林)에 묻혔다.

옥경(玉京 : 卞賽)에게는 키가 크고 늘씬하며 백옥처럼 하얗던 변민(卞敏)이라는 여동생이 있었다. 어찌나 맵시가 있고 단아한지, 바라보면 마치 수정병풍이 서있는 듯 했다. 변민도 난을 잘 치고 금을 잘 뜯었는데, 손님 앞에서 한두 번 금을 뜯고 나면 바로 금을 물리고 손을 소매에 넣으면서 얼굴을 붉혔다. 난을 칠 때도 대나무 가지와 난초 두 세 송이만 그릴 뿐, 가지와 잎을 가로세로로 가득가득 그려 넣던 옥경과는 사뭇 달랐다. 한 명은 많이 그리는 것으로 뛰어남을 드러냈고 또 한 명은 적게 그리는 것을 귀하게 여겼으니, 각각 그 오묘함을 다 드러낸 것이라, 식자들은 둘 다 소중하게 여겼다. [옥경과] 손을 잡고 오문에 들어와 일시에 아름다움을 다투니, 문 밖에는 늘 손님들로 북적였다. 하지만 저자거리의 시끄러움이 싫어 진사 신유구(申維久)[163]에게 시집갔다. 신유구는 재상의 후손으로 성품이 호방하고 빈객을 좋아했으며, 시문으로 나라 안에 이름을 날렸기에 나라 안 현인과 호걸 대부분이 그와 교유했다. 변민을 얻은

161 제후 : 정건덕(鄭建德)을 가리킨다.

162 독실하게 …… 하면서 : 원문은 '장재수불(長齋繡佛)'로, 장재(長齋)는 불도자가 일 년 내내 채식만 하는 것을 가리키고, 수불(繡佛)은 수를 놓은 불상을 말하는데, 여기서는 독실하게 불자의 생활을 하는 것을 형용한 말로 사용되었다.

163 신유구(申維久) : 신굉조(申紘祚). 순치 12년(1655)에 진사가 되었다. 그의 조부인 신시행(申時行)은 만력연간에 이부상서를 지낸 인물이다.

후로 더욱 기뻐하면서 규방의 좋은 벗처럼 지냈다. 그러나 얼마 지나지 않아 신유구가 병으로 세상을 뜨자 집안에서 변민을 쫓아냈다. 후에 영천(潁川)의 아무개 고관에게 시집갔다가 3년 뒤에 병으로 죽었다.

범각(范珏)은 자가 쌍옥(雙玉)으로, 검소하고 조용했으며 기호랄 게 별로 없어 일체의 옷과 장신구, 노래나 악기 연주에 필요한 물건이며 화려하고 사치스런 물건 모두 물리쳤다. 그리고는 그저 문 닫아걸고 향을 사르거나 차를 달이면서 약화로나 경전만을 마주할 뿐이었다. 또한 천성적으로 산수 그리는 것을 좋아해, 대치도인(大癡道人)[164]과 사치(史癡),[165] 그리고 고보당(顧寶幢)[166]을 모방해 고목에서 새싹이 움트는 모습이나 먼 산 계곡을 잘 그렸는데, 필묵 사이에서 자연의 풍취가 느껴졌으니, 여자 범화원(范華原)[167]이었다.

---

164 대치도인(大癡道人) : 원나라 화가 황공망(黃公望 : 1269~1354)을 말한다. 본래의 성명은 육견(陸堅)이었으나, 절강 영가(永嘉) 황씨(黃氏)의 뒤를 이어 이름을 바꾸었다. 자는 자구(子久)이고, 호는 일봉(一峰)·대치도인(大痴道人)·정서노인(井西老人) 등이다. 강소성 상숙현(常熟縣) 사람이다. 일찍이 하급관리를 지냈으나, 누차 하옥되었다. 출소한 뒤에 강호에서 은거했으며 도교 전진파(全眞派)에 들어갔다. 서법에 뛰어나고 시사와 산곡(散曲)을 잘 지었으며, 50세 이후로는 산수화를 그렸는데, 조맹부(趙孟夫)·동원(董源)·거연(巨然)·형호(荊浩)·관동(關仝)·이성(李成) 등을 본받아 만년에 일가를 이루었다. 특히 황공망의 그림은 원말부터 근대에 이르기까지 커다란 영향을 끼쳐 화사(畵史)에서는 그를 오진(吳鎭)·예찬(倪瓚)·왕몽(王蒙)과 함께 원나라 4대가로 칭한다. 저서로는 『산수결(山水訣)』이 있고, 그림 『구봉설제도(九峰雪霽圖)』·「천지석벽도(天池石壁圖)」 등이 세상에 전한다.

165 사치(史癡) : 명나라 때 금릉에서 명성을 떨쳤던 금릉사치옹 김충(金忠)을 말한다. 그림을 잘 그려 자신만의 풍격으로 산수와 수석을 그렸는데, 청신하고도 자연스런 운치가 넘쳤다.

166 고보당(顧寶幢) : 금릉 사람으로 이름은 원(源)이고, 자는 청포(清浦)다. 시·글씨·그림 모두 옛 형식에 얽매이지 않았다.

167 범화원(范華原 : ?~1026) : 범관(范寬). 북송시대의 화가로, 본명은 중정(中正)이고, 자는 중립(仲立)이며 화원(華原 : 지금의 陝西省 耀縣) 사람이다. 관중(關中) 사람들은 그의 성품이 느긋하고 관대했기 때문에 당시 그를 범관(范寬)이라고 불렀다. 어려서 형호(荊浩)·이성(李成)에게서 화법을 배웠으나, 후에 "사람에게서 배우는 것은 사물에게서 배우는 것만 못하고, 사물에게서 배우는 것은 마음에게서 배우는 것만

돈문(頓文)은 자가 소문(少文)으로, 비파의 명수 돈로의 손녀다. 총명함을 타고나 웬만한 글자의 뜻은 다 알았으며 당시(唐詩)까지 유창하게 읊었다. 비파를 주면서 손가락을 펴고 줄을 어루만져 보라고 했지만, 거들떠보지도 않고 끝까지 배우려 하지 않았다. 그러다 금 뜯는 것을 배워 「삼첩(三疊)」[168]을 고아하게 불렀는데, 청아한 노랫가락에 정신이 온통 젖어드는 것만 같았기에 '금심(琴心)'이라는 자를 쓰게 되었다. 금심은 난세에 태어난 데다가 돈로까지 자기에게 의지해 살아갔기에, 일찌감치 기적에서 벗어나지 못하고 청계리(青谿里)에 세 들어 사니, 사립문 구멍 난 담장에는[169] 바람과 달빛조차 처량했다. 여러 번 건달과 무지랭이들에게 봉변을 당하다가 마지막에는 이씨(李氏) 성을 가진 사람에게 끌려가 함께 옥에 갇히게까지 되었는데, 인정 때문에 목숨을 부지할 수는 있었지만 여전히 지옥의 귀졸(鬼卒)[170]에게 감시당하는 신세였다. 손님 중에 왕생(王生)이라는 사람이 내게 틈을 보아 금심을 구해내자고 하기에 함께 찾아가 보았다. 쪽진 머리와 귀밑머리가 비바람을 맞아 헝클어지고 가련할 정도로 야위어 있었지만 그래도 금을 가져다 「별봉(別鳳)」과 「이란(離鸞)」[171]을

같지 않다[與其師於人者, 未若師諸物, 與其師於物者, 未若師諸心]"고 생각해 종남산(終南山)·태화산(太華山)으로 들어가서 두루 유람하면서 자연의 변화를 자세히 살펴본 후에 웅장하고 빼어난 섬서(陝西)와 감숙(甘肅) 지방의 산세를 그려냈다. 그의 화법은 웅건하고 힘찬 것을 특징으로 하며, 그림은 온후하면서도 강건한 기상이 흐른다.

168 「삼첩(三疊)」: 금곡(琴曲) 이름으로, 「양관삼첩(陽關三疊)」을 말한다. 「양관곡(陽關曲)」이라고도 하는데, 당나라 왕유(王維)의 시 「안서로 부임하는 원이를 보내며[送元二使安西]」에 곡을 부쳐 만든 것이다.

169 사립문 구멍 난 담장에는: 원문은 '필문규두(蓽門圭竇)'다. 필문은 가시나무 가지나 대나무로 엮은 문을 말하고, 규두는 담에 구멍난 것이 위는 뾰족하고 아래는 평평한 홀(笏)처럼 생겨서 붙여진 이름이다. 아주 가난한 집을 가리킨다.

170 귀졸(鬼卒): 원문은 '우두아방(牛頭阿旁)'으로, '우수아방(牛首阿旁)'이라고도 한다. 본래는 불교에서 말하는 지옥의 귀졸을 나타내는데, 후에 흉악한 사람을 지칭하기도 했다.

171 「별봉(別鳳)」과 「이란(離鸞)」: 모두 옛날의 금곡 이름이다. 『서경잡기(西京雜記)』 권2에 다음과 같은 구절이 나온다. "경안세는 15세 때 성제(成帝)의 시랑(侍郎)이 되었는데, 금을 잘 뜯어 「쌍봉」과 「이란」을 연주할 줄 알았다[慶安世年十五, 爲成帝侍郎,

뜨었는데, 마치 원숭이의 신음, 두견새의 울음소리 같아서 차마 들을 수 가 없었다. 내가 내향(內鄕 : 하남성 내향) 사람 허공(許公)[172]에게 말해서 직지사(直指使)[173]로 있는 그의 문하생에게 부탁해 풀어주게 하니, 그 덕에 다시 옛날 거처로 돌아갈 수 있었다. 오군의 왕기장(王其長)[174]이 장연축의 집을 관리했는데, 바로 금심의 집과 이웃하고 있어서 서로 흠모하게 되었다. 왕기장은 본래 협사의 기질이 있어서 돈을 쏟아 부어 금심의 궁핍함을 구해주었다. 장차 데리고 돌아가 첩실로 두려고 했으나, 갑자기 뜻하지 않는 화[175]를 만났다. 포졸이 와서 금심을 보더니 놀라 소리쳤다.

"이 여인이야말로 정말 화근덩이[176]로구나!"

그러나 포졸은 금심의 무고함을 가련히 여겨, 그냥 내보내주고 왕기장만 체포해갔다. 왕기장이 처형된 뒤 금심은 달아났으나, 후에 결국 비적에게 시집갔다. 아! 미인박명이라더니, 금심의 경우는 더욱 심하구나! 더욱 심해!

사재(沙才)는 아름다우면서도 요염했고, 풍만하면서도 날렵해, 머리부터 발끝까지 안 예쁜 곳이라곤 없는 천상 미인이었다. 바둑을 잘 두고 퉁소를 잘 불었으며 곡에 맞추어 노래도 잘 했다. 길고 날씬한 몸에 주

善鼓琴, 能爲「雙鳳」·「離鸞」之曲]."

172 허공(許公) : 허신(許宸). 숭정 13년(1640) 진사로, 하진령(河津令)을 지냈으며, 순치 13년(1656)에 강남안찰사(江南按察使)를 지냈다.

173 직지사(直指使) : 관명(官名)으로, 감옥을 관리하는 일을 한다.

174 왕기장(王其長) : 왕발(王發). 기장은 자이며 오현(吳縣 : 지금의 江蘇省) 사람. 동성사(同聲社) 영수의 한 사람이었으나, 후에 모반의 글을 올렸다는 죄목으로 피살되었다.

175 뜻하지 않는 화 : 왕발이 모반의 글을 올렸다는 죄목으로 피살 된 사건을 말한다.

176 화근덩이 : 원문은 '화수(禍水)'로, 불행의 원인이 되는 화근을 비유한 말이다. 한나라 영현(伶玄)의 『비연외전』에 보면, "요부인(淖夫人 : 宣帝 때의 淖方成)이 선제의 뒤에서 침을 뱉으며 말했다. '이 여인이야말로 화근덩이로, 반드시 불을 멸하고 말 것이다' [淖夫人在帝後唾曰, 此禍水也, 滅火必矣]"라는 구절이 있는데, 불은 한나라가 모시는 화덕(火德)으로, 불을 멸한다는 것은 곧 한나라의 멸망을 의미한다. 이로부터 '화수'는 나라를 망하게 하거나 다른 사람의 일을 그르치게 하는 여자를 의미하게 되었다.

름치마[177]를 입고 화려한 옷[178]을 걸치니, 옷이 온통 휘황찬란했다. 후에 여동생 사눈(沙嫩)을 데리고 오군에 놀러갔다가 반당에서 살면서 일시에 명성을 드날렸는데, 사람들은 이들 자매를 이조(二趙)[179] 혹은 이교(二喬)[180]라 불렀다. 안타깝게도 사재는 부스럼이 나 얼굴을 반이나 깎아내었고, 사눈은 사타리(沙吒利)[181]에 시집갔으나 우울한 삶을 살다가 죽었다.

마교(馬嬌)는 자가 완용(婉容)이다. 수려한 용모는 봄밤의 버들개지처럼 맑고 깨끗하고, 수면 위의 연꽃처럼 나풀거려, 정말 '아리땁다[嬌]'는 한 글자가 부끄럽지 않았다. 가락을 알고 곡을 잘 알아 기묘하게 음조를 맞혔기에 나이든 예인들은 거의 독보적이라며 추켜세웠다. 그러나 어쩌다 잘못하여 창기가 된 것을 끝내 아쉬워하면서, 좋은 사람 골라 시집가리라 마음먹고 함부로 몸을 다른 사람에게 허락하지 않더니, 결국에는 귀양(貴陽 : 貴州省 귀양시) 사람 양용우(楊龍友)에게 시집갔다. 양용우는 이름이

177 주름치마 : 원문은 '유선군(留仙裙)'로 지금의 주름치마를 말한다. 『비연외전』에 다음과 같은 내용이 보인다. 조비연이 태액지(太液池)에서 성제(成帝)를 모시고 「귀풍(歸風)」, 「송원(送遠)」을 노래 부를 때 시랑(侍郎) 풍무방(馮無方)이 황후의 노래에 맞추어 생황을 불었다. 중간쯤 노래를 불렀을 때 바람이 세게 일어나자, 황후가 소매를 높이 들고 말했다. "신선이시여! 신선이시여! 옛 사람 떠나 새 사람에게 가더니 정녕 나를 잊었는가?" 그러자 성제가 풍무방에게 황후의 치맛자락을 잡고 있게 했는데, 바람이 그치자 그 바람에 치마에 주름이 생겨났다. 훗날 궁에서 총애를 받거나 치마에 주름이 생기는 것을 유선군이라 불렀다고 한다.

178 화려한 옷 : 원문은 '석화광수(石華廣袖)'다. 『비연외전』에 다음의 내용이 보인다. 조합덕은 더욱 총애를 받아 조첩여(趙婕妤)에 봉해진 뒤 황후 조비연을 모셨다. 하루는 황후 조비연이 조첩여와 함께 앉아 있다가 실수로 조첩여의 소매에 침을 뱉었다. 그러자 조첩여가 "언니의 침이 갈색 소매에 묻으니 마치 돌 위에 꽃이 핀 것 같습니다"라고 했는데, 바로 여기서 나온 말이다.

179 이조(二趙) : 조비연(趙飛燕)과 그 동생 조합덕(趙合德)을 말한다.

180 이교(二喬) : 삼국시대 교공(喬公)의 두 딸로, 손책(孫策)에게 시집간 대교(大喬)와 주유(周瑜)에게 시집간 소교(小喬)를 가리킨다.

181 사타리(沙吒利) : 원문은 '타리(吒利)'이나, '사타리(沙吒利)'의 의미로 사용된 것 같다. 『태평광기』 권485 「유씨전(柳氏傳)」에 보면 번족(番族 : 回紇族) 장수 사타리는 한익(韓翊)이 사랑했던 미녀 유씨를 납치했다. 후에 사람들은 다른 사람의 아내를 납치해가는 권력자들을 사타리에 비유했다.

문총(文驄)으로, 시와 그림으로 이름을 날렸는데, 화정(華亭 : 上海市 화정) 사람 동문민(董文敏)[182]이 그를 극구 칭찬한 바 있다. 민중(閩中 : 福建省 일대)의 곽성복(郭聖僕)에게 이타나(李陀那)와 주옥야(朱玉耶)라 불리는 두 첩이 있었다. 곽성복이 죽고 난 뒤에 양용우가 주옥야를 데려오면서 곽성복이 소장하고 있던 그림과 글씨, 먹물 병, 안석과 지팡이 등의 애장품과 옛날 그릇을 함께 가져왔는데, 후에 마완용(馬婉容 : 馬嬌)을 얻고 나서는 종일토록 함께 웃고 즐기면서 그 물건들을 감상하는 것을 낙으로 삼았다. 갑신년(1644) 변고 때 귀양 사람 마사영(馬士英)[183]이 복왕(福王)[184]을 옹립한 뒤 스스로 수보(首輔)가 되었다. 이어서 회녕(懷寧) 사람 완대성(阮大鋮)을 자기 편으로 끌어 들여 그와 작당하여 전횡하면서 천하를 어지럽혔는데, 5월에 도성을 빠져나가자 도성의 백성들이 두 사람의 집을 불태웠다. 이때 양용우도 같은 고향 인척이라 연루되어 불길에 휩싸이는 바람에 순식간에 모든 것이 잿더미로 변했다. 마침 양용우는 [南直隷의] 소송순무(蘇松巡撫)로 나가게 되어 식구들을 모두 데리고 떠났다. 주옥야는 한참 뒤에 죽었고, 마완용은 어떻게 되었는지 모른다. 양용우 부자는 민중에서 난으로 죽었고, 모친은 구걸하면서 금릉으로 돌아와 하인들에게 의지하여 천수를 다 누리고 죽었다.

---

182 동문민(董文敏 : 1555~1636) : 동기창(董其昌). 지는 현재(玄宰), 호는 사백(思白)·향광(香光)·사옹(思翁)이며 시호는 문민(文敏)이다. 강소성 화정현(華亭縣) 사람. 1589년에 진사가 되고, 남경 예부상서가 되었으나 환관의 횡포와 당쟁 때문에 사임하고, 1631년 옛 자리로 복귀하여 3년 후 태자태보(太子太保)가 되었다가 사임했다. 사후에 태자태부(太子太傅)의 벼슬이 추증되었다. 관리로서도 명성이 높았으나 문명(文名)도 높아 시인·문인화가·서예가로 널리 알려졌다.

183 마사영(馬士英) : 명나라의 간신. 자는 요초(遙草)로, 귀주(貴州) 귀양(貴陽) 사람이다. 숭정제 사후 간신 완대성(阮大鋮)과 함께 신종(神宗)의 손자이며 품행이 나쁘기로 소문난 복왕 주유숭을 옹립했다.

184 복왕(福王) : 명나라가 망한 후, 화중(華中)·화남(華南) 지방의 정권으로 존속한 남명(南明) 초대 황제인 홍광제(弘光帝) 주유숭(朱由崧 : 1607~1646)을 말한다. 명이 멸망한 후 남경에서 병부상서 사가법(史可法)과 봉양(鳳陽) 총독(總督) 마사영에 의해 옹립되었으나, 결국 국력을 회복하지 못했다.

마완용에게는 마눈(馬嫩)이라는 여동생이 있는데, 역시 유명하다. 또 작은 마눈이라는 여자도 있었는데, 몸매가 하늘하늘하고 기품이 있어 스스로 풍류를 즐길 줄 아는 사람이라 자부했다. 진주(眞州 : 강소성 義徵) 의 염상(鹽商)이 천 냥을 주고 작은 마눈을 사서 율양(溧陽 : 강소성 율양시)의 진공자(陳公子)[185]에게 바쳤다. 진공자는 가까이 데리고 있은 지 얼마 되지 않아 혼수와 함께 예장(豫章) 사람 진백기(陳伯璣)[186]에게 보냈는데, 거기서 일남일녀를 낳았으니, 왕자경(王子敬)[187]이 도근(桃根)[188]을 데리고 있던 것과 같았다고나 할까.

고희(顧喜)는 일명 소희(小喜)라고도 하는데, 성격이 시원시원한데다 몸매도 풍만하고 아름다웠으나 다리가 별로 가늘지 않아서 사람들은 고희를 '고대각(顧大脚)'이라 부르기도 하고 '육병풍(肉屛風)'[189]이라 여기기도 했다. 그러나 아무 것에도 얽매이지 않는 고매한 기품과 세상을 초탈한 빼어난 자태는 인간 세상에서 흔히 볼 수 있는 것[190]이 아니었다. 그래서 고희와 마주하고 있으면 마치 이릉(李陵)이 보졸(步卒) 3천 명을 데리고 제한산(鞮汗山)에서 흉노를 막다가 협곡으로 들어갔으나 번번이 싸움에서

185 진공자(陳公子) : 진명하(陳名夏)를 말한다. 자는 백사(百史)이며, 숭정연간에 진사가 되었다. 청나라 조정에서 이부상서 및 홍문원 대학사 등의 직책을 역임했다.

186 진백기(陳伯璣) : 진윤형(陳允衡)을 말한다. 호는 옥연(玉淵)이고, 시를 잘 지었다고 한다. 『애금관집(愛琴館集)』이 전해진다.

187 왕자경(王子敬) : 중국 동진(東晉)의 서예가 왕헌지(王獻之).

188 도근(桃根) : 왕헌지의 애첩 도엽의 동생이자, 왕헌지의 첩이기도 하다. 왕헌지는 도엽이 진회를 건너올 때면 매우 근심스러워 늘 강어귀로 나가 맞이할 정도로 도엽을 사랑했으나, 도근에 대한 언급은 찾아볼 수 없다.

189 육병풍(肉屛風) : 오대(五代) 왕인유(王仁裕)의 『개원천보유사(開元天寶遺事)』「육진(肉陣)」에 다음과 같은 내용이 있다. 양국충(楊國忠)은 "겨울이 되면, 항상 비첩 중에서 통통하고 큰 사람을 골라 앞에 늘여 세우고 바람을 막게 했다. 사람의 기를 빌어 따뜻하게 했는데, 이것을 '육진'이라 불렀다[冬月常選婢妾肥大者, 行列于前令遮風, 藉人氣相暖, 號'肉陣']. 여기서는 뚱뚱한 여자를 부르는 말로 사용된 것 같다.

190 인간 세상에서 …… 있는 것 : 원문은 '이벽간물(籬壁間物)'로, 원래는 뜰에서 자라는 물건이나 흔하게 얻을 수 있는 물건이란 뜻인데, 여기서는 고희를 비유한 말로 보았다.

져 항복하는 것처럼, 종종 그녀에게 압도당하곤 했다. 한나라 무제의 「이부인을 기리며[悼李夫人賦]」에 나오는 "아름다운 여인에게서 빛이 나네[佳俠含光]" 네 글자를 내가 고희의 방의 편액으로 써주었는데, 난리가 난 뒤 누구를 따라갔는지 모르겠다. 어떤 사람이 아무개 공의 자제에게 시집갔다고 했다.

미소대(米小大)[191] 또한 명성이 자자했다. 나는 미처 만나보지는 못했지만 날씬하고 아름답고 고결할 뿐 아니라 문학과 기예를 두루 섭렵해 전인들이 남긴 글과 그림을 샅샅이 뒤져 보고 이 책 저책 다 읽어본 이이안(李易安)[192] 부류의 인물이라고 들었다. 후에 소양(昭陽 : 강소성 소양)의 이태복(李太僕)에게 시집갔다. 그러나 이태복이 화를 당하는 바람에 집안이 망했다.

왕소대(王小大)는 나면서부터 용모가 빼어났고, 사람됨이 원만하고 민첩해 접대에 능했다. 큰 술자리에서 사람들이 술을 권하면 매번 무릎을 꿇고 기쁘게 술을 받아 마셨으며 주령(酒令)을 감독하는 데[193] 뛰어나서 터럭만큼의 오류 없이 손님들의 분규를 해결하고 원망을 풀 수 있었기에 당시 사람들이 '화기탕(和氣湯)'[194]이라고 불렀다.

---

191 미소대(米小大) : 청도출판사 간행본 『판교잡기』에는 '주소대(朱小大)'로 나와 있다.

192 이이안(李易安) : 송나라의 대표적인 완약파(婉約派) 여성 사인(詞人) 이청조(李淸照 : 1081~1141)를 말한다. 호는 이안거사(易安居士) 혹은 수옥(漱玉)이며 산동성 제남(濟南) 사람이다.

193 주령(酒令)을 감독하는 데 : 원문은 '주규(酒糾)'·'굉록(觥錄)'으로, 둘 다 옛날 연회 때 술을 권하며 주령을 감독하는 사람을 말한다.

194 화기탕(和氣湯) : 30가지의 화제(和劑)를 넣어 만든 탕약. 즉 생각에 사악함이 없을 것[思無邪], 좋은 일을 할 것[行好事], 마음을 속이지 말 것[莫欺心], 임기응변[行方便], 본분을 지킬 것[守本分], 질투하지 말 것[莫嫉妬], 사기 치지 말 것[除狡詐], 성실함에 힘쓸 것[務誠實], 천도를 따를 것[順天道], 천명의 한계를 알 것[知命限], 깨끗한 마음[淸心], 욕심 부리지 말 것[寡慾], 인내, 유순, 겸손과 온화, 지족, 청렴, 양심 보존[存仁], 절약과 검소, 중용, 살생 금지[戒殺], 노하지 말 것[戒怒], 사나움을 경계할 것[戒

양주(揚州) 고이매(顧爾邁)는 자가 불영(不盈)으로, 진원후(鎭遠侯)[195]의 동생이다. 부유한 외척의 신분으로 평강리를 왕래했다. 고이매는 왕소대가 마음에 들어 하정(河庭)에 데려다 놓고 가끔씩 손님들을 불러 흠뻑 취하면서, 진맹공(陳孟公)[196]과 고계식(高季式)[197]을 모방해 여장군 주관(酒官)의 인장을 주고 좌우의 사람들을 지휘하게 했는데, 손님들이 실컷 마시고 술에 잔뜩 취한 후 취해 도망가려는 사람이 있으면 문을 잠그고 신발을 빼앗았다. 손님들은 땅에 드러누워 자다가 다음날 해가 중천에 떠서야 깨어났다. 때마침 오교(吳橋) 사람 범문정공(范文貞公)이 남대사마(南大司馬)로 있을 때 고불영은 읍객(揖客)[198]의 신분으로 관부를 출입하였는데, 옛날 협객의 풍모를 지니고 있었다. 그림과 글씨는 정초정(鄭超宗)[199]과 이

暴], 탐하지 말 것[戒貪], 신독, 조짐을 알고 행할 것[知機], 몸을 아끼고 사랑할 것[保愛], 조용히 물러날 것[恬退], 고요함을 지킬 것[守靜], 음덕을 쌓을 것 등을 부수어서 가루로 만든 후 심화(心火) 1근과 신수(腎水) 2주발을 섞어 천천히 달여서 5푼쯤 되었을 때 건져 수시로 복용하면 의사도 치료하지 못하는 어떤 병도 고칠 수 있다고 한다.

195 진원후(鎭遠侯) : 고흥조(顧興祖)를 말한다.

196 진맹공(陳孟公) : 서한 때이 인물인 진준(陳遵)을 말한다. 그는 두릉(杜陵 : 지금의 西安) 사람으로 가위후(嘉威侯)에 봉해졌다. 술을 좋아하고, 문장에 능했으며, 서예도 뛰어났다. 『한서』 「진준전(陳遵傳)」에 다음과 같은 고사가 나온다. "진준은 술을 좋아해서 매번 잔뜩 술을 마셨다. 손님이 당에 그득하면 객들이 타고 온 수레의 빗장을 빼서 우물에 던졌기에, 아무리 급한 일이 있어도 가질 못했다[遵耆酒, 每大飮. 賓客滿堂, 輒關門, 取客車轄投井中, 雖有急, 終不得去]." 후에 '투할(投轄)'은 은근히 손님을 가지 못하게 붙잡는 것을 뜻하는 용어로 사용되었다.

197 고계식(高季式) : 북제(北齊) 때 발해수(渤海蓨) 사람으로, 자는 자통(子通)이다. 『북사(北史)』 권55 「진원강전(陳元康傳)」에 보면, "처음에 사마자여과 고계식이 손건과 더불어 술을 마시다가 손건이 술에 취해 죽었다[初, 司馬子如·高季式與孫搴劇飮, 搴醉死]"는 기록이 나온다. 또, 사마자여의 아들 사마소난(司馬消難)이 비서(秘書)로 있을 때, 고계식이 문을 겹겹이 걸어 잠그고 못 나가게 한 다음 수레바퀴를 묶는 사슬을 가져다 목에 매어 술을 권하는 바람에 삼일 만에 빠져나가 거의 죽다 살았다고 한다.

198 읍객(揖客) : 주인과 대등한 예를 나누는 사이를 가리킨다.

199 정초정(鄭超宗) : 정원훈(鄭元勛 : 1598~1645)을 말한다. 초종은 자이고, 호는 혜동(惠東)이다. 명나라 말에 모벽강·양용우·방이지 등과 이름을 나란히 했던 당대 명류(名流)였다.

름을 나란히 했다.

장원(張元)은 마르고 몸이 가벼워서 바람이 불면 날아갈 것 같았다. 점차 자라 소녀가 되어서는 가는 허리에 쓰러질 것 같은 걸음걸이가 절로 청초하여, 사람들은 모두 '장소각(張小脚)'이라 불렀다.

유원(劉元)은 나이가 적지 않지만 경솔하고 우스갯소리를 잘 했으며 형형한 눈동자로 사방을 주시했다. 일찍이 강남의 한 명사와 동침하게 되었는데, 유원이 휘장 쪽으로 얼굴을 돌린 채 합방하지 않았다. 명사가 유원의 어깨를 치며 "너는 내가 명사인 것을 모르느냐?"고 묻자 유원이 얼굴을 돌리며, "명사가 뭐 하는 물건입니까? 그 값이 몇 문이나 됩니까?" 라고 말했다. 하하하, 이 이야기는 사람들 사이에 웃음거리로 전해질만 하다.

최과(崔科)는 후기에 속하는 빼어난 인물로, 앞선 기생들의 전형적인 모습은 그다지 보이지 않았지만 그래도 타고난 운치가 있었다. 최과 역시 스스로에 대해 강한 연민이 있어 자신의 용모를 자랑스럽게 생각하며 몸값을 높이 부르면서, 다른 것들은 일체 거들떠보지 않았다. 그러다 결국 한 한림(翰林)에게 모욕과 핍박을 받았다.

동년(董年)은 진회 땅의 절색으로 동소완(董小宛)과 자매 뻘이었으며, 아름다움도 우열을 가리기 어려울 정도였다. 종산(鍾山 : 강소성 南京市 동북쪽)의 장자정(張紫淀)이 「소완을 애도하며」라는 시를 지었는데, 그 가운데 한 수는 다음과 같다.

남국(南國)에서 태어난 미인,
나는 두 명의 쌍성(雙成)[200]을 보았네.

봄도 꽃다운 시절도 아름다운데,
꽃이 달을 주인으로 추대하네.
아름다운 눈썹은 후세에 따를 자 없고,
나비 꿈은 전생이로세.
적막하기 그지없는 누런 흙,
향기로운 바람을 붓끝[201]에 싣네.

이향(李香)[202]은 몸집이 작고 피부가 옥색이었으며, 총명하고 나긋나긋하고 농담 또한 잘해서 사람들은 모두 '향선추(香扇墜)'라고 불렀다. 나는 이향에게 다음과 같은 시를 준 적이 있다.

자그마하지만 한 성을 기울게 할 미모를 지닌 이향이여,
이 귀여운 여인 품에 품고 싶고 소매 속에 넣고 싶네.
어떻게 하면 무산(巫山) 신녀와 인연을 맺어,
꿈속에서 몰래 초왕(楚王)을 보러 오게 할까.[203]

무당(武塘 : 강소성 揚州에 있는 지명) 사람 위자일(魏子一)[204]이 흰 벽에 이

200 쌍성(雙成) : 동쌍성은 전설에 등장하는 미인이다.

201 붓끝 : 원문은 '관성(管城)'이다. 당나라 한유(韓愈)가 「모영전(毛穎傳)」을 짓고, 모영, 즉 붓이 관성에 봉해져 관성자라 불렸다고 한 데서 유래하여 붓의 뜻하는 말로 사용되었다.

202 이향(李香) : 이향군(李香君)이라고도 한다. 말릉(秣陵) 교방의 명기로, 공상임(孔尙任)이 지은 「도화선(桃花扇)」이 1699년에 간행된 이후 유명해졌다. 이향군은 복사(復社)의 영수 후방역(侯方域)에게 시집가 첩이 되었다. 후에 완대성이 조무(漕撫) 전앙(田仰)에게 강제로 첩으로 보내려고 했으나, 죽음을 무릅쓰고 거절하였다. 완대성 등이 동림당 사람들을 잡아들일 때 후방역 등은 감옥에 갇혔고, 이향군은 완대성에 의해 궁에 뽑혀 들어갔다. 청나라가 남하한 후 후방역은 청나라에 귀순했으나 이향군의 행방은 어찌 되었는지 모른다.

203 어떻게 하면 …… 할까 : 전국시대 초나라의 송옥(宋玉)이 지은 「고당부(高唐賦)」에 나오는 이야기로, 초나라 회왕(懷王)이 꿈속에서 무산의 신녀를 만나 사랑을 나눈 일을 말한다.

시를 적어 넣고, 귀양 사람 양용우가 그 왼편에 기이하게 생긴 돌과 난초 떨기[205]를 그리니, 당시 사람들은 [내가 지은 시와 위자일이 쓴 글씨와 양용우가 그린 그림] 이 셋을 '삼절(三絶)'이라 불렀다. 이로부터 이향의 이름이 남곡에 자자해져 사방의 재자들은 다투어 그녀의 얼굴 한번 보는 것을 영광으로 여겼다.

주시는 내교(內橋) 옆에 있는데 구불구불한 좁은 골목에 위치해 있고 건물은 협소했다. 그 가운데에도 간간이 절색들이 있었으나, 장소가 장소인지라 구원과 비교할 수는 없었다. 내가 본 기녀들 가운데 왕월(王月) 같은 미희는 미향동(迷香洞)과 신계침(神雞枕)[206]으로 유명했으니, 저 홍홍과 거거(擧擧)[207]의 명성이 어찌 부러우랴! 미인들이 초목과 함께 썩어 파묻혀 세상에 전해지지 않을까 걱정스런 마음에, 책의 말미에 덧붙여 금릉의 일사(軼史)로 갖추어 놓고자 한다.

왕월(王月)은 자가 미파(微波)다. 그 어머니는 세 딸을 낳았다. 첫째가 왕

---

204 위자일(魏子一 : 1608~1644) : 위학렴(魏學濂)이다. 자는 자일, 호는 내재(內齋)이며 절강성 가선(嘉善) 사람이다. 숭정 16년(1643)에 진사가 되어 서길사(庶吉士)에 임명되었다. 산수화를 잘 그린 것으로 유명하다.

205 난초 떨기 : 원문은 '숭란(崇蘭)'으로 무더기로 핀 난초를 말한다.

206 미향동(迷香洞)과 신계침(神雞枕) : 당나라 사람 풍지(馮贄)가 지은 『운선잡기(雲仙雜記)』에 보면, "사봉은 선성의 기녀다. 그녀는 손님을 차등을 두어 대접했다. 매우 기이한 인재가 오면 미향동에 모시고 신계침을 베개 하고 쇄련등을 켰다. 그 다음 손님에게는 교홍 이불에 전향 베게, 그리고 팔분양을 주었다. 최하등의 사람은 만나지 않으면서, 문을 닫아 건 채 국을 대접했다[史鳳, 宣城妓也. 待客以等差. 甚異者有迷香洞·神鷄枕·鎖蓮燈. 次則交紅被·傳香枕·八分羊. 下列不相見, 以閉門羹待之]"는 이야기가 나온다.

207 홍홍과 거거(擧擧) : 홍홍에 관해서는 앞의 주석 99 참조. 거거는 정거거(鄭擧擧)를 말한다. 『북리지』에 보면, 평강방의 명기로, 주령에 뛰어났다고 한다. 손용광(孫龍光)이 장원에 급제한 뒤 그녀에게 푹 빠졌는데, 같은 해 진사에 급제한 후창신(侯彰臣)·두영신(杜寧臣)·최훈미(崔勛美)·조연길(趙延吉)·노문거(盧文擧)·이무훈(李茂勛) 등과 함께 자주 그 집에 머물렀다고 한다.

월이고 둘째가 왕절(王節)이며 셋째가 왕만(王滿)이다. 모두 미색을 갖추고 있었지만 그중 왕월이 가장 지혜롭고 예뻤다. 또한 언사에 뛰어나고 백옥처럼 늘씬하였으며, 흰 이에 맑은 눈동자가 너무도 요염하여 그 명성이 공경들 사이에서 자자했다. 동성(桐城 : 안휘성 동성) 사람 손무공(孫武公 : 孫克咸)이 왕월을 아껴, 서하산 자락에 있는 설동(雪洞)에 데려다 놓고 한 달 동안 나오지 않았다. 그러다 견우와 직녀가 은하수를 건넌다는 칠월 칠석날 밤에, 방밀지(方密之)[208]가 머물고 있는 물가 누각에 미희들을 대대적으로 불러 모았는데, 사방의 호걸들이 타고 온 수레가 골목 가득했고, 이원 제자와 삼반(三班)이 함께 벌이는 공연에 물가 누각 밖에는 배들이 담장처럼 둘러섰다. 화안(花案)의 기생[209]들을 품평하고 높은 시상대를 설치한 다음 장원을 거기 앉히기로 했다. 그 결과 스무 명 가운데 미파가 일등으로 뽑혀 시상대에 올라 음악을 연주하고 금굴치(金屈卮)[210]를 올리니, 남곡의 명기들은 모두 기가 죽어 하나씩 떠나갔다. 다음날 날이 밝을 때에야 술잔치가 파했다. 또 그 이튿날 각자 시를 지어 그 일을 기록했는데, 내가 지은 시구는 이러했다.

달 속에 선녀, 꽃 중에 왕
제일가는 항아(姮娥)요, 으뜸가는 향이로다.

미파는 수건에 이 시구를 수놓아 손에서 놓지 않았다. 손무공은 더욱 그녀를 아끼며 첩실로 삼으로 했으나, 때마침 세도가인 귀양(貴陽) 사람 향군(香君) 채여형(蔡如蘅)이 돈 삼천 냥을 미파의 부친에게 주고 낚아채갔다. 손무공은 우울하게 지내다가 결국 갈눈을 맞아들였다. 채향군은 후

208 방밀지(方密之) : 명청 교체기의 사상가 방이지(方以智). 호는 만공(曼公)이며, 안휘성 동성(桐城) 사람이다. 소년시절에 진정혜 · 오응기(吳應箕) · 후방역 등과 복사(復社)에 참여하였고, 명말 4대공자로 일컬어졌다.

209 화안(花案)의 기생 : 화안은 기녀들의 순위를 매겨놓은 명단을 말한다.

210 금굴치(金屈卮) : 손잡이가 있고 쟁반 같이 생긴 술잔.

에 안려병비도(安廬兵備道)가 되어 왕월을 데리고 임지로 가서 매우 총애했다. 숭정(崇禎) 15년(1642) 5월에 대도(大盜) 장헌충(張獻忠)이 여주부(廬州府)를 격파하자, 지부(知府) 정이상(鄭履祥)은 죽음으로 절개를 지켰고 채향군은 사로잡혔다. 장헌충은 채향군의 집안을 수색하여 왕월을 찾아낸 뒤 군영에다 데려다놓고 모든 총애를 쏟아 부었다. 그러나 어쩌다 뜻하지 아니한 일로 장헌충의 뜻을 거스르자 장헌충은 왕월의 목을 잘라 함에 넣고 쟁반에 올려 도적들에게 돌렸다. 아! 죽을 때 왕월은 갈눈만도 못했으니,[211] 슬프도다!

왕절(王節)은 미색을 갖추고 있었다. 앞서 고불영(顧不盈)에게 시집갔다가 후에 왕항지(王恒之)에게 시집갔다. 담백한 삶을 달게 여기며 조용히 만족하며 살았고, 비록 시첩이 되긴 했지만 소박한 아낙네의 기품이 있었다. 왕절의 여동생 왕만(王滿)은 어리기는 했지만 농담을 잘했으며 사뿐사뿐 어여쁜 걸음걸이로 귀여운 자태를 지어냈다. 보국공(保國公)[212]이 왕만을 사서 뒷방에 들였지만, 구백문(寇白門 : 寇湄)과 맞지 않아 다시 진회로 돌려보냈다.

구미(寇湄)는 자가 백문(白門)으로, 전목재가 일찍이 다음과 같은 시를 지었다.

> 구가(寇家)네 딸들은 하나같이 어여뻤건만,
> 열여덟 해만에 꽃이 떨어지고 말았네.
> 오늘 혹여 진회에서 서로 마주쳐

---

211 죽을 때 …… 못했으니 : 앞서 나온 갈눈의 이야기를 보면 된다. 갈눈은 손극함과 함께 적장에게 사로잡혔을 때 적장이 갈눈을 범하려 하자, 갈눈은 혀를 깨물고 죽어 절개를 지켰는데, 왕월은 그러지 못했음을 의미한다.

212 보국공(保國公) : 주국필(朱國弼). 복왕을 옹립하는 데 공을 세워 보국공에 봉해졌다.

붉은 눈물에 옷이나 젖지 말아야 할 텐데.

구씨(寇氏) 집안의 여자들은 대부분 아름다웠는데, 백문도 그 가운데의 하나이다. 백문은 아름답고 고왔으며, 질탕한 풍류를 알았다. 곡도 지을 줄 알고 난도 잘 쳤으며, 운을 따 시 짓는 법도 대략 알았으나 겉만 배웠을 뿐 끝까지 다 배우지는 못했다. 18~19살 때 보국공이 사들여 좋은 집에 들이니, 이장무(李掌武)의 사추낭(謝秋娘)이 된 것이다.[213] 갑신년(1644) 3월 도성이 함락되었을 때, 보국공은 살아서 항복하고 가족들은 모두 관노가 되었다. 백문은 이때 보국공에게 천 냥을 주고 풀려난 뒤, 짧은 옷 입고 한 필 말을 타고 하녀 한 명만을 거느린 채 고향으로 돌아왔다. 돌아온 뒤 여협(女俠)이 되어 정원에 정자를 짓고 빈객들과 친분을 맺고 날마다 문인들과 왕래했는데, 취기에 귀가 달아오르면 노래를 부르기도 하고 울기도 했다. 또한 미인들의 말년을 탄식하면서 사랑[214]이 쇠잔해짐을 한탄했다. 얼마 뒤 양주(揚州)의 아무개 효렴에게 시집갔으나 여의치않아 다시 금릉으로 돌아왔다. 늙어서도 날마다 젊은이들과 어울렸다. 몸져눕게 되자 평소 아끼던 한생(韓生)을 불러들여 그를 붙잡고 울면서 함께 잠을 자자고 했는데, 한생이 다른 이유로 거절을 하는데도 손을 붙잡고 차마 헤어지지 못했다. 밤이 되어 한생이 하녀 방에서 웃고 떠드는 소리가 들려오자 부르르 떨며 일어나 하녀를 불러 직접 수십 대를 때리고는 한생에게 금수와 같다고 욕을 했는데, 마치 살점이라도 씹어 먹을 기세였다. 그 후 병이 더욱 심해져 의원이 준 약으로도 효험을 보지 못하고 결국 죽었다. 몽수(蒙叟 : 錢謙益)의 「금릉잡제」에 다음과 같은 시가 있다.

213 이장무(李掌武)의 …… 된 것이다 : 이장무는 이덕유(李德裕)를 가리킨다. 장무는 태위(太尉)의 별칭으로, 이덕유가 태위벼슬을 해서 붙여진 이름이다. 사추낭은 당나라 명기로, 이덕유가 그녀를 첩으로 받아들인 뒤 그녀를 위해 따로 집을 지어주고 그곳에서 지내게 했는데, 그곳을 '사택(謝宅)'이라고 불렀다.

214 사랑 : 원문은 '홍두(紅豆)'로, 원래는 식물 이름이다. 일명 '상사자(相思子)'라고도 불리는데, 옛 사람들은 이것으로 남녀 간의 사랑을 표현했다고 한다.

이미 스러져간 수많은 미녀들, 임의 사랑 그리워하건만
여협 가운데 구백문을 아는 자 그 누구인가?
누런 흙으로 관은 덮였지만 마음만은 죽지 못하니,
한 가닥의 향 내음 바로 미인의 혼이라네.

【이상은 여품(麗品)을 기록한 것이다.】

금릉 도회지와 남곡의 사치스럽고 아름다운 곳에는 부잣집 방탕아나 멋스런 사인(詞人)들이 왕래하며 노니느라, 말이 용처럼 이어지고 수레가 서로 잇닿았다. 그곳에는 풍류를 즐기는 누대며 술잔이며 현악기며 관악기며 꽃미남이며 유객이며 광대며 배우들이 서로 아름다움을 바치고 사랑을 다투느라 끊임없이 찾아온다. 수양버들 저 아래는 미인[215]과 술[216]이 보이고, 가을이면 피리 소리, 봄이면 꾀꼬리 지저귐, 송광평(宋廣平)[217]의 강철심장이라 하더라도 매화를 위해 부(賦)를 짓지 않을 수 없으리니, 한 가닥 「하만자(河滿子)」[218] 소리를 어떻게 견딜 수 있겠는가! 돌아와 미인의 보조개를 보면 누가 이곳을 떠날 수 있겠는가! 그러나 노니는 데 빠져 돌아갈 것조차 잊고, 시도 때도 없이 먹고 취해 누가 누구를 사랑한다고 하지만, 한 번 실수에 어찌 두 번 실수를 용납하리? 결국 평생 지키던 바를 잃어버리고, 예법 지키는 선비에게 배척당할 터, 어찌 죄악 속의 타락이자 망망대해 속의 방황이 아니겠는가! 내가 이 책을 편집하면서 비록 '향기를 전한다'고는 했으나 실은 경계하기 위함이다. 왕우군(王

215 미인 : 원문은 '편옥(片玉)'으로 원래 소중하고 희귀한 물건이나 얻기 힘든 인재를 찬미하는 말로 쓰인다.

216 술 : 원문은 '호중물(壺中物)'로 술을 가리킨다.

217 송광평(宋廣平) : 당나라 송경(宋璟)의 별칭이다. 송경은 현종(玄宗) 때의 유명한 재상으로 뜻이 크고 강직했다. 일찍이 광평군에 봉해진 적이 있기에 이런 이름을 얻게 되었다.

218 「하만자(河滿子)」 : 당나라 교방곡(教坊曲)으로, 후에 사패명(詞牌名)이 되었다.

右軍)이 "나중에 이 글을 읽는 사람은 장차 이 문장에서 느끼는 바가 있을 것이다"[219]라고 말하지 않았던가!

과주(瓜州 : 지금의 甘肅省 安西縣)의 소백량(蕭伯梁)은 화려하고 의협 기질이 있어서 재산을 다 들여 객들과 사귀었고, 기방에서 노니는 것을 좋아해 오랫동안 그곳에 머물곤 하였다. 수레의 빗장을 빼놓고 진탕 술을 마셨으며, 낮을 밤 삼아 많은 기녀들에 둘러쌓은 채 관(冠)에 꽃 꽂고 북 두드리는 것을 즐거움으로 삼았다. 전종백의 시에서 "천공(天公)께서 기생들을 없애라 하시면, 양주(揚州)의 소백량은 취해 죽을 것이네"라고 한 것은 바로 이 사람을 두고 한 말이다.

가흥(嘉興)의 요장약(姚壯若)은 진회에 열두 척의 누선을 띄운 다음, 사방에서 온 과거응시생과 이름 난 선비 백여 명을 불러 모으고, 배마다 명기 네 명씩을 사서 시중을 들게 했다. 이원 제자들이 도착해 등불을 밝히고 생황을 연주하면, 당대 최고가는 성대한 장면이 연출되었다. 이에 앞서 가흥의 심우약(沈雨若)[220]이 천금을 들여 화안(花案)을 작성하니 강남 일대에서 염사(艷事)라 일컬어졌다.

기방의 손님들 중 장묘(張卯)는 피리를 맡았고, 장괴(張魁)는 퉁소를 맡았으며, 관오(管五)는 관자(管子)를, 오장보(吳章甫)는 현악기를, 성중문(盛仲文)은 십번고(十番鼓)[221]를 맡았다. 정계지(丁繼之)·장연축·심원보(沈元甫)·왕공원(王公遠)·송유장(宋維章)은 연극을 하고 유경정(柳敬亭)은 설서

219 나중에 …… 있을 것이다 : 왕희지(王羲之)의 「난정집서(蘭亭集序)」에 나오는 말이다.
220 심우약(沈雨若) : 심춘택(沈春澤). 가흥(嘉興) 사람으로, 시를 잘 짓고 초서를 잘 썼다. 『화안』을 작성하는 방법은, 꽃에 기녀를 비유하고, 그 꽃의 고귀한 정도로써 기녀의 아름다움을 평가한 다음 명단을 내 걸고 잔치를 열어 축하하는 것이라 한다.
221 십번고(十番鼓) : 민간 음악의 일종으로, 관현악기와 타악기 등 10개의 악기로 악대가 구성되어 있다.

(說書)를 했다. 어떤 때는 두 이씨 집[222]에 모이고 어떤 때는 고미의 집에 모였는데, 한번 모임에 백금이 들었으니, 이 또한 돈 쓰는 소굴이었다. 장묘는 익살스럽고 유들유들해 미인들의 안색을 잘 살폈다. 하루는 우연찮게 이대낭의 심기를 거슬려, 이대낭이 손으로 그의 머리 위에 모자를 망가뜨려 땅에 던졌다. 장묘는 천천히 집어 들더니 웃으며 다시 쓰고 떠나갔다.

장괴(張魁)는 자가 수아(修我)이고 오군(吳郡) 사람이다. 젊어서 용모와 자태가 빼어났으며 서공자(徐公子)[223]와는 사랑하는 사이[224]였다. 서공자가 남도부좌(南都府佐)[225]로 가게 되자 장괴가 그를 찾아갔다. 그런데 문지기가 가로막자 그는 더러운 말을 내뱉고 욕설을 퍼부었다. 서공자는 그 소리를 듣고 기절했지만 결국 그를 관서에 머물게 하면서 더 이상 비할 데 없이 사이좋게 지냈다. 그는 도엽 나룻가로 이사 와 구원과 이웃하여 살았다. 그때 여러 명기들과 왕래하며 친하게 지냈는데, 새장 속 앵무새는 그를 보면 "장괴 나리께서 오셨다! 아미타불!"이라고 말했다. 장괴는 퉁소를 잘 불고 작곡도 잘 했으며 타마(打馬)[226]나 투호(投壺)를 하면 늘 상대를 이겼다. 매일 새벽이면 미루에 가서 화병에 꽃을 꽂고 향을 사르고, 개차(岕茶) 잎[227]을 씻고 금(琴)과 탁자를 털고 닦고 옷가지를 정리했는데, 모든 것을 주인조차 모르게 했다. 그래서 노복들도 모두 감동했고 고양

---

222 두 이씨 집 : 이대낭(李大娘)과 이십낭(李十娘)의 집을 일컫는 듯하다.

223 서공자(徐公子) : 서신(徐申). 자는 문강(文江)으로, 장주(長洲 : 강소성 소주) 사람이다. 만력 15년(1577)에 진사가 되어 통정사(通政使)를 지냈다.

224 사랑하는 사이 : 원문은 '단수지호(斷袖之好)'로 남성들 간의 동성애를 가리킨다. 한나라 애제(哀帝)와 신하인 동현(董賢)이 서로 사랑했는데, 애제가 자리에서 일어날 때 동현의 수면을 방해하지 않도록 제 옷을 자르고 일어났다는 고사에서 나왔다.

225 남도부좌(南都府佐) : 응천부승(應天府丞)을 말한다.

226 타마(打馬) : 중국 고대의 놀이 이름으로, 오늘날의 폴로(polo)와 비슷하다.

227 개차(岕茶) 잎 : 원문은 '개편(岕片)'으로, 개차는 절강성(浙江省) 장흥현(長興縣) 나개산(羅岕山)에서 생산되는 명차다.

이나 개까지도 그를 싫어하지 않았다. 나중에 장괴의 얼굴에 흰 반점이 생기자 기루의 손님들이 문에 방(榜)을 붙여 그를 놀렸다.

"얼굴에 얼룩덜룩 반점이 난 기둥서방 장괴를 쫓아내니, 장괴는 앞으로 들어오지 못한다."

장괴는 부끄럽고 속상해 반점을 없앨 비방을 두루 구한 끝에 부용로(芙蓉露)를 얻어 반점을 치료했다. 그는 반점이 좋아지자 의복을 갖춰 입고 다시 미루에 나타나 말했다.

"얼룩덜룩한 얼굴이 나아진 게 어떠하냐?"

난리가 난 후에 오(吳) 땅으로 돌아왔는데, 오 땅 멋쟁이 젊은이 중에 자태를 뽐내고 퉁소나 피리를 불며 나긋나긋함으로 남의 환심을 사던 자들이 장괴를 보고 야유하면서 못살게 굴었기에 장괴는 더욱 궁핍해졌다. 공종백(龔宗伯 : 龔鼎孳)이 황제의 명을 받아 월동(粵東)으로 가게 되었을 때, 가여운 마음에 금을 후하게 주면서 산속으로 가서 개차를 팔수 있도록 도와주었는데, 얻은 이익이 자못 많아져서 집이 점차 부유해졌다. 그러나 장괴는 성격이 까다로워 항상 스스로 이렇게 말했다.

"나는 대단히 천한 상이라, 차는 혜천(惠泉)[228]의 물이 아니면 입에 대지 않고, 밥은 네 번 도정하고 겨울에 빻은 쌀이 아니면 입에 대지 않으며, 밤에는 손춘양(孫春陽)[229] 집의 밤새 밝히는 서까래만한 등불이 아니면 눈을 뜨지 않는다."

그는 손에 돈을 얻는 즉시 다 써버렸기에 단 한 푼도 남아 있지 않았다. 당시 사람들이 모두 그를 비웃었지만 그는 아랑곳하지 않았다. 그는 예순이 넘도록 차를 팔고 부용로를 팔면서 먹고 살았다. 경인년(1650)과 신묘년(1651) 사이에 나는 오 땅에 놀러가 주씨(周氏)의 물가 누각에 머물

228 혜천(惠泉) : 강소성 무석(無錫)에 있는 물 이름으로, 물맛이 좋기로 유명하다.

229 손춘양(孫春陽) : 절강성 영파(寧波) 사람으로 원래는 과거를 통해 관리가 되려고 했으나 과거에 낙방한 뒤 소주에 갔다가 강남에 상업이 번성한 모습을 보고 장사를 하기로 결심한다. 후에 그는 소주의 부호들이 모두 먹는 것을 매우 중시하는 것을 보고 식품점을 열어 큰 부자가 되었다.

렀다. 장괴는 새벽녘이면 와서 예전처럼 화병에 꽃을 꽂고 향을 사르고 개차잎를 씻고 금과 탁자를 닦고 옷가지를 정리했다. 술이 얼큰해지고 등불도 꺼질 즈음이면 청계(青谿)[230]의 옛 일을 이야기하며 자신도 모르게 눈물을 흘렸다. 정유년(1657)에 다시 금릉을 지났는데, 가무를 즐기던 누대는 기왓장 나뒹구는 공터로 변했으나, 폐허가 된 판교 가에서 그는 여전히 퉁소를 불고 있었다. 나지막한 집에서 할멈이 문을 열고 나오더니, "이것은 장괴가 부는 퉁소 소리입니다"라고 말하고는 한참을 흐느껴 울었다. 몇 년 후에 장괴는 결국 가난으로 죽었다.

병자년(1636)에 금사(金沙 : 강소성 金壇市)의 장공량(張公亮)[231]과 여임생(呂霖生),[232] 염관(鹽官 : 浙江省 海寧縣)의 진칙량(陳則梁),[233] 그리고 장포(漳浦)의 유어중(劉漁仲),[234] 치고(雉皐)의 모벽강이 미루에서 맹세했다. 맹약의 글은 진칙량이 썼는데, 매우 훌륭했다. 그는 서약문의 끝에 "이름으로 맹세하는 것은 피로 맹세하는 것보다 못하며, 피로 맹세하는 것은 마음으로 맹세하는 것보다 못하다"고 적었다.

중산공자(中山公子) 서청군(徐青君)은 위국공(魏國公)[235]의 아우다. 집안 재산도 어마어마한 데다 타고난 성품이 호탕하고 사치스러워서, 늘 풍족하게 지내면서 많은 첩들을 거느렸다. 대공방(大功坊) 옆에 원림을 조성했는데, 나무며 돌이며 정자며 누대가 평천(平泉)[236]이나 금곡(金谷)[237]에 버금

230 청계(青谿) : 남경으로 흘러들어가는 물 이름이다.

231 장공량(張公亮) : 장명필(張明弼). 강소성 금단(金壇) 사람이다. 숭정연간에 진사가 되어 게양지현(揭陽知縣) 및 서항주추관(署杭州推官)을 지냈다.

232 여임생(呂霖生) : 여조룡(呂兆龍). 강소성 금단 사람으로 숭정 13년에 진사가 되어 내각중서(內閣中書)를 역임했다.

233 진칙량(陳則梁) : 진량(陳梁). 절강성 해암(海巖) 사람. 난리 후에 승려가 되어 개정화상(個亭和尙)이라 칭했다.

234 유어중(劉漁仲) : 유이정(劉履丁). 복건성 장포(漳浦) 사람으로, 서예와 그림에 능했다.

235 위국공(魏國公) : 명나라 위국공 서문작(徐文爵)을 가리킨다.

갔다. 매년 여름이 되면 물가 누각에서 연회를 베풀고 명기 너댓을 뽑아 손님을 모시며 술을 따르게 했다. 모과와 불수(佛手)가 산처럼 쌓여 있었고, 말리화와 주란(珠蘭)의 향기가 눈처럼 풍겼다. 밤낮을 이어가며 술 마시고 노래 불렀는데, 윤건(綸巾)에 학창의(鶴氅衣)[238]를 입은 모습이 진짜 신선 같았다. 복왕 때에 중부도독(中府都督) 직을 더해 받아 반검(班劍)[239]을 들고 사람들을 인도하여 입조하니, 그 영예로움이 더욱 드러났다. 그러나 을유년(1645)에 세상이 바뀐 뒤, 땅과 재산을 몰수당하고 발붙일 곳조차 없어졌다. 여러 첩들은 모두 빗물처럼 흩어지고, 그는 혈혈단신으로 품팔이꾼이나 거지들과 무리지어 다니기도 하고, 심지어 남 대신 매 맞아주는 일까지 했다. 그가 살던 저택은 병부의 관서로 바뀌었다. 하루는 형벌을 받게 된 사람이 곤장 몇 대를 대신 맞아주면 그 대가로 얼마를 주겠다고 약속했는데, 막상 곤장을 맞아보니 그 수가 원래 말한 것의 배가 넘었다. 그는 크게 소리치며 말했다.

"내가 바로 서청군이요."

병헌(兵憲) 임공(林公)[240]이 놀라 좌우에게 묻자 그 중 몰락한 왕손을 가

236 평천(平泉) : 하남성 낙양현에 있는 명승지다. 당나라 재상 이덕유가 만든 곳으로, 그는 자손들에게 그곳의 돌 하나 나무 하나라도 잃어버리면 내 자손이 아니다 라고 말할 정도로 아꼈다고 한다.

237 금곡(金谷) : 하남성 낙양현에 있는 명승지다. 금곡원(金谷園)은 진(晉)나라 석숭(石崇)이 애첩 녹주(綠珠)를 사랑해 이곳에 별장을 두고 호사시켰다고 한다.

238 윤건(綸巾)에 학창의(鶴氅衣) : 윤건은 비단끈으로 엮어 만든 두건의 일종이고, 학창의는 털옷의 일종이다. 『진서(晉書)』 「사만전(謝萬傳)」에 "흰색 윤건을 두르고 학창구를 입었다[著白綸巾, 鶴氅裘]"는 말이 나오며, 『세설신어』 「기선(企羨)」에도 "맹창이 현달하기 전 경구에 집이 있었는데, 한번은 왕공이 높은 수레를 타고 학창구를 입고 오는 모습을 보았다. 그때 살포시 눈이 내리자 맹창은 울타리 사이로 그 모습을 훔쳐보다가, '아, 진짜 신선이로다'라며 탄식했다[孟昶未達時, 家在京口, 嘗見王恭乘高輿, 被鶴氅裘. 於時微雪, 昶于籬間窺之, 嘆曰'此眞神仙中人']"는 이야기가 나온다.

239 반검(班劍) : 반검(斑劍)이라고도 한다. 무늬가 새겨진 목검을 뜻하는데, 진(晉)나라 때, 조복에 목검을 차게 하면서, 이를 일러 반검이라 했다. 의장(儀仗)에 사용했다.

240 임공(林公) : 임천경(林天擎). 요녕성 개현(蓋縣) 사람. 순치 5년(1648)에 분수강녕도(分守江寧道)로 있었다.

슴아파하던 사람이 무릎을 꿇고 대답했다.

"이 사람은 위국공의 공자 서청군인데, 곤궁하여 다른 사람 대신 매를 맞아주고 있습니다. 이 당(堂)이 바로 그가 살던 집 대청이어서, 자기도 모르게 상심하여 소리를 지른 듯합니다."

임공은 그를 가엽게 여겨 놓아주고는 위로하면서 말했다.

"혹 하사받은 재산이 아니어서 우리가 돌려줘야 할 부분이 있다면, 조사한 뒤 당신께 돌려주어 여생을 마칠 수 있게 해 주겠소."

서청군은 무릎 꿇고 감사하며 말했다.

"이 화원은 제가 직접 만든 것이지 하사받은 재산이 아닙니다."

임공은 알았다고 하면서 후한 돈을 주어 돌려보내고, 화원도 조사한 뒤 그에게 돌려주었다. 그는 꽃과 돌을 팔고 기둥과 주춧돌까지 팔아서 먹고살았다. 내가 『남사(南史)』의 기록을 보니 동혼궁(東昏宮)의 왕비가 양초를 팔며 살았다고 한다.[241] 두소릉(杜少陵)의 시[242]에서 "물어봐도 이름을 말하려 하지 않고, 몹시 가난하니 노비가 되게 해 달라고 하네"라는 구절이 있으니, 오호라! 어찌 헛된 말이겠는가!

동인(同人) 결사가 송풍각(松風閣)에서 모였는데, 설의(雪衣)[243]와 미생(眉生)[244]도 함께 자리했다. 술자리를 파하고 말을 몰아 함께 성으로 들어가니, 예쁘게 화장하고 멋진 옷 입고 채찍질 하며 말을 몰아가는 모습을 보느라 구경꾼들이 길을 메웠다. 아! 태평성세의 광경이 눈앞에 어른거리는구나!

---

241 동혼궁(東昏宮)의 …… 살았다고 한다 : 남제(南齊)의 폐제(廢帝)인 소보권(蕭寶卷)은 황음무도하여 무제에 의해 살해당하고 동혼후(東昏侯)로 격하되었다. 그의 비로는 반비(潘妃)와 오숙원(吳淑媛)이 있는데, 둘 다 양초를 팔았다는 기록은 찾아볼 수 없다.

242 두소릉(杜少陵)의 시 : 두소릉은 당나라 시인 두보(杜甫)다. 여기에서 인용된 시는 「애왕손(哀王孫)」의 다섯 번째 구절이다.

243 설의(雪衣) : 설의는 명말 진회의 명기였던 이십낭의 자(字)다.

244 미생(眉生) : 미생은 명말 진회의 명기였던 고미의 자다.

정계지는 장여아낭(張驢兒娘)[245] 역을 맡고, 장연축은 빈두로(賓頭盧)[246] 역을 맡고, 주유장(朱維章)은 무대랑(武大郎)[247] 역을 맡아 연기하니, 모두들 한 시대의 최고가는 배우들이었다. 정계지와 장연축 두 사람은 또한 아흔이 넘도록 장수했다. 전우산은 「세 노인장을 그린 그림에 쓰다[題三老圖]」 시 끝에서, "진회의 풍류사(風流事) 내가 노닐던 곳, 화표(華表)에 돌아오는 것을 백학만 안다네"[248]라고 말하면서 황공(黃公) 주막의 탄식[249]을 이기지 못했다.

무석(無錫) 사람 추공리(鄒公履)는 기방에서 노닐 적에 머리에는 붉은 수건을 쓰고, 몸에는 종이옷을 입고, 발에는 높은 신발을 신고서 미친 척하며 돌아다녔다. 그는 천금을 물리치면서도 아랑곳하지 않았다. 그는 과거 시험 첫 교시가 끝나자마자 대사마(大司馬) 집[250] 북을 두드리며 시험지를 보냈다. 기방에서 큰 음악회가 열리고 그가 큰 소리로 자신이 지은 문장을 암송하자 기녀들이 모두 통쾌하다 소리쳤다. 때때로 이원에 쳐들어가 무대 위에서 '참군골(參軍鶻)'[251]을 연기하기도 했다.

---

245 장여아낭(張驢兒娘) : 원나라 관한경(關漢卿)의 잡극 「두아원(竇娥冤)」에 나오는 두아의 시어머니 채파(蔡婆)를 말한다.

246 빈두로(賓頭盧) : 500나한 중 제18 존자(尊者)로, 명나라 극작가 도륭(屠隆)의 『담화기(曇花記)』에 등장하는 인물이다.

247 무대랑(武大郎) : 명나라 극작가 심경(沈璟)의 『의협기(義俠記)』에 나오는 인물.

248 화표(華表)에 …… 안다네 : 『수신후기(搜神後記)』 권1에 따르면 정영위(丁令威)라는 사람이 도를 닦아 신선이 되었다고 한다. 그는 학으로 변해 천년 만에 고향에 찾아와 성문 앞 화표 기둥 위에 앉아있었는데, 때마침 지나가던 젊은이가 그를 보고 화살로 쏘려고 하자 그는 슬퍼하며 날아가 버렸다고 한다. 이 이야기에서 비롯하여 '화표 위의 학'은 기나긴 이별을 의미하게 되었다.

249 황공(黃公) 주막의 탄식 : 위진(魏晉) 시대 왕융(王戎)·완적(阮籍)·혜강(嵇康) 등 죽림칠현이 모여서 술을 마시던 곳이다. 『세설신어(世說新語)』 「상서(傷逝)」에 따르면 왕융이 이곳을 지나다가 옛날 혜강과 완적과 함께 술을 마시던 생각을 하며 슬퍼했다고 한다. 그래서 이후의 문장들에서 황공 주막은 친구들과 함께 술을 마시던 곳으로 옛일을 그리워하는 것을 나타낸다.

250 대사마(大司馬) 집 : 여기서는 남경 공원(貢院)의 용문(龍門)을 가리킨다.

251 참군골(參軍鶻) : 당송시대에 유행하던 표현예술의 하나이다. 16국 시기 후조(後趙)

유경정(柳敬亭)[252]은 태주(泰州) 사람으로 원래는 조씨(曹氏)였으나 원수를 피해 강호를 떠돌다가 버드나무 아래에서 쉬게 된 인연으로 성을 유(柳)로 바꾸었다. 그는 설서(說書)를 잘해서, 금릉에서 노닐 적에는 오교(吳橋)의 범사마(范司馬)와 동성(桐城)의 하상국(何相國)[253]의 상객이 되었다. 또 남곡을 드나들면서 장연축·심공헌과도 어울렸다. 장연축과 심공헌이 노래를 부르면 유경정이 설서를 했는데, 술이 얼큰해져 박자를 두드리며 슬피 읊조리면, 그 소리가 하도 애처로워 좌중이 흠뻑 취하곤 했다. 아마도 우맹(優孟)[254]이나 동방만천(東方曼倩)[255] 같은 사람인가 보다. 후에 좌영남(左寧南)[256]의 막부로 들어가 군대를 출입했다. 좌영남이 전쟁에 패망하자 또 송강(松江) 마제독(馬提督)[257]의 군대에서 어슬렁거렸으나 뜻을 얻지 못해 울적했다. 나이 이미 여든이 넘었을 때 의수헌(宜睡軒)에 잠시 머물고 있던 나를 찾아왔는데, 그때도 「진숙보가 고모를 만나다[秦叔寶見姑

의 석륵(石勒)이 참군들이 탐욕스러운 것을 보고 한 배우에게 참군으로 분장해서 그 들 옆에서 연기를 하도록 한 것에서 비롯되었다. 참군이 창(蒼)과 골(鶻)이라는 두 인물과 해학적인 대화를 나누는 것을 골자로 한다.

252 유경정(柳敬亭) : 그에 관한 자세한 사적은 『우초신지』 권2에 실려 있는 「유경정전」을 참고하시오.

253 하상국(何相國) : 하여총(何如寵). 자는 강후(康侯)로 안휘성 동성 사람이며, 만력연간에 진사가 되었다. 숭정연간 초에 호부상서·무영전대학사(武英殿大學士)가 되었고 소보(少保)에 가자되었다. 시호는 문단(文端)이다.

254 우맹(優孟) : 초나라의 배우이다. 『사기』 「골계열전(滑稽列傳)」에 따르면 초나라의 장왕(莊王)이 아끼던 말이 죽자 대부의 예를 갖춰 말을 장사지내려 했다. 우맹은 말을 군왕의 예로 장사지내라고 간하면서 그렇게 하면 백성들이 임금이 말을 사람보다 더 아끼는 분으로 알 것이라고 말했다. 이 말을 듣고 장왕은 자신의 잘못을 깨달았다.

255 동방만천(東方曼倩) : 동방삭(東方朔)으로 자가 만천이다. 동방삭은 지혜와 해학이 뛰어나 항상 한 무제의 앞에서 웃음을 주었다고 한다.

256 좌영남(左寧南) : 좌양옥(左良玉). 자는 곤산(昆山)으로, 산동성 임청(臨淸) 사람이다. 농민군을 진압한 공으로 대수(大帥)로 승진해 영남백(寧南伯)에 봉해져 무창(武昌)에 주둔했다. 남명 홍광(弘光) 정권이 수립된 후, 후작이 되었다. 홍광원년에 남경으로 진군해 마사영(馬士英)을 토벌했으나, 중도에 병사했다.

257 마제독(馬提督) : 마봉지(馬逢知). 원래 이름은 마진보(馬進寶)이며, 자는 유선(惟善)이다. 명말 이자성의 농민기의군에 가입했다가, 후에 청나라에 투항했다. 일찍이 강남제독이 되어 송강에 주둔한 바 있다.

娘]」[258] 고사를 연기했다.

내양(萊陽 : 산동성 내양) 사람 강여수(姜如須)[259]는 이십낭의 집에서 노닐면서 미색에 빠져 두문불출했다. 방밀지와 손극함은 둘 다 가림벽 위를 잘 걸어 다녔다. 그들은 저녁 삼각(三刻)이 넘어 은하수가 밝게 보이면 소매를 나란히 하고 한가로이 걸어 조비연과 이부인의 집 앞을 지났는데, 주렴도 드리워져 있고 문도 닫혀 인적이라곤 없었다. 그러면 두 사람은 펄쩍 뛰어 집으로 들어가서는 곧장 침실로 달려가 문을 밀어 활짝 열었는데, 그 기세가 마치 도적 같았다. 강여수는 침대에서 내려와 무릎을 꿇고 말했다.

"대왕님 목숨만 살려주십시오! 이십낭을 다치게 하지 마십시오!"

두 사람은 칼을 버리고 크게 웃으며 말했다.

"삼랑(三郎)이 낭패구만! 삼랑이 낭패야!"[260]

그리고는 술을 대령케 해 진탕 마시고는 모두 취해서 돌아갔다. 아마 강여수의 항렬이 세 번째였던 것 같다. 강여수의 높은 재주는 당대에 견줄 자가 없었거늘, 어쩌다 두목(杜牧)을 흉내 낸다는 것이 사안(謝安)[261]처

---

258 「진숙보가 고모를 만나다[秦叔寶見姑娘]」: 진숙보는 진경(秦瓊)으로, 숙보는 그의 자이다. 그는 이세민(李世民)이 당을 건국하는데 많은 도움을 주었다. 『수사유문(隋史遺文)』 13~14회에는 진숙보가 유주(幽州)로 갔다가 우연히 총관(總管) 나예(羅藝)의 아내가 자신의 고모라는 사실을 알게 된다는 내용이 나오는데, 이것이 이 이야기의 대략적인 줄거리인 것 같다.

259 강여수(姜如須): 강해(姜垓)로, 숭정 13년(1640)에 진사가 되었다. 『운당집(篔簹集)』을 남겼다.

260 삼랑(三郎)이 …… 낭패야: 송나라 나대경(羅大經)의 『학림옥로(鶴林玉露)』에 다음과 같은 이야기가 실려 있다. "명황이 촉에서 도성으로 돌아왔을 때, …… 나귀 목에 건 방울 소리를 듣고는 황번작에게 '방울 소리가 꼭 사람 말소리 같구나'라고 말하자, 황번작이 대답하기를, '삼랑랑당! 삼랑랑당! 이라고 하는 것 같습니다'라고 했다. 명황은 부끄럽고도 우스웠다[明皇自蜀還京, …… 聞駝馬所帶鈴聲, 謂黃幡綽曰 : '鈴聲頗似人言語.' 幡綽對曰 : '似言三郎郎當! 三郎郎當!' 明皇愧且笑]." 명황의 어릴 적 이름이 삼랑이었다.

261 사안(謝安): 동진(東晉) 때의 재상이다. 그는 정치적으로는 나라의 안정을 위해 공을

럼 되고 말았다. 그는 다만 가을바람에 버려진 부채 같은 신세가 되어 기녀들에 흥취를 기탁했을 뿐, 정말로 기녀에게 빠질 사람은 아니지만, 일단 기록해 둠으로써 한 가닥 풍류를 보존하고자 한다.

진칙량(陳則梁)은 사람도 기이하고 문장도 기이하고 모든 것이 다 기이했다. 한번은 그가 고미의 기루에 편지를 보내 일찌감치 속세에서 벗어나 어서 반려자를 찾으라고 했는데, 그 언사가 몹시도 간절했다. 이에 고미는 결국 주인을 선택해 섬겼으니, 정말로 활에 놀란 새나 물고기가 급히 그물에서 벗어난 것이다. 재능 있는 여자나 문재가 뛰어난 문인들은 그때마나 정해진 인연이 있어서 언젠간 만날 수밖에[262] 없나 보다.

기방 골목에 있노라면 열일고여덟 먹은 여자들이 "버드나무 언덕, 새벽바람에 희미한 달빛" 하며 부르는 노래 소리가 곳곳에서 들려오고 시시때때로 들려온다. 내가 「억강남(憶江南)」이란 사(詞)를 지어 노래하길, "강남의 좋은 경치 본래 많지 않나니, 그저 새벽바람 희미한 달빛 아래에만 있을 뿐"이라고 했다. 생각할수록 마음이 아프고 바라보자니 차마 고개를 돌릴 수 없다. 심공헌은 연기에 뛰어나 동시대 으뜸으로 뽑혔다. 중한(中翰) 왕식지(王式之)와 수부(水部) 왕항지(王恒之)는 느낌은 달랐어도 똑같이 뛰어난 솜씨를 지니고서 연기하는 데 빠져 살았기에 강총지(江總持)와 유기경(柳耆卿)[263]을 어렴풋 다시 보는 듯 했으니, 여경천(呂敬遷)이나

많이 세웠으나 여자를 매우 좋아해서 항상 여자를 끼고 살았다고 한다.

262 언젠간 만날 수밖에 : 원문은 '연진지합(延津之合)'으로 진(晉)나라 때 용천(龍泉)과 태아(太阿)라는 두 검(劍)이 연진에서 만난 이야기에서 비롯하여, 인연이 있으면 서로 만날 수밖에 없음을 비유한다.

263 강총지(江總持)와 유기경(柳耆卿) : 강총지는 남조(南朝) 진(陳)나라 때의 문인 강총(江總)이다. 진나라에서 복야상서령(僕射尙書令)에 제수되어 날마다 진후주(陳後主)와 더불어 부를 지으며 연회를 열었다. 유기경은 송나라 때 유명한 사인 유영(柳永)의 자이다. 숭안(崇安 : 지금의 福建 武夷) 사람으로 완약파 사인의 대표로 꼽힌다. 항렬이 일곱 번째라 하여 유칠(柳七)로도 불린다. 그는 과장에서 순탄치 못해 번화

이선학(李仙鶴)[264] 같은 부류는 아니었다.

악호(樂戶)에는 처도 있고 첩도 있었으며, 방비와 제한이 매우 엄하여 몸가짐을 바로하면서 손님들과 말을 섞지 않았다. 손님들이 강제로 만나 보고자 하면, 한 번 인사하고는 몸을 돌려 주렴 안으로 들어가 버렸다. 변란 이후 구원의 큰 거리에 살던 고삼(顧三)의 처 이삼낭(李三娘)은 강호를 떠돌다가 결국 명기가 되었다. 그러던 중 갑자기 불량배들에게 잡혀갔다가 오군의 감옥에 갇히게 되었다. 나와 몽석(夢錫) 유해문(劉海門)[265] 형제, 그리고 요익후(姚翼侯)[266]와 장국존(張鞠存)[267]이 힘을 다해 이삼낭을 구명하고, 사리(司李)[268] 이확암(李蠖菴)에게 편지를 보낸 끝에 겨우 풀려날 수 있었다. 그러나 엄유방(嚴幼芳)[269]이나 유파석(劉婆惜)[270]처럼 온갖 고초를 다 겪었다. 이삼낭은 키가 크고 피부도 희었으며 구름 같은 머리를 늘어뜨리고 있었다. 도량도 크고 술도 잘 마셔 백 잔을 마시고도 취하지 않았다. 신축년(1661) 중추절에 정원의 난이 활짝 피자 술상을 차려놓고 모임을 가졌는데, 황난총(黃蘭叢)[271]과 옥봉여사(玉峰女士) 풍정용(馮靜容)도

한 도시생활에 빠져 지냈으며 기생들과 어울리면서 많은 염사를 남겼다. 여기서는 풍류 문인의 대표로 두 사람이 거론된 것이다.

264 여경천(呂敬遷)이나 이선학(李仙鶴) : 당나라 때 궁정 교방 출신의 유명 연극배우이다.

265 유해문(劉海門) : 유여생(劉余生). 자는 몽석(夢錫). 절강성 해문(海門) 사람이다. 통민병비도(通密兵備道)를 역임했다.

266 요익후(姚翼侯) : 요문연(姚文燕). 안휘성 동성 사람으로 순치연간에 진사가 되었다.

267 장국존(張鞠存) : 장신표(張新標). 강소성 회안(淮安) 사람으로, 망사(望社)의 일원이다. 순치연간 진사이며 호부주사(戶部主事)를 지냈다.

268 사리(司李) : 관직명으로 사리(司理)와 같다. 법을 집행하고 안건을 결정하는 일을 한다.

269 엄유방(嚴幼芳) : 엄예(嚴蕊). 원래 성은 주(周)이며 남송(南宋) 중엽의 여류 사인(詞人)이다. 출신이 미천하였으나 어려서부터 예악과 시서를 공부하여 기생이 되지는 않았다. 거문고·바둑·춤·악기·글·그림에 뛰어났을 뿐 아니라 학식도 뛰어나 문장에 새로움이 있었다고 한다.

270 유파석(劉婆惜) : 원나라 가기로, 배우 이사(李四)의 아내이다.

271 황난총(黃蘭叢) : 황선태(黃宣泰). 강소성 회안 사람이며, 순치연간 진사다. 영하병비도(寧夏兵備道)를 역임했다. 청도출판사 간행본 『판교잡기』에는 황난암(黃蘭巖)이라 되어 있다.

참석했다. 집주인인 김숙간(金叔侃)이 집에 있는 술이란 술은 모두 꺼내놓고 편을 갈라 승부를 겨루면서 천둥 치듯 술을 마셔댔는데, 마치 항우(項羽)와 장한(章邯)이 거록(鉅鹿)에서 전투를 벌이고 제후들이 진영에서 구경하는 것과 같았다. 날이 밝을 때까지 술을 마시고는 손님들 모두 토악질을 하고 풍정용마저 토를 해댔다. 땅에 고꾸라진 사람도 있고 대(大) 자로 누워있는 사람도 있었으며, 옷과 신발이 어지러이 흩어져 있었다. 그러나 이삼낭만은 홀로 깨어 잠자지 않은 채 계수나무에 기대어 있었다. 황난총이 이삼낭에게 술 더 마실 힘이 있다며 돈을 걸었기에 이삼낭은 요익후와 획권(劃拳) 놀이[272]를 하면서 각각 서너 말씩 더 마신 뒤 헤어졌다. 아아! 눈 깜짝할 사이에 손님들은 모두 청산에 뼈를 묻고 미인들도 황토에 몸을 깃들였구나. 강산이 아득하니 슬프지 않을 수 있겠는가!

이정려(李貞麗)[273]는 이향의 기생어미인데, 호방한 기질이 있어서 하룻밤에 도박으로 천금을 탕진한 적도 있다. 양선(陽羨)의 진정생(陳定生)[274]과 가까이 지냈다. 이향은 나이 열셋에 호방함과 지혜를 겸비하고 있었다. 오 땅 사람 주여송(周如松)[275]에게 노래를 배워 『옥명당사몽(玉茗堂四夢)』[276]의 오묘한 곡절을 모두 표현할 수 있었으며, 특히 『비파기(琵琶記)』[277]에

272 획권(劃拳) 놀이 : 술 마실 때 주흥을 돋우기 위해 하는 일종의 가위 바위 보 게임이다.

273 이정려(李貞麗) : 자는 담여(淡如)로 서화에 능했다고 한다. 『흠방집(歆芳集)』을 남겼다.

274 진정생(陳定生) : 진정혜(陳貞慧). 강소성 의흥(宜興) 사람으로, 명말 사공자 중 한명이며, 복사의 일원이기도 하다.

275 주여송(周如松) : 유명한 곤곡(崑曲) 작가이며, 예명은 소곤생(蘇崑生)이다. 하남성 고시(固始) 사람으로, 주로 소주와 남경 등지에서 곤곡을 가르쳤다. 희곡 『도화선』에는 이향군의 스승으로 등장한다.

276 『옥명당사몽(玉茗堂四夢)』 : 『임천사몽(臨川四夢)』이라고도 하는데, 명나라 극작가인 탕현조(湯顯祖)가 지은 4종의 전기 작품에 대한 칭호이다. 4종의 작품은 『자차기(紫釵記)』·『환혼기(還魂記)』·『남가기(南柯記)』·『한단기(邯鄲記)』이다. 탕현조가 강서성 임천(臨川) 사람으로 옥명당이라는 서재에서 살았고 이 4종의 작품이 모두 꿈속의 이야기를 하고 있으므로 이런 이름이 붙게 되었다.

277 『비파기(琵琶記)』 : 극작가 고칙성(高則成)의 전기(傳奇). 조오낭(趙五娘)과 채옹(蔡邕)의 이야기를 다루었으며, 남희(南戲)의 시조라 일컬어진다.

뛰어났다. 설원(雪苑)의 후조종(侯朝宗 : 侯方域)과 가까웠는데, 환관 완대성(阮大鋮)이 후조종과 친교를 맺고자 했으나, 이향이 힘껏 저지하는 바람에 결국 뜻대로 하지 못했다. 후조종이 떠나자 옛 개부(開府) 전앙(田仰)[278]이 많은 금을 들여 이향을 데려오려 했으나 거절하며 말했다.

"저는 감히 후공자(侯公子)를 저버릴 수 없습니다."

그러면서 끝내 가지 않았다. 이 일에 앞서 완대성은 후조종에 대한 미움 때문에 잡아들여 죽이려고 했다. 그러나 후조종이 도망하여 죽음을 모면하자 진정생까지 죽이려고 했다. 진정생은 금의위(錦衣衛) 풍가종(馮可宗)[279]에게 큰 모욕을 당했다. 운간(雲間)의 재자 하영서(夏靈胥)[280]가 「청상편(靑相篇)」을 지어 무당(武塘)의 전수광(錢漱廣)[281]에게 보냈는데, 그 글의 끝에서 다음과 같이 말했다.

이십년 동안의 일들이 이미 사라져,
화려한 누각도 열리지 않고 향초의 향기도 갇혀버렸네.
사람도 없는 이 양원(兩院)에서 어찌 견디랴?
홀로 맞이한 세 번의 봄에 제비만 날아왔네.
신곡을 부르며 흔드는 부채에도 거문고는 움직이지 않고,
뚜껑 없는 우물에는 낡은 춤옷만이 나부끼고 있네.
화초와 주문(朱門)[282]은 후각(後閣)에 덩그러니,

---

278 전앙(田仰) : 남명 홍광제 때 회양순무(淮陽巡撫)로 있었으며, 마사영의 친척이기도 하다.

279 금의위(錦衣衛) 풍가종(馮可宗) : '금의(錦衣)'는 금의위의 관원을 말하는데 금위군을 관장했으며 후에는 감옥도 함께 관리했다. 풍가종은 완대성 · 마사영의 하수인으로, 갑신년 남도 이후에 도독이 되어 금의위 일을 관장했다.

280 하영서(夏靈胥) : 하완순(夏完淳). 자는 존고(存古)다. 부친 하윤이(夏允彝)와 스승인 진자룡(陳子龍)과 함께 병사를 일으켜 청에 대항하다 16세의 나이로 죽었다.

281 전수광(錢漱廣) : 전희(錢熙). 절강성 가선(嘉善) 무당(武塘) 사람. 숭정 6년(1633)에 진사가 되었으며 병부랑중을 지냈다.

282 주문(朱門) : 부잣집에서 여자들이 거처하는 규방을 말한다.

비파와 청총(青塚)[283]은 왕소군(王昭君)을 원망하네.
오직 청루만이 옛 모습을 알아보겠구나,
아름답던 눈썹 보잘 것 없어지고 새로 흰 머리만 나는구나.
꿈은 끊어져 어느 해에 우리 님이 왔었던가?
정 깊은 한 가락에 사랑의 흔적만이 남아있네.[284]
마음 아픈 정덕연간의 원본(院本),[285]
혼마저 갇혀버린 교방의 악부(樂府).
그녀를 위해 그때의 「오야제(烏夜啼)」를 부르자니,
푸른 옷깃에 눈물만 가득한 강남의 나그네.

이 글을 보면 기루의 변천사를 모두 알 수 있구나! 슬프도다! 【이상은 「일사(軼事)」를 기록한 것이다.】

金陵爲帝王建都之地. 公侯戚畹, 甲第連雲, 宗室王孫, 翩翩裘馬. 以及烏衣子弟, 湖海賓游, 靡不挾彈吹簫, 經過趙・李. 每開筵宴, 則傳呼樂籍, 羅綺芬芳, 行酒糾觴. 留髡送客, 酒闌棋罷, 墮珥遺簪. 眞慾界之仙都, 昇平之樂國也.

舊院人稱'曲中'. 前門對武定橋, 後門在鈔庫街. 妓家鱗次, 比屋而居, 屋宇精潔, 花木蕭疏, 迥非塵境. 到門則銅環半啓, 珠箔低垂. 升階則猧兒吠客, 鸚哥喚茶. 登堂則假母肅迎, 分賓抗禮. 進軒則丫鬟畢妝, 捧豔而出. 坐久則水陸備至, 絲肉競陳. 定情則目挑心招, 綢繆宛轉. 紈絝少年, 繡腸才子, 無不魂迷色陣, 氣盡雌風矣. 妓家, 僕婢稱之曰'娘',

283 청총(青塚) : 왕소군(王昭君)의 묘이다. 전설에 따르면 북방의 풀들은 대부분 하얀데, 이 무덤만이 홀로 푸르렀기 때문에 이렇게 부른다고 한다.
284 사랑의 흔적만이 남아있네 : 원문은 '운적(雲跡)'이다. 우종운적(雨踪雲跡)의 줄임말인데, 남녀간에 좋았던 지난날을 비유한다.
285 원본(院本) : 희곡을 말한다. 자세한 내용은 주 66을 참조하시오.

外人呼之曰'小娘'. 假母稱之曰'娘兒', 有客稱客曰'姐夫'. 客稱假母曰'外婆'.

樂戶統於教坊司, 司有一官以主之. 有衙署, 有公座, 有人役·刑杖·簽牌之類. 有冠有帶, 但見客則不敢拱揖耳.

妓家分別門戶. 爭妍獻媚, 鬪勝誇奇. 凌晨則卯飮淫淫, 蘭湯灩灩, 衣香滿室. 停午乃蘭花茉莉, 沈水甲煎, 馨聞數里. 入夜而擫笛搊箏, 梨園搬演, 聲徹九霄. 李·卞爲首, 沙·顧次之, 鄭·頓·崔·馬, 又其次也.

長板橋在院墻外數十步, 曠遠芊緜, 水烟凝碧. 迴光·鷲峰兩寺夾之, 中山東花園亘其前, 秦淮朱雀桁遶其後, 洵可娛目賞心, 漱滌塵襟. 每當夜涼人定, 風淸月朗, 名士傾城, 簪花約鬢, 攜手閒行, 憑欄徙倚. 忽遇彼姝, 笑言宴宴. 此吹洞簫, 彼度妙曲. 萬籟皆寂, 遊魚出聽, 洵太平盛事也.

秦淮燈船之盛, 天下所無. 兩岸河房, 雕欄畵檻, 綺窗絲障, 十里珠簾. 客稱:"旣醉!" 主曰:"未歸!" 遊楫往來, 指目曰:"某名姬在某河房, 以得魁首者爲勝." 薄暮須臾, 燈船畢集, 火龍蜿蜒, 光耀天地, 揚槌擊鼓, 蹋頓波心. 自聚寶門水關, 至通濟門水關, 喧闐達旦. 桃葉渡口, 爭渡者喧聲不絕. 余作「秦淮燈船曲」中有云:"遙指鍾山樹色開, 六朝芳草向瓊臺. 一圍燈火從天降, 萬片珊瑚駕海來." 又云:"夢裏春紅十丈長, 隔簾偸襲海南香. 西霞飛出銅龍館, 幾隊娥眉一樣妝." 又云:"神絃仙管玻璃杯, 火龍蜿蜒波崔嵬. 雲連金闕天門迥, 鶴舞銀城雪窖開." 皆實錄也. 嗟乎, 可復見乎?

教坊梨園, 單傳法部, 乃威武南巡所遺也. 然名妓仙娃, 深以登場演劇爲恥. 若知音密席, 推奬再三, 强而後可. 歌喉扇影, 一座盡傾, 主之者大增氣色, 纏頭助采, 遽加一倍. 至頓老琵琶, 妥娘詞曲, 則祇應天上, 難得人間矣!

裙屐少年, 油頭半臂, 至日亭午, 則提籃挈榼, 高聲唱賣逼汗草・茉莉花. 嬌婢卷簾, 攤錢爭買, 捉腕捺胸, 紛紜笑謔. 頃之, 鳥雲擁雪, 竟體芳香矣. 蓋此花苞於日中, 開於枕上, 眞媚夜之淫葩, 殢人之妖草也. 建蘭則大雅不羣, 宜於紗幮文榭. 與佛手・木瓜同其靜好, 酒兵茗戰之餘, 微聞香澤. 所謂王者之香, 湘君之佩, 豈淫葩妖草所可比綴乎!

南曲衣裳妝束, 四方取以爲式. 大約以淡雅樸素爲主, 不以鮮華綺麗爲工也. 初破瓜者, 謂之'梳櫳', 已成人者, 謂爲'上頭'. 衣衫皆客爲之措辦. 巧樣新裁, 出於假母. 以其餘物自取用之, 故假母雖年高, 亦盛妝豔服, 光彩動人. 衫之短長, 袖之大小, 隨時變易, 見者謂是時世妝也.

曲中女郎, 多親生之女. 故憐惜倍至. 遇有佳客, 任其留連, 不計錢鈔, 其傖父大賈, 拒絶勿與通, 亦不顧也. 從良落籍, 屬於祠部. 親母則所費不多, 假母則勒高價. 諺所謂"娘兒愛俏, 鴇兒愛鈔"者, 蓋爲假母言之也.

舊院與貢院遙對, 僅隔一河, 原爲才子佳人而設. 逢秋風桂子之年, 四方應試者畢集, 結駟連騎, 選色徵歌. 轉車子之喉, 按「陽阿」之舞, 院本之笙歌合奏, 迴舟之一水皆香. 或邀旬日之歡, 或訂百年之約. 蒲桃架下, 戲擲金錢, 芍藥欄邊, 閒抛玉馬. 此平康之盛事, 乃文戰之外篇. 迨夫士也色荒, 女兮情倦, 忽裘敝而金盡, 亦遂歡寡而愁殷. 雖設阱者之恒情, 實冶遊者所深戒也. 靑樓薄倖, 彼何人哉!

曲中市肆, 精潔殊常. 香囊·雲舃·名酒·佳茶·餳糖·小菜·簫管·琴瑟, 並皆上品. 外間人買者, 不惜貴價. 女郎贈遺, 都無俗物. 正李仙源「十六樓集句詩」中所云: "市聲春浩浩, 樹色晚蒼蒼. 飲伴更相送, 歸軒錦繡香"是也.

虞山錢牧齋「金陵雜題絶句」中, 有數首云: "淡粉輕煙佳麗名, 開天營建記都城. 而今也入煙花部, 燈火樊樓似汴京. / 一夜紅箋許定情, 十年南部早知名. 舊時小院湘簾下, 猶託鸚歌喚客聲. / 惜別留歡恨馬蹄, 勾闌月白夜烏啼. 不知何與汪三事, 趣我懽娛伴我歸. / 別樣風懷另酒腸, 伴他薄倖耐他狂. 天公要斷烟花種, 醉殺揚州蕭伯梁. / 頓老琵琶舊典型, 檀槽生澁響零丁. 南巡法曲誰人問? 頭白周郎掩淚聽【紹興周禹錫, 喜老琵琶】. / 舊曲新詩壓教坊, 縷衣垂白感湖湘. 閒開閏集教孫女, 身是前朝鄭妥娘【鄭女英, 小名妥娘. 載『列朝詩選』「閏集詩」中】." 新城王阮亭「秦淮雜詩」中有二首云: "舊院風流數頓楊, 梨園往事淚沾裳. 樽前白髮談天寶, 零落人間脫十娘. / 舊事南朝劇可憐, 至今風俗鬪嬋娟. 秦淮絲肉中宵發, 玉律抛殘作笛鈿." 以上皆傷今弔古, 慷慨流連之作, 可佐南曲談資者, 錄之以當哀絲急管. 黃涪翁云: "解作江南斷腸句, 世間惟有賀方回." 倘遇旗亭歌者, 不能不畵壁也.【以上紀「雅遊」.】

八瓊逸客曰: 此記須用冷金箋, 畵烏絲欄, 寫「洛神賦」小楷, 裝以雲鸞縹帶, 貯之蛟龍篋中, 薰以沉水·迷迭, 于風清日白, 紅豆花間開看之可也.

余生萬歷末年, 其與四方賓客交遊, 及入范大司馬蓮花幕中爲平安書記者, 乃在崇禎庚辛以後. 曲中名妓, 如朱斗兒·徐翩翩·馬湘蘭者, 皆不得而見之矣. 則據余所見而編次之. 或品藻其色藝, 或僅記其姓名, 亦足以徵江左之風流, 存六朝之金粉也. 昔宋徽宗在五國城, 猶爲李師師立傳, 蓋恐佳人之湮沒不傳, 作此情癡狡獪耳. "風乍起, 吹縐一池春水, 干卿何事?" "彼美人兮, 巧笑倩兮, 美目盼兮." "彼君子兮, 中心藏之, 何日忘之!"

尹春, 字子春, 姿態不甚麗, 而擧止風韻, 綽似大家. 性格溫和, 談詞爽雅, 無抹脂鄣袖習氣. 專工戲劇排場, 兼擅生·旦. 余遇之遲暮之年. 延之至家, 演『荊釵記』, 扮王十朋, 至「見孃」·「祭江」二齣, 悲壯淋漓, 聲淚俱迸, 一座盡傾, 老梨園自嘆弗及. 余曰: "此許和子永新歌也, 誰爲韋青將軍者乎!" 因贈之以詩曰: "紅紅記曲采春歌, 我亦聞歌喚奈何. 誰唱江南斷腸句, 青衫白髮影婆娑." 春亦得詩而泣, 後不知其所終.

嗣有尹文者. 色豐而姣, 蕩逸飛揚, 顧盼自喜, 頗超於流輩. 太守張維則昵寵之, 惟其所欲, 甚歡. 欲置爲側室, 文未之許, 屬友人强之. 文笑曰: "是不難. 嫁彼三年, 斷送之矣." 卒歸張, 未幾, 文死, 張後十數年乃亡. 仕至監司, 負才華, 任俠, 輕財結客, 磊落人也.

李十娘, 名湘眞, 字雪衣. 在母腹中, 聞琴歌聲, 則勃勃欲動. 生而娉婷娟好, 肌膚玉雪, 旣含睇兮又宜笑, 殆「閑情賦」所云 "獨曠世而秀群"者也. 性嗜潔, 能鼓琴淸歌, 畧涉文墨, 愛文人才士. 所居曲房密室, 帷帳尊彝, 楚楚有致. 中搆長軒, 軒左種老梅一樹, 花時香雪霏拂几榻. 軒右種梧桐二株, 巨竹十數竿. 晨夕洗桐拭竹, 翠色可餐, 入其室者, 疑非塵境. 余每有同人詩文之會, 必主其家. 每客用一精婢侍硯席, 磨隃糜, 爇都梁, 供茗菓. 暮則合樂酒宴, 盡歡而散, 然賓主秩然, 不及於亂. 于時流寇訌江北, 名士渡江僑金陵者甚衆, 莫不豔羨李十娘也. 十娘愈自閉匿, 稱善病, 不妝飾, 謝賓客. 阿母憐惜之, 順適其意, 婉語遜詞, 槪勿與通. 惟二三知己, 則歡情自接, 嬉怡忘倦矣. 後易名貞美, 刻一印章曰'李十貞美之印'. 余戲之曰: "美則有之, 貞則未也." 十娘泣曰: "君知兒者, 何出此言? 兒雖風塵賤質, 然非好淫蕩檢者流, 如夏姬·河間婦也. 苟兒心之所好, 雖相莊如賓, 情與之洽也. 非兒心之所好, 恐勉同枕席, 不與之合也. 兒之不貞, 命也! 如何?" 言已, 泣下沾襟. 余歛容謝之曰: "吾失言, 吾過矣!"

十娘有兄女曰媚姐, 十三纔有餘, 白晳, 髮覆額, 眉目如畫. 余心愛之, 媚亦知余愛, 嬌啼宛轉, 作掌中舞. 十娘曰: "吾當爲汝媒." 歲壬午, 入棘闈. 媚日以金錢投瓊, 卜余中否. 及榜發, 落第, 余乃憤鬱成疾, 避棲霞山寺, 經年不相聞矣. 鼎革後, 泰州刺史陳澹仙寓叢桂園, 擁一姬, 曰姓李. 余披幃見之, 媚也. 各黯然掩袂, 問十娘, 曰: "從良矣." 問其居, 曰: "在秦淮水閣." 問其家, 曰: "已廢爲菜圃." 問: "老梅與梧·竹無恙乎?" 曰: "已摧爲薪矣." 問: "阿母尚存乎?" 曰: "死矣." 因贈以詩曰: "流落江湖已十年, 雲鬟猶卜舊金錢. 雪衣飛去仙哥老, 休抱琵琶過別船."

葛嫩, 字蕊芳. 余與桐城孫克咸交最善, 克咸名臨, 負文武才畧, 倚馬千言立就, 能開五石弓, 善左右射. 短小精悍, 自號'飛將軍'. 欲投筆磨盾, 封狼居胥, 又別字曰武公. 然好狹邪遊, 縱酒高歌, 其天性也. 先昵珠市妓王月, 月爲勢家奪去, 抑鬱不自聊, 與余閑坐李十娘家. 十娘盛稱葛嫩才藝無雙, 卽往訪之. 闌入臥室, 値嫩梳頭, 長髮委地, 雙腕如藕, 面色微黃, 眉如遠山, 瞳人點漆. 叫"請坐!" 克咸曰: "此溫柔鄉也, 吾老是鄕矣!" 是夕定情, 一月不出, 後竟納之閑房. 江上之變, 移家雲間, 間道入閩, 授監中丞楊文驄軍事. 兵敗被執, 幷縛嫩. 主將欲犯之, 嫩不從, 嚼舌碎, 含血噀其面. 將手刃之. 克咸見嫩抗節死, 乃大笑曰: "孫三今日登仙矣!" 亦被殺, 中丞父子三人同日殉難.

李大娘, 一名小大, 字宛君. 性豪侈, 女子也, 而有鬚眉丈人之氣. 所居臺榭庭室, 極其華麗, 侍兒曳羅綺者十餘人. 置酒高會, 則合彈琵琶箏瑟, 或狎客沈元·張卯·張奎數輩, 吹洞簫, 唱時曲. 酒半, 打十番鼓. 曜靈西匿, 繼以華燈, 羅幃從風, 不知喔喔雞鳴, 東方旣白矣. 大娘曰:

“世有遊閒公子, 聰俊兒郞, 至吾家者, 未有不蕩志迷魂, 沒溺不返者也. 然吾亦自逞豪奢, 豈效齷齪倚門市娼, 與人較錢帛哉!” 以此得‘俠妓’聲於莫愁·桃葉間.

後歸新安吳天行. 天行鉅富, 貲產百萬, 體羸, 素善病. 後房麗姝甚衆, 疲於奔命. 大娘鬱鬱不樂. 曩所歡胥生者, 賂僕婢, 通音耗. 漸托疾, 薦胥生能醫, 生得入見大娘. 大娘以金珠銀貝納藥籠中以出, 與生訂終身約. 後天行死, 卒歸胥生. 胥生本貧士, 家徒四壁立, 獲吳氏資, 漸殷富, 與大娘飮酒食肉相娛樂, 敎女妓數人歌舞. 生復以樂死, 大娘老矣, 流落闤闠, 仍以敎女娃歌舞爲活. 余猶及見之, 徐娘雖老, 尙有風情. 話念舊遊, 潸然出涕, 眞如華淸宮女說開元·天寶遺事也. 昔杜牧之於洛陽城東重覩張好好, 感舊傷懷, 題詩以贈, 有云: “朋遊今在否, 落拓更能無. 門館慟哭後, 水雲秋景初. 斜日挂衰柳, 凉風出座隅. 洒盡滿襟淚, 短歌聊一書.” 正爲今日而說. 余卽出素扇以貽之, 大娘捧扇而泣, 或據牀以哦, 哀動隣壁.

顧媚, 字眉生, 又名眉. 莊姸靚雅, 風度超群. 鬢髮如雲, 桃花滿面, 弓彎纖小, 腰支輕亞, 通文史, 善畵蘭, 追步馬守眞, 而姿容勝之, 時人推爲南曲第一. 家有眉樓, 綺窗繡簾, 牙籤玉軸, 堆列几案. 瑤琴錦瑟, 陳設左右, 香煙繚繞, 簷馬丁當. 余常戱之曰: “此非眉樓, 乃迷樓也.” 人遂以‘迷樓’稱之. 當是時, 江南侈靡, 文酒之宴, 紅妝與烏巾紫裘相間, 座無眉娘不樂. 而尤艶顧家廚食, 品差擬郇公·李太尉, 以故設筵眉樓者無虛日.

然豔之者雖多, 妬之者亦不少. 適浙東一傖父, 與一詞客爭寵, 合江右某孝廉互謀, 使酒罵座, 訟之儀司, 誣以盜匿金犀酒器, 意在逮辱眉娘也. 余時義憤塡膺, 作檄討罪, 有云: “某某本非風流佳客, 謬稱浪子·端王. 以文鴛彩鳳之區, 排封豕長蛇之陣, 用誘秦誆誆楚之計, 作摧蘭折玉之謀, 種夙世之孽寃, 煞一時之風景”云云. 傖父之叔爲南少司馬,見檄, 斥傖父東歸, 訟乃解. 眉娘甚德余, 於桐城方瞿庵堂中, 願登場演劇爲余壽. 從此摧幢息機, 矢脫風塵矣.

未幾, 歸合肥龔尙書芝麓. 尙書雄豪蓋代, 觀金玉如泥沙糞土, 得眉娘佐之, 益輕財好客, 憐才下士, 名譽盛於往時. 客有求尙書詩文及乞畫蘭者, 縑箋動盈篋笥. 畫疑所書'橫波夫人'者也. 歲丁酉, 尙書挈夫人重遊金陵, 寓市隱園中林堂. 値夫人生辰, 張燈開宴, 請召賓客數十百輩, 命老梨園郭長春等演劇, 酒客丁繼之·張燕筑及二王郞, 串『王母瑤池宴』. 夫人垂珠簾, 召舊日同居南曲呼姊妹行者與燕, 李大娘·十娘·王節娘皆在焉. 時尙書門人楚嚴某, 赴浙監司任, 逗留居樽下, 褰簾長跪, 捧卮稱: "賤子上壽!" 坐者皆離席伏, 夫人欣然爲罄三爵, 尙書意甚得也. 余與吳園次·鄧孝威作長歌紀其事. 嗣後, 還京師, 以病死. 歛時, 現老僧相. 弔者車數百乘, 備極哀榮. 改姓徐氏, 世又稱徐夫人. 尙書有『白門柳傳奇』行於世.

董白, 字小宛, 一字靑蓮, 天姿巧慧, 容貌娟姸. 七八歲時阿母敎以書翰, 輒了了. 少長顧影自憐, 針神曲聖, 食譜茶經, 莫不精曉. 性愛閒靜, 遇幽林遠澗, 片石孤雲, 則戀戀不忍捨去. 至男女雜坐, 歌吹喧闐, 心厭色沮, 意弗屑也. 慕吳門山水, 徙居半塘, 小築河濱, 竹籬茅舍. 經其戶者則時聞詠詩聲或鼓琴聲, 皆曰: "此中有人." 已而, 遍舟遊西子湖, 登黃山, 禮白嶽, 仍歸吳門. 喪母抱病, 賃居以栖. 隨如皐冒辟疆過惠山, 歷澄江荊溪, 抵京口. 陟金山絶頂, 觀大江競渡以歸. 後卒爲辟疆側室, 事辟疆九年, 年二十七, 以勞瘁死. 辟疆作「影梅菴憶語」二千四百言哭之, 同人哀辭甚多, 惟吳梅村「宮尹十絶」可傳小宛也. 其四首云: "珍珠無價玉無瑕, 小字貪看問妾家. 尋到白堤呼出見, 月明殘雪映梅花." 又云: "念家山破定風波, 郞按新詞妾按歌. 恨殺南朝阮司馬, 累儂夫壻病愁多." 又云: "亂梳雲髻下粧樓, 盡室蒼黃過渡頭. 鈿盒金釵渾拋却, 高家兵馬在揚州." 又云: "江城細雨碧桃村, 寒食東風杜宇魂. 欲弔薛濤憐夢斷, 墓門深更阻侯門."

卞賽, 一曰賽賽, 後爲女道士, 自號玉京道人. 知書, 工小楷, 善畫蘭, 鼓琴. 喜作風枝嫋娜, 一落筆, 畫十餘紙. 年十八, 遊吳門, 僑居虎邱. 湘簾棐几, 地無纖塵. 見客, 初不甚酬對, 若遇佳賓, 則諧謔間作, 談詞如雲, 一座傾倒. 尋歸秦淮, 遇亂, 復遊吳門. 吳梅村學士作「聽女道士卞玉京彈琴歌」贈之, 中所云"昨夜城頭吹篳篥, 教坊也被傳呼急. 碧玉班中怕點留, 樂營門外盧家泣. 私更妝束出江邊, 恰遇丹陽下渚船. 剪就黃絁貪入道, 攜來綠綺訴嬋娟"者, 正此時也. 在吳作道人裝, 然亦間有所主. 侍兒柔柔, 承奉硯席如弟子, 指揮如意, 亦靜好女子也. 踰兩年, 渡浙江, 歸於東中一諸侯. 不滿意, 進柔柔當夕, 乞身下髮. 後歸吳, 依良醫鄭保御, 築別館以居. 長齋繡佛, 持戒律甚嚴, 刺舌血, 書『法華經』, 以報保御. 又十餘年而卒, 葬於惠山祗陀菴錦樹林.

玉京有妹曰敏, 頎而白如玉肪. 風情綽約, 人見之, 如立水晶屏也. 亦善畫蘭鼓琴, 對客爲鼓一再行, 卽推琴斂手, 面發赬色. 畫蘭, 亦止寫篠竹枝・蘭草二三朵, 不似玉京之縱橫枝葉・淋漓墨瀋也. 然一以多見長, 一以少爲貴, 各極其妙, 識者幷珍之. 携來吳門, 一時爭豔, 戶外屨恒滿. 乃心厭市囂, 歸申進士維久. 維久宰相孫, 性豪擧, 好賓客, 詩文名海內, 海內賢豪多與之遊. 得敏, 益自喜, 爲閨中良友. 亡何, 維久病且歿, 家中替. 後嫁一貴官潁川氏, 三年病死.

范玨, 字雙玉, 廉靜, 寡所嗜好, 一切衣飾・歌管艶靡紛華之物, 皆屛弃之. 惟闔戶焚香瀹茗, 相對藥爐經卷而已. 性喜畫山水, 摹仿大癡・史痴・顧寶幢, 槎枒老樹, 遠山絶磵, 筆墨間有天然氣韻, 婦人中范華原也.

頓文, 字少文, 琵琶頓老女孫也. 性聰慧, 畧識字義, 唐詩皆能上口. 授以琵琶, 布指護索, 然意弗屑, 不肯竟學. 學鼓琴, 雅歌「三疊」, 淸泠泠然, 神與之浹, 故又字曰'琴心'云. 琴心生於亂世, 頓老賴以存活, 不能早脫樂籍, 賃屋靑谿里, 蓽門圭竇, 風月淒涼. 屢爲健兒·傖父所阨, 最後爲李姓者挾持, 牽連入獄, 雖緣情得保, 猶守以牛頭阿旁也. 客有王生者, 挽余居間營救, 偕往訪之. 風鬟霧鬢, 顦悴可憐, 猶援琴而鼓彈「別鳳」·「離鸞」之曲, 如猿吟鵑啼, 不忍聞也. 余說內鄕許公, 屬其門生直指使者縱之, 復還故居. 吳郡王子其長主張燕筑家, 與琴心比隣, 兩相慕悅. 王子故輕俠, 傾金錢, 賑其貧悴. 將携歸, 置別室, 突遘奇禍. 收者至, 見琴心, 詫曰 : "此眞禍水也!" 憫其非辜, 驅之去, 獨捕王子. 王子被戮, 琴心逸, 後終歸匪人. 嗟乎! 佳人命薄, 若琴心者, 其尤哉! 其尤哉!

沙才, 美而艶, 豊而逸, 骨體皆媚, 天生尤物也. 善弈棋, 吹簫, 度曲. 長而修容貌, 留仙裙, 石華廣袖, 衣被燦然. 後攜其妹曰嫩者, 遊吳郡, 卜居半塘, 一時名噪, 人皆以二趙·二喬目之. 惜也才以瘡發, 剜其半面, 嫩歸吒利, 鬱鬱死.

馬嬌, 字婉容. 姿首淸麗, 濯濯如春月柳, 灩灩如出水芙蓉, 眞不愧'嬌'之一字也. 知音識曲, 妙合宮商, 老技師推爲獨步. 然終以誤墮烟花爲恨, 思擇人而事, 不敢以身許人, 卒歸貴陽楊龍友. 龍友名文驄, 以詩畫擅名, 華亭董文敏亟賞之. 先是, 閩中郭聖僕有二妾, 一曰李陀那, 一曰朱玉耶. 聖僕歿, 龍友得玉耶, 并得其所蓄書畫·甁硏·几杖諸玩好古器, 復擁婉容, 終日摩挲笑語爲樂. 甲申之變, 貴陽馬士英冊立福王, 自爲首輔. 援引懷寧阮大鋮搆黨煽權, 撓亂天下, 以致五月出奔, 都城百姓焚燒兩家居第. 以龍友鄕戚有連, 亦被烈炬, 頃刻灰燼. 時龍友巡撫蘇松, 盡室以行. 玉耶久殉, 婉容莫知所終. 龍友父子殉難閩, 母丐歸金陵, 依家僕以終天年.

婉容有妹曰嫩, 亦著名. 又有小馬嫩者, 輕盈飄逸, 自命風流. 眞州鹽賈用千金購得, 奉溧陽陳公子. 公子昵之未久, 幷奩具贈豫章陳伯璣, 生一子一女, 如王子敬之有桃根也.

顧喜, 一名小喜, 性情豪爽, 體態豐華, 趺不纖妍, 人稱爲'顧大脚', 又謂之'肉屛風'. 然其邁往不屑之韻, 凌霄拔俗之姿, 則非籬壁間物也. 當之者, 似李陵提步卒三千人抵鞮汗山, 入陝谷, 往往敗北生降矣. 漢武帝「悼李夫人賦」有云:"佳俠含光", 余題四字顔其室, 亂後不知從何人以去. 或曰歸一公侯子弟云.

米小大, 頗著美名. 余未之見, 然聞其纖妍俏潔, 涉獵文藝, 粉掐墨痕, 縱橫縹秩, 是李易安之流也. 歸昭陽李太僕. 太僕遇禍, 家滅.

王小大, 生而韶秀, 爲人圓滑便捷, 善周旋. 廣筵長席, 人勸一觴, 皆膝席歡受, 又工于酒糾觥錄事, 無毫髮謬誤, 能爲酒客解紛釋怨, 時人謂之'和氣湯'.

揚州顧爾邁, 字不盈, 鎭遠侯介弟也. 挾戚里之富, 往來平康. 悅小大, 貯之河庭, 時時召客大飮, 效陳孟公·高季式, 授女將軍酒正印, 左右指麾, 客皆極飮沾醉, 有醉而逸者, 鎖門脫履. 臥地上, 至日中乃醒. 時吳橋范文貞公官南大司馬, 不盈爲揖客, 出入轅戟, 有古任俠風. 書畫與鄭超宗齊名.

張元, 淸瘦輕佻, 臨風飄擧. 齒稍長, 在少年場中, 纖腰踽步, 亦自楚楚, 人呼之爲'張小脚'.

劉元, 齒亦不少, 而佻達輕盈, 目睛閃閃, 注射四筵. 曾有一過江名士與之同寢, 元轉面向裏帷, 不與之接. 拍其肩曰 : “汝不知我爲名士耶?” 元轉面曰 : “名士是何物? 値幾文錢耶?” 哈哈可人相傳以爲笑.

崔科, 後起之秀, 目未見前輩典型, 然有一種天然韶令之致. 科亦顧影自憐, 矜其容色, 高其聲價, 不屑一切. 卒爲一詞林所窘辱.

董年, 秦淮絶色, 與小宛姊妹行, 艶冶之名, 亦相頡頏. 鍾山張紫淀作「悼小宛」詩, 中一首云 : “美人生南國, 余見兩雙成. 春與年同艶, 花推月主盟. 蛾眉無後輩, 蝶夢是前生. 寂寂皆黃土, 香風付管城.”

李香, 身軀短小, 膚理玉色, 慧俊婉轉, 調笑無雙, 人名之爲‘香扇墜’. 余有詩贈之云 : “生小傾城是李香, 懷中婀娜袖中藏. 何緣十二巫峰女, 夢裏偏來見楚王.” 武塘魏子一爲書於粉壁, 貴陽楊龍友寫崇蘭詭石於左偏, 時人稱爲三絶. 由是, 香之名盛於南曲, 四方才士, 爭一識面以爲榮.

珠市在內橋傍, 曲巷逶迤, 屋宇湫隘. 然其中時有麗人, 惜限於地, 不敢與舊院頡頏. 以余所見, 王月諸姬, 幷著迷香・神雞之勝, 又何羨紅紅・擧擧之名乎! 恐遂湮沒無聞, 使媚骨芳魂與草木同腐, 故附書於卷尾, 以備金陵軼史云.

王月, 字微波. 母胞生三女, 長卽月, 次節, 次滿. 幷有殊色, 月尤慧妍. 善言修飾, 頎身玉立, 皓齒明眸, 異常妖冶, 名動公卿. 桐城孫武公暱之, 擁致棲霞山下雪洞中, 經月不出. 於牛女渡河之夕, 大集諸姬於方密之僑居水閣, 四方賢豪, 車騎盈閭巷, 梨園子弟, 三班駢演, 閣外環列舟航如堵墻. 品藻花案, 設立層臺, 以坐狀元. 二十餘人中, 考微波第一, 登臺奏樂, 進金屈卮, 南曲諸姬皆色沮, 漸逸去. 天明始罷酒. 次日,各賦詩紀其事, 余詩所云:“月中仙子花中王, 第一姮娥第一香”者是也. 微波繡之於帨巾不去手. 武公益眷戀, 欲置爲側室, 會有貴陽蔡香君名如蘅, 强有力, 以三千金啖其父, 奪以歸. 武公悒悒, 遂娶葛嫩也. 香君後爲安廬兵備道, 攜月赴任, 寵嵩房. 崇禎十五年五月, 大盜張獻忠破廬州府, 知府鄭履祥死節, 香君被擒. 搜其家, 得月, 留營中, 寵壓一寨. 偶以事忤獻忠, 斷其頭, 函置於盤, 以享群賊. 嗟乎! 等死也, 月不及嫩矣, 悲夫!

王節, 有姿色. 先歸顧不盈, 後歸王恒之. 甘淡泊, 怡然自得, 雖爲姬侍, 有荊釵裙布風. 妹滿, 幼小, 好戲弄, 窈窕輕盈, 作嬌娃之態. 保國公買置後房, 與寇白門不合, 復還秦淮.

寇湄, 字白門, 錢牧齋詩云:“寇家姊妹總芳菲, 十八年來花信迷. 今日秦淮恐相値, 防他紅淚一沾衣.” 則寇家多佳麗, 白門其一也. 白門娟娟靜美, 跌宕風流. 能度曲, 善畫蘭, 粗知拈韻吟詩, 然滑易不能竟學. 十八九時, 爲保國公購之, 貯以金屋, 如李掌武之謝秋娘也. 甲申三月, 京師陷, 保國公生降, 家口沒入官. 白門以千金予保國贖身, 匹馬短衣, 從一婢而歸. 歸爲女俠, 築園亭, 結賓客, 日與文人騷客相往還, 酒酣耳熱往, 或歌或哭. 亦自嘆美人之遲暮, 嗟紅豆之飄零也. 旣從揚州某孝廉, 不得志, 復還金陵. 老矣, 猶日與諸少年伍. 臥病時, 召所歡韓生來, 綢繆悲泣, 欲留之同寢, 韓生以他故辭, 猶執手不忍別. 至夜, 聞韓生在婢房笑語, 奮身起喚婢, 自箠數十, 咄咄罵韓生負心禽獸行, 欲囓其肉. 病甚劇, 醫藥罔效, 遂死. 蒙叟「金陵雜題」有云:“叢殘紅粉念君恩, 女俠誰知寇白門? 黃土蓋棺心未死, 香丸一縷是芳魂.”【以上紀「麗品」.】

金陵都會之地, 南曲靡麗之鄕, 紈茵浪子, 瀟灑詞人, 往來游戱, 馬如游龍, 車相接也. 其間風月樓臺, 尊罍絲管, 以及孌童狎客, 雜伎名優,獻媚爭姸, 絡繹奔赴. 垂楊影外, 片玉壺中, 秋笛頻吹, 春鶯乍囀, 雖宋廣平鐵石心腸, 不能不爲梅花作賦也, 一聲「河滿」, 人何以堪! 歸見梨渦, 誰能遣此! 然而流連忘返, 醉飽無時, 卿卿雖愛卿卿, 一誤豈容再誤? 遂爾喪失平生之守, 見斥禮法之士, 豈非黑風之飄墮, 碧海之迷津乎! 余之編輯斯編, 雖曰傳芳, 實爲垂戒. 王右軍云: "後之覽者, 亦將有感於斯文也."

瓜州蕭伯梁, 豪華任俠, 傾財結客, 好遊狹斜, 久住曲中. 投轄轟飮, 俾晝作夜, 多擁名姬, 簪花擊鼓爲樂. 錢宗伯詩所云: "天公要斷煙花種, 醉殺揚州蕭伯梁"者是也.

嘉興姚壯若, 用十二樓船於秦淮, 招集四方應試知名之士百有餘人, 每船邀名妓四人侑酒. 梨園一部, 燈火笙歌, 爲一時之盛事. 先是, 嘉興沈雨若費千金定花案, 江南艶稱之.

曲中狹客, 有張卯官笛, 張魁官簫, 管五官管子, 吳章甫絃索, 盛仲文打十番鼓. 丁繼之·張燕筑·沈元甫·王公遠·宋維章串戲, 柳敬亭說書. 或集於二李家, 或集於眉樓, 每集必費百金, 此亦銷金之窟也. 張卯尤滑稽婉膩, 善伺美人喜怒. 一日, 偶忤李大娘, 大娘手破其頭上鬃帽, 擲之於地. 卯徐徐拾取, 笑而戴之以去.

張魁, 字修我, 吳郡人. 少美姿首, 與徐公子有斷袖之好. 公子官南都府佐, 魁來訪之. 閽者拒, 口出褻語, 且詬厲. 公子聞而仆之, 然卒留之署中, 歡好無似. 移家桃葉渡口, 與舊院爲隣. 諸名妓家往來相熟, 籠中鸚鵡見之, 叫曰: "張魁官來! 阿彌陀佛!" 魁善吹簫度曲, 打馬投壺, 往往勝其曹耦. 每晨朝, 即到樓館, 插甁花, 爇爐香, 洗岕片, 拂拭琴几, 位置衣桁, 不令主人知也. 以此僕婢皆感之, 猫狗亦不厭焉. 後魁面生白點風, 眉樓客戲榜於門曰: "革出花面蔑片一名, 張魁不許復入." 魁慚恨, 遍求奇方洒削, 得芙蓉露, 治之. 良已, 整衣帽, 復至眉樓, 曰: "花面定何如!" 亂後還吳, 吳新進少年, 搔頭弄姿, 持簫擫管, 以柔曼悅人者, 見魁輒揶揄之, 肆爲詆訶, 以此重窮困. 龔宗伯奉使粵東, 憐而賑之, 厚予之金, 使往山中販岕茶, 得息頗厚, 家稍稍豐矣. 然魁性僻, 常自言曰: "我大賤相, 茶非惠泉水不可沾唇, 飯非四糙冬舂米不可入口, 夜非孫春陽家通宵椽燭不可開眼." 錢財到手輒盡, 坐此不名一錢. 時人共非笑之, 弗顧也. 年過六十, 以販茶·賣芙蓉露爲業. 庚寅·辛卯之際, 余遊吳, 寓周氏水閣. 魁猶清晨來插瓶花·爇爐香·洗岕片·拂拭琴几·位置衣桁如曩時. 酒酣燭跋, 說青谿舊事, 不覺流涕. 丁酉, 再過金陵, 歌臺舞榭, 化爲瓦礫之場, 猶於破板橋邊, 一吹洞簫. 矮屋中, 一老嫗啓戶出曰: "此張魁官簫聲也." 爲嗚咽久之. 及數年, 卒以窮死.

歲丙子, 金沙張公亮·呂霖生, 鹽官陳則梁, 漳浦劉漁仲·雉皐冒辟彊盟於眉樓. 則梁作盟文甚奇. 末云: "姓盟不如臂盟, 臂盟不如心盟."

中山公子徐青君, 魏國介弟也. 家貲鉅萬, 性豪侈, 自奉甚豐, 廣蓄姬妾. 造園大功坊側, 樹石亭臺, 擬於平泉·金谷. 每當夏月, 置宴河房, 選名妓四五人, 邀賓侑酒. 木瓜·佛手, 堆積如山, 茉莉·珠蘭, 芳香似雪. 夜以繼日, 把酒酣歌, 綸巾鶴氅, 眞神仙中人也. 福王時, 加中府都督, 前驅班列, 阿導入朝, 愈榮顯矣. 乙酉鼎革, 籍沒田產, 遂無立足. 羣姬雨散, 一身孑然, 與傭丐爲伍, 乃至爲人代杖. 其居第易爲兵道衙門. 一日, 與當刑人約定杖數, 計償若干, 受杖時, 其數過倍. 青君大呼曰: "我徐青君也." 兵憲林公駭問左右, 有哀王孫者, 跪而對曰: "此魏國公之公子徐青君也, 窮苦爲人代杖. 此堂乃其家廳, 不覺傷心呼號耳." 林公憐而釋之, 慰藉甚至, 且曰: "君尚有非欽產可清還者, 本道當爲查給, 以終餘生." 青君跪謝曰: "花園是某自造, 非欽產也." 林公唯唯, 厚贈遣之, 查還其園. 賣花石·貨柱礎以自活. 吾觀『南史』所記, 東昏宮妃賣蠟燭爲業. 杜少陵詩云: "問之不肯道姓名, 但道困苦乞爲奴." 嗚呼! 豈虛也哉!

同人社集松風閣, 雪衣·眉生皆在. 飲罷, 聯騎入城, 紅粧翠袖, 躍馬揚鞭, 觀者塞途. 太平景象, 恍然心目!

丁繼之扮張驢兒娘, 張燕筑扮賓頭盧, 朱維章扮武大郎, 皆妙絶一世. 丁·張二老亦壽九十餘. 錢虞山「題三老圖」詩末句云: "秦淮烟月經遊處, 華表歸來白鶴知." 不勝黃公酒壚之歎.

無錫鄒公履遊平康, 頭戴紅紗巾, 身着紙衣, 齒高跟履, 佯狂沈湎. 揮斥千黃金不顧. 初場畢, 擊大司馬門鼓, 送試卷. 大合樂於妓家, 高聲自誦其文, 妓皆稱快. 或時闌入梨園, 氍毹上爲'參軍鶻'也.

柳敬亭, 泰州人, 本姓曹, 避仇流落江湖, 休於樹下, 乃姓柳. 善說書, 遊於金陵, 吳橋范司馬, 桐城何相國引爲上客. 常往來南曲, 與張燕筑·沈公憲俱. 張·沈以歌曲, 敬亭以譚詞, 酒酣以往, 擊節悲吟, 傾靡四座. 蓋優孟·東方曼倩之流也. 後入左寧南幕府, 出入兵間. 寧南亡敗, 又游松江馬提督軍中, 鬱鬱不得志. 年已八十餘矣, 間遇余僑寓宜睡軒中, 猶說「秦叔寶見姑娘」也.

萊陽姜如須, 游於李十娘家, 漁於色, 匿不出戶. 方密之·孫克咸並能屏風上行. 漏下三刻, 星河皎然, 連袂閒行, 經過趙·李, 垂簾閉戶, 夜人定矣. 兩君一躍登屋, 直至臥房, 排闥開張, 勢如賊盜. 如須下牀跪稱: "大王乞命! 毋傷十娘!" 兩君擲刀大笑, 曰: "三郎郎當! 三郎郎當!" 復呼酒極飲, 盡醉而散. 蓋如須行三. 如須高才曠代, 偶效樊川, 略同謝傳. 秋風團扇, 寄興掃眉, 非沈溺煙花之比, 聊記一則, 以存流風餘韻云爾.

陳則梁, 人奇文奇, 擧體皆奇. 嘗致書眉樓, 勸其早脫風塵, 速尋道伴, 言詞切至. 眉樓遂擇主而事, 誠以驚弓之鳥, 遽爲透網之鱗也. 掃眉才子, 慧業文人, 時節因緣, 不得不爲延津之合矣.

十七八女郎歌: "楊柳岸, 曉風殘月", 若在曲中, 則處處有之, 時時有之. 予作「憶江南」詞云: "江南好景本無多, 只在曉風殘月下." 思之祇益傷神, 見之不堪回首矣. 沈公憲以串戲擅長, 同時推爲第一. 王式之中翰, 王恒之水部, 異曲同工, 游戲三昧, 江總持·柳耆卿依稀再見, 非如呂敬遷·李仙鶴也.

樂戶有妻有妾, 防閑最嚴, 謹守貞潔, 不與人客交言. 人客欲强見之, 一揖之外, 翻身入簾也. 亂後, 有舊院大街顧三之妻李三娘者, 流落江湖, 遂爲名妓. 忽爲匪類所持, 暴繫吳郡獄中. 余與劉海門夢錫兄弟及姚翼侯·張鞠存極力拯之, 致書司李李蠖菴, 僅而得免. 然亦如嚴幼芳·劉婁惜, 備受笞楚決杖矣. 三娘長身玉色, 倭墮如雲. 量洪善飮, 飮至百觥不醉. 時辛丑中秋之際, 庭蘭盛開, 置酒高會, 黃蘭叢及玉峰女士馮靜容偕來. 居停主人金叔侃, 盡傾家釀, 分曹角勝, 轟飮如雷, 如項羽·章邯鉅鹿之戰, 諸侯皆作壁上觀. 飮至天明, 諸君皆大吐, 靜容亦吐. 髻鬟委地, 或橫臥地上, 衣履狼藉. 惟三娘醒, 然猶不眠, 倚桂樹也. 蘭叢賈其餘勇, 尙與翼侯豁拳, 各盡三四大斗而別. 嗟乎! 俯仰歲月之間, 諸君皆埋骨靑山, 美人亦栖身黃土. 河山邈矣, 能不悲哉!

李貞麗者, 李香之假母, 有豪俠氣, 嘗一夜博輸千金立盡. 與陽羨陳定生善. 香年十三, 亦俠而慧. 從吳人周如松受歌, 『玉茗堂四夢』皆能妙其音節, 尤工琵琶. 與雪苑侯朝宗善, 閹黨阮大鋮, 欲納交於朝宗, 香力諫止, 不與通. 朝宗去後, 有故開府田仰以重金邀致香, 香辭曰: "妾不敢負侯公子也." 卒不往. 蓋前此阮大鋮恨朝宗, 羅致欲殺之. 朝宗逃而免, 幷欲殺定生也. 定生大爲錦衣馮可宗所辱. 雲間才子夏靈胥作「青相篇」寄武塘錢漱廣, 末段云: "二十年來事已非, 不開畫閣鎖芳菲. 那堪兩院無人到, 獨對三春有燕飛. 風絃不動新歌扇, 露井全飄舊舞衣. 花草朱門空後閤, 琵琶青塚恨明妃. 獨有青樓舊相識, 蛾眉零落頭新白. 夢斷何年行雨踪, 情深一調留雲跡. 院本傷心正德詞, 樂府鎖魂教坊籍. 爲唱當時「烏夜啼」, 青衫淚滿江南客." 觀此, 可以盡曲中之變矣! 悲夫!

【以上紀「軼事」】

부록 합자회(盒子会)

심주(沈周)는 「합자회사(盒子會辭)」를 지으면서 서(序)에서 다음과 같이 말했다.

"남경의 구원에는 미모와 재능을 두루 갖춘 배우들이 이십 명이나 삼십 명씩 서로 자매[1]를 맺는다. 매해 상원절이 되면 꽃놀이 그릇이나 예쁜 일상용품, 그리고 안주 등을 가지고 서로 겨루는데, 이것을 '합자회'라고 한다. 진기한 물품을 가지고 있는 사람이 이기며, 진 사람은 벌로 이긴 사람에게 술을 따른다. 그 가운데 마음에 드는 물건이 있으면 돈으로 구입함으로써 합자회를 후원한다. 합자회는 곤드레만드레 밤까지 술을 마시며 한 달을 보낸 후에야 그친다. 또한 자리 사이사이마다 등불을 켜고 음악을 연주하며 각자 자신의 재능을 펼치는데, 나는 이것을 적어 도성의 즐거움을 기록한다."

1 자매 : 원문은 '수파자매(手帕姊妹)'로 비단 손수건을 주고받으며 기녀들 사이에 자매를 맺는 것을 말한다.

사(辭)는 다음과 같다.

등불 훤한 원림(園林)[2]에선 들끓듯이 소란스럽고,
등불은 웃음소리 안에서 봄을 돋우네.
오고가는 안주 그릇으로 이웃 기방끼리 겨루고,
비단 손수건으로 끈끈한 자매연을 맺는구나.
동쪽 집 서쪽 집 계속해서 성대하게 차려 내오니,
담긴 안주와 과일이 꽃놀이 그릇에 가득하구나.
표범 태반 사이에 들어간 차갑고 바삭한 잉어,
옥처럼 깨끗한 야자에 뿌려놓은 검은 감람열매.
비슷한 것은 젖혀두고 기이한 것만을 겨루어,
품평에서 지던 지지 않던 함께 술을 마신다네.
음악이 연주되면 모인 사람의 마음 즐겁고,
오고가는 금전 속에 우정이 돈독해지네.
집안이 떠들썩하게 한 달을 보내면 절로 봄바람 불어오고,
술 향기 사람 소리 백화(百花) 속에 있다네.
가가호호마다 미인들 있지만,
담장 너머에는 수심에 찬 사람도 있구나.

沈周作「盒子會辭」, 其序云: "南京舊院, 有色藝俱優者, 或二十·三十姓, 結爲手帕姊妹. 每上節, 以春檠·巧具·殽核相賽, 名'盒子會'. 凡得奇品爲勝, 輸者罰酒酌勝者. 中有所私, 亦來挾金助會. 厭厭夜飮, 彌月而止. 席間設燈張樂, 各出其技能, 賦此以識京城樂事也." 辭云: "平樂燈宵鬧如沸, 燈火烘春笑聲內. 盒奩來往鬪芳隣, 手帕綢繆通姊妹. 東家西家百絡盛, 裝殽飣核春滿檠. 豹胎間挾鯉冰脆, 鳥欖分攙椰

2 원림(園林): 원문은 '평악(平樂)'으로 한나라 궁전 이름이다. 나중에는 원림의 관각(館閣)을 널리 지칭하는 말로 사용되었다.

玉生. 不論多同較奇有, 品裏輸無倒陪酒. 呈絲逞竹會心歡, 裒鈔稗金走情友. 闃堂一月自春風, 酒香人語百花中. 一般桃李三千戶, 亦有愁人隔墻住."

수록 작가 소개

『우초신지』는 명말청초 문인들의 필기(筆記)와 시문집에 들어 있는 전기(傳記), 그리고 지괴(志怪) 및 지인(志人) 등 당시 80여 명의 작품 150여 편을 수록하고 있다. 여기서는 전편에 나오는 작가를 소개함으로써 작품의 이해를 돕고자 한다. 가나다 순으로 기록한다.

감표(甘表 : ?~?) : 자(字)는 중소(中素)이고 호(號)는 막원(膜園)이며 강서성(江西省) 남풍현(南豐縣) 사람이다. 저서로는 『막원존고(膜園存稿)』가 있는데, 소실되어 지금은 전하지 않는다.

고사기(高士奇 : 1645~1704) : 청나라 초기의 문학가이다. 자는 담인(澹人)이고 호는 강촌(江村) · 죽창(竹窗)이다. 절강성(浙江省) 전당(錢塘 : 지금의 杭州市) 사람이다. 제생(諸生)의 신분으로 과거에서 일등으로 뽑혀 관직이 예부시랑(禮部侍郞)에까지 올랐다. 현존하는 저서로는 『고강촌집(高江村集)』이 있다.

고정미(顧珵美 : ?~?) : 자는 휘륙(輝六)이며 절강성 가선(嘉善) 사람이다. 제생(諸生)을 지냈다. 여러 지역을 돌아다니며 시문을 많이 남겼지만 대부분 일실되어 현재는 전해지지 않는다. 『상이야집(上已野集)』에 그의 시가 수록되어 있다.

고채(顧彩 : 1658~1718) : 자는 천석(天石)이고 또 다른 자는 상사(湘槎)이다. 호는 보재(補齋)이고 강소성(江蘇省) 무석(無錫) 사람이다. 사람들이 그를 박학홍사시(博學鴻詞試)에 추천했지만 거절하고 오히려 번뢰(潘耒)를 대신 추천했다. 공육기(孔毓圻)와는 30년 지기인데, 공육기가 그의 시문을 수집해서 『왕심재시집(往深齋詩集)』을 출판하였기에 세상에 알려졌다. 저서로 『벽강원문고(辟疆園文稿)』가 있지만, 일실되어 현재 전하지 않는다.

나곤(羅坤 : ?~?) : 청나라 초기의 시인이다. 자는 굉재(宏載)이고, 호는 나촌(蘿村) 또는 몽촌(夢村)이며 절강성 회계(會稽 : 지금의 紹興) 사람이다. 강희 18년(1679) 박학홍사로 천거되었으나 응하지 않았다. 문자학에 정통했으며 전각(篆刻)에도 능했다. 저서로는 『나촌집(蘿村集)』과 『반산원집(半山園集)』이 있으나 지금은 전해지지 않는다.

남회인(南懷仁 : 1623~1688) : 벨기에의 예수교회 전도사 페르비스트(Ferdinand Verbiest). 1641년 예수회에 들어갔고, 1659년 마카오에 도착하여, 서안(西安)으로 가서 포교하였다. 서양의 역법에 기초하여 전통적인 중국의 역법을 수정했으며 북경 관상대에 천문관측 기계를 설치하고, 지리학, 지질학, 세계지도 등을 저술했다. 저서로는 『곤여도설(坤輿圖說)』·『서방요기(西方要記)』 등이 있다.

내집지(來集之 : 1604~?) : 초명은 위재(偉才), 또 다른 이름은 용(鎔)이고, 자는 원성(元成)이며 호는 당호(倘湖)이다. 절강성 소산(蕭山) 장하(長河 : 寧波 慈溪市 長河鎭) 사람이다. 숭정(崇禎) 13년(1640)에 진사가 되었으며 태상소경(太常少卿)·병과좌급사(兵科左給事) 등을 지냈다. 명나라가 망한 후 고향으로 돌아가 30여 년 간 은거하며 저술활동에 힘썼다. 강희 22년(1683)까지는 생존해 있었다. 문집으로 『당호문집(倘湖文集)』·『당호시여(倘湖詩餘)』·『초서초편(樵書初編)』·『초서이편(樵書二編)』 등이 있으며 희곡 작품으로 「여홍사(女紅紗)」·「벽사롱(碧紗籠)」·「남채화가 장안에서 소동을 부리다(藍采和長安鬧劇)」 등이 있다.

대용(戴榕 : 1656~?) : 자는 문소이며 황이장(黃履莊)과는 한 날 한 시에 태어난 고종사촌지간이다. 즉 황이장의 부친이 대용의 고모부이다.

동이녕(董以寧 : 1629~1670) : 자는 문우(文友)이며 호는 완재(宛齋)다. 강소성 무진(武進 : 지금의 常州市) 사람이다. 현존하는 저서로는 『정의당집(正誼堂集)』이 있다.

두준(杜濬 : 1611~1687) : 자는 우황(于皇)이고 호는 다촌(茶村)이며 호북성(湖北省) 황강(黃岡) 사람으로 남경(南京)에서 기거했다. 오위업(吳偉業)·모양(冒襄) 등과 친하게 지냈다. 속인(俗人)들을 비판하길 좋아했기 때문에 그가 죽은 후에 부유한 사람들이 고가로 그의 문집을 사들여 모두 불태워버렸다. 저서로는 『변아당문집(變雅堂文集)』이 있는데, 시문(詩文)의 풍격이 호방하고 강건하다.

모기령(毛奇齡 : 1623~1716) : 어렸을 때 이름은 신(甡), 자는 대가(大可) 또는 제우(齊于)이며 호는 초청(初晴), 별칭은 서하(西河)다. 절강성 소산(蕭山) 사람이다. 강희 18년(1679)에 박학홍사과(博學宏詞科)에 응시하여 한림원(翰林院) 검토(檢討)가 되었다. 현존하는 저서로는 『서하집(西河集)』이 있다.

모선서(毛先舒 : 1620~1688) : 원래 자는 치황(稚黃)인데, 이름을 규(騤)로 바꾸면서 치황(馳黃)으로 바꿨다. 절강성 전당 사람. 성격이 담박하여 부귀공명을 추구하지 않았으며 한대의 고문학(古文學)을 일으켰다. 현존하는 저서로는 『모치황집(毛馳黃集)』이 있다.

모제가(毛際可 : 1633~1708) : 자는 회후(會侯)이고, 호는 학방(鶴舫)이며 절강성 수안(遂安) 사람이다. 순치(順治) 15년(1658)에 진사가 되었으며 성고(城固) 등의 현에서 지현(知縣)을 지냈다. 현존하는 저서로는 『안서당문초(安序堂文鈔)』가 있다.

무동(繆彤 : 1627~1697) : 자는 가기(歌起)이며, 강소성 오현(吳縣 : 지금의 蘇州市) 사람이다. 강희(康熙) 6년(1667)의 진사로, 수찬(修撰)에 임명되었다가 시강(侍講)으로 승진했다. 부친상을 당해 귀향한 뒤 고향에서 20년을 살았다. 현존하는 저서로는 『쌍천당문집(雙泉堂文集)』이 있다.

반개(潘介 : ?~?) : 자는 유석(幼石)으로, 안휘성(安徽省) 회녕(懷寧) 사람이다. 저서로는 『유석유문(幼石遺文)』 1권이 있으나, 지금은 전해지지 않는다.

방포(方苞 : 1668~1749) : 자는 영고(靈皐)이고 만년의 호는 망계(望溪)다. 안휘성 동성(桐城) 사람이다. 강희 45년(1707)에 진사에 급제했으며, 건륭제(乾隆帝) 때 한림원시강(翰林院侍講) 등을 역임했다. 요내(姚鼐)·유대괴(劉大櫆)와 더불어 동성파(桐城派)의 대표자로 일컬어진다.

방형함(方亨咸 : 1620~1679) : 자는 길우(吉偶)이고 호는 소촌(邵村)이며 안휘성 동성 사람이다. 순치 4년(1648)에 진사가 되어 관직이 섬서도감찰어사(陝西道監察御使)에까지 이르렀다. 과거시험 문제 때문에 영고탑(寧古塔 : 청초에 세워졌으며 지금의 黑龍江省 海林市 서남쪽에 위치)에 유배되었다. 저서로는 『소촌시문집(邵村詩文集)』이 있는데, 일실되어 지금은 전해지지 않는다.

부점형(傅占衡 : 1608~1660) : 자는 평숙(平叔). 강서성 임천(臨川) 사람이다. 부친 부괴(傅櫆)는 천계연간(天啓年間)에 급사중(給事中)을 역임했으며 엄당(閹黨)에 들어갔다. 청나라 정권이 들어서자 부점형은 아버지를 모시고 산으로 들어가 두문불출하며 살았다. 부점형 사후 그의 벗 진효일(陳孝逸)이 그의 시문을 모아 『상범당집(湘帆堂集)』을 엮어 주었는데 지금도 전해진다.

사장백(沙張白 : 1626~1691) : 원래 이름은 일경(一卿)이고, 자는 개신(介臣)이며, 호는 정봉(定峰)이다. 강소성 강음(江陰) 사람이다. 강희연간 초에 두 차례 경시(京試)에 응시했으나 모두 낙방했다. 풍부(馮溥)·오위업(吳偉業)·왕숭간(王崇簡)·공정자(龔鼎孳) 등과 교유했다. 그의 문장은 『정봉문선(定峰文選)』에 전해진다.

서계봉(徐階鳳 : ?~1673?) : 자는 명기(鳴岐)이고, 호는 죽일(竹逸)이며 강소성 의흥(宜興) 사람이다. 순치 15년(1658)에 진사가 되어 운남(雲南) 영창부(永昌府) 추관(推官)을 역임했다. 주초안(奏銷案) 사건으로 파직되어 귀향했으며 후에 박학홍사에 천거되었으나 응하지 않았다. 저서로는 『원식재문집(願息齋文集)』이 있다.

서방(徐芳 : 1617~1670) : 자는 중광(仲光)이고 호는 졸암(拙庵)이며 또 다른 호는 우산자(愚山子)다. 강서성 남성(南城) 사람으로 숭정 13년(1640)에 진사가 되어 택주지주(澤州知州)에 제수되었다. 청나라에 들어와서는 사람들이 은사(隱士)로 추천하여 한림원(翰林院) 좌춘방(左春坊)에 기용되었으나 벼슬길에 나아가지 않았다. 저서로는 『장산고(藏山稿)』·『행각편(行脚篇)』이 있다. 남성현령이 『장산고』의 문장 중 10분의 1을 골라 『현탑편(懸榻編)』으로 엮었는데, 지금도 세상에 전한다.

서사준(徐士俊 : 1602~1681) : 청나라의 희곡작가이다. 이름은 홰(翽)이고 자는 삼유(三有)이다. 호는 야군(野君)이고 또 다른 호는 자진도인(紫珍道人)이다. 절강성 인화(仁和) 사람이다. 시문집으로는 『안루집(雁樓集)』 25권이 있는데, 지금도 전해지고 있다.

서요(徐瑤 : ?~?) : 자는 천벽(天璧), 또는 천벽(天碧)이다. 강소성 의흥(宜興) 사람으로, 서개봉(徐階鳳)의 아들이다. 시문에 능했으며, 같은 고향의 진기년(陳其年) · 저동인(儲同人), 곤산(昆山)의 서원문(徐元文) · 서건학(徐乾學) 등에 의해 높이 평가 받았다. 현존하는 저서로는 『애일당고(愛日堂稿)』가 있다.

선저(先著 : ?~?) : 자는 위구(渭求)이고 호는 익촉재(益蜀齋)로, 사천성(四川省) 노주(瀘州) 사람이다. 순치 2년(1645)에 남경에 머물면서 스스로를 천부(遷夫)라 불렀다. 서화에 뛰어났으며, 현존하는 저서로는 『지계노생집(之溪老生集)』이 있다.

손가감(孫嘉淦 : 1683~1753) : 자는 석공(錫公) 혹은 의재(懿齋)이며 호는 정헌(靜軒)으로 산서성(山西省) 흥현(興縣) 사람이다.

송기봉(宋起鳳 : 1653 전후 생존) : 자는 자정(紫庭), 호는 엄산(弇山)이며 절강성 여요(餘姚) 사람이다. 순치 8년(1651)에 공생(貢生)이 되어 영구지현(靈丘知縣) · 악양지현(樂陽知縣) 등을 지냈다. 현존 저서로는 『대무산방합고(大茂山房合稿)』가 있다.

송락(宋犖 : 1635~1714) : 청나라 초기의 대신이다. 자는 목중(牧仲)이고 호는 만당(漫堂) 혹은 면진산인(綿津山人)이다. 하남성(河南省) 상구(商丘) 사람이다.

송조(宋曹 : 1620~1701) : 자는 소신(邵臣)이고 호는 사릉(射陵)이며 강소성 염성(鹽城) 사람이다. 모양(冒襄) · 우동(尤侗) · 공상임(孔尚任) 등과 교유했다. 강희 17년(1678)에 고염무(顧炎武) 등과 함께 박학홍유(博學鴻儒)에 추천되었으나 거절했다. 저서로 『회추당시문고(會秋堂詩文稿)』가 있으나 일실되어 지금은 전해지지 않는다.

양형선(楊衡選 : ?~?) : 자는 성조(聖藻)이고 강소성 경양(涇陽) 사람이다. 강도(江都)의 공생(貢生)으로 위희(魏禧)와 친분이 두터웠다. 강희 26년(1687)에 손지울(孫枝蔚)이 죽자 만시(挽詩)를 지어주었다. 저서로는 『피향문집(披香文集)』이 있으나 일실되어 지금은 전하지 않는다.

엄수승(嚴首升 : 1607~?) : 자는 평자(平子)이고, 호남성(湖南省) 화용(華容) 사람이다. 숭정연간에 관리 등용시험에 합격했으나, 청 왕조가 들어서자 중이 되어 만년을 보냈다. 저서로는 『뇌원집(瀨園集)』이 있다. 건륭연간에 금서로 지정되었으나, 현존한다.

여회(余懷 : 1616~1695) : 자는 담심(澹心) · 광하(廣霞)다. 만수(鬘叟) 혹은 만지노인(鬘持老人)이라고 불리기도 했으며 복건성(福建省) 보전(莆田) 사람이다. 명나라가 망하자 남경에 머물면서 두준(杜濬) · 백몽내(白夢鼐)와 이름을 나란히 했기에 사람들이 그들을 "물고기(余=魚) · 배(杜=肚) · 희다(白)"이라고 불렀다. 후에 소주(蘇州)로 옮겨 지냈다. 저서로는 『강산집(江山集)』 · 『오호유고(五湖游稿)』 · 『갑신집(甲申集)』 · 『미외헌고(味外軒稿)』 등이 있다.

오숙공(吳肅公 : 1626~1699) : 자는 우약(雨若)이고 호는 청암(晴岩) 혹은 일홍(逸鴻)이며 별호는 가남(街南)이다. 안휘성 선성(宣城) 사람이다. 명나라 천계 6년(1626)에 태어나 청나라 강희 38년(1699)에 죽었다. 그는 명나라 제생으로, 청나라에 들어와 벼슬하지 않았으며 글씨를 팔고 의술을 팔아 생활했다. 몸이 허약해 고생했으나 저술에 힘써 『명어림(明語林)』 14권을 남겼다.

오양추(吳良樞 : ?~?) : 자는 무구(無咎), 호는 선재(璿在)며 강서성 남창(南昌) 사람이다. 저서로는 『강의재고(强意齋稿)』가 있는데, 지금은 그 시(詩)만 전하고 문장은 목차만 남아 있다. 강희 36년(1697)까지 생존해 있었다.

오위업(吳偉業 : 1609~1672) : 자는 준공(駿公), 호는 매촌(梅村)으로 강소성 태창(太倉) 사람이다. 숭정 연간에 진사가 되어 좌서자(左庶子)의 관직을 제수 받았다. 홍광연간(弘光年間)에 소첨사(少詹事)의 직책을 역임하였고 청나라에 들어서 좨주(祭酒)가 되었다. 현존 저서로는 『매촌몽장집(梅村蒙藏集)』이 있다.

오진(吳晉) : 미상.

오진염(吳陳琰 : ?~?) : 자는 보애(寶崖)고 호는 우정(芋町)이며, 절강성 전당 사람이다. 강희 42년(1703)에 어시(御試)에 일등으로 합격하여 산동성(山東省) 치평현(茌平縣 : 지금의 聊城市)을 다스렸다. 젊어서 시로 명성을 떨쳐 모기령(毛奇齡) · 주이준(朱彝尊)에게 인정을 받았으며 중년에는 왕사정(王士禎)과 교유하였다. 『항주부지(杭州府志) · 문원전(文苑傳)』에 그에 관한 자세한 기록이 나온다.

왕개(汪价 : ?~?) : 자는 개인(介人)이고 호는 삼농외사(三儂外史)이다. 자칭 오(吳) 땅 사람이라 하였으나, 정확한 고향은 모른다. 순치 기해년(1659)에 가한(賈漢)이 하남순무(河南巡撫)가 되어 『통지(通知)』를 수정할 때 함께 참여했다. 이듬해에 『중주잡조(中州雜俎)』를 완성하고 중주에 관련된 소소한 일사를 여러 책에서 끌어 모아 천(天) · 지(地) · 인(人) · 물(物) 네 편으로 나누었다.

왕결(王潔 : 1637~1691) : 자는 급공(汲公)이고 호는 유반(洧盤)이다. 직례성(直隸省) 대흥(大興) 사람으로, 강소성 고우(高郵)에 살았다. 저서로는 『유반자집(洧盤子集)』 · 『유거산방고(幽居山房稿)』가 있으나 전해지지 않는다.

왕겸(王謙 : ?~?) : 직례성(直隸省) 영년(永年) 사람이다. 강희 6년(1667)에 진사에 급제하여 호남(湖南) 무강주(武岡州)를 다스렸고, 후에 호부낭중(戶部郎中)을 역임했다. 강희 29년에 절강 향시를 주관하러 나갔고 31년에 강서제학도(江西提學道)를 지냈다.

왕명덕(王明德 : ?~?) : 자는 금초(金樵)이며, 강소성 고우(高郵) 사람으로 관직이 형부낭중에 이르렀다. 현재 필사본 『주소(奏疏)』 1권이 전해진다.

왕사정(王士禎 : 1634~1711) : 자는 이상(眙上)이고, 호는 완정(阮亭)이며 별호는 어양산인(漁洋山人)

이다. 산동성 신성(新城) 사람이다. 순치 15년(1658)에 진사가 되어 관직이 형부상서에 이르렀다. 저서로는 『대경당집(帶經堂集)』 등이 있는데, 현존한다.

왕언(王言 : 1641~1711) : 청나라 문자학자(文字學者)이다. 자는 신전(愼旃)이고, 절강성 인화 사람이다. 강희연간까지 생존했다. 저서로는 『연문석의(連文釋義)』가 있는데, 현존한다.

왕유정(王猷定 : 1598~1662) : 자는 우일(于一)이고 호는 진석(軫石)이며 강서성 남창 사람이다. 현존하는 저서로는 『사조당집(四照堂集)』이 있다.

왕탁(王晫 : 1636~?) : 초명은 비(棐)이고, 호는 목암(木庵) 혹은 단록(丹麓)이며 자칭 송계자(松溪子)라고 하였다. 절강성 인화 사람이다. 강희 38년(1699)까지는 살아있었던 듯하다. 저서로는 『하거당집(霞擧堂集)』·『수생집(遂生集)』 12권, 『금세설(今世說)』 8권 등 다수가 있다.

우동(尤侗 : 1618~1704) : 청나라 문학가이자 희곡작가이다. 자는 동인(同人)·전성(展成)이고 호는 회암(悔庵)·간재(艮齋)·서당노인(西堂老人)이다. 강소성 장주(長洲 : 지금의 吳縣) 사람이다. 순치연간에 국자감 생원이 되었고 강희연간에 박학홍사과(博學鴻詞科)에 천거되었으며 3년 동안 『명사(明史)』 찬수에 참여한 뒤 귀향했다. 그의 작품과 저서로는 전기(傳奇) 「균천악(鈞天樂)」, 잡극(雜劇) 「조비파(吊琵琶)」·「흑백위(黑白衛)」 등이 있고 시문집 『학서당문집(鶴棲堂文集)』이 있다.

위학이(魏學洢 : 1606?~1625) : 명나라 말기의 효자(孝子)다. 자는 자경(子敬)이고 절강성 가선 사람이다. 위대중(魏大中)의 아들로, 위대중이 위충현(魏忠賢)에게 반기를 들었다가 체포되어 옥사하자 슬픔에 겨워 애통해하다가 죽었다. 현존 저서로는 『위자경유집(魏子敬遺集)』이 있다.

위희(魏禧 : 1624~1681) : 자는 숙자(叔子) 또는 빙숙(氷叔)이고, 호는 유재(裕齋)·작정(勺庭)이며, 강서성 영도(寧都) 사람이다. 명말 제생 출신이다. 명나라가 망하자 벼슬의 뜻을 접고 취미산(翠微山)에 은거했다. 팽사망(彭士望)·임시익(林時益) 등과 함께 몸소 밭을 갈고 강학했는데, 이들을 '역당구자(易堂九子)'라 했다. 저서로는 『위숙자집(魏叔子集)』이 있다.

유수(鈕琇 : ?~1704) : 자는 옥초(玉樵)이고, 강소성 오강(吳江) 사람이다. 강희연간의 공생으로, 고명지현(高明知縣)을 지냈으며 관직이 섬서지부(陝西知府)에까지 이르렀다. 저서로는 『임야당집(臨野堂集)』·『읍운재집(揖雲齋集)』 및 인물고사와 시화를 위주로 한 청대의 유명한 필기소설 『고잉(觚賸)』이 있다.

육명가(陸鳴珂 : ?~?) : 자는 차산(次山)으로, 강소성 화정(華亭 : 지금의 上海 西南部 松江) 사람이다. 순치 12년(1655)에 진사가 되어 강희 36년(1697)에 산동학사(山東學使)에 제수되었다. 저서로는 『사촉시초(使蜀詩草)』가 있으나 일실되어 전해지지 않는다.

육차운(陸次雲 : ?~?) : 자는 운사(雲士)이고 절강성 전당 사람이다. 강희 18년(1679)의 박학홍사과 출신으로 강소성 강음지현(江陰知縣)을 지냈다. 문집으로는 잡문을 엮어 만든 『북서서언(北墅緖言)』이 있는데, 고사기(高士奇) · 왕빈(汪霦)이 그를 위해 평점을 달았으며 지금도 남아 있다.

이어(李漁 : 1611~1681?) : 청나라 희곡작가이다. 자는 입옹(笠翁)이고, 절강성 난계(蘭溪) 사람이다. 서호(西湖)에 은거했다고 하여 '호상입옹(湖上笠翁)'이라 불렸다. 현재 『입옹일가언전집(笠翁一家言全集)』이 남아 있으며 근년에 『이어전집(李漁全集)』이 출간되었다.

이청(李淸 : 1602~1683) : 명말의 유민이다. 자는 심수(心水)이고 호는 영벽(映碧)이며 강소성 흥화(興化) 사람이다. 숭정 4년(1631)에 진사에 합격했고 형과급사중(刑科給事中)을 지냈다. 청나라가 들어서자 더 이상 벼슬하지 않았다. 저서로 『삼원필기(三垣筆記)』 등이 전한다.

이환장(李煥章 : 1611~1689?) : 자는 상선(象先)이고, 호는 직재(織齋)이며, 산동성 제성(諸城) 사람이다. 법경사(法慶寺)에서 18년 동안 지냈다. 만년에 자신의 작품을 뽑아 『직재문집(織齋文集)』을 엮었다.

임로(林璐 : 1626~1688) : 자는 옥규(玉逵)이고 만호(晩號)는 녹암(鹿庵)이다. 절강성 전당 사람. 숭정연간 말에 진자룡(陳子龍)의 눈에 들었다. 만년에 자신의 작품을 다듬어 『세한당존고(歲寒堂存稿)』를 펴냈는데 지금까지 전한다.

임사환(林嗣環 : 1607~?) : 호는 철애(鐵崖) 혹은 철매자(徹呆子)이고 복건성 안계(安溪) 사람이다. 순치 6년(1650)에 진사가 되어 광동제형안찰사부사(廣東提刑按察使副使)를 역임하며 병비도(兵備道)로 파견되었고 학정(學政)도 겸직했다. 일 때문에 변방으로 폄적되었다가 사면되었으나 항주(杭州)에서 객사했다. 저서로 『호방집(湖舫集)』이 있다.

임운명(林雲銘 : 1628~1697) : 자는 서중(西仲)이며 복건성 민현(閩縣) 사람이다. 순치 15년(1658)에 진사가 되었고 휘주부(徽州府) 통판(通判)을 역임했다. 강희 13년(1674)에 경정충(耿精忠)에 의해 구금당했다. 현존하는 저서로 『손재분여(損齋焚餘)』 · 『읍규루선고(挹奎樓選稿)』가 있다.

장명필(張明弼 : 1584~1652) : 자는 공량(公亮)이고, 호는 금목(琴牧)이며, 강소성 금단(金壇) 사람이다. 숭정 10년(1637)의 진사로, 광동성 게양현령(揭陽縣令)에 임명되었으나, 모함에 걸려들어 폄적 당했다. 복사(復社)의 성원으로, 방이지(方以智) · 황도주(黃道周)와 왕래했다. 저서로는 『형지집(螢芝集)』이 있다.

장총(張怱 : 1619~1694) : 자는 남촌(南村)이고 호는 승지(僧持)이며 강소성 강녕(江寧 : 지금의 南京市) 사람이다. 석도(石濤)와 교유했으며 또 유정기(劉廷璣)과 석대산(釋大汕)의 문집에 서를 써 주었다. 저서로는 『남촌집(南村集)』과 『미무암집(蘼蕪庵集)』이 있는데, 일실되어 전하지 않는다.

전겸익(錢謙益 : 1582~1664) : 자는 수지(受之) 호는 목재(牧齋)이며 강소성 상숙(常熟) 사람이다. 만력연간에 진사가 되었으며 동림당(東林黨)의 주요 인물로 활동했다. 숭정연간 초에 예부시랑을 지냈으며 홍광연간(弘光年間 : 1645년, 南明 福王 朱由崧의 연호)에는 예부상서를 지냈다. 청나라 군대가 남하하자 투항하여 예부시랑으로 비서원(秘書院)의 일을 관리했다. 이 때문에 건륭연간에 두 왕조를 섬긴 매국노로 그 이름이 올랐다. 시와 문장으로 이름을 날렸는데, 저서로는 『초학집(初學集)』과 『유학집(有學集)』 등이 있다.

조화(曹禾 : 1637~1699) : 자는 송가(頌嘉)이고 호는 아미(峨嵋) 혹은 미암(未庵)이다. 강소성 강음 사람. 강희 3년(1664)에 진사가 되었고 18년(1679)에 박학홍사과에 천거되었으며, 관직은 국자감좨주(國子監祭酒)에까지 이르렀다. 현존 저서로는 『미암초집(未庵初集)』이 있다.

종원정(宗元鼎 : 1620~1698) : 자는 정구(定九) 혹은 매잠(梅岑)이고 호는 향재(香齋) 또는 동원거사(東原居士)다. 강소성 강도(江都) 사람. 왕사정(王士禎) · 공상임(孔尙任)과 교유했다. 만년에는 의릉(宜陵)에 은거하면서 화초를 가꾸었는데, 화초를 메고 홍교(紅橋)에 가서 팔아 술을 사먹으며 자칭 '매화노인(賣花老人)'이라고 불렀다. 저서로는 『부용집(芙蓉集)』 · 『신유당집(新柳堂集)』 · 『죽석장년헌집(竹石長年軒集)』이 있는데, 앞의 두 책만 현존한다.

주양공(周亮工 : 1612~1672) : 자는 원량(元亮)이고 호는 역원(櫟園)이며 하남성 상부(祥符 : 지금의 開封市) 사람이다. 숭정연간에 진사가 되어 감찰어사(監察御使)에 제수되었다. 청나라에서도 벼슬을 하여 호부우시랑(戶部右侍郎)에까지 올랐다. 저서로는 『뇌고당집(賴古堂集)』이 있다.

주일시(朱一是 : ?~1678) : 자는 근수(近修) 또는 흠암(欠庵)이며 절강성 해녕(海寧) 사람이다. 숭정 15년(1642) 거인(擧人)이 되었으나, 청조에 들어서는 가흥(嘉興) 매회리(梅會里)에 은거하며 지내다가 죽었다. 그의 시문과 사(詞), 사론(史論)을 모은 『위가당집(爲可堂集)』이 전해진다.

진송령(秦松齡 : 1637~1714) : 자는 한석(漢石) · 차초(次椒)이고 호는 유선(留仙)이다. 강소성 무석 사람. 순치 12년(1655)에 진사가 되었으며 국사원검토(國史院檢討)를 지냈다. 그가 살던 집은 기창원(寄暢園)이었는데, 경치가 매우 빼어나기로 이름난 곳이었다. 『시경』에 매우 정통해, 저서로 『모시일전(毛詩日箋)』을 남기기도 하였다.

진옥기(陳玉璂 : 1640~1681?) : 자는 갱명(賡明)이고 호는 초봉(椒峰)이다. 강소성 무진(武進 : 지금의 常州市) 사람. 강희 6년(1667)에 진사가 되어 중서사인(中書舍人)을 역임했다. 강희 18년(1679)에 박학홍유에 천거되었으나 그만두고 귀향했다. 저서로 『학문당집(學文堂集)』 43권과 『사론(史論)』 수백권이 있다.

진정(陳鼎 : 1650~?) : 자는 정구(定九)이며 강소성 강음 사람이다. 강희 37년(1698)에 그가 『유계외전(留溪外傳)』을 짓자 무석 사람 고채(顧彩)와 안휘 사람 장조(張潮)가 서문을 써 주었다. 4년 후 운남(雲南)에 유배되었다. 저서에 『유계초당시고(留溪草堂詩稿)』가 있으나 지금은 전하지 않는다.

진주(陳周 : ?~?) : 자는 이유(二遊)로, 강소성 율양(溧陽) 사람이다. 두준 · 위희 등과 교유했다. 강희 17

년 박학홍사과에 추천받았으나 응시하지 않았다. 75세의 나이로 죽었다. 저서로는 『역경당근각(力耕堂近刻)』이 있으나 일실되어 전해지지 않는다.

첨종옥(詹鍾玉) : 미상.

팽사망(彭士望 : 1610~1683) : 호는 궁암(躬庵) 또는 수려(樹廬)이고 강서성 남창 사람이다. 일찍이 사가법(史可法)의 막료로 있었으나 얼마 지나지 않아 고향으로 돌아갔다. 명나라가 망하자 영도(寧都)로 가서 위희(魏禧) 등과 취미봉(翠微峰)에서 지냈는데 이들을 '역당구자(易堂九子)'라 일컫는다. 저서 『치궁당집(耻躬堂集)』은 건륭연간에 한때 금서로 지정되었으나, 현재 함풍연간(咸豊年間)의 판본형태로 전해지고 있다.

홍가식(洪嘉植 : 1646~?) : 자는 거무(去蕪)이고 안휘성 흡현(歙縣) 사람이다. 강희연간 초에 도성에서 노닐며 대재(戴梓)와 교유했고, 강희 36년(1697)까지는 생존해 있었다. 저서로는 『대음당집(大蔭堂集)』이 있는데, 건륭연간에 금서로 지정되어 불에 태워졌다. 지금 그 초본(鈔本)이 전해지지만 『우초신지』에 수록된 「경운자전(耕雲子傳)」은 실려 있지 않다.

홍약고(洪若皐 : ?~?) : 자는 우린(虞鄰)으로, 절강성 임해(臨海) 사람이다. 순치 12년(1655) 진사로, 복건안찰사첨사(福建按察司僉事)를 지냈다. 저서로는 『남사문집(南沙文集)』이 있는데, 강희 27년(1688)에 직접 판각했으며 지금도 남아 있다.

황시(黃始 : ?~?) : 청나라 초기의 도서 편찬가이다. 자는 정어(靜御)이고 호는 동오무객(東吳廡客)으로 강소성 오현(吳縣 : 지금의 蘇州市) 사람이다. 강희 18년(1679년) 박학홍사시에 응시했으나 합격하지 못했다. 『청앵당한원영화(聽嚶堂翰苑英華)』 등의 책을 편찬하였는데 건륭연간 금서목록에 올랐다.

황영(黃永 : ?~1666?) : 자는 운손(雲孫)이고 호는 애암(艾庵)이며 강소성 무진(武進 : 지금의 常州市) 사람이다. 순치 12년(1655)에 진사가 되어 형부원외랑(刑部員外郞)을 역임했다. 주소안(奏銷案) 사건에 연루되어 파직되었다. 현존 저서로는 『애암존고(艾庵存稿)』가 있다.

황주성(黃周星 : 1611~1680) : 자는 경우(景虞)이고, 호는 구연(九烟)이다. 호남성 상담(湘潭) 사람. 숭정 13년(1640)에 진사가 되어 호부급사중(戶部給事中)을 제수 받았으며 명나라가 망하자 더 이상 벼슬을 하지 않았다. 현존 저서로는 『구연유집(九烟遺集)』이 있다.

후방역(侯方域 : 1618~1655) : 자는 조종(朝宗)이고 호는 설원(雪苑)이며 하남성 상구현(商邱縣)사람이다. 명말 문인정치단체인 복사(復社)에 참가한 적이 있다. 청나라 초기에 위희(魏禧) · 왕완(汪琬)과 함께 시문으로 이름을 날렸다. 현존 저서로는 『장매당문집(壯梅堂文集)』과 『사억당시집(四憶堂詩集)』이 있다.

인명 색인

※ 이 색인표에는 명청시대 인물만 수록되어 있음. 그밖에 인용된 명청시대 이전의 인물이나 고사 속의 인물들은 색인표(II)를 참조하기 바람.

오숙공(吳肅公 : 吳晴巖)		44		
오순부(吳淳夫)				78, 79
오앙(吳驤)			36, 37, 39	
오양추(吳良樞 : 吳瑨在)		141, 143		
오원차(吳園次 : 吳綺)				455
오위업(吳偉業 : 吳梅村, 吳駿公)	117	21	42	456, 459
오육기(吳六奇)				84, 86, 87, 88
오융(吳融)			153	
오응기(吳應箕 : 吳次尾)	191		202, 203	
오인징(吳麟徵)	41			
오일(吳逸)	118			
오장보(吳章甫)				476
오장조(吳長祚)		152		
오정원(吳定遠)				355
오중규(吳仲圭)		23		
오진(吳晉 : 吳介玆)				102
오진공(吳震崆)		213		
오진염(吳陳琰 : 吳寶崖)			149, 155, 218, 220, 223	
오창시(吳昌時)		23		
오천사(吳闡思)			143	
오효선(吳孝先)			71, 72	
오희년(吳希年)			71, 72	
완대성(阮大鋮 : 阮懷寧, 阮司馬)	44, 122, 196		202, 203, 204	36, 37, 465, 457, 488
완악(阮鶚)		165, 167		
완이순(阮爾詢)		134	156	
왕가수(汪可受)				256
왕개(汪价 : 三儂, 王介人)				351, 390
왕결(王潔 : 王汲公, 王洧盤)			287, 288	
왕겸(王謙 : 王撝齋)			213 , 224	
왕경(汪京) → 소옹(嘯翁)			46, 47, 48	
왕공원(王公遠)				476
왕과객(王過客)				402
왕기장(王其長)				463
왕덕화(王德化)	42			
왕도(王導)				169
왕만(王滿)				472, 473
왕명(王明)			214	
왕명덕(王明德 : 王金樵)			206	
왕목여(王穆如)				58
왕몽룡(汪夢龍 : 汪濤, 汪山來)				324, 325
왕무린(汪懋麟)			139, 148	
왕문정(王文正)		208		

※ 명청시대 이전의 인물 및 고사 속 인물

서추부(徐秋夫)			101	
석숭(石崇 : 石季倫, 石尉)	102		34, 124, 143	
설경경(薛瓊瓊)			121	
설도(薛濤)				458
설복(薛復)			332	
섭정(聶政)		122		
소단(蘇端)			332	
소도성(蕭道成)				260
소소소(蘇小小)	101, 306			
소식(蘇軾 : 蘇東坡, 蘇子瞻, 坡公)	209, 275	269	307	63, 136, 204, 206
소자미(蘇子美 : 蘇舜欽)				205
소직(蘇直)			117	
소평(邵平)	270			
손과정(孫過庭)	156			
손등(孫登)			47, 48	
손중모(孫仲謀 : 孫權)				170
손팽년(孫彭年)				264
송광평(宋廣平 : 宋璟)				475
송옥(宋玉)			278	
송중유(宋仲儒)			117	
수노(秀奴)			121	
순우제영(淳于緹縈) → 제영(緹縈)	328			
순찬(荀粲 : 奉倩)	199			354
아기(阿紀)			124	
악비(岳飛 : 岳武穆)				76, 177, 178, 205
악창공주(樂昌公主)		130		
안녹산(安祿山)				240, 252
안숙자(顏叔子)		35		
안평원(顏平原 : 顏眞卿, 顏魯公)			39	157, 173
안필선(顏筆仙)	272			
야율조재(耶律楚材)	64			
양광원(楊光遠)				264
양산백(梁山伯)	105			
양웅(揚雄)				383, 404
양태진(楊太眞 : 楊貴妃, 楊玉環)			121, 127	
양홍(梁鴻)				383
양황후(羊皇后)	267			
엄유방(嚴幼芳 : 嚴蕊)				486
엄자릉(嚴子陵)				357
여경천(呂敬遷)				485
여순양(呂純陽 : 呂洞賓, 呂巖)			104, 293, 294	205
여안(呂安)				71
여연(麗娟)			125